Guttentagsche Sammlung
Nr. 213a Deutscher Reichsgesetze Nr. 213a
Kommentare und erläuternde Textausgaben

Allgemeine

Versicherungs-Bedingungen

für Haftpflicht-Versicherung

II. Teil

§§ 5—6: Der Versicherungsfall

§§ 7—12: Das Versicherungsverhältnis

erläutert von

Dr. jur. Hans Oberbach

Rechtsanwalt, stv. Vorstandsmitglied
der Württembergischen Feuerversicherung A.G. in Stuttgart

Berlin 1947

Walter de Gruyter & Co.

vormals G. J. Göschensche Verlagshandlung — J. Guttentag, Verlagsbuchhandlung
Georg Reimer — Karl J. Trübner — Veit & Comp.

Archiv Nr. 211 213 a
Belserdruck Stuttgart.

Vorwort

Der zweite Teil der Erläuterungen erscheint mit beträchtlicher, durch die Zeitverhältnisse bedingter Verzögerung. Ihm liegt der bis 31. Dezember 1940 geltende Wortlaut der allgemeinen Versicherungsbedingungen für die Haftpflichtversicherung zugrunde. Die Veränderungen, die dieser später, vor allem durch Anpassung an die Veränderungsnovelle zum Versicherungsvertragsgesetz erfahren hat, sind zusammenhängend in Nachträgen behandelt und durchgehend mittels Verweisungen im Einzelfall berücksichtigt.

Diese doppelte Behandlung wurde nicht zuletzt in der Zuversicht unternommen, sie möchte imstande sein, bei der Fortentwicklung des Versicherungswesens, welche das Versicherungsrecht und damit die Allgemeinen Versicherungsbedingungen einschließen wird, brauchbare Dienste zu leisten; denn bei der Gestaltung des Kommenden wird man sich nicht ohne Nutzen der in der Vergangenheit gesammelten Erfahrungen erinnern und bedienen.

H. Oberbach

Inhaltsübersicht

Abkürzungsverzeichnis

I	=	Teil I der Erläuterungen zu den AVB. für Haftpflichtversicherung bei der angeführten Seitenzahl.
a.A., a.M.	=	anderer Ansicht, anderer Meinung.
aaO.	=	am angegebenen Ort.
ADS	=	Allgemeine Deutsche Seeversicherungsbedingungen (1919).
AEDB.	=	Allgemeine Versicherungsbedingungen für Einbruch-Diebstahlversicherung.
a.E.	=	am Ende.
a.F.	=	AVB. a.F. = AVB. in der Fassung bis 31. 12. 1940. VVG. a.F. = VVG. in der Fassung bis zur Novelle 1939/1941.
AFB.	=	Allgemeine Feuerversicherungs-Bedingungen.
AG.	=	Amtsgericht.
AKB.	=	Allgemeine Bedingungen für die Kraftfahrversicherung.
ALR.	=	Allgemeines Landrecht für die Preußischen Staaten.
Amthor	=	Die versicherungsrechtliche Obliegenheit: Ungedr. Dissertation Hamburg 1923.
APV.	=	Veröffentlichungen des Reichsaufsichtsamtes für Privatversicherung. Die Entscheidungen sind bis zum 22. Jahrgang in Anhängen (= A) mit eigener Seitenführung erschienen.
Arch.	=	Archiv für Bürgerliches Recht.
Ass.J.	=	Assekuranz Jahrbuch.
AVB.	=	Allgemeine Versicherungsbedingungen für die Haftpflichtversicherung.
BGB.	=	Bürgerliches Gesetzbuch.
Bruck Komm.	=	Reichsgesetz über den Versicherungsvertrag usw. von Dr. E. Bruck, 7. Aufl. 1932 (Guttentagsche Sammlung Deutscher Reichsgesetze Nr. 83).
Bruck PVR.	=	Das Privatversicherungsrecht von Dr. E. Bruck, Mannheim-Berlin-Leipzig 1930.
Carl	=	Straßenverkehrs- und Verkehrshaftpflichtrecht (Moeser, Leipzig 1939) von Hermann Carl.
Cremer	=	Die Erfüllung der versicherungsrechtlichen Obliegenheiten und Pflichten bei der Versicherung für fremde Rechnung durch Versicherungsnehmer und Versicherten: Diss. Köln 1935.
Diss.	=	Dissertation.
DJZ.	=	Deutsche Juristenzeitung.

DÖV.	= Die öffentlich-rechtliche Versicherung (früher Mitteilungen für die öffentlichen Feuerversicherungsanstalten), Organ der Verbände der öffentlichen Feuer-Lebens-Unfall-Haftpflicht- und Hagelversicherungsanstalten in Deutschland.
DVA.	= Das Versicherungsarchiv, Monatsblätter für private und öffentliche Versicherung, Wien.
DV.	= Die Versicherung, Organ für Versicherung, Hypothekenwesen und Geldwirtschaft.
DVers.Prax.	= Die Versicherungspraxis, Zeitschrift für Versicherungstechnik und Versicherungsrecht, für Feuerschutz und Feuerlöschwesen und Unfallverhütung; Verkündungsblatt des Deutschen Versicherungsschutzverbandes.
Enecc.-Nipp.	= Ludwig Enneccerus: Lehrbuch des Bürgerlichen Rechts, Allgemeiner Teil, herausgegeben von H. C. Nipperdey.
Gerhard - Hagen	= Stephan Gerhard und Otto Hagen, Kommentar zum Deutschen Reichsgesetz über den Versicherungsvertrag.
v. Gierke	= Versicherungsrecht, Erste Hälfte, Stuttgart 1937.
Hagen	= Dr. Otto Hagen: Das Versicherungsrecht im Handbuch des gesamten Handelsrechtes, herausgegeben von V. Ehrenberg.
HansRGZ.	= Hanseatische Rechts- und Gerichtszeitschrift (Teil A u. B).
H.	= Haftpflicht.
Hercher	= Die Anwendbarkeit des § 278 BGB. auf das Verhältnis des Versicherungsnehmers zum Versicherten nach dem VVG.: Diss. Heidelberg 1912.
Hildebrandt	= Erklärungshaftung 1931.
h.M.	= herrschende Meinung.
HRR.	= Höchstrichterliche Rechtsprechung, Berlin.
Jher.J.	= Iherings Jahrbücher für die Dogmatik des Bürgerlichen Rechts, Jena (zitiert nach der Bandzahl).
JW.	= Juristische Wochenschrift.
Jaax	= Culpa i. contrahendo, ein Beitrag zur Lehre vom Verschulden bei Vertragsschluß: Diss. Düsseldorf 1935.
Jannott	= Zur Vervollkommnung der Haftpflichtversicherung (Veröffentlichungen des Berliner Hochschulinstitutes für Versicherungswirtschaft; Walter de Gruyter & Co., Berlin 1940).
Joel	= Der Repräsentant im Privatversicherungsrecht: Diss. Greifswald 1933.
JRPV.	= Juristische Rundschau für die Privatversicherung, Berlin.
KFG.	= Gesetz über den Verkehr mit Kraftfahrzeugen.
KG.	= Kammergericht.
Kisch II und III	= Handbuch des Privatversicherungsrechtes von Dr. Wilhelm Kisch, 2. Band: Die Lehre von der Versicherungsgefahr, München 1920; 3. Band: Die Lehre von dem Versicherungsinteresse, München 1922.
Kisch	= Die Rettungspflicht des Versicherungsnehmers in WuRdV. 1928, Nr. 1 S. 90 ff.
Kleinschmidt	= Die Anwendbarkeit des § 278 BGB. im Versicherungsrecht: Diss. Rostock 1914.

KO.	=	Konkursordnung.
Krebs	=	Die Stellung des Versicherten und seine Beziehungen zum Versicherer bei der Versicherung für fremde Rechnung unter besonderer Berücksichtigung der Obliegenheiten: Diss. Frankfurt a. M. 1933.
LG.	=	Landgericht.
mitget.	=	mitgeteilt.
Möller	=	1. Kernfragen der Versicherungs-Rechtsprechung (Mittler u. Sohn, Berlin 1938). 2. Verantwortlichkeit des Versicherungsnehmers für das Verhalten Dritter (Walter de Gruyter, Berlin 1939) von Prof. Dr. Hans Möller.
MR.	=	Masius' Rundschau (Blätter für Versicherungswissenschaft, Leipzig).
n.F.	=	AVB. n.F. = AVB. in der heutigen Fassung (1941). VVG. n.F. = VVG. in der heutigen Fassung.
NZ.	=	Neumanns Zeitschrift für Versicherungswesen, Berlin.
Oldenbourg	=	Die Wissenszurechnung, Mannheim 1934.
OLG.	=	Oberlandesgericht.
Prölß	=	Versicherungsvertragsgesetz von Dr. Erich R. Prölß, (C. H. Beck, München und Berlin, 4. Aufl. 1943).
Raiser	=	Kommentar der Allgemeinen Feuerversicherungs-Bedingungen von Dr. Rolf Raiser (E. S. Mittler u. Sohn, Berlin, 2. Aufl. 1937).
RdK.	=	Das Recht des Kraftfahrers.
RG.	=	Reichsgericht.
RGRK.	=	Kommentar zum BGB., herausgegeben von Reichsgerichtsräten, Berlin und Leipzig, 8. Aufl. 1934.
Richter	=	Die Rechtsstellung des Versicherten bei der Versicherung für fremde Rechnung: Diss. Leipzig 1933.
Ritter	=	Das Recht der Seeversicherung von Dr. Carl Ritter, Hamburg 1922 und 1924.
Roelli	=	Kommentar zum Schweizerischen Bundesgesetz über den Versicherungsvertrag, 1. Bd., von Dr. Hans Roelli, Bern 1914.
RVO.	=	Reichsversicherungsordnung.
Schack	=	Deutsches Versicherungsrecht, Übersicht über deutsches Schrifttum und deutsche Rechtsprechung zum Gesetz über den Versicherungsvertrag von Dr. Hans Schack, Leipzig 1938.
Schwaiger	=	Führer durch die HV. (Selbstverlag, München 1936).
Sommer	=	Die Haftung des Versicherungsnehmers für fremdes Verschulden: Diss. Göttingen 1913.
Stiefel	=	Kraftfahrzeugversicherung von Dr. Ernst Stiefel, (Georg Stilke, Berlin 1931).
StGB.	=	Strafgesetzbuch.
StPO.	=	Strafprozeßordnung.
unzutr.	=	unzutreffend.
V.	=	Versicherung(-s), Vertrag.
Vers.Wirtschaft	=	Versicherungswirtschaft (C. F. Müller, Karlsruhe).

VffR.	=	Versicherung für fremde Rechnung.
VN.	=	Versicherungsnehmer.
V'rer	=	Versicherer.
V'ter	=	Versicherter.
VuG.	=	Versicherung und Geldwirtschaft (bisher Mitteilungen der öffentlichen Feuerversicherungsanstalten).
VVffR.	=	Versicherungsvertrag für fremde Rechnung.
VVG.	=	Versicherungsvertragsgesetz.
Warn.	=	Jahrbuch der Entscheidungen zum BGB., herausgegeben von Dr. Otto Warneyer.
Wüstney	=	Die private Unfallversicherung (Carl Heymann, Berlin 1936) von Dr. Detlef Wüstney.
WuRdV.	=	Wirtschaft und Recht der Versicherung, Beiheft zu VuG., DÖV.
WZ.	=	Wallmanns Preußische Versicherungszeitschrift.
ZfVW.	=	Zeitschrift für die gesamte Versicherungswissenschaft, Berlin.
zit.	=	zitiert.
ZPO.	=	Zivilprozeßordnung.
zust.	=	zustimmend.

Urteile ohne Angabe der Instanz des erkennenden Gerichts sind stets OLG.-Entscheidungen (z. B.: Düsseldorf vom . . . = **OLG.** Düsseldorf vom . . .).

Der Jahrgang einer als Fundstelle bezeichneten Zeitschrift ist dann nicht erneut wiedergegeben, wenn er mit dem angegebenen Jahr des Urteilserlasses übereinstimmt. (Z. B.: KG. v. 18. 12. 39 = DÖV. 1940 S. . . . = JRPV. S. . . . bedeutet: DÖV. Jahrgang 1940; JRPV. Jahrgang **1939**)

Vorbemerkung

Die für die Allgemeine Haftpflichtversicherung am 1. Januar 1941 in Kraft getretene Novelle zum Versicherungsvertragsgesetz machte eine im gleichen Jahre erfolgte teilweise Neufassung der Allgemeinen Versicherungsbedingungen erforderlich. Die §§ 1 bis 4 (Teil I der Erläuterungen) blieben davon bis auf die Ergänzung in § 2 Ziff. 3d und eine Angleichung des § 3 I an § 38 neue Fassung des Versicherungsvertragsgesetzes unberührt.

Von den im Teil II erläuterten Bestimmungen (= §§ 5 bis 12 alte Fassung) wurde § 7 ganz gestrichen. Wesentliche Änderungen und Ergänzungen erfuhren die §§ 5 und 6; in geringem Maße betroffen wurde § 9 a.F. (= 8 n.F.) durch Erweiterung seines Absatz IV (= III n.F.). Unverändert blieben die §§ 8, 10 (dessen Absatz IV schon 1939 auf Verlangen des RAA. gestrichen worden war), 11, 12 a.F. (= 7, 9, 10, 11 n.F.).

Der Kommentierung liegt der bis Ende 1940 geltende Text zugrunde. Der Neufassung ist durch entsprechende Hinweise im Einzelfall und den §§ 5, 6, 9 beigegebene Anhänge Rechnung getragen.

Im folgenden werden abgedruckt;

1. die AVB. in der Fassung des Jahres 1941 (= n.F.) im vollständigen Wortlaut,
2. die §§ 5 bis 12 der früheren Fassung (= a.F.).

Eine Wiedergabe der §§ 1 bis 4 a.F. erschien nach dem vorher Gesagten nicht geboten.

Allgemeine Versicherungs-Bedingungen für die Haftpflicht-Versicherung.

(Fassung ab 1. I. 1941)

I. Versicherungsschutz (§§ 1—4).

§ 1. Gegenstand der Versicherung. 1. Der Versicherer gewährt dem Versicherungsnehmer Versicherungsschutz für den Fall, daß er wegen eines während der Wirksamkeit der Versicherung eingetretenen Ereignisses, das den Tod, die Verletzung oder Gesundheitsschädigung von Menschen (Personenschaden) oder die Beschädigung oder Vernichtung von Sachen (Sachschaden) zur Folge hatte, für diese Folgen auf Grund gesetzlicher Haftpflichtbestimmungen privatrechtlichen Inhalts

von einem Dritten auf Schadensersatz in Anspruch genommen wird.

2. Der Versicherungsschutz erstreckt sich auf die gesetzliche Haftpflicht

a) aus den im Versicherungsschein und seinen Nachträgen angegebenen Eigenschaften, Rechtsverhältnissen oder Tätigkeiten des Versicherungsnehmers (versichertes „Risiko");

b) aus Erhöhungen oder Erweiterungen des versicherten Risikos, soweit sie nicht in dem Halten oder Führen von Luft-, Kraft- oder Wasserfahrzeugen (abgesehen von Ruderbooten) bestehen;

c) aus Risiken, die für den Versicherungsnehmer nach Abschluß der Versicherung neu entstehen, gemäß § 2 (Vorsorge-Versicherung).

3. Der Versicherungsschutz kann durch besondere Vereinbarung ausgedehnt werden auf die gesetzliche Haftpflicht wegen Vermögensschädigung, die weder durch Personenschaden noch durch Sachschaden entstanden ist, sowie wegen Abhandenkommens von Sachen. Auf die Versicherung wegen Abhandenkommens von Sachen finden die Bestimmungen über Sachschaden Anwendung.

§ 2. Vorsorge-Versicherung. Für die Vorsorge-Versicherung (§ 1 Ziff. 2c) gelten neben den sonstigen Vertragsbestimmungen folgende besonderen Bedingungen:

1. Der Versicherungsschutz beginnt sofort mit dem Eintritt eines neuen Risikos, ohne daß es einer besonderen Anzeige bedarf. Der Versicherungsnehmer ist aber verpflichtet, auf Aufforderung des Versicherers, die auch durch einen der Prämienrechnung beigedruckten Hinweis erfolgen kann, binnen eines Monats nach Empfang dieser Aufforderung jedes neu eingetretene Risiko anzuzeigen. Unterläßt der Versicherungsnehmer die rechtzeitige Anzeige oder kommt innerhalb Monatsfrist nach Eingang der Anzeige bei dem Versicherer eine Vereinbarung über die Prämie für das neue Risiko nicht zustande, so fällt der Versicherungsschutz für dasselbe, rückwirkend vom Gefahreneintritt ab, fort. Tritt der Versicherungsfall ein, bevor die Anzeige des neuen Risikos erstattet ist, so hat der Versicherungsnehmer zu beweisen, daß das neue Risiko erst nach Abschluß der Versicherung und in einem Zeitpunkt eingetreten ist, in dem die Anzeigefrist nicht verstrichen war.

2. Der Versicherungsschutz wird auf den Betrag von 50000 RM. für Personenschaden und 5000 RM. für Sachschaden begrenzt, sofern nicht im Versicherungsschein geringere Deckungssummen festgesetzt sind.

3. Der Versicherungsschutz erstreckt sich nicht auf die Gefahren, welche verbunden sind mit

a) dem Besitz oder Betrieb von Bahnen, von Theatern, Kino- und Filmunternehmungen, Zirkussen und Tribünen, ferner von Luft- oder Wasserfahrzeugen aller Art (abgesehen von Ruderbooten) und dem Lenken solcher Fahrzeuge, sowie der Ausübung der Jagd;

b) der Verwendung von Röntgenapparaten;

c) Herstellung, Bearbeitung, Lagerung, Beförderung, Verwendung von und Handel mit explosiblen Stoffen, soweit hierzu eine besondere behördliche Genehmigung erforderlich ist;

d) Führen oder Halten von Kraftfahrzeugen.

§ 3. Beginn und Umfang des Versicherungsschutzes. I. Der Versicherungsschutz beginnt, vorbehaltlich einer anderen Vereinbarung, mit der Einlösung des Versicherungsscheins durch Zahlung der Prämie, der im Antrage angegebenen Kosten und etwaiger öffentlicher Abgaben.

Wird die erste oder einmalige Prämie nicht rechtzeitig gezahlt, so ist der Versicherer, solange die Zahlung nicht bewirkt ist, berechtigt, vom Vertrag zurückzutreten. Es gilt als Rücktritt, wenn der Anspruch auf die Prämie nicht innerhalb von 3 Monaten vom Fälligkeitstage an gerichtlich geltend gemacht wird.

Ist die Prämie zur Zeit des Eintritts des Versicherungsfalles noch nicht gezahlt, so ist der Versicherer von der Verpflichtung zur Leistung frei. Wird die erste Prämie erst nach dem als Beginn der Versicherung festgesetzten Zeitpunkt eingefordert, alsdann aber ohne Verzug gezahlt, so beginnt der Versicherungsschutz mit dem vereinbarten Zeitpunkt.

II. 1. Die Leistungspflicht des Versicherers umfaßt die Prüfung der Haftpflichtfrage, den Ersatz der Entschädigung, welche der Versicherungsnehmer auf Grund eines von dem Versicherer abgegebenen oder genehmigten Anerkenntnisses, eines von ihm geschlossenen oder genehmigten Vergleichs oder einer richterlichen Entscheidung zu zahlen hat, sowie die Abwehr unberechtigter Ansprüche. Bei Sachschäden ist die Leistungspflicht des Versicherers auf den Ersatz desjenigen Teils der Entschädigung begrenzt, der den Betrag von 20 RM. übersteigt, sofern im Versicherungsschein oder seinen Nachträgen nichts anderes bestimmt ist.

Wird in einem Strafverfahren wegen eines Ereignisses, das einen unter den Versicherungsschutz fallenden Haftpflichtanspruch zur Folge haben kann, die Bestellung eines Verteidigers für den Versicherungsnehmer von dem Versicherer gewünscht oder genehmigt, so trägt der Versicherer die gebührenordnungsmäßigen, gegebenenfalls die mit ihm besonders vereinbarten höheren Kosten des Verteidigers. Hat sich der Geschädigte der öffentlichen Klage zwecks Erlangung einer Buße als Nebenkläger angeschlossen, so ersetzt der Versicherer auch die durch die Nebenklage erwachsenden notwendigen Kosten.

Hat der Versicherungsnehmer für eine aus einem Versicherungsfall geschuldete Rente kraft Gesetzes Sicherheit zu leisten oder ist ihm die Abwendung der Vollstreckung einer gerichtlichen Entscheidung durch Sicherheitsleistung oder Hinterlegung nachgelassen, so ist der Versicherer an seiner Stelle zur Sicherheitsleistung oder Hinterlegung verpflichtet.

2. Für den Umfang der Leistung des Versicherers bilden die im Versicherungsschein angegebenen Versicherungssummen die Höchstgrenze bei jedem Schadensereignis. Dies gilt auch dann, wenn sich der Versicherungsschutz auf mehrere entschädigungspflichtige Personen erstreckt. Mehrere zeitlich zusammenhängende Schäden aus derselben Ursache oder mehrere Schäden aus Lieferungen der gleichen mangelhaften Waren gelten als ein Schadensereignis.

3. Kommt es in einem Versicherungsfall zu einem Rechtsstreit über den Anspruch zwischen dem Versicherungsnehmer und dem Geschädigten oder dessen Rechtsnachfolger, so führt der Versicherer den Rechtsstreit im Namen des Versicherungsnehmers auf seine Kosten.

4. Die Aufwendungen des Versicherers für Kosten werden nicht als Leistungen auf die Versicherungssumme angerechnet (vgl. aber Ziff. III 1).

III. 1. Übersteigen die Haftpflichtansprüche die Versicherungssumme, so hat der Versicherer die Prozeßkosten nur im Verhältnis der Versicherungssumme zur Gesamthöhe der Ansprüche zu tragen, und zwar auch dann, wenn es sich um mehrere aus einem Schadensereignis entstehende Prozesse handelt. Der Versicherer ist in solchen Fällen berechtigt, durch Zahlung der Versicherungssumme und seines der Versicherungssumme entsprechenden Anteils an den bis dahin erwachsenen Kosten sich von weiteren Leistungen zu befreien.

2. Hat der Versicherungsnehmer an den Geschädigten Rentenzahlungen zu leisten und übersteigt der Kapitalwert der Rente die Versicherungssumme oder den nach Abzug etwaiger sonstiger Leistungen aus demselben Versicherungsfall noch verbleibenden Restbetrag der Versicherungssumme, so wird die zu leistende Rente nur im Verhältnis der Versicherungssumme bzw. ihres Restbetrages zum Kapitalwert der Rente erstattet. Der Kapitalwert der Rente wird zu diesem Zweck auf Grund der vom Statistischen Reichsamt aufgestellten allgemeinen deutschen Sterbetafel für die Jahre 1924—1926 (Sonderheft zu „Wirtschaft und Statistik" Nr. 5, 1929) und eines Zinsfußes von jährlich 4% ermittelt.

3. Falls die von dem Versicherer verlangte Erledigung eines Haftpflichtanspruches durch Anerkenntnis, Befriedigung oder Vergleich an dem Widerstand des Versicherten scheitert, so hat der Versicherer für den von der Weigerung an entstehenden Mehraufwand an Hauptsache, Zinsen und Kosten nicht aufzukommen.

§ 4. **Ausschlüsse.** I. Falls im Versicherungsschein oder seinen Nachträgen nicht ausdrücklich etwas anderes bestimmt ist, bezieht sich der Versicherungsschutz nicht auf:

1. Haftpflichtansprüche, soweit sie auf Grund Vertrags oder besonderer Zusagen über den Umfang der gesetzlichen Haftpflicht des Versicherungsnehmers hinausgehen.

2. Ansprüche auf Gehalt, Ruhegehalt, Lohn und sonstige festgesetzte Bezüge, Verpflegung, ärztliche Behandlung im Falle der Dienstbehinderung, Fürsorgeansprüche (vgl. z. B. die §§ 616, 617 BGB., 63, 553 HGB., 59 Seem.-Ordn. und die entsprechenden Bestimmungen der Gew.-Ordn., R.-Vers.-Ordn. und der Verordnung über die Fürsorgepflicht), sowie Ansprüche aus Tumultschadengesetzen.

3. Haftpflichtansprüche aus im Ausland vorkommenden Schadensereignissen; jedoch sind Ansprüche aus §§ 903, 1042, 1219 der R.-Vers.-Ordn. mitgedeckt.

4. Haftpflichtansprüche aus Schäden infolge Teilnahme an Pferde-, Rad- oder Kraftfahrzeug-Rennen, Box- oder Ringkämpfen, sowie den Vorbereitungen hierzu (Training).

5. Haftpflichtansprüche aus Sachschaden, welcher entsteht durch allmähliche Einwirkung der Temperatur, von Gasen, Dämpfen oder Feuchtigkeit, von Niederschlägen (Rauch, Ruß, Staub und dgl.), ferner durch Abwässer, Schwammbildung, Senkungen von Grundstücken (auch eines darauf errichteten Werkes oder eines Teiles eines solchen), durch Erdrutschungen, Erschütterungen infolge Rammarbeiten, durch Überschwemmungen stehender oder fließender Gewässer, sowie aus Flurschaden durch Weidevieh und aus Wildschaden.

6. Haftpflichtansprüche wegen Schäden
   a) an fremden Sachen, welche sich in Benutzung, Gewahrsam oder Obhut des Versicherungsnehmers, seiner Angestellten, Arbeiter, Bediensteten, Bevollmächtigten oder Beauftragten befunden haben oder bezüglich welcher der Versicherungsnehmer zur Zeit der Beschädigung die Gefahr trug;
   b) an Sachen aus Anlaß ihrer Beförderung, Bearbeitung oder einer sonstigen Tätigkeit an oder mit ihnen, bei unbeweglichen Sachen wegen Schäden an dem Teil, der Gegenstand der Arbeit bzw. Tätigkeit war, oder an einem nahe mit ihm zusammenhängenden Teile der unbeweglichen Sache. Die Bestimmung unter a) findet auch in diesen Fällen Anwendung.

II. Ausgeschlossen von der Versicherung bleiben:

1. Versicherungsansprüche aller Personen, die den Schaden vorsätzlich herbeigeführt haben. Bei der Lieferung oder Herstellung von

Waren, Erzeugnissen oder Arbeiten steht die Kenntnis von der Mangelhaftigkeit oder Schädlichkeit der Waren usw. dem Vorsatz gleich.

2. Haftpflichtansprüche aus Schadensfällen von Angehörigen des Versicherungsnehmers, gegenseitige Ansprüche zwischen mehreren Versicherungsnehmern des gleichen Versicherungsvertrags, bei geschäftsunfähigen oder beschränkt geschäftsfähigen Personen von gesetzlichen Vertretern, bei Gesellschaften und juristischen Personen Ansprüche von Mitgliedern des Vorstandes, von Geschäftsführern und Liquidatoren, ferner von persönlich haftenden Teilhabern und Gesellschaftern sowie deren Angehörigen. Als Angehörige gelten Ehegatten, Eltern, Schwieger- und Großeltern, Kinder (auch Schwiegerkinder) und Enkel, Adoptiv-, Pflege- und Stiefeltern und -kinder, ferner auch die mit dem Versicherungsnehmer in häuslicher Gemeinschaft lebenden Geschwister, deren Ehegatten und Kinder sowie Geschwister des Ehegatten des Versicherungsnehmers.

3. Haftpflichtansprüche, die darauf zurückzuführen sind, daß der Versicherungsnehmer besonders gefahrdrohende Umstände, deren Beseitigung der Versicherer billigerweise verlangen konnte und verlangt hatte, nicht innerhalb einer angemessenen Frist beseitigte. Ein Umstand, welcher zu einem Schaden geführt hat, gilt ohne weiteres als besonders gefahrdrohend.

4. Haftpflichtansprüche wegen Personenschaden, der aus der Übertragung einer Krankheit des Versicherungsnehmers entsteht, sowie Sachschaden, der durch Krankheit der dem Versicherungsnehmer gehörenden, von ihm gehaltenen oder veräußerten Tiere entstanden ist, es sei denn, daß der Versicherungsnehmer weder vorsätzlich noch grobfahrlässig gehandelt hat.

5. Haftpflichtansprüche wegen Schäden, die an den vom Versicherungsnehmer (oder in seinem Auftrage oder für seine Rechnung von Dritten) hergestellten oder gelieferten Arbeiten oder Sachen infolge einer in der Herstellung oder Lieferung liegenden Ursache entstehen.

II. Der Versicherungsfall (§§ 5, 6).

§ 5. Obliegenheiten des Versicherungsnehmers. Verfahren. 1. Versicherungsfall im Sinne dieses Vertrages ist das Schadensereignis, das Haftpflichtansprüche gegen den Versicherungsnehmer zur Folge haben könnte.

2. Jeder Versicherungsfall ist dem Versicherer (§ 11) unverzüglich, spätestens innerhalb einer Woche, schriftlich anzuzeigen.

Wird ein Ermittlungsverfahren eingeleitet oder eine Strafverfügung oder ein Zahlungsbefehl erlassen, so hat der Versicherungsnehmer dem Versicherer unverzüglich Anzeige zu erstatten, auch wenn er den Versicherungsfall selbst bereits angezeigt hat.

Macht der Geschädigte seinen Anspruch gegenüber dem Versicherungsnehmer geltend, so ist dieser zur Anzeige innerhalb einer Woche nach der Erhebung des Anspruchs verpflichtet.

Wird gegen den Versicherungsnehmer ein Anspruch gerichtlich geltend gemacht, das Armenrecht nachgesucht oder wird ihm gerichtlich der Streit verkündet, so hat er außerdem unverzüglich Anzeige zu erstatten. Das gleiche gilt im Falle eines Arrestes, einer einstweiligen Verfügung oder eines Beweissicherungsverfahrens.

3. Der Versicherungsnehmer ist verpflichtet, unter Beachtung der Weisungen des Versicherers nach Möglichkeit für die Abwendung und Minderung des Schadens zu sorgen und alles zu tun, was zur Klarstellung des Schadensfalls dient, sofern ihm dabei nichts Unbilliges zugemutet wird. Er hat den Versicherer bei der Abwehr des Schadens sowie bei der Schadensermittelung und -regulierung zu unterstützen, ihm ausführliche und wahrheitsgemäße Schadensberichte zu erstatten, alle Tatumstände, welche auf den Schadensfall Bezug haben, mitzuteilen und alle nach Ansicht des Versicherers für die Beurteilung des Schadensfalls erheblichen Schriftstücke einzusenden.

4. Kommt es zum Prozeß über den Haftpflichtanspruch, so hat der Versicherungsnehmer die Prozeßführung dem Versicherer zu überlassen, dem von dem Versicherer bestellten oder bezeichneten Anwalt Vollmacht und alle von diesem oder dem Versicherer für nötig erachteten Aufklärungen zu geben. Gegen Zahlungsbefehle oder Verfügungen von Verwaltungsbehörden auf Schadensersatz hat er, ohne die Weisung des Versicherers abzuwarten, fristgemäß Widerspruch zu erheben oder die erforderlichen Rechtsbehelfe zu ergreifen.

5. Der Versicherungsnehmer ist nicht berechtigt, ohne vorherige Zustimmung des Versicherers einen Haftpflichtanspruch ganz oder zum Teil oder vergleichsweise anzuerkennen oder zu befriedigen. Bei Zuwiderhandlung ist der Versicherer von der Leistungspflicht frei, es sei denn, daß der Versicherungsnehmer nach den Umständen die Befriedigung oder Anerkennung nicht ohne offenbare Unbilligkeit verweigern konnte. Durch irrtümliche Annahme des Vorliegens einer gesetzlichen Haftpflicht oder der Richtigkeit der erhobenen Ansprüche oder der behaupteten Tatsachen wird der Versicherungsnehmer nicht entschuldigt.

6. Wenn der Versicherungsnehmer infolge veränderter Verhältnisse das Recht erlangt, die Aufhebung oder Minderung einer zu zahlenden Rente zu fordern, so ist er verpflichtet, dieses Recht auf seinen Namen von dem Versicherer ausüben zu lassen. Die Bestimmungen unter Ziff. 3 bis 5 finden entsprechende Anwendung.

7. Der Versicherer gilt als bevollmächtigt, alle zur Beilegung oder Abwehr des Anspruchs ihm zweckmäßig erscheinenden Erklärungen im Namen des Versicherungsnehmers abzugeben.

§ 6. Rechtsverlust. Wird eine Obliegenheit verletzt, die nach § 5 dem Versicherer gegenüber zu erfüllen ist, so ist der Versicherer von der Verpflichtung zur Leistung frei; es sei denn, daß die Verletzung weder auf Vorsatz noch auf grober Fahrlässigkeit beruht. Bei grobfahrlässiger Verletzung bleibt der Versicherer zur Leistung insoweit verpflichtet, als die Verletzung weder Einfluß auf die Feststellung des Versicherungsfalles noch auf die Feststellung oder den Umfang der dem Versicherer obliegenden Leistung gehabt hat. Handelt es sich hierbei um die Verletzung von Obliegenheiten zwecks Abwendung oder Minderung des Schadens, so bleibt der Versicherer bei grobfahrlässiger Verletzung zur Leistung insoweit verpflichtet, als der Umfang des Schadens auch bei gehöriger Erfüllung der Obliegenheiten nicht geringer gewesen wäre.

III. Das Versicherungsverhältnis (§§ 7—11).

§ 7. Versicherung für fremde Rechnung. Abtretung des Versicherungsanspruchs. 1. Soweit sich die Versicherung auf Haftpflichtansprüche gegen andere Personen als den Versicherungsnehmer selbst erstreckt, finden alle in dem Versicherungsvertrag bezüglich des Versicherungsnehmers getroffenen Bestimmungen auch auf diese Personen sinngemäße Anwendung. Die Ausübung der Rechte aus dem Versicherungsvertrag steht ausschließlich dem Versicherungsnehmer zu; dieser bleibt neben dem Versicherten für die Erfüllung der Obliegenheiten verantwortlich.

2. Ansprüche des Versicherungsnehmers selbst oder der in § 4, Ziff. II, 2 genannten Personen gegen die Versicherten sind von der Versicherung ausgeschlossen.

3. Die Versicherungsansprüche können vor ihrer endgültigen Feststellung ohne ausdrückliche Zustimmung des Versicherers nicht übertragen werden.

§ 8. Prämienzahlung. Prämienregulierung. Prämienrückerstattung. I. Die nach Beginn des Versicherungsschutzes (§ 3 Ziff. I) zahlbaren regelmäßigen Folgeprämien sind an den im Versicherungsschein festgesetzten Zahlungsterminen, sonstige Prämien bei Bekanntgabe an den Versicherungsnehmer zuzüglich etwaiger öffentlicher Abgaben und einer Hebegebühr*) zu entrichten. Unterbleibt die Zahlung, so ist der Versicherungsnehmer auf seine Kosten unter Hinweis auf die Folgen fortdauernden Verzugs durch einen an seine letztbekannte Adresse gerichteten

*) In dem jeweiligen Betrage, der dem Reichsaufsichtsamt für Privatversicherung durch geschäftsplanmäßige Erklärung des Versicherers bekanntgegeben ist.

Brief zur Zahlung innerhalb einer Frist von zwei Wochen aufzufordern. Tritt der Versicherungsfall nach dem Ablauf dieser Frist ein und ist der Versicherungsnehmer zur Zeit des Eintritts mit der Zahlung der Prämie oder der Kosten im Verzuge, so ist der Versicherer von der Verpflichtung zur Leistung frei. Nach dem Ablauf der Frist ist der Versicherer, wenn der Versicherungsnehmer mit der Zahlung der Prämie noch im Verzuge ist, berechtigt, das Vertragsverhältnis ohne Einhaltung einer Kündigungsfrist zu kündigen. Kündigt der Versicherer nicht, so ist er für die gerichtliche Geltendmachung der rückständigen Prämie nebst Kosten an eine Ausschlußfrist von 6 Monaten seit Ablauf der zweiwöchigen Frist gebunden. Bei Teilzahlung der Jahresprämie werden die noch ausstehenden Raten der Jahresprämie sofort fällig, wenn der Versicherungsnehmer mit der Zahlung einer Rate in Verzug gerät.

II. 1. Der Versicherungsnehmer ist verpflichtet, nach Erhalt einer Aufforderung des Versicherers, welche auch durch einen der Prämienrechnung aufgedruckten Hinweis erfolgen kann, Mitteilung darüber zu machen, ob und welche Änderung in dem versicherten Risiko gegenüber den zum Zwecke der Prämienbemessung gemachten Angaben eingetreten ist. Diese Anzeige ist innerhalb eines Monats nach Erhalt der Aufforderung zu machen. Auf Erfordern des Versicherers sind die Angaben durch die Geschäftsbücher oder sonstige Belege nachzuweisen. Unrichtige Angaben zum Nachteil des Versicherers berechtigen diesen, eine Vertragsstrafe in dreifacher Höhe des festgestellten Prämienunterschieds vom Versicherungsnehmer zu erheben, sofern letzterer nicht beweist, daß die unrichtigen Angaben ohne ein von ihm zu vertretendes Verschulden gemacht worden sind.

2. Auf Grund der Änderungsanzeige oder sonstiger Feststellungen wird die Prämie, entsprechend dem Zeitpunkt der Veränderung, richtiggestellt, jedoch darf sie nicht geringer werden als die in dem zur Zeit des Versicherungsabschlusses gültigen Tarif des Versicherers festgesetzte Mindestprämie. Beim Fortfall eines Risikos wird die etwaige Minderprämie vom Eingang der Anzeige ab berechnet.

3. Unterläßt es der Versicherungsnehmer, die obige Anzeige rechtzeitig zu erstatten, so kann der Versicherer für die Zeit, für welche die Angaben zu machen waren, an Stelle der Prämienregulierung (Ziff. II, 1) als nachzuzahlende Prämie einen Betrag in Höhe der für diese Zeit bereits gezahlten Prämie verlangen. Werden die Angaben nachträglich, aber noch innerhalb zweier Monate nach Empfang der Aufforderung zur Nachzahlung gemacht, so ist der Versicherer verpflichtet, den etwa zuviel gezahlten Betrag der Prämie zurückzuerstatten.

4. Die vorstehenden Bestimmungen finden auch auf Versicherungen mit Prämienvorauszahlung für mehrere Jahre Anwendung.

III. 1. Endet das Versicherungsverhältnis infolge Kündigung durch den Versicherer im Schadensfalle (§ 9 Ziff. II. 1), so gebührt ihm nur der Teil der Prämie, welcher der abgelaufenen Versicherungszeit entspricht.

Im Falle der Anfechtung des Versicherungsvertrages oder seiner Aufhebung wegen Verletzung einer Obliegenheit oder wegen Gefahrerhöhung gebührt dem Versicherer die Prämie bis zum Schluß lediglich der Versicherungsperiode, in der er von dem Anfechtungs- oder Aufhebungsgrund Kenntnis erlangt hat. Wird die Kündigung erst in der folgenden Versicherungsperiode wirksam, so gebührt ihm die Prämie bis zur Beendigung des Versicherungsverhältnisses.

Beim Rücktritt vom Vertrage gemäß § 3 Ziff. I Absatz 2 kann der Versicherer nur eine angemessene Geschäftsgebühr verlangen.

In allen übrigen Fällen vorzeitiger Beendigung des Versicherungsverhältnisses steht dem Versicherer die Prämie für das laufende Versicherungsjahr zu.

2. War die Prämie auf mehrere Jahre vorausbezahlt, so ist der Berechnung des dem Versicherer zustehenden Betrages die Prämie zugrunde zu legen, die bei Vorauszahlung auf die Zeit, für welche dem Versicherer nach Ziffer 1 die Prämie gebührt, zu zahlen gewesen wäre.

§ 9. Vertragsdauer. Kündigung. I. Der Vertrag ist zunächst für die im Versicherungsschein festgesetzte Zeit abgeschlossen. Beträgt diese mindestens ein Jahr, so bewirkt die Unterlassung rechtswirksamer Kündigung eine Verlängerung des Vertrages jeweils um ein Jahr. Die Kündigung ist rechtswirksam, wenn sie spätestens 3 Monate vor dem jeweiligen Ablaufe des Vertrages schriftlich erklärt wird; sie soll durch eingeschriebenen Brief erfolgen.

II. 1. Das Versicherungsverhältnis kann ferner gekündigt werden, wenn von dem Versicherer auf Grund eines Versicherungsfalles eine Schadensersatzzahlung geleistet oder der Haftpflichtanspruch rechtshängig geworden ist oder der Versicherer die Leistung der fälligen Entschädigung verweigert hat.

2. Das Recht zur Kündigung, die seitens des Versicherers mit einer Frist von einem Monat, seitens des Versicherungsnehmers mit sofortiger Wirkung zu erfolgen hat, erlischt, wenn es nicht spätestens einen Monat, nachdem die Zahlung geleistet, der Rechtsstreit durch Klagerücknahme, Anerkenntnis oder Vergleich beigelegt, oder das Urteil rechtskräftig geworden ist, ausgeübt wird.

III. Wenn versicherte Risiken vollständig und dauernd in Wegfall kommen, so erlischt die Versicherung bezüglich dieser Risiken.

§ 10. Klagefrist. Gerichtsstand. 1. Hat der Versicherer den Versicherungsschutz abgelehnt, so ist der bestrittene Versicherungsanspruch bei Meidung des Verlustes durch Erhebung der Klage binnen einer Frist von 6 Monaten geltend zu machen. Die Frist beginnt mit dem Tage, an dem der Anspruchsberechtigte durch eingeschriebenen Brief unter Hinweis auf die Rechtsfolgen der Fristversäumung davon in Kenntnis gesetzt worden ist, inwieweit sein Anspruch auf Versicherungsschutz bestritten wird.

2. Für die aus diesem Versicherungsverhältnis entstehenden Rechtsstreitigkeiten ist neben den gesetzlich zuständigen Gerichten das Gericht des inländischen Wohnsitzes des Versicherungsnehmers zuständig.

§ 11. Anzeigen und Willenserklärungen. Alle für den Versicherer bestimmten Anzeigen und Erklärungen sind schriftlich an den Vorstand des Versicherers oder an diejenige Generalagentur, welche im Versicherungsschein oder dessen Nachträgen als zuständig bezeichnet ist, zu richten. Die Agenten sind zu deren Entgegennahme nicht berechtigt.

Allgemeine Versicherungs-Bedingungen für die Haftpflicht-Versicherung.

(Fassung bis 31. XII. 1940).

II. Der Versicherungsfall (§§ 5, 6).

§ 5. Obliegenheiten des Versicherungsnehmers. Verfahren.

1. Wird ein unter den Versicherungsvertrag fallender Haftpflichtanspruch erhoben, so muß hiervon der Gesellschaft (vgl. § 12) innerhalb einer Woche durch eingeschriebenen Brief Anzeige erstattet werden. Durch Absendung der Anzeige wird die Frist gewahrt.

2. Der Versicherungsnehmer ist verpflichtet, unter Beachtung der Weisungen der Gesellschaft nach Möglichkeit für die Abwendung und Minderung des Schadens zu sorgen und alles zu tun, was zur Klarstellung des Schadensfalles dient, sofern ihm dabei nichts Unbilliges zugemutet wird. Er hat die Gesellschaft bei der Abwehr des Schadens sowie bei der Schadensermittlung und -regulierung zu unterstützen, ihr ausführliche und wahrheitsgemäße Schadensberichte zu erstatten, alle Tatumstände, welche auf den Schadensfall Bezug haben, mitzuteilen und alle nach Ansicht der Gesellschaft für die Beurteilung des Schadensfalls erheblichen Schriftstücke einzusenden.

Die gleiche Verpflichtung besteht, wenn wegen eines Ereignisses, das einen Haftpflichtanspruch im Gefolge haben könnte, gegen den Versicherungsnehmer ein polizeiliches oder strafgerichtliches Verfahren eingeleitet wird.

3. Kommt es zum Prozeß über den Haftpflichtanspruch, so hat der Versicherungsnehmer die Prozeßführung der Gesellschaft zu überlassen, dem von der Gesellschaft bestellten oder bezeichneten Anwalt Vollmacht und alle von diesem oder der Gesellschaft für nötig erachteten Aufklärungen zu geben. Gegen Zahlungsbefehle oder Verfügungen von Verwaltungsbehörden auf Schadensersatz hat er, ohne die Weisung der Gesellschaft abzuwarten, fristgemäß Widerspruch zu erheben oder die erforderlichen Rechtsbehelfe zu ergreifen.

4. Der Versicherungsnehmer ist nicht berechtigt, ohne vorherige Zustimmung der Gesellschaft einen Haftpflichtanspruch ganz oder

zum Teil oder vergleichsweise anzuerkennen oder zu befriedigen. Bei Zuwiderhandlung ist die Gesellschaft von der Leistungspflicht frei, es sei denn, daß der Versicherungsnehmer nach den Umständen die Befriedigung oder Anerkennung nicht ohne offenbare Unbilligkeit verweigern konnte. Durch irrtümliche Annahme des Vorliegens einer gesetzlichen Haftpflicht oder der Richtigkeit der erhobenen Ansprüche oder der behaupteten Tatsachen wird der Versicherungsnehmer nicht entschuldigt.

5. Wenn der Versicherungsnehmer infolge veränderter Verhältnisse das Recht erlangt, die Aufhebung oder Minderung einer zu zahlenden Rente zu fordern, so ist er verpflichtet, dieses Recht auf seinen Namen von der Gesellschaft ausüben zu lassen. Die Bestimmungen unter Ziffer 2 bis 4 finden entsprechende Anwendung.

6. Die Gesellschaft gilt als bevollmächtigt, alle zur Beilegung oder Abwehr des Anspruchs ihr zweckmäßig erscheinenden Erklärungen im Namen des Versicherungsnehmers abzugeben.

§ 6. Rechtsverlust.

Wird eine Obliegenheit verletzt, die nach dem Eintritt des Versicherungsfalles der Gesellschaft gegenüber zu erfüllen ist, so ist die Gesellschaft von der Verpflichtung zur Leistung frei, es sei denn, daß die Verletzung weder auf Vorsatz, noch auf grober Fahrlässigkeit beruhte.

III. Das Versicherungsverhältnis (§§ 7—12).

§ 7. Versicherungsschein.

Der Inhalt des Vertrages bestimmt sich unter Ausschluß mündlicher Nebenabreden nach dem Versicherungsschein, seinen Beilagen (Antragsabschrift) und Nachträgen, die Original- oder Faksimileunterschriften tragen müssen. Weicht der Inhalt dieser Urkunden von demjenigen des Antrags ab, so gilt ersterer als genehmigt, wenn der Versicherungsnehmer nicht binnen eines Monats, nachdem er die Urkunden empfangen hat und auf die Abweichungen schriftlich hingewiesen worden ist, dagegen Widerspruch erhoben hat. Das Recht des Versicherungsnehmers, den Vertrag wegen Irrtums anzufechten, bleibt unberührt. An seinen Antrag bleibt der Antragsteller einen Monat, vom Tag der Unterzeichnung an gerechnet, gebunden.

§ 8. Versicherung für fremde Rechnung. Abtretung des Versicherungsanspruchs.

1. Soweit sich die Versicherung auf Haftpflichtansprüche gegen andere Personen als den Versicherungsnehmer selbst erstreckt, finden alle in dem Versicherungsvertrag bezüglich des Versicherungsnehmers getroffenen Bestimmungen auch auf diese Personen sinngemäße Anwendung. Die Ausübung der Rechte aus dem Versicherungsvertrag steht ausschließlich dem Versicherungsnehmer zu; dieser bleibt neben dem Versicherten für die Erfüllung der Obliegenheiten verantwortlich.

2. Ansprüche des Versicherungsnehmers selbst oder der in § 4 Ziffer II, 2 genannten Personen gegen die Versicherten sind von der Versicherung ausgeschlossen.

3. Die Versicherungsansprüche können vor ihrer endgültigen Feststellung ohne ausdrückliche Zustimmung der Gesellschaft nicht übertragen werden.

§ 9. Prämienzahlung. Prämienregulierung. Prämienrückerstattung.

I. Die nach Beginn des Versicherungsschutzes (§ 3, Ziffer I) zahlbaren regelmäßigen Folgeprämien sind an den im Versicherungsschein festgesetzten Zahlungsterminen, sonstige Prämien bei Bekanntgabe an den Versicherungsnehmer zuzüglich etwaiger öffentlicher Abgaben und einer Hebegebühr bzw. einer Ausfertigungs- und Zustellungsgebühr für Verlängerungs- oder Veränderungsscheine in dem jeweiligen Betrage, der dem Reichsaufsichtsamt für Privatversicherung durch geschäftsplanmäßige Erklärung der Gesellschaft bekanntgegeben ist, zu entrichten. Unterbleibt die Zahlung, so ist der Versicherungsnehmer auf seine Kosten unter Hinweis auf die Folgen fortdauernden Verzugs durch einen an seine letztbekannte Adresse gerichteten Brief zur Zahlung innerhalb einer Frist von 2 Wochen aufzufordern. Tritt der Versicherungsfall nach dem Ablauf dieser Frist ein und ist der Versicherungsnehmer zur Zeit des Eintritts mit der Zahlung der Prämie oder der Kosten im Verzug, so ist die Gesellschaft von der Verpflichtung zur Leistung frei. Nach dem Ablauf der Frist ist die Gesellschaft, wenn der Versicherungsnehmer mit der Zahlung der Prämie noch im Verzuge ist, berechtigt, das Vertragsverhältnis ohne Einhaltung einer Kündigungsfrist zu kündigen. Kündigt die Gesellschaft nicht, so ist sie für die gerichtliche Geltendmachung der rückständigen Prämie nebst Kosten an eine Ausschlußfrist von 6 Monaten seit Ablauf der zweiwöchigen Frist gebunden. Bei Teilzahlung der Jahresprämie werden die noch ausstehenden Raten der Jahresprämie sofort fällig, wenn der Versicherungsnehmer mit Zahlung einer Rate in Verzug gerät.

II. 1. Der Versicherungsnehmer ist verpflichtet, nach Erhalt einer Aufforderung der Gesellschaft, welche auch durch einen der Prämienrechnung aufgedruckten Hinweis erfolgen kann, Mitteilung darüber zu machen, ob und welche Änderung in dem versicherten Risiko gegenüber den zum Zwecke der Prämienbemessung gemachten Angaben eingetreten ist. Diese Anzeige ist innerhalb eines Monats nach Erhalt der Aufforderung zu machen. Auf Erfordern der Gesellschaft sind die Angaben durch die Geschäftsbücher oder sonstige Belege nachzuweisen. Unrichtige Angaben zum Nachteil der Gesellschaft berechtigen diese, eine Vertragsstrafe in dreifacher Höhe des festgestellten Prämienunterschieds vom Versicherungsnehmer zu erheben, sofern letzterer nicht beweist, daß die unrichtigen Angaben ohne ein von ihm zu vertretendes Verschulden gemacht worden sind.

2. Auf Grund der Änderungsanzeige oder sonstiger Feststellungen wird die Prämie entsprechend dem Zeitpunkt der Veränderung richtiggestellt, jedoch darf sie nicht geringer werden, als die in dem zur Zeit des Versicherungsabschlusses gültigen Tarif der Gesellschaft festgesetzte Mindestprämie. Beim Fortfall eines Risikos wird die etwaige Minderprämie vom Eingang der Anzeige ab berechnet.

3. Unterläßt es der Versicherungsnehmer, die obige Anzeige rechtzeitig zu erstatten, so kann die Gesellschaft für die Zeit, für welche die Angaben zu machen waren, an Stelle der Prämienregulierung (Ziffer II, 1) als nachzuzahlende Prämie einen Betrag in Höhe der für diese Zeit bereits gezahlten Prämie verlangen. Werden die Angaben nachträglich, aber noch innerhalb zweier Monate nach Empfang der Aufforderung zur Nachzahlung gemacht, so ist die Gesellschaft verpflichtet, den etwa zu viel gezahlten Betrag der Prämie zurückzuerstatten.

III. Die vorstehenden Bestimmungen finden auch auf Versicherungen mit Prämienvorauszahlung für mehrere Jahre Anwendung.

IV. 1. Endet das Versicherungsverhältnis infolge Kündigung durch die Gesellschaft im Schadensfalle (§ 10, Ziffer II, 1), so gebührt ihr nur der Teil der Prämie, welcher der abgelaufenen Versicherungszeit entspricht; in allen übrigen Fällen vorzeitiger Beendigung steht der Gesellschaft die Prämie für das laufende Versicherungsjahr zu.

2. War die Prämie auf mehrere Jahre vorausbezahlt, so ist der Berechnung des der Gesellschaft zustehenden Betrages die Prämie zugrunde zu legen, die bei Vorauszahlung auf die Zeit, für welche der Gesellschaft nach Ziffer 1 die Prämie gebührt, zu zahlen gewesen wäre.

§ 10. Vertragsdauer. Kündigung.

I. Der Vertrag ist zunächst für die in dem Versicherungsschein festgesetzte Zeit abgeschlossen. Beträgt diese mindestens ein Jahr, so bewirkt die Unterlassung rechtswirksamer Kündigung eine Verlängerung des Vertrages jeweils um ein Jahr. Die Kündigung ist rechtswirksam, wenn sie spätestens 3 Monate vor dem jeweiligen Ablaufe des Vertrages schriftlich erklärt wird; sie soll durch eingeschriebenen Brief erfolgen.

II. 1. Das Versicherungsverhältnis kann ferner gekündigt werden, wenn von der Gesellschaft auf Grund eines Versicherungsfalles eine Schadenersatzzahlung geleistet, oder der Haftpflichtanspruch rechtshängig geworden ist oder die Gesellschaft die Leistung der fälligen Entschädigung verweigert hat.

2. Das Recht zur Kündigung, die seitens der Gesellschaft mit einer Frist von einem Monat, seitens des Versicherungsnehmers mit sofortiger Wirkung zu erfolgen hat, erlischt, wenn es nicht spätestens einen Monat, nachdem die Zahlung geleistet, der Rechtsstreit durch Klagerücknahme, Anerkenntnis oder Vergleich beigelegt, oder das Urteil rechtskräftig geworden ist, ausgeübt wird.

III. Wenn versicherte Risiken vollständig und dauernd in Wegfall kommen, so erlischt die Versicherung bezüglich dieser Risiken.

IV. Außerordentliche Kündigung. 1. Wenn infolge von Veränderungen der allgemeinen wirtschaftlichen Verhältnisse die Grundlagen der Haftpflichtversicherung allgemein derart erschüttert werden, daß bei unveränderter Fortsetzung der bestehenden Versicherungen die Durchführung einer geordneten und den Interessen der Versicherten auf die Dauer gerecht werdenden Geschäftsgebarung des Unternehmers ernsthaft gefährdet erscheint, so kann auf Grund einstimmigen Beschlusses des Vorstandes und des Aufsichtsrats mit Genehmigung der Aufsichtsbehörde eine außerordentliche Kündigung bestehender Versicherungen zugelassen werden.

2. Das gleiche gilt, wenn die in Ziffer 1 erster Halbsatz bezeichneten Wirkungen durch die Änderung bestehender oder den Erlaß neuer Rechtsnormen herbeigeführt werden.

3. Die Aufsichtsbehörde bestimmt, für welchen Teil des Versicherungsbestandes die außerordentliche Kündigung zugelassen wird, sowie zu welchem Zeitpunkt und mit welcher Frist gekündigt werden kann.

4. Im Falle der außerordentlichen Kündigung ist die über den Schluß der laufenden Versicherungsperiode hinaus entrichtete Prämie vom Versicherer ohne Abzug einer Geschäftsgebühr zurückzuerstatten.

§ 11. Klagefrist. Gerichtsstand.

1. Hat die Gesellschaft den Versicherungsschutz abgelehnt, so ist der bestrittene Versicherungsanspruch bei Meidung des Verlustes durch Erhebung der Klage binnen einer Frist von 6 Monaten geltend zu machen. Die Frist beginnt mit dem Tage, an dem der Anspruchsberechtigte durch eingeschriebenen Brief unter Hinweis auf die Rechtsfolgen der Fristversäumnis davon in Kenntnis gesetzt worden ist, inwieweit sein Anspruch auf Versicherungsschutz bestritten wird.

2. Für die aus diesem Versicherungsverhältnis entstehenden Rechtsstreitigkeiten ist neben den gesetzlich zuständigen Gerichten das Gericht des inländischen Wohnsitzes des Versicherungsnehmers zuständig.

§ 12. Anzeigen und Willenserklärungen.

Alle für die Gesellschaft bestimmten Anzeigen und Erklärungen sind schriftlich an den Vorstand der Gesellschaft oder an diejenige Generalagentur, welche im Versicherungsschein oder dessen Nachträgen als zuständig bezeichnet ist, zu richten. Die Agenten sind zu deren Entgegennahme nicht berechtigt.

II. Der Versicherungsfall (§§ 5, 6).

Die Überschrift könnte im Hinblick auf den Inhalt von § 5 als „Obliegenheiten nach Eintritt des Versicherungsfalles" (§ 6 ADB.) ausgelegt werden. Das wäre deshalb falsch, weil einige der in § 5 enthaltenen Obliegenheiten[1] nicht an den vollendeten Tatbestand des Versicherungsfalles[2] anknüpfen, dessen Begriff im Bereich der Obliegenheiten der gleiche ist wie auch sonst[3].

Die Fassung „Der Versicherungsfall"[4] vermeidet jede Stellungnahme zur Frage nach dem Zweck, der Natur oder dem für die Beobachtung maßgebenden Zeitpunkt der in § 5 aufgezählten Obliegenheiten. Sie will, rein praktischen Erwägungen folgend, den Versicherungsnehmer schon bei nur oberflächlicher Durchsicht der ADB. auf die Bestimmungen aufmerksam werden lassen, die mit dem Versicherungsfall im Zusammenhang stehen, und die er beachten muß, wenn ein Schaden eintritt und aus ihm Ansprüche erhoben werden[5] (vgl. auch § 5 n. F.)

---

1) Z. B. § 5 Ziff. 2 Abs. 2, der von der Anzeige eines polizeilichen oder strafrechtlichen Verfahrens spricht und der („Die gleiche Verpflichtung besteht ...") die Beobachtung eines Teils der in § 5 Ziff. 2 Abs. 1 aufgezählten Obliegenheiten dem Versicherungsnehmer für den Fall eines solchen Verfahrens ebenfalls schon von der Anspruchserhebung des Dritten auferlegt (Anm. 794 zu § 5). Ferner ist zu beachten, daß auch im übrigen § 5 Ziff. 2 Abs. 1 von den Obliegenheiten nur im Zusammenhang mit dem „Schaden" oder dem „Schadensfall" spricht. Es könnte daher gefragt werden, ob die letztgenannten Obliegenheiten an den Schaden schlechthin anknüpfen (so Stiefel aaO. § 5 Anm. 1), oder dies nur für den Fall tun, daß außerdem ein Haftpflichtanspruch bereits erhoben worden war (darüber bei § 5 Ziff. 2 Bl. 90/1).

2) Es wird daran festgehalten und auch durch § 5 Ziff. 1 („Wird ein unter den Versicherungsvertrag fallender Haftpflichtanspruch erhoben ...", anders im Wortlaut — dazu Oberbach JRPV. 1943 S. 27 — § 5 Ziff. 2 Abs. 1 [i. V. mit Ziff. 1] Abs. 2, 3, 4 n. F. AVB.) weiter gestützt, daß unter dem Versicherungsfall nach den AVB. die Verwirklichung des gesamten Tatbestandes anzusehen ist, wie er in § 1 Ziff. 1 AVB. in dem mit „daß ..." beginnenden Satz ausgedrückt ist, I/69 und außer den in Anm. 407 das. Zitierten ausführl.: Oberbach JRPV. 1943 S. 13—18 und das. S. 62—39, insbesondere S. 18. Vergl. ferner Kersting DOV. 1936, S. 149 ff., ders. JRPV. 1929, S. 271 ff. und DR. 1943 S. 990 ff., Ehrenzweig JRPV. 1931, S. 299; zum Versicherungsfall in der H-Versicherung unter Berücksichtigung lediglich der Bestimmungen des VVG.: Anm. 351 zu § 5. Über den Versicherungsfall in der HV. nach französischem und italienischem Recht JRPV. 1940, S. 11. Ueber „Versicherungsfall in der allgemeinen HV. und neues Vertragsrecht": JRPV. 1940, S. 97 ff.

3) Auch das RG. legt im Gebiet der Obliegenheiten den Begriff des Versicherungsfalles nicht anders aus als sonst in der HV.: RG. vom 24. 2. 1939 = JRPV. S. 167; RG. vom 29. 4. 1938 = JRPV. S. 183; dahingestellt in Braunschweig vom 25. 10. 1935 = JRPV. 1936, Zus. I, S. 10. Vergl. RG. vom 16. 3. 1934 = RG. 144/163 = JRPV. S. 163 = DOV. 62 = APV. 20 = HRR. 1464 = RdK. 1935, S. 56 = JW. 1721; Düsseldorf vom 31. 1. 1938 = JRPV. S. 89.

4) So auch die n.F.) Obliegenheiten im Versicherungsfall: § 7 AKB. n.F. — Obliegenheit im S c h a d e n s f a l l: § 5 AKB. a.F.: (dazu Stiefel § 5, Anm. 1) wäre ebensowenig im vollen Umfange zutreffend. AFB. § 14 sprechen von „Pflichten des VN. im Schadensfall". Allerdings ist hierbei zu berücksichtigen, daß der VFall in den AFB. und der bei den Obliegenheiten in den AKB. mitberücksichtigten Kasko- und Unfall-V. ein anderer ist als in der Haftpflicht-V.) vergl. Braunschweig vom 25. 10. 1935 = JRPV. 1936, Zus. I S. 10.

5) Daher ist die in diesem Zusammenhang nicht zu beachtende Obliegenheit, jede „Aenderung in dem versicherten Risiko ... anzuzeigen", nicht bei den „Obliegenheiten des VN." im § 5, sondern im § 9 II 1 enthalten.

Wollte man dem zuwider der Überschrift die Bedeutung von Obliegenheiten „im" oder „beim Eintritt" des VFalles beilegen, so würde sie im Hinblick auch auf solche Bestimmungen, die an den Schadensfall allein anknüpfen, nicht als unrichtig bezeichnet werden können; denn auch der Schadenseintritt, ja die Schadensursache ist ein Teil des Tatbestandes, den die ADB. als VFall bestimmen, und man kann, wenn dieser Teil schon verwirklicht ist, jedenfalls nicht mehr von Obliegenheiten vor dem VFall sprechen[9]. Allenfalls ließe sich dann sagen Obliegenheiten „im" oder „beim"[10] VFall, wenn man darunter verstehen würde den Zeitpunkt nach Eintritt seines ersten, aber vor dem seines letzten Tatbestandsmerkmals.

Wie diese Obliegenheiten im Hinblick auf §§ 6 ADB. und 6 I und III VVG. hinsichtlich des Zeitpunktes ihrer Erfüllung einzugliedern sind, darüber vgl. bei dieser Bestimmung Bl. 174 ff.

§ 5. Obliegenheiten des Versicherungsnehmers. Verfahren.

Obliegenheiten sind im Gesetz und Vertrag bestimmte[11] Verhaltensmaßregeln[12], die im wesentlichen den Zweck haben, durch die Beobachtung der in ihnen enthaltenen Gebote die dem VVertrag zugrunde liegende Gefahrslage möglichst während der ganzen Vertragsdauer[13] unverändert aufrechtzuerhalten[14].

Ihrem Inhalt nach sind sie recht mannigfaltig, da sie in fast allen VZweigen und Stadien des VVertrages vorkommen und durch den verschiedensten Gehalt ihrem Zweck dienen sollen. Sie sind, was die vertraglich[15, 16] vorgesehenen anlangt, meist in den ADB., bisweilen

---

9) Oberbach JRPV. 1943 S. 29.

10) So § 12 der früheren AFB., § 62 VVG.

11) Stillschweigend vereinbarte Obliegenheiten gibt es nicht: Kersting JRPV. 1939 S. 243.

12) Möller DVers.Prax. 1935 S. 44 ff. (46), äußert im Anschluß an die Besprechung von KG. v. 8. 11. 1934 = HansRGZ. 1935 A. 180 Bedenken, „... ob wirklich alle denkbaren Verhaltensnormen Gegenstand von Obliegenheiten zu sein vermögen".

13) Wenn man hierunter den Zeitraum versteht, innerhalb dessen der VN. überhaupt noch vom Versicherer eine Leistung aus dem VVertrag verlangen kann oder verlangt: Bl. 64, 92, 106, 122, 136, 158.

14) Gottschalk ZfVW 1917 S. 201.

15) Die einseitige Auferlegung einer Obliegenheit bei oder nach Abschluß des VVertrages ist ebensowenig rechtlich wirksam wie ihre einseitige Aenderung (I/12 Anm. 8 außer den dort gen.: RG. vom 27. 4. 1926 = JRPV. S. 150; Braunschweig vom 4. 11. 1932 = JRPV. 1933 S. 46; Düsseldorf vom 13. 6. 1938 = JRPV. S. 237; Gottschalk JRPV. 1926 S. 321 ff.; Kisch II S. 79/80, ders. JRPV. 1932 S. 84 ff.). Nur mit dieser Einschränkung ist zuzustimmen Köln vom 29. 5. 1934 = JRPV. S. 223/4 = DVP. 221 = JW. 2349: „Sie (= Versicherer, Verf.) hätten es dem VN. auch noch nachträglich zur Pflicht machen können, sie ... auf dem laufenden zu halten". — Es genügt nicht, wenn der V'rer z. B. auf die VPolice einen Zettel klebt, der die Auflage an den VN. enthält, bei Schäden niemandem das Bestehen einer HV. mitzuteilen; dagegen bestehen wohl keine Bedenken, die Auflage als eine im voraus allgemein erteilte Weisung hinsichtlich der Rettungspflicht anzusehen: Anm. 557 zu § 5;

auch in besonderen Bedingungen[17] niedergelegt. Es handelt sich um Regeln, die[18] der V'rer aus seiner umfassenden und stetig wachsenden Erfahrung über die Ergebnisse bestimmten Handelns und Unterlassens in gewissen Fällen ableitet. Sie bilden einen notwendigen Teil des VWesens, einen unentbehrlichen Bestandteil eines geordneten VBetriebs und das Ergebnis zum Teil teuer erkaufter Erfahrungen[19]. Sie dürfen — mag ihre Beobachtung dem einzelnen VN. auch bisweilen unbequem sein — gerechterweise keineswegs als vom V'rer[20] gezogene Fallstricke[21] empfunden[22], müssen vielmehr aus den praktischen Erfordernissen bei der Regelung und Abwicklung einer sehr großen Zahl[23] von VVerhältnissen und der daraus entspringenden Schadensfälle, sowie bei einer sachgemäßen Leitung des Verhaltens der VN.[24] betrachtet werden. Daß hierbei der einzelne als Teil des großen Ganzen nicht nach seinem Gutdünken verfahren kann, sondern nach genau festgelegten und mit ihm vereinbarten Richtlinien sein Verhalten zu bestimmen hat, ist aus der Natur der Sache erforderlich und jedem Ein-

---

vergl. ferner Düsseldorf vom 15. 10. 1934 = JRPV. 1935 Zus. S. 57 (dazu Georg DOV. 1936 S. 79). — Über die naheliegenden Gründe, aus denen der H-Versicherer „als graue Eminenz" möglichst wenig bei der Regelung von Schäden in die Erscheinung tritt: Donati in NZ. 1937 S. 1160/61.

15) Im letzteren Falle ist darauf zu achten, ob an die Verletzung solcher Obliegenheiten auch vertraglich bestimmte Folgen geknüpft sind. Eine Verwirkungsfolge oder ein Rücktrittsrecht des Versicherers kraft Gesetzes gibt es bei Verletzung vertraglich festgelegter Obliegenheiten nicht (RG. vom 11. 2. 1938 = RG. 157/67 = JRPV. 101 = JW. 1118 mit Anm. Möller. —). § 6 VVG. gibt nur bestimmte Anordnungen für den Fall, daß im Vertrage Folgen festgesetzt sind. Sollen derartige Folgen (wegen des Rücktrittsrechtes, vergl. jetzt § 6 IV VVG.) mit der Obliegenheitsverletzung verbunden sein (über die Rechtslage, die entsteht, falls vertraglich eine Folge der Obliegenheitsverletzung nicht vereinbart ist, vergl. Bl. 35/6), so müssen sie außerdem den zwingenden Regeln des VVG. über die Beschränkung der Vertragsfreiheit genügen.

16) Hagen Handbch. I S. 523.

17) Darüber I/14.

18) Loppuch JRPV. 1937 S. 134.

20) Die Aufstellung bestimmter Obliegenheiten ist als ein Teil der AVB. von der Genehmigung der Aufsichtsbehörde abhängig (§ 5 III Nr. 2 VAG.) I/14, ferner Anm. 203, 938 zu § 5; hierzu Arnold JRPV. 1939 S. 195.

21) Als solche müßte man — wie Kleinschmidt aaO. S. 29 ausführt — die Obliegenheiten aber u. U. dann ansehen, wenn man sie, einer weitverbreiteten Lehre folgend, lediglich als Voraussetzungen für die Leistungspflicht des Versicherers ansähe, mit der weiterhin aus dieser Auffassung gezogenen Folgerung, der Versicherer habe an der Erfüllung der Obliegenheiten kein Interesse, da er durch die (evtl.!, aber nur bei ausdrücklicher vertraglicher Vereinbarung darüber Bl. 35/6) vereinbarte Verwirkungsfolge in seinem Interesse genügend geschützt sei, seine Lage sich also bei Verletzung der Obliegenheiten nur verbessern könne. — Bei solcher Auffassung müßte in der Tat der Versicherer sich freuen, wenn der VN. seine Obliegenheiten verletzt, und er würde deshalb zahlreiche Obliegenheiten anstreben, um entsprechend viele Möglichkeiten von Anspruchsverwirkung zu schaffen. — Diese Auffassung ist weder rechtlich noch wirtschaftlich haltbar: darüber Bl. 39/40.

22) Wie dies aus Unkenntnis der Zusammenhänge nicht nur bei Laien, sondern auch bei Juristen geschieht; Loppuch JRPV. 1937 S. 134.

23) Dazu die Ausführungen von H.-r. in Vers.Vertr. 1934 S. 1/2, Gottschalk DOV. 1926 S. 1.

24) Anm. 25, 447, 479 zu § 5, Bl. 57, 73, 103, 148.

sichtigen verständlich. Hier gilt es, den vielberufenen Gedanken der Gefahrengemeinschaft anzuwenden[25].

Auch das Gesetz sieht, wie gesagt, Obliegenheiten vor. Diese sind z. T. in den ADB. wiederholt, z. T. in ihnen nicht mehr besonders enthalten. Von den letztgenannten ist auf die sogenannte vorvertragliche Anzeigepflicht (§§ 16 ff. VVG.[26]), weiter die Vermeidung von Gefahrerhöhungen (§§ 23 ff. VVG.[27]), die Veräußerungsanzeige des § 71 VVG.[28] u. a. hinzuweisen. Von den im Gesetz enthaltenen Obliegenheiten, die in den ADB. mit gleichem oder ähnlichem Inhalt wiederholt sind, kommen in Betracht die §§ 153 II VVG. (= 5 Ziff. 1 ADB.), 62 VVG. (= 5 Ziff. 2 Satz 1 ADB.), 34 VVG. (= 5 Ziff. 2 Satz 2 ADB.) u. a.[29].

Es ergibt sich daraus, daß ein wesentlicher Teil der Obliegenheiten, die im Zusammenhang mit dem Eintritt eines Schadens zu beobachten sind, bereits im Gesetz enthalten ist. Ihre Wiederholung in den ADB. erfolgt — soweit sie nicht erlaubte Änderungen[29a] oder Ergänzungen gegenüber dem Gesetz enthalten — im Interesse des VN., der nur selten den Wortlaut des Gesetzes kennt, dem aber die ADB. nach gesetzlicher Vorschrift ausgehändigt oder zumindest zugänglich gemacht werden müssen[29b].

Der Kreis der vertraglich bestimmten, für alle gleichartigen VVerträge gemeinhin geltenden Obliegenheiten[30], ist durch die in den ADB. aufgeführten Regeln, vor allem deren § 5[31], fest und abschließend gezogen. Es handelt sich also bei diesen nicht nur um einzelne, aus einer allgemeinen „Treuepflicht" des VN. abgeleitete Beispiele von Einzel-

---

25) Daß man gerade die mit den Obliegenheiten zusammenhängenden Fragen nicht aus dem Einzelvertragsverhältnis sondern nur im Zusammenhange mit dem zugrunde liegenden Gemeinschaftsverhältnis betrachten und würdigen kann, führt zutr. aus: Arnold (in JRPV. 1939 S. 194 ff.) ein ähnlicher Gedanke bei v. Gierke (Vers.Recht aaO. S. 119): „Der VN. muß sich klar darüber sein, daß er in Reih und Glied stehen muß. Daher kann er in vielen Fällen nicht eine rein individuelle Behandlung und Wertung verlangen". Vergl. Anm. 24 zu § 5.

26) Hierüber bei § 7 Bl. 209.

27) Diese bleiben wegen § 1, 2b der ADB. für diese außer Betracht.

28) Bruck Komm. § 71 Anm. 3.

29) Vergl. ferner § 154 II VVG. und § 5 Ziff. 4 ADB., für die Neufassung insbesondere § 153 VVG. und § 5 Ziff. 2 ADB.

29a) § 158a VVG.

29b) RAA. hat mit Rundschreiben R 19/44 vom 16. 5. 1944 u. a. für den Bereich der HV. (mit Ausnahme jedoch der Vermögens-HV.) angeordnet, daß bei Neuabschluß von VVerträgen den VScheinen ADB. nicht mehr beizufügen sind. Dafür sind die VScheine mit folgendem Ausdruck zu versehen: „Die gegenseitigen Rechte und Pflichten regeln sich nach dem Antrag, den vom RAA. f. d. VWes. genehmigten Satzungen und ADB., den gesetzlichen Bestimmungen sowie den auf diesem VSchein etwa vermerkten besonderen Bedingungen. Die ADB. werden auf Verlangen, soweit vorhanden, ausgehändigt. Sie können auch am Hauptsitz des VUnternehmens oder bei einer dem VN. nahe gelegenen Außenstelle eingesehen werden."

30) Weitere Obliegenheiten können im Einzelfall vereinbart werden: Anm. 15 zu § 5.

31) Auch § 9 II 1 ADB enthält eine solche Obliegenheit: Anm. 184 zu § 5.

pflichten, die ergänzungsfähig wären[32]. Eine Generalobliegenheit der Assekuranztreue gibt es nicht[33, 34].

Die Obliegenheiten können in Handlungen, Duldungen oder Unterlassungen[35] bestehen[36].

Bei der Beurteilung aller Fragen, die mit der Beobachtung der Obliegenheiten oder den Folgen ihrer Nichtbeobachtung[37] zusammenhängen, ist zuerst festzustellen, daß es sich im Einzelfalle wesensgemäß um eine Obliegenheit handelt.

Von diesen sind scharf zu trennen die sogenannten Ausschlußklauseln[38], mögen sie auch an ein bestimmtes Verhalten des VN. anknüpfen (wie z. B. § 4 II 1 ADB.[39]). Diese stellen sich als Risikobeschränkungen dar, durch welche bestimmte Tatbestände aus dem V-Schutz von vornherein völlig ausgeschlossen sind. Im Gewande solcher Risikobeschränkungen erscheinen auch Bestimmungen, die in Wirklichkeit Obliegenheiten[40] und daher rechtlich anders zu beurteilen sind. Auch über den Kreis von Ausschlußklauseln hinaus hat es das Reichsgericht[41] für zulässig erachtet, den Anspruch auf Versicherungsentschädigung und Leistungspflicht rein objektiv von anderweitigen besonderen Umständen abhängig zu machen; nur dürfen diese Umstände nicht in Handlungen oder Unterlassungen[42] bestehen, welche den Gegenstand von Verpflichtungen (Obliegenheiten) des VN. bilden[43].

Weiterhin kann dem VN. ein bestimmtes Verhalten vorgeschrieben werden, von dessen Beobachtung gemäß Parteivereinbarung, die Wirksamkeit des VVertrages als solcher oder des VSchutzes[44] abhängen

---

32) Auch dann nicht, wenn an einem bestimmten Verhalten des VN., das aber nicht zum Gegenstand einer vertraglichen Obliegenheit gemacht worden war, ein Interesse des Versicherers anerkannt werden müßte: Köln vom 29. 5. 1934 = JRPV. 223 = DVP. 221 = JW. 2349.

33) Ritter, Komm.S. 288 ff., erwähnt die Versicherungstreue als Grundlage aller Obliegenheiten, lehnt eine solche Konstruktion aber wegen der besonderen Ordnung der Obliegenheiten ab: dazu Amthor aaO. S. 49; ferner Gottschalk HansRGZ. 1925 S. 577, 582, Bruck Komm. § 6 Anm. 4, v. Gierke LZ. 1909 Sp. 734.

34) Es ist daher jede Obliegenheitsverletzung einzeln und für sich zu würdigen und kann von einem Gesamtverhalten, auf das abzustellen wäre, nicht die Rede sein: RG. v. 4. 7. 33 = JRPV. 232 = RdK. 1934 S. 110 = Warn.Rechtspr. Nr. 154.

35) Z. B. § 5 Ziff. 4 AVB.: Anm. 1064 zu § 5.

36) Hagen Handbch. S. 523 u. 526, Celle v. 5. 7. 35 = JRPV. 1936 Zus. II S. 40, WZ. 1921 S. 633/4.

37) Blatt 172.

38) I/202 ff., Bruck Komm. § 6 Anm. 4.

39) I/247.

40. I/114 und Möller „Unzulässige Risikobeschränkungen" in DVers. Prax. 1935 S. 44; Ehrenzweig I/321 ff.

41) RG v. 15. 2. 21 = APV.A.S. 52 = MR. 1922 S. 58 = WZ. II S. 745.

42) Anm. 12 zu § 5.

43) Eine derartige objektive Tatsache erblickte das RG. v. 13. 11. 08 = RG. 70/43 darin, daß ohne Genehmigung des Versicherers nicht anderweitige Versicherung genommen werden darf; mitget. bei Kersting ZfVW. 1923 S. 222, dazu Josef WZ. 55. Jahrg. S. 817, 849.

44) KG. v. 16. 5. 1936 = JRPV. S. 330.

soll[45], die also **echte Bedingungen**[46] für das Zustandekommen oder das Bestehen des Vertrages oder des VSchutzes i. S. der §§ 158 ff. BGB. sind[47, 48].

Schließlich sind von den Obliegenheiten noch zu trennen die **echten Voraussetzungen** für den Eintritt bestimmter Rechtsfolgen, z. B. die Verwirklichung gewisser Umstände wie die öffentliche Versteigerung des Schiffes nach § 77 I ADSVB. als echte Voraussetzung für die Geltendmachung auf den Unterschied zwischen dem Versteigerungserlös und der VSumme: ZfVW. 1931 S. 373/74.

Rechtsnatur der Obliegenheiten.

Die Rechtsnatur der Obliegenheiten ist in Rechtslehre und Rechtsprechung[49] noch immer umstritten.

Rechtslehre. Sie kennt im wesentlichen 3 Auffassungen, von denen sich zwei entgegenstehen, während die dritte einen vermittelnden Charakter trägt.

I. Nach der sogenannten **Verbindlichkeitstheorie** sind die Obliegenheiten echte Verbindlichkeiten (Rechtspflichten) im herkömmlichen Sinne, „wenn auch von besonderer Art und besonderer Kraft."[50] Sie unterstehen damit regelmäßig, d. h. soweit nicht besondere Bestimmungen des VVG. abändernd eingreifen, den allgemeinen Vorschriften des BGB. Ihre Erfüllung ist grundsätzlich durch Klage und Vollstreckung erzwingbar. Ihre Nicht- oder nicht ordnungsmäßige Erfüllung erzeugt Schadenserſatzansprüche und kann mit besonderen Strafen verbunden werden. Der Schuldner der Obliegenheiten ist für das Verhalten der Personen, deren er sich zur Erfüllung dieser Verbindlichkeiten bedient[51] gemäß §§ 278, 276 BGB. verantwortlich. Im wesentlichen wird diese Auffassung vertreten von: Ritter[52], v. Gierke[53], Gott-

45) RG. v. 17. 11. 1908 — LZ. 3/324; ZfVW. 1927 S. 445, MR. 1922 S. 58.

46) Es kann im Einzelfall zweifelhaft sein, ob eine Auflage Obliegenheit oder Bedingung ist: z. B. KG. v. 3. 7. 20 — APV. A. S. 79.

47) DVA. 1934 S. 961/2, Bruck Komm. § 6 Anm. 4, § 1 Anm. 22; Josef „Bedingte VVerträge und Obliegenheiten des VN." in WZ. 1921 S. 817 ff. und 849 ff. (mit Rechtsprechung), MR. 1922, S. 58 ff., ZfVW. 1927 S. 445/50, KG. v. 6. 1. 1940 — JRPV. S. 45.

48) Vergl. § 2 Ziff. 1 Satz 2 AVB.: „Der VN. ist aber verpflichtet . . ." und dazu I/135 und 142.

49) Über die Regelung nach früheren Gesetzen (ALR., ADHGB.) und VBedingungen (Statut der Württembergischen Privat-Feuerversich. von 1828, Allgem. Plan der Hamburg. Seeversich. von 1847, Bremer Beding. von 1836) eingehend Amthor aaO. S. 18—36.

50) Ritter Komm. S. 37.

51) Bl. 51 ff.

52) Komm. I S. 35 ff., LZ. 1914 Sp. 854 ff., JW. 1926 S. 1969.

53) LZ. 1909 Sp. 721 ff., Vers.Recht (1937), S. 117 Anm. 24, wo er die Bruckſche Voraussetzungstheorie scharf ablehnt: „. . . denn bekanntlich hat gerade sie es darauf abgesehen, in lebensfremder Weise den Pflichteninhalt der Obliegenheiten durch die Konstruktion von Voraussetzungen zu verwässern."

schalt[54], Prölß[55], Koch[56], Sprinz[57], Brodmann[58], u. a.[59], früher auch von Rölli[60].

Ebenso wie bei der im folgenden genannten „Voraussetzungstheorie" stimmen auch hier die einzelnen Vertreter nicht in allen Punkten untereinander völlig überein[61].

II. Die **Voraussetzungstheorie** steht hierzu in begrifflich scharfem Gegensatz. Ihre Vertreter[62] erblicken in den Obliegenheiten nicht echte Rechtspflichten, sondern „zum Vertragsinhalt erhobene Voraussetzungen[63] für die Bewirkung oder den Umfang der Leistung oder das sonstige Tun des VN." Sie haben nicht die Natur „echter" Verbindlichkeiten, sind daher auch nicht durch Klage des Versicherers erzwingbar[64], da der Versicherer nicht Gläubiger, der VN. nicht Schuldner hinsichtlich ihrer Beobachtung ist[65]. Auch Zwangsvollstreckung, Schadensersatz[66] und Strafe können niemals die Folgen von Obliegenheitsverletzungen sein[64].

Außer von Bruck, der diese Lehre eingehend behandelt und ausgebaut hat, wird sie noch vertreten von Amthor[67], Müller-Erzbach[68], Kisch[69], Hagen[70], Schneider[71], Wolff[72], Möller[73], Wüstney[74] u. a.[75]

---

54) ZfVW. 1918 S. 191 ff., JW. 1927 S. 147, ZfVW. 1927 S. 157.
55) Komm. § 6 Anm. 4, WuRdV. 1933 Heft 2 S. 50, JW. 1934 S. 1073.
56) ZfVW. 1927 S. 208 ff.
57) Komm. zu § 6.
58) Iher. J. Bd. 58 S. 187 ff. besonders 288.
59) Z. B. Fuld Ass. J. 30/3 ff., Kleinschmidt aaO. S. 53 u. a., Hercher aaO. S. 22 u. a. Hildebrandt „Erklärungshaftung" 1931 § 11 und S. 290, Bornmann JRPV. 1934 S. 65/66; vergl. noch LZ. 1907 Sp. 483 ff., ZfVW. 1911/209, Gruch-Beitrg. 52/268 ff., Iher. J. 55/260 DOV. (Mittlg.) 1914 S. 59 ff.
60) Bd. I S. 58 ff.
61) Auf die Unterschiede im einzelnen kann hier nicht näher eingegangen werden.
62) So Bruck als Hauptvertreter der Voraussetzungstheorie PVR. S. 276 ff. bes. 282 ff., Komm. § 6 Anm. 4.
63) Über die Theorie der Voraussetzung Amthor aaO. S. 96—114.
64) Bruck PVR. S. 280, Kisch II S. 180, weitere Literatur bei Amthor aaO. S. 79 Anm. 5. Es fragt sich nur, warum das Gesetz eine solche allgemeine Nicht-Erzwingbarkeit nicht ausdrücklich ausgesprochen hat. Daß das Gesetz es sagen kann, wenn durch ein bestimmtes Versprechen des VN. „ein Recht des V'rers nicht begründet wird", beweist § 160 VVG.
65) Bruck PVR. S. 285.
66) Bl. 37 ff. Nicht selten wird die Möglichkeit, aus der Verletzung einer Obliegenheit Schadensersatzansprüche geltend zu machen, ausdrücklich anerkannt; z. B. KG. v. 20. 3. 20 = APV. 1921 S. 46, Köln v. 29. 5. 34 = JRPV. 223/4 = DVP. S. 221 = JW. S. 2349.
67) In seiner ausführlichen und tiefgehenden, leider ungedruckten Dissertation: „Die versicherungsrechtliche Obliegenheit" Hamburg 1923, insbes. S. 121.
68) Deutsches Handelsrecht (1928) § 195 I—III, § 191 Anm. 1.
69) Handbch. S. 830—33, 443 u. a. ders. WuRdV. 1928 S. 1 ff., bes. 30, 36.
70) Handbch. I S. 523 ff. (526) S. 639 ff.
71) ZfVW. 1906 S. 254 ff., Iher. J. Bd. 58 S. 1 ff., LZ. 1907 Sp. 259 ff.
72) Das Priv.V.Recht in Holtz. Kohl. Enzykl. d. Rechtswissenschaft Bd. II (1914) S. 430.
73) „Verantwortlichkeit" aaO. S. 13.
74) Die private Unfallversicherung 1936 S. 42/3, S. 54.
75) Literatur bei Bruck PVR. S. 282 Anm. 26, ders. Komm. § 6 Anm. 4.

Rechtsprechung. Die Rechtsprechung ist ebenfalls nicht einheitlich. Meist sind die Entscheidungen ergangen im Hinblick auf die Frage, ob der VN. für das Verschulden eines Erfüllungsgehilfen bei der Verletzung von Obliegenheiten einstehen müsse[76]. Eine grundsätzliche Untersuchung und eingehende Begründung der nach dieser oder jener Richtung eingenommenen Stellung ist allenthalben — auch, soweit ersichtlich, seitens des Reichsgerichts — zu vermissen. Meist beschränkt man sich darauf, die Formulierung des RG.[77] zu wiederholen, wonach die Obliegenheit nicht „eine von dem VN. erzwingbare, bei Nichterfüllung in einen Schadensersatzanspruch übergehende Verbindlichkeit sei, sondern nur eine Voraussetzung für die Erhaltung des Anspruchs aus dem VVertrag[78], [79]." Warum dies aber so sei, wird nicht näher dargelegt.

Das RG. zog in seiner grundlegenden Entscheidung vom 28. 6. 1904 = RG. 58/342 = APV. 1905 A. S. 22 diesen seinen Schluß nicht etwa aus der Natur eines Rechtsbegriffes „Obliegenheit" schlechthin, der auf alles das unterschiedslos angewendet werden sollte, was unter dieser Bezeichnung im VVG. oder den ADB. zusammengefaßt ist[80], sondern aus dem Wortlaut und der besonderen Gestaltung des damals zu beurteilenden einzelnen Vertrages. Es folgerte den Charakter der Obliegenheit zur Aufstellung der Schadensanzeige (Feuer V.) als „Voraussetzung" im vorgenannten Sinne aus den beiden konkreten Umständen, daß 1. diese Anzeige nach den ADB. innerhalb einer bestimmten Frist vorzunehmen war und 2. ihre Unterlassung den Verlust des Anspruchs zur Folge haben sollte. Es stellte somit auf die besonderen Umstände des einzelnen Falles und die Ausgestaltung der einzelnen Obliegenheit ab, und gab durch seine Bewertung der Wortfassung jedenfalls die rechtliche Möglichkeit durchaus zu, daß die Obliegenheit eine echte Verbindlichkeit zum Inhalt haben kann, meinte nur, daß in diesem Falle lediglich eine Voraussetzung „gewollt" (!) war[81]. Ferner hat das RG. in Warn. Erg. Bd. 1913 Nr. 270 eine dem § 62 VVG. entsprechende Pflicht als echte Rechtspflicht mit Schadensersatz-

---

76) Bl. 49 ff.

77) RG. 58/346, 62/192, 133/117.

78) Anm. 87 zu § 5.

79) Ähnliche Formulierungen auch in der Rechtslehre, z. B. bei Bruck HRZ. 1925 S. 119: „Voraussetzung für den Anspruch auf die Leistung des Versicherers"; Kisch II S 179: „Voraussetzung für den Erwerb oder vielmehr für die Fortdauer der vertraglichen Rechte"; Amthor aaO. S. 77: „Voraussetzungen des Anspruchs des VN. gegenüber dem Versicherer auf Entschädigung im Schadensfall".

80) Haymann in DVA. 1934 S. 964: „Aber niemals hat der höchste Gerichtshof erklärt, jedes außer der Prämienzahlung vorgeschriebene Verhalten ... falle unter diesen vom RG. aufgestellten Begriff".

81) Im übrigen RG. v. 19. 6. 31 = RG. 133/117 ff. (unter Bezugnahme auf RG. 58/342, 62/192) RG. vom 17. 2. 31 = JRPV. S. 89 = APV. S. 20 = DOV. S. 28 = DVP. S. 592; RG. v. 8. 10. 1926 = VuG. S. 125 = APV. 1927 S. 65 = HansRGZ. Sp. 935; weiter die Zusammenstellung bei Schack aaO. S. 49 ff.

folge anerkannt[82]. Schließlich spricht es im Urteil vom 10. 1. 1928 = JRPV. S. 41 ff. und vom 11. 2. 1938 = JRPV. S. 101 dort von einer „Obliegenheit", wo die auferlegte Pflicht, nämlich jene, die Grundlage für die Prämienberechnung anzugeben, zweifellos als eine Rechtspflicht angesehen werden muß: vgl. Anm. 142 zu § 5 und Bl. 258.

In der Folge hat sich jedoch das RG. mehr und mehr von der Beurteilung des einzelnen Vertrages abgewendet, jedenfalls wurden Untersuchungen über Inhalt und Wortlaut der jeweils beurteilten AVB. wie sie RG. 58/342 ff. enthält, nicht mehr angestellt. Es scheint danach die Rechtsnatur der Obliegenheiten — zum mindesten derjenigen, welche nach dem VFall zu erfüllen sind[83] — einheitlich zu beurteilen[84].

Erwähnenswert scheint noch in diesem Zusammenhang die Entscheidung[85]: RG. vom 17. 2. 1928 = RG. 120/182 = JRPV. S. 85 = VuG. S. 67 = HansRGZ. A. 158 = APV. S. 244 = JW. S. 1738, die von der „Verpflichtung" des VN. handelt, nach Möglichkeit für die Minderung des Schadens zu sorgen.

Der Versicherer hatte — nach RG. — das „Recht", Weisungen bezüglich der Schadenminderungsmaßnahmen zu erteilen, ohne daß dem VN. ein entsprechender „Anspruch" zustand[86]. Merkwürdig erscheint nun die verschiedenartige Behandlung der Vertragsparteien in bezug auf dasselbe Sach- und Rechtsverhältnis; denn: erteilt der V'rer bestimmte Anweisungen, so erfüllt er damit (obwohl kein entsprechender Anspruch des VN. [!]) eine „vertragliche Verbindlichkeit" und haftet für seinen Erfüllungsgehilfen gemäß § 278 BGB. auf Ersatz eines etwa aus der Befolgung der Weisung dem VN. entstandenen Schadens. Leistet dagegen der VN. den Anweisungen keine Folge, verletzte er also die Obliegenheiten, so verliert er den Anspruch auf Leistung aus dem VFall. Von der Möglichkeit einer Schadensersatzpflicht ist in diesem Zusammenhang nicht die Rede. Wenn man die Verletzungsfolgen, die danach für jede Partei entstehen können, betrachtet, so sind scheinbar die Interessen des V'rers — durch die den Vertragspartner bedrohende Anspruchsverwirkung — bestens gewahrt; das ist aber nur scheinbar so, denn die Ausführungen des RG. über den Anspruchsverlust des VN. sind in der im Urteil ausgesprochenen Unbedingtheit nicht zutreffend.

---

82) Zu dieser Entscheidung Gottschalk aaO. S. 206, Haymann DVA. 1934 S. 964 Anm. 54; nach Amthor S. 45 blieb die Entscheidung „vollkommen vereinzelt" und gibt „auch keine klare Konstruktion". — Zur Rechtsnatur der Rettungspflicht Bl. 88 ff.

83) Haymann aaO. S. 964.

84) Vergl. z. B. die Wendung in RG. v. 7. 12. 1934 = JRPV. 1935 S. 24/25 = DÖV. 1935 S. 8 = DVP. 1935 S. 416 = HRR. Nr. 748/49: „Was aber die behauptete Vertragswidrigkeit betrifft, so verkennt die Revision, daß es sich bei Obliegenheiten (!) überhaupt nicht um Vertragspflichten handelt".

85) Entspr. RG. v. 21. 12. 1905 = RG. 62/190 = APV. 1906 A. S. 98, welches die Obliegenheit zur fristgerechten Erstattung einer Unfallanzeige betraf und RG. v. 12. 12. 19 = RG. 97/279 = APV. 1920 A. S. 56 (Anzeige von der Gefahrerhöhung).

86) Anm. 567, 570 zu § 5.

Es ist die Schranke des § 6 VVG. übersehen oder jedenfalls nicht genügend deutlich auf sie hingewiesen[87]. Verletzt der VN. seine Obliegenheit nur leicht fahrlässig, d. h. erfüllt er sie in dieser Weise nicht, so behält er trotzdem seinen Anspruch, ebenso, wenn sein „Erfüllungsgehilfe" sie gar vorsätzlich oder grob fahrlässig verletzt. Der V'rer dagegen haftet für seinen Erfüllungsgehilfen bei Erteilung bestimmter Weisungen nach RG. schon bei leichtester Fahrlässigkeit auf vollen Schadensersatz.

Die Rechtsprechung der Landgerichte und Oberlandesgerichte ist ebenfalls uneinheitlich[88]. Auch hier ist eine eingehende Begründung des vertretenen Standpunktes zu vermissen.

---

87) Das gleiche gilt für die allgemeine Formulierung der Obliegenheiten durch das RG. (Bl. 25). Auch in dieser kommt nicht zum Ausdruck, daß die in § 6 III VVG. gezogenen Schranken dem VN. auch dann den Anspruch erhalten, wenn er zwar die Obliegenheit nicht erfüllt hat, aber diese Nichterfüllung nur auf einem leicht-fahrlässigen Verhalten beruht. Es ist also jedenfalls für den Bereich der hier behandelten AVB. (Anm. 133 zu § 5) nicht schlechthin, wie man nach der Formulierung und dem Begriff der „Voraussetzung" meinen könnte, die tatsächliche Erfüllung die alleinige Voraussetzung für die Erhaltung des Anspruchs oder negativ gesagt, die nur tatsächliche Nichterfüllung die Grundlage des Anspruchsverlustes, sondern das alles gilt — in praktisch höchst bedeutsamer Weise — nur im Rahmen des § 6 VVG. Diese Lage ist durch die Gesetzesnovelle noch verschärft worden (Erfordernis des Kausalzusammenhanges): §§ 6 III n. F. VVG., 6 S. 2 n. F. AVB.

88) Im Sinne der Obliegenheiten als „Verbindlichkeiten" haben entschieden u. a.: Stuttgart v. 11. 5. 28 = APV. S. 237 (es bezeichnet die Obliegenheit zur Anzeige des Strafverfahrens als „Verpflichtung", als „vertragsmäßiges Recht" gegenüber dem Versicherer und die Nichterfüllung als „Vernachlässigung der Vertragspflichten"); desgleichen spricht Nürnberg v. 1. 12. 26 = JRPV. 1927 S. 51 = APV. 1927 S. 69 von der vom VN. übernommenen „Verpflichtung ... für Abwendung und Minderung des Schadens ... zu sorgen" — dazu vergl. Anm. 587 zu § 5 —; vergl. LG. Zweibrücken, wiedergegeben in JRPV. 1932 S. 123: dazu Loppuch JRPV. 1937 S. 134; Hamburg v. 30. 4. 1935 = HansRGZ. A. 404 läßt den VN. auch für Täuschung seiner Ehefrau haften, deren er sich bei seiner vertraglichen Verpflichtung (!) der Auskunft und Hilfe bei der Schadensermittlung als eines Erfüllungsgehilfen bedient hat; auch KG. v. 5. 11. 1930 = JRPV. 1931 S. 29 läßt den VN. für seinen Bevollmächtigten gemäß § 278 BGB. bei Obliegenheitsverletzung haften; siehe auch LG. München v. 18. 12. 29 = DOV. 1930 S. 26, LG. Berlin v. 4. 3. 29 = JRPV. 1931 S. 215 (wendet ebenfalls § 278 BGB. an). — Ausdrücklich gegen RG.: Kiel v. 12. 2. 26 = JRPV. 106 = APV. 1927 S. 64: „Es ist nicht recht einzusehen, warum nicht die Erfüllung der Auskunftspflicht des VN. zur Erfüllung des Vertrages im Sinne von § 278 BGB. gehören soll; denn der V'rer hat aus dem Vertragsverhältnis heraus gegen den VN. schlechthin einen in den Bedingungen festgelegten Anspruch auf wahrheitsgemäße Auskunft, dessen Nichterfüllung auch Schadensersatzansprüche des V'rers auslösen könnte." Dagegen RG. v. 8. 10. 26 = APV. 1927 S. 65 = HansRGZ. 1935 = VuG. S. 125. — Hierher müßten folgerichtig auch die im folgenden genannten Urteile der Gerichte gezählt werden, welche einen Schadensersatzanspruch aus einer Obliegenheitsverletzung als rechtlich möglich entstehen lassen: z. B. das auf dem Boden der Lehre von der Voraussetzung stehende Urteil des KG. v. 20. 3. 20 (s. unten), ferner KG. v. 24. 10. 25 = JRPV. S. 316 = APV. 1926 S. 35 (dazu Gottschalk in JW. 1927 S. 147 ff.). Vergl. Köln v. 29. 5. 34 = JRPV. 223 = DVP. 221 = JW. 2349.

Im Sinne der Obliegenheiten als Voraussetzung haben entschieden u. a.: Düsseldorf v. 6. 12. 26 = APV. 1927 S. 70 (§ 278 BGB. nicht anwendbar); KG. v. 20. 3. 20 = APV. 1921 A. S. 46; obwohl dieses Urteil die Möglichkeit, aus der Obliegenheitsverletzung einen Schadensersatzanspruch geltend zu machen, ausdrücklich anerkennt. Ebenso KG. v. 24. 10. 25 = JRPV. 316 = AVV. 1926 S. 35 (dazu Gottschalk JW. 1927 S. 147 ff.); auch KG. v. 15. 6. 35 = JRPV. 310—312 sagt von der Obliegenheit zur Mitteilung des Strafverfahrens: „Die Klägerin (= VN.) konnte (!) danach ohne grobes Verschulden (!) annehmen, daß eine Rechtspflicht (!)

Im wesentlichen geht die Rechtsprechung, insbesondere des RG. und der oberen Gerichte in jüngerer Zeit dahin, die Obliegenheiten — zum mindesten die, welche nach dem VFall zu erfüllen sind — als nicht erzwingbare Voraussetzungen für die Erhaltung des Anspruchs aus dem VVertrag zu beurteilen.

Der Theorienstreit ist ebenso heftig wie unentschieden[89]. Man kann aber durchaus nicht die Voraussetzungstheorie, wie dies vielfach geschieht, als die herrschende bezeichnen, weder wenn man auf Zahl und Namen ihrer Vertreter, noch die Überzeugungskraft ihrer Argumente blickt.

Beide Lehren gehen davon aus, daß die Obliegenheit eine besondere Rechtsfigur ist, die einen einheitlichen Rechtsbegriff verkörpert[90], der für sämtliche so bezeichnete Maßregeln und nur für sie geschaffen ist, und in Rechtsnatur, Voraussetzungen und Folgen nur nach den Grundsätzen dieses „Begriffs" bestehen und wirken kann.

Es fragt sich, ob dieser Ausgangspunkt richtig ist; denn läßt sich eine solche Auffassung nicht begründen, so wird damit klar, daß und warum der Versuch einer einheitlichen Bestimmung ergebnislos sein und bleiben muß.

Zur Beantwortung dieser Frage kann man an das Wort Obliegenheit anknüpfen und die Absicht, in der die Väter des VVG. es gebraucht haben; man wird weiterhin im VVG. und anderen Gesetzen, welche Obliegenheiten enthalten, diese Normen betrachten und versuchen, daraus auf einen etwaigen besonderen „Begriff" und seine Abgrenzung Schlüsse zu ziehen. Schließlich wird auf die Gründe einzugehen sein, welche die Vertreter der beiden Theorien dafür vorbringen, daß ausschließlich eine von ihnen richtig ist.

---

hierzu nicht bestand ...", womit das Bestehen einer Rechtspflicht zugegeben wird. — Ferner läßt KG. v. 5. 11. 30 den VN. für das Verschulden seines Erfüllungsgehilfen bei Verletzung von Obliegenheiten gemäß § 278 BGB. haften (s. oben).

KG. vom 17. 5. 33 = DOV. S. 56 spricht immerhin von Obliegenheiten, welche der VN. gegenüber dem V'rer „zu erfüllen" hatte. Dazu Gottschalk aaO. S. 203, dawider Amthor aaO. S. 40 — Vergl. ferner Celle v. 29. 5. 36 = HansRGZ. A. 469; Hamburg v. 2. 2. 34 = APV. 1935 S. 15 (a. A. anscheinend dasselbe Gericht im Urt. v. 30. 4. 35 s. oben); Braunschweig v. 25. 10. 35 = JRPV. 1936 Zus. I S. 10; Düsseldorf v. 2. 11. 33 = APV. S. 421 spricht von der „herrschenden wohlbegründeten (s. Text) Meinung"; Hamm v. 25. 3. 35 = JRPV. Zus. II S. 64 = HansRGZ. A. 401; Kassel v. 30. 9. 27 = APV. 1928 S. 12 = HansRGZ. 1928 A. 227 entscheidet, daß die Ausschlußfrist des § 12 II VVG. nicht eine Obliegenheit sei; denn es handle sich bei dieser Klageerhebung „nicht um eine von der Beklagten erzwingbare, bei Nichterfüllung in einen Schadensersatzanspruch übergehende Verbindlichkeit im Sinne von § 278 BGB., sondern nur um eine Voraussetzung für die Erhaltung des Anspruchs auf die VSumme": dies ist aber die Definition, welche das Reichsgericht gerade für die Obliegenheiten wiederholt gegeben hat.
Über weitere Rechtsprechung: Möller „Verantwortlichkeit" S. 67.

89) Mit Recht spricht Ritter aaO. S. 35 Anm. 63 von einer „babylonischen Wirrnis".

90) Nach Bruck PVR. S. 282 handelt es sich sogar um eine „dem VRecht typische Rechtsfigur".

Der Ausdruck „Obliegenheit" erscheint im Zusammenhang mit dem VWesen[91, 92] zuerst in der Überschrift des IV. Abschnitts der Verfassung der Feuer-V-Bank in Gotha (1820)[93]; das VVG. spricht von „Obliegenheiten" nur im § 6 und § 32. In diesen Bestimmungen ist nicht von „Verpflichtungen", sondern von Obliegenheiten die Rede. Das ist alles, was man nach der fraglichen Richtung dem Gesetz entnehmen kann. Die Begründung zu § 6 VVG. verwendet die Ausdrücke Obliegenheit, Pflicht, Verpflichtung als gleichbedeutend nebeneinander[94] und bezeichnet die Verpflichtung des VN. zur Zahlung der Prämie[95], die nach allseitiger übereinstimmender Auffassung[96] eine „echte Verpflichtung" ist[97], als eine „der wichtigsten Obliegenheiten"[98, 99]. Wenn das Gesetz in § 6 mit dem Wort Obliegenheit einen neuen Rechtsbegriff hätte aufstellen wollen[100], dann hätte es in § 33 II[101] das eindeutige Beispiel einer Obliegenheit nach § 6 wohl nicht als „die Pflicht" zur Anzeige des VFalls bezeichnet. Es wird danach die Auffassung zutreffend sein, daß man den Ausdruck wahrscheinlich deshalb gewählt hat, weil er rechtlich neutral ist und so für die in allen Stadien

91) Nach Amthor aaO. S. 17, Bruck Komm. § 6 Anm. 2.

92) Nach Grimm (Wörterbuch VII 1112/1113[5]: mir liegt etwas ob, es liegt mir auf, es ist mein Geschäft, meine Pflicht und Schuldigkeit, ich bin verbindlich . . . . aufliegende Verbindlichkeit, Aufgabe, Pflicht, officium, debitum . . .") und Paul (Deutsches Wörterbuch 1921 S. 384[a]: „obliegen = es ist mein Geschäft, ich bin dazu verbunden . .") ist die Grundbedeutung des Wortes „obliegen", das Bild der aufliegenden Last (so auch Ritter Komm. S. 36). Das Wort gibt also den Eindruck einer Pflicht wieder, es sieht eine Handhabung vom Standpunkt dessen, der sie tun soll: Amthor aaO. S. 2.

93) Ehrenzweig S. 279 zu Anm. 11 gegen Bruck PVR. 276 A. 1, der ihn erstmalig in § 114 des Allg. Plans der Hamburger Seeversicherer findet. Er findet sich dann — nach Amthor S. 17 — wieder im § 136 II der Allgem. See-Vers.Bed. und wird erst im Schweizer Entwurf (1896, Art. 59) in der Gesetzessprache verwendet.

94) Vergl. auch §§ 29, 63, 85 VAG.

95) Mag man die Zahlung der Prämie als „Hauptverbindlichkeit", die Einhaltung der übrigen Obliegenheiten auch nur als „Nebenpflichten" bezeichnen (z. B. Lierß in Mittlg. 1919 S. 117), so handelt es sich bei diesen Bezeichnungen nur um Ergebnisse der „Differenzierung aus der Idee des Zweckes, mithin wirtschaftliche und nicht Rechtsdifferenzierung": so Kleinschmidt aaO. S. 27. So ist die Mitteilungspflicht des Versicherers aus § 156 VVG., obwohl es sich bei ihr sicherlich um eine Nebenpflicht handelt, nicht Obliegenheit sondern Rechtspflicht: z. B. Hamm v. 15. 3. 37 = JRPV. 193 = HansRGZ. A. 457 a. E.

96) Aber auch die Prämienzahlung ist eine Voraussetzung zur Erhaltung des Anspruchs aus dem Vertrage, da gemäß § 39 VVG., § 9 AVB. nach fruchtloser Fristsetzung mangels Zahlung ebenfalls Verwirkung eintritt: Hercher aaO. S. 41 und Kleinschmidt aaO. S. 29, Gottschalk ZfVW. 1917 S. 194/5, dort auch ein Beispiel aus dem Kaufvertragsrecht.

97) Vergl. Bamberg v. 19. 7. 1928 = JRPV. 1929 S. 11, das die Pflicht zur Prämienzahlung als Obliegenheit im Sinne des § 6 VVG. bezeichnet.

98) Prölß Komm. § 6 Anm. 4, Begründung zu § 6 (Reichstagsvorlage 1906 S. 22), ferner Begründung zu §§ 16—22, 32 VVG.

99) Auch das französische VVG. (1930) bezeichnet seine einschlägigen Artikel mit „obligations" und führt im I. Titel 3. Abschnitt unter den „obligations" des VN. außer der Gefahranzeige beim Vertragsschluß, der Anzeige zur Gefahrerhöhung und der des VFalles ebenfalls die Pflicht zur Prämienzahlung in Artikel 15 auf.

100) Wie Roelli Komm. S. 530 meint; dieser bemerkt, daß das Schweizerische VVG. in Art 29 und 45 den Ausdruck Obliegenheit von dem deutschen Gesetzentwurf übernommen hat. 101) Ehrenzweig ZfVW. 1931 S. 362.

des VVerhältnisses auftretenden und den verschiedensten Bedürfnissen dienenden Verhaltensmaßregeln des VN. verwendbar ist, ohne durch die Bezeichnung mit einem juristisch feststehenden Begriff diese Maßregeln verschiedenster Art damit von vornherein rechtlich einheitlich zu charakterisieren[102, 103].

Aber auch wenn das Gesetz an Stelle des Wortes Obliegenheit den Ausdruck Pflicht gewählt hätte, wäre die Sachlage um nichts anders. Denn „Pflicht" ist inhaltlich ebenso neutral. Auch in diesem Falle müßten Begriff, Inhalt und Umfang dieser Pflichten aus ihrem besonderen Wesen und den Zwecken, welchen sie erkennbar dienen sollen, betrachtet und bestimmt, also ausgelegt werden, es sei denn, das Gesetz habe den Begriffskreis abgegrenzt, oder seine Sanktionsordnung — für den Fall der Verletzung — als vollständig erklärt oder erkennen lassen. Daß das Gesetz in den beiden einzigen Bestimmungen, die von „Obliegenheiten" sprechen (§§ 6, 32) für einen etwaigen Begriff keinerlei Anhaltspunkte gibt, wurde bereits gesagt[104]. Nach der letztgenannten Richtung ist zu bemerken, daß die Sanktionsordnung des Gesetzes in § 6 und § 32 sich weder als vollständig bezeichnet, noch so erkennen läßt. Im Gegenteil: § 6 stellt lediglich die Grenzen für etwaige vertragliche Abmachungen ganz bestimmter Art fest. Daraus ergibt sich einmal, daß die Bestimmung nur gilt für den Fall, daß tatsächlich besondere vertragliche Abmachungen getroffen werden[105], und soweit diese sich weiterhin beziehen auf die Vereinbarung lediglich eines Rücktrittsrechts[105a], des V'rers oder einer Verwirkungsklausel[106]. Aus §6 ergibt sich aber nicht, was rechtens sein soll, wenn für den Fall einer Obliegenheitsverletzung entweder überhaupt eine vertragliche Abmachung nicht getroffen ist, oder wenn dies zwar der Fall ist, sie aber andere als die vorgenannten Folgen haben soll[107]. Die Sanktionsordnung des § 6 ist daher in keiner Weise eine

102) Auch Schneider LZ. 1907 Sp. 267 meint, es unterliege keinem Zweifel, daß man den Ausdruck Obliegenheit „gerade wegen seiner einstweiligen Unbestimmtheit" gewählt habe, „um alle jene aus dem VVertrag abfließenden Pflichten mit ihrem unter sich so sehr abweichenden Inhalt (! eine Erkenntnis, die zu der Auffassung Schneiders über die einheitliche Rechtsnatur der Obliegenheiten nicht besonders gut paßt) zu umfassen".

103) Vor Bestehen des VVG. wurden für die Verhaltensnormen des VN. die verschiedensten farblosen Ausdrücke gebraucht; z. B. Pflicht, lex contractus, Diligenzpflichten, Deklarationspflichten, obliegende Pflichten, Klauseln der Verträge: hierzu Amthor aaO. S. 18 Anm. 6.

104) Amthor aaO. S. 41.

105) Anm. 17 zu § 6.

105a) Nach § 6 IV. n. F. VVG. ist eine solche Vereinbarung unwirksam.

106) Es gibt auch andere Möglichkeiten: Bruck Komm. § 6 Anm. 10 a. E., dazu Anm. 107 zu § 6.

107) Daß es dem Versicherer unbenommen bleibt, zugunsten des VN. einen minderen Rechtsnachteil an die Verletzung der einzelnen Obliegenheiten zu knüpfen, ist außer Streit. Vergl. z. B. Hercher S. 40; Bruck PVR. S. 279, Komm. § 6 Anm. 10 a. E. erwähnt das Recht des Versicherers auf Prämienerhöhung, das Recht der Zurückbehaltung der Leistung u. a.

vollständige[108]. Sie enthält nur die gesetzlichen Grenzen für eine bestimmte, mögliche, dem V'rer gemäß Vereinbarung auch zur Verfügung stehende Verletzungsfolge. — Aus § 32 VVG. ergibt sich dieselbe Schlußfolgerung. Dort ist in Satz 1 gesagt, daß die Vereinbarung von Obliegenheiten im Hinblick auf sogenannte Sicherheitsvorschriften nach allgemeinen Rechtsgrundsätzen zu beurteilen ist; erst wenn eine Verwirkungsabrede getroffen ist, so entsteht nach Satz 2[108a] eine besondere versicherungsrechtliche Lage: „Aus § 32 VVG. erhellt, daß die „Obliegenheit" auch ohne Verwirkungsabrede leben kann und daß sie dann nach gemeinem Recht leben muß . . ."[109]. Auch die Begründung zu § 6 VVG.[110] bemerkt, daß es dem V'rer, obschon er Rechtsverwirkung nur im Hinblick auf Vorsatz und grobe Fahrlässigkeit vereinbaren könne, an einem weiteren ausreichenden Schutz nicht fehle; denn „aus jeder Art von Verschulden bei der Verletzung der dem VN. obliegenden Pflichten erwächst ihm kraft Gesetzes ein Schadensersatzanspruch . . ."

Was nun andere deutsche Gesetze betrifft, in denen der Ausdruck Obliegenheit verwendet ist, so kommen hier u. a. §§ 468 I Nr. 2 HGB.; 2 217, 2 219 BGB.; 84 II, 95 IV, 302 Nr. 2 AktG.; 43 II GmbH.Ges.; 29 II, 63 I, 85, 137 II VAG. u. a. in Betracht. Es ist Prölß zuzustimmen, wenn er[111] dazu bemerkt, daß hier das Wort ganz eindeutig für echte Rechtspflichten gebraucht wird, deren Erfüllung zum Teil sogar durch Strafvorschriften gesichert wird[112].

Andererseits gibt es, wie im folgenden[113] gezeigt werden wird, Obliegenheiten, die nicht als solche Rechtspflichten angesehen werden können, die nicht ein „Sollen"[114], sondern nur ein „Dürfen" des VN. zum Inhalt haben[115].

Weder aus dem Wort Obliegenheit als einem Sammelbegriff[116], noch aus den es enthaltenden und verwendenden gesetzlichen Bestimmungen ist ein Anhaltspunkt für eine Rechtsfigur „Obliegenheit" zu gewinnen.

Es fragt sich noch, ob aus den von den Vertretern der beiden Theorien für die Ausschließlichkeit ihrer Auffassung vorgebrachten Gründen nach dieser Richtung ein zwingender Schluß zu ziehen ist.

---

108) Vergl. auch Hagen S. 530: „Die vertragsmäßige Festsetzung anderer Rechtsnachteile wird durch § 6 nicht berührt.

108 a) § 32 S. 2 fällt vom 1. 7. 40 ab fort (vergl. dafür § 6 II n. F. VVG.).

109) Ehrenzweig ZfVW. 1931 S. 365.

110) Reichstagsvorlage 1906 S. 22, vergl. auch v. Gierke LZ. 1909 Sp. 734, Haymann DVA. 1934 S. 963, Gottschalk ZfVW. 1917 S. 205 Anm. 38, vergl. Bl. 38.

111) Komm. § 6 Anm. 4.

112) Auch im BGB. wird es im Sinne von „Verbindlichkeit" gebraucht, Amthor S. 39.

113) Bl. 59 ff.

114) Vergl. auch Kisch II/182, dazu Amthor S. 72, Haymann in DVA. 1934 S. 967 Anm. 60: Rechtspflichten = rechtlich gesolltes Verhalten.

115) Ehrenzweig ZfVW. 1931 S. 373.

116) So nennt auch Amthor S. 18 das Wort Obliegenheit, obwohl er später eine einheitliche Rechtsfigur im Sinne der Voraussetzungstheorie annimmt.

Wir betrachten dazu zunächst die **Voraussetzungstheorie** und folgen hier den Ausführungen ihres Hauptvertreters: Bruck.

Dieser spricht den Obliegenheiten deshalb grundsätzlich die Natur einer Verbindlichkeit ab, weil sie nicht deren Eigenschaften aufweisen würden; „denn", so sagt er, „auf die nicht oder nichtgehörige Erfüllung einer solchen Verbindlichkeit reagiert die Rechtsordnung durch Klage[117, 118], Zwangsvollstreckung, Schadensersatz und Strafe. Keine von diesen Reaktionen tritt bei Verletzung einer Obliegenheit ein"[119].

Erweist sich die Unrichtigkeit dieses Vorbringens, so dürfte damit der Bruck'schen Theorie die Grundlage entzogen sein[120, 121].

I. Klage:

1. Der V'rer **kann** — nach Bruck — niemals auf die Erfüllung einer Obliegenheit klagen; denn
   a) Eine derartige Klage ist tatsächlich noch nie angestrengt worden (S. 280).
   b) Der V'rer hat kein Interesse daran[122], die nachträgliche Erfüllung einer Obliegenheit zu erzwingen, wenn er von ihrer Nichterfüllung erfährt (S. 280).
2. Der V'rer bedarf auch gar nicht der Klage, weil ihn die Rechtsordnung auf andere Weise schützt (S. 281).

Dazu ist zu bemerken: Das Argument zu 1a ist einmal nicht nachprüfbar, weiter aber vor allem für die Theorie der Nichterzwingbarkeit der Obliegenheiten ohne jede Beweiskraft[123]. Diese soll und kann doch wohl nicht auf eine — von Bruck behauptete — reine Geschäftsübung gestützt werden. Die Behauptung zu 1b) kann als zutreffend nicht anerkannt werden. Sie mag in mehr oder weniger zahlreichen[124] Fällen von Obliegenheitsverletzungen zutreffen; keinesfalls ist dies aber immer

---

117) Prölß Komm. § 6 Anm. 4 weist darauf hin, daß es Verbindlichkeiten gibt, die diesen Charakter behalten, obwohl sie nicht einklagbar sind. Gegen den entscheidenden Charakter des genannten Gesichtspunktes bezügl. der natürlichen Verbindlichkeiten: Amthor S. 81, Ritter S. 83, 639.

118) Daß Erfüllungs- und Schadensersatzanspruch nicht unbedingt gegeben zu sein brauchen, damit eine Rechtspflicht angenommen werden kann, ergibt sich aus § 75c II HGB.; „anstelle der Leistungsklage haben wir daher das Vorliegen eines rechtlich geschützten Interesses für das Vorhandensein einer Verbindlichkeit als wesentlich anzusehen": Amthor S. 82. — „Liegt kein rechtlich geschütztes Interesse vor, so besteht keine Verbindlichkeit": derselbe S. 83.

119) Bruck PVR. S. 280.

120) Bruck PVR. S. 282 vor 2: „somit (!) ist die Auffassung über die Verbindlichkeitstheorie der Obliegenheit abzulehnen".

121) Für die folgenden Ausführungen wird auf Ehrenzweig in ZfVW. 1931 S. 361 ff. besonders 365 ff. verwiesen, wo eine Auseinandersetzung mit Brucks Lehre erfolgt.

122) Möller „Verantwortlichkeit" S. 11.

123) Lenné ZfVW. 1912 S. 1241.

124) Kleinschmidt S. 28.

der Fall[125]. In nicht wenigen Fällen besteht trotz Kenntnis des V'rers von der Nichterfüllung der Obliegenheit ein ganz erhebliches Interesse daran, ihre nachträgliche Erfüllung zu erzwingen[126, 127].

Nun zu der weiteren Behauptung Brucks, der V'rer bedürfe einer Klage nicht, weil ihn die Rechtsordnung auf andere Weise schütze.

Dieser von Bruck behauptete Rechtsschutz für die Verletzung von vertraglich vereinbarten Obliegenheiten ist nicht erfindlich. Sollte damit aber die Anspruchsverwirkung gemeint sein, so ist diese nicht durch die Rechtsordnung als Folge von Obliegenheitsverletzungen schlechthin aufgestellt. Das Gesetz bestimmt zwar für den Fall[128], daß die Parteien vertraglich eine auf Verwirkung oder Rücktritt des V'rers im Fall der Obliegenheitsverletzung lautende Abrede getroffen haben sollten, für die Wirksamkeit dieser Abrede zwingende Grenzen und Voraussetzungen. Dies ist allerdings ein Schutz, wenn auch nicht für den V'rer, sondern den VN.[129]. Das Gesetz schützt also nicht den V'rer, sondern beschränkt im Gegenteil den durch ihn vereinbarten Schutz, tritt also dem Versicherer nicht schützend zur Seite, sondern — wenn auch aus wohl-

125) Der Versicherer sollte kein Interesse an der Erzwingung der nachträglichen Erfüllung haben, wenn z. B. der VN. bei Vertragsschluß versprochen hat, in dem gegen Brandschaden versicherten Haus feuergefährliche Einrichtungen binnen bestimmter Frist zu beseitigen oder bestimmte Sicherheitsvorrichtungen anzubringen? — Der Versicherer sollte kein Interesse daran haben, den VN. dazu zu zwingen, das Recht, die Aufhebung oder Minderung einer zu zahlenden Rente infolge veränderter Umstände zu fordern, auf seinen Namen von der Gesellschaft gemäß § 5 Ziff. 5 AVB. ausüben zu lassen? (Bl. 158 ff.) — Er sollte kein Interesse daran haben, trotz Weigerung des VN. diesen zu der gem. § 9 II 1 AVB. (Bl. 258) zu erstattenden Anzeige zu zwingen, ob und welche Aenderung in dem versicherten Risiko gegenüber den zum Zwecke der Prämienbemessung gemachten Angaben eingetreten ist, und zu diesem Zwecke seine Angaben „durch die Geschäftsbücher oder sonstige Belege nachzuweisen"? Amthor S. 117 sieht die Pflicht zur Nachversicherung neu hinzutretender Objekte als einen Anspruch des Versicherers erzeugende echte Rechtspflicht an, Lenné ZfVW. 1912 S. 1241 hält die Auflage des Versicherers an den VN., es über einen zweifelhaften H-Anspruch zum Prozeß kommen zu lassen, für eine klageweise erzwingbare Rechtspflicht; Hora NZ. 1937 S. 15 hält die Pflicht zur Angabe gem. § 9 II 1 für klageweise erzwingbar. Auch Haymann DVA. 1934 S. 964 Anm. 54, bezeichnet die Auflage, die Grundlage für die Prämienberechnung anzugeben, „zweifellos als Rechtspflicht", obwohl RG. vom 10. 1. 1928 = JRPV. 1928 S. 41 ff. hier von einer Obliegenheit spricht; vergl. dazu auch RG. v. 11. 2. 1938 = JRPV. S. 101. — Die in § 9 II 1 für den Fall „unrichtiger Angaben" ausbedungene Vertragsstrafe ergibt deutlich das Interesse des Versicherers an den bezeichneten Angaben, wie an der Feststellung ihrer Unrichtigkeit, die oft nur im Klagewege festgestellt werden kann. Außerdem geht das Interesse des Versicherers m. E. weit über diese Strafe hinaus und besteht an ordentlicher Feststellung des Risikenumfanges überhaupt. Ein Interesse des Versicherers geben zu: Kisch II/275, Kleinschmidt S. 27 u. a., insbes. diejenigen, welche die Obliegenheiten als Schutzvorschriften für den Versicherer betrachten, z. B. Schneider, Komm. S. 103, Iher. J. 53, S. 9, 15.

126) Über die Frage, ob der Versicherer ein besonderes Interesse hat, gerade den VN. zur Erfüllung der Obliegenheiten anzuhalten Bl. 49, 58, 130.

127) Haymann DVA. 1934 S. 969.

128) § 6 VVG. schafft ein Blankett, das durch entsprechende Vereinbarungen ausgefüllt werden kann: RG. v. 9. 11. 34 = JRPV. S. 378 = APV. 1935 S. 26; vergl. Bl. 172 (Anm. 105 a zu § 5).

129) WZ. 1921 S. 633.

erwogenen Gründen — hindernd entgegen[130]. Ist es schon unlogisch[131], die klageweise Erzwingbarkeit deshalb jeder Obliegenheit abzusprechen[132], weil der V'rer sich **auch** etwas anderes, nämlich die Verwirkungsabrede — in gesetzlich bestimmten Grenzen — ausbedingen **kann**, ihn also wegen der im Gesetz — nur aus Gründen ihrer Beschränkung zugunsten des VN! — besprochenen Möglichkeit einer Verwirkungsabrede auf diesen Rechtsschutz als einzigen und alleinigen zu verweisen, so ist weiter in diesem Zusammenhang noch folgendes zu beachten:

a) Worin besteht[133] selbst bei Vereinbarung einer Verwirkungsabrede der Schutz des V'rers gegen (leicht) fahrlässige Verletzungen von Obliegenheiten, die nach dem VFall zu erfüllen sind[134, 135]? Diese Frage ist von größter praktischer Bedeutung im Hinblick auf die Neigung, die Verwirkungsklausel dadurch praktisch nicht wirksam werden zu lassen,

---

130) Amthor S. 42. 131) Ehrenzweig ZfVW. 1931 S. 365.

132) Im übrigen besagt dies nichts für die Rechtsnatur der Obliegenheiten und damit die Voraussetzung der Haftung; denn bei Vereinbarung von Vertragsstrafe oder Verwirkung will der Versicherer nur die Folgen der Nichtleistung des VN. modifizieren, meist seine Rechtsstellung verstärken, aber nicht die Voraussetzungen der Haftung des VN. ändern: v. Gierke LZ. 1909 Sp. 736.

133) Sofern die Bedingungen — wie dies durchweg z. B. in §§ 5, 6, AVB. der Fall ist — für diesen Fall keine besonderen Folgen an die Obliegenheitsverletzung knüpfen; dazu Amthor S. 84; über die Möglichkeit dazu: Anm. 107 zu § 5.

134) Muß aber der Versicherer bei leicht fahrlässiger Verletzung (also Nichterfüllung) der Obliegenheit dennoch leisten, so kann man schwerlich die tatsächliche Erfüllung der Obliegenheit als Voraussetzung für die Leistung des Versicherers bezeichnen: Anm. 87 zu § 5. Erst recht gilt dies unter den neuen Regelungen in § 6 VVG. (Kausalzusammenhang). Vergl. auch Ehrenzweig ZfVW. 1931 S. 371. Amthor S. 70 und 119 führt unter Hinweis auf Kisch II S. 183 aus, daß, wenn man die gesetzliche Regelung genauer betrachte, sich herausstelle, daß grundsätzlich (? Verf.) „jede Nichterfüllung den Rechtsnachteil (welchen? Verf.) nach sich zieht, ohne Rücksicht auf ein Verschulden, und zwar sowohl bei gesetzlich wie vertraglich vereinbarten Obliegenheiten. Nur die besonders schweren Folgen hätten eine anderweitige Regelung erfahren: nur hier, falls die Folge ein Rücktrittsrecht des Versicherers oder dessen Freisein von der Leistung sein würde, ist ein Verschulden des VN. von Bedeutung." Diese Auffassung erscheint rechtlich nicht haltbar und wirtschaftlich durchaus unbefriedigend. Es scheint bei der Regelung des § 6 VVG. nicht so sehr der Nachdruck darauf zu liegen, daß nur bezügl. der „schweren Rechtsfolgen" Verschulden *als solches* für notwendig erklärt wird, sondern darauf, daß der für den Eintritt bestimmter als vereinbart vorausgesetzter Rechtsfolgen erforderliche verschiedenartige *Grad* des Verschuldens festgelegt wird, je nach dem Zeitpunkt, in welchem die betreffende Obliegenheit zu erfüllen war. M. a. W.: Die Besonderheit des § 6 VVG. liegt in der Regelung des Verschuldensgrades und nicht in dem — wie Kisch behauptet — Aufstellen des Verschuldenserfordernisses überhaupt. Der § 6 I erklärt sich inhaltlich aus der Gegenüberstellung zu § 6 III VVG. Weiter wird nach der abgelehnten Meinung der Versicherer — wenn überhaupt die fahrlässige Verletzung von Obliegenheiten, die nach dem VFall zu erfüllen sind, Rechtsfolgen soll auslösen können — genötigt, solche im Vertrage ausdrücklich zu bestimmen. Ob derartige Folgen, bei deren Wahl dem Versicherer nur die allgemeinen Schranken der guten Sitten usw. gesetzt wären (vergl. aber die einschränkende Interpretation der Gerichte aus der Zeit vor Geltung des VVG. z. B. ROHG. 1/112, 2/184, 4/60, 64, 8/410, 11/272, RG. 10/158: zit. bei Amthor S. 71 Anm. 68) in der Tat in ihrer Gesamtwirkung für den VN. leichter sein würden, als z. B. das Rücktrittsrecht (jetzt aber § 6 IV n. F. VVG.), erscheint sehr fraglich, zumal wenn schon die Nichterfüllung — ohne Rücksicht auf Verschulden oder Verschuldensgrad — die vereinbarten Rechtsfolgen auslöst und wenn man die sehr große Zahl von Obliegenheitsverletzungen bedenkt, die in der Praxis vorkommen.

135) Vergl. auch § 6 III VVG. (Kausalzusammenhang).

daß die Obliegenheitsverletzung als eine nicht grobfahrlässige beurteilt wird[136]. Gerade dieser Gesichtspunkt (nämlich die Berücksichtigung nur leicht fahrlässiger Obliegenheitsverletzung bei der Beurteilung der Folgen von Obliegenheitsverletzungen überhaupt) wird meist nicht genügend beachtet, z. B. in den folgenden Ausführungen von Bruck: S. 281 („Die Rechtsordnung ... befreit den V'rer ganz oder teilweise, zeitweilig oder dauernd"); S. 282 („Die Nichterfüllung schadet niemals dem V'rer, sondern stets dem VN."); S. 283 („Die Gefahrslage ... muß ... vor jeder willkürlichen Veränderung ... geschützt werden": also auch vor der leicht fahrlässig verursachten. Verf.); das. („Während der VDauer hat der VN. das Verhalten zu beobachten, das ihm der V'rer vorzuschreiben genötigt ist, wenn nicht die Gleichgewichtslage des einzelnen Vertrages ... gestört werden soll": wird diese bei leichtfahrlässiger, ja sogar schuldloser, rein tatsächlicher Außerachtlassung der vorgeschriebenen Verhaltensmaßregeln etwa nicht gestört? Verf.); das. („... Somit ist das Verhalten des VN. Voraussetzung ... wobei die Voraussetzung zu dem ausdrücklichen Inhalt des Vertrages erhoben ist": trotz leichtfahrlässiger Nichterfüllung der Obliegenheiten — also des als „**Voraussetzung** für die Leistungspflicht" bezeichneten Tatbestandes, muß der V'rer leisten, ein innerer Widerspruch. Verf.); S. 284 („Werden die Obliegenheiten nicht oder nicht gehörig erfüllt, dann wird ... der Anspruch gegen den V'rer gefährdet": das müßte doch auch für die leichtfahrlässige Nichterfüllung gelten. Verf.) usw. usw.

In allen diesen Fällen ist nur zu oft außer acht gelassen, daß, selbst wenn eine Verwirkungsabrede getroffen ist, sie bei leichtfahrlässiger Verletzung von solchen Obliegenheiten, die nach Eintritt des VFalles zu erfüllen sind, nicht helfen kann. Worin besteht hier — wenn es an Erfüllungs- und Schadenersatzklage fehlen muß — der von Bruck behauptete „anderweitige" Schutz des V'rers?

b) Die Behauptung, der V'rer bedürfe der Klage im Falle einer Obliegenheitsverletzung nie, weil die Rechtsordnung ihn auf andere Weise schütze, trifft schon hiernach in einem praktisch sehr wesentlichen Falle nicht zu, und zwar, obwohl der V'rer bezüglich dieser Obliegenheitsverletzung eine Verwirkungsabrede getroffen hatte.

Wo und wie schützt nun aber das Gesetz, wenn der V'rer eine Verwirkungsabrede[137] überhaupt nicht getroffen hat[138]? Er soll dies ja

136) Dazu Bl. 186 ff.

137) Durchweg sind an die Obliegenheitsverletzungen im Vertrag andere Rechtsnachteile als Verwirkung und Rücktritt (dazu vergl. § 6 IV u. F. VVG.) nicht geknüpft. § 6 AVB., § 7 V AKB. Über andere Möglichkeiten Bruck Komm. § 6 Anm. 10 a. E., PVR. S. 279, Hercher aaO. S. 40.

138) Immer wieder wird in Rechtslehre und Rechtsprechung (vergl. Amthor S. 88 zu: RG. HansRGZ. 21/346) auf die Verwirkungsfolgen hingewiesen, so als ob diese ein für allemal mit jeder Obliegenheitsverletzung — sei es auch im Rahmen der Beschränkung aus § 6 VVG. — verbunden wären: z. B. KG. v. 20. 3. 30 — APV.

nach dem Gesetz nicht etwa tun, im Gegenteil, § 6 VVG. dämpft einen etwa bestehenden zu großen Eifer für diese Rechtsvereinbarung, stellt vor allem einige unerläßliche Voraussetzungen für deren Wirksamkeit auf.

In der Tat haben die V'rer — vor allem für die Verletzung vertraglich vereinbarter Obliegenheiten, die vor dem VFall zu erfüllen sind — meist eine Verwirkungsabrede nicht vorgesehen; man vergleiche z. B. § 6 ADB. oder § 6 AKB., die die Verwirkung nur an die Verletzung solcher Obliegenheiten knüpfen, die nach Eintritt des VFalls zu erfüllen sind. Daß es andererseits derartige Obliegenheiten[139] in den ADB. und AKB. gibt, ist nicht zweifelhaft, z. B. § 9 II 1 ADB[139a]. Worin besteht bei Verletzung dieser letzteren Obliegenheit der Schutz[140] des V'rers[141]? Sein unbestreitbares Interesse bleibt — wenn die Voraussetzungstheorie zugrundegelegt wird — unberücksichtigt[142, 143]. Ferner: das RG.[144] hält, ob zu recht oder unrecht, mag hier dahingestellt bleiben[145], mit Rücksicht auf seine Auffassung vom VFall in der H-Versicherung, die ihrer Natur nach an den Schadensfall als solchen anknüpfenden Obliegenheiten, z. B. die Abwendungs- und Minderungspflicht, für solche, die vor dem Eintritt des VFalls zu erfüllen sind. Das gleiche muß nach der Ansicht des RG. zum mindesten ebenfalls für die Pflicht zur Anzeige eines polizeilichen oder strafgerichtlichen Verfahrens gemäß § 5 Ziff. 2 Abs. 2 und die im Rahmen und für den Bereich dieser Bestimmungen in Frage kommenden Obliegenheiten des § 5

1921 A. S. 46 „Die Obliegenheiten ... regeln lediglich die Frage, unter welchen Voraussetzungen eine Verwirkung des Versicherungsanspruchs eintritt"; ebenso unzutr. und unklar Düsseldorf v. 31. 1. 38 = JRPV. S. 89 (90) „Obliegenheitsverletzungen sind in Erweiterung der allgemeinen vertraglichen Treuepflicht eines VPartners der Versicherung gegenüber besondere Voraussetzungen für eine Anspruchsverwirkung des VN." Dies ist keineswegs der Fall. (Dazu Bl. 29 ff. und Bl. 83 ff., besonders bei § 6 Bl. 172.) — Auch Müllereisert JRPV. 1938 S. 325 ff. scheint sich von diesem Gedanken nicht genügend freigemacht zu haben.

139) Die vor dem VFall zu erfüllen sind.

139 a) § 6 n. F. ADB. bezieht sich — ohne einen ausdrücklichen Unterschied (vor oder nach VFall) zu machen — auf (nur) jede Obliegenheit, „die nach § 5 dem Versicherer gegenüber zu erfüllen ist". —

140) Angesichts dieser Rechtslage versagt das von Kisch II/179 ff. für die Voraussetzungstheorie vorgebrachte Argument der gesetzgeberischen Ökonomie, d. h. des Grundsatzes „die rechtlichen Mittel den verfolgten Zwecken anzupassen"; denn es erwachsen dem Versicherer Nachteile, vor denen ihn die Voraussetzungstheorie allein nicht bewahren kann.

141) RG. v. 28. 6. 1904 = RG. 58/342 ff. folgert gerade aus der dem beurteilten Tatbestand zugrunde liegenden Vereinbarung einer Anspruchsverwirkung für den Charakter der in Frage kommenden Obliegenheit als Voraussetzung für die Erhaltung des Anspruchs.

142) Daher sehen die Vertreter der Voraussetzungstheorie z. T. diese Obliegenheit als echte Rechtspflicht an (z. B. für die Pflicht zur Nachversicherung neu hinzutretender Objekte: Amthor S. 117), womit die These von der Obliegenheit als Rechtsfigur durchbrochen ist.

143) Das RG. z. B. vom 11. 2. 1938 = RG. 157/67 = JRPV. S. 101 ff. = JW. S. 1113 (Anm. von Möller) muß hier wieder zum Allheilmittel des § 242 BGB. greifen.

144) RG. vom 29. 4. 38 = JRPV. S. 183 ff., RG. v. 24. 2. 39 = JRPV. S. 167 ff.

145) Darüber bei § 6 Bl. 173 bes. Bl. 175.

Ziff. 2 AVB. gelten. Diese fallen also nicht unter die Verwirkungsklausel des § 6 AVB.[146]. Gibt es aber keinen Schadensersatz[147] und keine Erfüllungsklage, worin besteht dann[148] der von den Vertretern der Voraussetzungstheorie gerühmte Schutz des V'rers? Unter folgerichtiger[149] Zugrundelegung der Voraussetzungstheorie haben diese Obliegenheiten als solche für den V'rer keine Bedeutung; denn im Fall ihrer Verletzung hat er weder Erfüllungs- noch Schadensersatzklage noch „anderweitigen Schutz" in Gestalt der Verwirkung usw. Daß der V'rer die Verletzung von Obliegenheiten, deren Bedeutung für ihn aus der Tatsache ihrer ausdrücklichen Aufstellung allein schon zur Genüge hervorgeht, nicht ohne jede Folge für den verletzenden VN. in Kauf nehmen will, sollte selbstverständlich sein. Zweifel hieran entstehen allerdings nur bei der Voraussetzungstheorie, die alsdann ohne ausdrückliche vertragliche Regelung[150] eine Lücke empfindet[151]. Man darf also feststellen, daß die gegen die — grundsätzliche[152] — klageweise, d. h. unmittelbare[153], Erzwingbarkeit der Obliegenheiten vorgebrachten Gründe nicht stichhaltig sind, daß vielmehr ihre Anerkennung und Befolgung in zahlreichen Fällen zu durchaus unbefriedigenden, ja untragbaren Ergebnissen führen würde[154, 155].

II. Schadensersatz.

Nach Bruck PVR. S. 281 kann der V'rer niemals wegen der Verletzung einer Obliegenheit Schadensersatz fordern[156, 157, 158], denn

146) Anders nach § 6 n. F. AVB.: Anm. 139 a zu § 5.

147) Anm. 66 zu § 5.

148) Soweit nicht besondere Folgen vertraglich vereinbart sind, was meistens — jedenfalls bei den hier besprochenen AVB. — nicht der Fall ist.

149) Über den Ausweg, den die reichsgerichtliche Rechtsprechung in ganz besonders gelagerten Fällen über § 242 BGB. sucht, Bl. 194.

150) Da auch ein mittelbarer Zwang abgelehnt werden muß, so „schadet die Nichterfüllung dem VN. nicht, falls der Versicherer nicht Rechtsfolgen festgesetzt hat, oder diese aus irgendeinem Grunde nicht Platz greifen": Amthor S. 84; in Widerspruch dazu derselbe S. 118: „Gemeinsam ist den Obliegenheiten auch die Folge der Nichterfüllung, sie besteht im Eintritt irgendeines Rechtsnachteils zu Ungunsten des VN.".

151) Vergl. Amthor S. 152.: „... besteht zum mindesten bei unterlassener Erklärung über die Folgen einer solchen Verletzung vertraglicher Obliegenheiten eine Unklarheit, ein Zweifel darüber, welche Folgerungen der Versicherer aus der Verletzung ziehen wollte, oder ob er überhaupt eine solche zu ziehen beabsichtigte...".

152) Daß es im Einzelfall deshalb an der Erzwingbarkeit fehlen kann, weil z. B. das Rechtsschutzinteresse fehlt oder dergl., wird zutreffend ausgeführt von Ehrenzweig in ZfVW. 1931 S. 366 gegen Bruck, vergl. auch Haymann DVA. 1934 S. 969/70, Kleinschmidt S. 28, 38 hb (Gefahrerhöhung), ähnlich Loppuch, JRPV. 1937 S. 135, Lenné, ZfVW. 1912 S. 1241.

153) Aber auch mittelbare: Amthor S. 84.

154) Ein Beispiel einer klagbaren Obliegenheit bei Haymann DVA. 1934 S. 954/55 Anm. 28.

155) Daß die klagbare Erzwingbarkeit überhaupt nicht ein Begriffsmerkmal der Verbindlichkeit sei, führen aus: Ritter aaO. S. 33, 639, Sommer S. 12: dazu Amthor S. 80 ff. bes. 82.

156) Statt dessen hilft er (Bruck) sich zuweilen z. B. S. 359/60, 362/63 mit einem Recht auf Leistungskürzung, ebenso Amthor S. 159: dazu Ehrenzweig ZfVW. 1931 S. 368/9. 157) Vergl. die Anm. 88 zu § 5 zit. Urteile des RG. vom 20. 8. 1920 und Köln

1. a) Das VVG. erkennt eine Schadensersatzpflicht nicht an.
   b) Die vertragliche Vereinbarung von Schadensersatz ist „überaus selten".
   c) Auch die Vereinbarung einer Vertragsstrafe für den Fall der Nichterfüllung oder der nichtgehörigen Erfüllung einer Obliegenheit „bildet die seltene Ausnahme, wenn sie überhaupt vorkommt".
2. Die Schadensersatzpflicht setzt eine Vermögensverminderung des Gesch. voraus, an der es bei der Obliegenheitsverletzung jedoch fehlt, weil diese (S. 282) „niemals dem V'rer, sondern stets dem VN. schadet."

Um das Ergebnis vorweg zu nehmen: keiner dieser Gründe ist stichhaltig.

Zu 1. a): Das VVG. braucht einen Schadensersatzanspruch des V'rers nicht anzuerkennen; denn es kann sich insoweit, wie jedes andere Gesetz, auf die allgemeine Rechtsordnung stützen. Daß dies die Verfasser des VVG. auch getan haben, ergibt sich aus der Begründung zu § 6 [159], wonach „aus jeder Art von Verschulden bei der Verletzung der dem VN. auferlegten Obliegenheiten **kraft Gesetzes** ein Schadensersatzanspruch erwächst [160, 161]." Vgl. § 63 I VAG. vom 6. 6. 1931: „Wer seine Obliegenheiten verletzt, ist der Versicherungsunternehmung zum Ersatz des daraus entstehenden Schadens verpflichtet."

Zu 1. b) und c): Zu diesen Gründen gilt zunächst einmal grundsätzlich das gleiche, was zu Bl. 32 gesagt wurde. Weiter folgendes (zu b): Ist die vertragliche Vereinbarung von Schadensersatz „selten", so kommt sie also nicht nur rein tatsächlich vor, sondern Bruck lehnt ihre, wenn auch seltene Vereinbarung nicht als rechtsunwirksam ab! Wie könnte überhaupt ein V'rer vertraglich Ersatz für einen Schaden verlangen, den er begrifflich aus einer Obliegenheitsverletzung nie erleiden kann? Kein Schadensersatzanspruch ohne Schaden, also auch nicht die Vereinbarung eines solchen Anspruchs für den Fall einer Verletzung, die begrifflich nie einen Schaden zur Folge haben kann. Wie kann Bruck[162]

v. 29. 5. 34, die ausdrücklich die Möglichkeit der Entstehung von Schadensersatzansprüchen aus Obliegenheitsverletzungen anerkennen, ebenso Schwaiger S. 120; auch Hagen S. 530 Anm. 12 lehnt solche nicht unbedingt ab.

158) Es gibt auch echte Rechtspflichten, deren Verletzung einen Schadensersatzanspruch nicht zur Folge hat: vergl. § 75 c II HGB.

159) Anm. 110 zu § 5. Eingehend in kritischer Betrachtung der Bewertung der Gesetzesbegründung für die vorliegende Frage: Amthor S. 42, der S. 45 die Begründung für die Entscheidung der Frage „für durchaus ungeeignet" erklärt.

160) WZ. 1921 S. 633/5.

161) Auch Schneider ZfVW. 1915 S. 315 gibt die Möglichkeit, an die Verletzung einer Obliegenheit eine Schadensersatzpflicht zu knüpfen, ausdrücklich zu; ebenso Bormann JRPV. 1934 S. 65/66, Lenné ZfVW. 1912 S. 1241 und die Anm. 55 das. gen.

162) PVR. S. 291: Hinweis bei Ehrenzweig in ZfVW. 1931 S. 369.

bei seiner Auffassung von der Möglichkeit der Vereinbarung einer Verwirkungsfolge sprechen, die für den Fall eintritt, daß die Verletzung einer Obliegenheit „nachweislich dem V'rer Nachteil gebracht hat"?!

Zu c): Die Zulässigkeit einer Vertragsstrafe — „eine seltene Ausnahme, wenn sie überhaupt vorkommt" — wird ebenso, wie die Vereinbarung von Schadensersatz von Bruck nicht bestritten. Sie kommt auch — entgegen seiner Ansicht — vor: vgl. z. B. § 9 II 1 ADB.[163, 164]. Aus dieser Möglichkeit[165], an die Verletzung einer Obliegenheit eine Vertragsstrafe zu knüpfen, ergibt sich ebenfalls mit aller nur wünschenswerten Deutlichkeit die Notwendigkeit[166], sie als echte Verbindlichkeit anzusehen, wie dies in § 339 BGB. für die Abrede der Vertragsstrafe gefordert und vorausgesetzt ist[167].

Zu 2.: Die Behauptung[168], die Obliegenheitsverletzung schade „niemals" dem V'rer, sondern stets dem VN., ist abwegig[169, 170]. Sie schadet dem V'rer wirtschaftlich[170a] u. U. selbst dann, wenn er eine tatsächlich vereinbarte Verwirkungsabrede mit Erfolg geltend macht, z. B. wenn seine Verpflichtung dem Hypothekengläubiger gegenüber im Rahmen der FeuerV. gem. §§ 100, 101 bestehen bleibt oder in der Pflichtversicherung dem Drittgeschädigten gegenüber gem. § 158 c VVG. Auch § 6 III VVG. erkennt die Möglichkeit der schädigenden Wirkung einer Obliegenheitsverletzung ausdrücklich an, ja er macht sie zur Voraussetzung für den Eintritt und Umfang einer vereinbarten Leistungsbefreiung bei grobfahrlässigem Verhalten des VN. Darüber hinaus kann man den Nutzen oder Schaden, den der V'rer im Falle einer

---

163) Für das österreichische Recht ein Beispiel bei Ehrenzweig ZfVW. 1931 S. 370 Anm. 36.

164) Eine (inhaltlich dem § 9 II 1 AVB.) entsprechende Pflicht bezeichnet als „Obliegenheit": RG. v. 11. 2. 38 = JRPV. S. 101 und RG. v. 10. 1. 28 = JRPV. S. 41 ff.

165) Ihre Zulässigkeit wird von Liertz in Mittlg. 1919 S. 117 ausdrücklich zugegeben, in WZ. 1921 S. 633/4, in ZfVW. 1915 S. 359 von Schneider, von Keßler in Iher. Jhrb. Bd. 88 S. 330 ff. (Jahrg. 1940) und von Böttinger JRPV. 1940 S. 130.

166) A. A. zu Unrecht Schneider LZ. 1907 S. 259, wider ihn Gottschalk ZfVW. 1917 S. 207/8.

167) Über die Möglichkeit der Vereinbarung einer Vertragsstrafe für den Fall einer Obliegenheitsverletzung Gottschalk aaO.

168) Außer Bruck auch Planck Komm. zum BGB. Bd. 2 Vorbem. S. 27, §§ 254 Anm. 5, 278 Anm. 1 d.

169) Es bedarf keiner weiteren Darlegung, daß — Haymann in DVA. 1934 S. 965 — „das Verhalten, das die Obliegenheit dem VN. aufgibt, ihm im Interesse des Versicherers auferlegt wird", so auch Gottschalk ZfVW. 1917 S. 199. Insbes. gilt dies für die Obliegenheiten aus § 5 AVB., die der VN. (§ 6 AVB.) „dem Versicherer gegenüber zu erfüllen hat"; bes. deutlich § 5 Ziff. 2 die Obliegenheit, die Gesellschaft bei der Abwehr des Schadens, seiner Ermittlung und Regulierung zu unterstützen usw. Nicht nur die Begründung zum VVG. billigt dem Versicherer grundsätzlich einen Schadenersatzanspruch zu; noch § 63 des VAG. vom 6. 6. 1931 sagt in Abs. I: „Wer seine Obliegenheiten verletzt, ist der Vers.Unternehmung zum Ersatz des daraus entstehenden Schadens verpflichtet"; vergl. auch Unfried ZfVW. 1909 S. 281 Nr. 4.

170) Diese, auch I/136 nebenher vertretene Auffassung hält der Nachprüfung nicht stand und wird aufgegeben.

170 a) Prölß § 6 VVG. Anm. 4.

Obliegenheitsverletzung hat, grundsätzlich doch nicht allein aus einem Einzelfall betrachten; damit würde man an den kaufmännischen Notwendigkeiten eines VUnternehmens vorbeigehen, welches auf dauerhafte Geschäftsverbindungen mehr Wert legt, als auf eine angebliche „Verbesserung seiner Stellung" durch Ablehnung von HV-Ansprüchen wegen Obliegenheitsverletzung.

Hiervon abgesehen schädigen die Obliegenheitsverletzungen den V'rer, die er wegen rechtlicher Zweifel oder tatsächlicher Unklarheiten[171] — insbesondere in Kenntnis der richterlichen Einstellung zur Anspruchsverwirkung wegen Obliegenheitsverletzungen überhaupt und der einer evtl. grob- oder nur leicht fahrlässigen Verletzung im besonderen — nicht zu einer Ablehnung des Versicherungsschutzes benutzen kann oder will. Es kommen weiter die Obliegenheitsverletzungen in Betracht, die im Vertrag oder Gesetz nicht mit der Verwirkung bedroht sind[172]; ferner die Verletzung solcher Obliegenheiten, die noch nach Abwicklung eines bestimmten Schadensfalles (z. B. durch Entschädigungsleistung) aus diesem heraus zu erfüllen sind (vgl. Bl. 106). Hat der V'rer in solchen Fällen schon geleistet und gewährleistet die Erfüllung der fraglichen Obliegenheit lediglich die — erforderliche — Korrektur dieser Leistung (condictio — Vergleichsanfechtung oder dgl.), so ist eine vereinbarte Leistungsverwirkung dem VN. gegenüber unwirksam oder gegenstandslos. Hier hilft nur der von Bruck abgelehnte Schadensersatzanspruch, und schadet die Obliegenheit ganz klar nur dem V'rer.

Die Unhaltbarkeit der These von der Unschädlichkeit der Obliegenheitsverletzung für den V'rer liegt danach klar zutage[173]. Es kann keine Rede davon sein, daß grundsätzlich und bei der Verletzung jedweder Obliegenheit ein Schadensersatzanspruch aus der Natur der Obliegenheiten ausgeschlossen sei. Bruck selbst erkennt ja (s. oben) die rechtliche Möglichkeit des V'rers, sich vertraglich Schadensersatz auszubedingen, an, wenn er zu einer solchen Vereinbarung nichts weiter bemerkt, als daß sie „überaus selten" sei[174]. Die Möglichkeit der Geltendmachung

---

171) Den Tatbestand der Obliegenheitsverletzung hat der Versicherer zu beweisen (ebenso die tatbestandsmäßigen Voraussetzungen der Ausschlußklauseln: I/203, darüber auch II Blatt 181): dazu Haymann in DVA. 1934 S. 970, 975, Hagen S. 526.

172) Bl. 35 und 44. An diese Fälle denkt Bruck offenbar nicht. Die Verwirkungsklausel hat nicht etwa den Zweck, die sonst, d. h. ohne ihre Vereinbarung, entstehenden Schäden aus Obliegenheitsverletzungen durch sie zu beseitigen (Bl. 170), sie soll vielmehr durch ihre Androhung zur Beobachtung der Obliegenheiten anhalten, die Verwirkung selbst einen Verstoß ahnden. Das ist alles: vergl. auch Anm. 21 zu § 5, Bl. 43, 169.

173) Bruck hat sie auch in der 5. Auflage seines Kommentars (1926) noch nicht so scharf durchgeführt, sondern z. B. für die Obliegenheit des § 33 Abs. I einen Schadensersatzanspruch unbedenklich zugelassen (S. 114 aaO.).

174) Auch die von Bruck und Kisch zugegebene Möglichkeit einer Schadensersatzpflicht des VN. im Fall der Verwirklichung des Tatbestandes aus § 823 II oder 862 BGB. stehen nicht im Einklang damit, daß die Verletzung einer Obliegenheit nur dem VN. schade; ebenso ist nicht recht einzusehen, warum, wenn die Erfüllung der Obliegenheit nicht die Interessen des Versicherers schützen soll, das Gesetz oder die AVB. an ihre Ver-

von Schadensersatzansprüchen[175] ist daher auch bejaht von verschiedenen Vertretern der Voraussetzungstheorie[176], die damit ihren Standpunkt nicht folgerichtig vertreten[177]. Auch die Rechtsprechung[178] hat wiederholt die grundsätzliche Zulässigkeit von Schadensersatzansprüchen aus Obliegenheitsverletzungen anerkannt[179].

Aus alledem ergibt sich, daß die für die ausschließliche Geltung der Voraussetzungstheorie vorgebrachten Gründe nichts weniger als stichhaltig sind.

Es ist demnach noch zu prüfen, ob die Obliegenheiten immer und wesensgemäß den Charakter von Rechtspflichten tragen müssen. Soweit zu diesem Beweis[180] auf die Wortfassung des VVG. oder der AVB. hingewiesen wird, die durch Wendungen wie „muß", „ist verpflichtet", „hat zu unterstützen", „ist nicht berechtigt", „bleibt verantwortlich" usw. auf ein Rechtsgebot hinzuweisen scheinen, ist dem entgegenzuhalten, daß zwar der Wortlaut der Parteivereinbarung für ihre Rechtsnatur wesentliche Anhaltspunkte[181] geben, daß er aber nicht allein ausschlaggebend sein kann; denn auch an anderen Stellen des VVG. und in sonstigen Gesetzen werden solche Ausdrücke gebraucht, wo eine echte Rechtspflicht nicht gegeben ist[182].

Auch der Hinweis darauf, daß das Gesetz bezüglich des Eintritts der Verletzungsfolgen auf ein Verschulden des VN. abstellt, ist nicht geeignet, allgemein für die Obliegenheiten den Charakter einer Rechtspflicht darzutun; denn in gleicher Weise spricht § 254 BGB. vom Mitverschulden des Schadensersatzgläubigers, auch die Irrtumsanfechtung nach § 121 BGB. und die Rüge nach § 377 III HGB. „müssen" unverzüglich, d. h. ohne **schuldhaftes** Zögern, erfolgen. Der Käufer oder Mieter einer Sache erlangt keine Gewährleistungsrechte, „wenn ihm der Mangel infolge **grober Fahrlässigkeit** unbekannt geblieben ist": vgl. §§ 460, 539 BGB. Hierüber hinaus sind die Argumente entspre-

letzung ein Rücktrittsrecht zu dessen Gunsten knüpfen (anders erst § 6 IV, n. F. VVG.). Weiterhin muß die Voraussetzungstheorie erklären, aus welchen Gründen das Gesetz oder der Vertrag überhaupt Rechtsnachteile mit der Verletzung von Obliegenheiten verknüpfen kann, wenn diese nicht Folgen einer Pflichtverletzung sind. Nur Kisch II/178 hat diese Frage zu beantworten versucht: dazu Amthor S. 85.

175) Bejaht auch von Lieri in Mittlg. 1919 S. 117.

176) Z. B. Schneider Komm. zum VVG.

177) v. Gierke LZ. 1909 Sp. 726; Amthor S. 74: „zweifelsohne würde die Festsetzung einer Schadensersatzpflicht für die Verletzung einer Obliegenheit eine Lage schaffen, wie sie bei Verbindlichkeiten die Regel ist".

178) Anm. 88 zu § 5 (Köln v. 29. 5. 34, KG. v. 20. 3. 20 u. a.).

179) Zum Schadensersatzanspruch des § 818 HGB. und dem von Ritter Komm. S. 87, ROHG. 17/344 behandelten Fall der Versicherung von Auswanderergeldern: Amthor S. 74/75.

180) Kleinschmidt aaO. S. 22.

181) RG. v. 28. 6. 04 = RG. 58/342.

182) Beispiele bei Haymann DVA. 1934 S. 959: § 11 Ziff. 1 ALB. (Allgemeine Lebensversicherungs-Bed.), § 377 HGB., Art. 19 a. F. WO. 121 BGB., Behauptungs- und Beweis**pflicht** usw. Unzutreffend Lenné ZfVW. 1912 S. 1240.

chend zu verwerten, die vorstehend zu einer Ablehnung der von den Vertretern der Voraussetzungstheorie für das Bestehen einer Rechtsfigur „Obliegenheit" vorgebrachten Gesichtspunkte geführt hatten.

Damit ist die Auffassung von der Obliegenheit als eines feststehenden Rechtsbegriffs, einer ein für allemal nach Inhalt, Zweck und Rechtsfolgen festgelegten Rechtsfigur nicht haltbar. Zugleich ist den beiden — die Obliegenheit in ihrem Rechtscharakter uniformierenden — Theorien die Grundlage entzogen.

Es ist danach die dritte Auffassung anzuerkennen. Nach ihr kann[184], da Obliegenheiten in allen Stadien eines VVerhältnisses auftreten[185] und den verschiedensten Bedürfnissen der Parteien, ja auch solchen dritter Personen[186] dienen, über die Natur der einzelnen Obliegenheit als einer Rechtspflicht oder als Voraussetzung für die Erhaltung des Anspruchs aus dem Vertrag nur nach dem Inhalt des Vertrages[187], sowie eingehender Betrachtung und Untersuchung der Interessen[188] etwas gesagt werden, denen die einzelne Obliegenheit dienen soll und will[189] (induktive Methode).

Wenn wir von dieser allgemeinen — hinsichtlich der Obliegenheiten schlechthin aufgestellten — Auffassung ausgehend nunmehr die Obliegenheiten der AVB., insbesondere die des § 5, unter den erforderlichen Gesichtspunkten betrachten, so haben wir, was die Interessenlage[190] angeht, zu berücksichtigen: 1. Vor allem die Interessen jeder

---

184) Haymann in DVA. 1934 S. 946, 963/64, Ehrenzweig ZfVW. 1931 S. 366 („nur mit Bedacht auf den Inhalt der Einzelpflicht auf deren etwaige gesetzliche Sonderregelung und mit Bedacht auf die Art der Verletzung im Einzelfalle kann entschieden werden"; daselbst S. 363, 375 „die Obliegenheit ist keine Rechtsfigur ...", S. 372/3 „jede Obliegenheit, die ein Sollen, nicht bloß ein Dürfen enthält, ist Verbindlichkeit im Sinne von § 339 BGB."); Hagen S. 524 („wo der Vertrag im Stich läßt, muß auf die Natur der Sache und das innere Wesen des Verhältnisses, die wirtschaftlichen Zwecke der Obliegenheit und die Verkehrsauffassung zurückgegangen werden"); v. Gierke LZ. 1909 Sp. 434 („es ist unzweifelhaft der Grundgedanke des VVG., daß die meisten (!) ... Obliegenheiten ... als Verpflichtungen zu betrachten sind ..."); auch JRPV. 1937 S. 134/135 „erkennt die Mehrzahl der ... Obliegenheiten als echte Verbindlichkeiten an" und es gibt danach „wenn auch nur in beschränktem Umfange Obliegenheiten, die keine echten Rechtspflichten sind"; vergl. auch Raiser III. Aufl. § 5 Anm. 1 „beide Fragen (= Schadenersatzpflicht und Haftung des VN. für Dritte. Verf.) können nicht für sämtliche Obliegenheiten gleich beantwortet werden", anders die II. Aufl. Hercher S. 39 „... ohne daß der Versicherer immer (!) einen Anspruch auf dieses Verhalten hat"; vergl. noch Lenné ZfVW. 1912 S. 1239 ff.

185) Gruppierung bei Brodmann in Iher. J. Bd. 58 S. 261 ff. und ihm folgend Kleinschmidt S. 20 ff.

186) Prölß weist § 6 Anm. 4 unter Angabe von Beispielen darauf hin, daß man sich hüten muß, die Dinge nur aus dem Verhältnis: Versicherer — VN. zu sehen.

187) Hagen S. 524.

188) Also nicht „grundsätzlich" im Sinne einer Auffassung oder „ausnahmsweise" im Sinne der anderen, wie Hagen S. 526 will.

189) Nicht aufrechterhalten wird die entgegenstehende Äußerung I/135.

190) „... für die Frage, ob Rechtspflicht oder nicht, muß das Interesse maßgebend sein. Die Frage ist also: in wessen Interesse ist die Hauptleistung mit der vorausgesetzten Handlung eines Vertragsteils verknüpft? Sofern eine Rechtspflicht vorliegen soll, muß die Handlung im Interesse des die Ausführung Fordernden liegen": Amthor S. 112.

Vertragspartei[191]; 2. die Interessen des Staates und der Gesamtheit, insbesondere die des geschädigten Dritten.

Zu 1: Was die Interessenlage der Vertragsparteien im allgemeinen angeht, so ist folgendes zu bemerken:

Es ist bereits — oben Bl. 39 — die Unhaltbarkeit der Lehre Brucks und anderer dargelegt worden, wonach die Verletzung einer Obliegenheit niemals dem V'rer schaden könne[192]. Das Verhalten, welches die Obliegenheiten dem VN. vorschreiben, ist ihm meist im Interesse des V'rers auferlegt[193]. Darum spricht sowohl § 6 VVG. wie § 6 ADB. von der Verletzung der Obliegenheit „die dem V'rer gegenüber zu erfüllen ist"[194]. Denn welches Interesse sollte der VN. **von vornherein** haben, der Gesellschaft „ausführliche und wahrheitsgemäße Schadensberichte zu erstatten, alle Tatumstände, welche auf den Schadensfall Bezug haben, mitzuteilen, und alle nach Ansicht der Gesellschaft für die Beurteilung des Schadensfalles erheblichen Schriftstücke einzusenden", wie § 5 Ziff. 2 Satz 2 es verlangt? Gerade wegen des Fehlens eines Interesses des VN. haben sowohl die ADB. wie das Gesetz durch die Aufstellung und Androhung bestimmter Nachteile[195] den Zweck verfolgen wollen, den VN. zur Beobachtung der Obliegenheiten im Interesse des V'rers anzuhalten[196] oder eine Zuwiderhandlung zu ahnden, und haben **hierdurch** ein Interesse des VN. hervorgerufen. Allerdings besteht auch in manchen Fällen von vornherein ein Interesse an der Beobachtung der Obliegenheit auf Seiten des VN., z. B. bei der Pflicht, den VFall anzuzeigen (§ 5 Ziff. 1 ADB.), oder den Verlust eines Anspruchs gegen Dritte nicht herbeizuführen (§ 67 I Satz 3 VVG.). Soweit nun nach Vorstehendem entweder von vornherein ein Interesse des VN. an der Beobachtung der Obliegenheit besteht, oder soweit ein solches durch die mit der Verletzung verbundene Sanktion hervorgerufen wird, entsteht die Frage, ob die ADB. und das Gesetz die Folgen der Verletzung durch das natürlich bestehende oder künstlich

191) Wenn in einer einzelnen Obliegenheit eine Verbindlichkeit erblickt werden soll, so muß insoweit ein subjektives Recht des Versicherers, d. h. ein vom Gesetz gebilligtes Interesse vorliegen. „Bei der Verbindlichkeit ergeht an bestimmte Rechtssubjekte der Befehl, dem bestimmten Privatinteresse des Gläubigers Genüge zu tun": Amthor S. 92/3, ders. S. 95 „als Ergebnis der Darlegung folgt als grundsätzliches Merkmal der Verbindlichkeit das rechtlich geschützte Privatinteresse des Gläubigers"; ders. S. 112. „Besteht die Voraussetzung in einer Leistung des einen Kontrahenten, so muß für die Frage, ob Rechtspflicht oder nicht, das Interesse maßgebend sein."

192) So auch Amthor S. 153a.

193) Hercher S. 40: „Wir meinen, das (= eine andere Meinung. Verf.) hieße doch, die Tatsachen auf den Kopf stellen."

194) Haymann VVA. 1934 S. 965: „Alle vor- und nachvertraglichen Anzeigepflichten, alle Gebote, die Gefahr zu mindern, nicht zu erhöhen oder abzuwenden, alle Vorschriften zur Minderung oder Feststellung des Schadens beizutragen, geschehen zunächst im Interesse des Versicherers."

195) Bornmann JRPV. 1934 S. 64/68, wo von dem „pönalen Charakter" des § 6 VVG. die Rede ist.

196) Anm. 172 zu § 5.

geweckte Interesse des VN. als genügend geschützt angesehen wissen wollen, oder ob hierneben noch das Bestehen einer ihm auferlegten Rechtspflicht angenommen werden muß. Nur im letzteren Fall erscheinen die Sanktionen als Folgen eines rechtswidrigen Verhaltens[197].

Die Antwort hängt in erster Linie davon ab, ob die genannten, den VN. zur Beobachtung der Obliegenheit anhaltenden Umstände (eigenes Interesse — oder Sanktion) für den V'rer einen hinreichenden Schutz gewähren, auch ohne daß eine Rechtspflicht des VN. angenommen wird[198]. Dazu darf davon ausgegangen werden, daß mindestens diejenigen Obliegenheiten, an deren Nichtbeobachtung keinerlei Sanktionen[199] geknüpft sind[200], den Charakter echter Rechtspflichten tragen. Aber auch im übrigen, d. h. soweit den VN. vertraglich oder gesetzlich bestimmte Rechtsnachteile bei Nichtbefolgung der Obliegenheit treffen, werden im Einzelfall keine Bedenken bestehen, eine echte Rechtspflicht anzunehmen. Man wird hierbei jedoch nicht nur etwa bestehende wirtschaftliche Interessen des V'rers zu berücksichtigen haben, sondern auch erwägen müssen, ob nicht durch den Zwang zur Beobachtung der Obliegenheit die Bewegungsfreiheit des VN. übermäßig eingeschränkt werden würde[201]. Nur in diesem letzteren Falle könnte man es bei vernünftiger Würdigung der Interessen der Vertragsparteien in die Entscheidung des VN. gestellt sein lassen, ob er entweder die Obliegenheit erfüllen, oder die mit der Nichterfüllung verbundenen Folgen tragen will. Wie diese allgemeinen Gesichtspunkte sich auf die Ein-

197) Haymann DVA. 1934 S. 967.

198) Auch sonst wird im Bürgerlichen Recht diese Frage an Hand der widerstreitenden Partei-Interessen entschieden: Haymann in DVA. 1934 S. 967/68.

199) Wie: Verwirkungsklauseln, Vertragsstrafen (so ausdrücklich Hagen S. 530), Kündigungsrecht, Recht auf Erhöhung der Prämie usw.

200) Da § 6 AVB. die Verwirkung des HV-Anspruchs nur an die Verletzung der „nach dem VFall" zu erfüllenden Obliegenheiten knüpft, ist also eine Sanktion für die Verletzung von Obliegenheiten, die vor dem VFall zu beobachten sind (soweit innerhalb des § 5 derartige Obliegenheiten in Frage kommen sollten: Bl. 177), nicht gegeben. § 6 n. F. AVB. bezieht sich ohne solche Unterscheidung auf alle Obliegenheiten, die nach § 5 dem V'rer gegenüber zu erfüllen sind. —

201) Beispiele bei Haymann DVA. 1934 S. 969, die sich auf Fälle der Gefahrstandspflicht beziehen, z. B. die Obliegenheit aus der gegen Feuer versicherten Villa kein Miethaus zu machen: „Aber hier ist es die Berücksichtigung des kollidierenden Interesses des VN. an der Erhaltung seiner Bewegungsfreiheit, die die Gesetzes- oder die Geschäftsbedingungen verhindert, echte Rechtspflichten aufzustellen." Ein ähnliches Beispiel bei Ehrenzweig in ZfVW. 1931 S. 367: „Hat der Feuer-VN. durch die Einlagerung feuergefährlicher Stoffe eine Gefahrerhöhung herbeigeführt, so kann er nicht zur Beseitigung des durch den Vorgang geschaffenen Zustandes gezwungen werden; er darf die in diesem Vorgang liegende Gefahrerhöhung — bei Meidung der damit verbundenen Nachteile — nicht herbeiführen, wohl aber den äußeren Vorgang als solchen, der nur in seiner Rechtssphäre liegt." Vergl. auch Amthor S. 145/46; zutr. führt aber Dr. H—r. in DÖV. (Der Vers.Vertr.) 1934 S. 2 aus: „. . . daß es für den VN. keine nennenswerte Belastung bedeutet, die Obliegenheiten, die ihm im modernen VVertrag auferlegt werden, zu erfüllen". Gerade hier würden sich die Fortschritte des Versicherungsrechts gegenüber dem Zustand seiner ersten Entwicklung zeigen, da alle überflüssigen Obliegenheiten ausgemerzt wären und nur das Notwendige beibehalten worden sei.

ordnung der einzelnen Obliegenheit auswirken, wird in jedem Falle darzustellen sein[202].

Zu 2: Der zu 2 genannte Gesichtspunkt beansprucht besondere Beachtung. Das Interesse des Staates äußert sich in der Beteiligung staatlicher Stellen — insbesondere des Reichsaufsichtsamtes für das Versicherungswesen[202a] — an der Regelung, Abwicklung und Beaufsichtigung der Angelegenheiten des VWesens und findet seinen sinnfälligen Ausdruck in einem entsprechenden Reichsgesetz. Durch das Genehmigungsverfahren wirken die behördlichen Stellen zugleich auch an der Aufstellung und Fassung der in den AVB. enthaltenen Obliegenheiten mit[203], was sowohl ihre Zahl wie ihren Inhalt betrifft. Damit werden diese aus dem Bereich der reinen Privatinteressen herausgehoben; denn das VWesen verfolgt Zwecke, die hierüber hinausgehen und die Förderung staatlicher, d. h. Gesamtheitszwecke, zum Gegenstand haben. Dies gilt im besonderen Maße von der H-Versicherung, welche zwar primär eine Sicherung des Vermögens des VN. verfolgt[204], die aber durch ihre weitere insbesondere wirtschaftliche Zielsetzung mit der Person des geschädigten Dritten verbunden ist[205], und damit einen bedeutsamen sozialen, d. h. Gemeinschaftszweck, erfüllt[206]. Diese Gemeinschaftsinteressen unbeachtet zu lassen, hieße ein billigenswertes Rechtsempfinden verkennen[207, 208]. Träger des Schutzes dieser Interessen ist in wesentlichem Umfang tatsächlich der VN., ausführender Teil der V'rer. Gewährt der VN. dem V'rer bei der Klärung, Prüfung und Erledigung der Schäden nicht den erforderlichen Beistand, z. B. durch Nichterfüllung der Obliegenheiten des § 5 AVB., so kann dieser den ihm gestellten Aufgaben und Anforderungen nicht voll gerecht werden, zum Schaden sowohl des VN. selbst wie der übrigen VN. des gleichen V'rers[209], aber

202) Bl. 61, 88, 112, 124, 143, 159, 160.

202a) Dies besteht z. Zt. nicht mehr; über die augenblickliche Zersplitterung des Aufsichtswesens: Prölß in Vers.Wirtschaft 1946, Heft 1 S. 5, Heft 2 S. 5.

203) I/14, Anm. 20 zu § 5; nicht beachtet in Köln v. 29. 5. 34 = JRPV. 223/4 = DVP. 221 = JW. 2349 und LG. Potsdam v. 25. 9. 36 = JRPV. 1937 S. 144.

204) Der VVertrag ist nach geltendem Recht nicht ein Vertrag zugunsten Dritter: I/47 und die das. Anm. 252 gen.

205) RG. v. 24. 2. 1939 = JRPV. S. 167/8.

206) I/45, 46; über den — insbesondere wegen der Folgen von Obliegenheitsverletzungen — ungenügenden Schutz des Dritten im heutigen Recht: Schneider NZ. 1938 S. 709/11, Donati NZ. 1937 S. 1161 u. 1181, Ass.J. Bd. 55 (1936) S. 147 ff.

207) RG. v. 27. 5. 1938 = RG. 158/6 = JRPV. S. 229 ff.; auch Hamburg v. 8. 10. 1937 = JRPV. 1938 S. 172/74, das von der sozialen Bedeutung der H-Versicherung spricht.

208) Dieser Schutz des Dritten ist heute im allgemeinen — anders die Gesetzesnovelle für die Pflichtversicherung — ungenügend und bedarf für das kommende Recht einer Verstärkung: I/55; Jannott (zur Vervollkommnung der HV.) S. 12 ff.; besser geschützt ist der Hypothekengläubiger in § 100/101 VVG.

209) Lierz Mittlg. 1919 S. 118 weist darauf hin, daß aus der Prämienreserve an erster Stelle auch die Entschädigungen gezahlt werden, womit ein soziales Band unter den VN. entsteht, das den einen veranlassen muß, auch auf die Interessen der anderen Rücksicht zu nehmen.

auch des Geschädigten und des V'rers selbst, zum Schaden schließlich also der Gesamtheit. Es greift damit das Interesse an der Erfüllung der Obliegenheiten u. U. über den Kreis der Vertragsparteien hinaus und beeinflußt zugleich auch die Rechtsnatur der einzelnen Obliegenheit[210].

... des Versicherungsnehmers.

Die in § 5 aufgeführten Obliegenheiten hat der VN. zu beobachten, d. h. also in erster Linie der VN. in eigener Person[211]. Dies folgt aus dem Wortlaut der AVB.[212], dem mit ihrer Aufstellung erkennbar verfolgten Zweck und den Notwendigkeiten des VBetriebes.

Nicht nur ist der § 5 mit „Obliegenheiten des VN." überschrieben[213], auch bei der einzelnen Obliegenheit wird immer wieder betont, daß gerade er sie zu erfüllen habe[214]. Soweit die Obliegenheiten des § 5 echte Rechtspflichten sind, steht dem V'rer grundsätzlich[215] als Verpflichteter und damit Verantwortlicher der Vertragspartner[216]: d. i. der VN., gegenüber[217]. Vor allem erscheint aber in diesem Zusammen-

210) Ein ähnlicher, allerdings nur auf die Vertragsparteien beschränkter Gedankengang findet sich bei Reatz S. 430, der die Verbindlichkeitsnatur der Obliegenheit aus einer allgemeinen Geschäftsführungspflicht des VN. für den Versicherer ableitet. Mit dem Abschluß des VVertrages vertraue der Versicherer dem VN. die custodia seines (d. h. des Versicherers) Interesses an (Reatz S. 401). „Daraus ergibt sich eine Verpflichtung mindestens vom Eintritt des Unfalles ab, für die fernere Erhaltung des Interesses des Versicherers, also im Interesse des letzteren für die Erhaltung einer eigenen versicherten Interessen besorgt zu sein"; wenn Amthor S. 48/9 diese „beachtenswerte Konstruktion" ablehnt, weil „von der Übertragung der custodia für den Versicherer an den VN. im Vertrage nirgends die Rede ist, die Fiktion einer solchen Übertragung dem schweren Bedenken einer Fälschung des Vertragswillens unterliegt", so müssen diese Bedenken hier deshalb zurücktreten, weil die Interessen der Allgemeinheit auch ohne besondere vertragliche Vereinbarung Berücksichtigung zu finden haben und eine sie etwa verleugnende Vertragsauslegung unbeachtlich bleiben muß.

211) Zustimmend wohl Kersting DOV. 1932 S. 194, Wüstney S. 54, Gottschalk VuG. 1926 S. 1—2, vergl. ferner Anm. 235 zu § 5.

212) „Ob der Schuldner im konkreten Falle persönlich zu leisten hat, ist Sache der Vertragsauslegung": Hercher S. 22; dazu RG. v. 31. 5. 21 = RG. 102/215 = APV. 1922 A. S. 21, wo das Gericht im Hinblick auf eine Obliegenheit der E.D.-Versicherung, die versicherten Räume nachts durch einen Wächter bewachen zu lassen, entschied, es stehe hiernach außer Zweifel, daß der VN. die Räume nicht selbst zu bewachen hatte, sondern der Sicherheitsvorschrift genügte, wenn er eine vertrauenswürdige Person mit der Bewachung betraute und deren Tätigkeit beaufsichtigte.

213) Wenn man mit Bruck Komm. § 6 Anm. 2 a. E., ders. ZfVW. 1927 S. 12 die Auffassung vertritt, daß es keine Obliegenheiten des Versicherers gibt (dazu aber Ehrenzweig I S. 332), wäre die Überschrift zu § 5 ohne die im Text wiedergegebene Auslegung ohne Sinn.

214) § 5 Ziff. 2 Satz 1 „der VN. ist verpflichtet", Satz 2 „er (d. h. VN.) hat die Gesellschaft ... zu unterstützen", § 5 Ziff. 3 Satz 1 „... so hat der VN. ... zu überlassen", Satz 2 „... hat er (d. h. VN.) ... Widerspruch zu erheben", § 5 Ziff. 5 „... so ist er (d. h. VN.) verpflichtet ..."; anders nur bezüglich der Schadensanzeigepflicht § 5 Ziff. 1 die keinen Träger hat: Bl. 61/2; vergl. jetzt aber § 5 Ziff. 2 Abs. 3 n. F. AVB. „so ist dieser ...".

215) Über den Versicherten in der VffR.: § 8 Bl. 222; über den wirtschaftlichen VN. weiter unten.

216) I/38.

217) Hercher aaO. S. 22.

hang der Gesichtspunkt wesentlich, daß — soweit mit der Nichterfüllung der Obliegenheit bestimmte Rechtsnachteile (vgl. § 6 ADB.) für den VN. verbunden sind, die regelmäßig ein Verschulden bei der Verletzung voraussetzen — der Eintritt dieser Folgen bei Verwirklichung des vorausgesetzten Tatbestandes unbedingt sichergestellt sein muß[218]. Dies wird insbesondere dann der Fall sein, wenn der VN. zur Erfüllung der Obliegenheiten in Person gehalten ist.

Wer allgemein als VN. anzusehen ist, wurde bereits früher[219] ausgeführt[220]. Auf diese Ausführungen wird Bezug genommen. Hier ist noch folgendes zu bemerken: a) Bei der gesetzlichen Einzelnachfolge des § 151 II VVG. tritt kraft gesetzlicher Vorschrift „an Stelle des VN. der Dritte in die während der Dauer seiner Berechtigung aus dem Versicherungsverhältnis sich ergebenden Rechte und Pflichten ein".

b) Bei der Erbfolge[221, 222] ist zu berücksichtigen, daß, sofern ein VVertrag als solcher oder ein bereits vor dem Tode des Erblassers entstandener HV-Anspruch auf den Erben übergeht[223], dieser auch in bezug auf die Erfüllung der Obliegenheiten an die Stelle des Erblassers tritt.

Für die Frage, wer als VN. anzusehen ist und deshalb auch die Obliegenheiten zu erfüllen hat, kommt es nach der neueren Rechtsprechung des RG. nicht ausschließlich auf die Person an, die im VVertrag als VN. bezeichnet wird. Auch andere können, weil sie in Wahrheit Träger des versicherten Interesses sind, als „zwar nicht förmlich, aber in Wirklichkeit (Auch-) VN. im Sinne der . . . ADB." angesehen werden. So kann z. B. im einzelnen Falle der Ehemann der Versicherungsnehmerin der wahre wirtschaftliche VN. und damit für die Erfüllung der Obliegenheiten verantwortlich sein[224].

Es haftet also für die Erfüllung der Obliegenheiten zunächst und in erster Linie der VN. Dies gilt, wenn er sich dabei der Hilfe dritter Personen bedient, auch in den Fällen, in welchen ihn bei der Auswahl, der Überwachung des Dritten oder sonstwie[225] ein eigenes Verschulden

---

218) Anm. 235 zu § 5 Bl. 57 ff.

219) I/38 ff.

220) Hierzu Möller „Verantwortlichkeit" insbes. S. 19 ff.

221) Außer den I/42—44 genannten: RG. v. 3. 2. 39 = JRPV. 1939 S. 101 ff. und die dort gen.; Sieg JRPV. 1938 S. 129 ff., ders. HansRGZ. 1938 Sp. 169 ff.

222) „Die Obliegenheitsverletzung des Erben ist entschuldbar, wenn beim VFall der VN. selbst umgekommen ist": Cour de Cassation v. 8. 1. 35 in Recueil juridique des Assurances 1935 S. 211 = Gazette du Palais v. 25. 11. 35.

223) I/44.

224) Zu der Frage des Einstehenmüssens für den wirtschaftlich Versicherten eingehend: Möller „Verantwortlichkeit" S. 77 ff. 100 ff., der die Stellungnahme des RG. aus der Natur des Interessebegriffes bekämpft; Trenkow in JRPV. 1939 S. 209 ff. dazu: Weltersbach JRPV. 1939 S. 297 ff.

225) Anm. 240 und 286 zu § 5.

an der Nicht- oder Schlechterfüllung trifft[226]. Dabei spielt die Frage, ob der Dritte als Erfüllungsgehilfe, Bote[227] oder was sonst tätig war, keine Rolle, da hier das Problem der Fremdzurechnung überhaupt nicht berührt wird.

In vielen Fällen hat der VN. aus tatsächlichen oder rechtlichen Gründen[228] nicht die Möglichkeit, in eigener Person die Obliegenheiten zu erfüllen. Den sich hieraus ergebenden Notwendigkeiten muß der V'rer auch bei der Regelung der Obliegenheitserfüllung Rechnung tragen. Unabdingliche Grundlage bei der sich nun anschließenden Frage, inwieweit ein Handeln anderer Personen für den VN. selbst berechtigend und verpflichtend sein kann, ist:

a) Der V'rer hat auch dann ein unbedingtes Interesse an ordnungsmäßiger Erfüllung der Obliegenheiten. Der VN. darf[229] sich daher, wenn er in Person die Obliegenheiten nicht beachten kann, dazu nur insoweit anderer Personen bedienen, als diese die Obliegenheiten ebenso wie er selbst[230] ordnungsmäßig erfüllen können, und zwar in rechtlicher[231] und tatsächlicher[232] Beziehung. Fehlt es hieran, so darf der VN. sich überhaupt der Hilfe Dritter nicht bedienen, die Obliegenheit ist also nicht erfüllt, mag auch den Dritten selbst eine Schuld daran nicht treffen: darüber vgl. bei § 6 Anm. 117.

b) Der V'rer kann keinesfalls auf den Eintritt der vereinbarten Sanktion verzichten; daher gilt die Erlaubnis nur insoweit, als den VN. in gleichem Maße[233] die Verantwortlichkeit für das Verhalten der an

226) LG. München vom 18. 12. 1929 = DÖV. 1930 S. 27: „Es ist aber außerdem grobe Fahrlässigkeit des klägerischen Vereins selbst, durch einen Vorstand die rechtlichen Beziehungen leiten zu lassen, der nach ihren eigenen Angaben hierzu nicht mehr in der Lage ist"; zust. v. Gierke LZ. 1909 Sp. 721/2.

227) Bruck Komm. § 6 Anm. 13.

228) Nach der Auffassung des RAA. in APV. 1923 S. 193 hat der VN. „grundsätzlich das Recht, sich zur Wahrnehmung seiner Interessen eines Vertreters zu bedienen und der Versicherer ist demnach bei Vorlage einer Vollmacht nicht ohne weiteres berechtigt — nach Auffassung des RAA. nicht einmal, wenn sich in dem Schriftwechsel des Vertreters unrichtige Behauptungen, unzulässige Verallgemeinerungen oder unsachliche Vorwürfe befinden — den Schriftwechsel mit Vertretern abzulehnen". Sollte hiernach der Vertreters unrichtige Behauptungen, unzulässige Verallgemeinerungen oder unsachliche Vor, so selbstverständlich — soweit dies nicht schon nach den Regeln der Stellvertretung und dergl. sichergestellt ist — nur mit der Einschränkung im Text.

229) Nur dann darf der VN. anstelle persönlicher Leistung die eines anderen setzen. Auf das Dürfen kommt es an, denn „war der Schuldner zur Verwendung fremder Personen überhaupt nicht befugt, so haftet er ... nach § 276 BGB. für eigenes Verschulden, und er hat für alle Folgen dieses seines Verschuldens einzustehen": Hercher S. 22.

230) Kersting legt im Anschluß an LG. Berlin vom 29. 12. 31 = JRPV. 1932 S. 190 (dawider RG. v. 22. 3. 32 = DÖV. S. 50) in DÖV. 1932 S. 193/94 die Gründe dar, warum der geschädigte Dritte die Obliegenheit der Schadensaufklärung u. a., die dem Versicherer die Möglichkeit einer Prüfung der Sach- und Rechtslage geben sollen, nicht in gleicher Weise erfüllen kann wie der VN. selbst; Bl. 102 ff.

231) Z. B. die Obliegenheiten des § 5 Ziff. 3 Satz 1, Ziff. 4, Ziff. 5 AVB.

232) Bruck Komm. § 6 Anm. 6, Gottschalk VuG. 1926 S. A.

233) Dies gilt insoweit nicht, als kraft zwingender gesetzlicher Anordnung die Verwirklichung der in den Obliegenheiten zum Ausdruck kommenden Verhaltensnorm durch

seiner Stelle Handelnden wie für eigenes Tun trifft[234], d. h. also, daß er unverändert für die Nichterfüllung einzustehen hat[235, 236].

Der V'rer hat nach Wortlaut, Sinn und Zweck der AVB. die Verpflichtung zur Erfüllung dem VN. auferlegt. Soweit der Eintritt der mit der Nichterfüllung verbundenen vereinbarten Rechtsfolgen in Frage steht, darf es nicht gestattet sein, diese Stellung des V'rers einseitig dadurch zu verschlechtern, daß der VN. andere Personen in das VVerhältnis einschaltet, um durch deren Handeln den Eintritt von Rechtsnachteilen für sich zu verhindern.

Abgesehen von den Fällen arglistigen Handelns[237] würde die Anerkennung solchen Tuns eine grundsätzliche Bevorzugung der „Großen"[238] gegenüber den „Kleinen" bedeuten, die durch nichts gerechtfertigt wäre[239].

Es läuft danach die Frage, ob der VN. sich bei der Erfüllung der Obliegenheiten unter den bezeichneten Voraussetzungen der Hilfe fremder Personen bedienen darf, auf die weitere hinaus, inwieweit er hierbei für das Verschulden Dritter überhaupt haftet, m. a. W. ob auch dann

---

Dritte ganz allgemein — also auch ohne daß der VN. sich ihrer „bedient" hätte — ausdrücklich der Erfüllung der Obliegenheiten durch den VN. gleichgestellt wird; sei es im Hinblick auf die Erfüllung überhaupt oder zur Vermeidung der sonst mit der Nichterfüllung verbundenen Folgen, oder nur hinsichtlich bestimmter Folgen. Für letzteren Fall z. B. § 5 Ziff. 1 und § 33 VVG., der neben § 153 VVG. gilt. (Zu § 33 VVG. Anm. 314, 317 zu § 5, Bl. 75 ff., 120, 130.) Wenn Kersting in DOV. 1932 in einer HV.-Sache (S. 193/94) ausführt: „Richtig ist zweifellos, daß der Versicherer sich nicht auf eine Verletzung der Pflicht zur Anzeige des Schadensfalles berufen kann, wenn er in anderer Weise rechtzeitig davon Kenntnis erhält" und sich hierfür auf § 33 II VVG. bezieht, so ist dies in zweifacher Hinsicht gerade wegen der angezogenen Vorschrift des VVG. nicht zutreffend. Einmal spricht § 33 II nicht von der Anzeige des Schadensfalles (wie Kersting), sondern von der Anzeige des hiervon bekanntlich in der H-Versicherung zu trennenden VFalles (vergl. aber §§ 5 Ziff. 1 u. f. AVB., 153 I u. f. VVG. [entspr. Anwendung des § 33 II] und dazu Anhang zu § 5). Weiterhin ordnet das VVG. in der genannten Bestimmung nicht an, daß der Versicherer sich unter den bezeichneten Voraussetzungen nicht auf eine (= irgendeine. Verf.) Verletzung der Pflicht schlechthin solle berufen dürfen, sondern nur in hiervon sachlich verschiedener Weise, daß er dies nicht darf — lediglich — in bezug auf eine Vereinbarung, nach welcher der Versicherer bei Verletzung der Obliegenheit von der Verpflichtung zur Leistung frei sein soll. Von anderen Verletzungsfolgen, die vertraglich bestimmt wären, kann nach dem engen Wortlaut des Gesetzes das gleiche nicht ohne weiteres behauptet werden. Gleichfalls ungenau Dr. H—r in DOV. (D.Vers.Vertr.) 1934 S. 2; vergl. Anm. 314 und Anm. 843 zu § 5.

234) Im Ergebnis abweichend Kiel v. 7. 12. 25 = VuG. 1926 S. 22/3.

235) Nur mit dieser Einschränkung kann Möller „Verantwortlichkeit" S. 12 Nr. 3 zugestimmt werden.

236) Soweit das Gesetz dritte Personen, z. B. den gesetzlichen Vertreter, ermächtigt, an Stelle des VN. zu handeln (KG. v. 8. 11. 33 = JRPV. 1934 S. 77 = DOV. 1934 S. 36 = APV. S. 414 = HRR. Nr. 631 = Vers.Verm. S. 54) ist die Haftung des VN. für diese allgemein anerkannt.

237) Hier würde eine Verletzung der Obliegenheit durch den VN. selbst mit allen vereinbarten Folgen gegeben sein: Möller „Verantwortlichkeit" S. 77 ff. insbes. im Hinweis auf den wahren Interessenten.

238) ... die sich also die Vorteile der Arbeitsteilung zunutze machen können: dazu Möller „Verantwortlichkeit" S. 67, 92, 95, Haymann DVA. 1934 S. 1081 mit Hinweis auf Ritter.

239) Wüstendörfer in Arch. Ziv. Prax. Bd. 110 S. 219 ff., Brodmann Iher. J. Bd. 58 S. 264, dazu Kleinschmidt S. 56 ff.

der Eintritt der gesetzlich oder vertraglich bestimmten Verletzungsfolgen sichergestellt ist[240].

Über diese Frage besteht Meinungsverschiedenheit in Rechtslehre und Rechtsprechung. Abgesehen von den Streitpunkten bei der ähnlich gelagerten Frage, inwieweit überhaupt das Verhalten Dritter dem VN. als eigenes Handeln zuzurechnen ist[241], kommen hier noch die Schwierigkeiten hinzu, die sich aus der verschiedenartigen Auffassung über die Rechtsnatur von Obliegenheiten ergeben; scheint doch für viele die Frage, ob eine Haftung für das Verschulden Dritter besteht, geradezu der Prüfstein für ihre Zugehörigkeit zur Verbindlichkeits- oder Voraussetzungstheorie gewesen zu sein[242]. Im praktischen Endergebnis kommen sich jedoch beide Auffassungen auf den verschiedenen von ihnen beschrittenen Wegen wieder ziemlich nahe, woraus sich die Berechtigung der Forderung nach Einstehen des VN. für Dritte — auf irgendwelchem Wege — ergibt. Die Verschiedenartigkeit der beiden Auffassungen bei der hier besprochenen Frage äußert sich hauptsächlich darin, ob § 278 BGB. bei Beobachtung von Obliegenheiten anwendbar ist.

Es wurde schon dargelegt, daß und warum die Obliegenheiten nicht den Charakter einer Rechtsfigur haben, daß es vielmehr für ihre rechtliche Einordnung in den Kreis der Rechtspflichten oder der Voraussetzungen auf mancherlei Gesichtspunkte ankommt, über die nur im Einzelfall bei einer bestimmten Obliegenheit entschieden werden kann. Soweit eine bestimmte Obliegenheit sich danach als echte Rechtspflicht darstellt, steht der Anwendung des § 278 BGB. auf solche Personen, deren sich der VN. zur Erfüllung bedient hat, kein grundsätzliches[243] Hindernis entgegen[244, 245], womit in den bezeichneten Fällen zugleich

240) Auch bei Erfüllung der Obliegenheiten durch Dritte kann ein eigenes Verschulden des VN. gegeben sein, so daß dieser selbst unmittelbar verantwortlich gemacht werden kann, z. B. wenn der VN. Kenntnis des pflichtwidrigen Verhaltens des Dritten hat: Celle v. 11. 9. 34 = APV. 1935 S. 15 = HansRGZ. 1935 A. Sp. 176.

241) I/249, 50 und weiter unten.

242) Gottschalk ZfVW. 1919 S. 215.

243) Über die Besonderheiten bei der Frage, inwieweit der VN. für das „Wissen" und die entsprechende Erklärung eines Dritten einzustehen hat: Bl. 53 ff.

244) Grundsätzlich — d. h. auch bei solcher Voraussetzung — hat die Anwendung des § 278 BGB. aus einer angeblichen Gesamttendenz des VVG., dem sogen. Selbstverschuldensprinzip, soweit ersichtlich verneint: Schneider in Iher. J. Bd. 53 S. 27 ff., derselbe LZ. 1907 Sp. 269; Kisch WuRdV. 1928 S. 36 u. 44 für die Rettungspflicht. — Dieser Teil der Schneiderschen Lehre ist so gut wie einmütig abgelehnt worden, z. B. von Kleinschmidt S. 9, 18; Brodmann Iher. J. 58 S. 187 ff.; v. Gierke LZ. 1909 Sp. 721, bes. 734; Gottschalk ZfVW. 1919 S. 213 ff. Eine ebenso grundsätzliche Ablehnung liegt darin, daß im Einzelfall nach Sinn und Zweck des VVertrags für den VN. auch dann Schutz verlangt und angenommen wird, daß andere Personen den VFall herbeiführten oder Obliegenheiten verletzten: dazu mit Rechtsprechung Möller „Verantwortlichkeit" S. 85 (der mit Recht S. 86 darauf hinweist, daß bei Obliegenheiten stets geprüft werden muß, welches Verhalten durch sie dem VN. auferlegt wird, z. B. RG. v. 31. 5. 1921 = RG. 102/215 ff. = JW. 1922 S. 34/5 und die bei Möller aaO. angegebene Rechtsprechung); früher: Kersting ZfVW. 1923 S. 222, Petersen ZfVW. 1921 S. 334; WZ. 1921 S. 636.

245) Die grundsätzliche Anwendbarkeit des § 278 BGB. im VRecht nehmen u. a. an: v. Gierke, Gerhard-Hagen, Brodmann, Hager-Bruck, Gottschalk. Eine Zusammenstellung

der Eintritt der Sanktion grundsätzlich sichergestellt ist. Aber auch dann bleibt noch die ebenfalls nicht — jedenfalls nicht einheitlich — abschließend beantwortete Frage zu klären[246], wie weit der Kreis der Personen zu ziehen ist, die zu den Erfüllungsgehilfen i. S. von § 278 BGB. gerechnet werden dürfen[247]. Insbesondere fragt es sich, ob dieser Kreis wegen der Besonderheiten des VVertragsverhältnisses[248] anders zu ziehen ist, als dies sonst im Bürgerlichen Recht allgemein geschieht[249].

Bei aller Verschiedenartigkeit der Begründung und Ergebnisse herrscht in diesem letzten Punkte aber doch Einheitlichkeit der Meinung darüber, daß man die Fremdhaftung im VRecht[250] nach Möglichkeit zu beschränken habe[251, 252].

---

von Rechtslehre und Rechtsprechung bei Möller „Verantwortlichkeit" S. 67/8. Ferner: für Anwendung des § 278 BGB.: Kiel v. 12. 2. 26 = JRPV. S. 106 = APV. 1927 S. 64/5; KG. v. 5. 11. 30 = JRPV. 1931 S. 29; Hamburg v. 30. 4. 35 = HansRGZ. A. Sp. 404.

246) Gottschalk ZfVW. 1919 S. 212.

247) Brodmann Iher. J. Bd. 58 S. 187 ff.: „Nur wer sich darin sicher ist, wie er diese Norm (d. h. § 278 BGB. Verf.) überhaupt anzuwenden hat, wird imstande sein, die Bedeutung derselben für den VVertrag zu explizieren."

248) Die besondere Eigenart des VVerhältnisses gibt Kisch in WuRdV. 1928 Nr. 1 S. 36 ff., 44 Veranlassung, den VN. wegen einer Verletzung der Rechtspflicht nicht für das Verschulden aller der Personen haften zu lassen, die an und für sich zu den Erfüllungsgehilfen gem. § 278 BGB. gehören.

249) Vergleiche Hercher aaO. S. 7.

250) v. Gierke LZ. 1909 Sp. 742 verweist hierfür zur Begründung auf § 67 VVG., aus dem sich ergeben soll, daß § 278 BGB. schonend anzuwenden sei.

251) Kleinschmidt S. 3, 52, Gottschalk ZfVW. 1919 S. 215, Brodmann Iher. J. Bd. 58 S. 279: „Aus allen Erörterungen geht hervor, daß man bestrebt ist, die Haftung für Hilfspersonen, wie sie nach allgemeinem Recht gilt, im Gebiete des VVertragsrechts zu beseitigen, oder doch wenigstens in weitgehendem Maße einzuschränken. Sie wird hier ganz unverkennbar als eine Ungerechtigkeit empfunden, als eine Härte, welche mit dem Wesen der Versicherung nicht in Einklang steht."

252) Nach Brodmann aaO. ist als Erfüllungsgehilfe nur der unselbständige Gehilfe anzusehen (Iher. J. 58/187 ff., 291; dazu Kleinschmidt S. 60 ff.), Kleinschmidt (aaO. S. 67 und 99, in bezug auf einzelne Obliegenheiten S. 75, 78, 80) formuliert: „Eine Haftung des Schuldners nach § 278 BGB. besteht nur da, wo der Schuldner den Dritten in die Erfüllung einer Verbindlichkeit zu einem positiven Tun eingesetzt hat, oder wo der Dritte zu ihm in einem Anstellungsverhältnis steht, das die Erfüllung eines bestimmten Kreises von Schuldnerpflichten positiver oder negativer Art als den gesamten Umfang oder einen Teil des ihm durch das Anstellungsverhältnis erwachsenen Pflichtenkreises in sich trägt"; v. Gierke (LZ. 1909 Sp. 740 ff.) will ebenfalls den VN. nicht für jede untergeordnete Hilfskraft sondern nur für den Repräsentanten haften lassen. Hierunter versteht er denjenigen, der „wahrhaft selbständig für die Erfüllung der Pflicht eingesetzt erscheint, den, welcher nach der Auffassung des VVerkehrs in bezug auf das geforderte Verhalten als sein Vertreter, sein Repräsentant gilt und gelten muß, er haftet nur für den, welcher als Träger der Pflicht an seiner Stelle steht"; ähnlich, wenngleich mit z. T. anderen Gründen, Gottschalk ZfVW. 1919 S. 217 ff., der in JW. 1927 S. 148 einer „allzu weiten, die Interessen des VN. schädigenden Anwendung des § 278 BGB. ..." entgegentritt; „so ist nicht jeder Angestellte oder Arbeiter Erfüllungsgehilfe, wohl aber z. B. der Prokurist oder der Angestellte, der bei einem VN. die VAngelegenheiten bearbeitet". — Nach Prölß Komm. § 6 Anm. 7 VVG. muß die Hilfsperson, um als Erfüllungsgehilfe im Sinne von § 278 BGB. angesprochen werden zu können „speziell oder nach ihrer Stellung zum VN. auch damit betraut sein, alle oder einzelne Pflichten aus dem VVertrag zu erfüllen"; vergl. ferner Ritter Komm. S. 34, 39 ff.

Die Vertreter der Voraussetzungstheorie lehnen — von ihrem Standpunkt folgerichtig — mangels einer Verbindlichkeit, die der VN. zu erfüllen habe, die Anwendbarkeit des § 278 BGB. grundsätzlich ab[253]. Da aber auch sie der aus vielfachen Gründen tatsächlicher und rechtlicher Art sich ergebenden Notwendigkeit, eine Haftung für das Verhalten Dritter u. U. eintreten zu lassen, nicht entziehen können und wollen, so haben sie das gleiche oder ähnliche Ziel auf Wegen anderer rechtlicher Konstruktion erreicht. Sie gelangen dabei — wenn man die Einschränkungen berücksichtigt, die die Vertreter der Verbindlichkeitstheorie hinsichtlich des Personenkreises des „Erfüllungsgehilfen" machen — zu einem der Gegenmeinung praktisch stark angenäherten Endergebnis[254].

Auch für die hier vertretene Auffassung ist diese Konstruktion aus mehrfachen Gründen von Bedeutung. Einmal sind nach unserer Auffassung je nach Lage des Einzelfalles[255] Obliegenheiten denkbar und kommen vor, die nicht den Charakter echter Rechtspflichten haben, sondern als „Voraussetzungen" anzusehen sind. Weiterhin nehmen die Obliegenheiten, die eine Auskunfts- und Anzeigepflicht zum Gegenstand haben[256], eine Sonderstellung ein. Eine Anwendung des § 278 BGB. scheint bei ihnen auch dann nicht möglich, wenn sie sich im Einzelfall als echte Rechtspflichten darstellen sollten; denn bei diesen Obliegenheiten ist „das Wissen schon eine tatbestandliche Voraussetzung der Obliegenheit, eine Wissenserklärung abzugeben"[258]. „Den VN. belastet nicht die Obliegenheit, Kenntnis zu haben und dann Anzeige zu erstatten usw." Für diese werden dann, — soweit man überhaupt die entsprechende Rechtskonstruktion anerkennt — die folgenden Ausführungen von Bedeutung:

Zunächst kommt hier die Figur des **Repräsentanten** in Betracht. Der Begriff des Repräsentanten und seine Anwendung auf unsere Frage ist wesentlich von der Rechtsprechung, insbesondere der des RG., begründet und entwickelt worden[259]. Gesetz und VVerträge nehmen durchweg keine Stellung dazu[260]. Auch die Rechtsprechung hat die Frage der Haftung des VN. für den Repräsentanten ganz überwiegend

253) Eine Zusammenstellung von Rechtslehre und Rechtsprechung bei Möller „Verantwortlichkeit" S. 67/8, auch z. T. die in Anm. 88 zu § 6 gen. Angewendet hat § 278 BGB. noch KG. v. 5. 11. 30 = JRPV. 1931 S. 29, abgelehnt: Stuttgart v. 25. 10 12 = APV. 1913 A. S. 91, RG. v. 3. 2. 39 = JRPV. S. 101/105.

254) Bl. 50.

255) Bl. 42.

256) Bl. 113.

258) Möller „Verantwortlichkeit" S. 25.

259) RG. v. 16. 3. 34 = RG. 144/163 = JRPV. 163 = APV. S. 20 = DOV. S. 62 = DVP. 415 = HRR. Nr. 1464; RG. v. 15. 10. 35 = RG. 149/69 ff. = JRPV. 846 = JW. 1936 / 319.

260) Möller „Verantwortlichkeit" S. 12, 31, 32; die AVB. schweigen über die Repräsentantenhaftung.

im Zusammenhang mit der Herbeiführung[261] des VFalles behandelt[262], und nur seltener im Zusammenhange mit der Verletzung von Obliegenheiten[263]. Dies ist insofern bemerkenswert, als gerade bei den Obliegenheiten zur Anzeige- und Auskunftserteilung die Frage, wieweit das Verhalten Dritter dem VN. zuzurechnen ist, häufig zur Beurteilung gestanden hat. Eine Erklärung ist vielleicht darin zu finden, daß die Rechtsprechung gerade in bezug auf die ebengenannten Obliegenheiten die Figur des „Wissensvertreters"[264] entwickelt hat; die Erfüllungsmöglichkeit solcher Obliegenheiten[266] setzt ein Wissen[267] voraus, und in einer diesem Wissen entsprechenden Erklärung und Mitteilung drückt sie sich aus. Bei dem Problem der Wissenszurechnung handelt es sich[268] um zwei Fragen, die nur in ihrer soziologischen Grundlage — nämlich „in der arbeitsteiligen Persönlichkeitserweiterung"[269] — einen einheitlichen Ursprung haben, aber rechtlich verschieden zu betrachten sind; nämlich die Fragen der Zurechnung einmal des Wissens als solches und zum zweiten die auch der Erklärung des Wissenstatbestandes.

Das RG.[270] und ihm folgend andere Gerichte[271] begründen die Haftung für den Wissensvertreter rechtskonstruktiv[272] durch eine analoge Anwendung des § 166 I BGB.[273], der nicht nur bei der Vertre-

---

261) Nichts zu tun hat der Begriff der Repräsentantenhaftung damit, für wen der VFall eingetreten ist: RG. v. 16. 3. 34 aaO.

262) I/250 mit Lit., außer den dort genannten Joel aaO.

263) Obwohl RG. v. 16. 3. 34 aaO. von der Verwendung des Repräsentantenbegriffs „insbesondere" für den Fall spricht, daß „es sich um die Erfüllung von Obliegenheiten des VN. handelt".

265) „Der Begriff des Wissensvertreters ist im Gesetz ebenso wenig festgelegt wie der des Repräsentanten ...": RG. vom 22. 10. 37 = JRPV. 1937 S. 354 (Anmerkung von Niemann daselbst 1938 S. 56, der das RG. teilweise nicht richtig versteht) = DOV. 1938/21 = JW. 1938 S. 381 (Anmerkung von Ehlers) = HRR. 1938 Nr. 93 = Warneyer 1938 Nr. 13 = APV. S. 246 = Seuffert Arch. 1938 S. 12.

266) Z. B. § 5 Ziff. 2 S. 2 (ausführliche und wahrheitsgemäße Schadensberichte erstatten, alle Tatumstände ... mitteilen ...), 5 Ziff. 2 Abs. 2, 5 Ziff. 3 (... alle für nötig erachteten Aufklärungen zu geben).

267) Über gewisse Rechtsfolgen des Charakters der Auskunftspflicht als einer Wissenserklärung: Bruck Komm. § 34 Anm. 6.

268) Möller „Verantwortlichkeit" S. 25 ff., derselbe WuRdV. 1938 Heft 1 S. 1—28, Oldenbourg aaO.

269) Oldenbourg aaO. S. 42.

270) RG. v. 28. 6. 04 = RG. 58/342 = APV. 1905 A. S. 22; RG. v. 26. 11. 15 = LZ. 1916 Sp. 381; RG. v. 12. 12. 19 = RG. 97/279 = DOV. 1920 S. 207 = APV. 1920 A. S. 56; RG. v. 25. 9. 25 = JRPV. S. 282 = HansRGZ. Sp. 939; RG. v. 8. 10. 26 = APV. 1927 S. 65 = VuG. S. 125 = HansRGZ. Sp. 935 = JW. 1927 S. 763.

271) Kiel v. 12. 2. 26 = JRPV. S. 106 = APV. 1927 S. 64 = VuG. S. 125; Kassel v. 30. 9. 27 = APV. 1928 S. 12/13 = HansRGZ. 1928 A Sp. 227; Braunschweig v. 25. 10. 33 = JRPV. 1936 Zus. I S. 10; KG. v 20. 3. 20 = APV. 1921 A. S. 46; LG. Kiel v. 20. 1. 33 = JRPV. S. 178.

272) Bruck Komm. § 6 Anm. 13 hinsichtlich der Anzeige- und Auskunftspflichten durch Anwendung „des in §§ 2, III, 19, 79 I, 161, 179 IV ausgesprochenen Grundsatzes".

273) Bestimmungen über die Wissensvertretung bei Obliegenheiten: §§ 79 I S. 1, 161, 179 IV VVG.: dazu Oldenbourg aaO. S. 58/59.

tung[274] in der Abgabe von Willenserklärungen, sondern auch in gleicher Weise bei Wissenserklärungen zu gelten habe. Diese Lösung ist indessen nicht unbedenklich. Mehr Billigung[276] haben dagegen die Ausführungen des RG. vom 8. 3. 1921 = RG. 101/402, 403[277] gefunden[278], wo der Gerichtshof, ohne sich dabei auf bestimmte Gesetzesvorschriften zu stützen, ausführte: „Wenn der verantwortliche Leiter eines geschäftlichen Unternehmens[279] dessen Innenbetrieb in der Weise regelt, daß Tatsachen, deren Kenntnis von Rechtserheblichkeit ist, nicht von ihm selbst, sondern von einem bestimmten Angestellten zur Kenntnis genommen werden, so muß er sich im Verhältnis zu einem Dritten, der aus der Tatsachenkenntnis Rechte herleitet, die Kenntnis des Angestellten wie seine eigene anrechnen lassen. Wenn auch der Angestellte nicht sein Stellvertreter im Willen ist, eine Willenserklärung überhaupt nicht in Betracht käme, so ist er doch zum Wissensvertreter bestellt, und der Leiter des Unternehmens würde in einem solchen Falle gegen Treu und Glauben im geschäftlichen Verkehr verstoßen, wenn er aus der inneren Geschäftsverteilung dem Dritten gegenüber den Einwand der Unkenntnis herleiten wollte." Danach gilt also das Wissen des Wissensvertreters ohne weiteres als das des VN. und zwar auch dann, wenn der Wissensvertreter von seiner Kenntnis dem VN. weder Mitteilung gemacht hat, noch auch nur machen wollte[280]. „Der VN. wird so behandelt, als wenn er alles weiß, was der Wissensvertreter weiß"[281].

Wird der Dritte vom VN. nicht nur in eine solche Lage gebracht, daß er die Tatsachen zur Kenntnis nehmen kann, sondern weitergehend[282] vom VN. mit der Erfüllung der Obliegenheit als solcher betraut[283, 284, 285],

---

274) Art. 40 Schweiz. VVG.: „. . . hat der Anspruchsberechtigte oder sein Vertreter Tatsachen . . . unrichtig mitgeteilt . . ., so ist der Versicherer gegenüber dem Anspruchsberechtigten an den Vertrag nicht mehr gebunden".

276) Möller „Verantwortlichkeit" S. 26, Oldenbourg S. 58, Raiser § 5 Anm. 11.

277) = Rechtsspiegel (Beibl. der DVP.) 1921 Nr. 12 S. 2: zit. auch bei Kersting ZfVW. 1923 S. 222.

278) Vergl. auch RG. v. 25. 9. 1925 = JRPV. S. 282/3 = HansRGZ. A. Sp. 939/41; RG. v. 27. 11. 31 = APV. 1932 S. 20/21.

279) Eine Wissenszurechnung kommt aber nicht etwa nur bei „geschäftlichen Unternehmungen" sondern auch sonst überall in Frage.

280) RG. v. 13. 12. 1938 = JRPV. 1939 S. 38.

281) Möller „Verantwortlichkeit" S. 27, der ausführt, daß diese Frage der — rein tatsächlichen — Wissenszurechnung im Grunde nicht eine Frage des Einstehens des VN. für dritte Personen ist; vergl. auch Kersting ZfVW. 1923 S. 222.

282) Kiel v. 12. 2. 1926 = JRPV. S. 106 = APV. 1927 S. 64/5.

283) Stillschweigender Auftrag durch Duldung der Beteiligung an den Schadensverhandlungen genügt: RG. v. 13. 12. 38 = JRPV. 1939 S. 38.

284) Hat in diesem Falle auch der VN. selbst Kenntnis von dem Vorgefallenen, so muß er nicht nur für den Wissensvertreter einstehen, sondern es kommt auch seine eigene Kenntnis in Betracht: Möller „Verantwortlichkeit" S. 29/30 unter Hinweis auf § 19 Satz 1 VVG., ders. aaO. S. 29 Anm. 3.

285) Hierunter fällt es nicht, wenn der VN. selbst die Auskunft erteilt und sich dabei auf die Kenntnis eines anderen als Zeugen beruft: RG. v. 17. 11. 36 = JW. 1937 S. 899 (Anm. von Prölß) = HansRGZ. 1937 A. Sp. 61 = HRR. 1937 Nr. 168, oder wenn der VN. aus eigenem Wissen die Auskunft an den Versicherer erteilt, ein Wissen,

so ist seine Obliegenheitsverletzung der des VN. gleichzusetzen[286]. Außer dem Wissen, als tatbestandlicher Voraussetzung für die Erfüllungsmöglichkeit der Obliegenheit, belastet und verhaftet den VN. in diesem Falle auch das weitere Verhalten des Vertreters[287] im Rahmen der Obliegenheitserfüllung überhaupt[288].

Diese Rechtsauffassung stellt für Obliegenheiten, die Anzeige- und Auskunftspflichten zum Gegenstand haben, eine annehmbare Lösung dar; denn es wird sich meist feststellen lassen, ob der VN. im Sinne der vorstehenden Ausführungen eine Person dazu bestimmt hat, entweder an seiner Stelle die für die Erfüllung der Obliegenheit rechtserheblichen Tatsachen zur Kenntnis zu nehmen, oder weitergehend ihn gar mit deren selbständiger Erfüllung aus eigenem Wissen betraut hat. Damit ist in befriedigendem Umfang zumindest der Eintritt der an die Verletzung der Obliegenheiten geknüpften Rechtsfolgen[289] gewährleistet.

Wir können also bei der Repräsentantenhaftung — soweit sie für die Obliegenheiten in Frage kommt — die Anzeige- und Auskunftspflichten außer Betracht lassen.

Es gibt indessen noch Obliegenheiten anderer Art, für die diese Frage (Repräs. Haftung) von Bedeutung bleibt, z. B. die Obliegenheit, den Schaden abzuwenden oder zu mindern (§ 5 Ziff. 2 ADB.), die Obliegenheit des § 5 Ziff. 2, Satz 2 und Abs. 2 i. V. mit Abs. 1 ferner teilweise die Obliegenheiten des § 5 Ziff. 3, 4 und 5. Für diese kann

---

„das er sich allerdings aus den Angaben der einzig erreichbaren Zeugen, seiner Söhne, gebildet habe": RG. v. 23. 1. 40 = JRPV. S. 146 ff. Sein Sohn kam daher nicht als Wissensvertreter, sondern nur als Wissensquelle für den VN. selbst in Frage.

286) Ein eigenes Verschulden des VN. — Bl. 48, Anm. 240 zu § 5 — kann z. B. in größeren Betrieben aber auch aus anderen Gründen darin liegen, daß der VN. nicht bestimmte Personen ermächtigt hat, für die Beobachtung der Obliegenheiten selbständig besorgt zu sein: KG. v. 20. 3. 20 = APV. 1921 A. S. 46. — Ebenso wie den VN. ein eigenes Verschulden bei Beauftragung eines Dritten ohne Rücksicht auf das Bestehen oder die Zurechnung des Verschuldens des Dritten selbst treffen kann (s. oben), ebenso kann auch den Wissens- oder Wissenserklärungsvertreter, der ebenfalls einen anderen beauftragt hatte, in gleicher Weise ein eigenes Verschulden treffen: Kiel v. 12. 2. 26 = JRPV. S. 106 = APV. 1927 S. 64 = VuS. S. 125. Hier hatte sich der Wissensvertreter nicht genügend „um die Erteilung der Auskunft . . . gekümmert . . .", er hatte den weiter beauftragten Angestellten „vor der Überlassung der Beantwortung nicht auf die Auskunftspflicht des § . . . ADB. und die im § . . . an die Verletzung geknüpften Folgen ausdrücklich hingewiesen und mit entsprechenden Anweisungen versehen", er hatte endlich „die Richtigkeit der erteilten Auskunft vor der Absendung des Schreibens . . . nicht einer Nachprüfung unterzogen". — Bl. 106.

287) Von einem solchen ist der Bote, der lediglich das eigene Wissen des VN übermittelt, zu scheiden: Möller „Verantwortlichkeit" S. 30, Raiser S. 157 = § 5 Anm. 13. — Über den rechtsgesch. bestellten Vertreter: RG. v. 18. 9. 40 = JRPV. S. 165 ff.

288) Vergl. aber RG. v. 22. 10. 37 (Anm. 265 zu § 5): „Wenn der Wissensvertreter selbst den VFall (Brand) vorsätzlich herbeigeführt hat, ohne daß der VN. zur Zeit der in Frage kommenden Auskunftserteilung davon wußte, dann können die Angaben, die der Brandstifter, mag er auch sonst (!) als Wissensvertreter anzusehen sein, für den VN. in der Absicht macht, die wahre Brandursache zu verheimlichen, nicht als Auskünfte angesehen werden, die aus eigenem Wissen zu erstatten er von dem VN. beauftragt ist . . .": dagegen Niemann JRPV. 1938 S. 56.

289) Rechtstheoretisch!

— im Rahmen der vorstehenden Ausführungen — das Problem der Repräs. Haftung in Frage kommen[292]. Eine eingehende Darstellung dieser Frage würde den Rahmen der vorliegenden Arbeit überschreiten. Es muß daher ein Hinweis auf die Literatur genügen[293]. Hier soll nur kurz die Stellung des RG. gekennzeichnet werden, einmal weil der höchste Gerichtshof auf die Entstehung und Entwicklung des Begriffs der Repräs. Haftung maßgeblichen Einfluß ausgeübt hat[294] und weiter, weil die Rechtsprechung der OLG. und LG. meist die jeweiligen reichsgerichtlichen Formulierungen des Repräs. Begriffs übernommen hat.

Die Stellung des RG. zur Repräs. Haftung ist nicht stets die gleiche gewesen[296]. In der Entscheidung RG. vom 15. 10. 1935 = RG. 149/60 = JRPV. 346 = DÖV. 90 = APV. 281 = JW. 319 = DVersPrax. 351 = HRR. 412 = Vers.Verm. 281[297], hat es seine frühere Auffassung stark eingeschränkt. Diese war dahin gegangen, daß Repräsentant derjenige sei, „der in dem Geschäftsbereich, zu dem das versicherte Risiko gehört, auf Grund eines Vertretungs- oder ähnlichen Verhältnisses[298] an die Stelle des VN. getreten ist"[299]. In seinen, diese Auffassung einschränkenden Urteilen fordert das RG. weiterhin als Voraussetzung für die Anwendbarkeit der Rechtssätze über den Repräsentanten einen Geschäftsbetrieb, mindestens einen Geschäftsbereich von einiger Bedeutung, auf den sich das VVerhältnis bezieht und innerhalb dessen ein anderer an der Stelle des VN. stand. Ferner muß sich aus den Verhältnissen ein Bedürfnis nach dieser Repräsentanz ergeben und auch eine dementsprechend tatsächliche Gestaltung des Betriebs vorhanden sein[300].

Vergleicht man die Ergebnisse, die sich bei Anwendung der hier vertretenen Auffassung über die Rechtsnatur der Obliegenheiten — mit ihrem Fehlen einer „einheitlichen Rechtsfigur", mit der Beschränkung des Begriffs des Erfüllungsgehilfen im Rahmen des § 278 BGB., mit ihrer Unanwendbarkeit auf die Auskunfts- und Mitteilungspflichten — ergeben, mit denjenigen der Voraussetzungstheorie, die grundsätzlich mit dem Repräs. Begriff arbeitet, so ergibt sich eine starke Annäherung der beiden Auffassungen im praktischen Endergebnis. Im letzteren

---

292) Nach der hier vertretenen Ansicht, wonach die Obliegenheit nicht eine Rechtsfigur ist, kommen nur die Fälle in Betracht, in welchen die Obliegenheit nicht echte Rechtspflicht ist (wenn echte Rechtspflicht, dann grundsätzlich § 278 BGB.), oder wo die Voraussetzungen für den Erfüllungsgehilfen fehlen.

293) Statt vieler: Möller: „Verantwortlichkeit", der die Frage unter eingehender Darstellung von Rechtsprechung und Schrifttum behandelt hat.

294) Anm. 259 zu § 5.

296) Über die verschiedenen Entwicklungsstufen: Möller „Verantwortlichkeit" S. 70 ff.

297) Auf diese Entscheidung beziehen sich: RG. v. 14. 2. 36 = JW. S. 1968 = HansRGZ. 1937 A. Sp. 53, RG. v. 13. 5. 38 = RG. 157/314 = JW. S. 1953.

298) Dazu Möller „Verantwortlichkeit" S. 72 Anm. 4 a. E.

299) I/250.

300) Zur Kritik dieser Rechtsprechung Möller „Verantwortlichkeit" S. 74 ff. und S. 92.

Falle haftet allerdings der VN. nicht für die Personen[301], deren er sich bei der Übermittlung der zur Erfüllung der Obliegenheiten notwendigen Erklärungen bedient, während das Ergebnis bei Anwendung des § 278 BGB. u. U. ein anderes ist[302].

Wegen des Einstehenmüssens des VN. für seinen gesetzlichen Vertreter, für den Testamentsvollstrecker[303], den Nachlaß- oder Konkursverwalter[304] vgl. die hier entsprechend anzuwendenden Ausführungen I/250 mit Literaturangabe und dazu Möller „Verantwortlichkeit" S. 97 ff., der im Hinblick auf den ges. Vertreter darauf abstellt, wer die Risikoverwaltung in Händen hatte[305].

Es wurde bereits[306] ausgeführt, daß die Beobachtung der Obliegenheiten dem VN. obliegt, nach dem Wortlaut der ADB., dem mit ihnen verfolgten Zweck und den Notwendigkeiten des VBetriebs. Der V'rer kann bei den im heutigen VBetrieb massenweise anfallenden Schäden[307] nicht jeden VN. auf die Einhaltung der einzelnen Obliegenheiten besonders hinweisen. Er muß sich vielmehr darauf verlassen, daß der VN., dem die materielle Gefahr und Last, die der Eintritt eines H-Schadens für ihn ohne Versicherung bedeuten würde, ganz abgenommen ist, wenigstens soviel eigenes Interesse bei der Bearbeitung des Falles aufbringt, daß er die wenigen, im Grunde selbstverständlichen Obliegenheiten der ADB. beachtet. Dieser ist dazu nicht nur vertraglich verpflichtet[308], sondern auch tatsächlich in der Lage, da er den Wortlaut der ADB., seiner Police angeheftet,[308a] in Händen hat und daher den Absatz, der gesperrt mit „Obliegenheiten des VN." überschrieben ist, in Ruhe durchlesen kann. So haben denn auch die Gerichte[309] wiederholt entschieden, daß der VN., dem bestimmte Pflichten durch die ADB. auferlegt sind[310], nicht noch besondere Hinweise und Aufforderungen seitens des V'rers erwarten kann und darf, daß es vielmehr seine Auf-

---

301) Wohl u. U. für eigenes Verschulden Bl. 47/8, Anm. 240 zu § 5.

302) Prölß Komm. § 6 Anm. 7 und Möller „Verantwortlichkeit" S. 31 oben, Hamburg v. 2. 7. 34 = APV. 1935 A. S. 15.

303) RG. v. 3. 2. 39 = JRPV. S. 101 („die Grundsätze des § 278 BGB. finden weder auf die Obliegenheiten, noch auf Testamentsvollstrecker Anwendung"); Sieg „Die Verantwortlichkeit des Haftpflichtversicherten für Obliegenheitsverletzungen des Testamentsvollstreckers": JRPV. 1940 S. 121 ff.

304) KG. v. 17. 5. 33 = DOV. S. 56, Prölß Komm. § 6 Anm. 6 VVG.

305) Ähnlich stellt schon ZfVW. 1923 S. 34 auf die „Risikofigur" ab.

306) Bl. 46 ff.

307) Zehntausende H-Schäden im Jahre sind in einem großen VBetrieb keine Seltenheit; vergl. auch D.Vers.Vertr. 1934 S. 1, und die Ausführungen Anm. 25, 447, 479 zu § 5, Bl. 20, 103, 148.

308) Stuttgart v. 11. 5. 1928 = APV. S. 237/8. 308 a) Vgl. Anm. 29 b zu § 5.

309) Stuttgart v. 11. 5. 28 aaO., Celle v. 11. 9. 34 = APV. 1935 A. S. 15 = HansRGZ. 1935 A. Sp. 176 = ZfVW. Bd. 36 S. 302, Düsseldorf v. 8. 7. 36 = JRPV. Zus. II S. 38/9 = APV. 235; Frankfurt a. M. v. 5. 11. 31 = JRPV. 1932 S. 268 = APV. 1932 S. 248/9 = HRR. 1932 Nr. 838; vergl. zu Anm. 932 u. 937. zu § 5, Anm. 91 zu § 6.

310) Köln v. 29. 5. 34 = JRPV. S. 223/4 = JW. 2349 = DVP. 221.

gabe ist, den ihm im § 5 ADB. bekanntgegebenen Verpflichtungen zu genügen[311]. Die — wenn auch nur gelegentlich — vertretene andere Auffassung[312] übersieht die praktische Undurchführbarkeit von solchen ständigen Anfragen usw. Einen nochmaligen Hinweis auf die wichtigsten Pflichten erhält der VN. in dem ihm zur Anmeldung des Schadens übergebenen Formular, das eine Reihe besonders wesentlicher Fragen enthält[313].

Aus den gleichen Gründen kann die bisweilen[314] vertretene[315] Auffassung durchaus nicht gebilligt werden[316], daß die Obliegenheiten von jedermann erfüllt werden können und es daher dem Versicherer genügen müsse, wenn er von gewissen Tatsachen[317], die der VN. nach dem Vertrage anzeigen mußte, durch **irgend jemand** Kenntnis erhalten habe. Abgesehen davon, daß der VN. für die Angaben dritter Personen nur in beschränktem Umfange einzustehen hat, und somit der V'rer an einer Anzeige durch ihn selbst auch wegen der in geldlicher Hinsicht oft weittragenden Entscheidungen, die auf die Mitteilungen hin gefällt werden müssen, ein erhebliches Interesse hat[318], widerspricht eine solche Auffassung den im Vertrage klar dem VN. als solchem auferlegten Pflichten und darüber hinaus ganz allgemein praktischen Notwendigkeiten; denn der Dritte wird schon rein tatsächlich vielfach nicht in der Lage sein, die Obliegenheiten — z. B. die der Aufklärung des Sach-

311) Hierzu Bornmann in JRPV. 1934 S. 65/67.

312) Z. B. KG. v. 5. 6. 29 = JRPV. 300 = APV. 227/28 = Verkehrsrechtl. Rundsch. 1929 S. 427: keine Obliegenheit des VN. (= Halter des versicherten Kraftfahrzeugs), sich von der Einleitung eines Strafverfahrens gegen den mitversicherten Wagenführer Kenntnis zu verschaffen und anzuzeigen. „Er durfte sich sagen, daß sich der Versicherer ... an die Polizeiverwaltung um Auskunft wenden werde ...".

313) Der V'rer kennt zur Genüge nicht nur die Gleichgültigkeit bei der Herbeiführung der Schäden („ich bin ja versichert, die Gesellschaft kann zahlen"), sondern auch die Art, mit welcher selbst die in den Formular-Schadensanzeigen aufgestellten Fragen völlig unzureichend oder gar nicht beantwortet werden. Selbst Rückfragen werden oft nicht erledigt, so daß eine Bearbeitung der Schäden nur unter großen Schwierigkeiten möglich ist. Es ist daher — auch im Interesse der gewissenhaften VN. — unbedingt am Platze, ein solches Verhalten als grobfahrlässig im Sinne des § 6 AVB. zu bezeichnen und zu beurteilen.

314) Wüstney S. 54 (widerspruchsvoll), Bruck Komm. § 6 Anm. 6: auf diesen sich berufend Hamm v. 25. 3. 35 = JRPV. Zus. II S. 64 = HansRGZ. A. Sp. 401; Köln v. 14. 12. 34 = JRPV. 1935 Zus. S. 58: es kommt nicht, wie dies Gericht meint, darauf an, daß der Versicherer Kenntnis erhält, sondern der VN. hat die Pflicht, anzuzeigen. Der Hinweis auf § 33, 153 VVG. erscheint im Hinblick auf die Anzeige des Strafverfahrens deshalb verfehlt, weil diese Vorschriften sich lediglich auf die Anzeige des VFalls beziehen — Düsseldorf v. 8. 7. 36 = JRPV. Zus. II S. 38/9 = APV. S. 235, auch Anm. 233 und 843 zu § 5 — und als Spezialbestimmungen einer ausdehnenden Auslegung auf andere Obliegenheiten nicht unterliegen. Auch § 153 u. F. VVG. bestimmt die entsprechende Anwendung des § 33 II nur für seinen Abs. I (Anzeige der Tatsachen ...), nicht für Abs. IV.

315) Nicht allgemein entschieden bei Kersting DOV. 1932 S. 193/4: „Die Frage ist jedenfalls zu verneinen, wenn es sich bei dem Dritten um den Anspruchserheber selbst handelt."

316) Bl. 46 ff., auch Anm. 230 zu § 5.

317) Aber § 33 Abs. 2 VVG.: Bl. 75 ff., Anm. 233 zu § 5 Bl. 120, 130.

318) Bl. 46 ff.

verhaltes, der Prozeßinformation usw. — zu erfüllen. Was Kersting in DÖV. 1932, S. 194 nach dieser Richtung mit Bezug auf den Geschädigten ausführt, muß entsprechend für jeden Dritten überhaupt gelten. Etwas anderes trifft natürlich für die Personen zu, für deren Handeln der VN. wie für eigenes dem V'rer einzustehen hat.

§ 5 Ziff. 1

1. Wird ein unter den Versicherungsvertrag fallender Haftpflichtanspruch erhoben, so muß hiervon der Gesellschaft (vgl. § 12) innerhalb einer Woche durch eingeschriebenen Brief Anzeige erstattet werden. Durch Absendung der Anzeige wird die Frist gewahrt.

„Wird ein unter den VVertrag fallender Haftpflichtanspruch erhoben, . . ."

§ 5 Ziff. 1[318a] enthält die nähere vertragsgemäße Ausgestaltung des § 153 VVG.[318b] über die Art und Weise[319], wie der VFall dem V'rer mitzuteilen ist. Diese Vorschrift wiederum ändert ebenso wie die §§ 92, 110, 171 ff. VVG. die allgemeine Regelung des § 33 VVG.[319a] für die besonderen Verhältnisse der H-Versicherung ab. Im übrigen gilt § 33 neben § 153 VVG.[320]. Wenn der Anzeige des VFalls nicht schon eine Erklärung des VN. vorausgegangen ist, daß er den V'rer mit den Folgen eines bestimmten Schadensfalles befassen wolle (Schadensanzeige)[321], enthält die Anzeige des VFalls[322] die Willenserklärung[323] des VN., die Pflichten des V'rers aus dem VVertrag im Hinblick auf einen bestimmten H-Anspruch wirksam werden zu lassen[324]. Damit zugleich werden aber auch die vertraglichen Rechte des V'rers wirksam,

---

318 a) § 5 Ziff. 2 Abs. 3 n. F. AVB.

318 b) § 153 II VVG.

319) Vergl. die Überschrift „Obliegenheiten des VN. Verfahren."

319 a) Über das Verhältnis von § 33 VVG. zu § 5 Ziff. 2 AVB. n. F.: Bl. 163.

320) Bruck Komm. § 33 Anm. 2, § 153 Anm. 2.

321) Wenn eine solche vorausgegangen ist, handelt es sich bei der Anzeige des VFalles um eine Wissenserklärung.

322) Rein tatsächlich kann in der Anzeige ferner liegen die dem VN. gem. § 62 VVG. auferlegte Anfrage nach Weisungen des Versicherers über die zu ergreifenden Rettungsmaßregeln (§ 5 Ziff. 2 Bl. 86): so Kisch „Die Rettungspflicht des VN." in WuRdV. 1928 Nr. 1 S. 90.

323) RG. v. 15. 2. 1938 = JRPV. S. 104: „Diesem (d. h. VN. Verf.) ist daher die Pflicht zur Schadensanzeige für den Fall (!) auferlegt, daß er aus dem den Eintritt der Versicherung auslösenden Ereignis Ansprüche gegen den Versicherer herleiten will"; ferner OLG. Breslau v. 21. 1. 31 = JRPV. 134; Düsseldorf v. 22. 1. 34 = JRPV. 285, Oberbach JRPV. 1943 S. 31 Anm. 83.

324) Anm. 36 zu § 11 insbes. RG. vom 15. 2. 38 = JRPV. S. 104 ff., Ehrenzweig I/286: „Diese Pflicht (zur Anzeige des VFalles) wird nur dann wirksam, wenn das Ereignis von dem jeweils Anspruchsberechtigten als „VFall" behandelt wird, d. h. wenn ein VAnspruch darauf gegründet wird." —

welche die Interessen des VN. u. U. erheblich berühren[325, 326]. Er übernimmt — wenn er den HV-Anspruch nicht verlieren will — gleichzeitig die Pflichten (§ 5 Ziff. 2) zur wahrheitsgemäßen Schadensschilderung[327], die sogar vor der Selbstbezichtigung[328] nicht halt macht; er muß (§ 5 Ziff. 3) die Prozeßführung dem V'rer überlassen; er muß (§ 5 Ziff. 3 Satz 2) gegen Zahlungsbefehle oder Verfügungen von Verwaltungsbehörden auf Schadensersatz Widerspruch erheben und die erforderlichen Rechtsbehelfe ergreifen; er darf (§ 5 Ziff. 4) einen H-Anspruch ohne vorherige Genehmigung der Gesellschaft weder anerkennen noch befriedigen; er muß sich (§ 3 III Ziff. 2) an Rentenzahlungen im angegebenen Schlüssel beteiligen; es kann durch die Bearbeitung seitens des V'rers eine die Kündigung des Vertrages berechtigende Voraussetzung (vgl. § 10 II 1) eintreten; der V'rer kann von diesem Zeitpunkt ab den VSchutz ablehnen: vgl. Bl. 310 usw. Alles das tritt ein ohne Rücksicht darauf, ob dem VN. das Verfahren des V'rers aus geschäftlichen oder persönlichen Gründen paßt oder nicht. Er unterwirft sich, wenn er durch die Anzeige des VFalles seinen Willen bekundet, den V'rer in Anspruch zu nehmen, den u. U. schwerwiegenden Pflichten, die ihm selbst für diesen Fall auferlegt sind. In der Tat kommt es hin und wieder vor, daß VN. Schäden ohne Inanspruchnahme des V'rers selbst regeln, sei es, daß sie die damit verbundenen Formalitäten vermeiden wollen, sei es aus geschäftlichen oder anderen Erwägungen. Dies zu verhindern und damit die Bewegungsfreiheit des VN. einzuschränken, kann nicht in die Hand des V'rers gelegt sein; vielmehr verdienen die Interessen des VN. um so mehr Berücksichtigung, als für den V'rer kein Anlaß besteht, den VN. zu einer von diesem selbst gar nicht gewollten[330] Inanspruchnahme des V'rers anzuhalten, oder ihm dahingehend Pflichten aufzuerlegen[331].

---

325) Der minderjährige Anzeigende erlangt also nicht lediglich einen rechtlichen Vorteil im Sinne von § 107 BGB. — Nach Bruck Komm. § 33 Anm. 7 haben Willensmängel oder Mängel in der Geschäftsfähigkeit keinen Einfluß auf die Wirksamkeit der Anzeige, da sie eine „Wissenserklärung" sei.

326) Nicht ausreichend Kersting DOV. 1932 S. 194, der das für die Natur der Anzeige als Willenserklärung Vorgebrachte nur für die Mitteilung von der Klageerhebung verwertet, dagegen die Anzeige vom Schadensfall als etwas rein Tatsächliches bezeichnet. Auch die Obliegenheit zur Mitteilung der Klageerhebung braucht wie jede andere nur beobachtet zu werden, wenn der VN. zuvor seinen Willen erklärt hat, die Leistung des Versicherers für einen bestimmten Fall in Anspruch zu nehmen.

327) LG. v. 30. 6. 30 = JRPV. 287; KG. v. 7. 2. 1934 = APV. S. 25; Karlsruhe v. 15. 4. 14 = APV. 1915 A. S. 24.

328) Anm. 628 zu § 5.

330) Auch § 14 AFB., § 14 AEDB. besagen: „Der VN. hat im Falle eines Schadens, für den er Ersatz verlangt, folgende Pflichten ...".

331) Hamburg vom 9. 11. 26 = JRPV. 1927 S. 181 = VuG. 1927 S. 41: „Wollten die Beklagten (= Versicherer) ... aus besonderen Gründen eine Anzeigepflicht vorschreiben, auch wenn sie nicht in Anspruch genommen wurden ..., so hätten sie dies deutlich zum Ausdruck bringen müssen."

Die Anzeige des V'Falls[332] ist daher in erster Linie als die **Willenserklärung** des VN. anzusehen, den Vertrag für einen bestimmten Fall wirksam werden zu lassen. Zwar liegt diese Erkenntnis in der Natur der Sache, es ist jedoch ein Hinweis geboten, weil wiederholt[333] die Auffassung vertreten ist, es erschöpfe sich der Inhalt der Anzeige darin, eine Wissenserklärung zu sein. Das ist unzutreffend. Die Anzeige setzt wie jede andere auch, das Wissen um bestimmte Tatsachen, auf die sich die Willenserklärung bezieht, als notwendig voraus. Das ist alles.

Solange der VN. eine solche Willenserklärung nicht abgegeben hat, ist der V'rer nicht berührt und ebensowenig beschwert. Seine Lage wird durch das Unterbleiben der Anzeige gegenüber der ihrer Erstattung nur verbessert. Erst mit der Anzeige kommen bestimmte Rechte des VN. und Pflichten des V'rers zur Entstehung. **Die Anzeige des VFalls** ist daher unter Berücksichtigung der Interessen beider Vertragsteile **eine Voraussetzung für die Erhaltung des Anspruchs** aus dem VVertrag im Sinne der Voraussetzungstheorie (s. oben), zu deren Mitteilung den VN. keine Pflicht anhält[334]. Gegenüber den hierfür angegebenen Gründen tritt auch der Umstand zurück, daß der V'rer an einer **fristgerechten** Anzeige erhebliches Interesse hat[335]; denn ist die Anzeige als solche nur eine Voraussetzung, so wird man die Einhaltung der für ihre etwaige Erstattung gesetzten Frist nicht als eine echte Pflicht ansehen können. Eine solche verschiedenartige Behandlung würde mit der wahren Bedeutung der beiden Maßnahmen und ihrem Verhältnis zueinander nicht in Einklang stehen. Den Interessen des V'rers an fristgerechter Anmeldung geschieht durch die in § 6 angedrohte Anspruchsverwirkung Genüge[336]. Außer den vorgenannten Gründen ist für die Rechtsnatur der Anzeigepflicht als Voraussetzung noch auf folgendes hinzuweisen: im Gegensatz zu den sonstigen Obliegenheiten, welche, wie noch zu zeigen sein wird, durchweg echte Rechtspflichten sind[337], hat die zur Anzeige des VFalls nach den AVB. — „. . . so muß hiervon der Gesellschaft . . . Anzeige erstattet werden"; und dem VVG. (§ 33 II) „. . . sofern er in anderer Weise von dem Eintritt des VFalls

332) Entsprechendes wird für die Rechtsnatur anderer Erklärungen zu gelten haben, durch die der VN. den V'rer auf die Betätigung seiner Pflichten aus dem VVertrag in Anspruch nimmt. Es könnte z. B., wenn der VFall gem. § 5 Ziff. 1 AVB. n. F. in dem Schadensereignis zu erblicken ist, die Mitteilung von dessen Eintritt (dazu Bl. 160 ff.) als Willenserklärung in dem genannten Sinne anzusehen sein.

333) Bruck Komm. § 33 Anm. 7, Stiefel S. 101 Anm. 7.

334) A. A. v. Gierke LZ. 1909 Sp. 737, vergl. auch: NZ. 1917 S. 462 ff., RG. v. 15. 2. 1938 = JRPV. 105.

335) Anm. 404 zu § 5.

336) Schwaiger hält zwar die Auflage zur Erstattung der Schadensanzeige für eine „Obliegenheit", die er S. 119 Anm. 1 als solche (irrigerweise) in Gegensatz zu einer „Pflicht" stellt, billigt aber dem Versicherer bei ihrer Verletzung dennoch grundsätzlich einen Schadensersatzanspruch zu (S. 120 unten).

337) Bl. 88, 113, 124, 143, 156.

rechtzeitig Kenntnis erlangt hat" — keinen bestimmten Träger[338]. Auch aus diesem Grunde kann der VN. nicht als zur Anzeige verpflichtet angesehen werden. Ist dagegen die Voraussetzung rechtzeitiger Anzeige i. S. der AVB. und des VVG. nicht erfüllt, so tut die Anspruchsverwirkung des § 6 AVB. unter den allgemeinen Voraussetzungen den Interessen des V'rers grundsätzlich Genüge.

Die Anzeige vom VFall ist nur und erst dann zu erstatten, wenn „ein unter den VVertrag fallender H-Anspruch erhoben" worden ist[339, 339a]. Daraus ergibt sich ein Mehrfaches. Es wird zunächst vorausgesetzt, daß ein Anspruch erhoben wurde, d. h. jeder Anspruch, der von einem besonderen Rechtsträger (z. B. jedem von mehreren Geschädigten[340] — Krankenkasse — Berufsgenossenschaft[341] — Ausgleichsberechtigter[342] oder dgl.) erhoben wird, begründet für sich selbständig die Obliegenheit zur Anzeige[341a]. Gleichgültig ist, ob der den verschiedenen Ansprüchen zugrunde liegende Schadensfall[343] als solcher, oder ob darüber hinaus die Erhebung eines Anspruchs schon angezeigt wurde[344]. Allerdings werden durch die Erhebung von Ansprüchen durch mehrere voneinander unabhängige Berechtigte aus demselben Schadensfall gegen denselben VN. nicht auch mehrere VFälle im Sinne von § 1 AVB. begründet; denn zu einem solchen gehört auch jeweils ein bestimmtes „Ereignis". Aus einem Ereignis können daher bei demselben VN. nicht mehrere VFälle entstehen[345]. Vielmehr ist der Tatbestand

---

338) RG. v. 12. 12. 33 = DÖV. 1934 S. 15 = APV. 412 = RdK. 1935 S. 236 = DAutoR. 1934 S. 78 = NZ. 1934 S. 651; auch § 5 Ziff. 2 n. F. AVB.; anders § 5 Ziff. 2 Abs. 3 n. F. AVB., § 153 II VVG. („dieser").

339) 1/Anm. 404 und 508 zu § 1, Anm. 199 zu § 3. Durch die genaue Bezeichnung des Sachverhaltes, an den die Anzeigepflicht geknüpft wird, ist es auch dem „Laien, dem der Begriff des VFalles nicht geläufig ist" (RG. v. 18. 6. 29 = DÖV. S. 82) durchaus klar, wann sie einsetzt.

339 a) Anders nach § 5 Ziff. 1 i. V. mit Ziff. 2 Abs. 1 n. F. AVB. und § 153 I VVG; anders auch gem. § 5 Ziff. 2 Abs. 3 n. F. AVB.

340) RG. v. 23. 10. 36 = RG. 152/235 = JRPV 359 = APV. 278 = HRR. Nr. 170 = DVP. 267 = Vers.Verm. 25 = JW. 1937 S. 301.

341) Wird z. B. neben dem Anspruch des Verletzten ein Regreßanspruch der Berufsgenossenschaft erhoben, so beginnt für diesen Anspruch eine neue Anzeigefrist und Anzeigepflicht: RG. v. 25. 1. 1918 = APV. A. S. 30/33 = mitget. im WZ. 1919 I S. 699.

341 a) Vergl. auch § 5 Ziff. 2 Abs. 4 n. F. AVB. wird gegen den VN. „ein Anspruch" gerichtlich geltend gemacht; § 5 Ziff. 2 Abs. 3 n. F. AVB. setzt voraus, daß „der Geschädigte" seine Ansprüche gegen den VN. geltend machte. Das VVG. spricht in § 153 II von der Geltendmachung des Anspruchs durch „den Dritten" (Anm. 396 zu § 5), in Abs. IV aber heißt es nur: „Wird gegen den VN. (ein Anspruch) gerichtlich geltend gemacht."

342) RG. v. 1. 4. 1925 = JRPV. 162 = APV. A. 137.

343) Anm. 403, 404 zu § 5.

344) Dahingestellt bei RG. v. 23. 10. 1936 aaO.

345) Eine andere Frage ist die, ob begrifflich mehrere VFälle angenommen werden können, wenn aus demselben Schadensfall mehrere Verantwortliche, z. B. der VN. und der Versicherte, in Anspruch genommen werden, wie z. B. bei der Kraftfahrzeug-Versicherung (Bl. 217); das RG. nimmt hier 2 voneinander unabhängige VFälle an: z. B RG. v. 16. 3. 34 = RG. 144/163 = JRPV. 163 = APV. 20 = DÖV. 62 = DVP. 415 = HRR. Nr. 1464.

des VFalles schon vollendet, wenn aus einem Ereignis im Sinne von § 1 ADB. **ein** Anspruch erhoben wurde[346]. Die Geltendmachung weiterer Ansprüche bringt zwar die Obliegenheit zu weiteren Anzeigen im Sinne von § 5 Ziff. 1 mit sich, erzeugt aber nicht zugleich weitere selbständige VFälle. Wurde der zuerst erhobene Anspruch vorsätzlich oder grobfahrlässig innerhalb der vorgeschriebenen Frist nicht angezeigt, so ist gemäß § 6 ADB. der V'rer in Ansehung **aller** mit diesem VFall wirtschaftlich zusammenhängenden Ansprüche von der Verpflichtung zur Leistung vollkommen frei[347, 348], auch dann, wenn später erhobene selbständige weitere Ansprüche fristgerecht angemeldet werden. Wird dagegen nach fristgerechter Anmeldung des ersterhobenen Anspruchs ein weiterer nicht ordnungsmäßig i. S. von §§ 5, 6 ADB. angezeigt, so tritt Leistungsfreiheit des V'rers nur in Ansehung des letzten ein[349]. (Wegen der Leistungsfreiheit vgl. jetzt auch § 6 VVG.: Kausalität.)

Der Anspruch **muß unter den VVertrag fallen.** Dies gilt zunächst formell für den VSchein. Es muß der Schaden in den Bereich des vom VN. zu dem einzelnen VFall bezeichneten VScheins gehören[350]. Aber auch materiell muß der Anspruch unter den VVertrag fallen. Vor allem muß ein VFall i. S. des § 1 ADB. eingetreten sein[351, 352], also auf die vertraglichen und gesetzlichen Bestimmungen geachtet werden, welche Gegenstand (§ 1 ADB.) und Umfang (§ 3 ADB.) der Versicherung behandeln: in letzterer Beziehung ist es gleichgültig, ob der

---

346) RG. v. 23. 10. 1936 aaO.

347) Köln v. 23. 12. 25 = APV. 1926 S. 271. A. A. anscheinend: RG. v. 25. 1. 18 = APV. A. 33 = mitgeteilt in WZ. 1919 I S. 699, wohl auch KG. v. 12. 11. 24 = JRPV. S. 83: „Jedenfalls präjudiziert die Unterlassung der Anzeigepflicht bezügl. des K. (= Erstanspruchstellers. Verf.) nicht dem Recht des VN. betreffend anderer Verletzten (= Zweitanspruchsteller. Verf.), vielmehr sind die Ersatzansprüche eines jeden durch einen und denselben Unfall-Verletzten besonders zu beurteilen."

348) Beachte aber § 6 n. F. VVG.

349) KG. v. 1. 4. 25 = JRPV. 162 = APV. 137; abweichend anscheinend Königsberg v. 23. 4. 34 = JRPV. 1935 S. 62 (beachte jedoch die dem beurteilten VVertrag zugrunde liegenden anderen AVB.!).

350) RG. v. 17. 3. 14 = WZ. II S. 1597 ff.

351) I/69 ff., Oberbach JRPV. 1943 S. 13—18 und S. 26—39. Auch unter Berücksichtigung lediglich der Bestimmungen des VVG. ist VFall nicht = Anspruchserhebung. Auch hier ist er ein Tatbestand, der sich u. a. aus den beiden Stücken Schadensereignis und Anspruchserhebung zusammensetzt, die kumulativ erfüllt sein müssen. Ich stimme durchaus Kersting in DÖV. 1936 S. 149/51 zu; ders. JW. 1935 S. 3586, DÖV. 1936 S. 491 und JRPV. 1939 S. 271 ff. Ähnlich Ehrenberg VuG. 1927 S. 169 ff. (178 ff.). Rosenhagen: Deutsche Versich.Zeitg. 13/67, Jahrb. ds. Deutsch. Rechts Bd. 14 S. 685; vergl. auch das Anm. 62, 65 zu § 6 zit. RG. v. 5. 3. 15 aaO. Die geltenden AVB. (1941) bestimmen in § 5 Ziff. 1 als Versicherungsfall „das Schadensereignis, das Haftpflichtansprüche gegen den VN. zur Folge haben könnte": hierzu die Ausführungen im Anhang zu § 5 Bl. 160 ff.

352) Ohne Erhebung von Ansprüchen ist der Tatbestand des VFalles nicht erfüllt (zu § 5 Ziff. 1 n. F. AVB.: Bl. 160 ff.). Unrichtig die Formulierung von Köln v. 29. 5. 34 = JRPV. 223/4 = DVP. 221 = JW. 2349 = RdK. 1935 S. 335, wonach in vielem AVB. vorgeschrieben sei, „daß der VN. außer (?) von dem VFall, auch (?) von der Erhebung der Ersatzansprüche unverzüglich Nachricht zu geben habe".

VN. den Anspruch für berechtigt oder für gänzlich oder teilweise unberechtigt hält; denn auch die Abwehr unberechtigter Ansprüche ist in dem VSchutz eingeschlossen[353]. Auch die Ausschlüsse (z. B. § 4 AVB.) müssen hier berücksichtigt werden[355].

Nach dem Wortlaut ist die Tatsache, daß der erhobene H-Anspruch „unter den VVertrag" fällt, eine Voraussetzung der Obliegenheit, den VFall anzumelden. Diese Prüfung wäre danach vom VN. vorzunehmen[356]. Sagt dieser sich dafür stark, so muß er auch die daraus sich ergebenden Folgen tragen, wenn er von der Erhebung eines Anspruchs dem V'rer keine Mitteilung macht. Er prüft also auf eigene Gefahr[357] und zwar grundsätzlich in tatsächlicher und rechtlicher Beziehung[358]. Auf jeden Fall aber muß der VN., wenn er wegen der gegen ihn erhobenen Ansprüche VSchutz verlangen will, die Anzeige erstatten[359, 360]. Hat er Zweifel[361], so handelt er richtig und im Interesse aller Beteiligten, wenn er auf jeden Fall Anzeige erstattet und es der Kenntnis und Erfahrung des V'rers überläßt, die Zweifel zu klären[362].

Man kann dem VN. nur empfehlen[363], jeden H-Anspruch dem V'rer[364] anzumelden[365]. Es gibt allerdings auch Fälle, die für jedermann als nicht unter den VVertrag fallend eindeutig erkennbar sind, z. B. wenn

---

353) Anm. 386 zu § 5.

355) Stiefel Ass.J. 1934 S. 42 X c mit Rechtspr.

356) So anscheinend Bruck § 33 Anm. 6: „Die Kenntnis des Anzeigepflichtigen hat sich auf die eingetretene Tatsache und auf ihren Charakter als anzeigepflichtiges Ereignis ... und auf die Anspruchsberechtigung zu erstrecken." Die AVB. zur Haftpflicht für Vermögensschäden sagen: „Der VN. hat ...von jedem Vorkommnis Anzeige zu erstatten, das nach seinem pflichtmäßigen Ermessen einen unter den VVertrag fallenden H-Anspruch im Gefolge haben kann": dazu Oberbach HansRGZ. 1942 S. 113.

357) Stiefel Ass.J. 1934 S. 42.

358) Leichten Rechtsirrtum hält für entschuldbar RG. v. 22. 2. 1935 = HansRGZ. A. Sp. 555.

359) RG. v. 12. 3. 26 = APV. S. 301.

360) Ähnliche Erwägungen Bl. 92, 106, 122, 136, 158.

361) KG. v. 24. 10. 25 = JRPV. S. 316: „Bei Anwendung der im Verkehr erforderlichen Sorgfalt konnte es dem VN. nicht entgehen, daß seine Auslegung der betr. Bestimmung der AVB. nicht völlig zweifelsfrei war; er hätte als sorgsamer Geschäftsführer ... den erhobenen Aufwertungsanspruch anzeigen ... müssen."

362) Bei der Beurteilung derartiger Fälle sollte sich eine etwas lebensnähere Auffassung durchsetzen; vielfach wird die einfach verbummelte Anzeige erst hinterher mit den im Text erwähnten Gründen verbrämt und entschuldigt. Unbefriedigend z. B.: RG. v. 31. 1. 13 = Recht Nr. 1046 = mitget. auch bei Petersen ZfVW. 1915 S. 351 Nr. VI, 1: daß „möglicherweise" die Haftpflicht als Bahnunternehmerin für die Stadtgemeinde in Frage kam, war doch wohl erkennbar!

363) Nach KG. v. 15. 10. 30 = JRPV. 433 konnte den VN. selbst der Rat seines Rechtsbeistandes nicht entschuldigen, da dieser Rat „offensichtlich" unrichtig (!) war.

364) ... und zwar der im § 12 a. F., 11 n. F. AVB. bezeichneten Stelle. Die Agenten sind nach dieser ausdrücklichen Vorschrift nicht zuständig. Die Auskünfte der Agenten sind daher nicht maßgebend, doch dürfte es auf die Lage des einzelnen Falles ankommen; vergl. Celle v. 19. 11. 37 = APV. S. 237.

365) Weil ZfVW. 1911 S. 124.

das schadenstiftende Auto überhaupt nicht[366] oder bei einem anderen V'rer versichert ist[367].

Ein H-Anspruch muß ferner **erhoben** sein. Erst dann[367a] liegt der Tatbestand des VFalles vollendet vor, an den die Obliegenheit des § 5 Ziff. 1 AVB. anknüpft[368]. Die Fassung der AVB. läßt hieran keinen Zweifel[369]. Gemäß §§ 153 I VVG., 5 Ziff. 2 Abs. 1 i. V. mit § 5 Ziff. 1 n. F. AVB., hat aber der VN. schon die Tatsachen bzw. das Schadensereignis innerhalb einer Woche dem V'rer anzuzeigen, „die seine Verantwortlichkeit gegenüber einem Dritten zur Folge haben könnten." Damit ist die Deckungsprüfung auch grundsätzlich nicht mehr Sache des VN., sondern vom V'rer vorzunehmen[370].

Zweifel können darüber entstehen, in welchem Verhalten dritter Personen das „Erheben" eines H-Anspruchs i. S. von § 5 AVB. erblickt werden muß[371]. Dazu reicht jede Erklärung aus, durch welche ernsthaft von dem VN. eine Leistung gefordert wird[372, 373]. Gerichtliche Schritte[374] sind nicht nötig[375]. An eine bestimmte Form ist die Erklärung nicht gebunden, sie kann mündlich[376] oder schriftlich, ausdrücklich oder stillschweigend[377], auch durch konkludente Handlung erfolgen[378]. Nur Drohungen oder vorsorgliche Anfragen, die die Anspruchserhebung erst vorbereiten sollen, z. B. durch eine Berufsgenossenschaft[379] oder zu Erkundigungszwecken[380], oder die Kenntnis, daß der Dritte den VN.

---

366) Vor Einführung der Pflichtversicherung; RG. v. 22. 2. 35 — HansRGZ. A. Sp. 555.

367) RG. v. 17. 3. 14 — WZ. II S. 1597 ff.

367a) Das „Geltendmachen" des Anspruchs gem. §§ 5 Ziff. 2 Abs. 3 n. F. AVB., 153 II VVG. besagt inhaltlich nichts anderes.

368) H.M. insbesondere die ständige Rechtsprechung des RG., zust. Ehrenberg, VuG. 1927 S. 188 b.

369) Darüber, ob die Obliegenheit zur Anzeige des VFalls unter allen Umständen die zeitlich erste aller Obliegenheiten des VN. (: nach den AVB. a. F.) vergl. § 5 Ziff. 2 n. F. AVB., § 153 I VVG.) ist: Anm. 414, 839 zu § 5, Bl. 90 ff.

370) Oberbach HansRGZ. 1942 A. Sp. 113.

371) Die Frage, ob der Ersatz der vom VN. verlangten Leistung durch den Versicherer überhaupt in Frage kommt, hat aber mit dem Begriff der Anspruchs e r h e b u n g als solche nichts zu tun, unzutr. Schennert JRPV. 1938 S. 340.

372) RG. v. 23. 10. 36 — RG. 155/235 — JRPV. S. 359/60 — APV. 278 — DVP. 267 — HRR. Nr. 170 — Vers.Verm. 25 — JW. 1937 S. 801; nicht zustimmen möchte ich dem von KG. v. 12. 11. 24 — JRPV. S. 83 und Bruck Komm. § 153 Anm. 5 gemachten Zusatz ..., „sofern deren (— Leistung. Verf.) Ersatz durch den Versicherer überhaupt in Frage kommen kann". Der Begriff der Anspruchserhebung als solche hat mit dem vertraglichen Deckungsverhältnis wesensgemäß nichts zu tun.

373) Über die Vermutung, daß regelmäßig schon bald nach einem Unfall Ansprüche erhoben werden: LG. Frankfurt a. Main v. 2. 7. 29 — JRPV. 401.

374) Über eine Besonderheit, wenn der VN. zu einer gerichtlichen Verhandlung über den Anspruch geladen wird: Bl. 70/1.

375) RG. v. 7. 8. 36 — JRPV. S. 279; RG. v. 13. 6. 33 — JRPV. S. 202/3 — LZ. 1204 — HRR. Nr. 1501, KG. v. 12. 11. 24 — JRPV. S. 83 — APV. 1927 S. 271. 376) RG. v. 7. 8. 36 aaO.

377) Stuttgart v. 18. 11. 30 — JRPV. 1931 S. 59; RG. v. 14. 1. 38 — JRPV. S. 68/70. 378) Clasen NZ. 1938 S. 375.

379) Hamm v. 15. 10. 34 — JRPV. 1935 Zus. S. 57 — APV. S. 17.

380) Breslau v. 20. 11. 34 — APV. 1935 S. 17.

später in Anspruch nehmen will[381], erfüllen den Begriff dann nicht, wenn sie den erwähnten Anforderungen nicht genügen[382]. Das ist allerdings genau zu prüfen. U. U. kann eine bestimmt geartete Drohung sogar eine verstärkte Form der Anspruchserhebung darstellen. Es ist auch nicht nötig, daß die Forderung nach Art und Höhe[383] näher bestimmt ist[384]. Auf die Begründung der Ansprüche im einzelnen kommt es nicht an[385]. Unerheblich ist, ob der Anspruch unberechtigt ist, oder ob ihn der VN. dafür hält[386]. Ebenso ist für den Begriff der Anspruchserhebung belanglos die rechtliche Form, in welche sie eingekleidet ist. Insbesondere genügt hierzu neben der Leistungsklage[387] die Widerklage[388, 389], die prozessual oder außerprozessual erklärte Aufrechnung[390] oder die Ausübung eines Zurückbehaltungsrechts gegenüber Ansprüchen des VN.[391]. Ferner[392] die Ladung zu einem Beweissicherungsverfahren gemäß § 485 ff. ZPO. Zur Ausbringung eines Arrestes und einer einstweiligen Verfügung, worin ebenfalls eine Anspruchserhebung im Sinne der ADB. a. F. erblickt werden dürfte: vgl. die nach § 5 Ziff. 2 Abs. 4 n. F. ADB. bestimmte Anzeigepflicht. Das Gesuch um Bewilligung des Armenrechts dürfte in aller Regel eine Erhebung von Ansprüchen

381) Es kommt auf die Lage des Falles an; einerseits RG. v. 13. 6. 33 aaO., andererseits: RG. v. 27. 4. 34 = APV. S. 222 = Warneyer S. 333 = DVP. S. 468, wo sich der Verletzte dem Strafverfahren als Nebenkläger angeschlossen hatte. Hier war nach RG. ein Anspruch spätestens im Zeitpunkt des Urteilserlasses erhoben; vergl. auch das Vorderurteil: APV. 1931 S. 222 und APV. 1932 S. 243.

382) KG. v. 15. 10. 30 = JRPV. 433; Stettin v. 5. 6. 30 = APV. 1931 S. 201.

383) Sprinz Komm. zu § 153, Neuberger zu LG. Frankfurt a. Main v. 2. 7. 29 = JRPV. 401.

384) RG. v. 23. 10. 36 aaO.

385) RG. v. 23. 10. 36 aaO. — M. E. widerspricht diese Auffassung des RG. seiner Stellung in der Frage, in welchem Umfange unbegründete Ansprüche abzuwehren sind. Dort stellt das RG. darauf ab, ob der Geschädigte seinen Anspruch rechtlich auf einen unter den VSchutz fallenden Tatbestand stützt. In folgerichtiger Durchführung dieser Auffassung, die ich für unzutreffend halte (I/103), müßte das RG. dem VN. — da er gem. § 5 Ziff. 1 a. F. (§ 5 n. F. ADB. ist anders gefaßt, s. Text) nur die Ansprüche dem Versicherer anzumelden braucht, welche „unter den VVertrag fallen", und dazu gehören nach § 3 auch die gedeckten unberechtigten Ansprüche — gestatten, die hierfür (nach RG.) maßgebliche Begründung des Dritten abzuwarten, da diese (nach RG.) erst die Feststellung gestattet, ob der Anspruch „unter den VVertrag fällt".

386) Die Abwehr unberechtigter Ansprüche gehört zum Umfang der H-Versicherung (I/175 ff.): RG. v. 10. 11. 25 = JRPV. 327 = APV. 1926 A. S. 32 = VuG. 1926 S. 4; KG. v. 10. 3. 28 = JRPV. S. 122; KG. v. 23. 5. 36 = JRPV. S. 296/97.

387) Zustellung der Klageschrift reicht aus: KG. v. 22. 12. 28 = JRPV. 29 S. 64, v. 29. 1. 30 = JRPV. 210; Stettin v. 5. 6. 30 = APV. 1931 S. 201.

388) KG. v. 29. 11. 30 = JRPV. 1931 S. 28 = APV. 1931 S. 255.

389) Nicht hierher gehört die negative Feststellungswiderklage, weil diese nur einen behaupteten Anspruch des VN. als nicht bestehend bezeichnet, aber nicht einen eigenen Anspruch des Dritten ankündigt oder durchsetzen will.

390) LG. Berlin v. 30. 6. 34 = JRPV. 1935 Zus. S. 29; Stettin v. 26. 5. 30 = DOV. S. 91 = APV. 199.

391) I/180.

392) Bruck Komm. § 153 Anm. 5; vergl. auch die in § 5 Ziff. 2 Abs. 4 n. F. ADB. in bezug auf das Beweissicherungsverfahren angeordnete Obliegenheit zur unverzüglichen Anzeige.

darstellen[393]. Ob eine solche in der Streitverkündung zum Ausdruck kommt, war bestritten[394]. Die entsprechende Anzeigepflicht ist aber jetzt durch § 153 IV VVG., § 5 Ziff. 2 Abs. 4 n.F. AVB. in bejahendem Sinne geregelt. Nicht erforderlich ist, daß der H-Anspruch von dem Verletzten bzw. dem sonst Anspruchsberechtigten[395] gerade in eigener Person erhoben wird[396]. Das ergibt sich für § 5 Ziff. 1 a.F. AVB. aus dem Wortlaut, nach welchem die Anzeige zu erstatten ist, wenn „ein unter den VVertrag fallender Anspruch erhoben" wird. Nach der damit bezogenen, den Gegenstand der Versicherung in § 1 AVB. regelnden Vorschrift wird ebenfalls nicht mehr verlangt, als daß der VN. — von irgendeinem Dritten — auf Schadensersatz in Anspruch genommen wird. Das gleiche gilt auch für die neue Fassung des § 5 Ziff. 2 Abs. 3 AVB. (vgl. auch § 5 Ziff. 2 Abs. 4: „ein" Anspruch gerichtlich geltend gemacht). Demgemäß genügt[397] auch eine Erklärung, die von den Angehörigen[398] des Verletzten auf Grund tatsächlicher oder zu vermutender Vollmacht[399] kraft Auftrags oder aus Geschäftsführung ohne Auftrag als Anspruchserhebung dem VN. gegenüber abgegeben wird. Ebensowenig ist es notwendig — auch nicht gemäß § 5 Ziff. 2 Abs. 3 n.F. AVB. oder § 153 II VVG. —, daß der Anspruch gegenüber dem VN. in Person geltend gemacht wird[400, 401].

---

393) So: Düsseldorf v. 17. 6. 35 = JRPV. 381 = APV. 241 = RdK. 1936 S. 174; nicht bestimmt: KG. v. 24. 4. 18 = APV. 1919 A. S. 25. — Jetzt ausdrücklich anzeigepflichtig gem. § 153 IV VVG., § 5 Ziff. 2 Abs. 4 n. F. AVB.

394) Dafür: Hamburg v. 25. 3. 31 = HansRGZ. B. S. 547. Junk i. Besprechg. des Urteils RG. v. 13. 2. 34 = JRPV. S. 87/8, ferner JRPV. 1934 S. 244, wohl auch Gerhard in DV. 1934 S. 407/8. — Anderer Ansicht: Köln v. 24. 10. 33 = APV. 419; RG. v. 13. 12. 34 = 143/377 = JRPV. 86 = DOV. 34 = APV. 17 = DVP. 260 = JW. 1111 = HRR. Nr. 947, Capitän in JRPV. 1934 S. 216, Scheunert in JRPV. 1938 S. 340, vergl. auch Bl. 109 u. Anm. 752 zu § 5.

395) Oder angeblich Anspruchsberechtigten (Abwehr unberechtigter Ansprüche: § 3 AVB. I), daher unrichtig: Breslau v. 20. 11. 34 = AVP. 1935 S. 17, soweit es die Anzeigepflicht deshalb nicht für gegeben hält, weil der Anspruchsteller nicht H-Gläubiger sein „konnte".

396) Auch unter dem Dritten im Sinne von § 153 VVG. wird man nicht nur den Unfallverletzten selbst sondern jeden Dritten zu verstehen haben (§ 153 I VVG.: ... die seine Verantwortlichkeit gegenüber „einem" Dritten zur Folge haben könnten), der „seinen Anspruch gegenüber dem VN. geltend macht". Anm. 341 a zu § 5. — Unzutreffend, falls a. A.: KG. v. 12. 11. 24 = JRPV. S. 83.

397) RG. vom 14. 1. 38 = JRPV. S. 68/70; Clasen NZ. 1938/375; KG. v. 5. 12. 25 = JRPV. 1926 S. 5 = APV. 1926 S. 37.

398) Auch sonstige Personen, die rechtlich oder tatsächlich in enger Beziehung zum Verletzten stehen, können dem gleichgestellt werden, z. B. der Arbeitgeber, ein Berufsverband usw.; a. A.: anscheinend Breslau v. 20. 11. 34 = APV. 1935 S. 17.

399) RG. v. 26. 7. 35 = JRPV. S. 262/64 = APV. 270.

400) RG. v. 23. 10. 1936 aaO.: „Es ist nicht anzuerkennen, daß eine Geltendmachung von Ersatzansprüchen nicht auch allen Ernstes einem Angestellten des VN. gegenüber sollte erfolgen können, von dem der Verletzte annimmt, daß er seinen Dienstherrn alsbald von der beabsichtigten Inanspruchnahme in Kenntnis setzen werde."

401) Über die Vermutung, daß der als Fahrer eines KFzeugs in Anspruch genommene Ehemann hiervon alsbald seiner Ehefrau, der Halterin des Wagens, Kenntnis gegeben habe: Düsseldorf v. 7. 12. 33 = JRPV. 1934 S. 142/3.

Niemals kann die Anzeige von der Erhebung von H-Ansprüchen durch eine solche von anderen Umständen[402], z. B. dem Eintritt des Schadensfalles als solchem, ersetzt oder überflüssig gemacht werden[403, 404]. § 153 II VVG. stellt die Pflicht zur Anzeige vom erhobenen Anspruch ausdrücklich neben die etwa bereits vollzogene Anmeldung der Tatsachen, die die Verantwortlichkeit des VN. begründen könnten. Ebenso § 5 Ziff. 2 Abs. 1 und 3 n. F. AVB.

. . . so „muß“ . . .

Trotz der imperativen Fassung[405] hat diese Obliegenheit nicht den Charakter einer Rechtspflicht, sondern einer Voraussetzung für die Erhaltung des VAnspruchs[406].

. . . „der Gesellschaft“ . . .

Empfänger — und zwar alleiniger Empfänger — der Anzeige ist „die Gesellschaft“[406a]. Welche Stellen im einzelnen in Betracht kommen, sagt § 12 a. F. und § 11 n. F. AVB. Wegen der Bedeutung dieser Vorschrift, insbesondere für die Anzeige vom VFall, wird in § 5 Ziff. 1 a. F., 5 Ziff. 2 Abs. 1 n. F. AVB. nochmals ausdrücklich auf § 12 verwiesen.

. . . „innerhalb einer Woche durch eingeschriebenen Brief Anzeige erstattet werden.“

Der V'rer hat, wenn er überhaupt vom VN. mit der Angelegenheit befaßt wird, ein erhebliches Interesse daran, möglichst schnell von dem VFall Kenntnis zu erhalten, damit er unverzüglich alle für die Bearbeitung der Sache erforderlichen Schritte tun kann[407]. Dem entsprechen

402) Die verschiedenen Anzeigepflichten sind untereinander unabhängig: Ass.J. 1934 S. 41; vergl. jetzt auch §§ 153 VVG., 5 Ziff. 2 n. F. AVB.

403) Köln v. 23. 12. 25 = APV. 1926 S. 271, Köln v. 29. 5. 34 = JRPV. S. 223 = DVP. 221 = JW. 2349 = RdK. 1935 S. 335: dazu Durst in JW. 1934 S. 2349 und JRPV. 1934 S. 274, Carl JW. 1935 S. 1460, Kähsfuß JRPV. 1934 S. 294, Cunz das. S. 307, Georg DOV. 1936 S. 79; Düsseldorf v. 17. 6. 35 = JRPV. S. 381/2 = RdK. 1936 S. 174; RG. v. 18. 6. 28 = JRPV. 206 = VuG. S. 102 = APV. 1927 S. 28; Stettin v. 5. 6. 1930 = APV. 1930 S. 202; Ehrenberg VuG. 1927 S. 169 ff., bes. S. 188, 2 b; Anm. 471 zu § 5.

404) Die vielfach hierfür angegebene Begründung, der Versicherer habe an der Unfallanzeige kein Interesse, der Unfall „berühre die Belange“ des Versicherers nicht — z. B. Köln v. 23. 12. 1925 aaO. — ist allerdings nicht stichhaltig: Neuberger JRPV. 1929 S, 402. — Gerade die unerläßlich notwendige sofortige Aufklärung des Tatbestandes — das A und O jeder Schadensregulierung — setzt die alsbaldige Kenntnis vom Unfall voraus (vergl. jetzt auch § 153 I VVG., § 5 Ziff. 2 Abs. 1 n. F. AVB.). Der Grund ist vielmehr lediglich die Tatsache, daß die Bedingungen die Anzeige des VFalls in Anlehnung an das Gesetz (§§ 33, 153 a. F.) unzweideutig fordern.

405) Bl. 61 ff.

406) Das gleiche gilt gegenüber § 153 II n. F. VVG., § 5 Ziff. 2 Abs. 3 n. F. AVB.: „. . . ist verpflichtet . . .“.

406 a) Die AVB. n. F. verwenden ausschließlich den Ausdruck: V'rer.

407) Er muß alsbald in die Lage versetzt sein, die näheren Umstände zu prüfen, unter denen sich das Schadensereignis vollzogen hat (daher die Pflicht zur „unverzüglichen Anzeige“ in § 5 Ziff. 2 Abs. 1 n. F. AVB.), ferner für die Feststellung des Tatbestandes

auch die Interessen des VN. selbst und vor allem die des geschädigten Dritten, mindestens wenn berechtigte Ansprüche erhoben werden; denn die materielle Wiedergutmachung eines zugefügten Schadens muß gerade in Zeiten höchster Anspannung aller Kräfte und Güter beschleunigt durchgeführt werden[408]. Es ist deshalb eine auch gegenüber der Gesamtheit bestehende Aufgabe des VN., die Anzeigepflichten zu beobachten, wenn er den VSchutz in Anspruch nehmen will. Andererseits ist es verständlich, daß die VN. die Anzeige hin und wieder nicht unverzüglich erstatten können. Bisweilen wollen sie, zumal wenn es ihnen an Geschäftsgewandtheit fehlt, zunächst mit Personen ihres Vertrauens Rücksprache nehmen usw. Die Abwägung der verschiedenen Interessen hat dazu geführt, daß das Gesetz[409] die nach § 33 VVG. „unverzüglich", d. h. ohne schuldhaftes Zögern (§ 121 BGB.), nach Kenntnis vom Eintritt des VFalles zu erstattende Anzeige in ihrer Befristung für die H-Versicherung[410] genauer — im ganzen aber wohl für den VN. günstiger[411] — gefaßt hat; denn nach § 153 I a. F. VVG. wird der Pflicht zur Anzeige des VFalls[412] genügt, wenn sie innerhalb einer Woche erfolgt, und zwar von dem Zeitpunkt ab gerechnet, in welchem der Dritte seinen Anspruch gegenüber dem VN. geltend macht. Ferner ist daselbst bestimmt, daß durch die Absendung der Anzeige die Frist gewahrt wird. Die Vorschrift ist gemäß § 158 a VVG. insoweit zwingend, als sich der V'rer auf eine Vereinbarung nicht berufen darf[413],

---

zu sorgen und nötigenfalls Maßregeln für die Abwendung und Minderung des Schadens einzuleiten. Hier bestehen insofern — allerdings nur rein tatsächlich — Beziehungen zur Rettungspflicht des § 62 VVG., 5 Ziff. 2 a. F., 5 Ziff. 3 n. F. AVB., als sich die Unterlassung der Anzeige vom VFall zugleich als Verletzung der Rettungspflicht darstellen kann: Kisch WuRdV. 1928 Nr. 1 S. 90. — Vergl. die amtliche Begründung zu § 33 VVG. mitget. im Komm. v. Gerhard-Hagen zu § 33, ferner Hager-Bruck § 33 Anm. 1.

408) Die Versicherer tragen diesem Bedürfnis dadurch Rechnung, daß sie in besonders großem Umfange sachliche und persönliche Mittel zur Regelung der Schäden einsetzen.

409) Durch die der Fassung des Gesetzes vorhergehenden Beratungen ist sichergestellt, daß die Frist auch den berechtigten Interessen der VN. genügt. Daher ist regelmäßig der Einwand nicht zulässig, in der Berufung des Versicherers auf den Fristablauf liege ein Verstoß gegen Treu und Glauben. Wer von den in dem Gesetz festgelegten oder von nach seinen Richtlinien gestalteten Rechten Gebrauch macht, verstößt damit regelmäßig nicht gegen Treu und Glauben. Man darf die Gefahren nicht übersehen, die in einer Verwischung aller festen Normen durch — nur zu oft gefühlsmäßig überbetonte — allgemeine Gesichtspunkte liegen. Ausnahmefälle sind denkbar: Hamburg v. 25. 3. 31 = HansRGZ. 1931 B. S. 547 unter Hinweis auf RG. 98/123, HansRGZ. 1929 B. 152/II.

410) Vergl. § 92 VVG. für die Feuer-V., 110 VVG. für die Hagel-V.

411) Köln v. 29. 5. 34 aaO.

412) Mit der Ausnahme des § 153 I Satz 3 a. F. — 153 IV n. F. VVG., vergl. auch § 5 Ziff. 2 Abs. 4 n. F. AVB. Die in § 5 Ziff. 2 Abs. 1 n. F. AVB. ausgesprochene Pflicht zur Anzeige des VFalls des § 5 Ziff. 1 ist nur nach Maßgabe des Gesetzes: § 153 I n. F., 158 a VVG. zu erfüllen. Die Anzeige darf also grundsätzlich innerhalb einer Woche und muß nicht, wie die AVB. verlangen: unverzüglich vorgenommen werden: Oberbach HansRGZ. 1942 A. S. 112; Bl. 163.

413) Das französ. VVG. verbietet in Art. 24 die Verwirkung wegen „einfacher Verspätung" (simple retard), darunter ist nur eine zu rechtfertigende normale Ver-

durch welche die Dauer oder die Berechnung der Frist[414] zum Nachteil des VN. anders bestimmt ist.

Dem Gesetz folgen mit geringen — erlaubten — Änderungen die AVB. Auch nach ihnen muß die Anzeige innerhalb einer Woche von der Anspruchserhebung ab erfolgen. Auch hier wird durch Absendung[415] der Anzeige die Frist gewahrt[415a]. Abweichend vom Gesetz wird Anzeige durch eingeschriebenen Brief verlangt[415b]. Wenn die Anzeige innerhalb einer Woche von der Erhebung der Ansprüche ab gerechnet erfolgen „muß", so besagt das nur, daß sie spätestens innerhalb dieser Frist zu erstatten ist. Selbstverständlich kann dies auch sofort oder unverzüglich nach Anspruchserhebung geschehen[416].

Die Anzeige muß „unverzüglich", d. h. ohne schuldhaftes Zögern, erfolgen, wenn „der VN. zu einer gerichtlichen Verhandlung über den Anspruch geladen" wird[417]: § 153 I Satz 3 a. F. VVG.; (das gleiche gilt nach § 153 IV VVG. und § 5 Ziff. 2 Abs. 2 u. 4 n.F. AVB., wenn gegen den VN. ein Anspruch gerichtlich geltend gemacht, das Armenrecht nachgesucht, ihm gerichtlich der Streit verkündet, oder ein Ermittlungsverfahren eingeleitet wird). Das bedeutet, daß dem VN., wie auch das Gesetz aaO. weiter bemerkt, in diesen Fällen nicht mehr die Frist von einer Woche zur Erstattung der Anzeige zur Verfügung

zögerung zu verstehen: Court d'Appel Paris v. 7. 1. 34 — Revue General des Assurances terrestres Paris 1935 S. 542.

414) § 153 II a. F. VVG. bezog sich nur auf die Anzeige vom VFall in Abs. I. Dagegen blieb es dem Versicherer durch sie unbenommen, eine Obliegenheit zur Anzeige eines — zeitlich schon vor dem Eintritt des VFalles liegenden — Umstandes zu vereinbaren z. B. zur Anzeige des Schadensfalles als solchen (Bl. 91/2 Anm. 839 zu § 5): KG. v. 18. 6. 27 = JRPV. S. 273 (unrichtig ist die Entscheidung im Hinblick auf die aus §§ 149/152 VVG. gezogenen Rechtsfolgen: Riesel JRPV. 1927 S. 362); unrichtig KG. v. 12. 11. 24 = JRPV. S. 83. — Vergl. auch § 153 I VVG. Zur Frage der Zulässigkeit der Vereinbarung anderer als der in § 153 n. F. VVG. bestimmten Obliegenheiten im Hinblick auf § 158 a VVG.: Oberbach HansRGZ. 1942 A. S. 118.

415) Genauer müßte es heißen „fristgerechte Absendung".

415 a) In den AVB. n. F. fehlt dieser Satz; sachlich ändert das aber nichts: Oberbach HansRGZ. 1942 A. Sp. 117.

415 b) Die AVB. n. F. begnügen sich in § 11 mit einfacher Schriftform.

416) Köln v. 29. 5. 34 aaO.

417) Die Ladung zu einer gerichtlichen Verhandlung ist vor allem in der Zustellung der Klageschrift zu erblicken: Bruck § 153 Anm. 14 mit Rechtspr.; auch die Ladung zum Sühneversuch gehört dazu: Unfried ZfVW. 1909 S. 280, nach Stiefel S. 102 Anm. 8, ferner: die Zustellung eines Zahlungsbefehls, die Anmeldung des Anspruchs im Konkurs des VN., der Erlaß eines Vollstreckungsurteils. Die Ladung zu einem Strafverfahren ist regelmäßig nicht eine solche zu einer „Verhandlung über den Anspruch" ausnahmsweise nach RG. v. 17. 3. 16 = APV. A. S. 47 = LZ. 1190, Fleischfresser in WZ. 1920 II S. 729, Unfried ZfVW. aaO., a. A.: Pfund LZ. 1916 S. 1358; ebenso nicht eine zum Zweck mündlicher Äußerung in einer Armenrechtssache (vergl. aber die Regelung betr. die Einleitung eines Armenrechtsverfahrens im § 153 IV Satz 1 VVG., § 5 Ziff. 2 Abs. 4 n. F. AVB.) erfolgende Ladung des VN.: Unfried ZfVW. 1909 S. 280; ebenso nicht die Streitverkündung: hier a. A. Stiefel S. 102 Anm. 8. — Über die Pflicht zur unverzüglichen Anzeige, wenn wegen des den Anspruch begründenden Ereignisses ein Ermittlungsverfahren eingeleitet wird: § 153 IV Satz 2 VVG.), vergl. ferner § 5 Ziff. 2 Abs. 2 u. 4 n. F. AVB.

steht. Nicht aber wird durch diese Gesetzesstelle[418] eine weitere, über die allgemeine Pflicht zur Anzeige vom VFall hinausgehende Obliegenheit zur Anzeige vom Erhalt einer Klage aufgestellt[419]. Es handelt sich hier nur um die Bestimmung der Frist für die Anzeigepflicht in dem besonderen Falle, daß die Erhebung von Ansprüchen (Versicherungsfall) gerade in der Form einer Klage erfolgt. Für die Berechnung der Normalfrist von einer Woche kommen die einschlägigen allgemeinen Vorschriften des BGB., also die §§ 187, 188, 193[420] in Betracht. Wird z. B. ein H-Anspruch am 1. eines Monats gegenüber dem VN. erhoben, so muß die Anzeige bis spätestens Ende des 8., oder wenn dies ein Sonntag oder Feiertag i. S. von § 193 BGB. ist, bis spätestens Ende (d. h. also nachts 24.00 Uhr) des 9. abgesandt sein. Wann erstmalig ein H-Anspruch gegen ihn erhoben wurde, hat der VN. dem V'rer auf Ersuchen mitzuteilen[421]. Beweispflichtig dafür, daß die Anzeigepflicht nicht fristgerecht erfüllt wurde, ist im Streitfall der V'rer: vgl. Blatt 181.

Wie lange die Anzeige zu ihrer Beförderung braucht, und ob sie dem V'rer während oder außerhalb seiner ordentlichen Geschäftszeit zugeht, bleibt außer Betracht. Es sollen die Gefahren den VN. nicht treffen, die sonst aus einem nicht rechtzeitigen Zugang einer frist- und formgerecht abgesandten Anzeige drohen könnten, also durch Umstände verursacht sind, die nicht in der Person des VN. liegen[422]. Es wird aber durch die Absendung der Anzeige nur die Frist von einer Woche gewahrt. Das Erfordernis des Wirksamwerdens jeder Willenserklärung unter Abwesenden, nämlich das Zugehen selbst, wird hierdurch nicht beseitigt[423, 424]. Zugegangen ist die Anzeige dann, wenn das Schreiben in verkehrsüblicher Weise in die Verfügungsgewalt des Adressaten gelangt ist. Daß dieser tatsächlich von ihm Kenntnis genommen habe, ist begrifflich nicht erforderlich, doch muß unter regelmäßigen Verhältnissen die Möglichkeit der Kenntnisnahme bestehen[425].

Die Beweislast dafür, daß die Willenserklärung dem V'rer zugegangen und damit wirksam geworden ist[426], obliegt dem VN.[427]. Eine

418) Wohl durch § 5 Ziff. 2 Abs. 4 n. F. AVB. Über die Pflicht des VN. zur Mitteilung der Klageschrift § 5 Ziff. 3 AVB.: Bl. 129/30.

419) Köln v. 29. 5. 34 = JRPV. 223 = DVP. 221 = JW. 2349 = RdK. 1935 S. 335 (dazu Anm. 403 zu § 5); a. A. Prölß § 153 Anm. 5, vergl. Bl. 109 ff.

420) RG. v. 12. 5. 33 = JRPV. 186 = DOV. 1934 S. 29.

421) Der VN. ist für die Richtigkeit seiner Angaben verantwortlich: Wüstney S. 48.

422) Vergl. auch KG. v. 4. 12. 26 = JRPV. 1927 S. 50 = HansRGZ. 1927 S. 97.

423) Bl. 74.

424) Raiser § 14 Anm. 7 a. E., Bruck Komm. § 33 Anm. 11, § 153 Anm. 14.

425) Über Einzelheiten: die Erläuterungsbücher zu § 130 BGB.

426) § 130 BGB., anders (für Prüfung, ob grobe Fahrlässigkeit): Raiser § 14 Anm. 7 a. E.; Bruck § 153 Anm. 18, Celle v. 11. 7. 30 = APV. 207/8, RG. v. 18. 6. 29 = DOV. S. 82.

427) Hamburg v. 14. 10. 31 = JRPV. 107 = DOV. S. 3, Unfried ZfVW. 1909 S. 280.

Eideszuschiebung ist — wie allgemein über Rechtsbegriffe — nicht zulässig[428, 429]. Um die aus dem Nichtzugehen der Anzeige sich ergebenden Unstimmigkeiten nach Möglichkeit zu vermeiden, wird in erlaubter Abweichung von §§ 33, 153 VVG.[430] in den AVB. a. F. ausdrücklich bestimmt, daß die Anzeige durch eingeschriebenen Brief zu erstatten sei. Das besagt zweierlei: 1. hat die Anzeige in schriftlicher Form zu erfolgen[431]; 2. soll zu ihrer Übermittlung nur die Post benutzt werden und zwar hat zur Erhöhung der Sicherheit des Zugangs und der Möglichkeit der Nachprüfung die Postsendung durch „Einschreiben" zu erfolgen.

Das Erfordernis des eingeschriebenen Briefes ist in den neuen AVB. nicht mehr enthalten, was bei den folgenden Ausführungen zu berücksichtigen ist.

Zu 1. handelt es sich um eine Formerfordernis für die Anzeige[432]. Der Mangel der durch Rechtsgeschäft bestimmten Form hat jedoch nur im Zweifel[433] die Nichtigkeit zur Folge[434]. Die gewillkürte Form ist durch formlosen Vertrag aufhebbar, auch stillschweigend durch Erfüllungsannahme[435]. Will also der V'rer eine zwar fristgerechte, aber in anderer Form z. B. mündlich[436] erklärte Anzeige wegen des Formmangels als solchem nicht anerkennen, so muß er sie unverzüglich unter Hinweis auf den Mangel der vereinbarten Form zurückweisen[437]. Hiervon abgesehen steht dem VN. im allgemeinen die exceptio doli nur dann zu, wenn die Geltendmachung des Formmangels durch den V'rer wegen dessen früheren Verhaltens sittenwidrig ist oder gegen Treu und Glauben verstößt[438]. Das kann z. B. der Fall sein[439], wenn der V'rer den VN. schuldhaft in einen Irrtum über das Formerfordernis versetzt hat[440], oder wenn er in früheren VFällen sich stets mit mündlicher Anmeldung begnügt hatte[441, 442]. Diese Rechtssätze berücksichtigen

428) RG. in Warn. 09/271. 429) § 445 ZPO.

430) Fleischfresser in WZ. 1920 II S. 729.

431) So nochmals ausdrücklich für „alle ... Anzeigen und Erklärungen ..." in dem in § 5 angezogenen § 12 AVB. — § 14 Ziff. 1 a AFB. gestattet auch mündliche Anzeige.

432) RG. v. 29. 4. 38 = JRPV. S. 183 „und formrichtig ... erst mit Brief ... bewirkt".

433) RG. Gruch. 52/928.

434) § 125 Satz 2 BGB., Bruck Komm. § 47 Anm. 5.

435) RG. JW. 1911/94.

436) Über eine telefonische Benachrichtigung: Stettin v. 5. 6. 30 = APV. 201.

437) Ähnlich Bruck § 47 Anm. 5. — Das setzt allerdings voraus, daß die Anzeige an die hierfür zuständige Stelle (§ 12 AVB.) gerichtet war, da gem. dieser Vorschrift auch diese allein grundsätzlich zu einer Zurückweisung zuständig ist. —

438) RG. 87/222, Frankfurt a. Main v. 5. 11. 31 = JRPV. 1932 S. 268 = APV. 1932 S. 248/9 = HRR. 1932 Nr. 838.

439) Gegenüber dem klaren Wortlaut der AVB. aber nur in Ausnahmefällen.

440) Auch auf die Grundsätze über den Rechtsschein ist dabei zu achten: RG. v. 18. 11. 32 = APV. 310 = Warn. 1933 Nr. 55, auch I/170 und außer den in Anm. 147 das. gen. noch: KG. v. 14. 6. 34 = JRPV. S. 268.

441) RG. v. 18. 6. 29 = JRPV. 240 = APV. 224 = DOV. 82 = Warn. 285, dazu: RG. v. 17. 11. 31 = APV. 280, siehe auch die Erläuterungen bei § 12 AVB.

442) Darüber hinaus kann den VN. eine nur mündliche Mitteilung nicht entlasten: Hamburg v. 14. 10. 31 aaO.; nicht zutr. die allgemeine Fassung bei Hamm v. 25. 3. 35

die Interessen des VN. in durchaus genügendem Umfang[443]. Man sollte nicht aus einer gewissen Abneigung gegen Formerfordernisse[444] oder die Folgen ihrer Verletzung danach trachten, klare Vertragsbestimmungen außer Kraft zu setzen. Ganz besonders muß die Tatsache des massenweisen Anfalls der Schäden berücksichtigt werden, wobei der Blick weniger auf die Folgen der einzelnen Verletzung[445] als vielmehr darauf zu richten ist, welche Zustände eintreten und welcher Schaden der gesamten VGemeinschaft[446] entsteht, wenn das Wort „Ordnung muß sein" seiner praktischen Bedeutung entkleidet wird[447, 448].

Zu 2. Das zweite Erfordernis, nämlich die Übermittlung der Anzeige durch die Post als Einschreiben[449], **welches in den AVB. n.F. nicht mehr enthalten ist,** sollte den tatsächlichen Zugang der Erklärung tunlichst sicherstellen. Es dient vor allem den Interessen des VN. selbst, der ihn zu beweisen hat[450]. Ist die Tatsache des Zugangs außer Streit[451],

---

= JRPV. Zus. II S. 64 = HansRGZ. A. Sp. 401: „Ebenso ist es ohne Belang, daß die Anzeige nicht schriftlich erstattet wurde ..., da es sich dabei um eine reine Wissenserklärung handelt, für die es genügt, daß sie dem Versicherer bezw. dem zur Entgegennahme Ermächtigten irgendwie zur Kenntnis kommt." — Zur Frage, ob die Anzeige des VFalles eine Wissens- oder Willenserklärung ist: Bl. 60 ff.

443) Der Satz: „Mündliche Anzeige statt schriftlicher kann die Verwirkung nicht begründen": so Obergerichtsh. Wien v. 16. 11. 34 = Rechtspr. (Wien) 1935 S. 40 ist für die vorliegenden AVB. in dieser allgemeinen Fassung nicht zutreffend.

444) Nicht für billigenswert halte ich — unbeschadet des Endergebnisses — die Ausführungen bei Karlsruhe v. 14. 7. 32 = APV. 261: „Die Beklagte (= Versicherer) war unter diesen Umständen mit Rücksicht auf Treu und Glauben nicht berechtigt, lediglich (!) unter Hinweis auf die Versäumung einer formellen Vorschrift die Erfüllung des sonst (?) wohl berechtigten Anspruchs zu verweigern"; ähnliches gilt auch für Augsburg v. 31. 10. 14 = LZ. 1915 S. 76. — Dies „Pochen mit dem formalen Recht" hält auch Schneider ZfVW. 1915 S. 360 für eine „unerfreuliche Bezeichnung". „Denn an und für sich hat der Versicherer gewiß ein gutes Recht, auf die Bestimmungen zu halten, die das VVerhältnis in Ordnung abspielen lassen. Und vom formellen Recht ist dabei keine Rede. Was soll man sich, ehrlich gesagt, eigentlich darunter denken?"

445) Unrichtig Schneider in ZfVW. 1915 S. 358/9 zu Augsburg v. 31. 10. 14 aaO.: „Ist es richtig, daß die VGesellschaft aus der Benachrichtigung im gegebenen Fall (!) gar kein Interesse hatte, so wäre es unberechtigt, wollte sie aus deren Verabsäumung eine dem VN. ungünstige Rechtsfolge ableiten." Man kann eben nicht auf die Verhältnisse des einzelnen Falles abstellen. — Schneider aaO. läßt die Anzeigepflicht sogar schon dann entfallen, wenn der VN. nachweist, daß er „unverschuldeter-, nicht fahrlässigerweise, an deren Überflüssigkeit geglaubt habe". Ein für die Praxis nicht haltbares Ergebnis. Beachte aber die Neuregelung im § 6 III VVG., 6 n. F. AVB.

446) Arnold JRPV. 1939/194 ff.

447) v. Gierke (Vers.Recht) S. 119: „Der VN. muß sich darüber klar sein, daß er in Reih und Glied stehen muß. Daher kann er in vielen Fällen nicht eine rein individuelle Behandlung und Wertung verlangen." Vergl. Anm. 24, 25, 479 zu § 5 Bl. 57, 103, 148. — Allerdings stellt es § 6 III n. F. VVG. durch das Erfordernis des Kausalzusammenhanges zwischen Obliegenheitsverletzung und einem dem Versicherer daraus entstehenden Schaden auf die Verhältnisse des einzelnen Falles ab.

448) Es darf nicht die Gleichgültigkeit, der Mangel an Ordnung und Pünktlichkeit durch ein ständig vergrößertes Entgegenkommen bestärkt und durch Abwendung der damit verbundenen Folgen das Einreißen eines noch größeren Schlendrians gefördert werden, Anm. 313 zu § 5.

449) Es genügt eingeschriebene Postkarte.

450) Anm. 427 zu § 5.

451) Köln v. 19. 2. 1937 = APV. S. 155.

so schadet es dem VN. nichts[452], wenn die Erklärung durch Postkarte oder nicht eingeschriebenen Brief[451] oder Telegramm übermittelt wurde. Behauptet dagegen der V'rer, die Anzeige sei ihm nicht zugegangen, so muß der VN. das Gegenteil beweisen. Wurde durch „Einschreiben" übermittelt, so liegt deswegen, weil die Vorschrift (nach ADB. a. F.) beobachtet ist, ein Verstoß gegen § 5 Ziff. 1 a. F. ADB. nicht vor. Mangelt es allerdings am Zugang der Erklärung, so kann sie, bis er stattgefunden hat, Rechtswirksamkeit nicht äußern[453], was auch für die Fassung in den neuen ADB. zutrifft. Wird dagegen, wenn die behauptete Übermittlung in anderer Weise vorgenommen wurde, deren vom V'rer bestrittener Zugang nicht bewiesen, so muß die mit der Nichtbeobachtung der Vorschrift des § 5 Ziff. 1 a. F., 5 Ziff. 2 Abs. 3 n. F. ADB. i. V. mit § 11 n. F. ADB. verbundene nachteilige Folge eintreten[454].

Weitere Formvorschriften über die Anzeige vom VFall sind nicht aufgestellt. Insbesondere braucht die Anzeige nicht auf einem bestimmten Vordruck, dem sogenannten Schadensanzeige-Formular, gemacht zu werden. Es genügt die Mitteilung in einfachster Form, wenn sie den oben erwähnten Anforderungen entspricht[455]. Über den Inhalt der Anzeige besagen die Bedingungen ebenfalls nichts. Es genügt die Angabe, daß ein unter den VVertrag fallender H-Anspruch erhoben wurde. Einzelheiten oder eine Stellungnahme zur Schuldfrage braucht die Anzeige nicht zu enthalten[456]. Der VN. kann es dem V'rer überlassen, aus seiner Anzeige die erforderlichen Schlüsse zu ziehen und Fragen zu stellen[457]. Der Anzeigepflicht ist nicht genügt, wenn der VN. das Anspruchsschreiben des Verletzten lediglich mit dem Bemerken an den V'rer weiterleitet, daß ihm die Angelegenheit unbekannt sei[458].

Die Anzeigepflicht setzt die Kenntnis des VN.[459], sowie der Personen, deren Kenntnis ihm zugerechnet wird[460], vom Eintritt der anzeigepflichtigen Umstände voraus[461]. Kennenmüssen steht der Kenntnis

---

452) Karlsruhe v. 14. 7. 32 = APV. 261/2.

453) Bl. 71.

454) A. A. Celle v. 11. 7. 30 = APV. S. 207/8. Das Gericht meint, daß unter den besonderen Umständen des beurteilten Falles in der Verwendung einer einfachen Postkarte, deren Erhalt der Versicherer bestritten hatte, statt eines eingeschriebenen Briefes, eine grobe Fahrlässigkeit nicht zu erblicken sei.

455) Anders wäre die Sache, wenn ein Versicherer ein besonderes Formular für die Anzeige ausdrücklich vorgeschrieben hätte: Kiel v. 7. 12. 25 = VuG. 1926 S. 22. Dies ist für die H-Versicherung, soweit ersichtlich, nirgends geschehen.

456) KG. v. 6. 5. 25 = JRPV. 197 = APV. 159 = DOV. 19.

457) Wird ein Fragebogen übersandt, so hat der VN. ihn unverzüglich vollständig und genau auszufüllen und zurückzusenden: KG. v. 5. 12. 25 = JRPV. 1926 S. 5 = APV. 1926 S. 37.

458) LG. Berlin vom 30. 6. 30 = JRPV. 278.

459) LG. Berlin v. 12. 4. 34 = JRPV. 1935 Zus. S. 28.

460) Bl. 52 ff.

461) Raiser § 14 Anm. 4, Bruck Komm. § 33 Anm. 6.

nicht gleich. Als Folge der vorsätzlichen oder grobfahrlässigen[462] Verletzung der Obliegenheit ist gemäß § 6 ADB. grundsätzlich[463] die Leistungsfreiheit des V'rers vereinbart[464]. Von diesem Grundsatz besteht für einen bestimmten Fall kraft der gesetzlichen Bestimmung des § 33 II VVG.[465, 466] eine bedeutsame Ausnahme. Die Vorschrift lautet: „Auf eine Vereinbarung, nach welcher der V'rer von der Verpflichtung zur Leistung frei sein soll, wenn der Pflicht zur Anzeige des VFalls nicht[467] genügt wird, kann sich der V'rer nicht berufen, sofern er in anderer Weise von dem Eintritte des VFalls rechtzeitig Kenntnis erlangt hat."

Erforderlich ist für die Anwendung dieser Gesetzesstelle:

1. Die Vereinbarung der Verwirkungsklausel als Folge der Obliegenheitsverletzung.
2. Der Tatbestand der Verwirkung wegen Nichterfüllung der Anzeigepflicht muß in der Person des VN. objektiv und subjektiv erfüllt sein[468].
3. Die in anderer Weise von dem Eintritt des VFalles erlangte positive Kenntnis (Kennenmüssen genügt nicht[469]). Es genügt aber nicht die Kenntnis von der Möglichkeit oder Wahrscheinlichkeit der Erhebung von H-Ansprüchen[470]. Vor der Gesetzesnovelle genügte auch nicht die Kenntnis vom Eintritt des Schadensfalles[471]: jetzt ist dies, soweit die Erfüllung der Obliegenheit zur Anzeige der

---

462) Bl. 180 ff.

463) Vergl. aber § 6 III n. F. VVG. (Kausalzusammenhang).

464) Bl. 63.

465) Der innerhalb des § 153 VVG. entsprechend anzuwenden ist: RG. v. 4. 3. 38 = DÖV. S. 151 = APV. S. 221.

466) Anm. 233, 314, 317, 843 zu § 5, Bl. 120, 130.

467) Das gleiche muß (Schluß a maiori ad minus) gelten, wenn die Anzeige nicht in gehöriger Form, mit erforderlichem Inhalt usw. erstattet wurde.

468) Der VN. darf nicht aus § 33 II VVG. das Recht für sich herleiten, eigenmächtig die vereinbarten Formvorschriften vorsätzlich oder grobfahrlässig zu mißachten, um etwa selbst „in anderer Weise" dem Versicherer die Anzeige zu machen. Damit würde die Vereinbarung jedweder Formvorschrift hinfällig werden.

469) Düsseldorf v. 17. 11. 36 = JRPV. 1937 S. 109 = RdK. 1937 S. 339.

470) „Ob der Versicherer in anderer Weise Kenntnis von dem Eintritt des VFalles erhalten hat, hängt von den Umständen des einzelnen Falles ab und ist hiernach zu entscheiden. Es handelt sich dabei im wesentlichen um eine Würdigung tatsächlicher Umstände und nicht um eine Rechtsfrage": RG. v. 25. 1. 18 = APV. A. 30/34 = mitget. in JW. 1919 I S. 699. — Wenn allerdings das RG. sogar billigt, daß das Berufungsgericht die Mitteilung der bevorstehenden Haftbarmachung als VFall im Sinne von § 33 II behandelt hat und die Kenntnis des Versicherers hiervon der Kenntnis des VFalles gleichstellt, so kann dem nicht zugestimmt werden. Hier handelt es sich ohne Zweifel um eine Rechtsfrage. Daß die Kenntnis des Versicherers von Ansprüchen, deren Geltendmachung gegenüber dem VN. möglich, ja sogar wahrscheinlich war, die von der tatsächlichen Erhebung solcher Ansprüche nicht ersetzen kann, hat RG. v. 10. 11. 25 = JRPV. 327 = APV. 1926 S. 32 = VuG. 1926 S. 4 ausgesprochen.

471) Hamm v. 15. 10. 34 = JRPV. 1935 Zus. S. 58; RG. v. 18. 6. 26 = JRPV. 206 = VuG. 102 = APV. 1927 S. 28; auch RG. v. 25. 1. 18 aaO.; Stettin v. 5. 6. 30 = APV. 201; RG. v. 29. 4. 38 = JRPV. 1938 S. 183.

„Tatsachen" des § 153 I VVG. in Frage kommt, nach dieser Vorschrift anders, welche ausdrücklich hierfür die sinngemäße Geltung des § 33 II VVG. bestimmt. Die Kenntnis muß sich auf sämtliche Stücke des VFall-Tatbestandes erstrecken. Auf welche „andere" Weise der V'rer Kenntnis erlangt, ist nicht gesagt und daher belanglos[472, 470]. Er braucht dazu keine Anstrengungen zu machen, darf sich aber der Möglichkeit, Kenntnis nehmen zu können, nicht arglistig entziehen. Der Wortlaut „auf andere Weise" zeigt an, daß in bezug auf die äußeren Umstände der Kenntniserlangung nur die im Gesetz oder Vertrag allgemein bestimmte Art[473] der Übermittlung der Anzeige durch eine „andere" ersetzt werden kann. Nach Inhalt[474] und Umfang[475] muß aber die auf andere Weise erlangte Kenntnis sich mit dem decken, was auch der VN. anzuzeigen hat[476].

4. Die Kenntnis muß der **V'rer** haben, d. h. diejenige Stelle, welche für die Entgegennahme der Anzeige bestimmt ist[477] (vgl. § 12 a. F., § 11 n. F. AVB.).

5. Der V'rer muß in jedem Fall **„rechtzeitig"** Kenntnis erlangt haben. Hierunter ist nicht, wie vielfach angenommen, zu verstehen, die Kenntnis brauche nur zeitig genug erlangt zu sein, um die Anordnung etwa notwendiger Maßnahmen noch möglich zu machen[478, 479]. „Rechtzeitig" heißt vielmehr: innerhalb der für die Anzeigepflicht allgemein festgesetzten Frist[480], also innerhalb

---

472) Düsseldorf v. 12. 5. 24 = HansRGZ. S. 685.

473) Bruck Komm. § 33 Anm. 8 a. E.: „Auch sonst entscheidet die Kenntnis des Versicherers — §§ 16, III, 17 I, 25 II, Satz 2, 28 II, Satz 1 usw. — und nicht die Art der Kenntniserlangung."

474) Hamm v. 25. 3. 35 = JRPV. Zus. II S. 64 = HansRGZ. 401; Ob.G.H. Wien v. 17. 10. 34 = Verkehrs.Recht.Rdsch. 1935 S. 290.

475) Hinsichtlich der Anzeigepflicht vergl. bei „rechtzeitig".

476) Bruck Komm. § 33 Anm. 8 „obwohl er die Anzeige von einem nicht Anzeigepflichtigen — ordnungsmäßig — erhalten hat".

477) Bl. 68, Wüstney S. 44; Kenntnis des Prozeßbevollmächtigten kann der des Versicherers nicht gleichgesetzt werden: Königsberg v. 23. 4. 34 = JRPV. 1935 S. 62 unter Hinweis auf § 44 VVG.

478) Eine andere Frage ist, ob der VN. dem Verwirkungseinwand in solchen Fällen die Einrede der allgemeinen Arglist entgegenhalten kann: RG. v. 14. 6. 32 = RG. 136/370 = JRPV. 215 = DOV. 75 = APV. 245 = JW. 2514 = HRR. Nr. 2293, dazu: Bl. 192 ff., Anm. 409 und 340 zu § 5.

479) Oder wie LG. Karlsruhe v. 28. 3. 30 = JRPV. 1931 S. 167 ebenso unzutreffend formuliert: „... wenn der Zweck der Anzeige auch bei verspäteter Nachholung noch vollständig erreicht wurde." Es kommt nicht auf den Einzelfall an — anders allerdings nach § 6 III n. F. VVG. — sondern darauf, daß der massenweise Anfall der Schäden und ihre ordnungsmäßige Bearbeitung ganz allgemein eine sorgfältige Beobachtung der Obliegenheiten durch den VN. voraussetzen: Anm. 24, 25, 447 zu § 5, Bl. 57, 73, 103, 148.

480) Enthalten die AVB. im Einzelfall eine Frist nicht (z. B. für die Anzeige des Strafverfahrens usw.: Bl. 110), so kann sie allerdings hierfür so angesetzt und so bemessen werden, daß innerhalb derselben der Versicherer alle erforderlichen Schritte zur Wahrung seiner Rechte und Interessen tun kann; über die Geltung des § 33 II

einer Woche[481]; denn da es bei der Frage, ob eine vereinbarte Anspruchsverwirkung eintritt wegen der Verletzung von Obliegenheiten, die nach Eintritt des VFalles zu erfüllen sind, nicht darauf ankam (anders nach § 6 III VVG., 6 n. F. AVB.), ob diese Obliegenheitsverletzung im einzelnen Falle eine schädliche Folge für den V'rer mit sich brachte[482], so kann man diesem Gesichtspunkt auch hier mindestens bis zum Inkrafttreten der Novelle zum VVG. entscheidende Bedeutung nicht beimessen[483]. Die ratio des § 33 II VVG. ist, daß für den V'rer Leistungsfreiheit nicht eintreten soll, wenn er alles das tatsächlich weiß, was ihm eigentlich der VN. und zwar in einer bestimmten Form und auf eine festgelegte Art hätte sagen sollen. Welche Umstände zu solcher Kenntnis geführt haben, soll gleichgültig sein, ebenso — arg. a maiori ad minus — auch ob die sonst bestehende Form und Art der Mitteilung beobachtet ist. Dies sind — im Hinblick auf die tatsächliche Gewinnung der Kenntnis als solche — Formalien. Dagegen sind auch in diesem Sinne von materieller Bedeutung: Inhalt, Umfang und Zeitpunkt[485] der Anzeige und Kenntnis. Die Einhaltung der für die Anzeige bestimmten Frist[486] ist ein Umstand, der grundsätzlich materieller Natur ist. Hierauf soll der V'rer nicht Verzicht leisten müssen. Die gesetzlich oder vertraglich bestimmte Anzeigefrist muß in jedem Falle gewahrt bleiben. Andernfalls kann § 33 II VVG. nicht eingreifen und es bleibt innerhalb der Grenzen der §§ 6 VVG., AVB. bei der Leistungsfreiheit des V'rers.

6. Hat der V'rer „auf andere Weise" und „rechtzeitig" Kenntnis vom VFall erhalten, so ist die einzige im Gesetz bestimmte Folge, daß er sich auf eine Vereinbarung, nach welcher er von der Verpflichtung zur Leistung frei sein soll „nicht berufen kann". Es kann aber nur die Anzeige, soweit sie den Charakter einer Wissenserklärung

---

VVG. für die Anzeige vom Strafverfahren Bl. 120. — § 153 IV n. F. VVG. bezieht nicht, wie Abs. I, die sinngemäße Anwendung der §§ 6, III, 33 II VVG.

481) Hager-Behrend § 33 Anm. 3, Prölß § 33 Anm. 8 B.

482) § 32 Satz 2 a. F. VVG. (in der n. F. gestrichen) fand auf die genannte Obliegenheit keine Anwendung: RG. v. 14. 6. 32 aaO., Hennicke i. JW. 1936 S. 1607 in Anm. zu Nr. 16; auch § 21 VVG. findet keine Anwendung auf die Verletzung von solchen Obliegenheiten, die nach Eintritt des VFalls zu erfüllen sind: RG. v. 27. 4. 34 = APV. S. 222 = DVP. S. 468 = Warn. 333; RG. in JRPV. 1939 S. 324 = RdK. 1940 S. 112.

483) RG. v. 4. 3. 38 = DÖV. S. 151 = APV. 221 hat ausgesprochen, daß „rechtzeitig" im Sinne von § 33 II VVG. nicht bedeute: bis zum Eintritt eines Schadens.

485) Daß insbesondere dem Zeitpunkt der Anzeige materielle Bedeutung beizumessen ist, ergibt sich aus dem Interesse des Versicherers an fristgerechter Anzeige (Anm. 404 zu § 5) Bl. 68/9. Dieses findet auch Anerkennung im Gesetz welches zwar nähere Vorschriften über Inhalt und Umfang der Anzeige nicht enthält, sich aber in § 153 VVG. zur Anzeige f r i s t besonders äußert.

486) Das gleiche gilt, wenn die anderweitig erlangte Kenntnis sich nicht auf alle Umstände bezieht, welche der VN. in bezug auf Inhalt und Umfang der Anzeige mitteilen muß; Bl. 74/5.

hat, ersetzt werden. Die für die Leistungspflicht des V'rers maßgebende und sie erst auslösende erforderliche Willenserklärung[487] des VN. bleibt in jedem Falle hierdurch unberührt und als Voraussetzung für die Erbringung der Leistungen des V'rers notwendig.

Es kommt also, wie sich aus der Obliegenheit als einer Voraussetzung im Sinne der Voraussetzungstheorie[488] ergibt und wie durch die Vorschrift des § 33 II VVG. und 5 Ziff. 1 a. F., 5 Ziff. 2 Abs. 1 n. F. AVB. bestätigt wird, nicht maßgebend darauf an, wer[489] die Anzeige vom VFall erstattet, da diese Obliegenheit ihrer Natur nach nicht einen bestimmten Träger hat. Es ergibt sich weiter daraus, daß im Falle der Unterlassung der VN. nicht gemäß § 278 BGB. für das „Verschulden" solcher Personen einstehen muß, deren er sich sonst bei der Erfüllung von versicherungsrechtlichen Verpflichtungen bedient[490]. Über die Haftung für den Wissensvertreter vgl. Bl. 53 ff.

§ 5 Ziff. 2

2. Der Versicherungsnehmer ist verpflichtet, unter Beachtung der Weisungen der Gesellschaft nach Möglichkeit für die Abwendung und Minderung des Schadens zu sorgen und alles zu tun, was zur Klarstellung des Schadensfalles dient, sofern ihm dabei nichts Unbilliges zugemutet wird. Er hat die Gesellschaft bei der Abwehr des Schadens sowie bei der Schadensermittlung und -regulierung zu unterstützen, ihr ausführliche und wahrheitsgemäße Schadensberichte zu erstatten, alle Tatumstände, welche auf den Schadensfall Bezug haben, mitzuteilen und alle nach Ansicht der Gesellschaft für die Beurteilung des Schadensfalles erheblichen Schriftstücke einzusenden.

Abwendung und Minderung des Schadens.

Der Inhalt von § 5 Ziff. 2 Abs. 1 a. F. stimmt mit dem von § 5 Ziff. 3 n. F. AVB. überein. Die Vorschrift wiederholt die wesentlichen Gedanken

---

487) Bl. 59 ff.

488) Bl. 61.

489) Daß, entgegen den Obliegenheiten des § 5 Ziff. 2, auch der Geschädigte selbst die Anzeige (Wissenserklärung) erstatten kann, ist zu bejahen. Offengelassen (d. h. abgelehnt „mindestens soweit sie — die Pflichten des VN. aus § 5 VDB. Vers. — die Abwehr des Anspruches betreffen") bei Kersting DOV. 1932 S. 193/4.

490) So Kiel v. 7. 12. 1925 — VuG. 1925 S. 22. Keine Haftung des VN. für den Tierarzt, der von ihm mit der Abfassung und Absendung des Krankheitsberichtes beauftragt war und die verzögerliche Absendung verschuldet hatte.

der in § 62 VVG. geregelten Rettungspflicht[491, 492]. Die Novelle hat in § 62 Abs. 2 VVG. die Verletzungssanktion angefügt. § 5 Ziff. 2 S. 1 ADB. gibt den Generalnenner, der durch die in Satz 2 und den folgenden Bestimmungen getroffenen Anordnungen speziell ergänzt wird[493]. Der Grundgedanke der Rettungspflicht ist, daß es dem VN. nach Treu und Glauben nicht gestattet sein darf, dem V'rer Schäden auch dann aufzubürden, wenn er sie nach Lage des Falles vermeiden kann[494]. Er muß auch die Interessen anderer berücksichtigen: einmal die des V'rers[495, 496]. Weiter hat er den allgemein volkswirtschaftlichen Erfordernissen Rechnung zu tragen, die auf Erhaltung aller Werte gerichtet sind[497]. Dementsprechend hat der Gedanke der Rettungspflicht schon früher Eingang in die einschlägigen deutschen Gesetze[498] und das ausländische VVertragsrecht, wie in die meisten ADB. gefunden. Ihrem Grundgedanken nach[499] steht die Rettungspflicht auch in Beziehung zum Inhalt des § 254 BGB.[500]. Es soll dem (aus dem VVertrag) zur Schadloshaltung berechtigten Teil ein Mitverschulden entgegengehalten werden können, ein Mitverschulden im Rahmen und nach Maßgabe der versicherungsrechtlichen Besonderheiten[501].

Soweit hier die Herbeiführung des Schadens[502] in Frage kommt, hat allerdings der § 152 VVG., § 4 II Satz 1 ADB.[503] den Tatbestand

---

491) Hierzu Kisch in WuRdV. 1928 Nr. 1.

492) Weil die Rettungspflicht auf dem Befehl des objektiven Rechts und nicht dem Willen der Vertragsparteien beruht (Bruck PVR. S. 341 und die Anm. 4 das. gen.) ist sie eine gesetzliche Pflicht. Sie entsteht ohne Rücksicht darauf, ob die Parteien sie willentlich begründet haben, auch dann, wenn diese von ihr überhaupt keine Kenntnis haben, oder wenn sie beim Vertragsschluß nicht an sie denken.

493) Anm. 556 zu § 5.

494) Mit den Einschränkungen, die sich aus den Folgen der Herbeiführung des VFalls (§ 61 VVG.) oder des Schadens (§ 152 VVG. — 4 II 1 ADB.) ergeben: vergl. die im Text folgenden Ausführungen.

495) Ähnlich Weigel JRPV. 1928 S. 66: „Die Verpflichtung ... folgt aus der besonderen Interessenlage, die sich aus dem Verhältnis des Versicherers zum VN. ergibt ..."

496) Ein Verstoß hiergegen kann sich als positive Vertragsverletzung darstellen, deren Rechtsgedanken von dem Gebiet der Privatversicherung auszuschließen „kein Grund besteht": RG. v. 13. 10. 36 = JRPV. S. 344/ 5.

497) Die Begründung zum VVG. rechtfertigt die Vorschrift durch Treu und Glauben sowie die den Interessen des Versicherers gebührende Rücksicht.

498) ALR. II 8 § 2164 ff., § 823 ADHGB., § 819 HGB., 41 I ADS.

499) Der Rechtscharakter der Rettungspflicht ist allerdings von dem des § 254 BGB. verschieden.

500) Vergl. auch § 254 II Satz 1 BGB. „... oder daß er es unterlassen hat, den Schaden abzuwenden oder zu mindern ..."

501) Diese Besonderheiten ergeben für die Rettungspflicht gegenüber § 254 BGB. eine Verschiebung der Personen des Schädigers und des Geschädigten. Über die Unterschiede der beiden Bestimmungen: Kisch S. 88 Ziff. 2 a bis c.

502) Aber nur durch positive Handlungen. Über die Frage, ob zur vorsätzlichen Herbeiführung des Schadens im Sinne von § 4 II 1 ADB. auch eine Unterlassung ausreicht, I/259, Düsseldorf v. 6. 12. 26 = JRPV. 1927 S. 18 = APV. 1927 S. 70; RG. v. 8. 4. 27 = JRPV. 143 = DÖV. 146; dafür: Hamburg v. 12. 2. 32 = APV. S. 250.

503) § 152 VVG. ist nachgiebigen Rechts: I/248.

dahin erschöpfend geregelt, daß nur **vorsätzliches** Handeln dem VN. schadet, indem es HV-Ansprüche ausschließt[504]. Nur grobfahrlässiges Verhalten kann auch über die Konstruktion der Verletzung einer Abwendungs- oder Minderungspflicht die gleichen Folgen nicht auslösen[505]. Die letztere setzt demgegenüber positives Erkennen des bereits eingetretenen oder unmittelbar bevorstehenden[506] Schadens begriffsnotwendig voraus.

Beide Vorschriften haben dennoch nahe Berührungspunkte[507]: § 152 VVG. und § 4 II 1 AVB. fordern das Bewußtsein eines — bestimmt oder womöglich eintretenden — Schadens, verbunden mit der Billigung eines schädigenden Erfolges. — § 62 VVG. und § 5 Ziff. 2 AVB.: die positive Kenntnis des bereits eingetretenen oder unmittelbar bevorstehenden Schadens in Verbindung mit der Untätigkeit gegenüber seiner Abwendung oder Verminderung. Im letzteren Falle wird nur das Erfordernis der Billigung des schädigenden Erfolges nicht verlangt, da es in dem Untätigbleiben des VN. tatsächlich seinen sinnfälligen Ausdruck findet. In dieser Verwandtschaft der beiden Bestimmungen ist auch die Erklärung dafür zu finden, daß bei §§ 152 VVG., 4 II 1 AVB. nachteilige Folgen für den VN. nur bei vorsätzlichem positiven Tun, bei §§ 62 VVG., 5,6 AVB. solche schon bei fahrlässigem Unterlassen eintreten[509]: die tatbestandsmäßigen Voraussetzungen sind eben verschieden und rechtfertigen hierdurch die Wirkung eines äußerlich verschiedenartigen Verschuldensmaßes. Die §§ 152 VVG. und 4 II 1 AVB. stellen daher eine Begrenzung der Rettungspflicht dar.

Um den Inhalt der Rettungspflicht zu erkennen, bedarf vor allem der Klärung: was unter dem **Schaden** zu verstehen ist, den der VN. abwenden oder mindern soll, auf den sich also die Rettungshandlungen des VN. beziehen müssen.

Die Rettungshandlungen beziehen sich **primär** auf den Schaden, der dadurch entsteht, daß die H-Ansprüche wirtschaftlich auf den V'rer übergeleitet werden können[510]. Diese Gefahr ist durch den VN. ab-

---

504) Eine subjektive Risikobeschränkung I/247 und Anm. 270 daselbst, ferner Möller in JRPV. 1929 S. 325 ff., derselbe HansRGZ. 1929 A. Sp. 549 ff., a. A. Kisch aaO. S. 8, der hier eine Obliegenheit sieht.

505) Bruck PVR. S. 663.

506) Darüber im folgenden.

507) Über die Verschiedenheiten: Kisch aaO. S. 87.

509) Vergl. aber § 62 II n. F. VVG.

510) A. A. anscheinend RG. v. 7. 12. 34 = JRPV. 1935 S. 24/25 = DOV. 1935 S. 8 = DPV. 1935 S. 416 = HRR. Nr. 748/9 (Vorderurteil: Düsseldorf v. 23. 4. 34 = JRPV. 1935 S. 47), welches unter „Schaden" im Sinne der hier betrachteten Obliegenheit primär versteht „diejenige Schädigung des Dritten, aus der die Ansprüche hergeleitet werden, bezügl. deren ... VSchutz ... besteht". Daraus ergibt sich das für unsere Auffassung unhaltbare Ergebnis, daß in der Aufforderung des VN. an den Geschädigten zur Fertigstellung und Übersendung einer Schadensaufstellung nicht die Verletzung der Rettungspflicht liegt; „denn", sagt das RG., „dieser Schaden (des Dritten) wird weder vermindert noch erhöht durch die Beträge, die in eine Schadensaufstellung eingesetzt

zuwenden oder zu mindern[511]. Sie besteht aber überhaupt nur in den gleichen Grenzen, welche nach Gesetz oder Vertrag für den VSchutz gezogen sind, also im Hinblick auf den dort bestimmten Gegenstand und Umfang des VSchutzes[512].

Die Pflicht setzt ein „beim Eintritt des VFalls", d. h. während ein solcher sich ereignet, oder wenn sein Eintritt unmittelbar bevorsteht[513]. Sie knüpft also zeitlich für die HV. an den Schadensfall[514] an; denn dieser ist schon ein Tatbestandsstück des VFalls[515, 516].

Hieraus ergibt sich für den VN. die Pflicht — nicht nur den Schaden nicht durch positive Handlungen vorsätzlich herbeizuführen (§ 4 II 1 ADB.), sondern darüber hinaus — den als sicher erkannten Schadenseintritt abzuwenden oder zu mindern. Gegenständlich müssen die übrigen Voraussetzungen des VFall-Begriffs erfüllt sein (§ 1 ADB.)[518].

Der Umfang des VSchutzes, auf den sich die Rettungspflicht bezieht, ergibt sich aus § 3 II Ziff. 1 ADB. Der V'rer hat den VN. in dem dort bezeichneten Umfang[519] von den vermögensrechtlichen Folgen gegen ihn erhobener berechtigter oder unberechtigter Ansprüche freizustellen. Dem-

---

werden". Das ist unzutreffend. Soweit der Schaden des Dritten den V'rer nicht betrifft, hat er kein Interesse an ihm und keine Veranlassung, die Rettungspflicht als Obliegenheit aufzustellen.

511) Silberschmidt in ZfVW. 1924 S. 304 ff. bes. 306: „... soweit die Entstehung des Entschädigungsanspruchs sich regelmäßig als VFall darstellt (vergl. Hagen I1 S. 372) hat der VN. die Verpflichtung, diesen Entschädigungsanspruch tunlichst zu bestreiten und herabzumindern."

512) Bruck PVR. 343/344, Komm. § 62 Anm. 5 u. 6, vergl. auch Prölß § 62 A 1, im Ergebnis ähnlich Kisch S. 4, Hagen I/638, Köln v. 30. 11. 31 = JRPV. 1932/121 = APV. 1932/11; § 52 schwed. VVG. besprochen bei Hochgräber in JRPV. 1928 S. 110 ff.; a. A. Ritter S. 223; damit entfallen die diesbezüglichen Bedenken Cramers in JRPV. 1933 S. 129 Ziff. 4 (vergl. Anm. 515 zu § 5).

513) Stiefel Ass.J. 1934 S. 46: „Dabei ist aber nicht zu übersehen, daß die Schadensminderung nur im Hinblick auf den HV-Anspruch zu erfolgen hat."

514) RG. v. 24. 2. 39 = JRPV. S. 167/8; Braunschweig v. 25. 10. 35 = JRPV. 1936 Zus. I S. 10; Ass.J. 1934 S. 45.

515) I/69 ff. Damit kann nicht gesagt werden, daß es sich um eine Obliegenheit handelt, die vor Eintritt des VFalles zu erfüllen wäre, wie RG. v. 24. 2. 39 aaO. meint; dazu bei § 6 AVB. Bl. 175 ff.

516) Dies ergibt sich auch, wenn man die Sonderbestimmung des § 152 VVG. mit § 61 VVG. vergleicht und dementsprechend § 62 sinngem. für die H-Versicherung anwendet (VFall — Eintritt der „Tatsache").

518) Kisch S. 5: „Dagegen genügt zur Auslösung der Rettungspflicht nicht ein Ereignis, welches seiner Art (seinem Begriffsmerkmal) nach noch kein VFall ist ...".

519) Auch im übrigen bezieht sich die Rettungspflicht nur auf den Schaden, welcher den Versicherer nach Maßgabe gesetzlicher oder vertraglicher Bestimmungen allgemein belastet. Ist der Versicherer von der Ersatzpflicht gänzlich frei, z. B. wegen Unwirksamkeit des VVertrages, oder wenn der Schaden den vereinbarten Selbstbehalt nicht überschreitet, so hat auch der VN. die Rettungspflicht nicht zu beobachten: Kisch aaO. S. 8/9; nicht aber gilt das gleiche etwa deshalb, weil Höchstversicherungssummen bestehen, die zur völligen Befreiung des VN. in einem konkreten Schadensfall nicht ausreichen: Kisch S. 9, einschränkend Köln v. 30. 12. 35 = HansRGZ. 1936 A. 142.

entsprechend hat der VN. den aus dieser Verpflichtung[520] dem V'rer[521] drohenden Schaden abzuwenden oder zu mindern[522].

1. Er hat, was die Pflicht zur Erfüllung an sich **berechtigter Ansprüche** betrifft, alle Schritte zu ergreifen, um die Haftung gegenüber dem Dritten abzuwenden oder zu vermindern. Hierher gehört auch die Abwendung des dem Dritten drohenden Schadens; die Minderung des diesem bereits entstandenen Schadens nur insoweit, als hierdurch nicht in unzulässiger Weise in die Rechte und Pflichten des Dritten eingegriffen wird[523].

Welche Maßnahmen im einzelnen in Betracht kommen, ist Tatfrage. In erster Linie sind vom V'rer erteilte bestimmte Anweisungen zu befolgen (darüber unten Blatt 85 ff.). Im allgemeinen ist Grundregel, daß der VN. sich so verhalten soll, wie er es als verständiger Mensch tun würde, wenn er nicht versichert wäre[524, 525], wobei er aber mit Rücksicht auf den VVertrag auch auf den mutmaßlichen Willen und die Interessen des V'rers Bedacht zu nehmen hat[526].

Die **Abwendungspflicht** wird z. B. verletzt dadurch, daß der VN. den Dritten zur Erhebung von Ansprüchen[527] ermuntert[528] oder gar auffordert[529] oder ihn hierbei selbst[530] unterstützt, daß er den Anspruch

520) Kisch S. 5: „Die Rettungspflicht besteht nur im Hinblick auf den VSchaden im engeren Sinne, d. h. auf die am VInteresse bewirkte Vermögensminderung." Abweichend Bruck PVR. S. 344: „Schaden ist nicht nur der VSchaden im engeren Sinne, die Beschädigung oder Vernichtung der versicherten Beziehung, sondern jeder Schaden, also auch der Aufwendungsschaden."

521) Bl. 158 zu Anm. 1157.

522) Da an sich „kein Grund besteht, die Anwendbarkeit des Rechtsgedankens der positiven Vertragsverletzung auf das Recht der privaten Versicherung auszuschließen": RG. v. 13. 10. 36 = JRPV. 344/5, ist ein Verstoß gegen die Rettungspflicht auch unter diesem Gesichtspunkt rechtlich zu beurteilen.

523) Ähnlich Schwaiger S. 124 unter Hinweis auf § 254 BGB.

524) Rechtslehre und Rechtsprechung bei Kisch S. 18 Anm. 1, Raiser § 14 Anm. 9, Bruck Komm. § 62 Anm. 6, Weller JRPV. 1928 S. 67; RG. v. 12. 3. 26 = APV. 290 = VuG. 35/6 = JW. 1972; RG. v. 18. 1. 27 = JRPV. 40 = APV. 48/9 = HansRGZ. A. 211.

525) Nicht für ausreichend erachtet diese Formulierung Kisch S. 18a und die in Anm. 1 das. gen.; vergl. auch Bruck PVR. S. 344.

526) Kisch S. 19.

527) Z. B. auch unter Hinzurechnung des eigenen Schadens des VN.: RG. v. 24. 9. 15 = APV. A. S. 90.

528) VuG. 1927 S. 179 meint, wenn der VN. den Geschädigten, der erklärte, ihn nicht in Anspruch nehmen zu wollen, hierzu mit den Worten ermuntert: „Sei doch kein Tor, ich bin ja versichert, warum willst du meiner Versicherung etwas schenken?" (und der Geschädigte nimmt den VN. daraufhin tatsächlich in Anspruch), so würde doch „schwerlich jemand auf den Gedanken gekommen sein, daß der VN. durch seine Handlungsweise sich den Anspruch gegen den Versicherer verscherzt habe". — Dies mag für die Frage der Herbeiführung des VFalles vielleicht zutreffen, nicht aber für die Schadensabwendungs- und Minderungspflicht.

529) Stiefel Komm. § 5 Anm. 13; auch wenn der VN. zur Fertigung und Übersendung einer Schadensaufstellung auffordert, a. A. RG. v. 7. 12. 31 aaO.

530) Z. B. durch eigene Wahrnehmung der Interessen des Geschädigten, wie Anfertigung von Anspruchsschreiben oder gar Entwürfen von Klageschriften usw.: Düsseldorf v. 31. 1. 38 = JRPV. S. 89/90; Düsseldorf v. 8. 8. 34 = JRPV. 1935 Zus. I S. 18.

des Dritten entgegen der ausdrücklichen Anweisung in § 5 Ziff. 4 (§ 5 Ziff. 5 n.F.) ADB. anerkennt oder ihn befriedigt[531], daß er die eine Haftung des VN. völlig ausschließenden Umstände nicht beweismäßig sicherstellt oder dem V'rer nicht mitteilt.

Ein Verstoß gegen die **Minderungspflicht** kann z. B. darin liegen[533], daß der Geschädigte über bereits erhobene Ansprüche bestimmter Art hinaus (z. B. Sachschaden und Lohnausfall) noch zur Erhebung von Ansprüchen anderer Art, z. B. Schmerzensgeld[534], aufgefordert, angeregt oder in diesem Sinne vom VN. „aufgeklärt" wird; ferner darin daß nicht Maßnahmen[535] für die Sicherung des Beweises getroffen oder die Bereitstellung von Beweismitteln unterlassen wird[536]; schließlich in der Unterlassung der Feststellung und Sicherung von Rückgriffsansprüchen des V'rers[537] gegen Dritte[538] oder deren Aufgabe[539]. Auch die in § 5 Ziff. 5 (§ 5 Ziff. 6 n.F.) ADB. ausdrücklich festgelegte Verpflichtung des VN., den V'rer das Recht auf Aufhebung oder Minderung einer zu zahlenden Rente in seinem Namen ausüben zu lassen, ergibt sich schon allgemein aus der Rettungspflicht[540].

---

531) Darüber Bl. 144 ff.

533) „Die Verpflichtung, alles zu tun, was ... zur Minderung des Schadens dienen kann, schließt die Pflicht in sich, Handlungen zu unterlassen, die auf ... die Erhöhung des Schadens abzielen: RG. v. 24. 9. 15 = LZ. 1916 S. 168" bei Kersting ZfVW. 1923 S. 224.

534) Düsseldorf v. 23. 4. 34 =JRPV. 1935 S. 47: dazu (ähnlich) Rev.Urt. RG. v. 7. 12. 34 aaO. Es kann bei der Beurteilung des Verhaltens des VN. wohl nicht, wie das OLG. meint, darauf ankommen, ob der Verletzte sonst „von anderer Seite auf die Frage des Schmerzensgeldes hingewiesen worden wäre". Jedenfalls muß der VN. sich derartiger Äußerungen enthalten.

535) Gerichtliche oder außergerichtliche.

536) Z. B. für ein Mitverschulden des Geschädigten (RG. v. 24. 2. 39 = JRPV. S. 167/8), die Verjährung seiner Ansprüche, den Mangel der Kausalität oder andere Umstände, durch deren Nachweis die Ersatzpflicht des Versicherers gemindert würde.

537) § 67 VVG. gilt auch für die H-Versicherung: KG. v. 8. 1. 36 = JRPV. S. 187/9; RG. v. 12. 3. 36 = JW. 2793 (Anm. von Carl); München v. 23. 10. 36 = HansRGZ. 1937 A. S. 59; vergl. auch Karlsruhe vom 8. 10. 36 = JRPV. 1937 S. 141; LG. Berlin v. 30. 10. 34 = JRPV. 1935 S. 95: dazu Loppuch DOV. 1938 S. 156; weitere Angaben bei Schack aaO. S. 129/130. — Zwischen dem „Aufgeben" eines Rechtes i. S. von § 67 VVG. und dem im Sinne einer Verletzung der Schadensminderungspflicht kann ein Unterschied bestehen, vergl. Bruck Komm. § 67 Anm. 19. Außerdem ist § 67 VVG. nicht zwingenden Rechts — RG. v. 1. 11. 19 = RG. 97/76; RG. v. 6. 6. 35 = RG. 148/137 = JW. 3291 (dazu Oellers: JW. 1936/799) = HRR. Nr. 1445 = RdK. 1936 S. 262 = Verk.Rdsch. S. 598 —, es sind also Vereinbarungen abweichenden Inhalts zulässig.

538) Bruck PVR. S. 345, Komm. § 62 Anm. 6, § 52 schwed. VVG. mitget. bei Hochgräber JRPV. 1928 S. 110 ff.; RG. v. 2. 12. 25 = VuG. 1926 S. 36; RG. v. 9. 12. 25 = LZ. 1926 S. 383; vergl. auch KG. v. 2. 3. 21 = APV. 1922 A. S. 6.

539) Die Voraussetzungen des § 67 I Satz 3, wonach ein rein passives Verhalten nicht genügt — KG. v. 2. 3. 21 = APV. 1922 A. S. 6; KG. v. 9. 7. 19 = APV. 1920 A. S. 3 — brauchen hier nicht erfüllt zu sein. — Die Ausführungen vom KG. v. 8. 1. 36 = JRPV. S. 187/9 treffen daher für die Rettungspflicht nur im Hinblick auf einen etwaigen Schadenersatzanspruch, nicht aber die vertraglich vereinbarte Anspruchsverwirkung zu (vergl. aber § 6 III n. F. VVG.).

540) Kisch S. 15 und Bl. 158.

2. Hinsichtlich der Pflicht des V'rers zur Abwehr **unberechtigter Ansprüche** im Rahmen des VVertrags ist das vorstehend Ausgeführte sinnentsprechend zur Anwendung zu bringen. Dem VN. obliegt hier nicht nur die Pflicht, alle ihm bereits bekannten Umstände dem V'rer mitzuteilen, um es diesem zu ermöglichen, den Anspruch rechtlich zu beurteilen und ihn gegebenenfalls als einen unberechtigten zu erkennen und ferner die getroffenen Abwehrmaßnahmen seinerseits zu unterstützen, sondern er hat auch durch eigenes Handeln in dieser Richtung die notwendigen Feststellungen selbst zu treffen[541]. Ein Verstoß gegen solche Pflichten des VN. ist es, wenn er durch **bewußt** unrichtige Darstellung[542] des Schadenshergangs dem V'rer ein falsches Bild über die Sach- und Rechtslage macht, ihn dadurch in eine unbegründete Abwehrstellung[543] und damit verbundene unnötige Kosten treibt[544]. Ferner wenn der VN. durch die Erhebung eigener, **bewußt** ungerechtfertigter Ansprüche es dahin bringt, daß der Gegner daraufhin seinerseits — berechtigte oder unberechtigte — Ansprüche erhebt, z. B. zur Aufrechnung stellt.

„. . . nach Möglichkeit . . "

Die dem VN. auferlegte Pflicht, für die Abwendung und Minderung des Schadens zu sorgen, ist nicht eine unbedingte, vielmehr, wie die ADB.[545] sich ausdrücken, „nach Möglichkeit" zu erfüllen mit der — an sich selbstverständlichen — Maßgabe, daß dem VN. „dabei nichts Unbilliges zugemutet wird"[546, 547]. Damit wird der Grundsatz von Treu und Glauben und der Zumutbarkeit ausdrücklich als Maßstab herangezogen[548]. „Die Rettungspflicht wird[549] durch den Grundsatz von Treu und Glauben nicht nur gerechtfertigt, sondern auch begrenzt." Der VN. braucht nicht sein Leben oder seine Gesundheit zu gefährden, um den

541) Wegen der ihm dabei entstehenden Aufwendungen wird er nach Maßgabe des § 63 VVG. schadlos gehalten.
542) Düsseldorf v. 21. 10. 35 = JRPV. 1936 Zus. S. 8.
543) § 3 II 1 AVB. und II Bl. 89.
544) Ein solches Verhalten des VN. verstößt zugleich gegen die Obliegenheit zur wahrheitsgemäßen Schadensschilderung, wie denn überhaupt durch ein und dasselbe Verhalten gegen mehrere Pflichten zugleich verstoßen werden kann. Dennoch empfiehlt es sich, jeden Verstoß aus allen Gesichtspunkten zu prüfen, weil die Voraussetzungen und Folgen der einzelnen Obliegenheitsverletzung (Verwirkung — Schadenersatz — Rücktritt [jetzt § 6 IV n. F. VVG.] usw.) oft verschieden sind.
545) Ebenso § 62 VVG. („nach Möglichkeit").
546) § 183 VVG.
547) Hamm v. 15. 10. 1934 = JRPV. 1935 Zus. S. 57 = APV. S. 47; Düsseldorf v. 19. 6. 33 = JRPV. 1934 S. 108 (keine Verpflichtung des VN., glaubwürdige und belegte Angaben des Verletzten über die Höhe seines Schadens zu bestreiten).
548) Daraus ergibt sich auch, daß der VN., wenn zur Vornahme der Rettungshandlungen eine gewisse — ihm fehlende — Sachkunde erforderlich ist, diese nicht selbst vorzunehmen braucht, sondern nur für ein Tätigwerden sachkundiger Personen zu sorgen hat: Hagen I/642.
549) Kisch S. 20 III.

Schaden des V'rers zu verringern[550]. Ebenfalls bestimmt sich unter Berücksichtigung von Treu und Glauben, welche Aufwendungen an Kraft, Zeit[551] und geldlichen Mitteln zur Erfüllung der Rettungspflicht dem VN. zugemutet werden können. Besteht ein Gegensatz zwischen den Interessen des V'rers und des VN., so gehen grundsätzlich die letzteren vor. Indessen sind als wesentlich für die Beantwortung dieser Frage auch die auf dem Spiel stehenden beiderseitigen Interessen, z. B. nach ihrer geldlichen oder sonstigen Bedeutung oder ihren Erfolgsaussichten, mitzuberücksichtigen. Verletzt der VN. die Rettungspflicht, weil er hierzu durch ein Gebot der Menschlichkeit oder der öffentlichen Interessen (§ 679 BGB.)[552] veranlaßt wurde[553], so wird ihm dies ebenfalls nicht schaden.

„. . . unter Beachtung der Weisungen der Gesellschaft . . .“

Bei den Rettungshandlungen hat der VN. die Weisungen des V'rers zu beachten. Als solche Weisung ist jede, auch formlose, dem VN. verständliche[554] Äußerung des V'rers anzusehen, aus der sich dessen Wille ergibt, in bestimmter Weise zu verfahren[555]. Unerheblich ist dabei, ob diese in die Form eines Gebotes oder Verbots gekleidet ist. Die Weisungen können im voraus — etwa in den Allgemeinen oder Besonderen Versicherungsbedingungen — aufgestellt sein[556], oder sonstwie vor[557] oder nach[558] Eintritt des Schadensfalls erteilt werden. Eine Frist ist nicht vorgesehen[559]. Ist ein H-Anspruch noch nicht erhoben, so hat der VN.

---

550) KG. v. 14. 10. 22 = APV. 1923 S. 154. Es handelt sich hierbei um einen Grundsatz, der im Rahmen der auch auf anderen Gebieten des Rechtslebens vorkommenden Schadensabwendungs- und Minderungspflicht allgemein gilt: z. B. innerhalb des § 330 c StGB.; dazu NZ. 1939 S. 871.

551) „Der VN. ist nicht gehalten, die Durchführung eines Unternehmens, von welchem für ihn erhebliche Interessen abhängen, aufzugeben oder erheblich zu verzögern . . .“. „Er braucht, wenn sich der VFall in weiterer räumlicher Entfernung ereignet, nicht eine kostspielige Reise nach dem Ort des Unfalls zu unternehmen . . .“: Kisch S. 21.

552) Bruck PVR. S. 347/8.

553) Z. B. Er bringt den schwer Unfallverletzten zunächst zum Arzt, wodurch die Feststellung von Mitschuldigen oder von Beweismitteln verhindert wird (Düsseldorf vom 23. 4. 34 = JRPV. 1935 S. 47/8) oder „er lehnt es ab, die sich anbietenden Hilfspersonen einer ernsten Gefahr für Leib oder Leben auszusetzen“: Kisch S. 23.

554) Die Gefahr des Mißverständnisses im Falle der Undeutlichkeit oder Mißverständlichkeit der gegebenen Anweisungen trifft den Versicherer.

555) Kisch S. 24.

556) Z. B. Die Vorschrift in § 5 Ziff. 4, das Verbot, ohne vorherige Zustimmung des Versicherers einen H-Anspruch ganz oder zum Teil oder vergleichsweise anzuerkennen oder zu befriedigen. Beispiele bei Bruck Komm. § 62 Anm. 10, PVR. S. 349/50. Auch sonst enthält ein großer Teil der Obliegenheiten des § 5 eine Anweisung des Versicherers zum Zwecke der Schadensabwendung oder Minderung: Durst in JRPV. 1934 S. 275 Nr. II.

557) Z. B. enthält der an die Police geheftete Druckzettel mit dem Vermerk, die Tatsache des Bestehens einer V. nicht bekanntzugeben, eine solche Anweisung (Anm. 16 zu § 5.).

558) Anm. 322 zu § 5.

559) Die Anweisung muß so zeitig erfolgen, daß der VN. sie beobachten kann.

gemäß § 62 VVG. — sofern die Umstände es gestatten — die Weisungen des V'rers einzuholen. Sind dagegen bereits H-Ansprüche erhoben[560], so hat der VN. dies gemäß § 5 Ziff. 1 (§ 5 Ziff. 2 Abs. 3 n. F.) AVB. innerhalb einer Woche[561] anzuzeigen. Hierdurch erhält der V'rer Kenntnis und kann die notwendigen Anweisungen geben[562, 563]. In der Mitteilung vom Eintritt des Schadens- oder des VFalles kann u. U. schon die Aufforderung des VN. an den V'rer erblickt werden, entsprechende Weisungen zu erteilen[564]. Das Recht, Anweisungen zu erteilen, schließt das andere ein, vom VN. jede hierzu erforderliche Auskunft, auch Vorschläge für die Schadensbekämpfung zu verlangen; denn der VN. kann sich oft ein besseres Bild machen von dem, was zweckmäßigerweise zu geschehen hat, auch den durch die Rettungsmaßnahmen bedingten Kosten usw., als der V'rer.

„Unter Beachtung" besagt, daß solche Anweisungen des V'rers, die er — allgemein oder für den besonderen Fall ausdrücklich — erteilt hat, grundsätzlich[565] beachtet werden müssen, ferner insbesondere im Zusammenhang mit § 62 VVG., daß der VN. zur Einholung entsprechender Weisungen gehalten ist; nicht aber, daß der VN. ohne solche Weisungen überhaupt nichts tun dürfe oder nichts zu tun brauche[566], denn erste und unbedingte Pflicht bleibt, den Schaden abzuwenden oder zu mindern. Weisungen aber sind gemäß § 62 nur einzuholen, „wenn die Umstände es gestatten." Ist dies nicht der Fall, oder erteilt der V'rer keine Anweisungen[567], so muß der VN. die Rettungshandlungen nach eigenem pflichtgemäßen Ermessen treffen[568]. Sind bestimmte

560) Nach §§ 153 I n. F. VVG., 5 Ziff. 2 i. V. Ziff. 1 n. F. AVB. hat er schon den Schadensfall anzuzeigen.

561) Sind Minderungs- und Abwendungsmaßnahmen schon vorher erforderlich, so hat er auch dann schon Anweisungen einzuholen.

562) Die regelmäßig dem VN. übersandte Schadensanzeige kann Anweisungen verschiedener Art enthalten, z. B. die, deren Fragen auszufüllen, ohne dabei an den Verletzten heranzutreten, oder die Tatsache des Bestehens eines VVertrages nicht bekanntzugeben usw.: dazu Schwaiger S. 122, Anm. 16 zu § 5. — Diese letztere Anweisung verstößt nicht gegen Treu und Glauben. Sie besagt nur, daß der VN. nicht von sich aus die Angabe machen soll. Wird er nach dem Bestehen eines VVertrages gefragt, so braucht er nicht unrichtige und unwahre Angaben zu machen: Hamm v. 15. 10. 34 = JRPV. 1935 Zus. S. 57 = APV. S. 17.

563) Ändert sich die dem Versicherer zunächst mitgeteilte Sachlage, so hat der VN. zu prüfen, ob früher erteilte Anweisungen auf diese noch zutreffen; andernfalls muß er neue einholen.

564) Kisch S. 25, Anm. 322 zu § 5.

565) Doch gilt auch dies nur im Rahmen von Treu und Glauben, s. o., und Kisch S. 27.

566) Wenn der Versicherer sich aber hat das Recht übertragen lassen, allein oder gemeinsam mit dem VN. alles zur Schadensminderung Erforderliche zu veranlassen, so braucht der VN. ohne Aufforderung in dieser Hinsicht nichts zu tun: Court d'Appel Paris in Revue Generale des Assurances terrestres Paris 1934 S. 847, Anm. v. Picard.

567) Eine förmliche Rechtspflicht zur Erteilung von Anweisungen besteht für den Versicherer nach Gesetz und AVB. nicht: Raiser § 14 Anm. 13, RG. v. 17. 2. 28 = RG. 120/182 = JRPV. 85 = APV. 244 = DOV. 67 = JW. 1738 = HansRGZ. 158; Bl. 26.

568) Klarer sagen die AKB. im § 7 I Ziff. 2 S. 3: „. . . er hat hierbei (nämlich bei der Schadensminderung. Verf.) die etwaigen (!) Weisungen der Gesellschaft zu befolgen."

Anweisungen erteilt, so ist der VN. grundsätzlich[569] zu ihrer Befolgung nicht nur verpflichtet[570], sondern auch berechtigt. Die objektive Unrichtigkeit, Unzweckmäßigkeit oder Erfolglosigkeit der Maßregeln schadet ihm nicht, weil er durch die Anweisung des V'rers gedeckt ist[571].

Die Durchführung der — auf Anweisung des V'rers oder ohne solche — zu treffenden Maßnahmen kann mit Aufwendungen, den sogenannten Rettungskosten[572], verbunden sein. Diese fallen im Rahmen des § 63 VVG. dem V'rer zur Last. Jedoch hat der V'rer Aufwendungen, welche „zusammen mit der übrigen Entschädigung die VSumme übersteigen" nur dann[573] zu ersetzen, wenn sie „in Gemäßheit der von ihm gegebenen Weisungen gemacht worden sind" (§ 63 I Satz 2 VVG.)[574]. Das Abandonrecht des § 3 III Ziff. 1 Satz 2 ADB.[575] dürfte[576] nur hinsichtlich der Prozeßkosten gelten[577]. Das Gesetz sieht ein solches nur für die Transport-V. vor.

Soweit die Voraussetzungen des § 63 VVG. erfüllt sind, kann auch der sonst nicht unter den VSchutz fallende Eigenschaden des VN.[578] erstattungspflichtig sein. Auch darüber hinaus trägt der V'rer mit der Aufwendungserstattung — in diesem Rahmen — u. U. Gefahren, die vertragsgemäß sonst nicht in den VSchutz eingeschlossen sind[579]. Wegen Einzelheiten hinsichtlich der Pflicht zum Ersatz der Rettungskosten wird auf Kisch WuRdV. 1916 Nr. 3—4 S. 268—349, sowie die Erläuterungsbücher zu § 63 VVG.[580] verwiesen.

---

569) Auch diese Verpflichtung gilt nur in den Grenzen von Treu und Glauben: Hamburg v. 8. 2. 18 = APV. A. S. 57/8, wo ausgeführt wird, der VN. sei nicht verpflichtet, auf jede eigene Meinung und Entscheidung zu verzichten, um lediglich ein willenloses Werkzeug in den Händen des Versicherers zu werden.

570) Mit Rücksicht auf die Bindung des VN. an die Weisungen des Versicherers ist eine Schadensersatzpflicht des letzteren wegen Nichtbeachtung der im Verkehr erforderlichen Sorgfalt bei Erteilung der Anweisungen anzuerkennen: Weiser JRPV. 1928 S. 68. — Er haftet grundsätzlich für seinen Vertreter als Erfüllungsgehilfe, sofern es sich um Weisungen handelte, welchen der VN. Folge leisten mußte: RG. v. 17. 2. 28 aaO. Es hat aber weder der Abschluß- noch der Vermittlungsagent gesetzliche oder bedingungsgemäße Vollmacht zur Erteilung von Weisungen (anders § 14 Ziff. 1 b AFB.): a. A. Bruck Komm. § 62 Anm. 7.

571) War aber die Weisung ganz offenbar irrtümlich oder hatte der VN. durch sein eigenes Verhalten die Unrichtigkeit derselben veranlaßt, so muß er von ihr abweichen: Bruck Komm. § 62 Anm. 7 a. E.

572) Bruck PVR. S. 350 ff. und die Anm. * das. gen.: Über die Schadensabwendungs- und Minderungspflicht in Ansehung der Rettungskosten: Raiser § 14 Anm. 9.

573) Anders § 53 schwed. VVG. mitget. bei Hochgräber in JRPV. 1928 S. 110 ff.

574) Dazu Kisch: Die Pflicht des Versicherers zum Ersatz der Rettungskosten in WuRdV. 1916 Nr. 3/4 S. 294 ff. bes. 305 Ziff. 2.

575) I/197. 576) A. A. anscheinend Stiefel § 5 Anm. 19.

577) Vergl. den Wortlaut der gen. Bestimmung: „... in solchen Fällen ..."; ferner die Fassung des § 145 VVG. Zum Abandon nach 156 I n. F. VVG. Bl. 134.

578) § 1 AVB.: I/81, 82 und 90; Hagen WuRdV. 1929 S. 37; Ritter Komm. S. 538.

579) Z. B. der VN., der gegen Haftpflichtgefahren aus dem Besitz und der Verwendung von Schußwaffen nicht versichert ist, verletzt sich bei Benutzung einer im Dienst der Schadensminderungspflicht gebrauchten Schußwaffe, oder er benutzte zum Transport eines schwer Unfallverletzten einen (vor Einführung der PflichtV.) — nicht versicherten — Kraftwagen, der karamboliert. Über die hierbei erfolgte Beschädigung fremder Sachen: Bruck Komm. § 63 Anm. 3.

580) Auch Unfried ZfVW. 1911 S. 490.

Um die Folgen einer Verletzung der Abwendungs- und Minderungspflicht beurteilen zu können, muß zunächst die Rechtsnatur[581] dieser Obliegenheit klargestellt werden. Es wurde oben[582] gesagt, daß es hierbei in erster Linie auf die Interessenlage ankommt und zwar die der Vertragsparteien, wie des Staates und der Gesamtheit. Der VN. hat in aller Regel[583] ein eigenes Interesse an der Beobachtung der Rettungspflichten nicht. Dem V'rer ist aber mit der Anspruchsverwirkung nicht genügend gedient; denn sie tritt erst ein bei grobfahrlässiger Verletzung (und nach § 62 II Satz 2 VVG., § 6 Satz 3 n.F. ADB. bleibt der V'rer auch dann „insoweit verpflichtet, als der Umfang des Schadens auch bei gehöriger Erfüllung der Obliegenheiten nicht geringer gewesen wäre"). In verstärktem Maße gilt dies von den ebenfalls zu berücksichtigenden Allgemeininteressen[584], für die es noch weniger auf die Interessenlage zwischen den beiden Vertragsparteien als die Tatsache der Verletzung, d. h. auf die nichterfolgte Schadensabwendung oder Minderung ankommt. Das Schwergewicht der Interessenlage ist unverkennbar[585] vom VN. weg auf den V'rer und die Gesamtheit hin verschoben. Es bedarf daher nicht nur eines verstärkten Schutzes der Interessen des V'rers, sondern muß auch tunlichst ein eigenes Interesse des VN. an der Beobachtung der Obliegenheit geweckt werden. Dies wird durch eine Schärfung seines Verantwortlichkeitsgefühles erreicht, dann nämlich, wenn er haftbar wird[586] auch bei einer schon geringeren als vorsätzlichen oder grobfahrlässigen Pflichtverletzung. Man kann auch nicht sagen, hierdurch werde die Bewegungsfreiheit des VN. über Gebühr eingeschränkt, besonders deshalb nicht, weil nach dem Gesetz der V'rer nicht nur die Kosten einer erfolgreichen Tätigkeit des VN. im Dienst der Rettungspflicht aufzubringen hat, sondern sie auch andernfalls trägt. Dafür wird mit Recht verlangt, daß der VN. mit jeder im Verkehr erforderlichen Sorgfalt verfährt und entsprechend haftet.

Nach alledem ist die **Obliegenheit der Schadensabwendung und Minderung** nicht eine Voraussetzung im Sinne der Voraussetzungslehre sondern **eine echte Rechtspflicht**[587], deren schuldhafte[588, 589] Verletzung

581) Dazu Kisch S. 83 ff.
582) Bl. 42, 43. 583) Ausnahme Bl. 43. 584) JRPV. 1934 S. 65/66.
585) RG. v. 24. 2. 39 = JRPV. 167/8 meint allerdings, wenn auch „bei der rechtlichen Beurteilung des Verhaltens eines VN. bei der H-Versicherung ... nach Treu und Glauben die Belange des Geschädigten keineswegs völlig unberücksichtigt bleiben, so stehen hier doch im Vordergrund Erwägungen, die aus dem Verhältnis zwischen VN. und Versicherer abzuleiten sind".
586) Dies wird nicht durch § 68 a VVG. unmöglich gemacht, der nur die vereinbarte Verwirkungsfolge im § 62 VVG. im Auge hat.
587) Kisch S. 13, 31, 36, 86. Dieser zieht den gleichen Schluß vor allem daraus, daß der VN., wenn dem Versicherer behufs Feststellung des Schadens Kosten erwachsen, die ohne das Verhalten des VN. nicht nötig gewesen wären, diese aus dem Gesichtspunkt der verletzten Rettungspflicht, also gem. § 62 VVG., zu ersetzen habe, während er aus dem Gesichtspunkt der grobschuldhaften Herbeiführung des Schadens (§ 61 VVG.) höchstens die eigene VForderung verliere, nicht dagegen seinerseits schadensersatzpflichtig wer-

den VN. dem V'rer gegenüber schadensersatzpflichtig macht[590, 591]. Diese Schadensersatzpflicht ist nicht schon an die bloße Tatsache einer schuldhaften Pflichtverletzung geknüpft[596] — wie es z. B. in Ansehung der Verwirkung des HV-Anspruchs aus der gleichen Obliegenheitsverletzung[592] gemäß § 6 ADB.[593] bis zur Novelle zum VVG. und zur Neufassung des § 6 (vgl. daselbst S. 3) ADB. galt — sie entsteht vielmehr nur dann und soweit, als ein Schaden eingetreten ist und als zwischen dem Verhalten des VN. und dem Schaden Kausalzusammenhang besteht[597].

Der Schadensersatzanspruch unterliegt den allgemeinen Regeln des BGB. § 254 BGB. gilt auch für ihn; er verjährt in der gewöhnlichen Frist von 30 Jahren. Soweit der Schaden lediglich in der — ohne Pflichtverletzung nicht entstandenen — Aufwendung von Rettungskosten besteht, geht der Ersatzanspruch auf die **Zahlung** eines entsprechenden Betrages. Hat sich durch das schuldhafte Verhalten des VN. auch die Ersatzleistung des V'rers erhöht, so ist der Schadensersatzanspruch in Verfolg von § 249 BGB.[598] nicht auf eine Geldleistung des VN., sondern auf eine Willenserklärung[599] desselben gerichtet, die den Erlaß der VSchuld zum Inhalt hat[600, 601].

---

den könne; vergl. auch Haymann DVA. 1934 S. 965; ferner die Gesetzesbegründung zu § 62 VVG., wo es heißt: „Eine besondere Rechtsfolge an die Verletzung der dem VN. nach § 62 obliegenden Pflicht zu knüpfen, ist nicht erforderlich." Schon aus allgemeinen Grundsätzen ergibt sich, daß dem Versicherer, wenn der VN. diese Pflicht schuldhafterweise nicht erfüllt, ein Schadensersatzanspruch zusteht, den er im Wege der Aufrechnung geltend machen kann." A. A. Bruck Komm. § 62 Anm. 13, RG. v. 24. 2. 39 = JRPV. S. 167/68; auch RG. v. 7. 12. 34 aaO. (Anm. 510 zu § 5) meint mit Bezug auf die Schadensminderungspflicht, „daß es sich überhaupt nicht um Vertragspflichten handelt". Dagegen spricht noch RG. v. 17. 2. 28 = RG. 120/182 = JRPV. 85 = APV. 244 = VuG. 67 = JW. 1738 = HansRGZ. A. 158 von der „Erfüllung der Verpflichtung (des VN.), nach Möglichkeit für die Minderung des Schadens zu sorgen"; desgl. haben Nürnberg v. 1. 12. 26 = JRPV. 1927 S. 51 = APV. 1927 S. 69 und RG. in Warn. Ergänzg. Bd. 1913 Nr. 270 die Pflicht zur Abwendung und Minderung als echte Rechtspflicht anerkannt, deren Verletzung zum Schadensersatz verpflichte. Dazu Bl. 26 zu Anm. 82.

588) Über den Begriff, die Formen und den Tatbestand des Verschuldens: Kisch aaO. S. 31 ff. 589) Es genügt leichte Fahrlässigkeit.

590) Kisch S. 30 ff. bes. 31 III, Bornmann JRPV. 1934 S. 65/66; a. A. Bruck PVR. S. 358 bis 60, Komm. § 62 Anm. 14.

591) Über die Möglichkeit ihrer zwangsweisen Verwirklichung Kisch S. 87, Weller JRPV. 1928 S. 66.

592) Anders § 32 VVG. hinsichtlich der Verletzung von Obliegenheiten zum Zwecke der Verminderung der G e f a h r; dazu KG. v. 21. 2. 20 = APV. S. 54/5, Prölß § 32.

593) Bl. 172, 173, 180.

596) Unrichtig daher Düsseldorf v. 21. 10. 35 = JRPV. 1936 Zus. S. 8/9, Anm. 8 zu § 6.

597) Anm. 29 zu § 6, Bl. 172. — Kisch S. 45 ff. (47); RG. v. 24. 2. 39 = JRPV. S. 167/8, § 52/53 schwed. VVG. mitget. bei Hochgräber JRPV. 1928 S. 110 ff.

598) Hiernach hat der Verpflichtete den Zustand herzustellen, der bestehen würde, wenn der zum Schadensersatz verpflichtende Umstand nicht eingetreten wäre. Dieser bestände darin, daß der Versicherer nicht oder nicht in dem gleichen Umfange ersatzpflichtig wäre. Diesen Zustand hat der VN. herzustellen, d. h. „er hat dem Versicherer die Verpflichtung aus dem VVertrag abzunehmen": Kisch S. 50.

599) Auch wenn diese noch nicht freiwillig abgegeben oder im Wege der Widerklage (gegenüber der Klage des VN. gegen den Versicherer auf Zahlung des VSchadens) erzwungen oder sogar nur geltend gemacht wurde, kann der Versicherer wegen seiner auf

Zur Beweislast[602]: für den Tatbestand nicht erfüllter Rettungspflicht obliegt die Beweislast dem V'rer, ebenso für die Höhe des entstandenen Schadens, falls er Schadensersatz verlangt; für den Mangel eines Verschuldens ist der VN. beweispflichtig.

„. . . und alles zu tun, was zur Klarstellung des Schadensfalls dient . . ."

Die sogenannten Aufklärungs- und Auskunftspflichten des VN. in Satz 1 und Satz 2 der Ziff. 2 (= Ziff. 3 n.F.) AVB. füllen den allgemeinen Rahmen der §§ 62 und 34 VVG. aus[603]. Sie ermöglichen dem V'rer die Durchführung seiner in § 3 II Satz 1 VVB. übernommenen Aufgabe, die Haftpflichtfrage zu prüfen[604], um sich daraufhin für die Befriedigung der Ansprüche oder ihre Abwehr entscheiden zu können. Hierfür ist eine gründliche Klärung des Schadenshergangs die wichtigste Voraussetzung[605, 606] Demgemäß beziehen sie sich zum großen Teil gerade auf ihn[607, 608]. Das gilt z. B. für die Pflicht, alles zu tun, was zur Klarstellung des **Schadensfalles**[609] dient, oder die Obliegenheit, der Gesellschaft ausführliche und wahrheitsgemäße **Schadensberichte** zu erstatten, alle Tatumstände, welche auf den **Schadensfall** Bezug haben, mitzuteilen, und die für die Beurteilung des **Schadensfalls** nach Ansicht der Gesellschaft erheblichen Schriftstücke einzusenden.

Diese Obliegenheiten[610] sind aber vom VN. **vor** der Erhebung von Haftpflichtansprüchen nur insoweit spontan — d. h. ohne ein auf ihre

---

dem Befreiungsanspruch beruhenden Einrede (sofern er sie erhebt) zum Ersatz des VSchadens nicht gezwungen werden. 600) Im einzelnen Kisch S. 49 IV ff.

601) Zur Frage der Anwendbarkeit des § 278 BGB. vergl. noch die besondere Stellung von Kisch in WuRdV. 1928 S. 36 ff., 44 (Anm. 248 zu § 5).

602) Kisch S. 78 ff., Weller JRPV. 1928 S. 67.

603) Bruck PVR. S. 335 zu Anm. 16, Bl. 78/9.

604) LG. Berlin vom 29. 12. 31 = JRPV. 1932 S. 190; KG. v. 11. 6. 38 = JRPV. S. 263/4, Bl. 102.

605) KG. v. 30. 11. 32 = JRPV. 1933 S. 92 = DOV. 1933 S. 10 = HRR. 1933 Nr. 841 = APV. 1932 S. 313.

606) Bornmann in JRPV. 1934 S. 65/66: „Daneben ist zu prüfen, wieweit die seitens des Verletzten erhobenen Ansprüche rechtlich begründet erscheinen. Gerade diese letzte Frage ist häufig außerordentlich schwer zu entscheiden. Der Versicherer hat zu dem schadensstiftenden Ereignis keine persönlichen Beziehungen. Er kann dieses selbst und die Rechtsfolgen ohne Unterstützung und restlose Aufklärung des Schadensherganges in bezug auf das Schuldmoment nicht beurteilen. Er hat auch keine Möglichkeit, den Umfang des Schadens und vor allem die gestellten Ersatzansprüche von sich aus einwandfrei klarzustellen. Nur die Mitwirkung des VN. gibt ihm überhaupt die Möglichkeit einer einigermaßen zutreffenden Urteilsbildung. Nur wenn der VN. über diesen Punkt eine einwandfreie Auskunft gibt, kann der Versicherer beurteilen, wie er sich im einzelnen Schadensfall zu verhalten hat."

607) RG. v. 24. 2. 39 = JRPV. 167/8; Braunschweig vom 25. 10. 35 = JRPV. 1936 Zus. I S. 10.

608) Wenngleich sie sich keineswegs auf ihn beschränken: KG. v. 30. 11. 32 aaO. (Bl. 109 ff.).

609) RG. v. 24. 2. 39 = JRPV. 167.

610) Selbstverständlich handelt es sich bei der Auskunftspflicht des VN. hier um eine Obliegenheit. Etwas anderes hat auch RG. v. 22. 10. 37 = JRPV. 354 nicht be-

Beobachtung zielendes besonderes Verlangen des V'rers — zu erfüllen, als sie die Rettungspflicht zum Gegenstande haben[611] (vgl. aber § 5 Ziff. 1 n.F. AVB., wonach — siehe dazu auch die Bemerkungen im Anhang zu § 5 — das Schadensereignis den Versicherungsfall darstellt) im übrigen[612] nur [613] auf ein entsprechendes Verlangen des V'rers[614, 615], wie es ähnlich[616] § 34 VVG.[617] zum Ausdruck bringt. Dieses Verlangen kann allerdings rechtswirksam schon nach Eintritt des Schadensfalles und vor der Erhebung von Schadensersatzansprüchen (also der Vollendung[618] des Tatbestandes des VFalls: vgl. aber Anhang zu § 5 AVB.) gestellt werden[619]. Dabei ist aber zu berücksichtigen, daß für den VN.

---

hauptet, vor allen Dingen nicht das, was Niemann JRPV. 1938 S. 56 als Auffassung des RG. unterstellt. Es ist in der Entscheidung nicht von dem Charakter der Auskunftspflicht allgemein die Rede, sondern nur (übereinstimmend mit Bruck PVR. S. 339) davon, daß die Pflicht, „dem Vertragsgegner w a h r e Angaben zu machen, das Verbot also, ihn arglistig zu täuschen, a n s i c h keine versicherungsrechtliche Obliegenheit darstellt", sondern sich mitsamt den daran geknüpften Folgen „schon aus den allgemeinen Vorschriften des Bürgerlichen Rechts insbesondere aus § 242 BGB. ohne weiteres" (!) ergebe. Den Charakter der vertraglich auferlegten Pflicht, ü b e r h a u p t Auskunft zu erteilen, als Obliegenheit, stellt aber das RG. keineswegs, wie Niemann behauptet, in Frage.

611) Insoweit handelt es sich auch um echte Rechtspflichten.

612) Unfried ZfVW. 1909 S. 316 meint allerdings, mit Bezug auf die Auskunftspflicht aus § 34 VVG. „j e d e Auskunft setze eine Anfrage voraus". Indessen ist § 34 I VVG. (Anm. 616) nachgiebigen Rechts und, wenn man überhaupt die Behauptung Unfrieds anerkennt — a. A. Gerhard-Manes § 153 Anm. 2 — durch § 5 AVB. im Sinne der Ausführungen des Textes abgeändert.

613) Z. T. anders: JRPV. 1934 S. 65/66: „Das Gesetz hat in den §§ 34, 62, 63 VVG. eine besondere Auskunftspflicht statuiert, die ohne Rücksicht auf das Verlangen des Versicherers selbständige (für § 34 VVG.? Verf.) Verpflichungen, im Interesse des Versicherers zu handeln, begründet."

614) Das folgt deutlich aus dem Wortlaut der einzelnen Pflicht des § 5 Ziff. 2. Die Klarstellung des Schadensfalles hat der VN. von sich aus nur im Rahmen der Rettungspflicht vorzunehmen. Im übrigen darf aus Satz 1 der Versicherer Handlungen nur im Rahmen des Billigen v e r l a n g e n. Gem. Satz 2 hat der VN. u. a. den Versicherer bei der Schadensermittlung „z u u n t e r s t ü t z e n", und die „n a c h A n s i c h t d e r G e s e l l s c h a f t für die Beurteilung des Schadensfalles erheblichen Schriftstücke einzusenden": LG. Berlin v. 30. 6. 34 = JRPV. 1935 Zus. II S. 29/30; ähnlich Raiser § 14 Anm. 19.

615) Über das Verlangen Bruck PVR. S. 334. In der Übersendung einer Schadensanzeige ist das Verlangen des Versicherers nach entsprechender Auskunft zu erblicken: Köln v. 13. 12. 35 = HansRGZ. 1936 A. 141.

616) § 34 Abs. I VVG. ist nachgiebigen Rechts (Bruck Komm. allgem. Vorbem. III Anm. 26 u. 27, Anm. 701 zu § 5) und durch die AVB. oft abgeändert (KG. v. 30. 11. 32 aaO.: „Der beklagte Versicherer hat sich bezüglich der Anzeige der Auskunftspflichten des VN. nicht mit den Vorschriften der §§ 33, 34, 153 VVG. begnügt, sondern in § 5 AVB. eine ihn besser schützende Regelung getroffen"), was in KG. v. 5. 8. 36 = JRPV. S. 365/6 nicht geprüft zu sein scheint.

617) Gem. § 34 VVG kann der Versicherer nur die „erforderlichen", gem. § 5 Ziff. 2 die „dienlichen" Auskünfte verlangen: Raiser § 14 Anm. 18.

618) § 6 Bl. 175.

619) Vergl. z. B. Ziff. 2 Satz 1: „. . . und alles zu tun, was zur Klarstellung des Schadensfalles dient, sofern ihm dabei nichts Unbilliges zugemutet (!) wird." Daraus folgt, daß der Versicherer dem VN. ein bestimmtes Tun und Unterlassen schon im Hinblick auf die Klarstellung des Schadensfalles auferlegen und dies nur in den allgemeinen Grenzen der Billigkeit rechtswirksam tun kann. — Auch sonst ist nirgendwo gesagt, daß die weiteren, schon an den Schadensfall zeitlich anknüpfenden Obliegenheiten entgegen einem schon früher gestellten ausdrücklichen Verlangen des V'rers erst nach der

eine Pflicht zur Anzeige des Schadensfalls als solcher vor der Erhebung von H-Ansprüchen nur ausnahmsweise[621] und zwar mittelbar, d. h. nach Einleitung eines polizeilichen oder strafgerichtlichen Verfahrens (bis zur Novelle zum VVG. und der Neufassung der AVB.) besteht, wie § 5 Ziff. 2 Absatz 2 a.F. AVB.[622] deutlich macht[623]. Daher konnte der V'rer aus dem rein tatsächlichen Grunde fehlender Kenntnis in aller Regel ein entsprechendes Verlangen nicht stellen. Durch § 153 I VVG., § 5 Ziff. 2 i.V. mit Ziff. 1 n.F. AVB. ist dies anders geworden, da hiernach der VN. die Tatsachen bzw. das Schadensereignis, die seine Verantwortlichkeit gegenüber einem Dritten zur Folge haben könnten, allgemein zu melden hat. — Soweit allerdings die in § 5 Ziff. 2 a.F., AVB. aufgezählten Obliegenheiten materiell Ausfluß der Rettungspflicht sind, war der VN. u. U. verpflichtet, gemäß § 62 VVG. die Weisungen des V'rers einzuholen. Damit erhielt dieser auch schon nach dem Rechtszustand vor Erlaß der Novelle zum VVG. und Neufassung der AVB. Kenntnis vom Schadensfall als solchem.

Nach ihrem Inhalt werden die einzelnen Obliegenheiten des § 5 Ziff. 2 a.F., Ziff. 3 n.F. AVB. unter der Sammelbezeichnung „Auskunfts- und Aufklärungspflichten"[624] zusammengefaßt. Der VN. hat zunächst „alles zu tun, was zur Klarstellung des Schadensfalles dient"[625]. Diese Obliegenheit ist grundsätzlich jederzeit zu erfüllen, solange eine Leistung des V'rers aus dem Vertrage beansprucht wird[626], insbesondere auch während eines über den Schadensersatzanspruch geführten Prozesses[627]. Im Rahmen der Zumutbarkeit[628] hat er nicht nur die ihm

---

Erhebung von Ansprüchen durch den Geschädigten zu erfüllen wären. Über die Bedeutung des § 5 Ziff. 2 Abs. 2 in diesem Zusammenhang Bl. 121.

621) Anm. 414 zu § 5.

622) Anm. 839 zu § 5.

623) Bruck Komm. § 153 Anm. 5 u. 6; Stiefel § 5 Anm. 4: „Die AVB. hätten (!) mithin sehr wohl Grund gehabt, die Anzeigepflicht an das Ereignis anzuknüpfen, das regelmäßig den VFall für die H-Versicherung darstellt: das Unfall-Ereignis."

624) Die Bestimmung, daß die vorsätzliche oder grobfahrlässige Verletzung der Auskunftspflicht die Verwirkung des Anspruchs aus der Versicherung herbeiführe, widerspricht in keiner Weise den Bestimmungen des VVG. und ist gültig: Kiel v. 8. 2. 27 = HansRGZ. A. 377; Bl. 182. — Nach § 6 III n. F. VVG. ist hierzu noch Kausalzusammenhang erforderlich.

625) Dazu gehört — weil für die Beurteilung der Verschuldensfrage von Bedeutung — auch die Mitteilung des Umstandes, daß ein Angestellter des VN. eine persönliche Verpflichtung zum Schadenersatz übernommen hat: Hamm v. 3. 4. 33 = APV. S. 347, auch Anm. 1153 zu § 5.

626) Anm. 13 zu § 5, Bl. 64, 106, 122, 136, 158.

627) KG. v. 1. 4. 25 = JRPV. 146 = APV. S. 138; über die Auskunftspflicht im Deckungsprozeß: RG. v. 22. 10. 1937 = JRPV. 1937 S. 354 = DOV. 1938 S. 21 = APV. S. 246 = HRR. 1938 Nr. 93 = JW. 1938 S. 381 = Warn. 1938 Nr. 13 = Seuff. Arch. 1938 S. 42.

628) Ein Fall der Unzumutbarkeit: Frankfurt a. M. v. 15. 1. 31 = JRPV. 260 (Unterzeichnung einer unrichtigen Tatsachenschilderung durch den VN.). — Stets zumutbar ist es für den VN., die Wahrheit zu sagen, auch wenn sie für ihn nicht angenehm ist (die Ausführungen von Neflin JRPV. 1936 S. 3/4 gelten z. T. hier entsprechend), ihm zur Unehre gereicht, oder er sich durch die Auskunft selbst belastet

bereits bekannten[629], [630] Umstände[631] festzuhalten und mitzuteilen[632], sondern weitergehend zur Klarstellung „alles zu tun", d. h. unter

---

(DÖV. 1931 S. 39); die Auskunftspflicht macht vor der Selbstbezichtigung (Bl. 60) nicht halt: KG. v. 30. 6. 30 = JRPV. 1930 S. 287; die Anm. von Hennicke in JW. 1936 S. 1607 = JRPV. 1936 S. 157 zu KG. v. 30. 11. 35. — Über die Gründe, warum die VN. ihre Schuld oft nicht eingestehen wollen, Düsseldorf v. 6. 6. 39 = JRPV. 234. — Ein Vergleich mit § 55 StPO., § 384 ZPO. kann nicht gezogen werden, weil die Stellung des Versicherers zum VN. eine andere ist. Unzutr. Köln v. 13. 12. 35 = HansRGZ. 1936 A 141; auch §§ 55 StPO., 384 ZPO. gestatten nur: zu schweigen, nicht aber die Unwahrheit zu sagen. Die ZPO. geht vom Prinzip der Wahrheitspflicht aus, das eher zur analogen Anwendung bestimmt scheint, als die genannte Sonderbestimmung der StPO. Vor strafrechtlichen Nachteilen ist der VN. durch das von der Rechtsprechung zugebilligte Zeugnisverweigerungsrecht des Versicherers, seiner Organe und Angestellten aus § 383 Ziff. 5 ZPO. geschützt (Karlsruhe v. 15. 4. 14 = APV. 1915 A. S. 24, zust. ZfVW. 1924 S. 311, auch den dort zit. Beschluß von Darmstadt vom 13. 12. 13; siehe auch I/Anm. 187 zu § 3). Aber auch zu befürchtende strafrechtliche oder sonstige Nachteile für den VN. — z. B. Entziehung der Konzession als Kraftdroschkenführer usw. Düsseldorf v. 13. 11. 35 = JRPV. 1936 S. 203/4 = HansRGZ A. 116 —, befreien ihn allein nicht von der Pflicht zur Beobachtung der strikten Wahrheit: LG. Berlin v. 30. 6. 30 = JRPV. 287; KG. v. 7. 2. 34 = APV. S. 25; RG. v. 17. 6. 38 = DÖV. S. 343. — A. A. Köln v. 13. 12. 35 = HansRGZ. 1936 A. 141; anscheinend auch Zweibrücken v. 25. 3. 31 = JRPV. 1932 S. 123 (wider die Entscheidung der Berichterstatter Plath aaO.); nicht entschieden in KG. v. 11. 6. 38 = JRPV. S. 263/4.

629) Einen Verdacht wegen der Täterschaft einer Handlung hat der VN. nicht nur dann mitzuteilen, wenn er durch bestimmte Tatsachen gerechtfertigt ist und von Anfang an bestand (so unzutr. Düsseldorf v. 8. 8. 34 = JRPV. 1935 Zus. I S. 18/19), sondern schon, wenn er zunächst unbestimmt war; denn auch ein solcher kann u. U. viel zur späteren Klarstellung des Schadensfalls beitragen, und der VN. muß zu diesem Erfolg „alles" tun. Jedenfalls darf der VN., wenn er einen — auch nur unbestimmten — Verdacht hat, nicht schreiben, er könne zur Ermittlung der Täter „nichts" beitragen (Düsseldorf aaO.).

630) Der Versicherer soll nicht vom VN. eine eidesstattliche Versicherung der Wahrheit der erteilten Auskunft fordern (deren Verletzung übrigens nicht die strafrechtliche Ahndung der Eidesdelikte beanspruchen könnte), kann aber darauf hinweisen, daß falsche Auskunftserteilung u. U. strafrechtlich zu ahndender Betrug ist: APV. 1912 S. 99.

631) Vergl. auch z. T. die Ausführungen auf Bl. 83 ff. (z. B. über die Sicherung des Beweises usw.); ferner KG. v. 28. 7. 34 = JRPV. 1935 S. 30 = APV. 214 = HRR. 1935 Nr. 193: „Daß der VN. . . . nach dem Eintritt des Schadensfalles grundsätzlich gehalten ist, der Gesellschaft alle ihm bekannten Zeugen des Unfalles zu benennen, bedarf keiner besonderen Ausführung."

632) Insbesondere muß er alle Fragen des Versicherers, und zwar innerhalb angemessener Frist (RG. v. 30. 1. 34 = JRPV. 70 = DVP. 208, Roelli aaO. S. 479) beantworten, vor allem die übersandte Schadensanzeige unverzüglich ausfüllen und zurücksenden: Breslau v. 3. 6. 31 = APV. S. 222/3. — Es kann nicht dem Urteil des VN. überlassen werden, ob er bestimmte Fragen des Versicherers zur Aufklärung des Schadensfalls für ungeeignet oder unnötig hält und sie deshalb nicht beantwortet; denn es fehlt dem VN. (JRPV. 1934 S. 65/6) oft die zur Beurteilung ihrer Tragweite nötige Rechtskenntnis (über die Frage des Versicherers nach ehebrüchlichen Beziehungen des VN. zur unfallverletzten Streitgehilfin: KG. v. 12. 1. 38 = JRPV. S. 139 ff., dazu RG. v. 25. 10. 38 = JRPV. S. 360). Es ist unzulässig, ex post (vergl. auch die Ausführungen auf Bl. 107) darauf abzuheben, ob die dem VN. gestellte Frage nach Ansicht des erkennenden Gerichts zur Klärung des Schadensfalles tatsächlich etwas habe beitragen können, (KG. v. 28. 7. 34 = JRPV. 1935 S. 30 = APV. 214 — HRR. 1935 Nr. 193: „Die mangelnde Kenntnis der Zeugin von dem Hergang des Unfalls allein stellt zwar keine ausreichende Entschuldigung dafür dar, daß der VN. . . . die Insassin des Wagens nicht angegeben hat", a. A. Bruck PVR. S. 335: „Ob die Auskunft erforderlich ist, ist nach objektiven Gesichtspunkten zu entscheiden.") oder hierfür erheblich war. Nicht zutreffend daher für die Auskunftspflicht des § 5 AVB. die an § 34 VVG. — mit seinem sich mit den AVB. nicht deckenden Inhalt (Anm. 616 zu § 5) — angelehnte Formulierung „der Versicherer habe nur Ansprüche auf

anderem sich darnach zu erkundigen und eigene[633] zweckentsprechende Ermittlungen anzustellen. Es obliegt ihm also eine Erkundigungs-

---

solche Auskünfte, die für die Feststellung des VFalles erheblich waren: RG. v. 13. 10. 36 aaO. und zum Teil die Rechtsprechung bei Schack S. 93 Ziff. 3; KG. v. 12. 1. 38 = JRPV. S. 139/40 formuliert einschränkender: „jede Auskunft zu erteilen, die zur Untersuchung über das Bestehen und den Umfang der Entschädigungspflicht .. dienlich sein ... konnte". Die Grenze des Fragerechts und damit der Pflicht zur — selbstverständlich wahren — Antwort liegt da, wo dem VN. mit der Frage oder der Antwort „Unbilliges zugemutet wird", ein in diesem Zusammenhang selten zutreffender Fall. Steht allerdings eine Frage für jedermann erkennbar ganz offensichtlich außer jedem Zusammenhang mit dem Schadensfall und seiner Aufklärung (z. B. der Zeitpunkt der Prämienzahlung: Hamm v. 7. 2. 36 = HansRGZ. 1937 A. 139), so braucht der VN. diese nicht zu beantworten: KG. v. 15. 6. 35 = JRPV. S. 312; KG. v. 22. 1. 38 = JRPV. 120/1. Beantwortet er solche Fragen jedoch bewußt falsch (dazu RG. v. 13. 10. 36 = JRPV. 344 = DOV. 533 = APV. 294 = JW. 1937 S. 218 = HRR. 1937 S. 169 = Warn. Rechtspr. Nr. 197: dazu RdK. 1937 S. 113, Hagen ZfVW. 1937 S. 205; ferner Warn. Rechtspr. 1932 S. 12, JRPV. 1934 S. 326), so kann dies eine Obliegenheitsverletzung sein, da wissentlich unwahre Angaben auf Anfragen des Versicherers nach Eintritt des VFalles grundsätzlich (Bl. 105) Anspruchsverwirkung nach sich ziehen: RG. v. 18. 5. 20 = APV. 1921 A. S. 40 = WZ. S. 121; vergl. auch RG. v. 25. 10. 38 = JRPV. S. 361: „An sich genügt zur Freistellung des Versicherers von seiner Verbindlichkeit aus der Versicherung schon die Tatsache (!) der Verletzung der Auskunftspflicht"; bedenklich die Formulierung in KG. v. 5. 8. 36 = JRPV. 365/6 = APV. 231 = HRR. 1937 Nr. 19.— Auch wenn bestimmte Fragen schon in der Schadensanzeige beantwortet wurden, ist das Verlangen erneuter Antwort auf ausdrückliche Anfrage für den VN. keine unbillige Zumutung, die Nichtbeachtung der Anfrage daher eine grobe Fahrlässigkeit: a. A. Wüstney S. 48, KG. in APV. 1925 S. 159.

633) Abwegig sind folgende Sätze im Urteil des KG. v. 15. 6. 35 = JRPV. S. 313: „Eine Verletzung der Rettungspflicht liegt nicht vor. An der Unfallstelle befanden sich eine Anzahl Leute, die sich um die Verletzte bemühten und den Tatbestand festzustellen suchten. Unter diesen Umständen brauchten die Klägerin und ihr körperlich gebrechlicher Mann sich nicht näher um die Angelegenheit zu kümmern." Die Aufklärungspflicht trifft den VN., der durch die Anwesenheit Dritter an der Unfallstelle und ihre evtl. Bemühungen der eigenen Verpflichtung nicht enthoben ist. — Nicht zutreffend sind auch aus 2 Gründen die Ausführungen von Düsseldorf v. 21. 10. 35 = JRPV. 1936 Zus. S. 8/9: 1. Das Gericht will zutr. in einer Unterlassung (z. B. zur Unfallstelle zwecks Aufklärung des Schadensfalls zurückzukehren) nur dann einen Verstoß gegen die Obliegenheit des § 5 Ziff. 2 erblicken, „wenn die unterlassene Handlung geeignet war, zur Aufklärung des Tatbestandes ... zu dienen". M. E. kann man dabei aber nicht, wie das OLG. es tut, hinterher untersuchen, ob dies für die in Rede stehende Unterlassung der Fall war. Es kann doch dem VN., der nach Herbeiführung eines Unfalls den Tatort verläßt, nicht zum Vorteil werden, wenn — unabhängig von seinem Verhalten — Zeugen durch die Polizei oder den Geschädigten ermittelt werden, oder wenn sonst durch die Behörde oder dritte Personen oder andere Umstände der Sachverhalt klargestellt wird. Der VN. soll sich selbst bemühen, von seiner Seite muß alles Erforderliche und Mögliche getan werden. Man wird also die oben wiedergegebene Auslassung des OLG. dahin zu ergänzen haben, daß ein Verstoß des VN. schon dann vorliegt, „wenn die unterlassene Handlung grundsätzlich geeignet war ... usw.". —

2. Die Verletzung der Obliegenheit braucht nicht zu einem Schaden für den Versicherer geführt zu haben (anders §§ 6 u. f. VVG., AVB.), um die daran geknüpften Folgen auslösen zu können: hierüber § 6 Bl. 167 ff; Stiefel § 5 Anm. 10: „Führerflucht ist stets (!) Verletzung des § 5 AKB." (LG. Berlin v. 30. 6. 30 = JRPV. 287; Dresden v. 29. 7. 38 = DOV. 518 = NZ. 1145 = JW. 2554 = HansRGZ. A. 373; hierzu RG. v. 24. 2. 39 = JRPV. 167 = RG. 160/3, zu diesem Bertermann JRPV. 1939 S. 300; ferner Dresden v. 25. 8. 39 = JRPV. 286); der VN. hat nicht nur — wie § 34 VVG. vorschreibt — „das Erforderliche", sondern gem. § 5 AVB. das „Dienliche" und zwar das grundsätzlich Dienliche zu tun. Es ist aus der Sachlage des die Aufklärungspflicht auslösenden Ereignisses (und zwar im Zeitpunkt seines Eintritts) zu prüfen, ob eine Handlungsweise hierzu grundsätzlich notwendig und geeignet war.

pflicht[634]. Ist die Klarstellung des Schadensfalles nur unter Durchführung eines Verwaltungs-[635] oder sonstigen Verfahrens[636] zu erreichen, so hat der VN. hierbei mitzuwirken und die für die Ingangsetzung des Verfahrens erforderlichen Erklärungen, Vollmachten usw. abzugeben (vgl. § 5 Ziff. 3 S. 1 a. F., Ziff. 4 Satz 1 n. F. ADB.). Über die Pflicht zur Anzeige, Einleitung und Abwicklung eines Strafverfahrens[637]: bei § 5 Ziff. 2 Abs. 2 ADB.[638]. Über die Anzeige beim Ermittlungsverfahren: § 153 IV Satz 2 VVG., § 5 Ziff. 2 Abs. 2 n. F. ADB. (auch über die Pflicht zur Anzeige bei Strafverfügung). Ob der VN. Maßnahmen, deren Durchführung der V'rer verlangt, für notwendig hält, ist unerheblich[639], sofern ihm nur dadurch nichts Unbilliges zugemutet wird. Mit dieser Einschränkung ist auch unbeachtlich, ob dem VN. aus Maßnahmen, die zur Erreichung genügender Aufklärung erforderlich sind, Unannehmlichkeiten oder Vermögensopfer[640] erwachsen[641]. Nach dieser Richtung findet eine Abwägung der Interessen[642] des V'rers und des VN. nicht statt angesichts der eindeutig bestimmten Verpflichtung und ihre Grenzen. Die Klarstellung des Schadensfalles[643] ist das Ziel der Obliegenheit und zwar eine Klarstellung nach jeder Richtung, sowohl der tatsächlichen wie der rechtlichen Seite[644]. Auch die Abgabe eines Ur-

---

War sie in diesem Augenblick grundsätzlich zur Aufklärung untauglich, so ist ihre Unterlassung keine Obliegenheitsverletzung. Wenn z. B. der Halter eines Kraftfahrzeugs über einen durch seinen Fahrer verursachten Schaden nichts aussagen kann, so verletzt er durch sein Nichterscheinen in der Hauptverhandlung gegen den Fahrer nicht die Obliegenheit zur Aufklärung des Schadensfalles: KG. v. 16. 12. 33 = JRPV. 1934 S. 93 = APV. 1934 S. 23: dazu Anm. 866 zu § 5.

634) Ritter S. 661, Raiser § 14 Anm. 21, RG. v. 12. 6. 36 = DAR. 1937 S. 351 = RdK. 1938 S. 52.

635) § 5 Ziff. 3 Satz 2 AVB.

636) Über die Entscheidung der Genossenschaftsversammlung (z. Zt. noch weggefallen: vergl. Ges. über den Aufbau der SV. v. 5. 7. 34 = RGBl. I/577) der Berufsgenossenschaft: Düsseldorf vom 19. 9. 34 = JRPV. 1935 Zus. S. 56; LG. Saarbrücken v. 11. 10. 38 = JRPV. 1939 S. 189 ff.

637) Diese dient denselben Zwecken wie die besprochene Obliegenheit: Braunschweig v. 25. 10. 35 = JRPV. 1936 Zus. S. 10. 638) Bl. 114 ff., insbes. Bl. 116—119.

639) Raiser § 14 Anm. 35.

640) Über den Ersatz von Kosten durch den Versicherer Bl. 101.

641) Unzutr. die Erwägung von Stuttgart v. 18. 11. 30 = JRPV. 1931 S. 59: über die Möglichkeit der Erhöhung einer Strafe des VN. beim Einlegen eines Widerspruchs gegen einen Strafbefehl, dem das Revisionsurteil: RG. v. 29. 9. 31 = APV. 276 = DOV. 83 = HansRGZ. A. 664 = Warn. 423 = mitget. in NZ. 1933 S. 1031/2 zustimmt. — Vergl. auch Anm. 825 zu § 5.

642) Vergl. zu Anm. 975 zu § 5.

643) Umstände, die hiermit nichts zu tun haben, scheiden aus: über Fragen des Versicherers nach Vorstrafen des VN.: KG. v. 15. 6. 35 = JRPV. 310/12. — Über Fragen nach Datum, Nummer und Klasse des Führerscheins: RG. v. 16. 12. 32 = APV. 1933 S. 96.

644) Im allgemeinen wird man den VN. nicht für verpflichtet halten, reine Rechtsfragen zu klären, zu beurteilen oder beantworten zu müssen. Der Versicherer muß nach den Tatsachen fragen, welche ihm gestatten, vermittels eigener Rechtskenntnis die gewünschten Folgerungen zu ziehen. Zurückbleibende Zweifel sind durch den Versicherer beim VN. zu klären und zu beseitigen: z. B. KG. v. 21. 3. 31 = JRPV. S. 197 = APV. S. 23. — Andererseits ist der V'rer nicht grundsätzlich — z. B. bei allgemein verständlichen und klar gestellten Fragen — verpflichtet, unvollständige und unklare An-

teils[645] kann von dem VN. verlangt werden[646]; denn er hat im Rahmen des billigerweise zumutbaren „alles" zu tun und die Abgabe eines Urteils erscheint nicht — jedenfalls nicht grundsätzlich — als eine unbillige Zumutung[647]. Die Verpflichtung alles zu tun, was zur Aufklärung des Schadensfalles dienen kann, umfaßt auch die Unterlassung von Handlungen[648] und Aussagen, die auf seine Verdunkelung[649] abzielen[650], sei es, daß der Bericht über den Schadensfall schön-[651] oder schwarzgefärbt ist, oder den V'rer sonst über den wahren Sachverhalt täuschen könnte[652, 653, 654]. Hierbei kommt es nicht darauf an, ob die arglistige Handlungs-

---

gaben des VN. durch weitere Rückfragen zu klären oder zu beanstanden. Der Versicherer ist im Zusammenhang mit der Schadensregelung mit so vielen Pflichten und Aufgaben belastet, daß man ihn nicht weiter beschweren sollte. Wer in der Praxis der Schadensregulierung steht, weiß, mit welcher Gleichgültigkeit die VN. ihren Obliegenheiten nachkommen, wie Anfragen der Gesellschaften trotz mehrfacher Erinnerungen oft gar nicht oder erst nach Wochen und dann unvollständig beantwortet werden; vielfach werden die Fragen in den Schadensanzeigen überhaupt nicht beantwortet.

645) Z. B. darüber, ob nach Ansicht des VN. bei einer Sachbeschädigung Wiederherstellung des Gegenstandes möglich ist, wonach oft in der Schadensanzeige der VN. gefragt wird; oder auch über die Schuldfrage: a. A. Breslau v. 28. 6. 30 = APV. 206; doch ist hierbei mit besonderer Vorsicht die Frage zu prüfen, ob eine unrichtige Angabe des VN. auf Fahrlässigkeit beruhe: z. B. KG. v. 21. 3. 31 = JRPV. 197 = APV. 23; bei bewußt unwahrer Angabe über das eigene Verschulden wurde grobfahrlässige Verletzung i. S. des § 6 AVB. angenommen von Köln v. 3. 10. 31 = JRPV. 1932 S. 107, weitere Rechtsprechung bei Schack S. 92 Nr. 2, S. 93 Nr. 3.

646) Daß der VN. außerdem „alle Tatumstände mitzuteilen hat, welche auf den Schadensfall Bezug haben", steht dem nicht entgegen.

647) Anders nach § 7 I Ziff. 2 S. 2, AKB. Hier ist der VN. nur verpflichtet, „alles zu tun, was zur Aufklärung des Tatbestandes . . . dienen kann": Breslau vom 28. 6. 1930 = APV. 206; KG. v. 15. 6. 35 = JRPV. 310/12 mit weiteren Angaben; auch RG. v. 16. 12. 32 = APV. 1933 S. 96; RG. v. 5. 3. 15 = WZ. II S. 1145/47 sagt ebensowenig wie das entsprechende Berufungsurteil, daß die an den VN. gerichtete Frage des Versicherers nach der Schuld an dem Unfall als solche unzulässig wäre.

648) Als vorsätzliche Verdunkelung des Tatbestandes beurteilt Düsseldorf v. 6. 3. 39 = JRPV. S. 232 ff. den Fall, daß der VN. eine Platte des Straßenpflasters vor seinem Hause, auf welcher eine Person gefallen war, ohne den Versicherer zu benachrichtigen, durch eine andere ersetzen ließ.

649) Z. B. KG. v. 24. 11. 37 = JRPV. 1938 S. 23.

650) RG. v. 24. 9. 15 = LZ. 1916 S. 168 = APV. A. S. 90 = mitget. bei Kersting ZfVW. 1923 S. 224 behandelt den Fall, daß der VN. den geschädigten Dritten gebeten hatte, seinen Ansprüchen noch die des VN. zuzuschlagen und mit einzuklagen. Vergl. auch KG. v. 30. 11. 35 = JRPV. 1936 S. 157; Düsseldorf v. 31. 1. 38 = JRPV. S. 89/90.

651) KG. v. 24. 11. 37 = JRPV. 1938 S. 23/24.

652) Durch eine arglistige Täuschungshandlung kann sich die Nichterfüllung einer Obliegenheit besonders schwerwiegend gestalten: RG. v. 22. 10. 37 = JRPV. 354 = DOV. 1938 S. 21 = APV. 246 = JW. 1938 S. 381 = HRR. 1938 Nr. 93 = DVP. 1938 S. 12 = Warn. 1938 Nr. 13 = Seuff. Arch. 1938 S. 42. — Bei arglistiger Täuschung liegt vorsätzlicher Obliegenheitsverstoß vor: Köln v. 14. 3. 1934 = JRPV. 319 unter Bezugnahme auf Frankfurt a. M. v. 14. 7. 30 = JRPV. 403/5 und München in OLG. Rechtspr. Band 32 S. 215 ff.

653) Dies folgt ganz allgemein aus einer dem Versicherer gem. § 242 BGB. zustehenden exceptio doli generalis: Bruck PVR. S. 337 ff., Gottschalk JRPV. 1927 S. 171 nebst weiteren Angaben, Bischoff JRPV. 1934 S. 201, wie aus weiteren in § 5 Ziff. 2 enthaltenen Obliegenheiten, z. B. der, dem Versicherer wahrheitsgemäße Schadensberichte zu erstatten usw.: KG. v. 3. 10. 28 = JRPV. 336.

654) Raiser § 14 Anm. 35. Die vorsätzliche Nichterfüllung der Auskunftspflicht deckt sich indessen nicht mit dem Tatbestand der arglistigen Täuschung bei der Schadensermitt-

weise tatsächlich eine Täuschung des V'rers herbeigeführt hat [655, 656], noch weniger ob dadurch dem V'rer ein Schaden zugefügt wurde [657, 658] (anders § 6 n.F. VVG., 6 n.F. AVB.).

§ 5 Ziff. 2 S. 2

„Er hat die Gesellschaft bei der Abwehr des Schadens sowie bei der Schadensermittlung und -regulierung zu unterstützen . . ."

Während die Rettungspflicht in Satz 1 des § 5 Ziff. 2 vom VN. stets und aus eigenem Antrieb zu erfüllen ist, wobei er nur etwa erteilte Weisungen zu beachten hat, trifft dies für die Obliegenheiten in Satz 2 Halbs. 1 nicht zu. Diese sind „zur Unterstützung" des V'rers zu beobachten, setzen daher dessen Tätigsein, mindestens seine Bereitschaft dazu voraus [659]. Der VN. hat die Gesellschaft bei der Ermittlung des Schadens zu unterstützen, ebenso bei seiner weiteren Behandlung: der Abgeltung oder der Abwehr [660]. Wie gesagt handelt es sich nur um die Unterstützung einer entsprechenden Tätigkeit des V'rers; denn sowohl die Abgeltung des Schadens (d. h. „der Ersatz der Entschädigung, welche der VN. auf

---

lung, oder anders ausgedrückt: die Nichterweislichkeit einer arglistigen Täuschung ist belanglos für die Frage, ob der VN. vorsätzlich oder grobfahrlässig die ihm obliegende Auskunft verletzt hat: RG. v. 9. 11. 34 = JRPV. 378 = APV. 1935 S. 26, Raiser § 17 Anm. 15.

655) RG. v. 17. 2. 28 = RG. 120/182 = JRPV. 85 = APV. 244 = VuG. 67 = JW. 1738 = HansRGZ. A. 158; RG. v. 3. 5. 29 = DOV. S. 81; RG. v. 30. 5. 21 = WZ. 1921 S. 74.

656) Unzutreffend die Ausführungen von Düsseldorf v. 21. 10. 35 = JRPV. 1936 Zus. 8/9: „Unrichtige Angaben . . . können gem. §§ 5, 6 AVB. nur dann eine Befreiung der Beklagten von der Leistungspflicht herbeiführen, wenn die richtige Angabe . . . zur Aufklärung des Tatbestandes . . . dienlich war". Nicht auf den Erfolg einer Pflichtverletzung ist zu sehen, sondern auf die Verletzung als solche (RG. v. 24. 9. 15 aaO.). Unwahre Angaben des VN. über den Schadensfall lassen sich mit dessen Aufklärungspflicht nicht in Einklang bringen. Für die Leistungsfreiheit des Versicherers wegen Obliegenheitsverletzung des VN. kommt es nach der h. M. nicht darauf an, ob aus der Verletzung dem Versicherer ein Schaden entstanden ist: bei § 6 Bl. 170/1, anders erst gem. §§ 6 n. F. VVG., AVB.

657) RG. v. 24. 9. 15 aaO. Der Widerruf des auf Verdunkelung des Tatbestandes gerichteten Ansinnens konnte — weil die Übertretung der Verbotsvorschrift mit der Vornahme einer verbotenen Handlung vollendet war — den als Rechtsfolge daran geknüpften Anspruchsverlust nicht beseitigen, weder im Hinblick auf etwaige Besonderheiten der AVB., noch aus allgemeinen Rechtsgrundsätzen. — Nicht erforderlich ist zur Annahme einer arglistigen Täuschung, daß der VN. mit den unwahren Angaben einen nach der Sachlage unberechtigten Vorteil erstrebt hat: RG. v. 21. 3. 16 = JW. S. 840 = LZ. 1917 S. 481, dazu Küper RdK. 1936 S. 293; selbst dann liegt eine trügerische Angabe vor, wenn sie auf die Erlangung eines an sich rechtmäßigen Vorteils abzielte, sofern nur die Wahrheitsverletzung wissentlich und mit Täuschungsabsicht erfolgt ist: RG. v. 23. 3. 15 = LZ. S. 1014; RG. v. 2. 10. 34 = JRPV. 326 = APV. 239 = DOV. 1935 S. 41; RG. v. 14. 12. 34 = RG. 146/221 = JRPV. 43 = DOV. 1935 S. 11 = APV. 1935 S. 27 = JW. 1935 S. 689; RG. v. 18. 12. 34 = JRPV. 44 = DOV. 1935 S. 24; OLG. Köln v. 14. 4. 34 = JRPV. 319.

658) Zu den Voraussetzungen der arglistigen Täuschung: RG. v. 13. 10. 36 (Anm. 632).

659) Breslau v. 28. 6. 30 = APV. 206. Hat der Versicherer dem VN. gegenüber VSchutz abgelehnt, so entfällt infolgedessen eine eigene Tätigkeit oder Bereitschaft des Versicherers und damit zugleich eine Unterstützung derselben seitens des VN.: Bl. 138 und Anm. 1012. 660) Bl. 100 ff.

Grund eines von der Gesellschaft abgegebenen oder genehmigten Anerkenntnisses, eines von ihr geschlossenen oder genehmigten Vergleichs oder einer richterlichen Entscheidung zu zahlen hat"), als auch dessen Abwehr („die Abwehr unberechtigter Ansprüche") werden von der „Leistungspflicht der Gesellschaft umfaßt": § 3 II 1 ADB., sind also vornehmlich von dieser selbst durchzuführen. Bei der „Prüfung der H-Frage" (§ 3 II 1 ADB.) bedarf der V'rer der Unterstützung des VN. grundsätzlich nicht, kann und wird[661] im Gegenteil seine unerwünschte Einmischung zurückweisen; im Bereich der Feststellung und Bewertung der bei der Schadensregelung zu berücksichtigenden und für die Abgeltung wesentlichen Tatumstände kann jedoch die Hilfe des VN. für den V'rer von Bedeutung sein. Diese zu gewähren, verpflichtet ihn die genannte Obliegenheit.

Die Unterstützung hat einzusetzen bei der Schadensermittlung. Hier drückt sie sich in der schon besprochenen Pflicht aus, alles zur Klarstellung des Schadensfalles zu tun. Der VN. muß auf Wunsch dem V'rer jede — billigerweise zumutbare — Unterstützung gewähren zwecks Ermittlung des Schadens nach Grund[663] und Höhe. Er hat z. B. auf Wunsch des V'rers[664] Zeugen[665] oder Sachverständige zu hören und ihre Bekundungen zu übermitteln, oder durch Rückfrage bei der Polizei oder sonstigen Behörden, oder seine Aussage vor Gericht[666] die Ermittlungen zu fördern, den entstandenen Schaden nach besten Kräften[667] der Höhe nach selbst zu schätzen[668, 669], eignes, für die Behandlung des Falles erhebliches Wissen über verletzte Personen[670] oder beschädigte Sachen[671] dem V'rer nutzbar zu machen. Dies gilt vor allem für ländliche Gegenden, wo der eine den anderen und dessen Verhältnisse länger und genauer kennt als in der Stadt. Er hat ferner Anfragen bestimmten und vorgeschriebenen Inhalts im Auftrage des V'rers an die hierfür be-

661) Bl. 145, 147 ff.

663) Zur Schadensermittlung gehört insbesondere auch die Ursache des Schadens: RG. v. 22. 10. 37 = JRPV. 354.

664) Der Wunsch des Versicherers braucht nicht immer ausdrücklich geäußert zu werden: wird z. B. dem VN. in einem Schreiben des Geschädigten die schuldhafte Herbeiführung des Schadensfalles vorgeworfen, so darf der VN. dies Schreiben nicht ohne eigene Erklärung dem Versicherer zuleiten, muß vielmehr zu dem erhobenen Anwurf unaufgefordert Stellung nehmen: Düsseldorf v. 31. 1. 38 = JRPV. S. 89/90.

665) Vor allem hat er dem Versicherer (Anm. 631 zu § 5) die Unfallzeugen namhaft zu machen.

666) KG. v. 1. 4. 25 = JRPV. S. 146 = APV. 138.

667) Hierzu hat er insbesondere bei Schäden aus Anlaß seiner Berufsausübung von eigener Fachkenntnis Gebrauch zu machen.

668) Er darf die beschädigte Sache (Kleidungsstück, Fahrrad oder dergl.) nicht: als neuwertig bezeichnen, wenn sie es nicht ist; den Schaden als „durch Reparatur nicht behebbar", wenn er wohl so zu beseitigen ist.

669) Z. B. ortsübliche Preise für beschädigte Sachen anzugeben oder auch evtl. selbst sachdienliche Vorschläge zur Feststellung der erforderlichen Tatsache zu machen.

670) Leumund, frühere Erkrankungen, andere Schäden mit Versicherungs-Gesellschaften usw.

671) Z. B. den Zustand oder Wert z. Zt. der Beschädigung.

zeichnete Stelle zu richten oder solche mit eigenem Namen zu unterzeichnen[672]. Dem Gebot, den V'rer zu unterstützen, entspricht das Verbot, solche Hilfe zu verweigern[673] oder auf ein Ersuchen oder eine Anfrage nichts zu tun, also z. B. sich nicht oder nicht frist- oder ordnungsgemäß zu bemühen, eine Antwort nicht zu geben, die Kenntnis wesentlicher Ermittlungsumstände zu leugnen, abzuschwächen, zu verschleiern oder den V'rer sonstwie hierüber zu täuschen[674] usw. Wurde der Schaden durch Angestellte oder Arbeiter des VN. angerichtet, so hat er kraft seiner Autorität auf ordnungsmäßige und vollständige Angaben der unmittelbar Beteiligten zu dringen und so eine vollständige Schadensermittlung zu gewährleisten.

Auf Grund des so erzielten Ermittlungsergebnisses nimmt der V'rer eine rechtliche Prüfung der erhobenen H-Ansprüche vor und entscheidet, wenn VSchutz besteht, ob er die Ansprüche für berechtigt oder unberechtigt erachtet. Im ersteren Falle erfolgt die Regulierung, d. h. Abgeltung der H-Ansprüche, durch Ersatz der nach Maßgabe des § 3 II 1 AVB. vom VN. zu zahlenden Entschädigung[675]. Im zweiten Falle werden die Ansprüche durch den V'rer abgewehrt.

Sowohl bei der Regulierung wie bei der Abwehr hat der VN. den V'rer ebenfalls zu unterstützen, d. h. zu dem angestrebten, ihm bekanntgegebenen Erfolg beizutragen.

Im Rahmen der Regulierung hat er zunächst, ähnlich der Schadensermittlung, auf Wunsch des V'rers bei der Festsetzung der Entschädigung nach Maßgabe seiner Kenntnis der die Schadensursache und -folgen begleitenden Umstände, die zu einer Verringerung oder Erhöhung des Schadensersatzes führen könnten usw., mitzuhelfen. Er muß sich ferner, wenn der V'rer eine bestimmte angemessene Entschädigung festgesetzt hat, ehrlich bemühen, den Geschädigten damit zufriedenzustellen. Hat dieser schon eine Forderung gestellt, bevor ihm ein Angebot gemacht wurde, oder beantwortet er ein Angebot mit einer höheren Gegenforderung, so hat der VN. zu der Forderung des Geschädigten und den von ihm vorgetragenen Gründen schon bei der Weitergabe an den V'rer Stellung zu nehmen[676] und sie aus eigener Kenntnis zu erläutern.

Die Obliegenheit, den V'rer bei der Schadensregulierung zu unterstützen, enthält das Verbot, diese unmittelbar oder mittelbar zu er-

---

672) Dies folgt auch aus der Bestimmung des § 5 Ziff. 6; denn: darf der Versicherer alle dort genannten Erklärungen selbst im Namen des VN. abgeben, so darf er ebenfalls verlangen, daß der VN. solche Erklärungen nach außen hin mit seinem eigenen Namen deckt: Anm. 1169 zu § 5.

673) KG. v. 15. 11. 33 = JRPV. 386 (E.-D.Vers.).

674) Über arglistige Täuschung bei der Schadensermittlung: KG. v. 7. 10. 33 = APV. S. 434; KG. v. 3. 3. 34 = JRPV. 199 (Anm. Bischoff).

675) Düsseldorf vom 31. 1. 38 = JRPV. S. 89/90: „Der Kläger hat es unterlassen, die Beklagte bei der Schadensermittlung und bei der Schadensabwehr (eine Schadensregulierung ist nicht erfolgt) . . . zu unterstützen."

676) Düsseldorf v. 31. 1. 38 aaO.

schweren oder zu hintertreiben, sowohl durch obliegenheitswidriges Verhalten gegenüber dem Geschädigten wie dem V'rer. Er darf also auf keine Weise den Geschädigten zur Aufstellung höherer Forderungen veranlassen oder ihm aus der Kenntnis rein tatsächlicher, in der Person des V'rers liegenden Umstände allgemeiner Art (z. B. dessen geringe Prozeßfreudigkeit) oder besonderer Art (z. B. Besprechungen und Erwägungen bezüglich der Regelung des betreffenden Falles) zur Ablehnung des Angebotes des V'rers bewegen. Er darf aber auch gegenüber dem V'rer selbst die Regulierung des Schadens nicht erschweren, z. B. durch die Drohung, die V'rung zu kündigen oder den geschäftlichen Ruf der Gesellschaft zu schädigen, wenn der Schaden nicht höher bezahlt werde.

Unter der Abwehr des **Schadens** ist zu verstehen: die Abwehr der unberechtigten Ansprüche[677] im Sinne von § 3 II 1 ADB.[678], und zwar sowohl die außerprozessuale Abwehr, wie die im Rahmen eines Prozesses[679, 680]. Es handelt sich in der Hauptsache um die Abwehr dem geschädigten Dritten selbst, aber auch sonstigen Anspruchstellern gegenüber, wie Krankenkassen, Berufsgenossenschaft usw. usw. Hier hat er alle Möglichkeiten der Schadensabwehr wahrzunehmen, z. B. Rechts-

677) LG. Berlin v. 29. 12. 31 = JRPV. 1932 S. 190; RG. v. 9. 3. 15 = APV. A. S. 42.

678) Unberechtigt i. S. der genannten Bestimmung sind die Ansprüche, welche der Versicherer für unberechtigt erklärt (Breslau v. 28. 6. 30 = APV. 206). Der VN. hat grundsätzlich nicht das Recht, in diese Entscheidung, die vertraglich dem Versicherer zusteht, hineinzureden oder seine Unterstützung deshalb abzulehnen, weil er den Anspruch für berechtigt hält. Doch wird man ihm schon wegen der aus den Anforderungen an Treu und Glauben zu ziehenden Grenze nicht zumuten, die Ablehnung eines ganz offenbar berechtigten Anspruchs zu unterstützen: I/164; nur mit dieser Einschränkung ist RG. v. 30. 8. 38 = DOV. 451 = Warn. 365 = JW. 2083/4 = Seuff. Arch. 356 zuzustimmen, wonach keine Pflicht des VN. bestehen soll, den Versicherer bei der Abwehr von Schadenersatzansprüchen auch dann zu unterstützen, wenn und soweit er selbst diese Ansprüche als begründet anerkannt hat (? Verf.). „Eine solche Pflicht wäre ebenso unvereinbar mit der Wahrheitspflicht der Partei wie mit Treu und Glauben und guter Sitte überhaupt. Der Versicherer ist zur Abwehr unbegründeter, zur Erfüllung begründeter Ansprüche dem VN. verpflichtet. Danach bemessen sich die dem letzteren obliegenden Pflichten." Diese Formulierungen erscheinen gewagt, zum mindesten irreführend; denn man kann es nicht der Unerfahrenheit oder gar dem guten Willen des VN. anvertrauen, ob er seinen Obliegenheiten nachzukommen braucht oder nicht. Eine Verpflichtung zur Abwehr unberechtigter Ansprüche besteht gegenüber dem VN. als solche grundsätzlich nicht. Die H-Vers. ist nicht Rechtsschutzversicherung, I/178, I/164. — Hamburg v. 2. 12. 32 = JRPV. 1933 S. 193 = APV. 1933 S. 100: „Der Obliegenheit die Prozeßführung zu überlassen, steht keine Rechtspflicht des Versicherers, den Prozeß zu betreiben, gegenüber." — Im übrigen wird in aller Regel der Versicherer einen offenbar begründeten Anspruch auch durch Zahlung regulieren. Nicht angängig ist es aber, wenn im Deckungsprozeß — womöglich in der Berufungs- oder Revisionsinstanz — der H-Anspruch für berechtigt erklärt und d a r a u s zugleich der Schluß gezogen wird, daß d e s w e g e n eine Obliegenheitsverletzung, nämlich die der verweigerten Unterstützung, entfalle.

679) Im letzteren Falle ist allerdings das R e c h t der Einwirkung durch die Prozeßmuntschaft des Versicherers (Bl. 131 zu Anm. 957) stark beschränkt, doch kann deswegen die P f l i c h t zur Hilfe (Anm. 953 zu § 5) dennoch ebenso praktisch werden wie auch jene, dem Versicherer schädliche, auf Unterstützung der Ansprüche des Geschädigten gerichteten Handlungen zu unterlassen: RG. v. 9. 3. 15 = APV. A. S. 42.

680) Zust. KG. v. 29. 1. 38 = JRPV. S. 149/50. offengelassen bei Breslau v. 28. 6. 30 = APV. S. 206.

mittel und dgl., gegen einstweilige oder vorläufige Bescheide[681] einzulegen, um damit den Schein einer rechtlich begründeten Schadensersatzpflicht und damit der Berechtigung des erhobenen Anspruchs zu zerstören.

Das in seiner Auswirkung, seinem Enderfolg „Unterstützung" genannte Verhalten des VN. enthält wiederum ein Mehrfaches als Inhalt[682]:

1. Unmittelbar zuwiderlaufen würde es der Obliegenheit, wenn der VN. eine Abwehrmaßnahme des V'rers erschweren[683] oder sogar hintertreiben würde[684];
2. auch genügt es, wie der von den ADB. gewählte Ausdruck klar besagt, zur Erfüllung der Obliegenheit jedenfalls nicht, daß der VN. sich gleichgültig auf ein nur passives Verhalten beschränkt und alles dem V'rer allein überläßt, ohne sich selbst um die Abwehr zu bekümmern;
3. erforderlich ist vielmehr, daß der VN. dem V'rer in jeder ihm möglichen, zumutbaren Weise fördernd bei der Durchführung der Abwehr behilflich ist. Dabei muß er auch etwa entstehende persönliche oder geschäftliche Unannehmlichkeiten in Kauf nehmen.

Durch die Unterstützung, die der VN. im Rahmen der vorstehenden Ausführungen dem V'rer bei der Ermittlung, der Regulierung oder der Abwehr des Schadens gewähren muß (Satz 2), wie auch bei der Durchführung der ihm obliegenden Maßnahmen zur Klarstellung des Schadensfalles (Satz 1) können ihm Kosten entstehen. Soweit es sich dabei um Kosten zur Ermittlung und Feststellung des dem V'rer zur Last fallenden Schadens handelt, hat dieser sie gemäß § 66 VVG.[685] insoweit zu erstatten, „als ihre Aufwendung den Umständen nach geboten war." Ob und inwieweit diese Voraussetzungen vorliegen, wird vor allem nach dem Inhalt der dem VN. erteilten Weisung zu entscheiden sein, und zwar nach objektiven[686] Gesichtspunkten. Soweit es sich um Kosten handelt, die aus der Unterstützung des V'rers bei der Regulierung oder der Abwehr des Schadens entstanden sind, gilt das gleiche; denn die Abwehr unberechtigter Ansprüche gehört gemäß § 3 II 1 ADB. zu den nach dem Vertrage vom V'rer zu erbringenden Leistungen. Auch die Schadensregulierung hat der V'rer gemäß §§ 3 II 1, 5 Ziff. 4 a. F., 5 Ziff. 5 n. F. ADB. — vor allem in seinem eigenen Interesse — fast ausschließlich selbst in die Hand genommen[687]. Aus diesen Rechten folgt, soweit nicht

---

681) Auch wenn diese nicht wie in § 5 Ziff. 3 ADB. (Anm. 1049, 1051 zu § 5) „auf Schadensersatz" gehen.

682) Der VN. soll den Versicherer „bei der Regulierung des Schadens ebenso wie bei der Abwehr in jeder Weise unterstützen": LG. Berlin v. 29. 12. 31 = JRPV. 1932 S. 190.

683) RG. v. 26. 7 35 = JRPV. S. 262/3.

684) Z. B. durch eigene Wahrnehmung der Interessen des Geschädigten: Düsseldorf v. 31. 1. 38 = JRPV. S. 89/90.

685) Der nicht zwingend, aber durch keine Bestimmung in den ADB. abgeändert ist.

686) Bruck Komm. § 66 Anm. 1.

687) Bl. 97/8.

ausdrücklich etwas anderes bestimmt ist[688], die Übernahme der mit ihrer Verwirklichung verbundenen Kosten, wodurch sich hier die gleiche Regelung rechtfertigt, die bei den Ermittlungskosten Platz greift.

„. . . ihr ausführliche und wahrheitsgemäße Schadensberichte zu erstatten . . .“

Die weiterhin in § 5 Ziff. 2 a.F., Ziff. 3 n.F. ADB. genannten Obliegenheiten, ausführliche und wahrheitsgemäße Schadensberichte zu erstatten, alle auf den Schadensfall sich beziehenden Tatumstände mitzuteilen und gewisse Schriftstücke zu übergeben, bilden den hauptsächlichen Kern der sogenannten **Auskunftspflichten.** Mit der Anzeige des VFalles und der Klarstellung des Schadenstatbestandes allein ist dem V'rer noch nicht gedient. Wie bereits betont wurde[689], ist die wichtigste Voraussetzung für eine zutreffende rechtliche Beurteilung des Schadensfalls und damit für die Entscheidung des V'rers, ob und inwieweit er die Ansprüche als berechtigte oder unberechtigte behandeln muß[690], eine vollständige Angabe aller Tatumstände. Die Angaben[691] des Anspruchstellers können hierzu aus naheliegenden Gründen nicht — zum mindesten nicht allein — verwendet werden[692]. Meist hat der VN. die gleiche Kenntnis von der Ursache, den näheren Begleitumständen und den Folgen des Schadensereignisses wie der Geschädigte, zum mindesten kann er sie sich z. B. durch Befragen seiner Leute oder dergleichen leichter verschaffen, als es dem V'rer möglich sein würde. Es kommt hinzu, daß der VN. dem V'rer anders gegenübersteht als einer Behörde, z. B. einem Gericht oder dergleichen[693]. Er kann ihm die volle Wahrheit sagen, seine Schuld oder die schuldbegründenden Umstände eingestehen, weil die HV. ihn gegen die Folgen eines derartigen Verhaltens insbesondere schützen soll. Wenn die ADB. den VN. zur Erstattung ausführlicher und wahrheitsgemäßer Schadensberichte verpflichten, so handelt es sich — was zwar nicht bestritten ist, aber dennoch betont zu werden verdient — um eine zulässige[694], ja durchaus schutzwürdige Bestimmung. Ein anerkennenswertes Interesse des VN., seine Handlungsweise zu beschönigen[695] oder gar seine Schuld wahrheitswidrig zu bestreiten, kann

688) Was in den AVB. nicht geschehen ist.
689) Bl. 90.
690) KG. v. 11. 6. 38 = JRPV. S. 263/4; Anm. 604 zu § 5.
691) Eine rechtliche Möglichkeit des Versicherers, auf den Anspruchsteller zur Abgabe eines Schadensberichtes einzuwirken, besteht ohnehin nicht.
692) Deshalb kann auch (Bl. 48 zu Anm. 230) insoweit der geschädigte Dritte nicht an Stelle des VN. die entsprechende Obliegenheit erfüllen: LG. Berlin v. 29. 12. 31 = JRPV. 1932 S. 190; Kersting in DOV. 1932 S. 194.
693) Anm. 628 zu § 5.
694) Es kann allerdings auch der Aussage des VN. eine Schweigepflicht im Wege stehen, z. B. im Falle des § 300 StGB., der u. U. die Aussage des haftpflichtversicherten Arztes verbietet: hierzu Falke in DOV. 1931 S. 245.
695) KG. v. 24. 11. 37 = JRPV. 1937 S. 23.

ihm nicht zugebilligt werden angesichts der Bedeutung, die seine Angaben haben, nicht nur für den V'rer, sondern auch für den Geschädigten und — auf die Vielzahl der Fälle gesehen[697] — damit für die Allgemeinheit. Den VN. zur Wahrheit anzuhalten, bedeutet gleichzeitig für den Geschädigten: Hilfe; für den V'rer: Ersparnis unnötiger Kosten und Zeit, und für den VN.: kein nennenswertes Opfer.

Im einzelnen hat er folgendes zu tun: er hat einen Schadensbericht zu erstatten; dieser Pflicht hat er mangels vertraglich bestimmter Frist binnen angemessener Zeit[698] nachzukommen. Hierfür wird — wenn nicht besondere und zeitraubende Rückfragen erforderlich sind[699] — regelmäßig eine Woche (entsprechend der Pflicht zur Anzeige des VFalls[700]) als erforderlich aber auch ausreichend anzusehen sein. Diese Pflicht besteht (vgl. aber § 5 Ziff. 2 i. V. mit Ziff. 1 n.F. ADB., wonach das Schadensereignis dem V'rer „unverzüglich, spätestens innerhalb einer Woche schriftlich anzuzeigen ist": dazu aber Blatt 163) ohne eine dahingehende frühere[701] Aufforderung der Gesellschaft zeitlich erst nach der Erhebung von Schadensersatzansprüchen. Meist wird schon bei der Anmeldung des VFalles (jetzt auch des Schadensfalles: vgl. § 153 I VVG., 5 Ziff. 2 i. V. mit Ziff. 1 n.F. ADB.) eine Schilderung des Schadens abgegeben. Da diese aber die entscheidenden Punkte oft nur kurz oder gar nicht behandelt, erhält der VN. fast stets eine sogenannte Formular-Schadensanzeige, welche ihm nicht nur Hinweise für sein weiteres Verhalten gibt[702], sondern durch ihre, in bestimmte Fragen[703] gekleidete äußere Form die Aufgabe ausführlicher Berichterstattung erleichtert[704]. Es kann sich dabei im wesentlichen nur um Fragen allgemeiner Art handeln, da bei der Vielgestaltigkeit der in den Schutz der H-Versicherung eingeschlossenen Risiken ein einziges Formular die für jedes von ihnen in

697) Anm. 24, 25, 447, 479 zu § 5, Bl. 57, 73, 148.

698) Nürnberg v. 3. 11. 27 = APV. 1928 S. 232/3, nach dem sich die Erfüllung der Obliegenheit gem. Ziff. 2 Abs. 1 als „eine Art Durchführungsbestimmung zu Ziff. 1 darstellt". — Der Vorderrichter hielt auch die Anzeige des Strafverfahrens innerhalb „angemessener" Frist für geboten; vergl. auch Bl. 110 zu Anm. 761 das.

699) Im allgemeinen ist bei der Einfachheit und Klarheit der Fragen in den Schadensanzeigen eine besondere Frist für Rückfragen beim Agenten oder dergl. nicht zuzubilligen.

700) Die Abgabe eines ausführlichen und wahrheitsgemäßen Schadensberichtes dient dem gleichen Zweck wie die Anzeige des VFalls überhaupt, nämlich der damit für den Versicherer geschaffenen Möglichkeit, den Schaden fristgerecht zu bearbeiten und zu erledigen. Daraus folgt auch die Berechtigung, für die Erstattung des Schadensberichtes die Fristbestimmung für die Anzeige vom VFall analog (nicht unmittelbar: Anm. 761 zu § 5) anzuwenden.

701) § 34 I VVG ist nachgiebigen Rechtes: Anm. 616 zu § 5.

702) Hierin sind oft die Weisungen enthalten, die der VN. bei seiner Rettungspflicht zu beobachten hat: Anm. 562 zu § 5.

703) Köln v. 3. 10. 31 = JRPV. 1932 S. 107.

704) Wenn der VN. den Fragebogen ordnungsmäßig absendet, so hat er das Seinige getan. Geht er dem Versicherer nicht zu und ersucht dieser den VN. erneut um Ausfüllung eines weiteren Formulares, so muß der VN. dem in Erfüllung seiner Auskunftspflicht entsprechen. Eine Unterlassung kann grobfahrlässiges Verschulden enthalten: Düsseldorf v. 7. 12. 33 = JRPV. 34 S. 142/3.

Betracht kommenden Fragen in ihrer Gesamtheit nicht enthalten kann. Mag darum der V'rer u. U. auch gehalten sein, im Anschluß an die Formular-Schadensanzeige zusätzliche schriftliche oder mündliche Fragen zu stellen: die Beantwortung der Formular-Schadensanzeige hat in jedem Falle zu erfolgen[705]. Der VN. hat alle von ihm als bedeutungsvoll erkannten Umstände von sich aus sofort dem V'rer mitzuteilen[706]. Wenn die Bedingungen von der Pflicht zu „ausführlicher" Berichterstattung sprechen, so bezieht sich dies auf die Schilderung des Schadenshergangs als solchen. Meist findet sich an der entsprechenden Stelle der Schadensanzeige nochmals ein ausdrücklicher Hinweis, die Schilderung möglichst ausführlich vorzunehmen[707]. Dies gilt ebenso für sonstige Begleitumstände[708], z. B. den Ort des Schadensfalles[709], die Zeugen, die Angaben zur Person des Geschädigten, die angerichteten Schäden usw. Der Begriff des „Ausführlichen" ist zwar nicht fest sondern gleitend. Der Grad der erforderlichen Ausführlichkeit richtet sich nach mancherlei Gesichtspunkten, wird z. B. verschieden sein, je nachdem, ob der Schadensbericht über einen bedeutenden oder unbedeutenden Schaden, über einen einfachen oder verwickelten Sachverhalt zu erstatten ist[710]. Soweit dem VN. bestimmte Umstände als bedeutsam nicht bewußt sind — diese muß er auch ohne ausdrückliche Frage anzeigen —, wird man annehmen dürfen, daß er mit genauer und vollständiger Beantwortung der Fragen in der Schadensanzeige seine Obliegenheit zunächst erfüllt hat, und daß der V'rer selbst weitere Fragen stellen muß, wenn ihm der Schadensfall noch nicht genügend geklärt scheint[711]. Wie bei der Obliegenheit zur Klarstellung des Schadensfalles hat der VN. auch hier eine Er-

705) Zusammenstellung der Rechtsprechung bei Schack S. 50 Nr. 3 a. — Ein ähnlicher Gedanke in § 16 I 3 VVG.

706) Dies folgt schon aus der Obliegenheit „alles zu tun, was zur Klarstellung des Schadensfalles dient", und „alle Tatumstände, welche auf den Schadensfall Bezug haben, mitzuteilen". Überhaupt überschneiden sich die verschiedenen in § 5 Ziff. 2 aufgeführten Obliegenheiten, da die Versicherer in ihrem Streben nach möglichst umfassender Aufklärung und Auskunft durch den VN. die dazu verpflichtenden Vertragsbestimmungen entsprechend ausgestaltet haben; vergl. z. B. KG. v. 11. 6. 38 = JRPV. 263, welches die Pflicht zur wahrheitsgemäßen Unfallschilderung aus der Obliegenheit herleitet, „alles zur Aufklärung des Tatbestandes Dienliche zu tun". Kürzer sagt der entspr. § 7 I Ziff. 2 S. 2 und 3 AKB.: „Der VN. ist verpflichtet, alles zu tun, was zur Aufklärung des Tatbestandes und zur Minderung des Schadens dienen kann; er hat hierbei die etwaigen Weisungen des V'rers zu befolgen."

707) Z. B. Frage: „Wie ereignete sich der Schadensfall?" Zusätzliche Bemerkung: „Diese Frage ist möglichst ausführlich zu behandeln. Es ist zu schildern, wie der Unfall sich zugetragen hat und wodurch er entstand."

708) Beispiele in KG. v. 30. 11. 35 = JRPV. 1936 S. 157, Hamburg v. 22. 9. 38 = JRPV. S. 347 ff.

709) Z. B. die Frage: „Wo hat das Schadensereignis stattgefunden?" Zusätzliche Bemerkung: „Hier ist neben dem Orte auch die Unfallstelle möglichst genau zu bezeichnen, also auf welcher Straße, in welchem Hause (Hausnummer ist anzugeben), in welchem Hausflur, Hof oder wo sonst sich der Schaden ereignet hat."

710) KG. v. 30. 11. 35 aaO. „. . . hat er (= VN.) . . . den Unfall nicht so ausführlich geschildert, wie es bei einem derartigen Schaden (!) seine Pflicht gewesen wäre".

711) RG. v. 12. 6. 36 = DAutoR. 1937 S 351 = RdK. 1938 S. 52.

kundigungspflicht, wenn ihm die näheren Umstände des Schadensfalles aus eigenem Wissen nicht bekannt sind[712].

Das Verbot, den V'rer arglistig zu täuschen[713], und dessen daraus folgendes Leistungsverweigerungsrecht ergibt sich — auch ohne Vereinbarung in den AVB.[714] — schon aus den allgemeinen Vorschriften des Bürgerlichen Rechts, insbesondere aus dem das gesamte Vertragsrecht beherrschenden Grundsatz der §§ 242, 826 BGB.[715]. Darüber geht aber[718] die in den AVB.[716] — als echte Rechtspflicht[717] — auferlegte Wahrheitspflicht hinaus[719]. Mit der Sanktion der Anspruchsverwirkung ist nicht nur die arglistige Täuschung durch den VN. bei Abgabe des Schadensberichtes bedroht, sondern ein — vorsätzlicher oder grobfahrlässiger — Verstoß gegen die Wahrheitspflicht überhaupt[720]. Darunter fällt jede von der Wahrheit abweichende Darstellung, mag sie nun das den Schadensfall verursachende Verhalten des VN. wahrheitswidrig beschönigen[721], oder es der Wahrheit zuwider als ein schuldhaftes hinstellen, um damit den Schadensersatzanspruch begründet erscheinen zu lassen. Es kann auch, wenn die Wahrheitspflicht verletzt wurde, nicht erheblich darauf ankommen, ob der VN. zu einer Erklärung über den betreffenden Punkt gehalten war, oder ob der V'rer überhaupt von ihm darüber eine Erklärung verlangt hatte oder haben wollte[722]. Gibt der VN. Erklärungen ab, so müssen diese wahrheitsgemäß sein[723].

Eine aus der Anwendung der allgemeinen Vorschrift des BGB. (§ 242) nicht schon sich ergebende Besonderheit der Obliegenheit zur Erstattung eines wahrheitsgemäßen Schadensberichtes entsteht dadurch, daß die Angaben des VN. oft nicht aus dessen eigener Kenntnis und Anschauung

---

712) Er darf sich also nicht damit begnügen, an der Stelle, wo er den Unfallhergang schildern soll, zu schreiben „vergl. die polizeilichen Ermittlungen", oder „mir nicht bekannt", oder „der in Frage kommende Angestellte ist nicht mehr in meinen Diensten" usw. — Er hat vielmehr die Pflicht, alles zur Klarstellung zu tun und dem Versicherer diese Arbeit abzunehmen.

713) Über die Anwendung dieses allgemeinen Grundsatzes vergl. die Zusammenstellung der Rechtsprechung bei Schack S. 96—99, Bruck Komm. § 34 Anm. 20 ff., Stiefel S. 105.

714) Gottschalk JRPV. 1927 S. 171.

715) Bruck PVR. S. 337/339, Raiser § 17 Anm. 14, Stiefel S. 104; RG. v. 22. 10. 37 aaO. (anscheinend mißverstanden von Niemann JRPV. 1938 S. 56, dazu Anm. 610 zu § 5).

716) Die AKB. enthalten eine solche Bestimmung nicht.

717) LG. Braunschweig v. 2. 5. 29 = JRPV. S. 292 = RdK. 1930 S. 313.

718) Auch über die „Selbstverständlichkeit" — RG. v. 5. 3. 15 = WZ. II S. 1145/47 —, daß die der Gesellschaft zu erteilende Auskunft wahrheitsgemäß abgegeben werden muß.

719) RG. v. 9. 11. 34 = JRPV. 378 = APV. 1935 S. 26.

720) Beispiele von Verstößen: Düsseldorf v. 13. 11. 35 = JRPV. 1936 S. 203 = HansRGZ. A. 116; Köln v. 28. 4. 33 = DOV. 77; KG. v. 24. 11. 37 = JRPV. 1938 S. 23.

721) KG. v. 24. 11. 37 = JRPV. 1938 S. 23.

722) A. A. KG. v. 22. 1. 38 = JRPV. S. 120.

723) Vergl. hier die entsprechenden Ausführungen Anm. 632 zu § 5.

gemacht werden können, weil er selbst beim Schadensfall nicht zugegen war und daher auf die Schilderungen anderer Personen[724] angewiesen ist. Hier folgt aus der Obliegenheit zu wahrheitsgemäßer Berichterstattung, daß der VN. in solchen Fällen alles tun muß, um ihre Erfüllung sicherzustellen, und daß ein ihm[725] dabei zur Last fallendes Versäumnis wie eine eigene wahrheitswidrige Angabe zu bewerten ist[726]. Er darf sich nicht blind auf die Angaben seiner Leute verlassen, hat diese vielmehr besonders auf das Erfordernis der Wahrheit der von ihnen gemachten oder zu machenden Angaben hinzuweisen und dabei alle ihm zur Verfügung stehenden angemessenen Mittel anzuwenden[727]. In diesen Grenzen obliegt ihm somit eine Pflicht zu eigener Ermittlung der Wahrheit[728]. Hat ein Arbeiter oder dergleichen in seinen Angaben sich schon früher als unzuverlässig erwiesen, so wird der VN. u. U. dies in seinem Bericht an den V'rer hervorheben müssen[729]. **Wahrheitsgemäß** ist nicht gleichbedeutend mit objektiv richtig. Eine Angabe kann sich als objektiv unrichtig herausstellen, ohne daß deswegen dem VN. vorgeworfen werden könnte, einen wahrheitswidrigen Bericht erstattet zu haben. Andererseits kann nicht allein entscheidend sein, ob der VN. seine Angaben für wahr hielt, sondern es wird hinzukommen müssen, daß er sie für wahr halten **durfte**, daß er also ihren Inhalt daraufhin in einer Treu und Glauben entsprechenden Weise geprüft hatte[730].

Die Pflicht zur Erstattung wahrheitsgemäßer Schadensberichte ist — beginnend mit dem Eintritt des Schadensfalles[731] — solange zu beobachten, als der VN. eine Leistung des V'rers aus dem Vertrage begehrt[732]. Erfährt der VN. nach Erstattung der Schadensanzeige neue Tatsachen oder dergleichen, welche ganz oder teilweise die objektive Unrichtigkeit früherer Angaben ergeben, so hat er dies dem V'rer unverzüglich mitzuteilen. Diese Pflicht besteht noch nach der Abwicklung des Schadensfalles[733, 734].

---

724) Z. B. seiner Frau, Kinder, Angestellten, Arbeiter usw.

725) Anm. 286 zu § 5.

726) Etwas anderes ist die Haftung für Wissensvertreter, Bl. 53 ff.

727) Ob dies bei Anwendung der AKB. (mit Rücksicht auf die Ausführungen Anm. 739 zu § 5) ebenfalls gilt, mag zweifelhaft sein.

728) Vergl. damit die auf Bl. 94/5 besprochene Erkundigungspflicht des VN.

729) Z. B. „nach den Angaben meines Knechtes X., für deren Richtigkeit ich mich aber nicht verbürgen kann", oder dergl.

730) Damit ist nicht nur die bewußt unwahre Angabe als wahrheitswidrig i. S. der vorliegenden Stelle anzusehen, wie dies anscheinend Düsseldorf vom 21. 10. 35 = JRPV. 1936 Zus. I S. 8/9 tut. Die bewußt unwahre Angabe stellt sich als eine *vorsätzliche* Obliegenheitsverletzung dar. Der VN. hat den Tatbestand „so vollständig und so wahrheitsgemäß darzustellen, wie er imstande ist": Köln v. 30. 10. 31 = JRPV. 1932 S. 107.

731) Bl. 103. 732) Anm. 13 zu § 5, Bl. 64, 92, 122, 136, 158.

733) Mit Rücksicht auf zivilrechtliche oder strafrechtliche Folgerungen z. B. eine condictio des vom Versicherer schon Geleisteten, eine Vergleichsanfechtung, Betrugsanzeige oder dergl.

734) Bl. 40.

Der V'rer hat eine derartige Obliegenheit in Allgemeine Versicherungsbedingungen aufgenommen, weil er damit erstlich ein entsprechendes allgemeines Verhalten der VN.[735] und zweitens einen diesem entsprechenden Erfolg für sich bezweckt. Für den Eintritt der mit der Obliegenheitsverletzung verbundenen Sanktion kommt es[736] infolgedessen nicht darauf an, ob und in welchem Umfang dem V'rer aus der Verletzung im Einzelfall ein konkreter Schaden entstanden ist[737]. Maßgebend ist vielmehr das Verhalten des VN., die als solche wahrheitsgemäße oder wahrheitswidrige Angabe, nicht der Erfolg, also die Schädlichkeit oder Unschädlichkeit[738] im Einzelfalle (anders erst nach Inkrafttreten der Novelle zum VGG.: § 6 II und III, auch § 6 n.F. AVB.). Oft kann der VN. die Bedeutung einer Angabe für die Feststellung des VFalles nicht beurteilen. Schon deshalb würde es zu willkürlichen Ergebnissen führen, wollte man darauf abstellen, ob die Auskünfte (ihre Erteilung überhaupt oder ihre Wahrheit) auf Umstände sich bezogen haben, welche — was später im Deckungsprozeß vom Gericht oder gar von mehreren Instanzen mit womöglich verschiedenem Ergebnis! festgestellt wird — für die Feststellung des VFalles erheblich gewesen sind: a.A. Hamburg vom 22. 9. 1938 = JRPV. S. 347/8 —. Die Unkenntnis des VN. über die Erheblichkeit bestimmter Umstände für die Feststellung des VFalles in Verbindung mit der Pflicht zum Schadensbericht führen zu dem Schluß, daß für ihren Inhalt und Umfang auf spätere Feststellungen (womöglich in Prozessen) weder abgestellt werden soll noch kann. Sie muß vielmehr inhaltlich klar und bestimmt sein, und ist es auch, wenn man sie nur ungezwungen betrachtet. Allerdings besteht eine Grenze für den im Schadensbericht zu behandelnden Tatsachenkreis: solche Umstände sind ausgeschlossen, deren Kenntnis **ganz offenbar** für den V'rer nicht erheblich sein **können** (nicht also solche, die nach späterer Feststellung es tatsächlich nur nicht **waren**[739]). Diese brauchen nicht gemeldet zu werden[740].

735) Bl. 167. 736) Bl. 170.

737) So ausdrücklich im Hinblick auf eine Verletzung der Obliegenheit zur Erstattung eines wahrheitsgemäßen Schadensberichtes: Köln v. 28. 4. 33 = DOV. S. 77/8; Hamburg v. 22. 9. 38 = JRPV. 347 mehrfach mit weiterer Rechtsprechung.

738) Z. B. auch, ob ein wichtiger Gesichtspunkt aus dem Geschehensverlauf, der vom VN. im Schadensbericht unterdrückt wurde, für die Entstehung des Unfalles ursächlich war: KG. v. 30. 11. 35 = JRPV. 1936 S. 157 ff.; ausdr. zustimmend Hamburg v. 22. 9. 38 = JRPV. 347.

739) Wie Hamburg v. 22. 9. 38 aaO. meint. — Aus dem gleichen Grunde unzutreffend Düsseldorf v. 21. 10. 35 = JRPV. 1936 Zuf. S. 8. Dieses Urteil hatte zu berücksichtigen die AKB., welche — von der Fassung der hier behandelten AVB. abweichend — in § 7 I Ziff. 2 S. 2 die Auskunftspflicht betr. folgende Obliegenheit enthalten: „Der VN. ist verpflichtet, alles zu tun, was zur Aufklärung des Tatbestandes und zur Minderung des Schadens dienlich sein kann." Hier ist eine Wahrheitspflicht für den Schadensbericht nicht ausdrücklich aufgestellt. Das OLG. hält nun für wesentlich, ob der — wahrheitswidrig — geschilderte Sachverhalt zur Aufklärung des Schadens dienlich war oder nicht; dagegen nicht — wie die AKB. verlangen — ob er nur dazu hätte dienlich sein können.

Der vom V'rer bezweckte Erfolg besteht in der Gewinnung der Kenntnis aller für die Beurteilung des Falles bedeutungsvollen Umstände und in dem Besitz einer für den VN. verbindlichen Schadensschilderung. Der V'rer ist damit bei sich widersprechenden Schilderungen des Schadenshergangs, wenn er die gegnerischen Ansprüche ganz oder teilweise ablehnt, nicht mit dem Risiko eines daraus entstehenden Prozesses[741] belastet, soweit es sich um die Wahrheit der vom VN. gemachten Angaben handelt[742]. Die Bezugnahme auf Polizei- und sonstige Akten usw. kann den Schadensbericht des VN. nicht ersetzen[743], vor allem deshalb nicht, weil er ihn wegen seiner vertraglichen Verbindlichkeit und Verantwortlichkeit selbst abgeben muß[744]; hinzukommt, daß die Akten der Behörden, wenn überhaupt, nur unter oft erheblichem Zeitverlust erhältlich sind und mit ihrer Einsichtnahme in vielen Fällen Kosten entstehen.

„. . . alle Tatumstände, welche auf den Schadensfall Bezug haben, mitzuteilen . . ."

Die in § 5 Ziff. 2 aufgezählten Obliegenheiten überschneiden[745] sich nicht selten, so daß inhaltlich die gleiche Verpflichtung mehrfach zum Ausdruck kommt. Die im folgenden zu besprechende enthält jedoch einen neuen und wichtigen Gesichtspunkt, der in seiner Bedeutung für die Praxis nicht immer genügend deutlich erkannt zu sein scheint. Es handelt sich einmal darum, daß die Mitteilung von gewissen Umständen ausdrücklich zur Pflicht gemacht wird, obwohl mindestens ein Teil der schon früher genannten Obliegenheiten praktisch bedeutungslos wäre, wenn sie nicht eine entsprechende Mitteilung an den V'rer zur Folge hätten. — Darüber hinaus zeigt die Fassung („welche auf den Schadensfall **Bezug haben**"), daß auch solche Umstände anzeigepflichtig sein sollen, die nicht der Aufklärung des schadenstiftenden Ereignisses[746] selbst und unmittelbar dienen[747], die vielmehr in einer loseren Verbindung zu ihm stehen, ohne daß aber deswegen ihre Kenntnis für den V'rer weniger wichtig wäre.

---

740) Vergl. auch die Ausführungen in Anm. 632 zu § 5, die zum Teil hier entsprechend Geltung haben.

741) Zutreffender Hinweis im Schreiben des beklagten Versicherers an den klagenden VN. bei Hamburg v. 22. 9. 38 = JRPV. 347.

742) Zutr. weist KG. v. 11. 6. 38 = JRPV. 263/64 darauf hin: „. . . daß die Angaben des VN. über den Unfallverlauf die Grundlagen für jede Schadensbearbeitung sein müssen".

743) Abweichend Düsseldorf v. 21. 10. 35 aaO.; dem Standpunkt, daß diese Bezugnahme auf polizeiliche Akten zur Vermeidung eines Strafverfahrens als entschuldbar anzusehen wäre — so Köln v. 13. 12. 35 = HansRGZ. 1936 A. S. 141 — kann schon aus den in Anm. 628 zu § 5 angegebenen Gründen nicht zugestimmt werden. Abweichend vom Text anscheinend auch das Vorderurteil zu Hamburg v. 22. 9. 38 = JRPV. S. 347.

744) Nicht aber hat der Versicherer die Pflicht, sich bei der Polizei usw. zu erkundigen.

745) Anm. 706 zu § 5.

746) KG. v. 30. 11. 32 = JRPV. 1933 S. 32 = DOV. 1933 S. 10. = APV. S. 313 = HRR. 1933 Nr. 841.

Die bisher besprochene Anzeige- und Auskunftspflicht bezieht sich in erster Linie und unmittelbar auf den Schadensfall selbst und dessen nähere Begleitumstände. Durch ihre Beobachtung wird die Voraussetzung für eine zutreffende rechtliche Beurteilung und damit mindestens grundsätzlich für die Möglichkeit endgültiger Erledigung der Sache geschaffen. Tatsächlich liegt diese in mancherlei Hinsicht nicht immer und allein in der Hand des V'rers, sondern wird oft durch andere hierfür zuständige Personen oder Einrichtungen getroffen. Soweit der VN. hierbei — wie fast stets — irgendwie mitwirken **muß** (z. B. als Beklagter[748], oder Widerkläger im Zivilprozeß[749], als Angeklagter im Strafprozeß oder als Beklagter in der Privatklage, als Mitglied einer Berufsgenossenschaft in der Genossenschaftsversammlung[750] usw.) oder mitwirken **kann**, z. B. als Antragsgegner im Armenrechtsverfahren[751], soweit er ferner das Recht zum Einspruch gegen einen Strafbefehl, zum Widerspruch gegen einen Zahlungsbefehl, zum Beitritt in der Streitverkündung[752] usw. hat, ist der V'rer an der Kenntnis von der Anhängigkeit oder dem Stande derartiger Verfahren interessiert; denn er hat bei ihrer Durchführung Pflichten[753] oder Rechte[754].

Das Anhängigwerden eines solchen Verfahrens (im weitesten Sinne[755]) ist ein Tatumstand, welcher auf den Schadensfall **Bezug** hat[756, 757], da dieser mittelbar oder unmittelbar den für die Entscheidung ausschlag-

747) „Die Pflicht des VN., der Gesellschaft ... alle Tatumstände, welche auf den Schadensfall Bezug haben, mitzuteilen, ist deswegen auch auf Vorgänge zu beziehen, die sich aus Anlaß (!) des schadensstiftenden Ereignisses ... abgespielt haben": KG. v. 30. 11. 32 aaO.

748) Sogar von einer zweiten Klage des Verletzten hat der VN. den Versicherer zu benachrichtigen: RG. v. 13. 6. 33 = JRPV. 202 (m. Anm. in JRPV. 1934 S. 67, Spakler S. 212, Martin VPrax. 1933 S. 109) = LZ. 204.

749) Bl. 129.

750) Über das Unterbleiben der Mitteilung von der Ankündigung der Berufsgenossenschaft, die Schadensangelegenheit würde auf der nächsten Genossenschaftsversammlung (z. Zt. noch weggefallen: Gesetz über den Aufbau der SV. v. 5. 7. 34 = RGBl. I/577) erörtert werden usw.: Düsseldorf v. 19. 9. 34 = JRPV. 1935 Zus. S. 56.

751) Nicht genügend herausgestellt in KG. v. 15. 1. 38 = JRPV. S. 107 ff.; ferner Köln v. 18. 7. 34 = DAutoR. S. 200, Anm. von Carl in JW. 1935 S. 1461; Düsseldorf v. 17. 6. 35 = JRPV. 381 = APV. 241 = RdK. 1936 S. 174. — Vergl. die Ausführungen Bl. 130.

752) Schennert JRPV. 1938 S. 340/41, der die Anzeigepflicht bei der Streitverkündung nicht geprüft hat. Im übrigen zur Streitverkündung Bl. 67, auch Anm. 394 zu § 5.

753) § 3 II 1 in Verbindung mit 5 Ziff. 3 AVB.

754) § 3 II 1 Abs. 2 AVB.

755) Dazu gehört z. B. auch ein auf einen Schadensfall sich beziehendes seeamtliches Verfahren, wie es Hamburg v. 25. 3. 31 = HansRGZ. B. 547 erwähnt; Anm. 871 zu § 5.

756) Ausdr. zust. für Strafbefehl der Berichterstatter des Urteils LG. Berlin v. 9. 7. 31 = JRPV. 1932 S. 207: unzutreffend die Ausführungen des LG. aaO.

757) RG. v. 14. 6. 32 = RG. 136/370 = JRPV. 215 = DOV. 75 = APV. 245 = JW. 2514 = HRR. Nr. 2293. Die Erwägung des Berufungsgerichts, wonach vom Strafverfahren dem Versicherer Anzeige zu erstatten war, und zwar auf Grund von dessen Aufforderung zur Einsendung „aller auf den Schadensfall Bezug nehmenden Schriftstücke", ließ nach RG. einen Rechtsirrtum nicht erkennen.

gebenden Teil eines solchen Verfahrens darstellt. Daraus[758] folgt, daß derartige Verfahren[759] dem V'rer angezeigt werden müssen[760]. Eine Frist hierfür ist nicht ausdrücklich bestimmt. Doch ergibt sich aus der Natur der Sache, daß, sofern nicht das Anhängigmachen des Verfahrens zugleich die erste Erhebung eines Haftpflichtanspruchs i. S. von § 5 Ziff. 1 AVB. mit seiner besonderen Anzeigefrist enthält, dies unverzüglich[761] zu geschehen hat[763], damit [764] der V'rer seine mit Beginn und Fortführung des Verfahrens verbundenen Pflichten und Rechte[765] rechtzeitig ausüben kann[766].

Die Pflicht zu einer derartigen Anzeige besteht ohne eine dahingehende frühere Aufforderung des V'rers[767] erst nach Erhebung eines H-Anspruchs, es sei denn, daß sie in Erfüllung der Rettungspflicht zu erstatten ist[768]. Jedoch enthält der Beginn eines zivilrechtlichen Verfahrens gegen den VN. fast stets die Erhebung eines solchen Anspruchs,

---

758) Braunschweig v. 25. 10. 35 = JRPV. 1936 Zus. I S. 10 ff. leitet die schon vertragsmäßig (gem. § 5 Ziff. 2 Abs. 2 AVB.) ausdrücklich festgelegte Obliegenheit zur Anzeige des Strafverfahrens grundsätzlich aus der allgemeinen Aufklärungspflicht her. LG. Berlin v. 9. 7. 31 = JRPV. 1932 S. 207 hält eine Pflicht des VN., das Strafverfahren anzuzeigen (Bl. 118/19) nicht für gegeben, da § 5 Ziff. 2 Abs. 1 „zur Frage der Anzeigepflicht überhaupt keine Stellung nehme"; vergl. zu dieser abzulehnenden Entscheidung auch die Bemerkungen des Berichterstatters aaO.

759) Für Armenrechtsgesuch, Streitverkündung und Einleitung eines Ermittlungsverfahrens ergibt sich die Anzeigepflicht jetzt aus § 5 Ziff. 2 Abs. 2 und 4 n. F. AVB.

760) Sinngemäß folgt dies auch für die zivilrechtliche Klageerhebung aus der Prozeßmuntschaft des Versicherers (§ 5 Ziff. 3 AVB.), die die Übersendung der Klageschrift — auch für den Fall, daß der Anspruch des Geschädigten schon früher erhoben und dem Versicherer angezeigt war — notwendig voraussetzt (Rechtsprechung Anm. 938 zu § 5), für die Verfügung von Verwaltungsbehörden auf Schadenersatz oder die Zahlungsbefehle entsprechend aus dem Sinn der Bestimmung des § 5 Ziff. 3 Satz 2 AVB; über die ganze Frage bei § 5 Ziff. 3 AVB. Bl. 127 ff.

761) D. h. ohne schuldhaftes Zögern (§ 121 BGB.); § 153 II a. F. steht nicht entgegen, da hier nicht die dort lediglich behandelte Anzeige vom VFall in Frage steht: Düsseldorf v. 5. 12. 32 = JRPV. 1933 S. 275 = APV. 1933 S. 101; zust. RG. v. 17. 3. 16 = LZ. S. 1190; a. A.: Pfund LZ. 1916 S. 1358; vergl. Nürnberg v. 3. 11. 27 = APV. 1928 S. 232/3, dessen Vorderurteil auf die Einhaltung einer „angemessenen" Frist erkannt hatte. Für das Strafverfahren Anm. 846 zu § 5.

763) Arg. § 153 IV VVG., dazu Bl. 70; nach Bruck PVR. S. 334 — der sich auf Roelli S. 479 beruft — ist die Auskunft in „angemessener Frist" zu erteilen. Abzulehnen KG. v. 3. 2. 40 = JRPV. 54, wonach, da für die in § 5 Ziff. 2 AVB. genannten Obliegenheiten keine Frist bestimmt sei, der Versicherer aus einer trotz mehrfacher Anmahnung verzögerten Beantwortung eine berechtigte Ablehnung des VSchutzes nicht herleiten könne.

764) Weitere Gründe bei LG. Berlin v. 12. 1. 34 = DOV. 1935 S. 4, Oberbach HansRGZ. 1942 A. S. 114.

765) Es gehört zur ordnungsmäßigen Erfüllung der Obliegenheit auch die genaue Bezeichnung der Art des Verfahrens z. B. als Strafverfahren oder Zivilprozeß und dergl.: a. A. anscheinend Düsseldorf v. 10. 11. 32 = JRPV. 1934 S. 60.

766) Es sind also z. B. bei ordentlicher Klage die Klageschrift, bei anderen Verfahren die seine Einleitung anzeigenden Schriftstücke einzusenden.

767) Die rechtswirksam schon nach dem Eintritt des Schadensfalles gestellt werden kann: Bl. 91.

768) Bl. 91; anders im Rahmen des § 5 Ziff. 2 Abs. 2 und 4 n. F. AVB.

wodurch die Anzeigepflicht gemäß § 5 Ziff. 1 ADB., sofern dies nicht schon früher geschehen war, ausgelöst wird. Erfolgt alsdann die Anmeldung innerhalb einer Woche bzw. unverzüglich (§ 5 Ziff. 1 ADB., 153 IV VVG.[769]), so hat der V'rer meist genügend Zeit, die erforderlichen Maßnahmen zu ergreifen. Für einige Fälle, in denen die Fristen erfahrungsgemäß durchweg nicht dazu reichen, sind in § 5 Ziff. 3 Satz 2 ADB. grundsätzliche Weisungen an den VN. vorgesehen, welche hier helfen sollen[770]. Soweit jedoch in dem Anhängigmachen des Verfahrens die Erhebung von Ansprüchen nicht schon liegt, auch das Einholen von Weisungen im Rahmen der etwa zu beobachtenden Rettungspflicht nicht geboten ist (womit eine entsprechende Mitteilung verbunden wäre), besteht eine Anzeigepflicht vor Eintritt des vollen Tatbestandes des VFalles nur auf eine dahingehende Aufforderung des V'rers[771, 772].

„. . . und alle nach Ansicht der Gesellschaft für die Beurteilung des Schadensfalls erheblichen Schriftstücke einzusenden."

Die Pflicht zur Abgabe bestimmter Schriftstücke[773, 774] an den V'rer bezieht sich nur auf solche, die sich im Besitz des VN. befinden: denn ihm ist nur die Obliegenheit auferlegt, solche einzusenden, nicht aber die, zu diesem Zweck sie sich zu beschaffen[775]. Es kommen nur solche Schriftstücke in Betracht, die für die Beurteilung des Schadensfalles erheblich sind. Darüber entscheidet im Einzelfall der V'rer, dessen Urteil ausdrücklich als hierfür maßgeblich bezeichnet ist. Dieser Grundsatz gilt nicht nur gegen den VN., sondern auch für ihn. Er selbst braucht — im Rahmen dieser Obliegenheit — nicht in eine Prüfung einzutreten, ob gewisse Schriftstücke für die Beurteilung des Schadensfalles erheblich sind, sondern kann die Stellungnahme des V'rers abwarten, und ob dieser die Einsendung ausdrücklich verlangt[776]. Dann allerdings kann er die Übergabe grundsätzlich nicht mit dem Hinweis auf den Mangel der Erheblichkeit ablehnen[777], sondern muß sich der Entscheidung des V'rers

---

769) Bl. 70.

770) Vergl. die entsprechenden Ausführungen Bl. 142.

771) Die ADB. treffen daher für den hauptsächlichsten Fall dieser Art, nämlich die Einleitung eines polizeilichen oder strafgerichtlichen Verfahrens in § 5, 2 II entsprechende Vorsorge; Bl. 114, setzt aber § 5 Ziff. 2 Abs. 2 n. F. ADB.

772) Dazu Bl. 91 ff.

773) Dazu auch Unfried ZfVW. 1909 S. 306 VI.

774) Über die ähnliche Belegpflicht (§ 34 II VVG.): Bruck Komm. § 34 Anm. 10.

775) Ein rechtserheblicher Unterschied ist aber zwischen beiden nur dann zu machen, wenn die Beschaffung mit — nicht ganz unerheblichen — zeitlichen oder geldlichen Aufwendungen oder sonstigen Unannehmlichkeiten verbunden ist.

776) Unzutr. aus diesem Grunde die Erörterung bei Frankfurt a. Main v. 5. 11. 31 = JRPV. 1932 S. 268 = APV. 1932 S. 248/9 = HRR. 1932 Nr. 838 (Anm. 945 zu § 5).

777) Da für die Frage der Erheblichkeit grundsätzlich die Entscheidung des Versicherers maßgebend ist, kann es für die Obliegenheitsverletzung nicht darauf ankommen,

fügen. In dem genannten Rahmen betrifft die Herausgabepflicht alle Schriftstücke. Diesem weiten Umfang entsprechend sind die Grenzen der Entscheidungsmacht und des Herausgaberechts des V'rers zu ziehen.

1. Ist die Ansicht des V'rers über die Erheblichkeit des Schriftstückes **offenbar** ganz unzutreffend (was praktisch kaum vorkommen dürfte), so muß dem Verlangen auf Herausgabe nicht entsprochen werden.
2. Ist die Ansicht zwar zutreffend, so sind dennoch eigene **erhebliche** Interessen des VN. bei der Art der Durchführung des Herausgabeanspruchs und der Dauer der Zurückbehaltung zu berücksichtigen[778].

Durch die Erteilung der Auskünfte können Kosten entstehen und damit die Frage, wer solche zu tragen hat. Grundsätzlich belasten sie den Anspruchserhebenden, d. h. den VN. Soweit sie aber zur Ermittlung und Feststellung des Schadens dienen und ihre Aufwendung den Umständen nach geboten ist, muß der V'rer sie gemäß § 66 VVG. ersetzen[779].

Für die **Rechtsnatur** der Aufklärungs- und Auskunftspflichten des § 5 Ziff. 2 gilt entsprechend das von der Abwendungs- und Minderungspflicht auf Blatt 88 ff. Gesagte[780]. Hier besonders ist das auf die Aufklärungs- und Auskunftspflicht gerichtete Interesse des geschädigten Dritten, der Gesamtheit der VN. und auch der Allgemeinheit zu betonen[781]. Das Interesse der Allgemeinheit an einer möglichst weitgehenden Klarstellung von Schadensfällen ist weniger auf rechtspflegerische als volkswirtschaftliche Ziele, nämlich auf die Behebung der Schäden gerichtet[782]. Die Gemeinschaft der VN., deren im Prämienstock gesammelte Gelder der V'rer gewissenhaft verwalten muß, hat ein Interesse daran, daß eine Entschädigung nur dann gezahlt wird, wenn dies nach Lage des (geklärten) Falles geboten ist. Der geschädigte Dritte schließlich hängt mit seiner Schadensersatzforderung, wenn auch nicht rechtlich so doch oft tatsächlich, von der Entscheidung ab, die der V'rer über deren Berechtigung fällt, was wiederum auf Grund der Unterlagen zum Schadensfall, insbesondere dessen Tatbestand, geschieht.

---

ob der VN. die Erheblichkeit eines Schriftstückes für den Versicherer erkannt hat oder nicht (so unzutr. KG. v. 15. 1. 38 = JRPV. S. 107/9): entscheidend ist das Verlangen auf Übersendung, das schon nach dem Schadensfall, also vor der Erhebung von Schadenersatzansprüchen gestellt werden kann; bevor dies dem VN. nicht bekanntgegeben wurde, braucht er — aus der hier besprochenen Obliegenheit heraus — Schriftstücke nicht zu übersenden, so daß eine spontane Erfüllung der Obliegenheit durch den VN. überhaupt entfällt.

778) § 34 II VVG., über die Beschaffungspflicht bei Vorlage von Belegen.

779) Bruch PVR. S. 336, Komm. § 34 Anm. 14, § 66 Anm. 1.

780) JRPV. 1934 S. 65/66.

781) Bl. 44 ff.

782) I/46.

Bei dieser Sach- und Interessenlage ist die Auskunfts- und Aufklärungspflicht des VN. als echte Rechtspflicht anzusehen[783], zumal keine schutzwürdigen oder -bedürftigen Belange des VN. beeinträchtigt werden; im Gegenteil ist es selbstverständliche Pflicht für jeden, zur Aufklärung eines von ihm tatsächlich oder angeblich verschuldeten oder verursachten Schadens mit allen Kräften beizutragen, auch dann, wenn dies — wie regelmäßig bei der H-Versicherung — nicht im eigenen materiellen Interesse liegt.

Hieraus folgt die Zubilligung eines Schadenersatzanspruches[784] an den V'rer wegen ihrer Verletzung unter den allgemeinen gesetzlichen Voraussetzungen[785]. Über die Form und den Empfänger der Auskünfte und Mitteilungen: § 12 ADB.[786]. Träger der Obliegenheiten des § 5 Ziff. 2 ist grundsätzlich der VN. selbst, vgl. Blatt 46 ff.[787]. Über die Haftung für das Verhalten Dritter, deren sich der VN. bei der Erfüllung der Obliegenheit bedient: vgl. Blatt 51 ff.

§ 5 Ziff. 2 Abs. 2

Die gleiche Verpflichtung besteht, wenn wegen eines Ereignisses, das einen Haftpflichtanspruch im Gefolge haben könnte, gegen den Versicherungsnehmer ein polizeiliches oder strafgerichtliches Verfahren eingeleitet wird.

Die Obliegenheiten des § 5 Ziff. 2 Abs. 1 ADB. beziehen sich zwar fast ausschließlich auf den Schadensfall[788], dessen Klarstellung sie dienen sollen. Doch schließen sie sich im System erst an die in § 5 Ziff. 1 normierte Pflicht zur Anzeige des VFalls an. Daraus[789] folgt, daß, soweit nicht die einzelne Obliegenheit schon Ausfluß der kraft Gesetzes vom VN. zu beobachtenden Rettungspflicht ist, eine[790] Anzeige der in § 5 Ziff. 2 Abs. 1 bezeichneten Umstände (in des Wortes allgemeinster Bedeutung) spontan, d. h. ohne dahingehende ausdrückliche Aufforderung zeitlich erst nach der Erhebung von H-Ansprüchen an den V'rer abge-

783) So Hamburg v. 30. 4. 35 = HansRGZ. A. 404: „Der Kläger (VN.) haftet auch für eine Täuschung seiner Ehefrau, da er sich derselben bei seiner vertraglichen Verpflichtung (!) der Auskunft ... als eine Erfüllungsgehilfin bedient hat"; Anm. Prölß zu LG. Kiel v. 20. 1. 33 = JRPV. 178; RG. v. 7. 12. 34 = JRPV. 1935 S. 24 = DÖV. 1935 S. 8; Braunschweig v. 25. 10. 35 = JRPV. 1936 Zus. I S. 11. A. A. Celle v. 29. 5. 36 = HansRGZ. A. 469 ohne eigene Begründung.
784) JRPV. 1934 S. 65/66. 785) Bl. 89.
786) Bl. 329, auch Bruck Komm. § 47 Anm. 5.
787) Unzutr. für die hier besprochenen AVB. in ihrer Allgemeinheit die Äußerung bei Hamm v. 25. 3. 35 = JRPV. Zus. II S. 64 = HansRGZ. A. 401; KG. v. 10. 7. 35 = JRPV. 314 = DÖV. 78; Celle v. 29. 5. 36 = APV. 234: die Obliegenheit, gewisse Anzeigen zu erstatten, sei keine echte Schuldverbindlichkeit im Sinne von § 241 BGB., sie könnten von jedermann erfüllt werden. 788) Bl. 90.
789) Nicht auch aus der Überschrift „Der VFall", worauf bereits auf Blatt 18 hingewiesen wurde. 790) Das soll heißen: ohne irgendeine dahingehende Anregung des Versicherers.

geben werden muß[791, 792]. Damit ist im allgemeinen den auf baldige Klarstellung und die Möglichkeit einer zweckmäßigen Bearbeitung des Schadens gerichteten Interessen des V'rers genügt.

Ein besonderer Tatumstand[793] jedoch löst die Pflicht zur spontanen Erfüllung gewisser Obliegenheiten schon für die Zeit vor der Erhebung von H-Ansprüchen[794] aus[795]: nämlich die Einleitung eines polizeilichen oder strafgerichtlichen Verfahrens gegen den VN., welches sich auf einen unter den VSchutz fallenden[796] Tatbestand bezieht. Diese Ausnahme wird durch die besondere Bedeutung des betreffenden Sachverhalts für den H-V'rer gerechtfertigt. Wesentlich dabei ist seine Typizität[797] im Entwicklungsablauf eines H-Schadens, ferner die Tatsache, daß der V'rer — ohne entsprechende Pflichten übernommen zu haben — sich gewisse Rechte[798] im Hinblick auf dieses Verfahren ausdrücklich vorbehalten hat (vergl. § 3 II 1 Abs. 2 AVB.), schließlich die Bedeutung, die das Ergebnis des Strafverfahrens für das Schicksal des zivilrechtlichen Anspruchs hat[799, 800], wenn dies auch nicht durch rechtstheoretische Grundsätze[801]

791) Wohl ist er verpflichtet, schon vor diesem Zeitpunkt an ihn gerichtete ausdrückliche Anfragen zu beantworten.

792) Anders z. T. nach § 5 Ziff. 2 a. F. AVB.

793) Bl. 109.

794) Also die Zeit vor Erfüllung des Gesamttatbestandes des VFalls: vergl. die auch hier zutr. Ausführungen von RG. v. 13. 6. 33 = JRPV. 202 = LZ. 1204 = HRR. Nr. 1501 (dazu Martin in DVers. Prax. 1933 S. 110.). Zur Vorschrift des § 5 mit „V-Fall" Bl. 18/19 und RG. v. 13. 6. 33 aaO. Über die Geltung des § 5, 2 II nach Erhebung von zivilrechtlichen Ansprüchen Anm. 808 zu § 5.

795) Weitere Folgerungen ergeben sich aus § 5, 2 II nicht: unzutr. daher die Bemerkung Brucks (Komm. § 33 Anm. 5, 153 Anm. 6) über die Gleichstellung des Tatbestandes der gen. Bestimmung mit dem VFall.

796) § 3 II 1 Abs. 2 AVB. spricht zutreffender als § 5, 2 II a. F., 5 Ziff. 2 Abs. 2 n. F. AVB. von „einem Strafverfahren wegen eines Ereignisses, das einen unter den VSchutz fallenden H-Anspruch zur Folge haben kann ..."; denn nicht die Möglichkeit der Erhebung eines H-Anspruchs sondern nur die eines HV-Anspruchs ist für den Versicherer von Bedeutung und damit von Interesse.

797) KG. v. 29. 1. 30 = JRPV. 210.

798) Dazu Unfried ZfVW. 1909 S. 306, I/183.

799) Es kommen noch andere Umstände hier in Betracht, die allerdings praktisch an Bedeutung zurücktreten: z. B. die Deckungspflicht des Versicherers für die durch eine Nebenklage erwachsenden notwendigen Kosten (§ 3 II 1 Abs. 2), oder eine dem Geschädigten zuerkannte Buße: I/183 ff., außer den dort gen. Kühfuß „Schmerzensgeld und Buße" in der H-Versicherung (Vitalis Verlag 1934).

800) Schwaiger S. 97/8.

801) Dort spricht man stets von der nicht-präjudiziellen Bedeutung des Strafverfahrens für den Zivilprozeß, was theoretisch richtig, praktisch aber meist wenig wirksam ist. Dabei ist — im Hinblick auf die Abwehrfunktion der H-Versicherung — auch die Auffassung der juristisch nicht geschulten Kreise zu berücksichtigen, welche das Ergebnis des Strafverfahrens oft zugleich als Entscheidung über den Zivilanspruch ansehen und sich entsprechend einrichten (Unfried ZfVW. 1909 S. 305 V.). In der gleichen Richtung liegt es, wenn im Falle der Ablehnung zivilrechtlicher Ansprüche eine Strafanzeige mit der daraufhin erwarteten Klärung des Sachverhaltes in Aussicht gestellt wird, die ja rechtstheoretisch den in solchen Fällen allein interessierenden zivilrechtlichen Anspruch nicht stützen könnte.

sondern nur die Tatsachenwirkung bedingt ist[802]. Dem VN. die Beobachtung jener Obliegenheiten, welche sich nicht unmittelbar auf das Strafverfahren als solches, sondern die Aufklärung des Schadens und dergleichen beziehen, schon für einen früheren als den gewöhnlichen Zeitpunkt aufzuerlegen, rechtfertigt sich durch die Bedeutung der Tatsache, daß dieser Schadensfall den Gegenstand eines Strafverfahrens[803] bildet.

Welches sind nun die Pflichten des VN. für den Fall, daß die tatbestandlichen Voraussetzungen des § 5 Ziff. 2 Abs. 2 gegeben sind? Die ADB. sagen, daß hier eine „gleiche Verpflichtung" für den VN. bestehen soll. Der Obliegenheiten-Katalog in der unmittelbar vorhergehenden Ziff. 2 Abs. 1 legt den Schluß nahe, daß Ziff. 2 Abs. 2 auf den Inhalt des Abs. 1 Ziff. 2 Bezug nimmt[804]. Zudem beginnt Abs. 1 mit den Worten „Der VN. ist verpflichtet", und hierzu ergänzt Abs. 2: „Die gleiche Verpflichtung besteht, wenn . . .". — Die ADB. n.F. weichen nach dieser Richtung nicht ab, denn hier ist schon in § 5 Ziff. 2 Abs. 2 von dem Ermittlungsverfahren und der Strafverfügung die Rede. Somit beziehen sich die anschließend in § 5 Ziff. 3 genannten Obliegenheiten für den Zeitpunkt ihrer Erfüllung ohne weiteres auch auf die vorbezeichneten Stadien des Strafverfahrens.

Um die Besonderheit dieser Verpflichtung zu erkennen, wird daran erinnert, daß bestimmte Obliegenheiten, insbesondere die Anzeige von Umständen verschiedenster Art in Verfolg der Aufklärungs- und Anzeigepflicht, nur dann aus eigenem Antrieb und ohne vorhergegangene Aufforderung seitens des V'rers zu beobachten sind, wenn der volle Tatbestand des VFalls, also auch die Erhebung von H-Ansprüchen zuvor verwirklicht war (vgl. jedoch § 5 Ziff. 2 i. V. mit Ziff. 1 n.F. ADB.). Im übrigen, d. h. auf ausdrückliches Verlangen des V'rers hin, oder wo das Gesetz die Verpflichtung auferlegt[805], sind die Obliegenheiten des § 5 Ziff. 2 Abs. 1 schon vom Eintritt des Schadensfalles ab zu beobachten[806]. Da der Schadensfall stets dem ihn behandelnden Strafverfahren vorhergeht, kann als Besonderheit für den § 5 Ziff. 2 Abs. 2, der gegenüber

802) § 14 II 1 EGZPO., auch I/183. — Gerade die Tatsache, daß die Versicherer es für nötig hielten, im Fall eines Strafverfahrens den Zeitpunkt für die Erfüllung gewisser Obliegenheiten vorzuverlegen, beweist, in welch starkem Maße das Ergebnis des Strafverfahrens der zivilrechtlichen Beurteilung des Falles in der Praxis präjudiziert: so ausdrücklich Stuttgart v. 18. 11. 30 = JRPV. 1931 S. 59; die gegenteilige Ansicht, mag sie auch theoretisch zu Recht bestehen, sollte daher nicht zur Entlastung des VN. bei Obliegenheisverletzungen führen können.

803) Die Bedeutung, welche die Versicherer der Kenntnis vom Strafverfahren beimessen (LG. Berlin v. 12. 1. 34 = DOV. 1935 S. 4), ergibt sich auch daraus, daß fast alle Schadensanzeigen danach fragen. Über Strafverfahren und Betriebsunfall I/183 und Unfried ZfVW. 1909 S. 305 V.

804) LG. Berlin v. 9. 7. 31 = JRPV. 1932 S. 207, Nürnberg v. 3. 11. 27 = APV. 1928 S. 232.

805) § 153 VVG.; für die Rettungspflicht Bl. 81.

806) Bl. 90/1.

§ 5 Ziff. 2 Abs. 1 nur eine zeitliche, nicht aber eine gegenständliche Verschiebung der Obliegenheitserfüllung bedeutet[807], nur die Änderung des Erfüllungszeitpunktes[808] der **spontan zu beobachtenden** Obliegenheiten in Betracht kommen. Wo dagegen das Gesetz oder der VVertrag den Zeitpunkt der Erfüllung für bestimmte Obliegenheiten unabänderlich ein für allemal festgelegt und begrenzt hat, oder wo dieser Zeitpunkt nicht später liegt als die Einleitung eines polizeilichen oder strafgerichtlichen Verfahrens gemäß § 5 Ziff. 2 Abs. 2, wird auch eine zeitliche Verschiebung durch diese Vorschrift nicht bewirkt. Es scheiden daher für sie einmal diejenigen Pflichten des VN. aus, welche schon und nur kraft Gesetzes, d. h. mit dem von diesem bestimmten Inhalt und zu dem von ihm bestimmten Zeitpunkt, vom VN. erfüllt werden müssen[809]. Ebenso z. B. diejenigen, die nach dem VVertrag **stets** nur auf ein dahingehendes Verlangen des V'rers einzuhalten sind, für die also eine spontane Erfüllung kraft ihres Inhaltes niemals in Frage kommt[810]. Schließlich diejenigen, die begrifflich der Erhebung von H-Ansprüchen nachfolgen[811].

Trennt man die in § 5 Ziff. 2 Abs. 1 enthaltenen Obliegenheiten nach diesen Gesichtspunkten, so bleiben für die Anwendung des Abs. 2[812] übrig die Obliegenheiten:

1. alles zu tun, was zur Klarstellung des Schadensfalls dient[813];
2. den V'rer bei der Schadensermittlung zu unterstützen;
3. zur Erstattung ausführlicher und wahrheitsgemäßer Schadensberichte[814];

807) Damit werden für die AVB. die Ausführungen des RG. v. 16. 3. 34 = RG. 144/163 = JRPV. 163 = DOV. 62 = APV. 20 = JW. 1721 = HRR. Nr. 1464 = RdK. 1935 S. 56 überflüssig, wonach es „möglich ist, daß eine Obliegenheit, die an sich nach den AVB. schon vor dem Eintritt des VFalls zu erfüllen war, auch noch nach dessen Eintritt zu erfüllen ist". (Im gegebenen Falle z. B. die Obliegenheit zur Anzeige von der Einleitung eines Strafverfahrens, das z. Zt. des Eintritts des VFalls schon seitens der Staatsanwaltschaft eingestellt war.) Im Rahmen der AVB. bleibt dies in jedem Falle ein „Tatumstand, welcher auf den Schadensfall Bezug hat" im Sinne von § 5, 2 I AVB., der ohnehin in erster Linie spontan erst nach Erhebung von H-Ansprüchen anzuzeigen ist. Es ist also nach den AVB. die gleiche Obliegenheit (wie auch die im Text Ziff. 1—4 gen.) je nach Lage des Falles entweder vor oder nach Eintritt des vollständigen Tatbestandes des VFalles zu erfüllen.

808) Auch dies ist nur dann der Fall, wenn nicht schon vor Einleitung des polizeilichen oder strafgerichtlichen Verfahrens — etwa unmittelbar im Anschluß an den Schadensfall — zivilrechtliche H-Ansprüche gemäß § 5 Ziff. 1 AVB. erhoben werden. Ist dies der Fall, so greift § 5 Ziff. 2 Abs. 1 unmittelbar ein; Bl. 121.

809) Z. B. die Rettungspflicht, die immer bereits mit dem Eintritt des Schadensfalles zu beobachten ist, Bl. 81.

810) Z. B. die Obliegenheit „alle nach Ansicht der Gesellschaft ... erheblichen Schriftstücke einzusenden", Anm. 777 zu § 5.

811) Z. B. die Obliegenheit, den Versicherer bei der Abwehr und — meistens — der Regulierung des Schadens zu unterstützen; Bl. 97 ff.

812) Sämtliche in § 5 Ziff. 2 Abs. 1 genannten Obliegenheiten will im Falle des Abs. 2 anwenden Schwaiger S. 122 Anm. zu § 5 Ziff. 2.

813) Für die Erfüllungszeit im Rahmen des § 5 Ziff. 2 Abs. 1: Bl. 90.

814) Für die Erfüllungszeit im Rahmen des § 5 Ziff. 2 Abs. 1: Bl. 103.

4. alle Tatumstände, welche auf den Schadensfall Bezug haben, mitzuteilen[815].

Zu der Obliegenheit, „alles zu tun, was zur Klarstellung des Schadensfalls dient[816]", gehört auch die Pflicht, auf Verlangen des V'rers[817] Einspruch gegen einen Strafbefehl oder die in Frage kommenden Rechtsmittel gegen ein Strafurteil einzulegen[818]. Dies vor allem dann, wenn die vom VN. gegebene Schadensschilderung sich mit den behördlichen Feststellungen nicht deckt. Bleibt der VN. hier bei seinen ersten Angaben stehen, so hat er die Pflicht, auf jede Weise an der Klarstellung des Schadensfalles mitzuwirken, es sei denn, daß ihm dabei etwa Unbilliges zugemutet wird[820]. Die Auflage gegen einen Strafbefehl oder ein Strafurteil ein Rechtsmittel einzulegen[821], kann aber nicht grundsätzlich[822] als eine unbillige Zumutung angesprochen werden[823]; denn es kommt hier nicht allein, ja nicht einmal in erster Linie auf die Interessen des VN. an, sondern der V'rer, der geschädigte Dritte und der Staat müssen die Aufklärung wünschen[824]. Gibt allerdings der VN. in Übereinstimmung mit den Feststellungen im Strafbefehl oder Strafurteil die Unrichtigkeit seiner früheren Angaben ausdrücklich und glaubhaft zu (womit u. U. ein früherer Verstoß gegen seine Wahrheitspflicht eingestanden wird), so wird man damit die Aufklärung des Schadensfalls als gegeben und weitere Schritte nach dieser Richtung regelmäßig

---

815) Für die Erfüllungszeit im Rahmen des § 5 Ziff. 2 Abs. 1: Bl. 110/11.

816) Bl. 90 ff.

817) Vergl. demgegenüber § 5 Ziff. 3 Satz 2, wonach der VN. bei bestimmten zivilrechtlichen Verfahren auch ohne Weisung des Versicherers Rechtsmittel einlegen muß.

818) Die dem Strafbefehl zugrunde liegenden Ermittlungen sind oft recht lückenhaft, und es ist bei seinem Erlaß die Möglichkeit des Einspruchs in Rechnung gestellt. Die VN. zahlen oft lieber 5 oder 10 RM. Strafe, als viel Zeit durch eine Gerichtsverhandlung zu versäumen. Der Schadensfall bleibt so ungeklärt zum Nachteil des Versicherers, der nun vom Geschädigten mit zivilrechtlichen Ansprüchen bedrängt wird. An diesen berechtigten Interessen des Versicherers darf nicht vorbeigegangen werden, nur um den VN. vor Unannehmlichkeiten zu bewahren.

820) Die Einschränkung der Obliegenheit des § 5, 2 I gilt entsprechend auch für § 5, 2 II AVB.

821) Die Pflicht hierzu ergibt sich auch aus der Obliegenheit des VN., den Versicherer bei der Schadenermittlung zu unterstützen.

822) Dies tut auch nicht Stuttgart v. 18. 11. 30 = JRPV. 1931 S. 59, sondern gibt eine auf die Besonderheit des Falles abgestellte Begründung. Eine allgemein in den AVB. ausgesprochene Rechtspflicht, gegen einen Strafbefehl ein Rechtsmittel einzulegen, hält für den VN. für unzumutbar: Stuttgart v. 13. 5. 29 = JW. 1930 S. 3650, (dagegen in Anm. aaO. Gottschalk) = DAutoR. 1930 S. 95 = RdK. 1930 S. 307.

823) Und zwar auch dann nicht, wenn die Weiterverfolgung gegen die Auffassung des VN. vorgenommen werden soll. Über die Kosten der Strafverteidigung § 150 I 3 u. F. VVG. § 3 II 1 Abs. 2 AVB. (dazu I/182/3).

824) Demgegenüber haben u. U. auch die „höchst persönlichen Interessen" des VN. (: so Stiefel S. 120 Anm. 35) zurückzutreten. Die Bedeutung des Strafverfahrens für die Aufklärung des Unfallhergangs betont Düsseldorf v. 8. 7. 36 = JRPV. Zus. II S. 38/39; auch Braunschweig v. 25. 10. 35 = JRPV. 1936 Zus. I S. 10 bezeichnet es ebenfalls als den Zweck der Anzeige des Strafverfahrens, „dem Versicherer Gelegenheit zu geben, auf das Strafverfahren im Sinne einer möglichst vollständigen Feststellung des Tatbestandes einzuwirken"; vergl. auch Unfried ZfVW. 1909 S. 305 V.

als unnötig ansehen können. Das gleiche gilt, wenn die Weiterverfolgung eines Strafverfahrens absolut aussichtslos erscheint, aussichtslos aber, was zu beachten ist, im Hinblick auf weitere Klarstellung des Schadensfalls[825]. Ob dies der Fall ist, muß sorgfältig geprüft werden. Es ist kaum anzunehmen, daß ein V'rer die Durchführung völlig aussichtsloser Maßnahmen verlangt.

Wegen Einzelheiten zu den vorstehend unter 2., 3., 4. genannten Obliegenheiten wird auf die früheren Ausführungen[827] verwiesen. Der VN. hat den V'rer auch über den **weiteren Verlauf** des polizeilichen oder strafgerichtlichen Verfahrens auf dem laufenden zu halten[828], z. B. über einen Einstellungsbescheid der Staatsanwaltschaft, eine hiergegen eingelegte Beschwerde und deren Zurückweisung usw.

Die aus den vier genannten Verpflichtungen sich ergebenden Handlungen und Unterlassungen hat der VN., auch ohne besondere Aufforderung der V'rers von der Einleitung eines polizeilichen oder strafgerichtlichen Verfahrens ab zu beobachten[829], wenn der aaO. im übrigen vorausgesetzte Tatbestand erfüllt ist. — § 5 Ziff. 2 Abs. 2 bezieht sich, wie hervorgehoben, nur auf die Obliegenheiten aus § 5 Ziff. 2 Abs. 1. Zu diesen gehört nicht die Anzeigepflicht des § 5 Ziff. 1[830]. Da auch § 5 Ziff. 2 Abs. 2 ADB.[831] nicht ausdrücklich eine Pflicht zur Anzeige des polizeilichen oder strafgerichtlichen[837] Verfahrens selbst aufstellt, ist bisweilen[832] für den Bereich der ADB.[833] eine solche überhaupt geleugnet

---

825) Darauf kommt es an. Auf die Bedeutung des Strafverfahrens für die Feststellung des Tatbestandes weist auch Unfried aaO. hin. Unerheblich ist in diesem Zusammenhange, ob für den VN. Aussicht bestand, im Strafverfahren einen Freispruch zu erzielen, oder eine höhere Strafe zu erhalten, wie es Stuttgart v. 18. 11. 30 = JRPV. 1931 S. 59 für die Frage der Zumutbarkeit offenbar wesentlich scheint; zust. dem OLG. das Revisionsurteil RG. v. 29. 9. 31 = JRPV. 59 = DOV. 83 = APV. 276 = HansRGZ. A. 664 = Warn. 423 = mitget. in NZ. 1933 S. 1031; vergl. auch Anm. 641 zu § 5. — Überhaupt interessiert den H-Versicherer das Strafverfahren nur im Hinblick auf die zivilrechtliche Seite des Falles. Dem Argument der Anspruchsverwirkung wegen Nichtanzeige des Strafverfahrens könne die Einrede der Arglist deshalb entgegengehalten werden, weil im Strafverfahren Freispruch erging, und der Versicherer auch bei erfolgter Anzeige „im Strafverfahren nicht mehr hätte erreichen können": so Karlsruhe v. 14. 7. 32 = APV. 261, verkennt die Bedeutung der Kenntnis des Strafverfahrens für den Versicherer und zugleich Sinn und Zweck der Obliegenheit seiner Anzeige.

827) Bl. 90—111.

828) Nürnberg v. 3. 11. 27 = APV. 232 = RdK. 1929 S. 146; Stuttgart v. 18. 11. 30 = JRPV. 1931 S. 59; Düsseldorf v. 8. 7. 36 = JRPV. Zuf. 11 S. 38; KG. v. 15. 6. 35 = JRPV. 310/12, welche dies sogar für die AKB. annehmen, die nach ihrem Wortlaut nur die Anzeige von der Einleitung eines Strafverfahrens erwähnen. Siehe auch Gottschalk JW. 1930 S. 3650.

829) Insbesondere die entsprechenden Auskünfte zu erteilen.

830) Zust. LG. Berlin v. 9. 7. 31 = JRPV. 1932 S. 207 (dem die AVB., nicht die AKB., zugrunde liegen).

831) § 153 I 3 a. F. spricht nur von einer Verhandlung über den „Anspruch" also ein zivilrechtliches Verfahren.

832) Z. B. LG. Berlin v. 9. 7. 31 aaO., dazu zutr. der Berichterstatter.

833) § 5 Ziff. 2 AKB. a. F. spricht ausdrücklich von der Pflicht der Anzeige des Strafverfahrens, erwähnt aber das besonders für die AKB. bedeutsame „poli-

worden. Mit Unrecht; einmal wäre es innerlich miteinander unvereinbar, dem VN. Obliegenheiten im Hinblick auf das Schadensereignis gerade für den Fall aufzuerlegen, daß aus diesem ein Strafverfahren gegen ihn eingeleitet wird, andererseits aber eine Anzeigepflicht hinsichtlich des — schon jetzt zur Beobachtung aller dieser Obliegenheiten — Veranlassung gebenden Tatbestandes selbst nicht anzuerkennen[834]. Vor allem aber bezieht sich, wie bereits[835] ausgeführt wurde, die Obliegenheit „alle Tatumstände, welche auf den Schadensfall Bezug haben, mitzuteilen" auf alle gerichtlichen und außergerichtlichen Verfahren, in deren Mittelpunkt der Schadensfall steht und an denen der VN. irgendwie teilnehmen muß oder kann. Diese Obliegenheit, die der VN. im Rahmen des § 5 Ziff. 2 Abs. 1 AVB. spontan erst nach Erhebung von H-Ansprüchen erfüllen muß, ist, wenn das strafgerichtliche oder polizeiliche Verfahren vor Erhebung von H-Ansprüchen eingeleitet wird, gemäß § 5 Ziff. 2 Abs. 2 schon in diesem früheren Zeitpunkt zu beobachten. Aus dieser Obliegenheit[836] folgt also die Pflicht des VN., die Einleitung des polizeilichen oder strafgerichtlichen Verfahrens als solches dem V'rer anzuzeigen[837, 838, 839]. Auch aus § 3 II Ziff. 1 Abs. 2 wird man eine entsprechende Anzeigepflicht herleiten dürfen: der für die Bestellung eines Strafverteidigers maßgebende „Wunsch" des V'rers kann ja erst auf die erfolgte Anzeige des VN. hin geäußert werden. Wegen der hierfür in Frage kommenden Frist wird im folgenden zwar auf die Erreichung des vom V'rer mit der Aufstellung der Obliegenheit verfolgten Zweckes abgestellt, doch spielt dieser Gesichtspunkt für den Eintritt der mit der

---

zeiliche Verfahren" nicht (anders § 7 I Ziff. 2 S. 4 a. F. AKB.), so daß in Schrifttum und Rechtsprechung streitig war, ob auch dies schon anzuzeigen sei. Dafür: Hamm v. 20. 10. 30 = JRPV. 1931 S. 135; Düsseldorf v. 5. 12. 32 = JRPV. 1933 S. 275 = AVV. 1933 S. 101; KG. v. 30. 11. 35 = JRPV. 1936 S. 157; vergl. auch Düsseldorf v. 23. 6. 32 = JRPV. 1933 S. 162. Dagegen: KG. v. 5. 6. 29 = JRPV. 300 = AVV. 227 = Verk.recht. Rösch 427; dazu Guckenheimer in JRPV. 1929 S 377, 1930 S. 413; Pfeiffer in JRPV. 1929 S. 392, 1930 S. 6.

834) Weitere Argumente bei Nürnberg v. 3. 11. 27 = AVV. 1928 S. 232/3, welches die Anzeige des polizeilichen oder strafgerichtlichen Verfahrens zutr. eine „Voraussetzung für die Erfüllung der in Ziff. 2 vorgesehenen Obliegenheit des VN." nennt. Ebenso der aaO. zit. Vorderrichter: die Anzeige sei „das nächstliegende".

835) Bl. 108/9.

836) Stiefel Ass. Jahrb. 1934 S. 43 XIII folgert die Anzeigepflicht (vom Prozeßverfahren) „auch wenn sie nicht ausdrücklich in den Bedingungen verankert ist" aus der allgemeinen Rettungspflicht; derselbe S. 44 XIV: „Dieselben Rechtssätze gelten ... für die Anzeigepflicht der Einleitung eines Strafverfahrens ..."

837) Gemäß § 153 IV VVG. und 5 Ziff. 2 Abs. 2 a. F. AVB. ist bei Einleitung eines Ermittlungsverfahrens bzw. einer Strafverfügung „unverzüglich" anzuzeigen.

838) Auch das zu Anm. 758 zu § 5 zit.: Braunschweig v. 25. 10. 35 aaO., JRPV. 1934 S. 65.

839) Hieraus ergibt sich mittelbar auch eine Anzeige vom Schadensfall, und zwar schon vor Erhebung von H-Ansprüchen (Anm. 414 zu § 5), zu welcher der VN. von sich aus im allgemeinen — Oberbach HansRGZ. 1941 Sp. 114 — nach den AVB. a. F. nicht gehalten war; Bl. 90/1. Vergl. aber § 5 Ziff. 2 Abs. 1 a. F.

Nichtbeobachtung verbundenen Sanktion keine entscheidende Rolle[840]; denn grundsätzlich ist es vor Inkrafttreten der Novelle hierfür unerheblich[841], ob dem V'rer aus der Nichtbeobachtung ein Schaden entstanden ist[842]. (Anders gemäß §§ 6 III n.F. VVG. und 6 AVB.) Hat der VN. vorsätzlich oder grobfahrlässig seine Anzeigepflicht verletzt, so tritt die Verwirkung aus § 6 AVB. ein[842a], auch wenn der V'rer sofort nach Einleitung des Verfahrens von anderer Seite Kenntnis erhalten hat. § 33 II VVG. findet hier, weil es sich bei § 5 Ziff. 2 AVB. nicht um die Anzeige des VFalls handelt, keine Anwendung[843]. Vgl. § 153 VVG., wonach für Abs. I, nicht aber für Abs. IV (vgl. Anm. 480 zu § 5) § 33 II entsprechende Anwendung findet. Der V'rer braucht sich nicht selbst um diese Dinge zu kümmern und bei Polizei oder Gericht nachzufragen; um dies zu vermeiden, ist dem VN. die Obliegenheit insbesondere auferlegt[844]. Eine Fristbestimmung für die Anzeige, vergleichbar der in § 5 Ziff. 1 AVB., ist nicht ausdrücklich getroffen[845]. Aus den Gründen, die Anlaß zur Aufstellung der Obliegenheiten gaben, folgt, daß sie unverzüglich[846] vorzunehmen ist, jedenfalls so rechtzeitig, daß der V'rer alle erforderlichen Schritte zur Wahrnehmung seiner Rechte und Interessen tun kann[847].

Tatbestandsmäßig wird folgendes vorausgesetzt: zunächst muß **wegen eines[848] Ereignisses**, das einen Haftpflichtanspruch im Gefolge haben könnte[849], eines der genannten Verfahren eingeleitet sein. Die Wortfassung deckt sich mit der in §§ 1, 3 II Ziff. 1 Abs. 2 AVB.: „Wegen eines ... Ereignisses ..." Unter dem „Ereignis" ist die Schadens**ursache** zu verstehen[850]. „Wegen" des Schaden**sereignisses** (des Un-

---

840) Ob in solchem Falle (so rechtzeitige anderweitige Kenntnis des Versicherers vom Strafverfahren, daß ein geeigneter Rechtsbeistand hätte gestellt werden können) der VN. dem Verwirkungseinwand die Einrede der allgemeinen Arglist entgegen halten könnte, blieb vom RG. vom 14. 6. 32 (Anm. 842) dahingestellt; Anm. 478 zu § 5; zulassen würde anscheinend die Einrede Braunschweig v. 25. 10. 35 = JRPV. 1936 Zus. I S. 10. 841) Bl. 170.

842) § 32 S. 2 a. F. VVG. kann weder unmittelbar noch entsprechend angewendet werden, da er sich nicht auf Obliegenheiten bezieht, die erst nach dem Eintritt des schädigenden Ereignisses zu erfüllen sind: RG. v. 14. 6. 32 = RG. 136/370 = JRPV. 215 = DOV. 75 = APV. 245 = JW. 2514 = HRR. Nr. 2293.

842 a) Bl. 177 ff.

843) Düsseldorf v. 8. 7. 36 = JRPV. Zus. II S. 38/9; vergl. auch Bl. 75, Anm. 233 u. 314 zu § 5 und die dort weiter genannten, Bl. 130. A. A. anscheinend Bruck Komm. § 33 A 5, 6, 17, i. V. mit § 153 A 6.

844) Bl. 58 und die das. Anm. 312 gen.

845) Nürnberg v. 3. 11. 27 = APV. 1928 S. 232/3.

846) RG. v. 17. 3. 16 = LZ. S. 1190; a. A. Pfund LZ. 1916 S. 1358, und die das. gen. — Ausdr.: § 153 IV n. F. VVG., § 5 Ziff. 2 Abs. 2 n. F. AVB.

847) Ausführungen und weitere Nachweise auf Bl. 110/11, auch Anm. 480 zu § 5.

848) Tatsächlich eingetreten: I/181.

849) Diese Voraussetzung enthält § 5 Ziff. 2 Abs. 2 n. F. AVB. nicht mehr.

850) I/73 ff., auch I/189, Oberbach JRPV. 1943 S. 36 mit weit. Lit. — Außer den dort gen.: Hagen Oest. Revue 1932 S. 249/52, Huttner Dt. Recht der HuUnfV. 1908 S. 111, Blaesner JRPV. 1935 S. 295, ausdrücklich zust. RG. v. 26. 2. 43 — VII 144/42 — = Deutsches Recht 1943 S. 988 ff.

falls) allein wird — zum mindesten im Bereich der für die AVB. fast ausschließlich in Betracht kommenden Verschuldenshaftung — ein strafgerichtliches Verfahren nicht eingeleitet werden, vielmehr wird es gerade hierzu vorwiegend auf die Verschuldensfrage und damit die Schadensursache ankommen. Die tatbestandlichen Voraussetzungen müssen aber zum mindesten **auch** im Hinblick auf begründete Ansprüche klargestellt werden.

Die weitere Voraussetzung, es müsse sich um ein Ereignis handeln, das einen Haftpflichtanspruch im Gefolge haben „könnte", bedeutet hauptsächlich, daß hier nicht, wie sonst[851], ein H-Anspruch schon erhoben, der VFall also in seinem Gesamttatbestand bereits vollendet sein muß[851a]. Wurde ein H-Anspruch (etwa unmittelbar im Anschluß an den Schadensfall) schon erhoben, so ist der Tatbestand des § 5 Ziff. 2 Abs. 2 nicht gegeben, sondern § 5 Ziff. 2 Abs. 1 AVB. unmittelbar anzuwenden. Das bedeutet keinen sachlichen Unterschied, da, wie ausgeführt, Abs. 2 gegenüber Abs. 1 nur eine zeitliche, nicht aber gegenständliche Verschiebung der Obliegenheitserfüllung enthält[852]. Dies wird durch die AVB. n.F. bestätigt, die eine dem § 5 Ziff. 2 Abs. 2 a.F. AVB. entsprechende Bestimmung nicht haben, weil sie als VFall in § 5 Ziff. 1 das Schadensereignis bezeichnen, welches gemäß Ziff. 2 Abs. 1 n.F. AVB. dem V'rer gemeldet werden muß.

Der Ausdruck „Haftpflichtanspruch" ist nicht genau. Den V'rer geht nur der Haftpflicht-Versicherungsanspruch, nicht aber der Haftpflichtanspruch an[853]. Daher ist in objektiver Hinsicht zu ergänzen, daß die Obliegenheit sich nur auf einen **„unter den VVertrag fallenden H-Anspruch"** bezieht[854], während der Wortlaut nach der subjektiven Seite ergibt, daß der VN. nicht zu prüfen braucht, ob der H-Anspruch vom VSchutz nach Gegenstand, Umfang usw. umfaßt wird. Demgemäß ist es im Hinblick auf den Umfang des VSchutzes, welcher gemäß § 3 II 1 AVB. auch die Abwehr unberechtigter Ansprüche bietet, unerheblich, ob der Anspruch, wenn er tatsächlich geltend gemacht werden sollte, berechtigt oder unberechtigt sein würde. In gleicher Weise ist ohne Belang, ob das Ereignis den Grund des Anspruchs oder lediglich seine Höhe (z. B. als mitwirkendes Verschulden) betrifft[855]. Somit kann fast[856] jedes „Ereignis" i. S. von § 1 AVB. einen, wenn auch nur unberechtigten H-Anspruch im Gefolge haben. Ob es sich im Einzelfall um ein derartiges

851) Bl. 90/1.
851 a) Vergl. § 5 Ziff. 1 n. F. AVB.
852) Zu Anm. 807, 808 zu § 5.
853) I/182.
854) Vergl. die Fassung in § 3 II Ziff. 1 Abs. 2: I/182 und in § 5 Ziff. 1: Bl. 63 ff.
855) I/182.
856) Unzutr. daher Bruck Komm. § 153 Anm. 6, wonach jedes polizeiliche oder strafgerichtliche Verfahren in Betracht kommt.

Ereignis handelt, der VN. also gemäß § 5 Ziff. 2 Abs. 2 verfahren muß, darf und kann er selbst entscheiden. Dies folgt aus der Fassung „... haben könnte", wenn man demgegenüber vergleicht § 3 II Ziff. 1 Abs. 2: „Wird in einem Strafverfahren wegen eines Ereignisses, das einen unter den VSchutz fallenden H-Anspruch zur Folge haben **kann**...": dazu I/182. Im letzteren Falle will die Anzeige nicht dem V'rer Kenntnis geben, sondern ihm die Ausübung des Rechts ermöglichen, einen Strafverteidiger zu stellen. Hier wird also diese Kenntnis vom Ereignis beim V'rer vorausgesetzt, und dieser kann selbst die Entscheidung treffen, ob das Ereignis „einen unter den VSchutz fallenden H-Anspruch zur Folge haben **kann**."

Der VN. tut gut, die in dieser Entscheidung liegende Deckungsprüfung dem V'rer zu überlassen und hinsichtlich seiner Obliegenheit die Möglichkeit von H-Ansprüchen stets zu unterstellen, ebenso wie er zweckmäßig[857] **jeden** gegen ihn erhobenen H-Anspruch gemäß § 5 Ziff. 1 ADB. dem V'rer anmeldet. Eine selbständige Prüfung erfolgt auf eigene Gefahr. Solange er den VSchutz in Anspruch nehmen will, hat er die Pflicht[858] zur Anzeige oder Beobachtung der Obliegenheiten aus § 5 Ziff. 2 Abs. 2 i. V. mit § 5 Ziff. 2 Abs. 1 ADB.[859]

Das polizeiliche oder strafgerichtliche Verfahren muß **gegen den VN.**[860, 861] eingeleitet sein. Darüber, wer als VN. anzusehen ist: vgl. I/38 ff. Wie verhält es sich, wenn Arbeiter, Angestellte oder dgl. des VN. schuldhaft einen Schaden angerichtet haben, für dessen Ersatz dieser z. B. gemäß §§ 823 i. V. mit 278 oder 831 BGB. haftbar gemacht werden könnte, und gegen den betreffenden Arbeiter usw. ein polizeiliches oder strafgerichtliches Verfahren eingeleitet wird? Hier wird man unterscheiden müssen:

a) Erstreckt sich der VSchutz auch auf H-Ansprüche gegen die Arbeiter und Angestellten des VN., so gilt § 8 ADB.[863] und demgemäß ist sowohl

---

857) Bl. 64.

858) Ähnlich § 5 Ziff. 1 AVB., Anm. 13 zu § 5, Bl. 64, 92, 106, 136, 158.

859) M. E. kann man es hier nicht in Angleichung an § 5 der AVB. für Vermögenshaftpflicht (dazu Schennert in JRPV. 1938 S. 340) allein auf das pflichtmäßige Ermessen des VN. abstellen. Einmal kommt diesem pflichtmäßigen Ermessen im l e t z t e r e n F a l l angesichts des Kreises der beteiligten VN. (Rechtsanwälte, Notare, Revisoren usw.) ein anderes Gewicht und eine andere Bedeutung zu als in der HV. allgemein. Weiter werden in der Vermögensschäden-V. durch die genannte pflichtmäßige Bestimmung vorgekommene Fehler in voraussichtlich für den Versicherer erhebliche und unerhebliche geschieden, während in den hier behandelten AVB. diese Auswahl schon durch die Tatsache der Einleitung eines strafgerichtlichen oder polizeilichen Verfahrens getroffen ist. Andere (Stiefel S. 119 Anm. 32 a. E.) lassen die Anzeigepflicht entstehen, „sobald der VN. nach der von ihm billigerweise zu erwartenden Kenntnis der Rechts- und Sachlage Grund zur Annahme haben mußte, daß das Strafverfahren tatsächlich Ereignisse zum Gegenstand hat, die in einem H-Prozeß eine Rolle spielen könnten".

860) Das ist nicht der Fall, wenn er nur als Zeuge in einem Verfahren vernommen wird: KG. v. 15. 6. 35 = JRPV. S. 310/12.

861) Anders §§ 5 Ziff. 2 S. 3 a. F., 7 I Ziff. 2 S. 4 n. F. AKB.

863) Die dem Urteil des KG. v. 5. 6. 29 = JRPV. 300 = APV. 227 = Verk.Rdsch. 427 zugrunde liegenden AVB. enthielten offenbar eine dem § 8 AVB. entsprechende Bestimmung nicht.

der Versicherte[864] (= Arbeiter) wie auch der VN.[865, 866] für die Erfüllung der Obliegenheit des § 5 Ziff. 2 Abs. 2 AVB. verantwortlich.

b) Liegt die Voraussetzung zu a) nicht vor, so ist der Tatbestand des § 5 Ziff. 2 Abs. 2 nicht gegeben, womit auch die dort angezogenen Verpflichtungen nicht bestehen[867]. In diesem letzteren Falle[868] bleiben also die Interessen des V'rers, die zur Aufstellung der Bestimmung Veranlassung gegeben haben, unberücksichtigt und eine entsprechende Änderung ist wünschenswert[869]. Die Neufassung der AVB. enthält in § 5 Ziff. 2 Abs. 2. die Obliegenheit, daß der VN. von der Einleitung eines (jedes) Ermittlungsverfahrens usw. dem V'rer unverzüglich Anzeige erstattet, also auch in den Fällen, in welchen es sich nicht gegen ihn selbst richtet. Dagegen entspricht § 153 IV VVG. der früheren Fassung der AVB. („gegen ihn"). —

Das gegen den VN.[870] eingeleitete Verfahren[871] muß „ein polizeiliches oder strafgerichtliches" sein. Diese Fassung ist weiter als jene in § 5 Ziff. 2 Satz 3 a.F. AKB., wo lediglich von der Einleitung eines Strafverfahrens die Rede ist. Sie will durch ausdrückliche Einbeziehung des polizeilichen Verfahrens die für die AKB. entstandenen[872] Zweifel vermeiden, nicht aber durch das Wort „oder" eine Wesensverschiedenheit zwischen den beiden Verfahrensarten zum Ausdruck bringen. Es genügt die **Einleitung** eines[873] Verfahrens[874], die beginnt mit den ersten zur Kenntnis[876] des VN.[877] bestimmten und an ihn gelangenden behördlichen Maßnahmen[875].

---

864) Frankfurt a. M. v. 15. 1. 31 = JRPV. 260; RG. 101/215 = JW. 1921 S. 633.

865) Karlsruhe v. 14. 7. 32 = APV. 261.

866) Hier erwächst z. B. dem VN. aus der Obliegenheit, „alles zu tun, was zur Aufklärung des Schadens dienen kann", die Pflicht, in einem gegen den V'ten gerichteten Strafverfahren — auch ohne als Zeuge geladen zu sein — auf Verlangen des Versicherers oder V'ten zum Termin zu erscheinen, unter der Voraussetzung allerdings, daß er wirklich zur Aufklärung des Schadens beitragen kann: KG. v. 16. 12. 33 = JRPV. 1934 S. 93 = APV. 1934 S. 23 (zu diesem auch Anm. 633 a. E. zu § 5).

867) Düsseldorf v. 12. 9. 34 = JRPV. 1935 Zus. S. 18 läßt dahingestellt, ob die Anzeigepflicht auf derartige Fälle entsprechend anzuwenden ist.

868) — der offenbar auch bei Hamburg v. 25. 3. 31 = HansRGZ. B. 547 vorlag —.

869) Anders schon die AKB. § 5 Ziff. 2 Satz 3 a. F., § 7 I Ziff. 2 S. 4 n. F.

870) Von den Verpflichtungen des Versicherers in Strafverfahren spricht das VVG. nicht; I/182 unten, Unfried ZfVW. 1909 S. 306.

871) Hierunter fällt nicht ein seeamtliches Verfahren: Hamburg v. 25. 3. 31 = HansRGZ. B. 547; ein solches ist aber wohl als „Tatumstand, welcher auf den Schadensfall Bezug hat" im Sinne von § 5, 2 I anzusehen: Anm. 755 zu § 5.

872) Anm. 833 zu § 5.

873) Auf Anfrage muß der VN., der seine Mitteilung darauf beschränkt hatte, es finde ein „Termin" statt, erklären, welcher Art (z. B. Straftermin oder dergl.) dieser ist; a. A. Düsseldorf v. 10. 11. 32 = JRPV. 1934 S. 60.

874) So ausdrücklich §§ 153 IV VVG., 5 Ziff. 2 Abs. 2 n. F. AVB.

875) LG. Frankfurt a. M. v. 2. 7. 29 = JRPV. 401; Hamm v. 21. 10. 30 = JRPV. 1931 S. 135.

876) KG. v. 5. 6. 29 aaO., Cuntz in JRPV. 1935 S. 305/8.

877) und der diesem gleichgestellten Personen.

Für die Rechtsnatur der Obliegenheit gilt, da nicht ihr Charakter sich gegenüber § 5 Ziff. 2 Abs. 1 AVB. geändert hat[878], sondern nur der Zeitpunkt der Erfüllung, das auf Blatt 88 und 112 Gesagte.

§ 5 Ziff. 3

3. Kommt es zum Prozeß über den Haftpflichtanspruch, so hat der Versicherungsnehmer die Prozeßführung der Gesellschaft zu überlassen, dem von der Gesellschaft bestellten oder bezeichneten Anwalt Vollmacht und alle von diesem oder der Gesellschaft für nötig erachteten Aufklärungen zu geben. Gegen Zahlungsbefehle oder Verfügungen von Verwaltungsbehörden auf Schadensersatz hat er, ohne die Weisung der Gesellschaft abzuwarten, fristgemäß Widerspruch zu erheben oder die erforderlichen Rechtsbehelfe zu ergreifen.

„Kommt es zum Prozeß über den Haftpflichtanspruch ..."

Die Tatsache, daß es über den H-Anspruch[879] zum Prozeß gekommen ist[880], und die daraus sich ergebenden Folgen sind für die Parteien des VVertrages von großer Bedeutung. Die AVB. enthalten Bestimmungen hierüber an mehreren Stellen. — § 3 II Ziff. 1 spricht zunächst aus, daß „die Leistungspflicht der Gesellschaft umfaßt ... die Abwehr unberechtigter Ansprüche[881, 882]"; § 3 II Ziff. 3 bestimmt, daß, wenn „es in einem VFall zu einem Rechtsstreit über den Anspruch zwischen dem VN. und dem Geschädigten ..." kommt, „die Gesellschaft den Rechtsstreit im Namen des VN. auf ihre Kosten" führt[883]; § 3 II Ziff. 4, III Ziff. 1 und 3 enthalten Einzelheiten der Kostentragung durch den V'rer. § 5 Ziff. 3 (= 5 Ziff. 4 n.F.) AVB. gestaltet die im Grundsatz bereits in § 3 II Ziff. 3 verankerte Prozeßmuntschaft des V'rers[884] näher aus; § 5 Ziff. 6 (= Ziff. 7 n.F.) AVB. schließlich enthält die Vereinbarung einer Vollmacht für den V'rer, wonach er bestimmte Erklärungen mit Verbindlichkeit für den VN. abgeben darf[885].

Eine zusammenfassende Betrachtung dieser Bestimmungen zeigt, daß der H-Prozeß materiell allein[886] vom V'rer geführt wird, während der

878) Bl. 115/6.

879) Die Formulierung würde hier besser zum Ausdruck bringen, daß es sich um einen „unter den VVertrag fallenden H-Anspruch" (§ 5 Ziff. 1 Satz 1 AVB.) handeln, oder daß es „in einem VFall" zu einem Prozeß gekommen sein muß (§ 3 II 3 AVB. dazu I/191).

880) Bl. 127.

881) I/175 ff.

882) Dem Begriff der HV. ist die Prozeßführung durchaus nicht wesentlich: Lang („die inneren Grenzen der HV.") in WuRdV. 1920 Nr. 2 S. 98; Donati in NZ. 1937 S. 1160, Unfried ZfVW. 1909 S. 273.

883) I/191 ff. 884) I/192. 885) Bl. 159.

886) Über gewisse, nicht erhebliche Einschränkungen Bl. 132 ff.

VN. die Rolle der zweiten Prozeßpartei[887] nur nach außen hin[888] und formell spielt. Der V'rer ist zwar berechtigt, dem Rechtsstreit auch formell als Nebenintervenient beizutreten[889], doch macht die Praxis hiervon kaum Gebrauch. Die Gründe für diese Rollenverteilung sind klar:

1. Der V'rer allein entscheidet darüber, ob es in einem H-Fall zu einem Prozesse kommt oder nicht[890]; denn er trennt — und zwar im Innenverhältnis zum VN. verbindlich[891] — nach „Prüfung der H-Frage" (§ 3 II 1 AVB.) die H-Ansprüche in berechtigte und unberechtigte, und zwar im Hinblick auf den Grund und die Höhe. „Unberechtigt" i. S. dieser Bestimmung ist grundsätzlich jeder Anspruch, welchen der V'rer nicht befriedigen, sondern abwehren will[892]. Erklärt der V'rer den H-Anspruch für unberechtigt, so bleibt, da der VN. H-Ansprüche weder anerkennen noch befriedigen darf[893], diese selbst aber in ihrem rechtlichen Bestand nach außen durch die Erklärung des V'rers nicht berührt werden, dem Anspruchsteller nur die Möglichkeit, eine richterliche Entscheidung herbeizuführen; dies geschieht regelmäßig nach Abwickelung eines Prozeßverfahrens durch Urteil. Einen solchen Prozeß muß der V'rer, der die Ansprüche des Geschädigten für unberechtigt erklärt hat, führen[894].

2. Der V'rer hat also die Entscheidungsmacht darüber, ob es zum Prozeß kommen soll; dafür trifft ihn im Rahmen der AVB. aber auch die Last der gesamten[895] vermögensrechtlichen Folgen dieser Entscheidung: er führt (§ 3 II Ziff. 3 AVB.) den Rechtsstreit auf seine Kosten[896], seine Aufwendungen für Kosten werden nicht als Leistungen auf die VSumme angerechnet (§ 3 II Ziff. 4); entscheidet der Richter, daß die Ansprüche des Geschädigten — entgegen der Auffassung des V'rers — berechtigt sind, so muß der V'rer die Entschädigung, welche der VN. auf Grund der

---

887) Er muß nicht unbedingt Beklagter sein: I/180. 888) Bl. 133/4.

889) I/192 außer den dort in Anm. 291 gen. noch MR. 1912 S. 39.

890) Damit zugleich, wie weit er durchgeführt wird (Unfried ZfVW. 1909 S. 317) und ob Rechtsmittel eingelegt werden. Der VN. darf diese dem Versicherer vorbehaltene und von ihm durch Übernahme des Prozesses getroffene Entscheidung ihrer praktischen Bedeutung nicht dadurch entkleiden, daß er den gegnerischen H-Anspruch im Prozeß anerkennt. Darüber, daß in solchem Falle ein anderes als das im § 5 Ziff. 4 AVB. gemeinte Anerkenntnis vorliegt: Anm. 1007 zu § 5.

891) I/164.

892) I/176, Breslau v. 28. 6. 30 = APV. 206, Lang in WuRdV. 1920 S. 102 ff. besonders 118. 893) §§ 3 II 1, 5 Ziff. 4 AVB.

894) Er kann sich auch vor Durchführung des Prozesses mit dem Geschädigten vergleichen und diesem einen Betrag auszahlen, selbst wenn er nach wie vor den Anspruch für unberechtigt hält. Dies geschieht tatsächlich in der Praxis nicht selten, besonders nach Durchführung einer prozessualen Beweisaufnahme (Unfried ZfVW. 1909 S. 317). In diesem Falle wird der Anspruch nicht wie ein unberechtigter, sondern wie ein berechtigter behandelt, und darauf kommt es hinsichtlich der Unterscheidung an. Zahlt er aber nicht, so muß er — notfalls im Prozeß — abwehren; eine dritte Möglichkeit gibt es für ihn nicht: I/175 zu Anm. 195.

895) Über den Kostenerstattungsanspruch aus einem vom Versicherer ganz oder teilweise gewonnenen H-Prozeß: Mitteilungen 1933/121, DÖV. 1933 S. 180, 1934 S. 285 mit ausführl. Literaturangabe, JRPV. 1933 S. 248.

896) Über die Prozeßkosten § 3 II 3 AVB., I/192, 93, Anm. 1062 zu § 5.

richterlichen Entscheidung[897] in der Hauptsache zu zahlen hat, diesem ersetzen (§ 3 II Ziff. 1). Liegt die Entscheidung darüber, ob ein Prozeß geführt wird, grundsätzlich beim V'rer und hat dieser seine vermögensrechtlichen Folgen[898] zu tragen, so ist es recht und billig, daß der V'rer die Prozeßführung zu übernehmen hat[899] und daß er sie **allein**[900] übernehmen darf[901, 902].

Einige Worte über die Prozeßhäufigkeit: Nicht selten wird die Meinung geäußert[903], die V'rer seien besonders prozeßfreudig. Außergerichtliche Vergleiche kämen in H-Schäden, die durch VGesellschaften zu erledigen wären, nur selten vor. Insbesondere suchten die V'rer durch Prozeßführung den baldigen Ausgleich der Schäden zu verschleppen, um die Geschädigten zu zermürben, und was dergleichen Bemerkungen mehr sind. Dazu ist zu sagen: daß die große Mehrzahl der V'rer ausgesprochen ungern Prozesse führt, weiß jeder Kenner der Dinge. Nicht selten werden in kleinen und mittleren Schäden lediglich durch den Hinweis auf die schon allein mit der Aufnahme eines Prozesses für die V'rer verbundenen hohen Verwaltungs- und sonstigen Kosten[904] Vergleiche herbeigeführt, die in der Sach- und Rechtslage allein keine Grundlage haben[905]. Die den Geschädigten freundliche Einstellung vieler Gerichte[906] kommt hinzu. Es wäre eine dankenswerte Aufgabe, einmal die ge-

---

897) Die Frage, ob der VN. dem Geschädigten haftet, wird nach h. M. für den Versicherer verbindlich in dem Prozeß zwischen den erstgenannten Parteien entschieden, I/175 und I/105, RG. v. 22. 7. 41 = JRPV. 1941 S. 167 ff.

898) Bei einer solchen Sach- und Rechtslage kann man nicht sagen, der Versicherer besorge mit der Prozeßführung geschäftsmäßig fremde Angelegenheiten (§ 175 I ZPO.). Eine Zurückweisung von Angestellten des Versicherers (dazu Unfried ZfVW. 1909 S. 317), die am Amtsgericht auftreten wollen, ist nicht für zulässig zu erachten: JRPV. 1935 S. 225, Schultz DOV. 1935 S. 17, JRPV. 1935 S. 280; LG. Berlin v. 3. 5. 35, 22. 8. 35 = JRPV. 1935 S. 238; LG. Hamburg v. 8. 11. 35 = JRPV. 1936 S. 48; L.Arb.G. Dortmund v. 22. 9. 31, LG. Landsberg a. d. W. v. 20. 9. 32 zit. bei Schultz aaO.; a. A. LG. Stettin JW. 1935 S. 1510, LG. Berlin JW. 1935 S. 2918, Schultz JW. 1935 S. 1673, DVers.Vertr. 1935 S. 77 u. S. 95.

899) Breslau v. 28. 6. 30 = APV. 206: „Die AVB. sind dahin auszulegen, daß es nicht Sache des VN. ist, einen Rechtsstreit gegen den Geschädigten ... selbst zu führen" (vergl. aber Anm. 1011 zu § 5); MR. 1912 S. 36; a. A. DOV. 1931 S. 39/40 a. E., wonach eine Verpflichtung des Versicherers, die Prozeßführung zu übernehmen, abgelehnt wird, Bl. 132.

900) „Eine Maßnahme von solch konstitutivem Charakter, deren Erfolg über seine eigene Leistungspflicht entscheidet, kann der Versicherer freilich nicht mehr dem VN. überlassen": Lang in WuRdV. 1920 Heft 2 S. 99.

901) ZfVW. 1924 S. 305, über eine Abweichung in dem Fall, daß der Versicherer VSchutz abgelehnt hat: Anm. 1011 zu § 5.

902) ZfVW. 1924 S. 308: „Wenn die Versicherung auf Ersuchen des V'ten ihm die Prozeßführung abnimmt, so erfüllt sie einen Auftrag, der eine Geschäftsbesorgung zum Gegenstand hat ..." — „... übernimmt die Versicherung eine Geschäftsbesorgung und haftet deshalb nach den Grundsätzen der actio mandati contraria (RGZ. 38/55)".

903) Z. B. Bericht der VIII. Kommission zu § 151; ferner DJZ. 1916 S. 836: dazu MR. 1917 S. 240 ff.

904) Ein bezeichnendes Beispiel bei Unfried ZfVW. 1909 S. 316.

905) Die sogen. Kulanzzahlungen spielen hier eine große Rolle: Unfried ZfVW. 1909 S. 311; zu manchen Vergleichsvorschlägen der Gerichte: WZ. 1911 S. 241/43.

906) MR. 1917 S. 240 ff., NZ. 1935 S. 81, WZ. 1911 S. 241 ff.

sammelten Erfahrungen zu verarbeiten und vorzulegen[907]. Im übrigen läßt sich statistisch nachweisen, daß nur ein verschwindend kleiner Teil der anfallenden H-Schäden zum gerichtlichen Austrag kommt, während weitaus die meisten vergleichsweise erledigt werden. Wer die bedauerliche Einstellung weiter Kreise[908] zu den VSchäden kennt, weiß, daß zum mindesten der Höhe nach sehr viele Ansprüche[909] übersetzt sind. Der Anteil der im Prozeßweg geklärten H-Schäden schwankt bei den einzelnen Gesellschaften etwa zwischen 5% und knapp 1%[910, 911]. Die angebliche Neigung der V'rer, die Schäden hinhaltend zu bearbeiten und eine Entscheidung zu verschleppen, dürfte in Wahrheit ebensowenig bestehen. Ganz vermeiden lassen sich Prozesse wohl nicht[912], z. B. weil die Geschädigten zum außergerichtlichen Vergleich nicht zu bewegen sind, oder der V'rer den Anspruch für gänzlich unberechtigt hält und abgelehnt hat, der Geschädigte aber auf Zahlung besteht[913].

Die in § 5 Ziff. 3 Satz 1 AVB. ausgedrückte Obliegenheit ist zu beachten, wenn es „zum Prozeß über den H-Anspruch" kommt.

Hier kann zweifelhaft sein, ob unter dem „Prozeß" nur die Zustellung der ordentlichen Klage oder auch die des Armenrechtsgesuchs[914] zu verstehen ist. Dabei ist Sinn und Zweck der Bestimmung, wie er erkennbar Ausdruck gefunden hat, zu berücksichtigen. Wenn eine Gerichts- oder Verwaltungsbehörde mit der Schadensangelegenheit befaßt ist, sind gewisse Formalien zu berücksichtigen. Ferner macht die rechtliche, ja schon die rein tatsächliche Bedeutung, die alle diesen Behörden zugehenden Äußerungen für die Beurteilung und Entscheidung[915] der Sache haben, eine besondere Bearbeitung erforderlich. Wenn schon der Einleitung des

---

907) Über die Einwirkung der V. — insbesondere der HV. — auf die moderne Rechtsbildung: Lang WuRdV. 1920 S. 135 unter Hinweis auf Hegemann: Die Fortschritte des Zivilrechts im XIX. Jahrhundert, § 7.

908) Kersting in DOV. 1932 S. 194: Denn die Leistungspflicht des Versicherers geht ja nicht nur auf die Befriedigung begründeter, sondern auch — man kann heute vielleicht sogar sagen, in überwiegendem Maße (!) — auf Abwehr unbegründeter Ansprüche; WZ. 1911 S. 241 ff. (: Ausbeutung der HV.).

909) Besonders die aus immateriellen Schäden.

910) MR. 1917 S. 240 ff. Nach dortiger Angabe waren von insgesamt 76 983 Schadensfällen einer großen VGesellschaft im Jahre 1913 (!) nur 5475 im Prozeß. Die eingeklagten Forderungen erreichten eine Höhe von 9 231 099 Mk. Die durch Klageabweisung zu Fall gebrachten den Betrag von 7 503 193 Mk. Demgegenüber standen Aufwendungen in Höhe von 553 593 Mk. für Prozeßkosten.

911) Über die wachsende Zahl der Schäden und ihre Gefahr in der HV.: WZ. 1912 II S. 1659 ff. — NZ. 1912 S. 373, DOV. (Mitteilg.) 1918 S. 26 u. 97, NZ. 1935 S. 81 ff.: dazu NZ. 1935 S. 170 ff. und S. 593 ff.

912) Unfried ZfVW. 1909 S. 315 Ziff. 2.

913) Nach MR. 1917 S. 240 ist es „ein notwendiges Übel einer jeden HV., Prozesse führen zu müssen".

914) Über die Heranziehung des Versicherers für die Prozeßkosten einer versicherten Partei, insbesondere auch, falls diese das Armenrecht erhalten hat: Hagemann in JRPV. 1938 S. 33.

915) Frankfurt a. M. v. 15. 1. 31 — JRPV. 260/61: „. . . die ordnungsmäßige Beantwortung des ARGesuches des Gegners, von dessen sachgemäßer Erledigung u. U. das ganze Schicksal des Prozesses abhängt."

den V'rer nur bedingt angehenden Strafverfahrens für die Einhaltung der Obliegenheit die des polizeilichen Verfahrens gleichgestellt wurde (§ 5 Ziff. 2 Absatz 2) und ferner auch im Rahmen des § 5 Ziff. 3 Satz 2 die Pflicht zur Anzeige[916] von Zahlungsbefehlen[917] und Verfügungen von Verwaltungsbehörden besteht, so ist um so mehr unter dem „Prozeß" auch das Armenrechtsverfahren zu verstehen[918]. § 5 Ziff. 2 Absatz 4 n.F. ADB. (auch § 153 IV VVG.) bestimmt für den VN. eine Pflicht zur unverzüglichen Anzeige an den V'rer, wenn das Armenrecht nachgesucht wurde. Zu dem gleichen Ergebnis führt der Umstand, daß die Haftpflichtversicherung nach h.M. nicht Rechtsschutzversicherung ist[919], so daß die Prozeßführung den Charakter einer Rettungsmaßnahme im Hinblick auf den VSchaden hat[920]. Hierbei hat der VN. gemäß § 62 VVG. die Pflicht, diesen Schaden abzuwenden oder zu mindern[921, 922]. Die Anzeige vom Armenrechtsverfahren an den V'rer ist eine solche — und zwar bedeutungsvolle — Rettungsmaßnahme. Daraus folgt, daß der VN. selbst nach außen hin grundsätzlich weder das Recht[923] noch die Pflicht[924] hat[925] zum Armenrechtsgesuch Stellung zu nehmen, dies vielmehr Sache des V'rers ist. — Unter dem „Prozeß" i. S. des § 5 Ziff. 3 sind alle[926] Ver-

916) Bl. 143. 917) Stettin vom 5. 6. 30 = APV. 201.

918) Breslau v. 28. 6. 30 = APV. 206 („Auch das AR. ist bereits die Einleitung des Rechtsstreits, dessen alleinige Herrin der Versicherer ist. Daher gilt für das Vorverfahren dasselbe wie für den Rechtsstreit selbst"); Frankfurt a. M. v. 15. 1. 31 = JRPV. 260 („zur Prozeßführung gehört auch im ARVerfahren eine ordnungsmäßige Beantwortung des ARGesuches"); DÖV. 1931 S. 39; nicht klar: KG. v. 15. 1. 38 = JRPV. 107: „Irgendwelche nähere Ausführungen darüber, welche gerichtlichen Verfahren unter einem Prozeß zu verstehen sein sollten, sind in den angezogenen Bestimmungen nicht gemacht. Es ist deshalb durchaus möglich (!), daß ein VN. zu der Ansicht kommt, daß er die Gesellschaft erst von dem tatsächlichen Prozeß und nicht von dem ARVerfahren zu unterrichten brauche." Wenn das Gericht weiter ausführt, daß „erfahrungsgemäß insbesondere in der heutigen Zeit ... der Laie durchaus zwischen ARGesuchen und Klageschrift unterscheidet", so kann man sich über die hier vom KG. vorausgesetzte Rechtskenntnis und Überlegung der VN. nur wundern, da diese sonst meist „unerfahren und ungewandt sind". Auch die weiteren Ausführungen des KG. erscheinen gekünstelt, soweit sie sich über den Ausdruck „irgendeine Klageschrift" im Schriftwechsel auslassen. Schließlich wurde der Schriftwechsel mit Laien und nicht mit Fachjuristen geführt, wonach sich auch die Ausdrucksweise richten mußte. A. A. LG. Potsdam v. 25. 9. 36 = JRPV. 1937 S. 144 („zu einer Mitteilung von dem Antrag ... auf Bewilligung des AR. war der Kläger nach dem Wortlaut der Bedingungen nicht verpflichtet"); KG. v. 24. 4. 18 = APV. 1919 S. 25.

919) Zu dieser APV. 1936 S. 106 und APV. 1937 S. 89.

920) Lang WuRdV. 1920 S. 101.

921) Er hat dabei die Weisungen des Versicherers zu beachten (§ 62 VVG., Bruck Komm. § 62 Anm. 7, § 5 Ziff. 2 S. 1 AVB., Bl. 85/6). Daß die AVB. hiervon ausgehen, ergibt sich mittelbar auch aus § 5 Ziff. 3 Satz 2 AVB. (Bl. 142), wo dem VN. gewisse Maßnahmen für einen bestimmten Tatbestand auferlegt werden, auch „ohne die Weisung der Gesellschaft abzuwarten". 922) Bl. 78 ff.

923) Frankfurt a/M. v. 15. 1. 31 = JRPV. 260.

924) Breslau v. 28. 6. 30 = JRPV. 206.

925) Vergl. aber Anm. 1011 zu § 5.

926) Auch ohne ausdrückliche Vorschrift — wie sie die von OLG. Königsberg v. 23. 4. 34 = JRPV. 1935 S. 62 beurteilten AVB. enthielten — löst jedes Prozeßverfahren in dem dargelegten Sinne die Verpflichtung zur Erfüllung der Obliegenheit aus.

fahren[927] zu verstehen, die den H-Anspruch zu — irgendeiner — Entscheidung eines ordentlichen Gerichts bringen. Ob dies in der Form einer Klage oder Widerklage[928] geschieht, ob das Verfahren seiner Natur nach eine endgültige oder nur vorläufige[929] Regelung anstrebt, ist hier ohne Belang.

Das so bestimmte Prozeßverfahren muß zum Gegenstande haben den H-Anspruch, d. h. den gegen den VN.[930] erhobenen, nach Gegenstand und Umfang unter den VSchutz fallenden Schadensersatzanspruch[931]. Damit wird eine Reihe von Obliegenheiten des VN. ausgelöst. Ihre Beobachtung hat ohne besondere Aufforderung des V'rers, also spontan, durch den VN. zu erfolgen[932], da[933] mit der Zustellung der Klage oder des Armenrechtsgesuches, des Zahlungsbefehls usw. ein H-Anspruch im Sinne von § 5 Ziff. 1 AVB. erhoben ist[934].

Die erste, nicht ausdrücklich[935] genannte, aber selbstverständliche Obliegenheit[936] ist die, den V'rer von der Anhängigkeit des betreffenden Verfahrens zu unterrichten[937], ihm also von der Zustellung der Klageschrift[938], [939]

---

927) In erster Linie natürlich der Rechtsstreit selbst: RG. v. 16. 6. 33 = JRPV. 221/22.

928) KG. v. 29. 11. 30 = APV. 255 = JRPV. 1931 S. 28.

929) RG. v. 9. 3. 15 = APV. A. S. 42 (: „... und das über den Antrag auf Erlaß einer einstweiligen Verfügung — des Geschädigten. Verf. — eingeleitete Verfahren war ein, wenn auch abgekürztes Prozeßverfahren. Die Beklagte hatte deshalb Anspruch darauf, in diesem Verfahren an Stelle des Klägers — = VN. Verf. — tätig zu werden. Der Kläger durfte nicht vorgreifen und nicht durch eigene Tätigkeit die von der Beklagten zur Anspruchsabwehr zu treffenden Maßnahmen vereiteln oder erschweren"); vergl. auch Königsberg v. 23. 4. 34 = JRPV. 1935 S. 62. — Über die Pflicht zur unverzüglichen Anzeige eines Arrestes einer einstweiligen Verfügung und eines Beweissicherungsverfahrens: § 5 Ziff. 2 Abs. 4 u. 5. AVB.

930) RG. v. 16. 6. 33 = RG. 141/185 = JRPV. 221 = DOV. 57 = APV. 337 = JW. 2127 = DJZ. 1431 = DVP. 623 = LZ. 1135.

931) Anm. 879 zu § 5.

932) DOV. 1931 S. 39 („von sich aus") Rechtspr. Anm. 309 zu § 5.

933) Bl. 90, 103, 110, 115; das gleiche gilt, insofern die einzelne Obliegenheit inhaltlich der Rettungspflicht entspringt: Hagen II/287.

934) Soweit gegen den VN. ein Anspruch gerichtlich geltend gemacht wird, ersetzt übrigens § 153 IV den für die Anmeldefrist (§ 153 II VVG., § 5 Ziff. 1 AVB.) bestimmten Zeitraum. Die Anzeige muß dann unverzüglich erfolgen, Bl. 70.

935) Über die vorsätzliche oder grobfahrlässige Verletzung von nur mittelbar in den AVB. ausgedrückten Obliegenheiten Bl. 185.

936) Die Obliegenheit, den Prozeß anzuzeigen (Anm. 1014 zu § 5) ist völlig klar; Stuttgart v. 11. 5. 28 = APV. 237/8 = RdK. 1929 S. 147 (: „Es ist dies nicht, wie die Klägerin behauptet, eine besonders „konstruierte" Pflicht, sondern eine dem VN. in den AVB. klar und unzweideutig auferlegte Pflicht ..."); KG. v. 22. 12. 28 = JRPV. 1929 S. 64 = APV. 1929 S. 25 = RdK. 1929 S. 148 (: „Der VN. mußte, auch wenn in den AVB. nicht mit ausdrücklichen Worten die Anzeigepflicht erörtert war, nach dem Zwecke der Bestimmungen erkennen, daß er die Erhebung der Klage der Beklagten mitzuteilen hatte").

937) Eines besonderen Ersuchens um Mitteilung von der Klageerhebung durch den Versicherer bedarf es nicht, vergl. die Anm. 309 zu § 5 zit.

938) Unfried ZfVW. 1909 S. 316; MR. 1912 S. 33 (gefolgert aus § 153 VVG.: diesem Argument zustimmend Stettin v. 5. 6. 30 = APV. 201; wider dieses Argument — in der Sache zustimmend —: KG. v. 29. 11. 30 = JRPV. 1931 S. 28 = APV. 255; ebenfalls ausführlich wider dieses Argument (auch in der Sache ab-

oder des Armenrechtsgesuchs[940], des Zahlungsbefehls[941] der einstweiligen Verfügung oder der Verfügung einer Verwaltungsbehörde Kenntnis zu geben[942]. Da der V'rer zum Betreiben dieser Verfahren allein berechtigt und verpflichtet ist, so ist deren Anzeige eine hierzu notwendige Voraussetzung[943]. Sie läßt sich ebenso aus der allgemeinen Rettungspflicht herleiten[944] und schließlich aus der Pflicht, „alle Tatumstände, welche auf den Schadensfall Bezug haben, mitzuteilen"[945]. Diese Pflicht obliegt dem VN. selbst. Er hat also die Anzeige zu erstatten[946]. — § 33 II VVG. handelt nur von der Anzeige des VFalls, ist deshalb hier nicht anwendbar[947]. Der V'rer hat ein lebhaftes Interesse daran, gerade durch den VN. oder eine in gleicher Weise wie dieser dem V'rer für die Angaben verantwortliche[948] Person unterrichtet zu werden; denn die Anzeige von der Klageerhebung zieht eine Reihe von Leistungen des V'rers nach sich, die man ihm nicht zumuten kann, auf die Angaben von Leuten hin zu erbringen, die zu ihm in keiner Rechtsbeziehung stehen, die er insbesondere für ihre Behauptungen nicht verantwortlich machen kann. Die Mitteilung von der Klageerhebung löst auch für den VN. weitere unter Umständen den eigenen Interessen

---

lehnend): Köln v. 29. 5. 34 = JRPV. 223 = JW. 2349 = DVP. 221 = RdK. 1935 S. 235; weitere Lit. zu diesem Urteil bei Schack S. 186 Nr. 63 Ass. Jhrb. 1934 S. 43, DOV. 1931 S. 39, JRPV. 1934 S. 68, Kersting DOV. 1932 S. 193/4; Stuttgart v. 11. 5. 28 = APV. 237 = RdK. 1929 S. 147; KG. v. 22. 12. 28 = JRPV. 1929 S. 64 = APV. 1929 S. 25 = RdK. 1929 S. 148; KG. v.16. 4. 30 = JRPV. 300 = DOV. 39 = RdK. 332; Frankfurt a/M. v. 5. 11. 31 aaO.; Stettin v. 5. 6. 30 aaO.; KG. v. 29. 11. 30 aaO.; RG. v. 4. 3. 38 = DOV. 192 = APV. 221 = HansRGZ. A. 454 = Warn. 245; KG. v. 17. 2. 34 = JRPV. 234 = APV. 26 (dazu Anm. 1002 zu § 5). A. A. Köln v. 29. 5. 34 aaO.: der Begründung des Urteils kann keinesfalls zugestimmt werden. Pflichten, die mittelbar so klar und deutlich ausgesprochen, die auch als selbstverständlich anzusehen sind, braucht der Versicherer nicht noch ausdrücklich in die AVB. aufzunehmen, welche er übrigens weder — wie das Gericht in völliger Verkennung der Sachlache meint — „persönlich abgefaßt hat" noch abfassen kann. I/14, Anm. 203 zu § 5.

939) Aus §§ 153 I 3 a. F., 153 IV n. F. VVG. folgt diese Pflicht nicht: Bl. 71.

940) Bl. 109; RG. v. 4. 3. 38 aaO.; Köln v. 18. 7. 34 = DAutoR. 200 (dazu Carl JW. 1935 S. 1461); Düsseldorf v. 17. 6. 35 = JRPV. 381 = APV. 241 = RdK. 1936 S. 174; KG. v. 15. 1. 38 = JRPV. 107.

941) DOV. 1931 S. 39.

942) So ausdrücklich § 5 Ziff. 2, Abs. 4 n. F. AVB., (ARGesuch, Streitverkündung, Arrest, einstweilige Verfügung, Beweissicherungsverfahren).

943) Anm. 760 zu § 5, KG. v. 22. 12. 28 aaO.

944) Stuttgart v. 11. 5. 28 aaO., KG. v. 29. 11. 30 = JRPV. 1931 S. 28 = APV. 255; Frankfurt a. M. v. 5. 11. 31 = JRPV. 1932 S. 268 = APV. 1932 S. 248 = HRR. 1932 Nr. 83.

945) Bl. 108/9, 119, zust. JRPV. 1934 S. 68. Nicht kommt hierfür — entgegen Frankfurt a. M. v. 5. 11. 31 aaO. — die Obliegenheit aus § 5 Ziff. 2 S. 2 a. E. in Frage, wonach der VN. alle nach Ansicht der Gesellschaft (!) für die Beurteilung des Schadensfalles erheblichen Schriftstücke einzusenden hat: dazu Anm. 776 zu § 5.

946) A. A. Breslau v. 3. 6. 31 = APV. 222/3, ohne Begründung desgleichen anscheinend RG. v. 22. 3. 32 = DOV. 50 = APV. 243 = Warn. 250, dazu DOV. 1932 S. 193.

947) Kersting DOV. 1932 S. 193/4, Anm. 233, 314, 317 zu § 5, Bl. 75, 120.

948) Bl. 46 ff., besonders Bl. 49/50.

zuwider laufende[949] Pflichten aus, die von fremden Personen nicht erfüllt werden können[950]. Wollte man an die durch dritte Personen gemachte Mitteilung von der Klageerhebung die gleichen Rechte und Pflichten für den VN. knüpfen, wie bei eigener, so würde damit ein nicht unerheblicher Eingriff in einen fremden Rechtskreis gutgeheißen, der rechtlich nicht begründet ist. Eine den VN. zwar berechtigende, nicht aber auch verpflichtende Wirkung der Mitteilung anzuerkennen, ist dem V'rer nicht zuzumuten.

„. . . so hat der Versicherungsnehmer die Prozeßführung der Gesellschaft zu überlassen . . ."

Die Führung jedes, in den AVB. auf den Einheitsnenner „Prozeß" gebrachten[951] Verfahrens „hat der VN. . . . der Gesellschaft zu überlassen"[952]. Unter der „Prozeßführung" ist die Zusammenfassung aller Maßnahmen zu verstehen, mit denen die Prozeßpartei, hinter welcher der V'rer steht, sich nach den gesetzlichen Bestimmungen an der Führung des Prozesses beteiligen darf und beteiligen muß. Nach den AVB. hat sich der VN. grundsätzlich aller dieser Rechte[953] zugunsten des V'rers begeben[954, 955]. Wenn gesagt ist, der VN. habe dem V'rer die Prozeßführung zu überlassen, so bedeutet das in erster Linie, daß er sich jeglicher[956] eigener Maßnahmen enthalten muß, und erst weiterhin, daß er den vom V'rer getroffenen Anstalten weder mittelbar noch unmittelbar entgegenarbeiten darf[957, 958]. Eine Obliegenheitsverletzung liegt also schon dann vor, wenn der VN. — ohne daß der V'rer überhaupt Kenntnis von der Anhängigkeit eines Verfahrens hat[959] — die Prozeßführung

949) Anm. 628 zu § 5.

950) DOV. 1932 S. 193/4 ablehnend, allerdings nur für den Geschädigten und dessen Anwälte, von welchen der Versicherer eine „objektive Aufklärung" nicht erwarten könne; ebenso LG. Berlin v. 29. 12. 31 = JRPV. 1932 S. 190.

951) Bl. 128/9.

952) Donati NZ. 1937 S. 1161.

953) Jedoch hat der VN. auf Verlangen des Versicherers die Pflicht, diesen bei der Abwehr des Schadens (§ 5 Ziff. 2 Satz 2) zu unterstützen; dies gilt auch während eines Prozesses: Anm. 679 zu § 5.

954) Bl. 124/5.

955) In dem vom VN. dem Versicherer zugestandenen Recht, den Prozeß zu führen, liegt eine — unwiderrufliche (: MR. 1912 S. 38) — Bevollmächtigung, wie sie § 5 Ziff. 6 ausdrücklich enthält, Bl. 140, im Sinne von § 164 ff. BGB., „eine Ermächtigung, Dritten gegenüber von diesem Recht Gebrauch zu machen": MR. 1912 S. 35.

956) „Es genügt zur Verwirkung des VAnspruches schon die bloße Weigerung des VN., die Prozeßführung dem Versicherer allein zu überlassen": RG. v. 4. 12. 23 = APV. 1924 S. 132

957) Das letztere folgt auch schon aus der Obliegenheit des § 5 Ziff. 2, wonach der VN. die Gesellschaft bei der Abwehr des Schadens zu unterstützen hat.

958) Z. B. durch Anfertigung eines Klageentwurfes für den Geschädigten gegen sich selbst: Düsseldorf v. 31. 1. 38 = JRPV. S. 89/90.

959) RG. v. 14. 1. 21 = RG. 101/213 = APV. 1922 S. 16 a. E. spricht aus, daß ein Verstoß gegen die Obliegenheit, dem Versicherer die Prozeßführung zu überlassen, nicht begriffsnotwendig einen Eingriff in dessen Prozeßführung voraussetzt.

selbst übernimmt z. B. durch Bestellung eines Anwaltes[960] oder sonstwie[961]. Der V'rer erhält durch § 5 Ziff. 3 ADB. nicht nur das Recht zur formellen Gestaltung (z. B. durch Auswahl eines bestimmten von mehreren möglichen Mitteln); auch materiell, d. h. den sachlichen Inhalt der „im Namen des VN." (§ 5 Ziff. 6[962]) abgegebenen Erklärungen betreffend, hat er grundsätzlich freie Hand. Der VN. muß sich der Einmischung in die Prozeßführung des V'rers in materieller und formeller Hinsicht enthalten[963, 964], woraus folgt, daß er im gleichen Rahmen selbst keine Maßnahmen nach außen hin zu treffen braucht[965], welche ihm nicht — wie z. B. in § 5 Ziff. 3 Satz 2 ADB. — in den Bedingungen auferlegt sind[966].

Die Vereinbarung, wonach die Führung des Prozesses gänzlich in die Hände des V'rers gelegt wird, ist — wie sich von selbst versteht[967] — von Bestand nur im Rahmen der Gesetze. Insbesondere kommt die Bestimmung des § 138 ZPO. über die Prozeßwahrheit in Betracht. Von Bedeutung kann dies werden, wenn der VN. sich der Art der Prozeßführung des V'rers widersetzt. Dazu kann es kommen, weil fast immer der Rechtsstreit formell im Namen des VN. geführt wird, der sich, hierauf fußend, der Abgabe bestimmter Erklärungen[968] in seinem Namen widersetzt, indem er ihre Wahrheit oder Erheblichkeit bestreitet, oder sich aus Furcht vor strafrechtlichen oder sonstigen nachteiligen Folgen[969] der Einführung

---

960) Düsseldorf v. 17. 6. 35 = JRPV. 381 = APV. 241 = RdK. 1936 S. 174.

961) Hamburg v. 2. 12. 32 = JRPV. 1933 S. 46 = APV. 1933 S. 100 betont (unter Anwendung des Rechtsgedankens des § 154 II VVG.: dazu Anm. 1119 zu § 5), daß die Nichterfüllung der Obliegenheit, dem Versicherer die Prozeßführung zu überlassen, nicht schlechthin die Verwirkung des VSchutzes zur Folge habe.

962) Bl. 159.

963) KG. v. 21. 3. 31 = JRPV. 197 = APV. 23 (: „Der VN. ist ... verpflichtet ... die Prozeßführung der Gesellschaft zu überlassen. Hieraus folgt die Verpflichtung des VN., die vom Versicherer vereinbarungsgemäß übernommene Prozeßführung nicht zu vereiteln oder zu durchkreuzen"); Frankfurt a. M. v. 15. 17. 31 = JRPV. 260/61 (: „Es widerspricht aber Treu und Glauben, insbesondere verstößt es gegen die sich aus dem VVertrag ergebende Treuepflicht, wenn der VN. nur mit Rücksicht auf die Möglichkeit der Abwälzung der Lasten in einem gegen ihn formell geführten Prozeß, an dessen Ausgang aber der Versicherer wirtschaftlich interessiert ist, durch eigenmächtige und unzweckmäßige Prozeßführung die Prozeßlage der VGesellschaft absichtlich verschlechtert"). Hinsichtlich eines vom VN. innerhalb des Prozesses abgegebenen Anerkenntnisses Anm. 1007 zu § 5.

964) Die Abgabe eines an den Versicherer gerichteten Schreibens des VN. durch diesen zu den Prozeßakten stellt einen Verstoß gegen die besprochene Obliegenheit dar. Ob er Anspruchsverwirkung herbeiführt, hängt davon ob, ob der Verstoß auf Vorsatz oder grober Fahrlässigkeit beruht: RG. v. 10. 12. 20 = APV. 1921 A S. 42 = WZ. I S. 436 = ZfVW. 1923 S. 224.

965) Anm. 899 zu § 5, MR. 1912 S. 36.

966) Vergl. aber auch Anm. 953 zu § 5.

967) MR. 1912 S. 41 unten.

968) Gem. § 5 Ziff. 6 AVB. gilt der Versicherer zur Abgabe aller ihm zweckmäßig erscheinenden Erklärungen bevollmächtigt, Bl. 159.

969) Ein Beispiel bei Neslin JRPV. 1936 S. 3.

bestimmter — an sich richtiger — Tatsachen in den Prozeß entgegenstellt. Es fragt sich dann, inwieweit der VN. hierzu berechtigt ist[970].

Zunächst: ein Widerstand des VN. gegen die Art der formellen Prozeßführung ist dann stets unbeachtlich, wenn diese im Rahmen der Gesetze, vor allem der ZPO., erfolgt[971, 972]. Weiter scheiden aus: Bedenken des VN. gegenüber der Zweckmäßigkeit[973] gewisser Maßnahmen, da die Folgen lediglich den Versicherer treffen. Die Würdigung des Prozeßstoffes in tatsächlicher und rechtlicher Beziehung muß aus dem gleichen Grunde dem V'rer überlassen bleiben[974]. Auch eine Abwägung von widerstreitenden Interessen des V'rers und des VN. findet nicht statt hinsichtlich der Frage, ob gewisse **wahre** Tatsachen in den Prozeß eingeführt werden sollen[975]. Überhaupt kann hier nicht auf die Interessen des VN. abgestellt werden. Dieser hat selbst zu wählen[976] zwischen der Inanspruchnahme des V'rers aus dem VVertrage (dann ist dieser Vertrag auch maßgebend im Hinblick auf die zu erfüllenden Obliegenheiten) oder dem Verzicht auf VSchutz, wenn ihm die Wahrung gewisser anderer Interessen wertvoller scheint[977].

Trägt der V'rer und der von diesem bestellte oder bezeichnete Rechtsanwalt erweislich unwahre Behauptungen vor, so braucht der VN. — wenn auch nur formell — solche nicht mit seinem Namen zu decken[978]. Bei der Beurteilung und Lösung solcher Gegensätze ist die Tatsache zu beachten[979],

970) „Wie weit gegenüber der vollen Prozeßmuntschaft nach außen der VN. nach innen Weisungen erteilen und Bedingungen stellen kann, wird von den VBedingungen abhängen": ZfVW. 1924 S. 309.

971) Inwieweit der VN. berechtigt erscheint, den beweispflichtigen, aber beweisfälligen oder vermutlich beweisfälligen Gegner durch Informationen und sonstwie gegen die Interessen des Versicherers zu unterstützen, ist von Fall zu Fall zu entscheiden. Bedenklich erscheinen in ihrer Allgemeinheit die Feststellungen des KG. v. 31. 3. 31 = JRPV. 197 = APV. 23/4: „Der Zweck der Prozeßführung durch den Versicherer im Schadensprozeß kann doch nur (?) die Feststellung des wirklichen Sachverhalts (?) sein ... Dieser Regelung und Treu und Glauben würde es widersprechen, wenn der VN. verpflichtet sein sollte, an einer unrichtigen Entscheidung (?) des Schadensprozesses lediglich mit Rücksicht auf die Interessen des Versicherers mitzuwirken ..."

972) I/174.

973) DÖV. 1931 S. 40.

974) Frankfurt a. M. v. 15. 1. 31 = JRPV. 260.

975) Vergl. Bl. 95.

976) Wegen dieser Wahlmöglichkeit kann nicht von einer Knebelung des VN. die Rede sein: Neslin JRPV. 1936 S. 3/4.

977) Dieser einfache, ja selbstverständliche Gedankengang macht weitere Ausführungen dazu unnötig. In den Urteilen spielen allerdings die Interessen des VN. oft eine überwiegende Rolle bei der Beurteilung von Obliegenheitsverletzungen und ihren Folgen, Umstände, die mit dem Vertrag wesensmäßig nichts zu tun haben, ihm nicht zugrunde liegen und bei seiner Anwendung und Auslegung Berücksichtigung nicht finden können. Zutr. Neslin in JRPV. 1936 S. 3/4.

978) Frankfurt a. M. v. 15. 1. 31 = JRPV. 260: „Der VN. braucht keine Erklärung wider besseres Wissen abzugeben."

979) Das RAA. in APV. 1933 S. 237 Nr. 9 b hat die Anfrage eines Versicherers, ob dem beklagten VN. Einsichtnahme in die von ihm (Versicherer) dem Prozeßvertreter des VN. erteilte Schriftsätze verweigert werden könne, dahin beantwortet, daß mindestens die Einsicht in solche Schriftsätze, die für das Prozeßgericht bestimmt seien, kaum

daß der Rechtsstreit[980] im Namen des VN. geführt wird[981]. Darf der V'rer dies nicht übersehen, so muß der VN. bedenken, daß der Prozeß materiell — also in seiner wirtschaftlichen Auswirkung[982] — durchweg den V'rer allein angeht. Mag er darum aus persönlichen Gründen ein Obsiegen des ihm bekannten, verwandten oder befreundeten Geschädigten im Prozeß innerlich wünschen, so darf er diesen Wunsch in keiner Weise[983] nach außen auf die Art der Prozeßführung sich auswirken lassen[984]. Dies folgt aus der hier besprochenen Obliegenheit und der durch den VVertrag bestehenden Treuepflicht[985] des VN.

Bei der weitaus überwiegenden Zahl der Fälle werden die vereinbarten VSummen zur Abdeckung aller Unkosten usw. ausreichen, doch kann dies im einzelnen Falle auch anders sein. Wenn der H-Anspruch die Deckungssumme übersteigt, der VN. also zum Ausgleich der gegnerischen Forderung anteilig auch in die eigene Tasche greifen muß, so fragt sich, ob er nicht wenigstens dann auch zur Mitwirkung bei der Prozeßführung berechtigt ist. Meist wird erst das Prozeßergebnis Klarheit darüber bringen, ob und in welcher Höhe ein Schadensersatzanspruch tatsächlich besteht. Macht der V'rer von dem ihm in § 3 III Ziff. 1 Satz 2 AVB. eingeräumten Recht des sogen. Abandons keinen Gebrauch[986], so wird hierdurch schon sein Interesse an eigner Prozeßführung

---

verweigert werden könne; denn der Rechtsstreit gehe auf den Namen des VN., er selbst vertrete daher den Inhalt der Schriftsätze, habe auch ein berechtigtes Interesse daran, zu erfahren, ob er diesen Inhalt vertreten könne. Zust. MR. 1912 S. 38/9. — Das RG. v. 16. 10. 17 = APV. 1918 A. S. 26 ff. hat die von ihm gebilligte Auffassung des Berufungsrichters, dem VN. sei nicht jeder Einfluß auf die Betreibung des H-Prozesses entzogen, damit begründet, daß, „da ein solcher Rechtsstreit von der VGesellschaft im Namen des VN. zu führen ist, dieser nach außen hin für die Maßnahmen der beklagten Partei verantwortlich bleibt". . . . „Von diesem Gesichtspunkt aus (!) kann sich für ihn im einzelnen Falle Anlaß ergeben, von der Stellungnahme der Gesellschaft abzuweichen." Auf den gleichen Gesichtspunkt hebt Frankfurt a. M. am 15. 1. 31 aaO. ab, wenn es (in bezug auf die Unterzeichnung einer ARErwiderung) sagt: „Die Unterzeichnung der Gegenerklärung war nur dann unzumutbar (§ 154 II VVG.', Anm. 1119 zu § 5 in Verbindung mit dem Grundsatz von Treu und Glauben), wenn dem VN. zugemutet würde, eine objektiv unrichtige Tatsachenschilderung durch seinen Namen (!) zu decken."

980) Der gleiche Gesichtspunkt bei der Bevollmächtigung des Versicherers zur Abgabe „aller ihm zweckmäßig erscheinenden Erklärungen" in § 5 Ziff. 6, Bl. 159.

981) Über die Parteistellung des VN. nach außen: MR. 1912 S. 39 Nr. 2.

982) Über die Inanspruchnahme von VGesellschaften für die Prozeßkosten einer versicherten Partei in Unfallrechtsstreitigkeiten: Hagemann JRPV. 1938 S. 33 ff.

983) Ein Verstoß gegen die Obliegenheit, dem Versicherer die Prozeßführung zu überlassen, setzt nicht begriffsnotwendig gegenüber dem Versicherer einen Eingriff in die Prozeßführung voraus: RG. v. 14. 1. 21 = RG. 101/213 = APV. 1922 S. 16 a. E.; auch kommt es — schon in Verfolg des Grundsatzes (Bl. 170), daß die Obliegenheitsverletzung dem Versicherer nicht schädlich gewesen sein muß — für den Eintritt der Verwirkung nicht darauf an, daß durch gewisse Maßnahmen des VN. „die Prozeßführung des Versicherers vereitelt oder erschwert wurde" oder der Pozeßsieg des Gegners herbeigeführt wurde, wie unzutr.: KG. v. 21. 3. 31 = JRPV. 197 = APV. 23/4 meint.

984) Nicht unbedenklich KG. v. 21. 3. 31 aaO.

985) Frankfurt a. M. v. 15. 1. 31 aaO.

986) Gem. § 156 I unzulässig, soweit durch Zahlung oder Hinterlegung bewirkt: Zust. Prölß § 156 A. 3.

deutlich, ein Interesse, das nicht nur dem des VN. gleichgelagert ist, sondern durch sein Vorhandensein auch dessen Belange zugleich genügend schützt[987]. Jedenfalls wird rechtlich das alleinige Prozeßführungsrecht des V'rers als etwas Unteilbares hierdurch nicht beeinträchtigt[988, 989].

Zweifel können weiter entstehen, wenn der V'rer VSchutz ablehnt. Ist in einem solchen Falle der VN. zur Erfüllung der Obliegenheit noch verpflichtet, und was hat er gegebenenfalls hierzu noch zu tun? Eine allgemein gültige Antwort kann auf diese Frage nicht gegeben werden, weil die Umstände des einzelnen Falles zu verschiedenartig gelagert sein können[990]. Einmal darf der Grund, aus dem der V'rer VSchutz ablehnt, nicht außer Betracht bleiben. Dieser kann z. B. darin liegen, daß der V'rer die gegenständlichen Voraussetzungen des VFalles gemäß § 1 ADB. nicht für gegeben erachtet; oder darin, daß ein Ausschlußfall — etwa des § 4 ADB. — vorliegt; oder in der vorsätzlichen oder grobfahrlässigen Verletzung von Obliegenheiten durch den VN.; oder darin, daß ein VVertrag gültig nicht abgeschlossen wurde und verschiedenes andere. Auch die Art der Ablehnung kann von Bedeutung sein[991]. Diese kann so erfolgen, daß der VSchutz in vollem Umfang mit sofortiger und totaler Wirkung entzogen wird[992]; andererseits auch so, daß der V'rer trotz der grundsätzlichen Entziehung[993] mit Rücksicht auf gewisse Zweifel an der

---

987) Kast JRPV. 1927 S. 255.

988) Grundsätzlich zust. MR. 1912 S. 39, wo jedoch auf S. 42 bei einer Versicherung zu 50 % und weniger eine Grenze hinsichtlich der Begebung des Verfügungsrechts des VN. gezogen wird; DOV. 1931 S. 39; Kast JRPV, 1927 S. 255; RG. v. 4. 12. 23 = APV. 1924 S. 132 unter Hinweis darauf, daß der Fall (§ 3 III 1 AVB.) in den AVB. ausdrücklich erwähnt sei, daß die H-Ansprüche die VSumme übersteigen; es sei aber keine Ausnahme in den AVB. für diesen Fall vereinbart: dem Urt. zust. Kast aaO.; RG. v. 10. 3. 25 = RG. 110/256 = JRPV. 103 = APV. 130 = JW. 1481 (: „Diese Bestimmungen lassen deutlich ersehen, wie ungeachtet der dem Versicherer eingeräumten Herrschaft über die Prozeßführung die ihn treffende Prozeßgefahr und Haftung grundsätzlich nach Maßgabe der vereinbarten VSumme begrenzt ist"); RG. v. 24. 1. 25 = JRPV. 342; auch RG. v. 14. 1. 21 = RG. 101/213 ff. = APV. 1922 S. 15/16 spricht von dem „uneingeschränkten Gebot, daß die VN. die Führung des H-Prozesses lediglich dem Versicherer zu überlassen haben"; LG. Berlin v. 14. 3. 24 = JRPV. 1925 S. 124; KG. v. 18. 2. 25 = JRPV. 125.

989) U. U. kann hieraus ein Schadensersatzanspruch des VN. gegen den Versicherer (z. B. wegen etwaigen Zahlungsverzuges) entstehen, der von der Höhe der vereinbarten Versicherungssumme unabhängig ist; ähnlich: RG. v. 24. 4. 29 = DOV. S. 45.

990) Auch Hamburg v. 14. 10. 31 = JRPV. 1932 S. 107 = DOV. 1932 S. 3 stellt hierfür auf die Umstände des einzelnen Falles ab. Die in HansRGZ. 1931 Nr. 73 abgedruckte Entscheidung (mit scheinbar grundsätzlicher Regelung der Frage) habe keine allgemeine Gültigkeit.

991) RG. v. 30. 8. 38 = JRPV. 308 = DOV. 425 = APV. 227 = Vers. Verm. 396 = Seuff. Arch. 359.

992) Z. B. KG. v. 17. 2. 34 = JRPV. 234 = APV. 26 (Anm. Moschel in JRPV. aaO.) nahm hier — was nicht zu übersehen ist — zwar eine Obliegenheitsverletzung an, die aber nicht als grobfahrlässige angesehen wurde.

993) Deshalb beachtlich, weil im Falle vorbehaltloser Prozeßführung für den VN. trotz Kenntnis aller für die Deckungsfrage wesentlichen Umstände regelmäßig eine Anerkennung der Deckungspflicht durch den Versicherer gefunden werden muß: I/67, 68, 175 und Anm. 182 das.

Rechtsbeständigkeit der Ablehnung oder auch nur der Tatsache ihrer Bestätigung im Falle gerichtlicher Nachprüfung oder aus sonstigen Gründen den VN. weiterhin bei der — außergerichtlichen oder gerichtlichen[994] — Abwehr der gegnerischen Ansprüche oder in sonstiger Weise mit Rat oder Tat unterstützt[995, 996]. Ferner kann auch der Wunsch des V'rers, trotz der grundsätzlichen Ablehnung des VSchutzes über den weiteren Verlauf der Angelegenheit unterrichtet zu werden[997] oder andererseits die Ablehnung jedes weiteren Schriftwechsels mit dem VN. (etwa unter strittem Hinweis auf § 11 ADB.) für die Beurteilung unserer Frage wesentlich sein. Schließlich ist es nicht gleichgültig, ob der V'rer den VSchutz schon abgelehnt hatte, bevor es zum Prozeß kam, oder erst nachher, und ob er im letzteren Falle vom Prozeß Kenntnis hatte oder nicht. Diese und andere Besonderheiten des Einzelfalles können voneinander abweichende Entscheidungen in unserer Frage rechtfertigen[998].

Indessen gibt es doch einen Umstand, der, bei aller möglichen Verschiedenheit in den Einzelheiten, einen grundsätzlichen Anhaltspunkt gibt. Besteht der VN. gegenüber der von ihm für unberechtigt erklärten Deckungsablehnung des V'rers auf der Gewährung von VSchutz, verlangt er also von seinem Vertragsgegner die Erfüllung des Vertrages, so ist auch er seinerseits gehalten, sich auf dessen Boden zu stellen und die Pflichten daraus getreulich zu erfüllen[999, 1000]. Es ist dabei gleich-

994) RG. v. 4. 7. 33 = JRPV. 232 = DVP. 156 = DJZ. 1560 = Warn. 320; ein entsprechender Vorbehalt ist wesentlich: RG. v. 30. 8. 38 = DOV. 451 = JW. 2834 = Seuff. Arch. 356 = Warn. 365.

995) RG. v. 2. 10. 31 = JRPV. 334 = APV. 277 = DOV. 86. Weil (!) die Beklagte trotz ihrer prinzipiellen Ablehnung den Schadensfall eingehend behandelt und bearbeitet habe, könne die Klägerin mit der Tatsache der unberechtigten Ablehnung ihr Verhalten nicht entschuldigen.

996) Anm. 172 zu § 11.

997) RG. v. 2. 10. 31 aaO.

998) Zur Vermeidung von Mißverständnissen: es steht hier nur die Frage des objektiven Inhalts und Umfanges der Obliegenheit zur Debatte. Auch wenn im einzelnen Falle ein Verstoß zu bejahen ist, bleibt immer noch — wie bei allen Obliegenheitsverletzungen — die Frage des Verschuldens (und nach § 6 n. F. AVB. auch die des Kausalzusammenhanges) zu prüfen, die hier besonderer Beachtung bedarf: Bl. 180 ff.

999) RG. v. 12. 3. 26 = APV. 301 (besprochen in ZfVW. 1927 S. 447); RG. v. 4. 7. 33 = JRPV. 232 = DVP. 156 = DJZ. 1560 = Warn. 320; RG. v. 2. 10. 31 = JRPV. 334 = DOV. 86 = APV. 277 (diesem Urt. zust. Köln v. 27. 3. 36 = APV. 1937 S. 151); ferner LG. Berlin v. 20. 10. 31 = JRPV. 1932 S. 175 (: „Ein VN., der Ersatz für einen Schadensfall vom Versicherer verlangt, darf nicht seinerseits vertragsuntreu werden, indem er gegen die die Grundlage seines Ersatzanspruchs bildenden Bedingungen des VVertrages verstößt . . ."). Vgl. Bl. 185/6. A.A. anscheinend die bei Schack S. 57 Ziff. 17 zit.: RG. v. 16. 3. 34 = RG. 144/163 = DOV. 62 = APV. 20 = JW. 1721 = HRR. Nr. 1464 = RdK. 1935 S. 56; Düsseldorf v. 21. 10. 35 = JRPV. 1936 Zus. I S. 8; Hamm v. 15. 3. 37 = APV. S. 195: das ebenfalls aufgezählte KG. v. 17. 2. 34 aaO. enthält m. E. den von Schack vermerkten Obersatz nicht, ebenfalls nicht KG. v. 15. 6. 35 = JRPV. 310 und KG. v. 8. 1. 36 = JRPV. 187.

1000) Ähnliche Gesichtspunkte in Anm. 13 zu § 5, Anm. 54 zu § 11, Bl. 64, 92, 106, 122, 158.

gültig, ob der VN. sogleich nach der Deckungsablehnung die Gewährung von VSchutz verlangte, oder ob er sich den Rückgriff gegen den V'rer für später vorbehielt. Er hat also mindestens die Pflicht, dem V'rer Kenntnis davon zu geben, daß es „zum Prozeß" gekommen ist und ihm die Prozeßführung anzubieten[1001, 1002]. Übernimmt der V'rer diese nicht, so ist der VN. deswegen nicht berechtigt[1003], nunmehr nach seinem Belieben zu schalten und zu walten[1004], z. B. um dem Geschädigten zu helfen oder einem Prozeß aus dem Wege zu gehen, die H-Forderung einfach zu bezahlen oder anzuerkennen[1005] oder innerhalb des Prozeßverfahrens ein Versäumnisurteil[1006] oder ein Anerkenntnisurteil[1007] gegen sich ergehen zu lassen[1008], oder sachdienliche und gebotene rechtliche Ausführungen oder das Vorbringen entsprechender Tatsachen zu unter-

---

1001) Das ist überflüssig, wenn der Versicherer die Übernahme der Prozeßführung bereits vorher ausdrücklich und endgültig abgelehnt hatte.

1002) LG. Berlin v. 20. 10. 31 aaO.: „Wer gegen Haftpflicht versichert ist, muß sich also, um vertragstreu zu bleiben, verklagen lassen, dem Versicherer hiervon Mitteilung machen und es ihm überlassen, ob er den Prozeß für den VN. führen will oder nicht; auch KG. v. 17. 2. 34 = JRPV. 234/5 = APV. 26 besagt nichts anderes; nur hält das Urteil den Verstoß — der als solcher angenommen wird — aus den besonderen Umständen des beurteilten Falles nicht für grobfahrlässig.

1003) Wenn er, wie bemerkt, VSchutz beansprucht.

1004) RG. v. 12. 12. 33 = APV. 412. Der in Frage kommende Teil des RG.-Urteils ist wiedergegeben in JRPV. 1938 S. 191 in der Besprechung des Urteils LG. Oldenburg v. 21. 1. 1938.

1005) LG. Berlin v. 20. 10. 31 aaO. Dies ergibt sich übrigens schon aus § 5 Ziff 4 AVB.

1006) RG. v. 4. 7. 33 = JRPV. 232 = DVP. 156 = DJZ. 1560 = Warn 320; RG. v. 12. 12. 33 aaO.; dahingestellt bei LG. Berlin v. 20. 10. 31 aaO.

1007) Dies ergibt sich aus § 5 Ziff. 4 AVB. mit den dort angegebenen Einschränkungen. Erkennt jedoch der VN. innerhalb eines gemäß § 5 Ziff. 3 vom Versicherer geführten H-Prozesses den gegnerischen Anspruch an, (was auch durch das Gegen-sich-Ergehen-lassen eines Versäumnisurteils geschehen kann: Anm. 1091 zu § 5), so kommt § 5 Ziff. 4 nicht zur Anwendung, womit auch die in ihm enthaltene Beschränkung ihres den VN. schützenden Wertes beraubt ist; dies deshalb, weil hier nur der Mangel „der vorherigen Zustimmung" (so § 5 Ziff. 4) unwirksam gemacht werden kann und soll. Dies gilt ebenso für § 154 II VVG.; denn auch hier wird vorausgesetzt, daß der VN. „ohne ... Einwilligung" des Versicherers, d. h. also (§ 183 BGB) ohne seine vorherige Zustimmung, den Dritten befriedigt. Hat aber der Versicherer bereits Stellung zum gegnerischen Anspruch genommen — was bei der Übernahme und Führung des H-Prozesses stets der Fall ist — so ist der VN. gemäß § 5 Ziff. 3 verpflichtet, dem Versicherer die Prozeßführung zu überlassen. Dieser Verpflichtung handelt er durch ein im Prozeß abgegebenes Anerkenntnis zuwider (vergl. auch Anm. 890 u. 963 zu § 5). Innerhalb dieser Obliegenheit besteht aber keine Einschränkung der Verwirkungsklausel entsprechend § 5 Ziff. 4 Satz 2 und 3 AVB.: Frankfurt a. M. v. 15. 1. 31 = JRPV. 260, Hagen ZfVW. 1910 S. 480; nicht klar JRPV. 1934 S. 65 bes. 68; a. A. für § 154 II VVG. (unzutr.): Unfried ZfVW. 1909 S. 317: „Wenn der VN. die Befriedigung oder Anerkennung des gegnerischen Anspruchs nicht ohne offenbare Unbilligkeit weiter verweigern kann, so hat er auch in jedem Stadium des Rechtsstreites das Recht, auch gegen den Willen des Versicherers das Anerkenntnis abzugeben ..."; a. A. auch RG. v. 26. 7. 35 = JRPV. 264 = APV. 270: „Das Verbot in § 5 Ziff. 4 ... ist ... nicht auf prozessuale ... Anerkenntnisse zu beschränken (!) ...".

1008) Damit würde regelmäßig die gerichtliche Feststellung unmöglich gemacht, ob ein H-Anspruch besteht, eine Frage, die im Prozeß gegen den Versicherer grundsätzlich nicht geklärt werden kann: Anm. 897 zu § 5.

lassen. Er hat vielmehr die Pflicht[1009], „den Rechtsstreit sorgsam zu führen und alles vorzubringen, was nach verständigem Ermessen der Rechtsverteidigung dienlich sein kann[1010, 1011].“ Dies folgt zwar nicht unmittelbar aus § 5 Ziff. 3 ADB.; denn danach hat er nur die „Prozeßführung der Gesellschaft zu überlassen“, d. h. ihr Kenntnis vom Prozeß und Gelegenheit zu seiner Übernahme und Führung zu geben, nicht aber die Pflicht, selbst den Prozeß in bestimmter Weise zu führen. Wohl aber folgt dies aus der Rettungspflicht[1010], deren allgemeine Grundpflicht der Schadensverhütung und -minderung der VN. immer[1012] beobachten muß, solange er selbst die Leistung aus dem VVertrag beansprucht.

„. . . dem von der Gesellschaft bestellten oder bezeichneten Anwalt Vollmacht . . . zu geben.“

Über die Bedeutung eines geeigneten Rechtsanwaltes für die Prozeßführung brauchen nicht viele Worte verloren zu werden. Mag auch die Entscheidung des Rechtsstreites beim Gericht liegen, die Mitwirkung des Anwaltes bei der Rechtsfindung und der Ermittlung des Sachverhaltes ist bedeutend. Darüber hinaus ist die Beauftragung eines Rechtsanwaltes weitgehend Vertrauenssache. Auch wird ein öfters von demselben V'rer bestellter Anwalt mit dessen Grundsätzen in den Fragen der Prozeßführung vertraut, was die praktische Zusammenarbeit erleichtert. Schließlich erfordert die Verwirklichung der oft auch während des Schwebens von Prozessen vorhandenen Vergleichsbereitschaft des V'rers neben der Fähigkeit, die Prozeßaussichten zutreffend zu beurteilen, in besonderem Maße Verhandlungsfähigkeit und Takt[1013].

Das Interesse des V'rers an der Prozeßbearbeitung durch einen erprobten Anwalt rechtfertigt die Bindung[1014] des VN. an die vom V'rer

1009) Versäumt er diese, so verliert das Urteil dem Versicherer gegenüber die Wirkung der Feststellung des Bestehens einer Haftpflicht des VN. Dazu Hamm v. 17. 6. 35 aaO. a. E.; ebenso schwed. VVG. mitget. bei Hochgräber JRPV. 1928 S. 126 über den Fall, daß der VN. nicht den vom Versicherer bestimmten Rechtsanwalt zuzieht.

1010) Hamm v. 17. 6. 35 = APV. 244.

1011) Hier besteht abweichend von der grundsätzlichen alleinigen Berechtigung und Verpflichtung des Versicherers, den Prozeß zu führen (Anm. 899, 901, 925 zu § 5), das Recht und die Pflicht des VN., sich entsprechend zu betätigen.

1012) Anders, wenn es sich um eine Obliegenheit handelt, welche ihrer Natur nach eine eigene Tätigkeit oder Bereitschaft des Versicherers voraussetzt, vergl. zu Anm. 659 zu § 5.

1013) Zu weit dürfte es aber wohl gehen, wenn es — z. B. v. KG. v. 17. 2. 34 = JRPV. 234/5 = APV. 26 — geradezu als Zweckgedanke der Obliegenheit zur Anzeige des Prozeßverfahrens überhaupt bezeichnet wird, daß damit dem Versicherer die Möglichkeit gegeben würde, „einen ihm bekannten und mit der Durchführung von Schadenersatzansprüchen besonders vertrauten Rechtsanwalt mit der Prozeßvertretung der in Anspruch Genommenen . . . zu betrauen . . .“.

1014) Die Obliegenheit, dem Versicherer die Prozeßführung zu überlassen, und dem von der Gesellschaft bestellten oder bezeichneten Anwalt Vollmacht zu erteilen, ist — ebenso wie die von der Anzeige des Prozesses, Anm. 936 zu § 5 — klar und unzwei-

getroffene Wahl und die Auflage zur Vollmachterteilung an den von der Gesellschaft bestellten oder bezeichneten Anwalt. Ob der VN. seinerseits zu diesem Anwalt Vertrauen hat, oder ob er aus sonstigen Gründen lieber einen anderen beauftragt sähe, ist für den Zivilprozeß unerheblich[1015]. Anders im Strafprozeß. Hier steht nicht die den V'rer angehende materielle Frage der Haftung im Vordergrund, sondern Ehre, Freiheit und guter Ruf des VN. Infolgedessen ist auch in § 3 II 1 Abs. 2 ADB. nicht von der Auswahl eines Strafverteidigers durch den V'rer[1016] die Rede, sondern davon, daß die Gesellschaft, sofern sie die Bestellung „eines Verteidigers . . . wünscht oder genehmigt", bestimmte Kosten[1017] zu tragen hat[1018].

Der VN. hat dem Anwalt Vollmacht zu erteilen[1019] und erscheint nach außen im Verhältnis zum Prozeßgegner und Gericht als Partei. Daraus folgt, daß sämtliche Prozeßhandlungen für und gegen ihn vorgenommen werden und Wirksamkeit haben. Das in der Sache ergehende Urteil lautet auf seinen Namen; es erwächst in Rechtskraft grundsätzlich[1020] unmittelbar zwischen den Prozeßparteien, also dem Drittgeschädigten und dem VN.[1021] Es kann aus ihm nur für und gegen den VN. vollstreckt werden[1022]. Regelmäßig empfängt der Anwalt seine Prozeßinstruktion und die sonstigen Weisungen von seinem Vollmachtgeber. Hiervon abweichend steht nach den ADB. die Prozeßführung dem V'rer zu. Mit der Vollmachterteilung durch den VN. und seiner Obliegenheit, dem Anwalt gewisse Aufklärungen zu geben, ist noch nicht die weitere Frage geklärt, inwiefern der V'rer gegenüber dem Anwalt formell berechtigt

---

deutig. Eine Verletzung gereicht daher regelmäßig dem VN. zum groben Verschulden. Düsseldorf v. 15. 6. 35 = JRPV. S. 381/2 = APV. 241 = RdK. 1936 S. 174 (: „. . . selbst dann, wenn er . . . in geschäftlichen Dingen ungewandt und unerfahren ist"); ebenso Celle v. 11. 9. 34 = APV. 1935 S. 15 = HansRGZ. 1935 A. 176.

1015) Daher stellt der § 5 AVB. nicht eine unbillige Knebelung des VN. dar, so daß die Bestimmung nicht unsittlich ist: LG. München v. 18. 12. 29 = DÖV. 1930 S. 26/27.

1016) Lang WuRdV. 1920 S. 136: „So wenig der Versicherer in der Lage ist, sämtliche Folgen eines Strafverfahrens auf sich zu nehmen, so wenig ist er berechtigt, die Person des Verteidigers und die Art der Verteidigung zu bestimmen."

1017) I/182.

1018) Vergl. auch § 150 VVG.

1019) Die Prozeßvollmacht ermächtigt gem. § 81 ZPO. zu allen den Rechtsstreit betreffenden Prozeßhandlungen einschl. derjenigen, welche durch eine Widerklage, eine Wiederaufnahme des Verfahrens und die Zwangsvollstreckung veranlaßt werden; ferner zur Bestellung eines Vertreters sowie eines Bevollmächtigten für die höheren Instanzen; schließlich zur Beseitigung des Rechtsstreits durch Vergleich, Verzicht oder Anerkennung, zur Empfangnahme der vom Gegner zu erstattenden Kosten. Dagegen ist zur Entgegennahme des Streitgegenstandes selbst eine besondere Vollmacht nötig.

1020) Wegen der Nebenintervention § 69 ZPO., dazu MR. 1912 S. 39, ferner I/192 und Anm. 889 zu § 5.

1021) Über die Gründe, aus denen das Prozeßergebnis den Versicherer ebenfalls bindet: I/104 ff.

1022) und damit in den ihm zustehenden HV-Anspruch gegen den Versicherer. Das kann von Bedeutung für den VN. werden, wenn z. B. der Versicherer vor der Befriedigung des Drittgeschädigten zahlungsunfähig wird.

ist, den Prozeß zu führen und ihm die nötigen Anweisungen rechtsverbindlich zu geben[1023]. Aus den Umständen — insbesondere dem Vertragsrecht des V'rers auf alleinige Prozeßführung — ergibt sich (vgl. § 164 I 2 BGB.), daß er in Vertretung des VN. tätig wird, so daß seine Erklärungen und Handlungen im Umfange seiner Vollmacht unmittelbar für und gegen den VN. gelten. Außerdem ist die Bevollmächtigung nochmals ausdrücklich als solche und in ihrem Umfange in § 5 Ziff. 6 ADB. enthalten[1024, 1023]. Ein Hinweis an den Anwalt auf diese Bestimmungen der ADB. beseitigt etwaige Zweifel und gibt ihm zugleich Kenntnis vom Umfang der Vollmacht. Dies ist z. B. wichtig, wenn der VN. selbst Weisungen erteilt, welche denen des V'rers widersprechen. Hierin würde ein teilweiser Widerruf der **ausschließlich** den V'rer zur Prozeßführung berechtigenden Vollmacht liegen. Ein solcher Widerruf[1025] ist nach dem zugrundeliegenden Verhältnis[1026] nicht statthaft[1027]. Der Anwalt darf weder Weisungen, die denen des V'rers widersprechen, noch überhaupt Prozeßinstruktionen des VN. befolgen, es sei denn auf Veranlassung oder im Einverständnis mit dem V'rer. Dagegen kann grundsätzlich dem VN. nicht verweigert werden, sich beim Anwalt über den Verlauf des Prozesses zu unterrichten[1028]. Der V'rer ist, was die Pflicht zur Zahlung der Anwaltsgebühren betrifft, nur dann als unmittelbarer Auftraggeber des Anwalts anzusehen, wenn er ihn „bestellt", nicht aber dann, wenn er ihn nur „bezeichnet" und der VN. den Auftrag zur Vertretung selbst gegeben hat[1029]. Die Pflicht des VN., nur dem bestellten oder bezeichneten Rechtsanwalt Vollmacht zu erteilen, wird gegenstandslos, wenn der V'rer in Kenntnis von der Anhängigkeit des Verfahrens und ohne selbst einen Anwalt zu bestellen oder zu bezeichnen, dem VN. den VSchutz verweigert. Beabsichtigt der VN. trotzdem VSchutz vom V'rer zu verlangen, so muß er die Einhaltung der Obliegenheiten sorgfältig beachten. Zu diesen gehört auch die Rettungspflicht. Damit ist der

1023) Dazu MR. 1912 S. 35 ff.

1024) Bl. 159 ff.

1025) Anm. 955 u. 1163 zu § 5

1026) § 168 BGB.; regelmäßig ist bei Erteilung der Vollmacht im Interesse des Bevollmächtigten (dazu Bl. 143/4) Unwiderruflichkeit der Vollmacht anzunehmen: RG. 52/99, 53/416, 62/335, DIZ. 1927/884.

1027) MR. 1912 S. 38.

1028) Dazu gehört auch das Recht auf Einsicht in die Schriftsätze: Anm. 979 zu § 5

1029) MR. 1912 S. 37 unter b lehnt „eine Verpflichtung des Versicherers dem Anwalt gegenüber, für dessen Kosten aufzukommen", ab, meint aber, daß „tatsächlich der Versicherer meistenteils die Kosten des Anwalts unmittelbar bezahlen und so seiner Pflicht dem VN. gegenüber, diesem die Kosten der Prozeßführung zu erstatten, in vereinfachter Weise nachkommen" werde. — Anders sieht Köln v. 10. 5. 32 = APV. 255 = HRR. Nr. 1699 den VN., welcher dem vom Versicherer ausgewählten und mit der Vertretung der Sache beauftragten Rechtsanwalt bedingungsgemäß Information erteilt und eine Prozeßvollmacht ausstellt, grundsätzlich nicht als Auftraggeber des Rechtsanwalts an, so daß er diesem nicht neben dem Versicherer für die Gebühren haftet.

VN. — Blatt 138 — verpflichtet, selbst einen Anwalt auszuwählen und diesem Vollmacht zu erteilen.

Lehnt der V'rer VSchutz ab, nachdem der Prozeß unter seiner Führung zunächst betrieben wurde, so gelten die gleichen Grundsätze. Tatfrage ist, ob es dem VN. nach Treu und Glauben zugemutet werden kann, sich weiterhin durch den vom V'rer zuvor bestimmten Anwalt vertreten zu lassen, oder ob er berechtigt ist, sich eines anderen Anwaltes zu bedienen[1030]. Ein Recht, dem einmal bestellten oder bezeichneten und vom VN. bevollmächtigten Anwalt das Mandat zu entziehen, steht unmittelbar nicht dem V'rer sondern dem VN. zu[1031]. Allerdings wird dieses Recht mittelbar durch den V'rer ausgeübt zufolge seiner Befugnis, dem VN. entsprechende Weisungen zu geben.

„. . . und alle von diesem oder der Gesellschaft für nötig erachteten Aufklärungen zu geben."

Die Obliegenheit „alle von dem bevollmächtigten Anwalt oder dem V'rer für nötig erachteten Aufklärungen zu geben[1032]" drückt eine allgemein bestehende, schon in § 5 Ziff. 2[1033] genannte Pflicht[1034] nochmals für den Fall des Prozesses aus. Auch für diese „Aufklärungen" gilt die gleiche Einschränkung, wie für die Obliegenheit „alles zu tun, was zur Klarstellung des Schadensfalles dient" in § 5 Ziff. 2: der VN. hat ihr nur insofern nachzukommen, als ihm dabei nichts Unbilliges zugemutet wird[1035]. Mit dieser Maßgabe hat er hier ebenso wie dort zum Zwecke der Aufklärung gewisser Umstände auch eigene Ermittlungen anzustellen. Unerheblich ist für die Frage der Zumutbarkeit, ob der VN. eine verlangte Aufklärung für wesentlich hält, oder ob er ihre volle Tragweite überblickt[1037]. Die Aufklärungen brauchen nach dem Wortlaut weder ausschließlich noch überhaupt für den V'rer oder den Anwalt bestimmt zu sein. In gleicher Weise muß der VN. dem Gericht[1038] oder sonst jemand Auskunft geben, wenn der V'rer oder der Anwalt dies von ihm im Rahmen des Zulässigen verlangen; ein bestimmter Empfänger der Auskunft ist nicht vorgesehen. Auch ist nicht gesagt, daß sie sich ausschließlich auf den Schaden als solchen beziehen müsse. Vielmehr kann

1030) Hamburg v. 10. 4. 31 = APV. S. 33 = HansRGZ. A. 486.

1031) MR. 1912 S. 37.

1032) Düsseldorf v. 31. 1. 38 = JRPV. S. 89/90.

1033) Darüber, daß § 5 Ziff. 2 auch für 5 Ziff. 3, also den Fall des Prozesses, gilt: KG. v. 29. 11. 30 = JRPV. 1931 S. 28 = APV. 255.

1034) KG. v. 1. 4. 25 = JRPV. 146 = APV. 138.

1035) Bl. 92 zu Anm. 628, 1164 zu § 5.

1037) Beispiel in RG. v. 25. 10. 38 = JRPV. 360; das. auch über die Voraussetzungen von vorsätzlichen Obliegenheitsverletzungen.

1038) KG. v. 1. 4. 25 aaO., wo der VN. vom Gericht zum Beweistermin persönlich zwecks Schilderung des Sachverhalts geladen, aber nicht erschienen war.

es sich um Aufklärungen jeder Art handeln, z. B. auch solche, deren Feststellung erst im Verlauf oder aus dem Gang des Prozesses[1039] — auch in prozessualer Hinsicht usw. — notwendig wird.

Für den Ausgang des Prozesses können schon die ersten Maßnahmen und Äußerungen der Parteien entscheidend sein; diese Tatsache kann als Richtschnur dafür dienen, **binnen welcher Zeit** der VN. die Anzeigen[1040] gemäß § 5 Ziff. 3 abzugeben hat; denn hierfür ist eine **bestimmte Frist**, wie sie z. B. für die Anzeige vom VFall besteht, in die ADB. nicht aufgenommen[1040a]. Da der VN. dem V'rer die Führung des **gesamten** Prozesses zu überlassen hat, so muß die Mitteilung alsbald, jedenfalls so zeitig, erfolgen, daß der V'rer sich im wesentlichen[1042] an dem ganzen Prozesse beteiligen kann[1043]. Die Erteilung der Vollmacht an den Rechtsanwalt und die Abgabe der verlangten Erklärungen hat unverzüglich (§ 121 BGB.) zu erfolgen.

§ 5 Ziff. 3 Satz 2

„Gegen Zahlungsbefehle oder Verfügungen von Verwaltungsbehörden auf Schadensersatz hat er, ohne die Weisung der Gesellschaft abzuwarten, fristgemäß Widerspruch zu erheben oder die erforderlichen Rechtsbehelfe zu ergreifen."

Ein beliebter Weg, zu einem Vollstreckungstitel zu kommen, einfach in der Form und mit geringen Kosten verbunden, ist der Zahlungsbefehl. Wird gegen ihn nicht innerhalb bestimmter Frist[1044] Widerspruch erhoben[1045], so kann er auf Antrag für vollstreckbar erklärt werden[1046]. Die Widerspruchsfristen sind durchweg kurz bemessen; wollte der VN. erst beim V'rer um Verhaltungsmaßregeln einkommen, so wäre bis zum Eingang der Antwort der verfügbare Zeitraum meistens schon verstrichen. Daher[1047] muß der VN. auch ohne besondere Weisung[1048] des V'rers fristgemäß Widerspruch einlegen. Entsprechendes gilt für Rechtsbehelfe gegen Verfügungen von Verwaltungsbehörden auf

1039) Z. B. über den Grund des Ausbleibens im Beweistermin: KG. v. 1. 4. 25 aaO.

1040) Insbesondere von der Klageerhebung, dem ARGesuch usw.

1040 a) Vergleiche aber § 5 Ziff. 2 u. F. ADB.

1042) Ob und wann das der Fall ist, kann nur unter Berücksichtigung aller Einzelumstände gesagt werden: Hamburg v. 2. 2. 32 — JRPV. 1933 S. 193 — APV. 1933 S. 100.

1043) KG. v. 29. 11. 30 — JRPV. 1931 S. 28 — APV. 255; vergl. auch Düsseldorf v. 17. 6. 35 — JRPV. S. 381/2 — APV. 241 — RdK. 1936 S. 174.

1044) § 692 ZPO.

1045) § 696 ZPO.

1046) § 699 ZPO.

1047) Bl. 111.

Schadensersatz[1049]. Dies hat, wie gesagt, zu geschehen „ohne die Weisung der Gesellschaft **abzuwarten**." Dieser Wortlaut drückt auch die Pflicht zur Anzeige vom Erlaß des Zahlungsbefehls usw. an den V'rer aus[1050]; denn ohne sie wären Weisungen nicht zu erwarten, und das Ergreifen von Rechtsmitteln **vor** dem Erhalt von Weisungen ein innerer Widerspruch.

§ 5 Ziff. 3 Satz 2 hat wohl[1051] die Fälle, in denen der VN. ohne Weisung[1052] des V'rers Rechtsmittel einzulegen hat, abschließend geregelt. Wenn der Einspruch gegen Versäumnisurteile nicht aufgezählt ist, so erklärt sich das daraus, daß bei vorausgesetzter ordnungsmäßiger Anzeige vom Prozeß[1053] und seiner Übernahme durch den V'rer, ein Versäumnisurteil ohne dessen Willen oder Kenntnis kaum ergehen wird[1054]. Ist der Prozeß nicht angezeigt, so folgt die Pflicht, Einspruch einzulegen[1055], schon aus der allgemeinen Rettungspflicht[1056].

Für die Rechtsnatur der Obliegenheiten des § 5 Ziff. 3, insbesondere auch die Frage, inwieweit der VN. selbst für Verstöße dritter Personen dem V'rer aufkommen und haften muß[1057], gelten die allgemeinen Regeln[1058]. Sie sind echte Rechtspflichten[1059]. Dazu wird auf die Aus-

---

1048) Hierin liegt die Besonderheit der Bestimmung. Nicht aber — wie Breslau v. 28. 6. 30 = APV. 206 meint — darin, daß der VN. damit überhaupt selbst eine Prozeßhandlung vornehmen müßte, was er sonst nach Meinung des OLG. nie zu tun habe; dazu Anm. 679, 921, 953 zu § 5.

1049) Strafbefehle (Bl. 117) werden von dieser Obliegenheit nicht erfaßt.

1050) Vergl. auch Bl. 129/30; ebenso Stettin v. 5. 6. 30 = APV. 201. Dagegen ist weder der Erlaß des Zahlungsbefehls noch der dazugehörige Vollstreckungsbefehl als Prozeß im Sinne von § 5 Ziff. 3 Satz 1 anzusehen, da es an der hierzu (Bl. 129) gehörigen „Entscheidung eines ordentlichen Gerichtes" fehlt. — § 5 Ziff. 2 Abs. 2 n. F. AVB. legt dem VN. auch dann unverzügliche Anzeige auf, wenn ein Zahlungsbefehl erlassen wird.

1051) KG. v. 16. 4. 30 = JRPV. 300 = DOV. 39 = RdK. 332 spricht allerdings von der „Bestimmung des § 5 Ziff. 3 AVB., daß gegen Zahlungsbefehle und ähnliche Verfügungen der VN. .... die erforderlichen Rechtsbehelfe zu ergreifen hat".

1052) Auf Weisung des Versicherers hat er im Rahmen der Obliegenheit des § 5 Ziff. 2 „die Gesellschaft bei der Abwehr des Schadens ... zu unterstützen (!)", u. U. weitergehende Pflichten: Bl. 100/101.

1053) Bl. 129.

1054) KG. v. 22. 12. 28 = JRPV. 29 S. 64 = APV. 1929 S. 25 = RdK. 1929 S. 148.

1055) KG. v. 16. 4. 30 aaO.

1056) Dazu DOV. 1931 S. 39.

1057) Über den Verstoß durch einen Sohn des VN. (Bestellung eines Rechtsanwaltes): Celle v. 11. 9. 34 = APV. 1935 S. 15 = HansRGZ. 1935 A. 176, dazu Anm. 240 zu § 5. — Über ein Verschulden des eigenmächtig vom VN. mit der Prozeßführung beauftragten Rechtsanwaltes: LG. Berlin v. 4. 3. 29 = JRPV. 1931 S. 215.

1058) Bl. 18—59.

1059) Bl. 88, 113, 124, 156, 159. Stuttgart v. 11. 5. 28 = APV. S. 237/8: „Die Beklage (= Versicherer) hatte ein vertragsmäßiges Recht (!) gegen ihren VN. ... diese Verpflichtung hat er nicht erfüllt ... sein Verhalten kann nicht anders als eine ... Vernachlässigung seiner Vertragspflicht (!) ... angesehen werden"; LG. München v. 18. 12. 29 = DOV. 1930 S. 26 wendet den § 278 BGB. ausdrücklich an; Frankfurt a. M. v. 15. 1. 31 = JRPV. S. 260/1 spricht von „dem vertraglichen Recht" des Versicherers in bezug auf die Würdigung des Prozeßstoffes in tatsächlicher und rechtlicher Beziehung; auch Hamburg v. 2. 12. 32 = JRPV. 1933 S. 46 = APV. 1933 S. 100 betrachtet offenbar die Obliegenheit des VN., die Prozeßführung dem Versicherer zu überlassen, als

führungen Blatt 42 ff. verwiesen. Ohne Zweifel[1060] besteht ein starkes Interesse des V'rers an ihrer Erfüllung. Dagegen besteht nicht[1061] von Hause aus ein solches in der Person des VN., besonders angesichts der gesetzlichen Regelung in § 150 VVG.[1062]. Mit der Androhung der Verwirkung sind die Interessen des V'rers nicht genügend geschützt. Dies zeigt schon der Hinweis auf eine nur leichtfahrlässige Verletzung, die nicht zur Verwirkung führt (§ 6 AVB.). Andererseits wird der VN. durch das ihm auferlegte Verhalten in seiner Handlungsfreiheit durchaus nicht übermäßig eingeschränkt oder gar geknebelt[1063].

§ 5 Ziff. 4

4. Der Versicherungsnehmer ist nicht berechtigt, ohne vorherige Zustimmung der Gesellschaft einen Haftpflicht-Anspruch ganz oder zum Teil oder vergleichsweise anzuerkennen oder zu befriedigen. Bei Zuwiderhandlung ist die Gesellschaft von der Leistungspflicht frei, es sei denn, daß der Versicherungsnehmer nach den Umständen die Befriedigung oder Anerkennung nicht ohne offenbare Unbilligkeit verweigern konnte. Durch irrtümliche Annahme des Vorliegens einer gesetzlichen Haftpflicht oder der Richtigkeit der erhobenen Ansprüche oder

echte Rechtspflicht, wenn es ausführt: „Der Obliegenheit, die Prozeßführung zu überlassen, steht keine Rechtspflicht des Versicherers, den Prozeß zu betreiben, gegenüber ...; solche Obliegenheiten (!) des Versicherers kennt das Gesetz nicht." — Eine Schadensersatzpflicht des VN. im Verletzungsfall erkennt grundsätzlich an: Köln v. 29. 5. 34 = JRPV. 223 = DVP. 221 = RdK. 1935 S. 335 = JW. 2349; vergl. Schack S. 186 Nr. 63; Hagen ZfVW. 1910 S. 481 hält als Sanktion einen Schadensersatzanspruch nicht für genügend; auch Frankfurt a. M. v. 5. 11. 31 = JRPV. 1932 S. 268 = APV. 1932 S. 248/9 = HRR. 1932 Nr. 831 erkennt grundsätzlich die Möglichkeit eines Schadensersatzanspruches aus Verletzung der Obliegenheit (des § 5 Ziff. 3) an, wenn dort gesagt wird, daß ein Schadensersatzanspruch im Hinblick auf die maßgebendes Vertragsrecht schaffenden AVB. nicht „nur" (= ausschließlich) in Frage komme.

1060) Begründung zu § 150 VVG.: „Wenn der Versicherer es übernimmt, dem VN. Rechtsschutz zu gewähren, so tut er dies, weil es in seinem eigenen, an sich wohl berechtigten Interesse liegt, auf die Prozeßführung einen möglichst weitgehenden Einfluß auszuüben"; weiter WuRdV. 1920 S. 102 (Verstoß verletzt „wesentliche Interessen des Versicherers ..."); Donati NZ. 1937 S. 1160; Hagen ZfVW. 1910 S. 481 (: „... die strenge Sicherung seiner — des Versicherers — Prozeßherrschaft ... eine geschäftliche Notwendigkeit ersten Ranges") spricht ferner davon, daß es nicht genüge (!), dem Versicherer für den Fall der Verletzung der Obliegenheit einen Schadensersatzanspruch zu geben; vergl. auch ZfVW. 1924 S. 307; LG. Berlin v. 4. 3. 29 = JRPV. 1931 S. 215 („hohes Interesse des Versicherers"); LG. München v. 18. 12. 29 = DOV. 1930 S. 26; RG. v. 16. 6. 33 = RG. 141/185 = JRPV. 222 = DOV. 57 = APV. 337 = DVP. 623 = JW. 2127 = DJZ. 1431 = LZ. 1135 („für den Versicherer von erheblicher Bedeutung").

1061) So für die Wahl des Anwaltes: LG. München v. 18. 12. 29 = DOV. 1930 S. 27; vergl. aber ZfVW. 1924 S. 308 ff.

1062) Lang WuRdV. 1920 S. 105; MR. 1917 S. 240; zur Lehre vom Kostenersatz in der HV.: Bauerreiß DVA. 1934 S. 81.

1063) LG. München v. 18. 12. 29 aaO.

der behaupteten Tatsachen wird der Versicherungsnehmer nicht entschuldigt.

§ 5 Ziff. 4 Satz 1 und 2

Die Auslegung der folgenden Obliegenheiten[1064] in Rechtsprechung und Rechtslehre läßt Unklarheiten über Inhalt und Umfang, aber auch Sinn und Zweck der Bestimmung erkennen. Die Obliegenheit des § 5 Ziff. 4 (Ziff. 5 n.F.) ADB. ist die Folge der unmittelbaren Schadensbearbeitung und -abwicklung zwischen V'rer und Geschädigten, die in der VPraxis heute allgemein üblich, im VVG. aber erst angedeutet ist[1065]. Gemäß § 3 II 1 ADB. ist die Leistungspflicht der Gesellschaft zunächst auf die Prüfung der Haftpflichtfrage gerichtet, alsdann — und zwar grundsätzlich nach billigem Ermessen[1066] des V'rers — **wahlweise** auf: entweder den Ersatz der Entschädigung, welche der VN. auf Grund eines von der Gesellschaft abgegebenen oder genehmigten Anerkenntnisses, eines von ihr geschlossenen oder genehmigten Vergleichs, oder einer richterlichen Entscheidung zu zahlen hat, oder die Abwehr der unberechtigten Ansprüche. Die Entscheidung, ob ein Anspruch berechtigt oder unberechtigt ist, trifft der V'rer auf Grund der Prüfung der H-Frage, die nicht eine Pflicht des V'rers, vielmehr ein ihm — und zwar ihm ausschließlich — vorbehaltenes Recht[1067] ist. Entschädigungsleistungen werden vom V'rer nur ersetzt auf Grund eines **von ihm selbst** abgegebenen oder genehmigten Anerkenntnisses, eines von ihm geschlossenen oder genehmigten Vergleiches oder einer richterlichen Entscheidung[1068]. Der VN. selbst kann weder mit Wirkung für das VVerhältnis die H-Frage „prüfen"[1069], noch vom V'rer Ersatz von Entschädigungszahlungen verlangen, die nicht unter die „Leistungspflicht der Gesellschaft" i. S. von § 3 II 1 ADB. fallen. Insbesondere darf er nicht aus Vergleichen oder Anerkenntnissen, die weder von der Gesellschaft getätigt waren, noch ihre Zustimmung erfahren hatten, Zahlungen leisten.

Hierüber geht § 5 Ziff. 4 ADB. hinaus: hat der VN. ohne vorherige Zustimmung[1070] des V'rers einen **H-Anspruch** ganz oder zum Teil oder vergleichsweise anerkannt oder befriedigt, so entfällt damit nicht nur positiv ein Tatbestand, welcher Voraussetzung für die Schadloshaltung durch den V'rer i. S. von § 3 II Ziff. 1 ADB. ist, die Gesellschaft wird

1064) Es sind Obliegenheiten, die auf Unterlassung gehen: Anm. 35 zu § 5.

1065) § 156 VVG. gibt dem Versicherer das Recht, die Entschädigung dem Dritten zu entrichten, dem VN. das Recht, diese unmittelbare Zahlung an den Dritten zu verlangen; dazu Hagen ZfVW. 1910 S. 465/6. 1066) I/164, 176. 1067) I/164.

1068) Auf die Verschiebung der Prozeßlage weist hin: Hagen ZfVW. 1910 S. 481: in einem Rechtsstreit des VN. gegen den Versicherer kann der geschädigte Dritte als Hauptzeuge auftreten.

1069) § 5 Ziff. 4 Satz 3 a. F., Ziff. 5 Satz 3 n. F. ADB.

1070) Der Zustimmung steht eine — zum mindesten eine ausdrückliche — Genehmigung gleich.

vielmehr von jeder Leistungspflicht frei[1071]. Um das[1072] zu vermeiden, darf der VN. nur dann[1073] einen H-Anspruch anerkennen oder befriedigen, wenn der V'rer vorher zugestimmt, also (§ 183 BGB.) seine Einwilligung gegeben hat. § 5 Ziff. 4 behandelt nur den Fall, daß der H-Anspruch ohne solche Einwilligung des V'rers anerkannt oder befriedigt worden ist, und füllt eine innerhalb § 3 II 1 bestehende Lücke aus. In einem einzigen Fall führt der Mangel der vorherigen Zustimmung ausnahmsweise nicht zur (generellen[1074]) Leistungsfreiheit des V'rers, nämlich wenn „der VN. nach den Umständen die Befriedigung oder Anerkennung nicht ohne offenbare Unbilligkeit verweigern konnte."

Daraus ergibt sich: ersetzt wird einzig und allein der Mangel der vorherigen Zustimmung und es kommt nicht darauf an, ob die Anerkennung oder Befriedigung rechtlich begründet oder geboten war, sondern nur, ob sie nach den Umständen ohne offenbare Unbilligkeit verweigert werden konnte.

Diese Grundsätze führen im einzelnen zu folgenden Ergebnissen: Die Anordnung bestimmt in ihrer Auswirkung den in § 3 II 1 ADB. als von der Leistungspflicht „umfaßten" (Auch-) Tatbestand als einen ausschließlichen im Sinne des Bestehens des VSchutzes mit der durch die gesetzliche Regelung des § 154 II VVG. gegebenen Einschränkung[1075]. Danach bedarf es grundsätzlich der vorherigen Zustimmung[1076] des V'rers, damit der VN. ohne nachteilige Folgen selbst einen H-Anspruch ganz oder zum Teil oder vergleichsweise anerkennen oder befriedigen darf[1077]. Dieser „H-Anspruch" darf auch hier nur auf Leistungen gerichtet sein[1078], die nach dem VVertrag allgemein[1079] zu erbringen sind[1080].

1071) § 5 Ziff. 4 behandelt, was nicht oft genug betont werden kann, nur die Deckungsfrage. Ob die vom VN. anerkannten oder befriedigten Ansprüche rechtlich begründet waren oder nicht, ist hier (also für die Frage des VSchutzes im Rahmen des § 5) zunächst begrifflich unerheblich.

1072) D. h. also, den Eintritt der Leistungsfreiheit aus §§ 5, 6; davon unberührt bleibt die Frage, ob der Ersatz der Entschädigung gem. § 3 II 1 zu gewähren ist (vergl. unten).

1073) Außer dem Fall von Ziffer 4 Satz 2.

1074) Denn die Erfordernisse des § 6 ADB.: Vorsatz oder grobe Fahrlässigkeit sind dazu ebenfalls erforderlich.

1075) Wir betrachten zunächst die Grundregel ohne Rücksicht auf die Ausnahme des Satzes 2 und die letztere später im Zusammenhang mit Satz 1.

1076) Das ist gleichbedeutend mit der „Einwilligung" des § 154 II VVG.: § 183 BGB.; die Ausdrucksweise der ADB. bringt das Wesentliche (nämlich die vorherige Zustimmung) für den Laien deutlicher als der Gesetzeswortlaut.

1077) Der Ersatz der Entschädigung „auf Grund einer richterlichen Entscheidung" (§ 3 II 1) braucht hier nicht erwähnt zu werden, da § 5 Ziff. 4 als Obliegenheit des VN. nur solche Tatbestände treffen will, die ausschließlich auf seinem freien Willen beruhen (Hamm v. 15. 3. 37 = HansRGZ. A. 457 = APV. S. 193/4). Aber den Fall, daß eine richterliche Entscheidung allein aus einem solchen hervorgeht, Anm. 1091 zu § 5.

1078) Es gibt keinen Grund dafür, daß nur ein (= irgendein) Teil der Verpflichtung des Versicherers durch § 5 Ziff. 4 ADB. geschützt sein sollte.

1079) Den Versicherer berührt nicht das Anerkenntnis irgendeines H-Anspruchs durch den VN., sondern nur das eines unter den Vertrag fallenden H-Anspruchs.

1080) Also auch der Kostenanspruch aus einem Prozeß über einen VFall (§ 3 II 3 ADB.); a. A.: KG. v. 8. 1. 36 = JRPV. S. 187.

hauptsächlich sind die in § 1 AVB. aufgezählten[1081] Merkmale zu berücksichtigen, aber auch die sonstigen Begrenzungen[1082] der Leistungspflicht. Der Personenkreis, demgegenüber der VN. nicht anerkennen oder befriedigen darf, deckt sich mit dem der allgemein Anspruchsberechtigten und der Personen, die kraft Gesetzes oder Vertrages an ihre Stelle treten. Nicht begriffsnotwendig, d. h. ausschließlich, kann Gegenstand der Obliegenheitsverletzung[1083, 1084] nur der H-Anspruch des unmittelbar Geschädigten oder Verletzten selbst sein.

Soviel zur sachlichen und persönlichen Begrenzung der Verhaltensnorm. Es bleibt die Frage nach dem Inhalt des gesollten Verhaltens. Der VN. darf den H-Anspruch weder anerkennen noch befriedigen. Dem V'rer soll in seiner Entscheidung, ob die H-Ansprüche als berechtigte oder unberechtigte zu behandeln sind[1085], nicht irgendwie nach außen[1086] vorgegriffen werden. Für die Verletzung des Gebotes kommt es nur auf das Verhalten des VN.[1087], nicht den Eintritt eines schädigenden Erfolges im Einzelfall[1088] an[1089]. Dies entspricht der einheitlichen Auf-

1081) Z. B. „auf Grund gesetzlicher H-Bestimmungen": Köln zit. bei RG. v. 22. 5. 35 = JRPV. S. 121 = DVP. 415 = HRR. Nr. 941.

1082) Soweit ein bestimmter Tatbestand ohnehin vom VSchutz ausgenommen ist, fällt dieser nicht mehr unter die Bestimmungen des Vertrages. Dies gilt nicht nur für § 4 I 6 a u. b, sondern z. B. auch für 4 I 1: soweit ein H-Anspruch auf Grund Vertrages oder besonderer Zusagen über den Umfang der gesetzlichen Haftpflicht des VN. hinausgeht, wird er vom VSchutz nicht umfaßt. Sein Anerkenntnis oder seine Befriedigung können an dieser Rechtslage nichts ändern (darüber weiter unten).

1083) Ein anderer Standpunkt scheint nicht gerechtfertigt: der Versicherer will sich für den Kreis seiner gesamten Verpflichtungen aus dem Vertrag (Gegenstand: § 1, Umfang: § 3) gegen selbständige Eingriffe des VN. schützen. Der vertragliche Leistungsschutzbereich muß sich also decken mit dem Obliegenheitsverstoßbereich; z. B. erfüllt die Befriedigung der Regreßforderung einer vorleistenden Berufsgenossenschaft oder Krankenkasse des Verletzten durch den VN. im Hinblick auf § 1542 RVO. — insoweit — den Tatbestand des § 5 Ziff. 4 AVB.; Entsprechendes gilt für das Anerkenntnis. Auch gegenüber dem Ehemann der verletzten Ehefrau kann wegen § 1380 BGB. anerkannt oder befriedigt i. S. von § 5 Ziff. 4 werden; a. A. anscheinend RG. v. 22. 5. 1935 aaO.; die früher I/170 Anm. 148 vertretene Meinung wird aufgegeben. — Abgelehnt wurde die hier vertretene Auffassung (Übernahme der Kosten einem Krankenhaus gegenüber): von Düsseldorf v. 21. 5. 28 = JRPV. 190; ebenso (auch in grundsätzlichem Gegensatz zum Text): Düsseldorf v. 2. 7. 31 = APV. 225/26; Düsseldorf v. 20. 6. 29 = JRPV. 322 (betont mehrfach „dem Geschädigten gegenüber"); vergl. auch Hamm v. 3. 4. 33 = APV. 347.

1084) Vergl. auch RG. v. 22. 2. 35 = JRPV. 122 = DVP. 415 = HRR. Nr. 941: „Ein Anerkenntnis im Sinne der AVB. und § 154 II VVG. kann nur gegenüber dem Gläubiger des Entschädigungsanspruchs oder den Personen abgegeben werden, die an dessen Stelle stehen; das ist anerkannte Rechtsprechung und Rechtslehre." Der „Gläubger des Entschädigungsanspruchs" muß nicht mit dem Geschädigten identisch sein!

1085) Inwieweit der Versicherer befugt ist, berechtigte Ansprüche als unberechtigte zu behandeln und umgekehrt, darüber I/164, 176, Anm. 678 zu § 5.

1086) Die innere Auffassung des VN. über die Berechtigung der H-Ansprüche ist gewiß belanglos.

1087) Anm. 10 zu § 6.

1088) Bl. 170.

1089) Anm. 1094 zu § 5, Bl. 167, zu Anm. 10 zu § 6. — Die AVB. hatten vor 1910 außer dem heute vorgesehenen Entlastungstatbestand dem VN. noch den Beweis freigelassen, daß er durch seine Handlungsweise den Versicherer nicht benachteiligt habe; die heute geltenden AVB. enthalten eine solche Bestimmung nicht mehr. Wohl kommen solche oder ähnliche bei einzelnen Versicherern noch vor. Vergl. die Anm. 1091 zu § 5

fassung von Obliegenheitsverletzungen und insbesondere auch dem Wortlaut des § 5 Ziff. 4, der die Leistungsfreiheit des V'rers schon an die einfache **Zuwiderhandlung** knüpft; daher gilt in dieser Hinsicht auch nach der Neufassung des Gesetzes in § 154 II und § 6 n.F. AVB. nichts anderes, so daß Kausalzusammenhang zur Verwirkung nicht erforderlich ist: Prölß § 154 Anm. 4 VVG. a.E. Dies Ergebnis wird unterstrichen durch die Charakterisierung der Obliegenheiten als Normen, die in erster Linie die Lenkung des **Verhaltens** einer großen Zahl von VN. bezwecken[1090]. Unter diesen Gesichtspunkten betrachtet, können für den Begriff des Anerkenntnisses weder die Form[1091] noch die Art[1092] noch

---

Gen. Es fragt sich, ob hier § 6 II VVG. anwendbar ist. Die Vorschrift ist unmittelbar jedenfalls nicht anwendbar; auch ihre mittelbare Anwendung scheint nicht statthaft mit Rücksicht auf den speziellen Sachverhalt, den sie zu regeln bestimmt ist. A. A. Hagen ZfVW. 1910 S. 481. Unerheblich sind aus den im Text gegebenen Gründen für die Frage, ob ein Anerkenntnis vorliegt, die Ausführungen bei Nürnberg v. 14. 5. 30 = JRPV. 320, daß nämlich die Erklärung des VN. für den Fall eines Rechtsstreites „gar nichts vergab"; — widerspruchsvoll auch die Bemerkung des Urteils einerseits über die Rechtsunwirksamkeit der Erklärung und den mit ihrer Abgabe andererseits verfolgten — und daher in den Willen des Abgebenden und seine Erklärung entsprechend aufgenommenen — Zweck. Ebenso unerheblich KG. v. 5. 11. 30 = JRPV. 1031 S. 29 (der Versicherer sei durch die fragliche Erklärung des VN. in keiner Weise präjudiziert worden, insbesondere keiner Verteidigungsmittel verlustig gegangen); das gleiche gilt für die Gründe des Berufungsurteils, abgedruckt bei RG. v. 26. 7. 35 = JRPV. 262/4 = APV. 270 (es sei aber auch die Rechtsverteidigung des Klägers — = VN. — oder der Beklagten — = Versicherer — gegenüber dem Drittgeschädigten in keiner Weise erschwert worden).

1090) Anm. 24, 25, 447, 479 zu § 5, Bl. 57, 73, 103.

1091) Es braucht sich nicht um ein vertragliches (Düsseldorf v. 23. 4. 34 = JRPV. 1935 S. 47; a. A. Düsseldorf v. 21. 5. 28 = JRPV. 190 „Die Anerkennung eines Anspruchs kann nur durch Vertrag erfolgen") oder gar die Schriftform benötigendes abstraktes Anerkenntnis des § 781 BGB. zu handeln; über das prozessuale Anerkenntnis Bl. 152, Anm. 1007 zu § 5. — Auch in dem Angebot einer vorschußweisen Zahlung liegt ein Anerkenntnis. A. A. Düsseldorf v. 23. 4. 34 = JRPV. 1935 S. 47; diesem zust. das Rev.Urt. RG. v. 7. 12. 34 aaO.; darin, daß der VN. im Bewußtsein der damit verbundenen rechtlichen Folgen ein Versäumnisurteil gegen sich ergehen läßt, kann sehr wohl ein Anerkenntnis im Sinne von § 5 Ziff. 4 liegen: zust. Petersen ZfVW. 1915 S. 351; denn das Gesetz knüpft in § 331 I ZPO. an das Nichterscheinen des Beklagten in einem bürgerlichen Rechtsstreit die Folge, daß das tatsächliche mündliche Vorbringen des Klägers als zugestanden zu gelten habe. — Eine Einschränkung, wie sie der dem Urteil Celle v. 11. 4. 33 = JRPV. 240 = APV. 347 („rechtlich wirksames Anerkenntnis, welches für sich allein entgegen dem Tatbestand zur Verurteilung führen könnte") oder RG. v. 6. 12. 12 = WZ. 1913 S. 1109 zugrunde liegende Vertrag enthielt, ist den AVB. unbekannt. — Vergl. auch RG. v. 13. 6. 33 = JRPV. 202 = LZ. 1204 = HRR. Nr. 1501: dazu JRPV. 1934 S. 65 ff.; LG. Oldenburg v. 21. 1. 38 = JRPV. 190; RG. v. 12. 12. 33 = APV. 412 (vergl. den entsprechenden Teil des Urteils in JRPV. 1938 S. 191). — Auch dann liegt ein Anerkenntnis bezw. eine Befriedigung vor, wenn Zahlungen „vorsorglich" auf einen etwa bestehenden H-Anspruch, aber, sofern ein solcher nicht bestehen sollte, „schenkweise" geleistet werden; a. A. Berufungsurt. zu RG. v. 7. 12. 34 aaO.; RG. v. 29. 7. 31 = APV. 276 = DOV. 83 = HansRGZ. A. 664 = Warn. 423 = mitget. NZ. 1933 S. 1031.

1092) Ob die Anerkennung mittelbar oder unmittelbar erfolgt, ist nicht von Bedeutung, wie auch sonst im geltenden Recht grundsätzlich nach dieser Richtung ein Unterschied hinsichtlich der Folgen eines bestimmten Verhaltens nicht gemacht wird. Vergl. z. B. § 208 BGB. (dazu Düsseldorf v. 20. 6. 29 = JRPV. 322) und hierzu die Erlauterungsbücher. Es ist auch gleichgültig, ob nur dem Grunde oder der Höhe nach anerkannt wird. Ein Anerkenntnis dem Grunde nach liegt vor, wenn der VN. erklärt: „Ich erkläre, daß

der Umfang[1093] noch der Erfolg[1094] des betätigten Verhaltens des VN. maßgebend sein. Das Motiv des Handelns ist unerheblich. Wesentlich ist nur, daß der VN. eine dem V'rer allein vorbehaltene Sachentscheidung sich selbst angemaßt hat durch die Zuteilung der H-Ansprüche zu den als „berechtigt"[1095, 1096] zu behandelnden, und daß er weiter diese Entscheidung als die seinem Bewußtsein[1097, 1098] in tatsächlicher und rechtlicher Beziehung entsprechende dem maßgebenden Personenkreis zur Kenntnis gebracht hat[1099, 1100].

---

es selbstverständlich für mich ist, für den Schaden in Höhe meiner gesetzlichen Verpflichtung aufzukommen und bleibe die detaillierte Kostenrechnung erwartend": a. A. KG. v. 5. 7. 30 = JRPV. 401 = DÖV. 90 = APV. 194.

1093) Daß der H-Anspruch weder ganz, noch zum Teil, noch vergleichsweise, d. h. „im Wege gegenseitigen Nachgebens" (§ 779 BGB.) anerkannt oder befriedigt werden darf, sagt § 5 Ziff. 4 ausdrücklich. Hierunter fällt auch die Anerkennung des VN., aus eigenen Mitteln zu zahlen, wenn der Versicherer aus irgendeinem Grunde nicht zahlungspflichtig sein sollte: a. A. KG. v. 5. 11. 30 = JRPV. 1931 S. 29, eine in diesem Punkte abzulehnende Entscheidung.

1094) Anm. 1090 zu § 5; würde z. B. der VN. die rechtliche Wirkung eines gegebenen Anerkenntnisses durch Rückforderung wegen ungerechtfertigter Bereicherung völlig aufheben, so bliebe die unter den übrigen Voraussetzungen erfolgte Verletzung der Obliegenheit dennoch bestehen.

1095) Das Gegenstück: nämlich die eigenmächtige Erklärung der Unbegründetheit der HV-Ansprüche enthalten die AVB. nicht, weil mit einer solchen Erklärung regelmäßig schädliche Folgen nicht verbunden sind.

1096) Dazu genügt auch das Anerkenntnis der alleinigen Schuld (Anm. 1130 zu § 5); auf die Rechtswirksamkeit kommt es entgegen Nürnberg v. 14. 5. 30 = JRPV. 320 nicht an; Gleiches gilt für die Erklärung „den Anspruchsteller treffe keine Schuld": a. A. Düsseldorf v. 23. 4. 34 = JRPV. 1935 S. 47; Stuttgart v. 13. 5. 29 = JW. 1930 S. 95 (Anm. v. Gottschalk) = DAutoR. 1930 S. 95; dahingestellt bei RG. v. 7. 12. 34 = JRPV. 1935 S. 24 = DÖV. 1935 S. 8 = DVP. 1935 S. 416 = HRR. Nr. 748/9.

1097) Inwieweit die eigene Stellung des VN. durch den „Vorbehalt gerichtlicher Klärung" vermieden oder zu einer neutralen gemacht wird, kann nur nach Lage des Falles, dem Wortlaut und Sinn der Erklärung usw. entschieden werden. Man kann aber sicher nicht jeder Erklärung des VN., nur weil er den genannten „Vorbehalt" macht, den Charakter eines Anerkenntnisses absprechen: a. A. anscheinend Nürnberg v. 14. 5. 30. = JRPV. 320; RG. v. 22. 2. 35 = JRPV. S. 121 = DVP. 415 = HRR. Nr. 941: „Aber in der Erklärung, daß man zahlen wolle, wenn und soweit man dazu verpflichtet sei, ist nach ständiger Rechtsprechung der Gerichte ein Anerkenntnis im Sinne des § 154 II VVG. und der ihm entsprechenden AVB. nicht zu erblicken". Dem ist nur mit den vorstehenden Vorbehalten zuzustimmen. Außerdem hatte im konkreten Falle der VN. nicht erklärt, er wolle zahlen, „wenn und soweit er verpflichtet sei", sondern: „Ich erkläre mich bereit, die Leute zu entschädigen, auch (!) für den Fall, daß mir eine Schuld nicht nachgewiesen wird": ein klares und unzweideutiges Schuldanerkenntnis!

1098) Ein W i l l e des VN. zur Abgabe eines Anerkenntnisses wird nicht zu verlangen sein.

1099) Das Anerkenntnis des § 5 Ziff. 4 entspricht dem des § 3 II 1 AVB. („des von der Gesellschaft genehmigten Anerkenntnisses"): dazu I/170; ferner DÖV 1937 S. 115, NZ. 1915 S. 460, NZ. 1938 S. 304 ff.; RG. v. 3. 3. 32 = JW. S. 2025 (Anm. von Lurje).

1100) RG. v. 26. 7. 35 = JRPV. 262/64 = APV. 270: „Das Verbot in § 5 Ziff. 4 AVB. ... ist ... allerdings nicht auf prozessuale oder rechtsgeschäftliche Anerkenntniserklärung oder gar auf solche Anerkenntnisse zu beschränken, die einen selbständigen Schuldgrund schaffen. Unter das Verbot fällt vielmehr auch jede einseitige, dem Anspruchsberechtigten gegenüber vorgenommene Handlung oder Äußerung, durch welche der VN. zu erkennen gibt, daß er den Anspruch des Verletzten als zu Recht bestehend

Die „Befriedigung" des H-Anspruchs setzt anders als das Anerkenntnis begrifflich nicht voraus, daß der VN. den Anspruch nach außen hin als einen berechtigten bezeichnet. Es genügt, ihn als solchen **behandelt** zu haben, und zwar dadurch, daß er aus einem VFall[1101] eine Leistung bewirkt hat[1102, 1103]. Ob dieser Anspruch tatsächlich berechtigt oder unberechtigt war, darauf kommt es angesichts des Umfanges der Haftpflichtversicherung, die in beiden Fällen Schutz gewährt, nicht an[1104]. Auch hier ist unerheblich die Form[1105], die Art oder der Umfang[1106, 1107] der

---

anerkenne, m. a. W. es fällt unter das Verbot jedes Verhalten des VN. dem Haftpflicht-Anspruchsberechtigten gegenüber, aus welchem sein Bewußtsein von dem Bestehen des Anspruchs unzweideutig erhellt". Als Anerkenntnis wertet LG. Saarbrücken vom 11. 10. 38 = JRPV. 1939 S. 189 ff. die Mitteilung des VN. an das in einem Armenrechtsverfahren erkennende Gericht: „Hierdurch teile ich mit, daß ich gegen die in der Klageschrift angeführten Gründe keine Einwendungen zu machen habe"; vergl. ferner Düsseldorf v. 20. 6. 29 = JRPV. 322: „Zweck der Ausschlußbestimmung ist ... zu verhüten, daß der VN. durch eigenmächtige Maßnahme die Rechtslage der Gesellschaft erschwert. Zu solcher Erschwerung führt aber jede Handlung und Äußerung, durch welche der VN. dem Geschädigten tatsächlich zu erkennen gibt, daß er den H-Anspruch als bestehend ansehe; denn hierdurch kann nicht nur die Beweisführung der Gesellschaft beeinträchtigt, sondern überhaupt ihre Rechtslage verschlechtert werden, z. B. durch Verjährungsunterbrechung gem. 208 BGB. Gerade im Hinblick auf diese letztere Möglichkeit ist anzunehmen, daß zu einem Anerkenntnis im Sinne der AVB. ebenso wie im § 208 BGB. jedes Verhalten dem Geschädigten gegenüber genügt, aus dem sich das Bewußtsein des Verpflichteten von dem Bestehen des H-Anspruchs ergibt."

1101) Anm. 1081 zu § 5. Da der VSchutz gem. § 3 II 3 AVB. die Kosten des in einem VFall geführten Rechtsstreites umfaßt, stellt auch der eigenmächtige Vergleich eines VN. über diese einen Verstoß gegen § 5 Ziff. 4 dar. A. A. anscheinend KG. v. 8. 1. 36 = JRPV. 187 ff.

1102) Bl. 147.

1103) In der Befriedigung eines Anspruchs in diesem Sinne liegt zugleich regelmäßig auch ein Anerkenntnis des § 5 Ziff. 4; LG. Berlin v. 1. 6. 33 = JRPV. 1934 S. 126: „Denn ein Anerkenntnis im Sinne des § 5 AVB. ist in jeder Zahlung eines VN. an einen Verletzten zu erblicken ...".

1104) A. A. Prölß § 154 Anm. 4. — Auch ist es für die Frage, ob der VN. den Anspruch „befriedigt" hat, bedeutungslos, ob er ihn innerlich für berechtigt oder unberechtigt gehalten hat oder halten durfte.

1105) Z. B. durch Aufrechnung oder dergl., Stettin v. 26. 5. 30 = DOV. S. 91 („trotzdem (!) er eine Aufrechnung anerkannt hat ..."); LG. Berlin v. 1. 6. 33 = JRPV. 1934 S. 126 („die Art der für die Zahlung gewählten Rechtsform ist ... vollkommen unerheblich"); z. B. Zahlung „vorsorglich", falls ein H-Anspruch bestehe, sonst aber schenkweise: Anm. 1091 zu § 5; oder durch Verzicht auf Kosten: KG. v. 8. 1. 36 aaO., oder als „geschenkt": a. A. KG. v. 23. 12. 31 = JRPV. 1932 S. 60 = APV. 1932 S. 33 = HRR. Nr. 841.

1106) „Ganz oder zum Teil oder vergleichsweise" in § 5 Ziff. 4 bezieht sich auch auf die Befriedigung.

1107) Wenn der VN. den H-Anspruch „ganz" befriedigt hat, es sich aber später herausstellt, daß er nur einen Teil nicht „ohne offenbare Unbilligkeit hätte verweigern können" (diese Frage ist aber von der davon verschiedenen zu trennen, ob nur ein Teil des nicht ohne offenbare Unbilligkeit zu verweigernden Anspruchs rechtlich begründet war), so kommt doch für ihn die Entlastung des Satz 2 wohl nicht in Frage. — Satz 2 setzt voraus, daß der VN. die Befriedigung (d. h. also, soweit er sie gem. Satz 1 — „ganz oder zum Teil" — vorgenommen hatte), nicht ohne offenbare Unbilligkeit verweigern konnte. Bezog sich also bei völliger tatsächlicher Befriedigung die offenbare Unbilligkeit der Verweigerung nicht auf den ganzen Betrag, so ist Verwirkung gegeben: a. A. Köln v. 27. 3. 36 = APV. 1937 S. 151. Das verbotene Verhalten liegt vor und damit auch die Verwirkung; ähnlich, wenn auch in anderem Zusammenhang: Prölß in WuRdV. 1933 S. 289 oben rechts. — Man darf nicht die Frage der

Befriedigung[1108]. Jedes Verhalten, das wesensgemäß zwischen einem Anerkenntnis und einer Befriedigung liegt, erfüllt ebenfalls den Tatbestand des Verbotes.

Die Verletzung der Obliegenheit[1109] liegt nach dem Wortlaut schon im Falle der „Zuwiderhandlung" vor[1110, 1111]. Jedoch schließt der Tatbestand von Satz 2 entsprechend § 154 II VVG. die Berufung des V'rers auf die vereinbarungsgemäß mit der Zuwiderhandlung verbundene Leistungsbefreiung aus. **Beweispflichtig** für das Vorliegen des Entlastungstatbestandes ist der VN.[1112], wie sich aus der Fassung „es sei denn, daß . . ." ergibt. Ist er gegeben, so nimmt er der Handlungsweise des VN. den Charakter eines Verstoßes, womit zugleich die Frage nach dem grobfahrlässigen oder vorsätzlichen Charakter des Verstoßes gegenstandslos wird[1113].

Behoben werden kann aber durch den Entlastungstatbestand nur die mit dem Mangel der **„vorherigen** Zustimmung" durch den V'rer verbundene grundsätzliche Leistungsbefreiung[1114]. Hatte der V'rer schon die H-Frage geprüft und den H-Anspruch als unbegründet bezeichnet[1115], oder dem VN. andere bestimmte diesbezügliche Weisungen erteilt, so liegt dieser Fall nicht vor[1116]. Nach Sinn und Zweck der Regelung soll der VN. in den genannten Fällen nicht gehindert sein, eine billige Entscheidung treffen zu können, ohne dazu vorher den V'rer hören zu müssen. Nur der allgemein aus solcher Zuwiderhandlung erwachsende **Rechtsverlust** soll vermieden, nicht aber dem VN. ein — seine durch die übrigen Vertragsbestimmungen umgrenzten Befugnisse — erweiterndes Recht gegeben werden. Der Entlastungstatbestand ermächtigt ihn nicht, über

---

Deckung mit der der Haftung verwechseln, also jener Frage, ob und inwieweit Haftpflichtansprüche begründet waren.

1108) Entsprechend gilt Anm. 1094 zu § 5.

1109) Zugleich ein Verstoß gegen die Schadensabwendungs- und Minderungspflicht: vergl. zu Anm. 531 zu § 5.

1110) Diese schwere Folge der Obliegenheitsverletzung erklärt sich aus der unbedingten Notwendigkeit ihrer Sicherung, die für den Versicherer eine „geschäftliche Notwendigkeit ersten Ranges" darstellt: Hagen ZfVW. 1910 S. 481.

1111) Widerruf des Anerkenntnisses ist belanglos: Breslau v. 21. 1. 31 = JRPV. 134.

1112) Anm. 1146 zu § 5 und 103 zu § 6.

1113) § 154 II VVG. erzielt das gleiche Ergebnis durch die Änderung seiner Fassung: „Eine Vereinbarung ... i s t u n w i r k s a m, falls nach den Umständen der VN. die Befriedigung oder Anerkennung nicht ohne offenbare Unbilligkeit verweigern konnte."

1114) Mit der Genehmigung, d. h. (§ 184 BGB.) der nachträglichen Zustimmung zum Anerkenntnis oder der Befriedigung durch den VN. seitens des V'rers, ist Leistungspflicht gem. § 3 II 1 AVB. gegeben.

1115) Regelmäßig kommt es auf den Willen des Versicherers an, I/176.

1116) A. A. RG. v. 29. 9. 31 = JPV. 276/7 a. E. = DOV. 83 = HansRGZ. A. 664 = Warn. 423 = mitget. NZ. 1933 S. 1031. Wollte man, der Auffassung des Urteils folgend, dem VN. erlauben, entgegen den klaren Anweisungen des Versicherers auf Grund eigener Billigkeitserwägungen zu handeln, so wäre das ein Einbruch in das Recht des Versicherers, über das Schicksal des H-Anspruchs zu entscheiden, der durch die vorliegende Stelle nicht gerechtfertigt ist und praktisch von weittragenden Folgen wäre.

den Kopf des V'rers und eine bereits von ihm getroffene, dem entgegenstehende Entscheidung hinweg anerkennen oder befriedigen zu dürfen. Eine solche Entscheidung bindet ihn vielmehr im Rahmen der übrigen Rechte der Vertragsparteien. Nicht befugt ist der VN. insbesondere, eine Entscheidung des V'rers nachzuprüfen und durch eine eigene widersprechende Entscheidung zu ersetzen. Hat der V'rer den H-Anspruch für unberechtigt erklärt, und ist es über diesen zum Prozeß gekommen[1117], so hat sich der VN. dieser Entscheidung zu fügen[1118]. — Auch eine nach seiner hier nicht maßgeblichen Meinung „offenbare Unbilligkeit" rechtfertigt weder Anerkenntnis noch Befriedigung[1119].

Liegt eine Stellungnahme des V'rers nicht vor, so braucht der VN. nicht erst seine Zustimmung einzuholen, sondern darf ohne Gefahr des Anspruchsverlustes (§§ 3 II 1; 5, Ziff. 4 AVB.) anerkennen oder befriedigen.

Welches sind nun die Voraussetzungen für den Entlastungstatbestand? Der VN. muß „nach den Umständen die Befriedigung oder Anerkennung nicht ohne offenbare Unbilligkeit verweigern" können. Es kommt also darauf an, daß durch Anerkennung oder Befriedigung eine sonst bestehende offenbare Unbilligkeit vermieden wird. Nicht Ungerechtigkeit sondern **Unbilligkeit** genügt hierzu, und ob sie vorliegen würde, wird

---

1117) Das prozessuale Anerkenntnis entlastet daher — zum mindesten soweit der Versicherer seine Eintrittspflicht nicht grundsätzlich bestritten hat oder die Prozeßführung ablehnt (Bl. 135 ff.) — den VN. nicht. Dazu Anm. 1007 zu § 5.

1118) Frankfurt a. M. v. 15. 1. 31 = JRPV. S. 260/1: „Nach Ansicht des Senates bezieht sich diese Bestimmung (über das Anerkenntnis. Verf.) nur auf ein vor Prozeßbeginn abgegebenes Anerkenntnis. Wenn es aber zum Prozeß gekommen ist, dann hat sich der VN. jeder eigenmächtigen Prozeßführung und somit auch der Abgabe von Erklärungen zu den Prozeßbehauptungen ohne Zustimmung der Gesellschaft zu enthalten ..." Zust. Bruck Komm. § 154 Anm. 9, a. A. RG. v. 29. 9. 31 aaO., ZfVW. 1909 S. 317, Bornmann JRPV. 1934 S. 68: „Dabei wird aber m. E. nicht hinreichend der Tatsache Rechnung getragen, daß die Verpflichtung, die Prozeßführung dem Versicherer zu überlassen und nach seinen Weisungen zu handeln, völlig unabhängig neben dem Recht besteht (!), unter gewissen Voraussetzungen auch ohne Einwilligung des Versicherers den Anspruch anzuerkennen. Diese Verpflichtung auf der einen und dieses Recht auf der anderen Seite liegen auf völlig verschiedenen Gebieten und haben nichts miteinander zu tun."

1119) A. A. RG. v. 7. 12. 34 = JRPV. 1935 S. 24/5 = DOV. 1935 S. 8 = DVP. 1935 S. 416 = HRR. Nr. 748/9, das im § 154 II VVG. ein für die Beobachtung aller Obliegenheiten maßgebendes allgemeines Prinzip erblickt (dazu Anm. 628, 961 zu § 5); auch MR. 1912 S. 33 ff. will § 154 II VVG. gegenüber allen Weisungen des Versicherers anwenden. Eine so weitgehende Verallgemeinerung eines speziellen Gedankens ist unzulässig, zudem für die Praxis untragbar, angesichts der im Begriff des „Unbilligen" überwiegend liegenden subjektiven Momente und der Gefahr, daß der VN. allen Maßnahmen des Versicherers entgegenarbeiten kann und darf. Begründungen für „offenbare Unbilligkeit" werden fast immer gesucht, und wie die Rechtsprechung ergibt, gefunden. — Anders noch RG. v. 14. 6. 32 = RG. 136/370 = JRPV. 215 = DOV. 75 = APV. 245 = JW. 2514 = HRR. Nr. 2293: „Die vom Kläger zur Abwehr des Verwirkungseinwandes der Beklagten herangezogene Vorschrift des § 154 II VVG. hat auf die vorliegende Streitfrage keinen Bezug, da sie nur die Wirkung von Vereinbarungen über Befreiung des Versicherers durch selbständige Befriedigung oder Anerkennung des Entschädigungsanspruchs seitens des VN., nicht aber die Tragweite sonstiger Verwirkungsklauseln (gemeint sind wohl: Verwirkungs t a t b e s t ä n d e. Verf.), einschränkt."

„nach den Umständen" geprüft. Der VN. soll nicht durch die Drohung mit dem Verluste seiner gesamten Versicherungsansprüche von der Leistung einer billigen Entschädigung abgehalten werden. Nicht aber kommt es in erster Linie, oder gar ausschließlich, wie meist von der Rechtsprechung betont, auf eine mehr oder weniger zutreffende Beurteilung der Rechtslage an[1120], d. h. die Frage, ob H-Ansprüche nach den gesetzlichen Bestimmungen ganz oder teilweise begründet waren[1121]. Die Frage des Verlustes des Haftpflichtversicherungs-Anspruchs von dem Ergebnis einer solchen Prüfung abhängig zu machen, hieße vom VN. mehr verlangen, als selbst manches Gericht nach der Meinung der übergeordneten Instanz fertig bringt[1122]. Je nach den Umständen kann die unterlassene Befriedigung eines offenbar gesetzlich unbegründeten Anspruchs unter Umständen ebenso offenbar unbillig sein; denn wesensgemäß haben die beiden Begriffe nichts miteinander gemein, mögen sie auch tatsächlich sich oft ganz oder teilweise decken oder überschneiden.

Keineswegs kann aus alledem eine Verpflichtung für den V'rer gefolgert werden, unter Umständen auch gesetzlich unbegründete Ansprüche zu erstatten, nämlich dann, wenn der VN. glaubte, ohne offenbare Unbilligkeit diese nicht unbefriedigt lassen zu dürfen. Für die Erstattungspflicht des V'rers bleiben die Bestimmungen des VVertrages stets maßgebend. Er darf zwar, wenn der Entlastungstatbestand vorliegt, nicht von seinem Leistungsverweigerungsrecht Gebrauch machen. Doch bleibt ihm unbenommen zu prüfen, ob auch im übrigen der Ersatz einer unter den VVertrag fallenden Leistung verlangt wird[1123], z. B. ob der vom VN. anerkannte oder befriedigte Anspruch auf eine — allein unter den VSchutz fallende (§ 1 AVB.) — gesetzliche Haftpflichtbestimmung privatrechtlichen Inhalts gestützt werden kann[1124] und ob er auch seinem Umfange nach[1125] nicht — etwa auf Grund des der Anerkennung zugrundeliegenden Vertrages oder besonderer Zusagen (§ 4 I 1 AVB.) —

1120) Vergl. aber das auf Bl. 154/5 Gesagte.

1121) Anm. 1134 zu § 5.

1122) Lang WuRdV. 1920 S. 118: „Die Fälle, in denen vorweg über Bestehen oder Nichtbestehen einer H-Forderung nach Grund und Höhe ein sicheres Urteil abgegeben werden kann, sind wahrhaft äußerst selten ... — Dabei verschlägt es nichts, daß der Tatbestand, den das Gesetz (in § 154 II VVG. Verf.) selbst umschreibt, weit davon entfernt ist, als Fall einer unstreitig bestehenden H-Schuld in Betracht zu kommen ...".

1123) Ehrenzweig S. 721/22. — Unrichtig Köln v. 27. 3. 36 = APV. 1937 S. 151/2 a. E.: „Das LG. wird ... zu prüfen haben, inwieweit in den Vergleichssummen Schadensposten enthalten waren, deren Befriedigung oder Anerkennung der Kläger nicht ohne offenbare Unbilligkeit verweigern konnte. Nur hinsichtlich solcher Beträge kann die Beklagte in Anspruch genommen werden": Nein!: offenbare Unbilligkeit der Verweigerung räumt nur die Berechtigung der Deckungsablehnung aus, entscheidet aber nicht die Frage, ob und inwieweit der Versicherer die vom VN. gezahlten Beträge erstatten muß; hierfür ist allein der Inhalt des VVertrages maßgebend.

1124) In diesem Zusammenhang kommt es allerdings auch auf die Frage an, ob und inwieweit die Ansprüche des Geschädigten, welche der VN. anerkannte oder befriedigte, gesetzlich begründet waren und damit für den Versicherer ersatzpflichtig sind.

1125) I/204 ff.

über die Grenzen der **gesetzlichen** Haftpflicht hinausgeht[1126]; ferner, ob es sich um einen Schadensersatzanspruch handelt; schließlich, ob auch die sonstigen Voraussetzungen des Bestehens der Leistungspflicht des V'rers vorliegen. Denn **aufgehoben wird durch den Entlastungstatbestand nur die im Rahmen der §§ 6 VVG., AVB. bedingungslose allgemeine Verwirkung des VSchutzes**, soweit sie sich aus dem besprochenen Sondertatbestand ableiten läßt, nicht aber weitere und besondere Voraussetzungen für den VSchutz. Der VN. handelt also bei einem Anerkenntnis oder der Befriedigung von Ansprüchen des Geschädigten — was die rechtliche Begründetheit und die berechtigte Höhe der Forderung im Hinblick auf den Ersatz des V'rers angeht — immer auf eigene Gefahr[1127]. Er kann durch Anerkennung oder Befriedigung dem V'rer niemals das Recht zur Prüfung der H-Frage und der eigenen Entscheidung darüber entwinden[1128].

Die „offenbare Unbilligkeit" muß sich beziehen auf die Verweigerung der Befriedigung oder Anerkennung. Maßgebend hierfür sind die Umstände der Sachlage. Es muß durch die Befriedigung oder Anerkennung eine sonst bestehende oder entstehende offenbare Unbilligkeit vermieden worden sein. Im Falle besonderer Armut oder Bedürftigkeit des Geschädigten kommt daher regelmäßig als Maßnahme nur die Befriedigung oder Anerkennung der **Geldschuld** in Betracht, nicht aber — auch nicht bei offenbarer Schuld des VN. — das abstrakte Anerkenntnis des Bestehens einer gesetzlichen Haftpflicht; dagegen kommt umgekehrt bei **offenbarer**[1129] Schuld des VN. ohne Armut des Geschädigten allenfalls das Anerkenntnis einer gesetzlichen Haftpflicht in Frage[1130], nicht aber die Befriedigung des Gegners[1131] durch Geldzahlung.

Eine offenbare Unbilligkeit liegt in der Verweigerung der **Befriedigung** dann, wenn die zur Linderung einer sofortigen[1132] großen[1133]

1126) RG. v. 22. 2. 35 = JRPV. S. 121/2 = DVP. 415 = HRR. Nr. 941.

1127) Dazu die Ausführungen des Berufungsrichters (= OLG. Hamburg) bei RG. v. 18. 5. 17 = WZ. I S. 121/24 = HansRGZ. B. 260 = LZ. 1262 = Recht Nr. 1907 (= auch WZ. S. 525/27).

1128) A. A. anscheinend Lang in WuRdV. 1920 S. 118: „Freilich die zwingende Rechtsverpflichtung (?), daß der H-Versicherer für den Schadensersatz (?) aufzukommen hat, ist nur für den Fall ausgesprochen, daß „nach den Umständen der VN. die Befriedigung oder Anerkennung nicht ohne offenbare Unbilligkeit verweigern konnte (§ 154 II VVG.)": von einer solchen zwingenden Rechtsverpflichtung zum Schadensersatz sagt das Gesetz nicht das geringste.

1129) Düsseldorf v. 20. 6. 29 = JRPV. S. 322: „Daß er (= VN.) das Anerkenntnis (!) nicht ohne offenbare Unbilligkeit habe verweigern können, behauptet er selbst nicht. Davon kann auch bei der Zweifelhaftigkeit des Unfalltatbestandes, der erst durch einen Rechtsstreit geklärt werden mußte, keine Rede sein"; Hamm v. 16. 2. 34 = APV. 233: „In Fällen, bei denen erhebliche (!) Zweifel wegen der Rechtslage gegeben sind, stellt das Nichtanerkenntnis keine offenbare Unbilligkeit dar." 1130) Anm. 1096 zu § 5.

1131) Anders gestattete Köln v. 27. 3. 36 aaO. dem VN. wegen seiner „unbestreitbaren Haftpflicht", dem Geschädigten sofort Ersatz des einwandfrei belegten Schadens zu gewähren.

1132) LG. Berlin v. 1. 6. 33 = JRPV. 1934 S. 126.

1133) „Zur Beseitigung höchster Not": LG. Berlin v. 1. 6. 33 aaO.

Not erforderlichen Mittel vorenthalten werden. Die Rechtslage kann hier ebenfalls eine Rolle spielen, begrifflich braucht sie es nicht[1134]. Die in gleicher Linie maßgebenden tatsächlichen[1135] „Umstände" sind nicht weniger zu berücksichtigen[1136].

Die Fälle, in denen „ohne offenbare Unbilligkeit" eine Anerkennung nicht verweigert werden konnte, dürften gegenüber denen der Befriedigung seltener sein. Immerhin kommen sie vor, vor allem die Anerkennung einer Zahlungspflicht. Das alleinige Anerkenntnis der Schuld[1137] wird aber wohl nur in Ausnahmefällen zur Vermeidung offenbarer Unbilligkeit abgegeben werden dürfen, weil mit diesem Anerkenntnis meist nur Beweissicherungszwecken für den Geschädigten gedient, und nur seltener eine offenbare Unbilligkeit beseitigt wird[1137a].

Die die offenbare Unbilligkeit erweisenden Tatsachen können schließlich nicht durch Umstände begründet werden, die allein im Lebensbereich und in Notwendigkeiten des VN. bestehen[1138]. Die Möglichkeit, durch Anerkenntnis oder sofortige Befriedigung einem polizeilichen oder strafgerichtlichen Verfahren auszuweichen, stellt einen anerkennenswürdigen Gesichtspunkt nicht dar[1139]. Der VN. muß mit dem Anerkenntnis einer Forderung entsprechen[1140]; denn die AVB. (entsprechend § 154 II VVG.) verlangen, daß er es ohne offenbare Unbilligkeit nicht „verweigern" konnte. Ob die Forderung vom Erklärungsempfänger unmittelbar ausgesprochen wird, oder aus der Sachlage als solcher mittelbar sich ergibt, mag unerheblich sein.

1134) A. A. JRPV. 1934 S. 65/68, wo eine nach jeder Richtung vollkommen klare Rechtslage zur Voraussetzung für den Begriff der offenbaren Unbilligkeit gemacht wird; a. A. auch Prölß § 154 Anm. 4.

1135) Lang WuRdV. 1920 S. 119: „... zu den Schwierigkeiten der Rechtsfrage werden noch die der Berücksichtigung reiner Tatumstände gefügt."

1136) Merkwürdigerweise liest man von diesen in den zahlreichen Entscheidungen, die sich mit der Frage befassen, ob der Entlastungstatbestand vorliegt, nichts; z. B. sagt Köln v. 27. 3. 36 = APV. 1937/151 kein Wort zur Begründung dafür, daß der VN. den beiden Verletzten den sofortigen Ersatz ihres einwandfrei belegten Schadens gewähren durfte, außer der Bemerkung, daß die Haftpflicht des VN. nach der gegebenen Sachlage unbestreitbar war. Warum nach der Auffassung des Gerichts bei dem nach dieser Richtung gleichen Grund nicht auch die künftigen Schäden und das Schmerzensgeld ersetzt werden durften (es handelt sich ja nur um die Vermeidung der Verwirkung, nicht die Frage, was der Versicherer dem VN. zurückgeben muß), ist nicht klar. — Dafür liest man aber umso mehr, wie der VN. (!) die Rechtslage nach der Meinung des urteilenden Richters (bisweilen daher im Laufe der Rechtszüge mehrfach wechselnd!) beurteilen durfte usw.; solche Erörterungen lassen das Verständnis für Sinn, Zweck und Grenzen der Regelung im § 5 Ziff. 4 vermissen.

1137) §§ 5 AVB., 154 II VVG. sprechen auch nur vom H-Anspruch oder dem Anspruch des Dritten.

1137a) LG. Cottbus v. 21. 4. 39 = JRPV. 1940 S. 119/20.

1138) LG. Berlin v. 20. 10. 31 = JRPV. 1932 S. 175.

1139) „Der Umstand, daß sich der VN. nach Sachlage nicht der Gefahr einer Klage glaubt aussetzen zu können", kommt in diesem Sinne nicht in Betracht: LG. Berlin vom 20. 10. 31 aaO.; LG. Cottbus v. 21. 4. 39 = JRPV. 1940 S. 119/20.

1140) Prölß § 154 Anm. 4.

§ 5 Ziff. 4 Satz 3

„Durch irrtümliche Annahme des Vorliegens einer gesetzlichen Haftpflicht oder der Richtigkeit der erhobenen Ansprüche oder der behaupteten Tatsachen wird der Versicherungsnehmer nicht entschuldigt."

Satz 3 spricht eine schon nach dem Wesen des Entlastungstatbestandes und dem Wortlaut der ADB. selbstverständliche Einschränkung aus. Wesentlich und begriffsmäßig kommt es hierfür — wie schon gesagt wurde — nur auf die Frage der Billigkeit, nicht der Gerechtigkeit an. Der Mangel einer offenbaren Unbilligkeit kann nicht durch vom VN. an deren Stelle gesetzte rechtliche Gesichtspunkte aufgewogen werden. Allerdings möchten die ADB., soweit sie nur die „irrtümliche Annahme des Vorliegens einer gesetzlichen Haftpflicht" erwähnen und damit den Anschein erwecken, als könnte es überhaupt auf das Vorliegen einer gesetzlichen Haftpflicht ankommen, auf einen falschen Weg führen, zum mindesten ein schiefes Bild geben. Maßgebend bleibt immer die offenbare Unbilligkeit, die objektiv vorliegen und dem VN. auch subjektiv bewußt sein muß. Ist der Entlastungstatbestand nachgewiesen, so entfällt damit nichts weiter, als die mit der Zuwiderhandlung gegen die Obliegenheit verknüpfte allgemeine Leistungsbefreiung des V'rers[1141]. Aber auch dann kommt es für dessen Leistungspflicht noch immer darauf an, daß deren sonstige Erfordernisse — nach Gegenstand und Umfang — bestehen (s. oben). Erst in diesem Zusammenhange werden die in Satz 3 genannten Umstände von Bedeutung, z. B. bei der Frage, ob der befriedigte oder anerkannte Anspruch auf Grund „gesetzlicher Haftpflichtbestimmungen privatrechtlichen Inhalts" erhoben werden konnte, ob er eine Schadensersatzleistung zum Gegenstand hatte, ob er auch dem Umfange nach nicht auf Grund des Vertrages oder besonderer Zusagen über die gesetzliche Haftpflicht des VN. hinausging (§ 4 I 1 ADB.[1142]) und so weiter[1143].

Zur Rechtsnatur der vorstehend genannten Obliegenheit[1144] gilt das zu Blatt 42 ff. Gesagte[1145]. Auferlegt ist sie dem VN. nur im Interesse des V'rers[1146], andererseits wird durch den Entlastungstatbestand die

1141) Oder wie § 154 II n. F. VVG. zutreffender sagt, die Vereinbarung einer Verwirkung ist „unwirksam".

1142) I/204 ff.

1143) Bl. 153/4.

1144) Eine Obliegenheit, die auf eine Unterlassung geht. Anm. 35 zu § 5.

1145) Bl. 88, 113, 124, 143, 159.

1146) Hagen ZfVW. 1910 S. 481: „Für den H-Versicherer ist gewiß die strenge Sicherung seiner Prozeßherrschaft gegen voreilige und unbefugte Maßnahmen des VN. eine geschäftliche Notwendigkeit ersten Ranges; es genügt auch nicht (!), ihm einen Schadensersatzanspruch zu geben, oder, was sich von selbst versteht, den VN. mit dem Beweise zu belasten (Bl. 151), daß die von ihm einseitig vorgenommenen Rechtsakte

Freiheit des VN. genügend gewahrt. Soweit durch die Verweigerung eine offenbare Unbilligkeit nicht besteht, hat der VN. kein schutzwertes Interesse. Zu Streitigkeiten zwischen VN. und V'rer führen auch seltener die Fälle, in denen der VN. eigenmächtig wirklich einer offenbaren Unbilligkeit gesteuert hat, als vielmehr die, in welchen er aus besonderen persönlichen Interessen gegenüber einem Geschädigten, diesem geldliche Leistungen zuführen will, und zwar auf Kosten des — so vor vollendete Tatsachen gestellten — V'rers. Wenn öfters[1148] betont wurde, das Verbot anzuerkennen oder zu befriedigen, dürfe den VN. nicht zwingen, unanständig zu handeln oder die Wahrheit zu verschweigen oder abzustreiten[1149], so geht eine solche Fragestellung anscheinend von der Meinung aus, es gäbe hier nur die Möglichkeit: entweder anzuerkennen, oder das Gegenteil, nämlich den Schaden abzulehnen. Das ist nicht zutreffend; gerade den dritten Weg soll der VN. gehen: nämlich die Stellungnahme dem V'rer überlassen[1150], der nach dem Vertrag die „Prüfung der Haftpflichtfrage" vornimmt, die Folgen seiner Entscheidung selbst tragen[1151] und der Gefahrengemeinschaft gegenüber verantworten muß. Mit der Bemerkung: „Ich bin versichert und habe die Entscheidung der Haftpflichtfrage meinem Versicherer zu überlassen", wird der VN. durchweg eine sachdienliche und ausreichende Erklärung abgegeben haben. Zurückhaltung ist es also, die der VN. im Schadensfall wahren soll[1152]. Vor allem muß er sich vor Augen halten, daß er bei eigenmächtiger Befriedigung stets der Gefahr ausgesetzt ist, infolge seiner eigenen, unzutreffenden Beurteilung der Rechtslage an den Geschädigten eine Leistung zu bewirken, die er vom V'rer nicht zurückverlangen kann.

---

des Anerkenntnisses, der Befriedigung oder des Vergleichs der Sachlage entsprochen hätten; vielmehr kommt hierbei vor allem die Verschiebung der Prozeßlage in Betracht, die Möglichkeit, daß der geschädigte Dritte in einem Rechtsstreit des VN. gegen den Versicherer als Hauptzeuge auftreten kann." — Auch Schwaiger S. 124 erkennt die Möglichkeit eines Schadensersatzanspruches an.

1148) RG. v. 7. 12. 34 = JRPV. 1935 S. 25 = DOV. 1935 S. 8 = DVP. 1935 S. 416 = HRR. Nr. 748: „Keinesfalls darf die Erfüllung der Obliegenheit dazu führen, den VN. davon abzuhalten, sein Verhalten gegenüber dem Verletzten den Anforderungen von Treu und Glauben und den Geboten der Menschlichkeit anzupassen"; vergl. auch KG. v. 5. 11. 30 = JRPV. 1931 S. 29.

1149) JRPV. 1930 S. 108.

1150) Clasen JRPV. 1938 S. 182 a. E.

1151) Da der VN. nicht anerkennen oder befriedigen darf, hat der Versicherer auch für den Verzugsschaden aufzukommen (dazu Hagen VuG. 1929 S. 9 und 20).

1152) Düsseldorf v. 31. 1. 38 = JRPV. 89/90: „Der Kläger (= VN.) brauchte seiner Schwester gegenüber (= Geschädigte) nicht unanständig zu handeln; er mußte sich aber zurückhalten, soweit die Beklagte (= Versicherer) in Anspruch genommen werden sollte." — Damit werden keineswegs, wie RG. v. 26. 7. 35 = JRPV. 262/64 = APV. 270 meint, „die an einen VN. billigerweise, zumal nach Einführung der Wahrheitspflicht im Rechtsstreit (?) zu stellenden Anforderungen überspannt"! Mit der objektiven Wahrheit (dazu Lang WuRdV. 1920 S. 118) hat eine vorschnelle Erklärung des VN. — wie die Praxis der Schadensregelung oft zeigt — meist wenig zu tun, abgesehen davon, daß die Anforderungen an das Verhalten des VN. im Prozeß erst dann in Frage kommen, wie sie auch erst dann durch Gegenseitigkeit und unter der Obhut des Gerichtes den notwendigen Schutz erfahren.

Zu der Frage, wie weit der Personenkreis abzugrenzen ist, für dessen Verhalten der VN. einzustehen hat, vgl. die Ausführungen Blatt 46 ff[1153].

§ 5 Ziff. 5

5. Wenn der Versicherungsnehmer infolge veränderter Verhältnisse das Recht erlangt, die Aufhebung oder Minderung einer zu zahlenden Rente zu fordern, so ist er verpflichtet, dieses Recht auf seinen Namen von der Gesellschaft ausüben zu lassen. Die Bestimmungen unter Ziff. 2 bis 4 finden entsprechende Anwendung.

Satz 1. Die Pflicht zur Beobachtung der Obliegenheiten besteht grundsätzlich so lange, als Leistungen des V'rers aus dem VVertrage begehrt werden[1154]. Eine besondere Gruppe stellen — wegen der fortlaufenden Leistungen — die Rentenzahlungen des V'rers dar. Über die Fälle, in denen nach dem Gesetz Rentenzahlungen in Betracht kommen, über die Häufigkeit ihres Vorkommens im Vergleich zu den Kapitalabfindungen usw., vgl. I/198[1155]. Diese Renten können (vgl. § 323 ZPO.) unter gewissen im Gesetz bestimmten Voraussetzungen erhöht oder bis zu gänzlichem Fortfall vermindert werden. Voraussetzung für die Änderung der Rente ist eine Entscheidung des Gerichtes. Da der VN. die nach außen hin allein zur Anhängigmachung des Verfahrens richtige Partei ist, die sonstigen Vollmachten des V'rers sich nur auf den Prozeß über den H-Anspruch (§ 5 Ziff. 3) beziehen, wird der VN. hier nochmals ausdrücklich verpflichtet, „dieses Recht auf seinen Namen von der Gesellschaft ausüben zu lassen". Notwendig wäre die Bestimmung nicht gewesen; sie ergibt sich schon aus dem eingangs vermerkten allgemeinen Gesichtspunkt und vor allem aus der Schadensabwendungs- und -minderungspflicht[1156] (§ 5 Ziff. 2 Satz 1 ADB., § 62 VVG.), die sich[1157] auf den Schaden des V'rers bezieht.

Satz 2. Bei der Feststellung der zur Aufhebung oder Minderung einer Rente nach dem Gesetz notwendigen Voraussetzungen muß der VN. den

---

1153) Über die Bedeutung der Erklärung eines Prokuristen des VN.: Nürnberg v. 14. 5. 30 = JRPV. 230; RG. v. 17. 2. 31 = JRPV. 89 = DÖV. 28 = APV. 20 = DVP. 592 (die in DÖV. aaO. zugesetzte Bemerkung trifft insofern nicht zu, als gem. der Entscheidung nicht der Prokurist „besser gestellt ist"; denn nicht er erhält VSchutz, sondern nur der VN.!). — Über ein Vorstandsmitglied des VN.: Düsseldorf v. 2. 7. 31 = APV. 225; ein vom Konkursverwalter des VN. abgegebenes Anerkenntnis berechtigt zur Entziehung des VSchutzes: LG. Arnsberg v. 4. 1. 35 = DÖV. 39; vergl. auch Anm. 625 zu § 5.

1154) Anm. 13 zu § 5; Anm. 54 zu § 11, Bl. 64, 92, 106, 122, 136, und die zu Anm. 999 zu § 5 gen.

1155) Schwaiger S. 125.

1156) Bl. 83, Kisch aaO. S. 15, Bruck Komm. § 155 Anm. 2.

1157) Bl. 80.

V'rer ebenso unterstützen, wie auch sonst bei jedem Haftpflichtversicherungs-Anspruch gemäß § 5 Ziff. 2 bis 4.

Die Obliegenheit der Ziff. 5 ist eine echte Rechtspflicht. Dies folgt nicht nur aus dem — hierfür allerdings nicht allein maßgebenden — Wortlaut („verpflichtet"), sondern auch aus den gleichen Gründen, die bei den Obliegenheiten der Ziff. 2 bis 4 hierzu angeführt wurden[1158]. Daraus[1159] ergibt sich die grundsätzliche Anwendbarkeit des § 278 BGB., die Möglichkeit für den V'rer, den Ersatz eines aus der Obliegenheitsverletzung entstandenen Schadens zu verlangen, das Recht ein der Verpflichtung entsprechendes Verhalten des VN. notfalls durch Klage und Vollstreckung zwangsweise durchzusetzen[1160].

§ 5 Ziff. 6

6. Die Gesellschaft gilt als bevollmächtigt, alle zur Beilegung oder Abwehr des Anspruchs ihr zweckmäßig erscheinenden Erklärungen im Namen des Versicherungsnehmers abzugeben.

Die Bestimmung[1161] schafft[1162] die Voraussetzungen für die Anwendbarkeit des § 164 BGB., indem sie den Rahmen der „ihm (d. h. dem V'rer. Vers.) zustehenden Vertretungsmacht" i. S. der genannten Vorschrift bestimmt. Die Vertretungsmacht umfaßt die Bevollmächtigung[1163] zur Abgabe aller[1164] dem V'rer zur Beilegung oder Abwehr des Anspruchs zweckmäßig erscheinenden Erklärungen[1165]. Der V'rer darf diese Erklärungen „im Namen"[1166, 1167] des VN.[1168] abgeben[1169]. Gemäß § 164 BGB.[1170] wirkt eine solche im Namen des Vertretenen[1171] vom Ver-

---

1158) Bl. 88, 113, 124, 143, 156.

1159) Bl. 23.

1160) Anm. 125 zu § 5.

1161) Sie wurde in die AVB. offenbar auf die Ausführungen und die entsprechende Empfehlung in MR. 1912 S. 33 ff., besonders 41, aufgenommen.

1162) Genauer handelt es sich hier um die ausdrückliche und bestimmte Formulierung einer schon in dem Recht des Versicherers, Weisungen zu geben, enthaltenen Vollmacht; MR. 1912 S. 40.

1163) Darüber, daß diese Bevollmächtigung nach der Art des durch das Bestehen des VVertrages geschaffenen Verhältnisses eine unwiderrufliche ist: § 168 BGB., dazu Anm. 955, 1026, 1027 zu § 5, und die dort gen.

1164) Über die Einschränkungen: die Ausführungen Bl. 133 ff., die hier entsprechend gelten.

1165) Über den Umfang der Vollmacht: MR. 1912 S. 36.

1166) § 3 II 3 AVB.: I/192.

1167) Daß gerade der Umstand, wonach gewisse Erklärungen „im Namen" des VN. abgegeben werden und werden dürfen, bei der Lösung von Gegensätzen zwischen Versicherer und VN. zu beachten ist: Bl. 132.

1168) Über den Fall der Nebenintervention des Versicherers Anm. 889 zu § 5.

1169) Daraus folgt auch die Befugnis, vom VN. die Unterzeichnung einer entsprechenden Erklärung mit seinem eigenen Namen zu verlangen. Anm. 672 zu § 5.

1170) Über die Anwendbarkeit des § 166 BGB (z. B. im Zusammenhang mit § 407 BGB.): MR. 1912 S. 41 (bejahend).

treter innerhalb der ihm zustehenden Vertretungsmacht abgegebenen Willenserklärung „unmittelbar für und gegen den Vertretenen". Die Vollmacht zur Abgabe von Erklärungen besteht für den Prozeß[1172] und außerhalb desselben, und zwar gegenüber dem Anwalt des VN., dem Anspruchsteller und dessen Anwalt, dem Gericht und jedem sonst beteiligten Dritten.

Die Bestimmung des § 5 Ziff. 6 ist ihrer Natur nach nicht als eine Obliegenheit anzusehen, da sie nicht auf ein gewisses Verhalten[1173] des VN. gerichtet ist, sondern nur einen von seinem Verhalten unabhängigen bestimmten Rechtszustand als vertraglich vereinbart festlegt.

Anhang: § 5 neue Fassung.

§ 5 Ziff. 1 n. F. sucht durch die nähere Bezeichnung des als VFall i. S. der AVB. anzusehenden Umstandes den alten dahingehenden, unausgetragenen Streit praktisch abzuschließen[1173a]. So erfreulich ein solcher Versuch an sich ist, zumal im Hinblick darauf, daß der Gesetzgeber auch in der Novelle zum VVG. dieses heiße Eisen nicht angefaßt hat, und auf die manchmal engherzige Auffassung, die das RG. bei seiner Urteilsfindung gemäß seiner stetigen Auffassung vom VFall in der Haftpflichtversicherung vertreten hat: so begegnet doch der Versuch in den AVB., der als „VFall i. S. dieses Vertrages" bezeichnet „das Schadensereignis, das H-Ansprüche gegen den VN. zur Folge haben könnte", Bedenken dahin, ob der gewünschte Erfolg mit dieser Formulierung erreicht worden ist.

1. Gewiß kann davon ausgegangen werden, daß der V'rer den Umstand, den er als VFall ansehen will, grundsätzlich im Vertrag frei vereinbaren darf (I/70)[1173b]. Aber dieser Satz gilt doch insofern nicht uneingeschränkt, als dabei begriffswesentliche Merkmale nicht außer Betracht bleiben dürfen[1173c]. Eine wesentliche Voraussetzung des VFalles, worunter man verstehen darf das Ereignis, mit dessen Eintritt die Leistungspflicht des V'rers ausgelöst wird[1174], ist ein damit hervor-

1171) „Es macht keinen Unterschied, ob die Erklärung ausdrücklich im Namen des Vertretenen erfolgt, oder ob die Umstände ergeben, daß sie in dessen Namen erfolgen soll": § 164 I 2 BGB.

1172) Über die Erstattungsfähigkeit der vom Versicherer (als Bevollmächtigten) in einem H-Prozeß aufgewendeten Kosten: KG. v. 13. 4. 35 = DOV. 52 = JW. 2069.

1173) Bl. 19.

1173 a) Die Aufnahme der Bestimmung wurde vom RAA. angeordnet: Rundschr. v. 4. 12. 40 zit. bei Fromm aaO. S. 414, 508, 510. Vergl. auch § 7 I Ziff. 1 AKB.

1173 b) Auch Prölß § 153 Ziff. 2.

1173 c) Oberbach JRPV. 1943 S. 27, Keßler Iher J. 1940 Bd. 88 S. 330, auch Boettinger JRPV. 1940 S. 139.

1174) Oberbach JRPV. 1913 S. 14 ff. Prölß 33 Anm. 1 sagt: „VFall ist ein Ereignis, das einen Schaden zu verursachen imstande ist und das objektiv unter die Haftung des V'rers fällt, ganz gleich, ob ein besonderer Verwirkungsgrund gegeben ist."

gerufenes und insoweit bestehendes Bedürfnis des VN. Dieses aber entsteht erst — und darauf hat sich das RG. gerade für seine Auffassung über den VFall in der Haftpflichtversicherung gestützt — wenn gegen ihn ein H-Anspruch erhoben wird[1175]. Der Begriff des VFalles in § 5 Ziff. 1 n.F. ADB. berücksichtigt dies Erfordernis nicht.

2. Die Bestimmung des § 1 ADB. ist in die Neufassung mit unverändertem Wortlaut übernommen worden. Dieser Paragraph enthält aber eine Definition des VFalles, wie bereits früher (I/69) dargelegt wurde; denn, ausgehend von der Begriffsbestimmung des VFalles, wie sie oben umschrieben ist, bestimmt § 1 ADB., daß der V'rer VSchutz (also seine vertraglich zugesagte Leistung) gewährt **für den Fall** (= VFall!), „daß der VN. wegen eines . . . Ereignisses . . . auf Schadensersatz in Anspruch genommen wird"[1176]. Daraus ergibt sich, daß, wenn der VN. noch nicht auf Schadensersatz in Anspruch genommen wurde, der V'rer auch VSchutz gemäß § 1 ADB. nicht zu gewähren hat; ferner: die Leistung des V'rers bezieht sich gemäß § 3 II 1 auf die Befriedigung begründeter und die Abwehr unbegründeter Ansprüche, und zwar ausschließlich auf diese; denn die Prüfung der Haftpflichtfrage ist nicht eine Leistung des V'rers, der ein entsprechendes Forderungsrecht des VN gegenübersteht[1176a]. Dazu ist die vorhergehende Erhebung eines Anspruchs erforderlich. Auch hiernach entsteht die Leistungspflicht, ja die Leistungsmöglichkeit des Versicherers erst mit dem Zeitpunkt (VFall) der Anspruchserhebung. Soll einerseits gemäß § 5 Ziff. 1 n.F. ADB. das Schadensereignis, welches erst Schadensersatzansprüche zur Folge haben **könnte**, der VFall sein, wird aber hierfür, ohne bereits erfolgte Anspruchserhebung nach § 1 ADB. VSchutz nicht gewährt, so erscheint dies als ein Widerspruch in sich.

3. Wollte man von der Begriffsbestimmung in § 5 Ziff. 1 n.F. ADB. ausgehen, so fragt es sich, was als VFall in der H-Versicherung dann anzusehen ist, wenn nicht die ADB. sondern eine gesetzliche Bestimmung anzuwenden ist, die diesen Ausdruck verwendet. Wird hier die Rechtsprechung, da die Vertragsbestimmung eine zwingende Gesetzesnorm nicht beeinträchtigen kann, in solchen Fällen nicht ihren abweichenden (RG.) VFallbegriff zugrundelegen, woraus sich eine Unklarheit, Unsicherheit und Verschiedenartigkeit ergibt? Daran ändert auch nichts der Zusatz in § 5 Ziff. 1 n.F. ADB. „im Sinne dieses Vertrages".

1175) In der gleichen Richtung dürfte die Behauptung v. Gierkes aaO. S. 80 liegen, wonach VFall nur ein für den VN. der Vorsorge bedürftiges Ereignis sein kann; vergl. auch Spakler JRPV. 1934 S. 214, ferner Möller: Instituto Italiano dei Studi Legislativi 1940 XVIII S. 329 (wirtschaftl. Schädigung erforderlich).

1176) Auch nach der Definition des VFalls von Prölß (s. oben) fällt das Ereignis erst nach Anspruchserhebung objektiv unter die Haftung des Versicherers: „. . . für den Fall . . .".

1176 a) I/164, Bl. 234, Oberbach JRPV. 1943 S. 17.

4. Daß man auch und ganz besonders mit der VFall Bestimmung in § 1 AVB. durch eine vernünftige Auslegung zu angebrachten Regelungen hinsichtlich der vor allem durch die Rechtsprechung des RG. zutage getretenen unerwünschten Ergebnisse (z. B. innerhalb des § 6 — Obliegenheiten vor oder nach dem VFall — oder innerhalb des § 39 VVG., § 9 a.F., § 8 n.F. AVB.) gelangen kann, ist im Text[1176b] dargelegt und begründet. § 5 Ziff. 1 ist daher im Hinblick auf §§ 1, 3 AVB. dahin auszulegen, daß damit auch das Schadensereignis ausdrücklich als ein Teilstück und zwar ein wesentliches, des VFall-Begriffs bezeichnet wird. Eine hierüber hinausgehende Bedeutung hat § 5 gegenüber dem in § 1 bezeichneten Fall und seiner Verwirklichung (VFall) nicht.

VFall ist gemäß § 5 Ziff. 1 das Schadensereignis, das Haftpflichtansprüche gegen den VN. zur Folge haben könnte. Ob dies der Fall ist, darf nach der Wortfassung der VN. selbst prüfen (vgl. Blatt 122). Würde, wie von mancher Seite befürwortet[1176c], auch das nur fiktive, in Wahrheit gar nicht eingetretene Ereignis genügen, und spricht man ferner der Anspruchserhebung seitens des Drittgeschädigten alle hierfür maßgebliche Bedeutung ab, so würde man den VFall in der Haftpflichtversicherung als einen, an kein festbestimmtes Ereignis geknüpften, permanenten Zustand ansehen müssen, ein sicherlich abzulehnendes Ergebnis.

§ 5 Ziff. 2 Absatz 1 n.F. ordnet an, daß jeder VFall im Sinne von Ziff. 1, also das dort näher bezeichnete Schadensereignis „unverzüglich, spätestens innerhalb einer Woche, schriftlich anzuzeigen ist". Es wird damit die Anzeige des — VFall genannten — Schadensereignisses angeordnet. Nach der Regelung in den AVB. a.F. bestand hierfür eine — spontane — Anzeigepflicht vor Erhebung von H-Ansprüchen unmittelbar nicht[1177]. Diese Anzeigepflicht erfüllt inhaltlich auch die Voraussetzungen, welche für § 153 I VVG. aufgestellt sind, wenn auch ihr Tatbestand den der genannten Gesetzesvorschrift nicht völlig erschöpft; denn unter den „Tatsachen, die seine Verantwortlichkeit gegenüber einem Dritten zur Folge haben könnten", sind nicht nur die des Schadensereignisses (also der Schadensfolge), sondern sicherlich auch die der Schadensursache zu verstehen[1178]. Nach den AVB. besteht also eine Anzeigepflicht in Ansehung der Schadensursache allein nicht, solange diese einen Schaden nicht zur Folge hatte. Es handelt sich dabei gegenüber dem Gesetz um eine Änderung nicht zum Nachteil des VN., die in Ansehung des § 158a VVG. gültig ist. In § 153 I VVG. wird eine (nur) sinngemäße Geltung der — unmittelbar auf den VFall sich beziehenden — §§ 6 III

1176 b) Bl. 173 ff., 245 ff.
1176 c) Z. B. Prölß § 153 Ziff. 2 VVG.
1177) Bl. 92, aber mittelbar: Anm. 839 zu § 5.
1178) Oberbach HansRGZ. 1942 A. Sp. 111.

33 II VVG. bestimmt. Daraus ergibt sich, daß das Gesetz auch nach der Novelle in dem von den AVB. in § 5 Ziff. 1 n.F. als VFall bezeichneten Tatbestand nicht schon den VFall erblickt, da sonst eine **unmittelbare** Anwendung der in den „Vorschriften für sämtliche Versicherungszweige" enthaltenen §§ 6 und 33 VVG. in Frage gekommen wäre. Da man nicht annehmen kann, daß der Gesetzgeber dem VN. die Entlastungsmöglichkeit des § 33 II in Ansehung der Anzeige von der Anspruchserhebung zu nehmen beabsichtigte, ist der Schluß gerechtfertigt, daß die §§ 6 III, 33 II — anders als bei ihrer nur sinngemäßen Anwendung auf § 153 I — auf den § 153 II **unmittelbar** anzuwenden sind. Es steht also in Ansehung jeder Anzeigepflicht, sowohl nach § 153 I wie § 153 II VVG., dem VN. die Entlastung nach § 33 II zu. Sie muß auch für jedes der beiden Teilstücke erbracht werden, um eine etwa eingetretene Verwirkungsfolge beseitigen zu können[1179].

Da der Tatbestand des § 153 I durch den des § 5 Ziff. 2 i.V. mit Ziff. 1 n.F. AVB. bereits erfüllt — wenn auch nicht völlig erschöpft — ist, so erscheint die Auflage einer „unverzüglichen" Anzeige in § 5 Ziff. 2 n.F. AVB. im Hinblick auf § 158 a VVG. nicht zulässig; denn das Gesetz ordnet eine Frist von einer Woche für die Anzeige vom Eintritt der Tatsache . . . an, und auf eine davon zum Nachteil des VN. abweichende Vereinbarung (: eine solche ist die „unverzügliche" Anzeigepflicht in § 5 Ziff. 2 n. F. AVB.) kann sich der V'rer nicht berufen.

Ein Zeitpunkt für den Beginn der Anzeigepflicht, wie z. B. in § 153 II bzw. § 5 Ziff. 2 Absatz 3 n.F. AVB. ist weder in § 153 I VVG. noch in § 5 Ziff. 2 Absatz 1 n.F. AVB. bestimmt. Für die AVB. knüpft sie an den Eintritt des in § 5 Ziff. 1 bezeichneten Schadenseintritts an, entsteht also frühestens dann, wenn der VN. Kenntnis erhalten hat, oder wenn er seine entsprechende Unkenntnis nach allgemeinen Grundsätzen wider sich gelten lassen muß[1179a].

Nach den AVB. muß die Anzeige schriftlich erstattet werden. Das Gesetz dagegen läßt formlose Anzeige genügen. Doch ist die Vereinbarung der Schriftform entsprechend der im § 34a Satz 2 VVG. gemachten Ausnahme auch hier für gültig zu erachten. Ihre Wiederholung hat im Hinblick auf die grundsätzliche Regelung in § 11 n.F. AVB. nur feststellende Bedeutung und soll den Versicherungsnehmer nochmals bei dieser wichtigen Obliegenheit — (bei der Anzeige von der Erhebung des Haftpflichtanspruchs in § 5 Ziff. 2 Absatz 3, die nach der alten Fassung

---

1179) Oberbach JRPV. 1943 S. 32.

1179 a) Nach § 153 I VVG. ist in gleicher Weise maßgebend die erste „Tatsache", und zwar frühestens der Zeitpunkt, in welchem sie erstmalig zur Kenntnis des VN. kommt, oder von welchem ab er seine Unkenntnis nach allgemeinen Grundsätzen wider sich gelten lassen muß.

durch eingeschriebenen Brief erfolgen muß, ist sie nicht wiederholt[1179b]) — auf das Erfordernis der Schriftform ausdrücklich hinweisen.

Nach dem Wortlaut des Gesetzes ist die Anzeigepflicht zunächst von dem Versicherungsnehmer in Person zu erfüllen; jedoch findet nach Satz 2: § 33 II entsprechende Anwendung. Es genügt also, daß der Versicherer durch eine andere Person die Kenntnis erhalten hat, sofern dies nur rechtzeitig geschehen ist.

Die ADB. bestimmen demgegenüber von vornherein einen besonderen Träger für die Erfüllung dieser Obliegenheit nicht, sondern setzen, indem sie auf die Zweckerfüllung allein abstellen, fest, daß jeder Versicherungsfall (gleichgültig von wem[1179c]) angezeigt werden muß. Durch diese Regelung wird der Hinweis auf eine — unmittelbare oder entsprechende — Anwendung des § 33 II hier entbehrlich.

Die ADB. bezeichnen als anzeigepflichtig „das Schadensereignis, das Haftpflichtansprüche gegen den Versicherungsnehmer zur Folge haben könnte" (vgl. auch „seinen Anspruch" in Ziff. 2 Absatz 3 n.F., dazu die Ausführungen weiter unten); das Gesetz stellt ab auf „die Tatsachen, die seine (des VN.) Verantwortlichkeit gegenüber einem Dritten zur Folge haben könnten".

In keinem Falle findet hierbei der Umstand seinen Ausdruck, daß nur ein solcher „Haftpflichtanspruch" des Dritten, der nach Gegenstand und Umfang in den Rahmen des Versicherungsvertrags fällt und entsprechend nur eine solche „Verantwortlichkeit" des VN., die innerhalb der durch den VVertrag gezogenen Grenzen liegt, die Leistungspflicht des V'rers auslöst. Die ADB. a.F. heben diesen auf die vertragsmäßige Einschränkung des VSchutzes hinweisenden Umstand an manchen Stellen ausdrücklich hervor, z. B. in § 5 Ziff. 1 („unter den Versicherungsvertrag fallender Haftpflichtanspruch"), während die Neufassung in dem entsprechenden § 5 Ziff. 2 Absatz 3 hiervon ebenso absieht, wie es § 5 Ziff. 2 Absatz 2 schon für die alte Fassung tut.

§ 5 Ziff. 2 Abs. 2 n.F. In Anlehnung an § 153 IV VVG. wird hier eine Pflicht zur unverzüglichen Anzeige von der Einleitung eines Ermittlungsverfahrens aufgestellt; das gleiche gilt — ohne Anlehnung an das Gesetz — für eine Strafverfügung und einen Zahlungsbefehl. Diese Verpflichtungen entsprechen im wesentlichen denen des § 5 Ziff. 2 Abs. 2 a.F. ADB., der in den ADB. n.F. dafür als solcher weggefal-

1179 b) Der Satz 2 des § 5 Ziff. 1 („durch Absendung der Anzeige wird die Frist gewahrt") ist zwar in der n. F. weggefallen. Die darin enthaltene Bestimmung entspricht indes einem allgemeinen Prinzip, das an mehreren Stellen des Gesetzes (z. B. in den §§ 92 I 2, 110 S. 2, 153 III) Ausdruck gefunden und aus diesem Grunde auch ohne ausdrückliche Wiederholung ebenfalls hier Gültigkeit hat.

1179 c) Zwar ist § 5 im ganzen mit „Obliegenheiten des VN." überschrieben, doch ist bei allen übrigen Obliegenheiten des § 5 (: Ziff. 2 Abs. 2, 3, 4 und Ziff. 3, 4, 5) jeweils ausdrücklich der VN. als Verpflichteter erwähnt; in Ziff. 2 Abs. 1 allein nicht.

len ist. Über die Bedeutung des Umstandes, daß die das Strafverfahren betreffende Bestimmung nicht mehr — wie in den AVB. a.F. — in einem 2. Absatz des die Abwendungs- und Minderungspflicht betreffenden Paragraphen niedergelegt, sondern dieser nunmehr vorausgestellt ist: Blatt 115. Abweichend von § 5 Ziff. 2 Abs. 2 a.F. ist hier aber auch ein Verfahren anzuzeigen, welches sich nicht gegen den VN. in Person richtet (Blatt 122; wie AVB. a.F.: § 153 IV VVG.).

§ 5 Ziff. 2 Abs. 3 n.F. entspricht im wesentlichen dem § 5 Ziff. 1 a.F. AVB. Es wird nicht ausdrücklich für die Pflicht der Anzeige von der Anspruchserhebung vorausgesetzt, daß es sich um einen „unter den VVertrag fallenden" Anspruch handeln muß (vgl. Blatt 59—64), eine praktisch bedeutungslose bzw. erwünschte Kürzung, da die Prüfung hierfür nunmehr grundsätzlich den V'rer trifft. Ferner bestimmen die AVB. n.F., daß der Geschädigte „seinen" Anspruch „gegenüber dem VN." geltend gemacht haben muß; an den Ausführungen zu Blatt 67 wird hierdurch sachlich nichts geändert. Als „Geschädigter" im Sinne von § 5 Ziff. 2 Abs. 3 ist jeder Dritte anzusehen, der Träger eines Schadensersatzanspruches ist.

§ 5 Ziff. 2 Abs. 4 n. F. erweitert die ausdrücklich geregelten Anzeigetatbestände. In Ansehung der Streitverkündung war die Pflicht zur Anzeige bisher streitig (vgl. Blatt 67), für das Armenrechtsgesuch durchweg anerkannt und anzuerkennen[1180]. Die AVB. schaffen völlige Klarheit; diese Anzeigen sind ebenso wie die von den in Satz 2 aaO. genannten Fällen des Arrestes, der einstweiligen Verfügung und des Beweissicherungsverfahrens (dazu vgl. Blatt 66) außer der von der Erhebung von H-Ansprüchen und der in § 5 Ziff. 2 Abs. 1 n.F. AVB. genannten zu machen[1181]. § 5 Ziff. 2 Abs. 2 a.F. AVB. ist in den neuen Bedingungen weggefallen (siehe oben zu § 5 Ziff. 2 Abs. 2 n.F. AVB.).

Die übrigen Bestimmungen des § 5 a.F. AVB., z. B. Ziff. 2 Abs. 1, Ziff. 3, 4, 5, 6 (Ziff. 3, 4, 5, 6, 7 n.F.) sind unverändert bestehen geblieben.

Über den Erfüllungszeitpunkt der Obliegenheiten in Ziff. 3 n.F.: Blatt 90/2.

Wer die VFall-Bestimmung in Ziff. 1 n.F. anerkennt, wird den VN. — abweichend von der Regelung nach der a.F. — für verpflichtet halten, die Obliegenheiten in Ziff. 3 auch ohne besondere Aufforderung des V'rers vom Eintritt des Schadensereignisses ab zu beobachten.

1180) Über den Vergleich der Fassung in den AVB. a. F. und n. F. sowie dem VVG.: Oberbach HansRGZ. 1941 A. Sp. 118/119.

1181) Die Ausdehnung der Anmeldepflicht in den AVB. gegenüber § 153 VVG. auf Strafverfügung, Zahlungsbefehl, Arrest, einstw. Verfügung und Beweissicherungsverfahren ist auch in Ansehung von § 158 a VVG. wirksam: Oberbach HansRGZ. 1941 A. Sp. 117/118.

§ 6. Rechtsverlust.

Wird eine Obliegenheit verletzt, die nach dem Eintritt des Versicherungsfalles der Gesellschaft gegenüber zu erfüllen ist, so ist die Gesellschaft von der Verpflichtung zur Leistung frei, es sei denn, daß die Verletzung weder auf Vorsatz, noch auf grober Fahrlässigkeit beruhte.

„Wird eine Obliegenheit verletzt, ..."

Der HD-Vertrag wird nach dem Gesetz der großen Zahl gehandhabt. Er ist durchweg Typenvertrag, typisch nach Form und Inhalt, nach Gegenstand und Umfang. Typisch sind — wie die ADB. überhaupt — die daraus sich ergebenden Rechte und Pflichten der Vertragsparteien. Die Normierung der Verträge zusammen mit einer zahlenmäßig nicht begrenzten Abschlußmöglichkeit (als eigentlicher Ursache der Schematisierung) bringt die gleichen Vorteile mit sich, die auch sonst die Übertragung vieler ähnlicher Bedürfnisse auf einen einheitlichen Nenner hat. Vor allem verleiht die dadurch erreichte Preiswürdigkeit, die für alle VN. tragbare Prämienhöhe der Versicherung erst ihre wahre volkswirtschaftliche Bedeutung. Eine wesentliche Voraussetzung dafür ist das grundsätzliche Abgehen des V'rers von einem — praktisch nicht so bedeutsamen — Individualismus, ermöglicht durch eine entsprechende Ausgestaltung der Verträge und die Rechte und Pflichten der Parteien.

Gleiches gilt für die Pflichten des VN., wie sie insbesondere § 5 ADB.[1] als „Obliegenheiten" enthält. Auch hier steht der VN. unter dem Gesetz der großen Zahl[2], kann also nicht eine individuelle Behandlung erwarten oder verlangen, sondern muß sich in der von allen VN. gebildeten Gefahrengemeinschaft[3] den Anordnungen des V'rers, die eine Massenlenkung (in bezug auf die in den Obliegenheiten wiedergegebenen Pflichten) ermöglichen, unterwerfen. Dies muß bei Verstößen gegen Obliegenheiten und der Beurteilung ihrer Folgen wiederholt betont werden. Nicht die aus der Obliegenheitsverletzung für den V'rer im einzelnen Falle[5]

---

1) Nicht nur in § 5 ADB., auch sonst gibt es Obliegenheiten: z. B. in § 9.

2) DVers.Vertr. 1945 S. 1.

3) Über die Bedeutung der Obliegenheitsverletzung für die Gesamtheit der VN.: Gottschalk VuG. 1926 S. 1, ders. in ZfVW. 1927 S. 155 (auch Anm. 5 das.); RG. v. 10. 11. 25 = JRPV. 327 = APV. 1926 S. 32 = VuG. 1926 S. 4 („im eigenen Interesse und im Interesse ihrer Versicherten (!) ...").

5) DVers.Vertr. 1934 S. 1, ferner die auch hier geltenden Ausführungen von Arnold in JRPV. 1939 S. 194 bei der Besprechung der auf die Einführung des § 334 BGB. (richterliche Herabsetzung einer übermäßig hohen Vertragsstrafe) hinzielenden Vorschläge: „Der Richter, der diese Vorschrift anzuwenden hat, würde immer wieder veranlaßt werden, das VVerhältnis als Einzelvertragsverhältnis ohne Zusammenhang mit dem zugrunde liegenden Gemeinschaftsverhältnis zu würdigen ..."; Gottschalk 107 VuG. 1926 S. 1: „Es liegt in der Betrachtungsweise der Gerichte ein grundlegender Irrtum. Es wird nur der einzelne VVertrag betrachtet, während gerade die Gesamtheit der VN.

sich ergebenden Folgen sind das Wesentliche, sondern allein die Tatsache, daß der säumige VN. aus der Reihe tanzt und damit den V'rer zu individuellen, ohne die Verletzung unnötigen Maßnahmen zwingt[6]. Ein V'rer hat nicht selten Zehntausende von Schäden jährlich abzuwickeln, die es ihm unmöglich machen, bei versicherungstechnischen Fragen und der Schadensabwicklung von allgemein erprobten Grundsätzen abgehend eine Sonderbehandlung des einzelnen VN. vorzunehmen. Dies müßte eine Verteuerung des VSchutzes zur Folge haben. Darum sind die vom VN. zu beobachtenden Pflichten in die AVB. aufgenommen. Der Genehmigungszwang des Reichsaufsichtsamtes bietet die Gewähr, daß nichts Unnötiges verlangt wird[7]. Durch die Obliegenheiten werden die Pflichten des VN. fest begrenzt, d. h. er braucht von sich aus nicht mehr zu tun, als sie verlangen und kann alles Weitere der Initiative des V'rers überlassen. Andererseits stellen die Obliegenheiten zugleich das mindeste dar, was der VN. zu tun hat, das, was er unter allen Umständen beachten muß.

Die Obliegenheiten des VVertrages, ihre Beobachtung und die Folgen ihrer Verletzung sind daher unter Gesichtspunkten zu betrachten, die mit den Worten: Typenvertrag; Gesetz der großen Zahl; Massen-Verhaltenslenkung bezeichnet werden. Hier ergibt sich durch die Neufassung der §§ 6 VVG., AVB. eine praktisch höchst bedeutsame Veränderung: vgl. dazu den Anhang zu § 6. — Die folgenden Ausführungen gehen vom Wortlaut der §§ 6 a.F. VVG., AVB. aus, was insbesondere im Hinblick auf die Frage von Bedeutung ist, ob und inwieweit zum Eintritt der Verwirkungsfolge Kausalzusammenhang zwischen der Verletzung und einem dem Versicherer entstandenen Schaden bestehen muß.

Der V'rer will gewisse typische Zwecke durch dafür als grundsätzlich geeignet erkannte Mittel[8] verfolgen und erreichen. Ob diese auch im einzelnen Falle zu dem gewünschten Erfolge führen, läßt sich nicht von vornherein immer mit Sicherheit bestimmen. Auch hängt der erstrebte Erfolg oft nicht allein vom VN. oder V'rer ab. Stets möglich ist aber die Beobachtung des vorgeschriebenen Verhaltens als solches. Hierfür kommt es also m. a. W. — und was den VN. anlangt — nicht vor allem auf den tatsächlichen Eintritt des mit den Obliegenheiten angestrebten Erfolges[9], vielmehr auf die Betätigung des vorgeschriebenenVerhaltens an[10].

---

betrachtet werden sollte"; abzulehnen daher die Ausführungen des Vorderrichters bei KG. v. 24. 4. 18 — APV. 1919 A. S. 25 — mitget. bei WZ. 1919 I S. 480, soweit dort ausgeführt wird, die verspätete Mitteilung des ARGesuchs sei für die Sache selbst bedeutungslos gewesen.

6) Er zwingt ihn damit — um ein anderes Bild zu gebrauchen — zu Konfektionspreisen Maßarbeit zu liefern. 7) Dazu Arnold JRPV. 1939 S. 195.

8) Abzulehnen sind daher — schon aus dem Gesichtspunkt, daß die Obliegenheitsverletzung zum Eintritt der Verwirkungsfolge einen Schaden nicht zur Folge haben muß — die Ausführungen darüber, ob die betreffende Obliegenheit im einzelnen Fall geeignet war, bestimmte Zwecke tatsächlich zu erreichen; unzutreffend daher: Düsseldorf v. 21. 10. 35 — JRPV. 1936 Zus. S. 8/9.

9) Vergl. aber §§ 6 n. F. VVG., AVB. 10) Bl. 107, 147, 170.

Dieses muß daher sichergestellt werden, wozu § 6 AVB. geeignet erscheint. Dabei ging man davon aus, daß der VN. durchweg nur ein Interesse daran hat, von allen Folgen seines ihn verantwortlich machenden Handelns für sich selbst verschont zu bleiben, und zwar möglichst von jeglicher eigener Beteiligung, z. B. auch an weiteren Aufklärungen, Ermittlungen und Verfahren, die bei der Abwicklung und Regelung notwendig werden könnten. Insofern besteht meist ein eigenes Interesse des VN. an der Beobachtung der in den Obliegenheiten enthaltenen Pflichten nicht. Sollte diese Beobachtung — unter Überwindung der Interesselosigkeit des VN. — auf jeden Fall gewahrt werden, so mußte notwendig ein starker Druck ausgeübt werden, und zwar dort, wo er dem VN. fühlbar wurde und er ihm voraussichtlich in der gewünschten Richtung nachgeben würde. Ferner war das Mittel der Struktur der Obliegenheiten — als typische Verhaltensnormen — anzupassen, durfte also nicht individuellen, den Besonderheiten des einzelnen Falles Rechnung tragenden Charakters sein. Schließlich sollte es in der Handhabung einfach, klar im Umfang[12] und in den Kosten gering sein.

Ein solches Mittel haben die AVB. in der Verwirkungsklausel gefunden. Sie befreit den V'rer unter genau bestimmten Voraussetzungen von der Verpflichtung zur Leistung, wenn der VN. eine Obliegenheit verletzt. Damit wird den oben aufgestellten Erfordernissen Rechnung getragen. Die Klausel übt einen starken und wirksamen Druck auf den VN. aus und begründet durch ihr Bestehen und die mit ihrer Verwirklichun verbundenen Folgen[13] ein sonst meist nicht vorhandenes eigenes Interesse an der Beobachtung der Obliegenheit[14]. Sie hält sich durch ihren typischen Inhalt von den Besonderheiten des einzelnen Falles fern. Sie ist, da sie ohne ein vorhergehendes Verfahren vom V'rer selbst in Wirksamkeit gesetzt werden[15] kann, ein in der Handhabung einfaches und billiges[16] Mittel.

Freilich liegt in den gleichen Umständen, welche die Stärke dieses Mittels ausmachen, auch seine Schwäche begründet. Durch ihre Typizität ist die Klausel zugleich starr und bringt mit ihrem stets gleichen Inhalt, nämlich einer völligen Anspruchsverwirkung, das „Alles-oder-Nichts-Prinzip[17]" zur Geltung, das bei unterschiedsloser Anwendung

12) Arnold JRPV. 1939 S. 194: „Vorschriften des geschriebenen Rechtes sollen vor allem der Rechtssicherheit dienen; sie sollen leicht handzuhabende Mittel sein, um zu entscheiden, welche Ansprüche den einzelnen Volksgenossen gegeneinander zustehen; eine versicherungsrechtliche Bestimmung soll vor allem dazu helfen, die Rechtsstellung des einzelnen Mitgliedes der versicherten Gemeinschaft gegenüber den anderen Mitgliedern der Gemeinschaft recht deutlich erkennen zu lassen ...".

13) Insoweit hat die Klausel den Charakter einer Strafe.

14) KG. v. 30. 11. 35 = JRPV. 1936 S. 157; Schneider (bei Hupka) ZfVW. 1905 S. 124: prophylaktisches Mittel.

15) Allerdings vorbehaltlich gerichtlicher Nachprüfung.

16) Schneider aaO. S. 124 spricht im Hinblick auf die Anwendung der Verwirkungsklausel von dem „Vorteil, den diese glatte und formale Erledigung der Sache dem Versicherer biete". 17) Bl. 178, Loppuch JRPV. 1937 S. 134 ff.; Arnold aaO. Bischoff DÖV 1939 (Aprilheft).

sicherlich über ein billigenswertes Ziel hinausginge. Ferner wird[18] oft durch die Anspruchsverwirkung weniger der VN. als der geschädigte Dritte getroffen, der nun — z. B. bei eigener Mittellosigkeit des Schädigers — seinen Schaden nicht ersetzt bekommt. Auch dieses Ergebnis will bei der sozialen Bedeutung der H-Versicherung nicht befriedigen.

Das VVG. hat daher, um die berechtigten Interessen beider Vertragsparteien zu schützen, zwar die Verwirkungsklausel selbst anerkannt, jedoch die mit ihrer Anwendung verbundenen Nachteile zu vermeiden oder doch zu mildern gesucht. So wurden in objektiver und subjektiver Hinsicht Mindesterfordernisse für den Verwirkungstatbestand, und zwar im Hinblick auf die Besonderheiten des VVG[19] festgelegt und zum Schutze des VN. unter Einschränkung[20] der Vertragsfreiheit für unabdingbar erklärt. Die Klausel bezweckt, den VN. durch die in ihr enthaltene Drohung zur ordnungsmäßigen Beobachtung der in den Obliegenheiten enthaltenen Einzelpflichten anzuhalten, zugleich aber Verstöße wirksam zu ahnden[21]. Sie entspricht der sogenannten kassatorischen Klausel in § 360 BGB. Als Vertragsstrafe (§ 340 BGB.) ist sie nach geltendem Recht nicht anzusehen[22]: für eine richterliche Herabsetzung der Verwirkung — entsprechend § 343 BGB. — ist kein Raum. Wegen ihrer Billigung im VVG. und der Genehmigung der AVB. durch das Reichsaufsichtsamt kann man die verwirkte Strafe nicht als „unverhältnismäßig hoch" bezeichnen[23] (vgl. § 343 BGB.). Es wird nach Erfüllung des Verwirkungstatbestandes der V'rer von der Verpflichtung zur Leistung vollständig frei, d. h. er braucht nichts, aber auch gar nichts zu leisten[24]. Auch den Charakter

---

18) Schneider NZ. 1938 S. 709/10 DVersf.Vertr. 1934 S. 1/2, RG. v. 24. 2. 39 = JRPV. 167/8 auch Bl. 45.

19) Über Rechtsbehelfe aus allgemein bürgerlich rechtlichen Gesichtspunkten Bl. 171.

20) Bl. 181 ff.

21) Anm. 172 zu § 5; LG. Berlin v. 4. 3. 29 = JRPV. 1931 S. 215.

22) Hagen I/530 Anm. 13: „Eine Verwirkungsklausel ist keine Vertragsstrafe — München v. 7. 5. 1914 Rechtsprechung 52/215. Noelli Art. 45 Anm. 5 S. 534 — kann also nicht ermäßigt werden und steht ausschließlich unter der Regel des § 6 VVG." Zweifelnd Arnold JRPV. 1939 S. 194; a. A.: Loppuch JRPV. 1937 S. 134/5.

23) Weitere Bedenken gegen die Annahme einer Vertragsstrafe: diese verlangt eine zusätzliche Leistung zur Hauptverbindlichkeit (Schneider LZ. 1907 Sp. 259 ff., 267/8), während hier nur ein Verlust in Frage kommt (dawider: Planck — Siber § 339 Bem. 1 a S 442). — Für die Vertreter der Voraussetzungstheorie ist weiter ein Hindernis die Tatsache, daß gem. § 339 BGB. für die Annahme einer Vertragsstrafe verlangt wird, daß „der Schuldner dem Gläubiger für den Fall, daß er seine Verbindlichkeit (!) nicht oder nicht in gehöriger Weise erfülle", die Zahlung einer Geldsumme verspricht: wogegen diese Theorie den Obliegenheiten den Charakter von Rechtspflichten abspricht. Vor allem ist — Bl. 168 — zu berücksichtigen, daß, worauf auch Arnold aaO. hinweist, der Richter bei Anwendung des § 343 BGB. immer wieder die Besonderheiten des einzelnen Falles und VVertrages berücksichtigen würde, während die Verwirkungsklausel als Folge von Obliegenheitsverstößen gerade gewählt wurde, um durch sie die allgemein bestehenden und als solche in der gesetzlichen Regelung anerkannten Interessen ohne Rücksicht auf die besonderen Umstände des Einzelfalles (soweit diese nicht bei der Frage nach der vorsätzlichen oder grobfahrlässigen Verletzung Bewertung finden) zu schützen.

24) Vergl. Bl. 177/8, aber auch §§ 6 u. f. VVG., AVB. (s. Anhang).

von Schadensersatz trägt die Verwirkungsklausel nicht[25]; denn ungeachtet des weiteren Zwecks der Obliegenheiten, dem V'rer bei der Schadensabwicklung zu helfen und dabei Nachteile von ihm abzuwenden, ist die Pflicht des VN. nicht hierauf, vielmehr auf die Betätigung eines bestimmten äußeren Verhaltens gerichtet. Nur auf die Tatsache der Verletzung stellt die Klausel ab, nicht darauf, ob dem V'rer daraus ein Schaden entstanden ist[26,27]. Kausalzusammenhang zwischen der Ver-

25) Anm. 172 zu § 5.

26) Anders z. B. das schwed. VVG.: §§ 52, 53 besprochen bei Hochgräber in JRPV. 1928 S. 110 ff.; über die Regelung im skandinavischen Recht auch: Prölß WuRdV. 1933 S. 287/89; anders z. T. auch einzelne VBedingungen: ZfVW. 1921 S. 333, dazu und unter Berücksichtigung der Besonderheiten der H-Versicherung: APV. 1921 S. 119 Ziff. 6, Celle v. 5. 7. 35 = JRPV. Zus. II S. 40.

27) Anm. 633 zu § 5, WZ. 1921 S. 633/35, Petersen ZfVW. 1921 S. 333 (die das. unter a) und b) gen. Urteile widersprechen sich nicht, wie P. meint; zu dem Urt. KG. v. 25. 11. 13 ist § 33 II VVG. zu vergleichen, dessen Tatbestand hier wahrscheinlich gegeben ist), Kersting ZfVW. 1923 S. 223/4, DVers.Vertr. 1934 S. 1, APV. 1921 S. 119.

RG. v. 10. 11. 25 = APV. 1926 S. 32 = JRPV. S. 327; RG. v. 24. 9. 15 = APV. A. S. 90 = LZ. 1916 S. 168; RG. v. 16. 10. 17 = APV. 1918 A. S. 26 = LZ. 1918 S. 218; KG. v. 1. 4. 25 = JRPV. 146 = APV. 138; KG.. v. 22. 12. 28 = JRPV. 1929 S. 64 = APV. 1929 S. 25 = RdK. 1929 S. 148; LG. Berlin v. 4. 3. 29 = JRPV. 1931 S. 215; RG. v. 2. 10. 31 = JRPV. 334/5 = DOV. 86 = APV. 277/8; KG. v. 15. 10. 30 = JRPV. 433; Stettin v. 5. 6. 30 = APV. 201; Hamburg v. 25. 3. 31 = HansRGZ. B. 547; Frankfurt a. M. 5. 11. 31 = JRPV. 1932 S. 268 = APV. 1932 S. 248 = HRR. 1932 Nr. 838; Düsseldorf v. 21. 1. 32 = APV. S. 42; RG. v. 29. 9. 31 = APV. 276 = DOV. 83 = HansRGZ. A. 664 = Warn. 423 = mitget. in NZ. 1933 S. 1031; RG. v. 14. 6. 32 = RG. 136/370 = JRPV. 215 = DOV. 75 = APV. 245 = JW. 2514 = HRR. Nr. 2293 (dahingestellt blieb in der Entscheidung, ob dem Verwirkungseinwand die Einrede der Arglist entgegengesetzt werden könne, wenn der Versicherer trotz Unterlassung der Anzeige von Strafverfahren durch den VN. auf andere Weise hiervon so rechtzeitig Kenntnis erlangt hätte, daß er den ihm geeignet erscheinenden Beistand leisten konnte. Eine solche Annahme erscheint nicht statthaft; wenn schon die allgemein vertretene Auffassung dahingeht, daß es zur Verwirkung des H-Anspruchs bei Obliegenheitsverletzungen eines Schadens des Versicherers nicht bedarf, so ist auch für eine dahingehende Arglisteinrede des VN. regelmäßig kein Raum; unzutr. daher Karlsruhe v. 14. 7. 32 = APV. 261). — Düsseldorf v. 16. 6. 32 = JRPV. 1933 S. 161 = APV. 259; Düsseldorf v. 24. 11. 32 = JRPV. 1933 S. 226 = APV. 1933 S. 99; Köln v. 9. 3. 33 = JRPV. 354; Köln v. 28. 4. 33 = DOV. S. 77; LG. Berlin v .12. 1. 34 = DOV. 1935 S. 4; Königsberg v. 23. 4. 34 = JRPV. 1935 S. 62; Düsseldorf v. 17. 6. 35 = JRPV. 381 = APV. 241 = RdK. 1936 S. 174; Braunschweig v. 25. 10. 35 = JRPV. 1936 Zus. I S. 10; Hamburg v. 22. 9. 38 = JRPV. 347.

Unzutr. 1. Die ältere Entscheidung KG. v. 24. 4. 18 = APV. 1919 A. S. 25 = WZ. 1919 I S. 480 („nicht jeder kleine Verstoß, der für die (!) Sache selbst ohne Erheblichkeit sei (!), könne eine Verwirkung der Rechte des VN. herbeiführen"); 2. LG. Karlsruhe v. 28. 3. 30 = JRPV. 1931 S. 167: unter Bezugnahme auf eine Entscheidung des Jahres 1909 (!!) „ferner ist anerkannt (?), daß trotz Verspätung der Anzeige der VSchutz nicht versagt werden darf, wenn der Zweck der Anzeige auch bei verspäteter Nachholung noch vollständig erreicht wurde. Voraussetzung für die Gewährung des VSchutzes, daß für den Versicherer keine Nachteile dadurch eingetreten sind." 3. Karlsruhe v. 14. 7. 32 = APV. 261 mit der Begründung, daß der Versicherer auch bei erfolgter Anzeige vom Strafverfahren „nicht mehr hätte erreichen können". 4. KG. v. 21. 3. 31 = JRPV. 197 = APV. 23/4: „Es fehlt aber an einem ausreichenden Anhalt dafür, daß die behauptete Mitteilung die Prozeßführung der Beklagten (= Versicherer) vereitelt oder erschwert oder den Prozeßsieg des Verletzten entgegen der wahren Sachlage herbeigeführt habe."

letzung und einer schädlichen Folge oder deren Umfang ist daher ebenfalls unnötig[28,29]; **anders nach §§ 6 n.F. VVG., AVB. bei grobfahrlässigen Obliegenheitsverletzungen: vgl. Anhang.** — Deshalb ist auch ein „Mitverschulden" des V'rers bei der Entstehung eines Schadens ohne Belang[30]. Auch ist unerheblich, ob im einzelnen Falle — auf den es wie gesagt nicht ankommt — erhebliche Interessen[31] des V'rers verletzt wurden. Diese Interessen wurden geprüft im Zusammenhang mit der Frage, ob die Aufnahme gewisser Obliegenheiten in die AVB. gerechtfertigt wäre. Sie sind damit ein für allemal anerkannt und **grundsätzlich** zu berücksichtigen.

Dem V'rer ist mit der Klausel ein gut und schnell wirkendes und zugleich in der Anwendung einfaches Mittel an Hand gegeben, Obliegenheitsverletzungen zu begegnen. Diese Tatsache nötigt ihn nicht zum Verzicht auf sonstige Maßnahmen, die das Bürgerliche Recht jedermann gewährt. Trägt z. B. eine Obliegenheit den Charakter einer echten Rechtspflicht — und dies ist im § 5 AVB. stets der Fall mit Ausnahme der Anzeigepflicht in Ziff. 1 und der Vollmachtserteilung in Ziff. 6 — und sind sonstige allgemeine Voraussetzungen erfüllt, z. B. das Rechtsschutzinteresse[32] vorhanden usw., dann steht einer Erfüllungs- oder Schadensersatzklage, einer Kündigung, Rücktrittserklärung[33] usw. grund-

28) § 21 VVG. ist hier nicht anwendbar: RG. v. 27. 4. 34 = APV. 222; das gleiche gilt für § 32 S. 2 a. F. VVG.: Anm. 842 zu § 5, Nürnberg v. 1. 12. 26 aaO., Breslau v. 3. 6. 31 = APV. S. 222; KG. v. 21. 2. 20 = AVV. A. S. 54; ebenfalls dasselbe gilt für § 23 in Verbindung mit 25 III VVG.: KG. v. 21. 2. 20 = APV. A. S. 54.

29) Zu der Entwicklung der Frage vor der gesetzlichen Regelung des VVG.: ZfVW. 1905 S. 125 ff. (Hupka, Gutachten von v. Gierke und Sammer, Schneider), ZfVW. 1927 S. 446 b, Bruck Komm. § 6 Anm. 9, ders. PVR. S. 290, 358/9; RG. v. 12. 3. 26 = APV. S. 301, Nürnberg v. 1. 12. 26 = JRPV. 1927 S. 51, = APV. 1927 S. 69, Breslau v. 3. 6. 31 = AVV. S. 222; KG. v. 21. 2. 20 = APV. A. S. 54; LG. Berlin v. 12. 4. 34 = JRPV. 1935 Zus. S. 28; auch RG. v. 24. 2. 39 = JRPV. S. 167 besagt nichts hiervon Abweichendes; denn es wird die Frage der rechtlichen Erheblichkeit des Kausalzusammenhangs dort nicht im Hinblick auf die vertraglich vereinbarte Verwirkung behandelt, sondern für den ganz anderen Fall, inwieweit *ohne* solche Vereinbarung lediglich aus Treu und Glauben dem VN. die VAnsprüche abzuerkennen sind. Hier müssen natürlich andere Grundsätze zur Anwendung gelangen, wobei auch die Frage der Ursächlichkeit eine Rolle spielt (vergl. hierzu auch Anm. 597 zu § 5, Bl. 172); *unzutr.* in diesem Punkte: KG. v. 16. 12. 33 = JRPV. 1934 S. 93 = APV. 1934 S. 23, abzulehnen auch: Düsseldorf v. 21. 10. 35 = JRPV. 1936 Zus. S. 8/9; vergl. auch Anm. 8 zu § 6.

30) KG. v. 22. 12. 28 = JRPV. 1929 S. 64 = APV. 1929 S. 25 = RdK. 1929 S. 148; Wüstney S. 55; a. A.: Hamm v. 17. 6. 35 = APV. 244.

31) RG. v. 17. 5. 12 = APV. A. S. 120 = WZ. S. 2105 = Annal. 617; RG. v. 16. 10. 17 = LZ. 1918 S. 218 = APV. 1918 A. S. 26; Frankfurt a. M. v. 5.11.31 = JRPV. 1932 S. 268 = APV. 1932 S. 248 = HRR. 1932 Nr. 838.

32) Anm. 152 zu § 5.

33) Das nur mit der vorsätzlichen oder grobfahrlässigen Obliegenheitsverletzung verknüpfte Rücktrittsrecht bedurfte ebenso wie die entspr. Verwirkung besonderer vertraglicher Vereinbarung (§ 6 a. F. VVG., anders § 6 IV n. F. VVG.). Das Rücktrittsrecht aus § 326 BGB. wegen grober, den Vertragszweck gefährdender Vertragsverletzung besteht jedoch auch ohne ausdrückliche Vereinbarung unter seinen besonderen, von der Rechtsprechung entwickelten Voraussetzungen: dazu RG. v. 24. 2. 39 = JRPV. S. 167/8.

sätzlich nichts im Wege, insbesondere nicht die Tatsache der Vereinbarung der Verwirkungsklausel. Auch die Rechtsgedanken der positiven Vertragsverletzung[34] finden auf das Recht der privaten Versicherung Anwendung[35]. Insbesondere vermag eine Schadensersatzklage unter Umständen dem V'rer da zu helfen, wo die Verwirkungsklausel dies nicht kann, vor allem bei nur leichtfahrlässiger Verletzung der Obliegenheit. Bisweilen hilft aber die Verwirkungsklausel auch deshalb nicht, weil der V'rer schon alles geleistet hatte, bevor sie wirksam werden konnte, so daß die Verwirkung gegenstandslos ist[36]. Manchmal ist sie auch in Ansehung einer verletzten Obliegenheit nicht vereinbart. In diesen Fällen steht dem V'rer ein Schadensersatzanspruch grundsätzlich zu, wenn dessen besondere Voraussetzungen vorliegen: vor allem ein Schaden und Kausalzusammenhang[38] zwischen diesem und der Obliegenheitsverletzung.

Die tatbestandsmäßigen Voraussetzungen für den Eintritt der Verwirkungsklausel sind folgende: nach den ADB., die sich an die zwingende Vorschrift von § 6 VVG. halten, wird ein objektiver und ein subjektiver Tatbestand verlangt. Objektiv muß eine Obliegenheit verletzt worden sein, „die nach dem Eintritt des VFalles der Gesellschaft gegenüber zu erfüllen ist". Subjektiv ist Vorsatz oder grobe Fahrlässigkeit erforderlich[39].

§ 6 ADB. füllt das Blankett des § 6 II a.F. VVG. aus[40]; denn er enthält die dort vorausgesetzte Anordnung, „daß bei Verletzung einer Obliegenheit, die nach dem Eintritt des VFalles dem V'rer gegenüber zu erfüllen ist, der V'rer von der Verpflichtung zur Leistung frei sein soll". Damit ist dem Erfordernis[42] **ausdrücklicher vertraglicher Vereinbarung**[43] genügt[44]. Allerdings bezieht sie sich nur auf die Anspruchsverwirkung, nicht auch, was nach dem Gesetz möglich wäre, auf ein mit der schuldhaften Obliegenheitsverletzung **ohne weiteres** verbundenes Rücktrittsrecht, für welches damit in diesem Zusammenhang kein Raum ist[46].

---

34) Bertermann: Die positive Vertragsverletzung des VVertrags in RdK. 1937 S. 113.

35) RG. v. 13. 10. 36 = JRPV. 344/5 = DOV. 533 = APV. 294 = JW. 1937 S. 218 = HRR. 1937 Nr. 169 = Warn. Nr. 197: dazu Hagen ZfVW. 1937 S. 205; weitere Rechtsprechung bei Schack S. 29/30.

36) Z. B. wenn der Versicherer das an den Geschädigten Geleistete zurückfordern will und zu der erforderlichen Anfechtung oder dergl. die Mitwirkung des VN. nötig ist, die dieser verweigert.

38) Bl. 89 zu Anm. 597.

39) Das ist nicht genau: über die Beweislast: Bl. 181.

40) RG. v. 9. 11. 34 JRPV. 378 = APV. 1935 S. 26 (Bl. 33).

42) RG. v. 25. 11. 27 = JRPV. 1928 S. 7 = JW. 1928 S. 791; RG. v. 11. 2. 38 = RG. 157/67 = JRPV. 101 = JW. 1113 (Anm. von Möller).

43) Über einen Anspruchsverlust auch ohne Verwirkungsklausel Bl. 194.

44) Anm. 17 zu § 5 und die dort gen.

46) Auch ein Rücktrittsrecht des Versicherers wegen Obliegenheitsverletzung ist gem. § 6 VVG. nur wirksam (anders § 6 IV n. F. VVG.), wenn diese Folge ausdrücklich in den AVB. vereinbart ist: RG. v. 25. 11. 27 = JW. 1928 S. 791 ff.; Anm. 33 zu § 6.

Eine Obliegenheit muß verletzt sein. Nur solche Pflichten kommen hier in Betracht, die ihrer rechtlichen Natur nach Obliegenheiten sind[47]. Die Pflichten des § 5 tragen bis auf § 5 Ziff. 6 a.F., Ziff. 7 n.F. ADB. sämtlich Obliegenheitscharakter. Eine solche Pflicht muß **verletzt**[48] worden sein.

Verletzung in diesem Sinne bedeutet das Unterbleiben einer nach Inhalt, Form und Frist ordnungsmäßigen Beobachtung der Obliegenheit. Entscheidend ist allein die Tatsache der Nichterfüllung des Gebotes oder Verbotes[50], demnach ausschließlich objektive Gesichtspunkte. Bei fast jedem VFall sind mehrere Obliegenheiten zu beobachten[51]. Dieser Umstand macht einen Hinweis darauf nötig, daß wegen etwaiger Verwirkung jede Obliegenheitsverletzung einzeln und für sich zu würdigen ist, hierzu also nicht auf ein Gesamtverhalten des VN. abgestellt werden kann[52]. Wenn durch mehrere VVerträge wirtschaftlich einander berührende Interessen des VN. geschützt sind und ein VFall sich auf beide Interessenkreise auswirkt, so ist eine Obliegenheitsverletzung nur von Bedeutung[53] im Hinblick auf den für sie in Betracht kommenden Vertrag und die durch diesen versicherten Interessen. Werden aber durch ein und denselben VVertrag mehrere Risiken versichert, so sind durch eine dem § 6 ADB. entsprechende Obliegenheitsverletzung grundsätzlich sämtliche Leistungen, die der V'rer wegen eines und desselben VFalles[54] aus dem ganzen Vertrage zu erbringen hatte, verwirkt.

„... die nach dem Eintritt des VFalles der Gesellschaft gegenüber zu erfüllen ist, ..."

Das Gesetz scheidet in § 6 I und II a.F. VVG. die Obliegenheiten in solche, die vor, und solche, die nach dem VFall zu erfüllen sind. Für die

47) Über die Abgrenzung der Obliegenheit gegenüber Pflichten anderen Rechtscharakters Bl. 22.

48) Eine Verletzung liegt nicht vor, wenn der Versicherer die Nichterfüllung gebilligt oder genehmigt hat: Bl. 191.

50) Hat die betr. Obliegenheit für den in Frage kommenden VFall ganz offenbar keinerlei Bedeutung, so wird man insoweit Hamburg v. 22. 9. 38 = JRPV. 348 (dies verlangt allerdings zu weitgehend „erhebliche" Bedeutung des Obliegenheitsverstoßes für die Beurteilung des VFalles) wohl zustimmen dürfen, daß dann, aber auch nur dann, eine Obliegenheits*verletzung* nicht vorliegt. Das gleiche gilt unter den bezeichneten Voraussetzungen, wenn die Obliegenheit als solche völlig zwecklos war: vergl. RG. v. 8. 10. 26 = APV. 1927 S. 66; auch RG. v. 2. 3. 09 = APV. A. S. 52. Ob dies aber der Fall ist, muß streng geprüft werden; konnte denkbarerweise irgendwie die Obliegenheitserfüllung für den VFall von Bedeutung sein, so ist ihre Nichterfüllung Verletzung im Sinne von § 6 AVB. Nur in diesem engen Rahmen kann man einem entsprechenden Urteil des VN. Bedeutung beimessen (Typizität der Obliegenheit), vergl. auch Anm. 106 zu § 6.

51) Wegen der Überschneidung der durch die einzelnen Obliegenheiten begrenzten Pflichtenkreise Anm. 706 zu § 5.

52) A. A. Berufungsurteil bei RG. v. 24. 9. 15 = APV. A. S. 90 = LZ. 1916 S. 168; wie im Text: RG. v. 4. 7. 33 = JRPV. 232 = RdK. 1934 S. 110 = Warn. Nr. 154.

53) RG. v. 9. 2. 34 = JRPV. 86.

54) Bl. 179.

ersten wird die Vertragsfreiheit in der Vereinbarung ganz bestimmter Verletzungsfolgen (Rücktritt[55] oder Verwirkung) dahin beschränkt, daß diese Folgen nur bei verschuldeter Verletzung[56] eintreten. Für die nach dem Eintritt des VFalls zu erfüllenden Obliegenheiten wird, wenn die vereinbarte Verletzungsfolge des Rücktritts[58] oder der Leistungsbefreiung Wirksamkeit äußern soll, erschwerend vorausgesetzt, daß ihre Verletzung auf Vorsatz oder grober Fahrlässigkeit beruhe. Diese Unterscheidung ist getroffen, weil durch den Eintritt des VFalls der HD-Anspruch des VN. an sich bereits wohlerworben ist und sein Verlust nicht ohne zwingende Gründe, d. h. besonders grobe Vertragsverstöße gerechtfertigt erscheint[57]. Die Differenzierung ist auch für die ADB. bedeutsam; denn § 6 kennt den Eintritt der Leistungsbefreiung[58] nur bei Verletzung solcher Obliegenheiten, die **nach** Eintritt des VFalls zu erfüllen sind. Damit entfällt die Verwirkung für solche, die schon vorher erfüllt werden müssen. Für diese besteht eine vertraglich vereinbarte Verletzungsfolge nicht. Die Voraussetzungstheorie läßt einen kraft Gesetzes aus ihrer Verletzung erwachsenden Schadensersatzanspruch nicht zu[59], so daß nach dieser allenfalls aus dem allgemeinen Rechtsgrundsatz des § 242 BGB. dem V'rer geholfen werden könnte[60]. Damit erhält die Frage ihr besonderes Gewicht, zu welcher der beiden Arten[61] von Obliegenheiten (vor oder nach) die einzelnen Pflichten des § 5 ADB. gehören. Es ist also festzustellen, in welchem Zeitpunkt die betreffende Obliegenheit zu erfüllen ist und ob dieser vor oder nach dem Eintritt des VFalls liegt. **Wann** eine Obliegenheit im Sinne des § 6 ADB. „zu erfüllen ist"[62], kann nur grundsätzlich, d. h. aus ihrer **allgemeinen** Bedeutung im **typischen** Ablauf des als VFall bezeichneten Tatbestandes[63] beurteilt werden[64]. Von einer dementspre-

---

55) Anders § 6 IV n. F. VVG.: „Eine Vereinbarung, nach welcher der Versicherer bei Verletzung einer Obliegenheit zum Rücktritt berechtigt sein soll, ist unwirksam."

56) Für die lex commissoria des § 360 BGB. wird ebenfalls regelmäßig Verschulden verlangt.

57) WZ. 1921 S. 635, Hagen I S. 528, Düsseldorf v. 31. 1. 1938 = JRPV. S. 90.

58) Ein Rücktrittsrecht entsprechend § 6 VVG. ist nicht vereinbart und kann daher als Folge einer Obliegenheitsverletzung im Sinne von §§ 6 VVG., ADB. nicht geltend gemacht werden; § 6 IV n. F. VVG. erklärt grundsätzlich seine Vereinbarung für unwirksam. 59) Bl. 37 ff. 60) Bl. 194.

61) Im Sinne ihrer zeitlichen Erfüllungspflicht.

62) Das ist zu betonen: es kommt darauf an, wann die Obliegenheit grundsätzlich, d. h. also wesensgemäß, zu erfüllen ist, nicht wann sie tatsächlich erfüllt wurde: Oberbach: JRPV. 1943 S. 30 Anm. 73; RG. v. 5. 3. 15 = WZ. II S. 1145/47: „Da jedoch die Verwirkungsklausel auf die Verletzung einer Obliegenheit gesetzt ist, die nach dem Eintritt des VFalles ‚zu erfüllen' ist, so würde jene Folge, sofern im übrigen ihre Voraussetzungen zuträfen, nicht dadurch ausgeschlossen sein können, daß tatsächlich (!) mit der Obliegenheitserfüllung nicht bis zur Vollendung des VFalles auch in seinem 2. Abschnitt (Anspruchserhebung durch den Verletzten) gewartet, sondern schon nach dem 1. Abschnitt (dem Unfallereignis selbst) zu jener Erfüllung geschritten wird; sonst würde der VN. die vereinbarte Folge wahrheitswidriger Angaben leicht umgehen können."

63) Vergl. aber § 5 Ziff. 1 n. F. ADB. dazu Anhang zu § 5.

64) Es braucht nicht des weiteren auseinandergesetzt zu werden, daß und warum es zu praktisch unhaltbaren Ergebnissen führen müßte, wenn die Verletzung inhaltlich der-

chenden Untersuchung der auf das Wesen abstellenden Eingliederung jeder der in § 5 ADB. aufgezählten Obliegenheiten in den regelmäßigen Schadensverlauf kann jedoch abgesehen werden, wenn folgendes berücksichtigt wird: der VFall ist gemäß § 1 ADB.[65, 66] ein Tatbestand, dessen Verwirklichung mit dem Eintritt der Schadensursache beginnt und sich mit der Erhebung des H-Anspruchs vollendet[66]. Alle Obliegenheiten, die zeitlich nach dem Eintritt des ersten Tatbestandstückes, also dem Verstoß = der Schadensursache, zu erfüllen sind, können daher jedenfalls nicht als Obliegenheiten bezeichnet werden, welche **vor** Eintritt des VFalls zu erfüllen sind[67]; denn mit der Verwirklichung auch nur eines Tatbestandstückes hat der Eintritt bereits begonnen. Da andererseits vor vollzogener Anspruchserhebung dieser Tatbestand nicht vollendet ist, so kann man von den Obliegenheiten, welche wesensgemäß schon vor der Anspruchserhebung zu erfüllen[68] sind[69, 70], dann nicht sagen, daß sie **nach** Eintritt des VFalls zu erfüllen seien, wenn man hierzu ebenfalls die Verwirklichung des gesamten Tatbestandes verlangt. Es würde sich bei solcher Auffassung um Obliegenheiten handeln, die „während" oder „beim"[71] VFall zu erfüllen sind. Da aber das Gesetz über die möglichen Folgen der Verletzung solcher Obliegenheiten nichts enthält[71a], vielmehr ausschließlich von Obliegenheiten spricht, die entweder vor oder nach Eintritt des VFalls zu erfüllen sind, so ist die Frage zu entscheiden, welcher

---

selben Obliegenheit bald schon bei leichtem (§ 6 I), bald nur bei grobem Verschulden (§ 6 III) Anspruchsverwirkung zur Folge haben würde, zumal wenn dies Ergebnis gar von der Tatsache (oder auch nur der Erweisbarkeit!) abhängt, ob z. B. der Geschädigte sofort beim Unfall etwa in allgemeiner Form Schadensersatzansprüche stellt, oder ob dies — gleich aus welchen Gründen — viel später geschah: zust. Keßler Ih.I. Bd. 87 S. 58 Anm. 1. (Inwieweit würde sich hier die Tatsache auswirken, daß der Begriff des VFalles — schon in Fachkreisen lebhaft umstritten — dem VN. nur selten klar ist: unerheblicher Rechtsirrtum.) Unerheblich daher — vergl. den Text im folgenden — KG. v. 7. 2. 34 = APV. S. 25.

65) I/69 ff.; entsprechendes gilt für § 149 VVG. Vergl. Anm. 351 zu § 5; auch RG. v. 5. 3. 15 = WZ. II S. 1147 spricht von der Vollendung (!) des VFalles auch in seinem 2. Abschnitt (Anspruchserhebung durch den Verletzten) und von „dem ersten Abschnitt (dem Unfallereignis selbst)", obwohl das Urteil kurz vorher deutlich betont, „daß erst die Anspruchserhebung des Verletzten den Eintritt des VFalles bezeichnet".

66) Aus der hiervon abweichenden Auffassung des RV. über den VFall folgt die unbefriedigende Lösung mancher Fragen: Cramer JRPV. 1933 S. 129.

67) Bl. 19.

68) Ob sie spontan oder nur auf eine dahingehende Aufforderung des Versicherers schon vor der Anspruchserhebung erfüllt werden müssen (Bl. 90, 110, 115, 129) ist in diesem Zusammenhang bedeutungslos.

69) Das sind z. B. die, welche ihrer Natur nach an die Schadensursache oder das Schadensereignis anknüpfen, z. B. die Schadensabwendungs- und Minderungspflicht (Bl. 80), die Obliegenheit zur Anzeige eines polizeilichen oder strafgerichtlichen Verfahrens § 5 Ziff. 2 Abs. 2 (Bl. 36) u. a.

70) Nach der Anspruchserhebung sind wesensgemäß zu erfüllen: die die Prozeßmuntschaft des Versicherers ermöglichenden Obliegenheiten, die Anzeige von der Erhebung von Schadensersatzansprüchen und die, den Anspruch nicht anzuerkennen oder zu befriedigen.

71) Bl. 19, § 1A der früheren AFB., Bruck PVR. S. 343.

71 a) Oberbach JRPV. 1943 S. 30.

dieser beiden Gruppen jene Obliegenheiten zuzuteilen sind[71b], die zeitlich wesensgemäß nach Eintritt des ersten, aber vor Vollendung des letzten Tatbestandsstückes des VFalls zu erfüllen sind.

Wie bereits gesagt, wurde die Unterscheidung in § 6 VVG., insbesondere die Erweiterung des Schutzes des VN. in Ansehung der Folgen der Verletzung von Obliegenheiten gemäß § 6 ADB., § 6 II a.F. VVG. deshalb getroffen, weil die Verwirkung des nach Eintritt des VFalls an sich wohlerworbenen VAnspruchs nur bei schweren Verstößen des VN. eintreten sollte. Hier allerdings ist der Eintritt des VFalls nur teilweise verwirklicht, doch läßt der Grundgedanke der gesetzgeberischen Regelung erkennen, daß es für die Unterscheidung der beiden Arten von Obliegenheiten maßgebend auf den mehr oder weniger gefestigten Rechtserwerb des VN. ankommt; denn sie ist getroffen im Hinblick auf seine in größerem oder geringerem Maße verwirklichte Anwartschaft. Soweit dieser Anwartschaftseffekt (Eintritt des VFalles) sich zusammensetzt sowohl aus einem Verhalten des VN. oder aus einem Sachverhalt, der seinem Lebensgestaltungskreis entstammt (Ereigniseintritt), als auch dem einer vertragsfremden Person (Anspruchserhebung), wird man berechtigt sein, bei Abwägung der beiden Momente hinsichtlich ihrer Bedeutung für die Frage nach dem Verlust oder dem Fortbestand des VAnspruchs, der rechtlich allein den VN. betrifft, auch seinem Verhalten hierfür die, wenn nicht alleinige, doch zum mindesten größere Bedeutung beizumessen. Gegenüber solchem, die eigenen Rechtsverhältnisse selbstgestaltenden Verhalten des VN. sind die Tatsache wie der Zeitpunkt der Erhebung von Haftpflichtansprüchen, welche lediglich von der inneren Entschließung des Drittgeschädigten abhängen, willkürliche Umstände, die nicht geeignet erscheinen, in erheblicherem oder auch nur in gleichem Umfange eine Spaltung oder Scheidung in die rechtlich nur das Innenverhältnis der Vertragsparteien entscheidenden Fragen hineinzutragen, oder diese in der hier betrachteten Richtung beeinflussen zu können[72], wie das für den Eintritt des Ereignisses zutrifft.

Wenn die fragliche Obliegenheit weder der Gruppe in 6 I noch der in 6 II a.F., unmittelbar angehört, andererseits eine dritte Möglichkeit[73] im Gesetz nicht ausdrücklich berücksichtigt ist, so muß sie aus den zu der Scheidung im Gesetz Veranlassung gebenden inneren Gründen beurteilt und derjenigen Gruppe zugeteilt werden, der sie am nächsten verwandt ist. Dies führt bei abwägender Beurteilung dazu, sie der Gruppe in § 6 II a.F., III n.F. VVG. als wesensverwandt (nicht identisch) anzugliedern[74]. Weder der Begriff noch der Eintrittszeitpunkt unseres VFalls

---

71 b) Oberbach JRPV. 1943 S. 31.
72) VuG. 1927 S. 178 zu 1 a.
73) Keßler aaO. Bd. 88 S. 345.
74) A. A. Schack JW. 1937 S. 1212.

im Sinne seiner vollständigen Verwirklichung werden hierdurch als solche berührt[75, 75a]. Da der § 5 AVB. keine Obliegenheiten enthält, die schon vor dem Eintritt der Schadensursache zu erfüllen wären, so ist die vorsätzliche oder grobfahrlässige Verletzung aller der in ihm genannten Pflichten[76] mit der Verwirkung des VSchutzes gemäß § 6 AVB. bedroht. Dies entspricht auch der Auffassung der Verfasser der Bedingungen, wie schon die Tatsache deutlich macht, daß man in den § 6 AVB. nur Verletzungsfolgen entsprechend § 6 II a.F. VVG. (Obliegenheiten, welche nach Eintritt des VFalles zu erfüllen sind) aufgenommen hat. Es wäre widersinnig, Pflichten in § 5 aufzustellen, ohne für sie — was sicherlich im Hinblick auf die erwähnten Folgerungen der Voraussetzungstheorie[77] angebracht und bei anderer Auffassung angesichts des Wortlautes des § 6 I VVG. auch naheliegend gewesen wäre — eine Verletzungsfolge zu bestimmen[78]. Die Verwirkung des § 6 AVB. betrifft sowohl die Verletzung entsprechender Obliegenheiten der AVB. wie des VVG.[79].

„. . . so ist die Gesellschaft von der Verpflichtung zur Leistung frei, . . .“

Bei vorsätzlicher oder grobfahrlässiger Obliegenheitsverletzung ist der V'rer von der Verpflichtung zur Leistung frei[80], d. h. er hat „nichts,

---

75) Über die Bedeutung der Regelung in § 153 I VVG., der auf die Obliegenheit von der Anzeige der Tatsachen ebenfalls den Abs. III des § 6 VVG für sinngemäß anwendbar erklärt (über die Bedeutung des Wortes „sinngemäß“: JRPV. 1943 S. 31/32: gegen Keßler aaO. Bd. 88 S. 345) und die Regelung in § 62 II n. F. VVG., wonach die Verletzung der Obliegenheit, den Schaden abzuwenden oder zu mindern, entsprechend einer solchen des Abs. III von § 6 VVG. behandelt wird: JRPV. 1943 S. 34.

75 a) Diese Auffassung wird bestätigt durch die Regelung des § 6 n. F. AVB., wonach mit der Verletzung aller Obliegenheiten des § 5 AVB. (nur) die gleiche Sanktion verbunden ist, welche das Gesetz im § 6 III (nach Eintritt des VFalles) zu vereinbaren erlaubt.

76) Zustimmend (ohne Begründung) für AKB. Stiefel § 6 Anm. 1: „Nur die nach Eintritt des VFalles zu erfüllenden, also alle in § 5 aufgestellten Obliegenheiten werden von § 6 AKB. erfaßt“; Cuntz zählt in JRPV. 1935 S. 306 zu den nach § 6 zu erfüllenden Obliegenheiten „alle diejenigen, die in § 5 AKB. erwähnt sind“, unter ausdrücklicher Einbeziehung z. B. der Pflicht zur Anzeige eines Strafverfahrens „ohne Rücksicht auf den Eintritt des VFalles“.

77) Es würde z. B. die Verletzung des § 5 Ziff. 2 Abs. 2, der nach RG. eine Obliegenheit enthält, die u. U. vor dem VFall zu erfüllen ist, bei Zugrundelegung der Voraussetzungstheorie, die einen Schadensersatzanspruch als Folge von Obliegenheitsverletzungen grundsätzlich ablehnt (Bl. 37 ff.), dann stets ohne Folge für den VN. bleiben.

78) Die überspitz anmutenden Untersuchungen des RG. (RG. v. 29. 4. 38 = JRPV. 183 ff.; RG. v. 24. 2. 39 = JRPV. 167 ff.) könnten — einmal zur ständigen Rechtsprechung ausgebaut — ferner zu dem Ergebnis führen, daß die Versicherer für die Verletzung aller vor Anspruchserhebung zu beobachtenden Obliegenheiten die Verwirkungsfolge gem. § 6 I VVG. in die AVB. aufnehmen würden, wogegen stichhaltige Bedenken wohl nicht geltend gemacht werden könnten; eine für die VN. bedenkliche Folgerung. Die Scheidung der Obliegenheiten im Sinne der Rechtsprechung des RG. ist — weil auf äußerlicher Betrachtung aufgebaut — unhaltbar. 79) Stiefel Komm. § 6 Anm. 1 a. E.; vergl. z. B. § 62 VVG. für den allerdings die Novelle die Sanktion der Anspruchsverwirkung in den Gesetzeswortlaut in Abs. 2 n. F. aufgenommen hat.

80) Über Leistungsfreiheit des Versicherers: Pfeiffer JRPV. 1932 S. 1, 20, 51, 66, 97; Prölß WuRdV. 1933 S. 287.

aber auch gar nichts zu leisten".[81] Damit wird das bereits früher[82] erwähnte „Alles-oder-Nichts-Prinzip" angewendet. Es fragt sich, wie der V'rer der eingetretenen Verwirkung für den einzelnen Fall Geltung verschafft. Muß er sich zur Wirksamkeit der Leistungsbefreiung auf sie berufen, oder ist er ohne weiteres seiner Verpflichtung ledig; m. a. W., handelt es sich um eine kraft Gesetzes in ihrer Wirkung bestehende, von Amts wegen zu beachtende Einwendung oder um eine Einrede, die nur auf besondere Berufung des Berechtigten zu berücksichtigen ist? Die Frage ist wegen ihrer Folgerungen von erheblicher praktischer Bedeutung. Die Ansichten in Rechtslehre und Rechtsprechung sind geteilt[83]. Die Leistungsfreiheit ist ein allgemeiner, vom BGB. wiederholt verwendeter[84] und von hier in das VVG. und die AVB. übernommener Begriff. Für ihn gelten im V'recht die gleichen Grundsätze, die im Bürgerlichen Recht allgemein anerkannt sind. Für dieses nimmt die h. M.[85] hier ein Erlöschen kraft Gesetzes an, so daß die Verwirklichung des Leistungsbefreiungsrechts den Charakter einer **Einwendung** trägt[86], da sich das BGB. anderer Redewendungen bedient, wenn das Bestehen einer Einrede deutlich gemacht werden soll[87].

Ebenfalls von Bedeutung ist die Frage nach dem Zeitpunkt des Erlöschens der Verpflichtung. Aus dem Wortlaut „**ist** frei" wird für die **nach** dem VFall zu beobachtenden Obliegenheiten gefolgert, daß eine Verwirkung ex tunc, d. h. unter Rückbeziehung auf die erste unter Umständen schon vor der Verletzung bewirkte Leistung des V'rers[88], aus dem fraglichen VFall anzunehmen ist[89]. Ist aber Leistungsbefreiung für den V'rer ex tunc eingetreten, so ist er berechtigt, vor der Obliegenheitsverletzung aus Anlaß des gleichen VFalles bereits erbrachte Leistungen (Vorschüsse, Gutachter- oder Ermittlungskosten usw.) zurückzuverlangen, da diese Leistungen nach rückbezogenem Wegfall einer entsprechenden

81) RG. in APV. 1926 S. 301.

82) Bl. 168.

83) Für den Charakter der E i n w e n d u n g sind — nach Prölß WuRdV. 1933 S. 287, — eingetreten: RG. in JRPV. 1932 S. 42 = DÖV. 17 = JW. 2538; Ehlers JW. 1932 S. 2539; Schneider VVG. Einleitung II, 8 S. 48; Pfeiffer JRPV. 1932 S. 1; Hagen I/439. Auch Raiser § 6 Anm. 16. — Für den Charakter der Einrede: KG. in APV. 1920 A. S. 4 (anders KG. v. 15. 11. 33 = JRPV. 387); JRPV. 1925 S. 30; Blank VuG. 1927 S. 154; Bruck PVR. S. 338 und Gerhard-Hagen § 6 Anm. 6.

84) §§ 275, 776, 1165 u. a. BGB.

85) RG. 58/427, RGRK. § 275 Anm. 1, § 1165 Anm. 2, § 1181 Anm. 2, Planck § 275 Anm. 1, Loening § 1165 Anm. 4.

86) Außer den in Anm. 83 gen.: RG. v. 14. 6. 32 = RG. 136/370 = JRPV. 215 = DÖV. 75 = APV. 245 = JW. 2514 = HRR. Nr. 2203; KG. v. 15. 11. 33 aaO.

87) §§ 222, 273, 320/22 („kann die Leistung verweigern").

88) Die Leistungsfreiheit wird also hier nicht — wie bei der ex nunc Wirkung — erst mit dem Augenblick wirksam, in dem der sie begründende Tatbestand verwirklicht wird.

89) Prölß WuRdV. 1933 S. 289.

Verpflichtung des V'rers des berechtigenden Grundes i. S. der §§ 812ff. BGB. entbehren. Der Charakter der Anspruchsverwirkung als einer Einwendung macht eine besondere Erklärung[90] oder einen Hinweis auf die Verletzungsfolgen durch den V'rer unnötig[91]. Infolge der mit schuldhafter Verletzung ohne weiteres verbundenen Verwirkungsfolge kommt es auch nicht darauf an, ob der V'rer im Deckungsprozeß sich ausdrücklich auf die Verwirkungsfolge berufen hat; sie ist von Amts wegen im Urteil zu berücksichtigen. Unwesentlich ist damit, ob der V'rer alle vorgekommenen Verstöße, oder zunächst nur einzelne und später andere, ausdrücklich zur Grundlage der behaupteten Verwirkung gemacht[92], oder ob er sich bei nicht vorsätzlicher Verletzung auch auf die allein noch in Betracht kommende grobe Fahrlässigkeit berufen hat. Bei vorsätzlicher oder grobfahrlässiger Verletzung durch den VN. ist unbeachtlich, ob der V'rer durch sein Verhalten ebenfalls zu der Verletzung beigetragen hat. Wohl kann unter Umständen ein solches Verhalten den Verstoß als nicht auf grober Fahrlässigkeit beruhend erscheinen lassen; auch kann gegebenenfalls dem Verwirkungseinwand deshalb die Einrede der Arglist entgegengesetzt werden[93]. Die Befreiung des V'rers bezieht sich aber nur auf die Leistungen, die im Hinblick auf den gleichen VFall zu erbringen waren, in dessen Rahmen auch die verletzten Obliegenheiten beobachtet werden mußten. Der VVertrag als solcher wird in seinem rechtlichen Bestande im übrigen nicht berührt[94], ebenso hört die Pflicht des VN. zur Prämienzahlung nicht auf[95]. Dies kann von Bedeutung werden, wenn aus einem

---

90) Das Ablehnungsschreiben, durch welches der Versicherer dem VN. mitteilt, daß nach seiner Ansicht Leistungsfreiheit eingetreten ist, hat nur deklaratorische Bedeutung: Anm. 159 zu § 6.

91) Wüstney S. 55, Hamburg v. 22. 9. 38 = JRPV. 347. — Ebensowenig setzt die Leistungsbefreiung des Versicherers wegen Obliegenheitsverletzung als solcher einen besonderen Hinweis an den VN. auf die Notwendigkeit der Erfüllung bestimmter Pflichten (Frankfurt a. M. v. 5. 11. 31 = JRPV. 1932 S. 268 = APV. 1932 S. 248 = HRR. 1932 Nr. 838; vergl. auch zu Anm. 309 und 932 zu § 5) auch nicht auf die bereits geschehene Verletzung bestimmter Obliegenheiten (Düsseldorf v. 10. 11. 32 = JRPV. 1932 S. 60 und Düsseldorf v. 24. 4. 33 = JRPV. 1934 S. 61) noch die Kenntnis des VN. von den Folgen der Verletzung (Hamburg v. 22. 9. 38 aaO.) voraus.

92) RG. v. 2. 10. 31 = JRPV. 334 = DOV. 86 = APV. 278; Düsseldorf v. 24. 4. 33 = JRPV. 1934 S. 61 (betont hierfür die Grenze von Treu und Glauben); Düsseldorf v. 7. 12. 33 = JRPV. 1934 S. 143; vergl. auch Anm. 159 zu § 6.

93) Wüstney S. 55; KG. v. 27. 11. 26 = JRPV. 1927 S. 42; RG v. 12. 11. 29 = DOV. 1930 S. 8 = DAR. 1929 S. 415 = RdK. 1930 S. 97; KG. v. 5. 2. 30 = JRPV. 135 = RdK. 302; KG. v. 29. 11. 30 = JRPV. 1931 S. 28; Stuttgart v. 13. 5. 29 = JW. 1930 S. 3650 = DAR. 1930 S. 95 = RdK. 1930 S. 307.

94) Wüstney S. 55, Loppuch JRPV. 1937 S. 134, Berichterstatter z. Urt. des RG. v. 19. 3. 26 = JRPV. 114, Düsseldorf v. 21. 10. 26 = JRPV. 350 = APV. 1927 S. 38. (Daß der Versicherer die Prämie — oder den Anspruch auf sie — für die frühere Zeit und für die laufende VPeriode behalte, auch wenn er VSchutz überhaupt nicht zu gewähren brauche, während das Bürgerliche Recht in ähnlichen Fällen der Leistungsbefreiung — z. B. § 324 BGB. — vielfach Anrechnung des Ersparten vorschreibe, beruhe ebenfalls auf den Besonderheiten des VVG.; vergl. § 40).

95) Der VN. hat grundsätzlich nicht ein Rücktritts- (vergl. auch § 6 IV n. F. VVG.) oder Kündigungsrecht: ZfVW. 1927 S. 398; siehe aber § 8 III Ziff. 1 Abs. 2 n. F. AVB.: dazu Anhang zu § 9 Bl. 275.

bestimmten VFall die Erfüllung einer auf ein länger andauerndes Tun oder Unterlassen gerichteten Obliegenheit ständig schuldhaft verletzt wird und sich in dieser Zeit ein zweiter VFall ereignet. Aus der Vorschrift des § 6 AVB. kann eine Verwirkung der vertraglich geschuldeten Leistung für diesen zweiten VFall wegen der noch andauernden Obliegenheitsverletzung nicht hergeleitet werden. Ebenso bei vorsätzlicher oder grobfahrlässiger Nichterfüllung einer nach Abwicklung des VFalles erst entstehenden Obliegenheit, z. B. die des § 5 Ziff. 5 AVB.

Um von der Verpflichtung zur Leistung frei zu sein, braucht der V'rer nichts anderes nachzuweisen[96], als daß sich der VN. der Verletzung einer Obliegenheit ... schuldig gemacht hat und zwar einer solchen, die nach dem Eintritt des VFalles dem V'rer gegenüber zu erfüllen ist[97]. „Dem V'rer gegenüber" zu erfüllen, hat in erster Linie der VN. Darüber hinaus kann grundsätzlich die Vollziehung von den Obliegenheiten entsprechenden Pflichten durch Dritte mit befreiender Wirkung für den VN. nur insoweit anerkannt werden, als es sich um Personen handelt, für deren Handeln der VN. wie für eigenes einstehen muß, so daß die Folgen der vorsätzlichen oder grobfahrlässigen Obliegenheitsverletzung aus § 6 AVB. auch in diesen Fällen sicher eintreten. Andernfalls darf der VN. die Durchführung der Obliegenheiten Dritten grundsätzlich nicht überlassen[98].

„... es sei denn, daß die Verletzung weder auf Vorsatz, noch auf grober Fahrlässigkeit beruhte."

Die völlige Verwirkung des VAnspruchs trifft den VN. meist sehr hart; nicht selten hängt seine wirtschaftliche Existenz davon ab, daß er den vereinbarten VSchutz auch tatsächlich erhält. Wachsende Bedeutung hat hier, wenn man auf die soziale Funktion der H-Versicherung blickt, auch die Stellung des geschädigten Dritten. Das Gesetz hat zwar die Gültigkeit der Vereinbarung der Verwirkung in § 6 VVG. grundsätzlich anerkannt. Aber der Kreis der VN. setzt sich aus Angehörigen aller Volksschichten mit sehr verschiedener Vorbildung, Kenntnis und Erfahrung zusammen. Auch sind die AVB., welche die Obliegenheiten wiedergeben[99] — bei aller erstrebten und meist im Rahmen des Erreichbaren auch vorhandenen

---

96) RG. v. 24. 9. 15 = APV. A. S. 90 = LZ. 1916 S. 168; RG. v. 17. 9. 18 = APV. 1920 A. S. 10/11 = WZ. I S. 461 stellt für die Verwirkung ausdrücklich nur auf „die bloße Tatsache ab, daß der VN. sich der Verletzung einer Obliegenheit der erwähnten Art schuldiggemacht hat". Es sei hierfür „ausschließlich dem pflichtwidrigen Verhalten des VN. ausschlaggebende Bedeutung" beizumessen. — Stettin v. 5. 6. 30 = APV. 201; unzutr. Hamburg v. 2. 12. 32 = JRPV. 1933 S. 46 = APV. 1933 S. 100.

97) Bl. 173.

98) Bl. 46/7, bes. Bl. 58/9.

99) Dafür, daß die AVB. nur die der Zahl nach nötigen, dem Inhalt nach gerechtfertigten und der Form nach möglichst verständlichen Obliegenheiten enthalten, sorgt auch das Reichsaufsichtsamt.

Klarheit des Ausdrucks — doch eine überwiegend rechtliche und damit für viele schwer verständliche Abhandlung. Mit Rücksicht hierauf schien es geboten, die Verwirkungsfolge nicht schon an den einfachen Verstoß gegen die Obliegenheiten zu knüpfen, sondern eine Entlastungsmöglichkeit in das Gesetz einzubauen[100], und zwar mit zugunsten des VN. zwingender, d. h. vertraglich unabdingbarer Wirkung (§§ 6 III a.F., 15a n.F. VVG.[101]). Demgemäß bestimmen §§ 6 VVG., 6 AVB., daß Leistungsfreiheit nicht eintritt, „wenn die Verletzung weder auf Vorsatz noch auf grober Fahrlässigkeit beruht". Aus der Fassung des § 6 AVB.: „. . . es sei denn, daß, . . ." folgt, daß, während die Beweislast[102, 103] für die Obliegenheitsverletzung dem V'rer obliegt, der VN. zu beweisen hat[104], daß die Verletzung weder auf Vorsatz noch auf grober Fahrlässigkeit beruhte.

Die Obliegenheitsverletzung beruht auf Vorsatz dann, wenn sie mit Wissen und Willen des VN.[105] erfolgt[106, 107, 108, 109]. Die grobe Fahr-

100) Vergl. auch DVersVerkr. 1934 S. 2.

101) Die Unwirksamkeit einer von § 6 VVG. abweichenden vertraglichen Vereinbarung ist von Amts wegen, also nicht nur auf Einwand des VN. hin zu berücksichtigen. Die abweichende Vereinbarung ist ein nichtiges Rechtsgeschäft: dazu JW. 1921 S. 633/4; ferner über die Einschränkung der Vertragsfreiheit durch zwingende Rechtssätze zugunsten des VN.: ZfVW. 1905 S. 123 ff.

102) Entgegen dem Grundsatz, daß die Beweislast für Verschulden regelmäßig der Gläubiger hat: RG. 66/289.

103) H. M.: Bruck Komm. § 6 Anm. 8 VVG.; Hamburg v. 14. 10. 31 = JRPV. 1932 S. 107 = DOV. 1932 S. 3; Düsseldorf v. 23. 6. 32 = JRPV. 1933 S. 162; RG. v. 13. 6. 33 = JRPV. 203 = LZ. 1204 = HRR. Nr. 1501; Düsseldorf v. 8. 7. 36 = JRPV. Zus. II. S. 39 = APV. 235; Celle v. 5. 7. 35 = JRPV. 1936 Zus. II S. 40; unrichtig: Kiel v. 8. 2. 27 = HansRGZ. 377.

104) Zweifel gehen zu Lasten des beweispflichtigen VN.: Hamburg v. 14. 10. 31 aaO.; es gilt der Grundsatz des § 286 ZPO., nämlich der freien Beweiswürdigung, dazu: RG. v. 9. 11. 34 = JRPV. S. 380.

105) Die Beurteilung bestimmter Interessen des VN. an der Nichterfüllung kommt regelmäßig nicht in Frage. Bestehen solche, so hat der VN. die Wahl zwischen ordnungsmäßiger Erfüllung oder Verzicht auf VSchutz: Neslin JRPV. 1936 S. 3.

106) Der VN. muß auch das Bewußtsein haben, der schädliche Erfolg werde eintreten: RGRK. § 276 Anm. 4 b. Da der Eintritt der Verwirkung ohne Rücksicht auf einen durch die Verletzung verursachten tatsächlichen Schaden des Versicherers im Einzelfall erfolgt, kann auch der schädliche Erfolg nur als ein allgemeiner, eben in der Nichtbeachtung der Obliegenheit als solcher liegender angesehen werden. Es kommt dann für das vorsätzliche Verhalten des VN. darauf an, daß er die ihm als solche bewußte (Düsseldorf v. 8. 7. 36 = JRPV. Zus. II S. 39 = APV. 235) Pflicht (= Obliegenheit) zum Handeln oder Unterlassen (z. B. RG. v. 24. 9. 15 = APV. A. S. 90 = LZ. 1916 S. 168) wissentlich und willentlich nicht erfüllt (objektiver und subjektiver Tatbestand: z. B. Düsseldorf v. 13. 11. 35 = JRPV. 1936 S. 204 = HansRGZ. A. 116). — Glaubte der VN., gewisse Obliegenheiten, z. B. mit Rücksicht auf die vorherige Ablehnung des VSchutzes durch den Versicherer, nicht mehr erfüllen zu brauchen, so fehlte ihm damit das Bewußtsein des Bestehens einer entsprechenden Pflicht, so daß eine vorsätzliche Verletzung in solchem Falle — entgegen Düsseldorf v. 23. 6. 32 = JRPV. 1933 S. 162 — nicht anzunehmen ist. Nur wenn die Beobachtung von Obliegenheiten allgemein oder im besonderen Falle ganz offenbar völlig sinn- und zwecklos war, wird man deshalb das — zum Begriff des Vorsatzes notwendige — Bewußtsein vom Eintritt des generell schädlichen Erfolges als nicht vorhanden feststellen können (Anm. 50 zu § 6). — Dementsprechend stellt RG. v. 25. 10. 38 = JRPV. 361 darauf ab, ob der VN. sich darüber im klaren war oder zum mindesten damit rechnen mußte, daß seine Erklärung . . . eine für die Erfüllung seines VAnspruchs bedeutsame und sein Verhältnis zur VGesellschaft betreffende war.

lässigkeit[110] ist eine Steigerung[111] der in § 276 I Satz 2 BGB. definierten Fahrlässigkeit[112]. Sie liegt nur bei einer besonders schweren Verletzung der im Verkehr erforderlichen Sorgfalt vor[113] oder[114] mit a.W., wenn das nicht beachtet wurde, was jedem einleuchten mußte[115, 116]. Wenn der VN. einen solch groben Verstoß begeht und seine Pflichten so weitgehend mißachtet[117], verdient er nicht, vor der Verwirkung bewahrt zu werden[118]. In diesem Fall läßt das Gesetz sie zu. Die gesetzliche Regelung[119] der Frage[120] schließt durchweg[121] den Vorwurf aus, der Verwirkungseinwand verstoße gegen Treu und Glauben[122], oder er sei unsittlich[123]. Auch kann die Berufung des V'rers auf sein Recht — wenn nicht besondere

107) Absicht = Zweckerfolg ist nicht nötig; z. B. deckt sich nicht die vorsätzliche Abgabe einer unwahren Schilderung mit dem Tatbestand der arglistigen Täuschung: RG. v. 9. 11. 34 = JRPV. 379 = APV. 1935 S. 26; unrichtig daher LG. Potsdam v. 25. 9. 36 = JRPV. 1937 S. 144. — Dagegen dürfte umgekehrt im Falle einer arglistigen Täuschung auch regelmäßig eine vorsätzliche Obliegenheitsverletzung gegeben sein: Anm. 652 zu § 5.

108) Über die dem Begriff der Verletzung innewohnende Beschränkung: Anm. 50 zu § 6; von einer Obliegenheitsverletzung kann man auch dann nicht sprechen, wenn der VN. überhaupt nicht wußte, daß er VSchutz genoß: Düsseldorf v. 20. 10. 32 = JRPV. 1933 S. 192.

109) Auch hier ist dem Vorsatz der bedingte Vorsatz gleichzustellen.

110) Ein grober Verstoß gegen die Regeln der im Verkehr erforderlichen Sorgfalt ist — nach RG. v. 18. 10. 27 = DÖV. 1928 S. 19 — nicht ohne weiteres als grobe Fahrlässigkeit im Sinne des Gesetzes zu deuten.

111) Der Unterschied ist nur ein gradueller: Loening § 277 Anm. 3. Daher ist es nicht ganz zutreffend zu sagen, das Gesetz habe es vermieden, einen Maßstab für den Begriff der groben Fahrlässigkeit aufzustellen, wie dies Zweibrücken v. 25. 3. 31 = JRPV. 1932 S. 123 tut.

112) „Fahrlässig handelt, wer die im Verkehr erforderliche Sorgfalt außer acht läßt."

113) RG. 77/427. Bruck Komm. § 61 Anm. 15 ff.

114) JW. 1915 S. 22.

115) RGRK. § 277 Anm. 1, LG. München v. 18. 12. 29 = DÖV. 1930 S. 26.

116) Übersteigert die Fassung bei KG. v. 23. 5. 36 = JRPV. S. 296/7: „. . . ein besonders schwerer und kaum zu verstehender Verstoß gegen die im Verkehr übliche Sorgfaltspflicht."

117) Ein solcher Verstoß kann auch darin liegen, daß der VN. andere Personen zur Beobachtung seiner Obliegenheiten anstellt, die in tatsächlicher oder rechtlicher Beziehung diese nicht so zu erfüllen in der Lage sind wie er selbst. Hier ist u. U. das zur Verwirkung nötige qualifizierte Verschulden in der Übertragung der Pflichtenausübung an einen dazu untauglichen Gehilfen, also in der Person des VN. zu sehen, und es kommt dann nicht mehr darauf an, ob der Gehilfe selbst vorsätzlich oder grobfahrlässig die übertragene Pflicht vernachlässigt hat; dazu Bl. 47/8, Anm. 240 zu § 5.

118) DVersWertr. 1934 S. 1/2.

119) Hamburg v. 22. 9. 38 = JRPV. 348; Düsseldorf v. 21. 10. 26 = JRPV. 350 = APV. 1927 S. 38; vergl. auch Kiel v. 8. 2. 27 = HansRGZ. 377.

120) JRPV. 1931 S. 297: „Es geht darum nicht an, aus der auf dieses System (d. i. das Alles- oder Nichtssystem. Verf.) gegründeten, in sich geschlossenen Rechtsordnung eine Einzelnorm zu kritischer Sonderbetrachtung herauszureißen."

121) Dazu (abweichend): Stuttgart v. 29. 11. 27 = APV. 1928 S. 29; Nürnberg v. 9. 11. 29 = JRPV. 1930 S. 101; Nürnberg v. 1. 12. 26 = APV. 1927 S. 69.

122) RG. v. 10. 11. 25 = JRPV. 327 = APV. 1926 S. 32 = VuG. 1926 S. 4; RG. v. 2. 10. 31 = JRPV. 334 = DÖV. 86 = APV. 277; Stuttgart v. 11. 5. 28 = APV. 237; Düsseldorf v. 21. 1. 32 = APV. S. 42; Nürnberg v. 1. 12. 26 = JRPV. 1927 S. 51 = APV. 1927 S. 69.

123) Düsseldorf v. 21. 10. 26 aaO., LG. München v. 18. 12. 29 = DÖV. 1930 S. 26/7.

Umstände dagegensprechen — aus den gleichen Gründen nicht arglistig sein[124].

Ob der Verstoß eines VN. auf grober Fahrlässigkeit beruht, ist unter Berücksichtigung aller Tatumstände zu beurteilen. Es handelt sich hierbei um eine Frage der tatsächlichen Würdigung[125], die einer Nachprüfung in der Revisionsinstanz entzogen ist. Die einschlägige Rechtsprechung der Oberlandesgerichte ist damit von ausschlaggebender Bedeutung.

Während der Maßstab der „erforderlichen Sorgfalt" (§ 276 BGB.) ein objektiver ist, der von der Eigenart der einzelnen Person absieht und nur der typischen Verschiedenheit ganzer Gruppen von Menschen nach Alter, Bildung, Lebensstellung usw. Rechnung trägt[126], sind für die Frage der groben Fahrlässigkeit daneben auch subjektive, in der Individualität des Handelnden begründete Umstände in Betracht zu ziehen[127, 128]. Für den Eintritt der Verwirkungsfolge ist also wesentlich nicht die Feststellung, daß eine Obliegenheit durch den VN. verletzt wurde, sondern daß diese Verletzung auf einem vorsätzlichen oder grobfahrlässigen Verhalten des VN. beruht. Trotzdem ist es erforderlich, beides getrennt zu betrachten, einmal um die Frage der Beweislast zutreffend zu beurteilen, dann aber weil auch die nur leichtfahrlässige Verletzung sonstige Folgen nach sich ziehen kann (Schadensersatz usw.).

Die Frage, worin im einzelnen eine (objektive) Verletzung der verschiedenen Obliegenheiten liegt, wurde bei den einzelnen Pflichten in § 5 behandelt; für die Feststellung jedoch, ob die Verletzung auf grober Fahrlässigkeit beruht, sind die Umstände des einzelnen Falles entscheidend.

---

124) RG. v. 17. 11. 31 = APV. 280; KG. v. 30. 11. 35 = JRPV. 1936 S. 157; vergl. auch RG. v. 14. 6. 32 und die Bemerkung über dies Urteil in Anm. 27 zu § 6; abzulehnen: Braunschweig v. 25. 10. 35 = JRPV. 1936 Zus. I S. 10 (danach wäre gegen die Berufung auf die Verwirkung die Einrede der allgemeinen Arglist zulässig, „wenn der Versicherer trotz der Verletzung der Anzeigepflicht auf anderem Wege rechtzeitig vom Strafverfahren Kenntnis erhalten hätte").

125) RG. v. 5. 3. 15 = WZ. S. 1145/48; RG. v. 14. 6. 32 = RG. 136/370 = JRPV. 215 = DÖV. 75 = APV. 245 = JW. 2514 = HRR. Nr. 2293; RG. v. 13. 6. 33 = JRPV. 203 = LZ. 1204 = HRR. Nr. 1501; RG. v. 9. 11. 34 = JRPV. 379/80.

126) RGRK. § 276 Anm. 4 c.

127) RGRK. § 277 Anm. 1; außer den dort genannten: RG. v. 9. 11. 34 aaO.; Müstney S. 56; Köln v. 9. 3. 33 = JRPV. 354; Braunschweig v. 25. 10. 35 = JRVV. 1936 Zus. I S. 10.

128) Auf die Bedenken, die einer solch weitgehenden Berücksichtigung rein persönlicher Umstände für die Praxis im Wege stehen, wird hingewiesen in ZfVW. 1927 S. 450: „Es könnte zu unabsehbaren Folgen führen, wenn sich die VGesellschaften ihre VN. jeweils erst genauer ansehen müßten, um abzuschätzen, wie groß die Wahrscheinlichkeit sei, daß der VN. bei der Verletzung von Obliegenheiten mit Rücksicht auf seine persönlichen Verhältnisse einen besonderen Entlastungsbeweis führen könne." — Auch RG. v. 14. 3. 22 = JRPV. 1924 S. 36 wollte ebenfalls die Frage der groben Fahrlässigkeit nicht nach individuellem, sondern objektiv abstraktem Maßstab beurteilen. Es wollte allerdings das Alter, die körperliche und geistige Hinfälligkeit des VN. berücksichtigen, darüber hinaus aber (entsprechend RG. 68/423, 95/17, JW. 21/396) nur die Verschiedenheit nicht der einzelnen Person als solcher, sondern die ganzer Gruppen von Menschen nach Alter, Bildung, Lebensstellung und Tätigkeit gelten lassen. Entsprechend: Naumburg v. 1. 6. 34 = Verk.Rdsch. 1935 S. 160, wohl auch JRPV. 1934 S. 66.

Es wird daher im folgenden[129] auf Urteile verwiesen, die sich mit dieser Frage beschäftigt haben.

Die Umstände, welche einen Obliegenheitsverstoß des VN. als auf grober oder nicht grober Fahrlässigkeit beruhend erscheinen lassen, können sowohl in der Person und dem Verhalten des VN. wie des V'ers begründet sein. Es kann dabei wegen besonderer Umstände[130] gerade in der Person des VN. ein und dasselbe äußere Verhalten bald als leicht-, bald als grobfahrlässig beurteilt werden. Ferner kann durch das Verhalten des V'ers[132] eine Obliegenheitsverletzung den Charakter eines nur leichtfahrlässigen Verstoßes erhalten[133], z. B. kann die Unkenntnis der AVB.[134] und damit auch der Obliegenheiten oder das Nicht-[135] oder nicht erneute[136] Durchlesen derselben, was regelmäßig[137] als grobe Fahrlässigkeit zu bewerten ist[138], unter Umständen auch nur leichtfahrlässig sein, z. B. weil der VN. Nicht-Kaufmann war: KG. vom 23. 5. 1936 = JRPV. 296; desgleichen für kleinen Geschäftsmann: Hamm vom 6. 7. 1931 = APV. 282 = zit. bei NZ. 1933 S. 1029; des-

---

129) Weitere Urt. zusammengestellt bei Bruck Komm. § 61 Anm. 16, 17, Prölß § 6 Anm. 12/13, Schack S. 54 Nr. 12.

130) Z. B. angegriffener Gesundheitszustand entschuldigt u. U.: OLG. bei RG. v. 29. 9. 31 = APV. 276 = DOV. 83 = Warn. 423 = HansRGZ. A. 664 = mitget. NZ. 1933 S. 1031/2; Untersuchungshaft entschuldigt nicht: Düsseldorf v. 5. 12. 32 = JRPV. 1933 S. 275 = APV. 1933 S. 101; Geschäftsführung durch arterienverkalkten Vorstand entschuldigt weder diesen noch den versicherten Verein: LG. München v. 18. 12. 29 = DOV. 1931 S. 26 u. 27; Aufregung entschuldigt nicht: Nürnberg v. 1. 12. 26 = APV. 1927 S. 69, ebenso OLG. bei RG. v. 17. 11. 31 = APV. 280.

132) Oder seiner Agenten: RG. v. 18. 11. 32 = APV. 310 = Warn. 1933 Nr. 55; RG. v. 18. 6. 29 = APV. 224; RG. v. 19. 4. 32 = JRPV. 149; vergl. auch WZ. 1921 S. 635, ZfVW. 1927 S. 449 ff., Hagen I/530.

133) Ähnlich: Celle v. 12. 6. 31 = JRPV. 1932 S. 92 = APV. 1932 S. 8.

134) Das gleiche gilt auch für die mangelnde Einsicht in die Bedeutung der AVB.: LG. Frankfurt a. M. v. 2. 7. 1929 = JRPV. 401 (weil größeres kaufmännisches Unternehmen).

135) LG. Berlin v. 4. 3. 29 = JRPV. 1931 S. 215, Düsseldorf v. 21. 1. 32 = APV. S. 42, Düsseldorf v. 16. 6. 32 = JRPV. 1933 S. 161 = APV. S. 259; Hamburg v. 22. 9. 38 — JRPV. 347; Düsseldorf v. 17. 6. 35 = JRPV. 382 = APV. 241 = RdK. 1936 S. 174. — Abzulehnen: KG. v. 23. 5. 36 = JRPV. 296/7.

136) Nicht grobfahrlässig unter den besonderen Umständen des Falles: KG. v. 16. 12. 33 = JRPV. 1934 S. 93 = APV. 1934 S. 23.

137) Aber nicht immer: Oldenburg = APV. 1926 S. 277. Wesentlich für die Beurteilung erachtet das gen. Gericht den Umstand, daß die AVB. mit einzelnen auf den Inhalt der §§ hindeutenden Überschriften versehen sind. Hinweis auch bei Düsseldorf v. 21. 1. 32 = APV. 42/3; Düsseldorf v. 16. 6. 32 aaO.; Düsseldorf v. 17. 6. 1935 aaO.

138) I/24, 25. Neuberger in Besprechung des Urteils LG. Frankfurt a. M. v. 2. 7. 29 = JRPV. S. 401 unter Bezugnahme auf Sprinz Komm. zu § 6; Rostock = APV. 1926 S. 51. — Von selbst versteht sich, daß bloße Unkenntnis der Vorschriften oder Vergeßlichkeit nicht entschuldigen kann: Hagen I/530; Düsseldorf v 5. 12. 32 = JRPV. 1933 S. 275 = APV. 1933 S. 101; KG. v. 1. 5. 29 = JRPV. S. 244 (weil großer kaufmännischer Betrieb); KG. v. 29. 1. 30 = JRPV. 210; KG. v. 9. 7. 30 = JRPV. 400 = DOV. 65; Celle v. 12. 6. 31 = JRPV. 1932 S. 92 = APV. 1932 S. 8; Hamm v. 6. 7. 31 = APV. 282 = zit. in NZ. 1933 S. 1029 (eine in der Frage der Beurteilung des grobfahrlässigen Verhaltens verfehlte Entscheidung); Düsseldorf v. 23. 6. 32 = JRPV. 1933 S. 162; Düsseldorf v. 5. 12. 32 = JRPV. 1933 S. 275 = APV. 1933 S. 101; Königsberg v. 27. 3. 34 = JRPV. 300.

gleichen für in VAngelegenheiten Unerfahrenen (anders für Sachbearbeiter in VSachen): Hamburg vom 2. 2. 1934 = APV. 1935 S. 15; nach LG. Berlin vom 13. 10. 1938 = JRPV. 1939 S. 159 wird grobe Fahrlässigkeit bei Vernachlässigung der Anzeige- und Auskunftspflicht nicht dadurch ausgeschlossen, daß der VN. geschäftsungewandt und beruflich viel unterwegs ist. — Hat aber der V'rer dem VN. die AVB. nicht ausgehändigt[138a], so nimmt Düsseldorf vom 20. 10. 1932 = JRPV. 1933 S. 192 hier nur leichte Fahrlässigkeit an; anders: Düsseldorf vom 5. 12. 1932 = JRPV. 1933 S. 275 = APV. 1933 S. 101[139]. — Auch in der Art der Fassung — z. B. einer nur mittelbar in § 5 AVB. ausgedrückten Obliegenheit[140] — kann unter Umständen ein den VN. von dem Vorwurf grober Fahrlässigkeit befreiender Gesichtspunkt gefunden werden[141]. Ebenso kann eine Obliegenheitsverletzung dadurch den grobfahrlässigen Charakter verlieren, daß der V'rer zuvor VSchutz für den fraglichen VFall endgültig abgelehnt hatte[142].

---

138 a) Vgl. aber Anm. 3 zu § 7 a. E.

139) I/25, Anm. 106 und die dort gen. — Grobe Fahrlässigkeit des VN. — eines Kaufmannes — der nicht auf die unterbliebene Aushändigung der AVB. aufmerksam macht; diese gelten in jedem Falle als stillschweigend vereinbart, so daß der VN. sie gegen sich gelten lassen muß. Für wesentlich im Rahmen der behandelten Frage scheint die Aushändigung der AVB. zu halten: Stuttgart v. 11. 5. 28 = APV. 238 a. E.; ferner KG. v. 29. 1. 30 = JRPV. 210 (nach Aushändigung der AVB. muß der VN. sich so behandeln lassen, als wenn er sie gelesen habe) und KG. v. 9. 7. 30 = JRPV. 400 = DOV. 65; dazu auch KG. v. 15. 10. 30 = JRPV. S. 433.

140) Bl. 129 zu Anm. 935 und 936.

141) KG. v. 29. 11. 30 = JRPV. 1931 S. 28 = APV. 255; a. A. RG. v. 24. 9. 15 = APV. A. S. 90 = LZ. 1916 S. 168; KG. v. 22. 12. 28 = JRPV. 1929 S. 64 = APV. 1929 S. 25 = RdK. 1929 S. 148; Frankfurt a. M. v. 5. 11. 31 = JRPV. 1932 S. 268 = APV. 1932 S. 249 = HRR. 1932 Nr. 838.

142) Die Meinung in dieser Frage ist geteilt und noch keineswegs, wie Cuntz in JRPV. 1935 S. 307 meint, „durch Gerichtsentscheidungen geklärt"; dazu Bl. 135 ff., bes. Anm. 999, 1000, 1010 zu § 5; außer den dort genannten noch Hagen I/529 und die Anm. 8 das. gen. Rechtsprechung, Kersting ZfVW. 1923 S. 223 und das dort zit. Urt.: RG. v. 12. 12. 13 = JW. 1914 S. 312: „Will der VN. trotz erfolgter Ablehnung seinen Anspruch aufrecht erhalten, so hat er die bisher versäumte Obliegenheit nachträglich zu erfüllen, sonst trifft ihn grobes Verschulden"; vergl. auch RG. v. 8. 10. 26 = APV. 1927 S. 64 ff. = VuG. 126 = HansRGZ. 935 („grobe Fahrlässigkeit wird auch nicht, wie die Revision meint, dadurch ausgeräumt, daß etwa die Ansicht bestanden hätte, ... daß nach dem von der Beklagten erklärten Rücktritt, eine Verletzung der AVB. nicht mehr in Frage kommen könne ...". Außerdem hat die Klägerin niemals die Rücktrittsberechtigung der Beklagten anerkannt, „sondern ... daran festgehalten, daß die Beklagte vertraglich zur Entschädigung verpflichtet sei ..."); KG. v. 15. 10. 30 = JRPV. 433; Düsseldorf v. 23. 6. 32 = JRPV. 1933 S. 162 („Solange der VN. selbst an dem Vertrage festhält und den Versicherer in Anspruch nehmen will, ist er auch verpflichtet, die Verpflichtungen, die ihm der Vertrag auferlegt, gewissenhaft zu erfüllen"); Düsseldorf v. 13. 11. 35 = JRPV. 1936 S. 203/4 = HansRGZ. A. 116 („Zwar war F. nicht durch die Ablehnung der Gewährung des VSchutzes der Mitteilungspflicht enthoben ..."); Düsseldorf v. 8. 7. 36 = JRPV. Zus. II S. 38 = APV. 235 („Es war auch die selbstverständliche Pflicht des Klägers, wenn er die Beklagte in Anspruch nehmen wollte (!), sie anläßlich des Schadensfalles über die ihm obliegenden Verpflichtungen genau zu unterrichten"); LG. Oldenburg v. 21. 1. 38 = JRPV. S. 190 (Der VN. durfte „auch wenn die Beklagte ihm den VSchutz zu Unrecht verweigert hätte, kein Versäumnisurteil gegen sich ergehen lassen"). — Für nicht grobfahrlässig i. S. des § 6 AVB. haben die Obliegenheitsverletzungen nach Ablehnung des VSchutzes durch den

Hat andererseits der V'rer den VN. auf die Einhaltung der Obliegenheiten im allgemeinen oder einer bestimmten Pflicht im besonderen ausdrücklich hingewiesen[143], so kann dadurch eine sonst vielleicht nur als fahrlässig zu beurteilende Verletzung den Charakter eines grobfahrlässigen Verstoßes erhalten[144].

An die Erfüllung der Obliegenheiten des § 5 ist ein besonders strenger Maßstab anzulegen[145]. Nicht jede Entschuldigung, die nachträglich gesucht und vorgebracht wird, darf ausreichen, um das Vorliegen grober Fahrlässigkeit zu verneinen und damit die Obliegenheitsverletzung unter Zugrundelegung der Voraussetzungstheorie für den VN. ohne Folgen sein zu lassen. Eine zutreffende Abwägung aller Gesichtspunkte muß zu einer gerechten Entscheidung verhelfen.

Anzeige von der Erhebung von Ansprüchen:

Der Mangel der vorgeschriebenen rechtzeitigen Anzeige hat der Regel nach den Verlust des VAnspruchs zur Folge: WZ. 1921 S. 635; grobfahrlässig, wenn ein Hausbesitzer, der auch Fabrikbesitzer und Dr. jur. ist, in Kenntnis von der Erhebung von H-Ansprüchen seine VGesellschaft nicht unverzüglich verständigt: LG. Berlin vom 12. 4. 1934 = JRPV. 1935 Z. I S. 28; **grobe Fahrlässigkeit verneint** bei besonders niedrigem

---

Versicherer erklärt: Wüstney S. 55; OLG. Hamm v. 23. 11. 31 = APV. 1932 S. 87 (Der Versicherer hatte, ohne eine bestimmte Erklärung abzugeben, sich die Gewährung des VSchutzes vorbehalten); KG. v. 15. 6. 35 = JRPV. S. 310/13 Ziff. 9 a. E. („Waren der Rücktritt und die Anfechtung aber unbegründet, so handelte sie nicht grobfahrlässig, wenn sie davon ausging, der Erfüllung weiterer Obliegenheiten überhoben zu sein — RG. JW. 1930 S. 3615; KG. i. JRPV. 1927 S. 42 —"); RG. v. 16. 3. 34 = RG. 144/163 = JRPV. 163 = DOV. 62 = APV. 20 = DVP. 415 = HRR. Nr. 1464 („Als der VN. in Anspruch genommen wurde, also der VFall eintrat, hatte der Versicherer den VSchutz bereits endgültig abgelehnt, er konnte sich danach nicht mehr darauf berufen, daß über das Ermittlungsverfahren keine Mitteilung gemacht worden sei"); mit aller Deutlichkeit lehnt RG. v. 30. 8. 38 = JRPV. 308 = DOV. 425 = APV. 227 = VersVerm. 396 — Seuff. Arch. 359 nach Verweigerung des VSchutzes durch den Versicherer eine Verletzung der Obliegenheiten durch Nichterfüllung derselben ab. Nach Meinung des RG. würde es gegen Treu und Glauben verstoßen, wollte sich der Versicherer nach Ablehnung des VSchutzes auf eine Verwirkung desselben durch spätere Obliegenheitsverletzung berufen. Der Versicherer könne nach Ablehnung des VSchutzes keine Rechte daraus ableiten, daß der VN. diesem Standpunkte des Versicherers Rechnung trägt. Diese Entscheidung erweckt erhebliche Bedenken; denn die Frage entsteht gerade deshalb, weil der VN. dem Standpunkt des Versicherers nicht Rechnung trägt, da er ja diesem zuwider VSchutz begehrt. Wer sich aber hinsichtlich seiner Rechte auf den Boden des Vertrages stellt, muß dies auch für seine Pflichten tun: vergl. die oben zit. Urteile, auch RG. v. 8. 10. 26.

143) Vergl. die Anm. 91 zu § 6 gen.

144) Stuttgart v. 11. 5. 1928 = AVN. S. 237; KG. v. 29. 1. 30 = JRVV. 210; a. A. (trotz ausdrücklichen Hinweises beruht der Verstoß nicht auf grober Fahrlässigkeit): Hamm v. 6. 7. 31 = APV. 281 = zit. bei NZ. 1933 S. 1029; Hamburg v. 22. 9. 38 = JRPV. S. 347/8.

145) Kersting DOV 1932 S. 194; RG. v. 2. 10. 31 = JRPV. 334 = DOV. 86 = APV. 277; Hamburg v. 14. 10. 31 = JRPV. 1932 S. 107 = DOV. 1932 S. 3; LG. Berlin v. 29. 12. 31 = JRPV. 1932 S. 190; Düsseldorf v. 24. 11. 32 = JRPV. 1933 S. 226 = APV. 1933 S. 99.

Bildungsgrad der hinterbliebenen Witwe und drückender wirtschaftlicher Lage: WZ. aaO. (JW. 15/1372); OLG. Oldenburg = APV. 1926 S. 277; grobe Fahrlässigkeit verneint bei Erhebung von Ansprüchen im Wege der Aufrechnung im Prozeß: LG. Berlin vom 30. 6. 1934 = JRPV. 1935 Z I S. 29.

Frist:

Nicht grobfahrlässige Versäumung fristgerechter Anzeige infolge seelischer Depression und Wechsel des Agenten (Feuerversicherung): Königsberg vom 27. 3. 1934 = JRPV. 300; desgleichen: VN. nicht Kaufmann, sein Bücherrevisor ohne ausreichende Kenntnis auf dem Gebiet des VWesens: KG. vom 23. 5. 1936 = JRPV. 297; Düsseldorf vom 17. 6. 1935 = JRPV. 382 = APV. 241 = RdK. 1936 S. 174; über den Begriff der groben Fahrlässigkeit bei verspäteter Anzeige des VFalls die bei Kersting ZfVW. 1923 S. 223 angeführten Urteile des RG.: vom 29. 6. 1915 = JW. S. 1020, vom 2. 3. 1915 = JW. S. 519, vom 19. 1. 1917 = LZ. 927, vom 23. 11. 1920 = MR. 1921 S. 243. Hatte der VN. schon früher mehrere Schadensfälle, so erscheint die verspätete Meldung eines erneuten Schadens als grobfahrlässig: KG. vom 10. 3. 1928 = JRPV. 122; grobfahrlässig die nicht rechtzeitige Anzeige durch ein größeres kaufmännisches Unternehmen: LG. Frankfurt a. M. vom 2. 7. 1929 = JRPV. 401, desgleichen für Person, die große Erfahrungen in VSachen besaß und diese selbst bearbeitete: RG. vom 17. 11. 1931 = APV. 280.

Form:

Nur mündliche Anzeige an den Makler statt an die Direktion entschuldigte nicht allgemein: Hamburg vom 14. 10. 1931 = JRPV. 1932 S. 107 = DÖV. 1932 S. 3; Kenntnis von Formvorschrift für Anzeige erheblich für die Frage des Verschuldens: Hamburg vom 14. 10. 1931 aaO.; briefliche statt telegraphische Übermittlung als unter Umständen lediglich geringfügige Verletzung einer formalen Bestimmung entschieden von Frankfurt a. M. vom 5. 11. 1931 = JRPV. 1932 S. 268 = APV. 1932 S. 248 = HRR. 1932 Nr. 838; **keine grobe Fahrlässigkeit**: wenn VN. auf Grund früheren Verhaltens des Agenten die telegraphische Anzeige vom VFall bei diesem für ausreichend hielt: RG. vom 18. 11. 1932 = APV. 310 = Warn. 1933 Nr. 55; ebenso: RG. vom 18. 6. 1929 = DÖV. 82 = JRPV. 240 = APV. 224 = Warn. 285, dazu die erneute Entscheidung des RG. vom 17. 11. 1931 = APV. 280 (hier hat das Berufungsgericht ausgeführt, es müsse dargetan sein, daß die telegraphische Benachrichtigung des Agenten in früheren Schadensfällen genügt habe).

Schadensabwendung und -minderung:

Wenn der VN. den Geschädigten bittet, seinem Anspruch noch die des VN. zuzuschlagen und mit einzuklagen, so handelt es sich um eine vorsätzliche Verletzung der Rettungspflicht: RG. vom 24. 9. 1915 = APV. A. S. 90 = LZ. 1916 S. 168.

Klarstellung des Schadensfalles:

Grobfahrlässig: die Nichtausfüllung der Formularschadensanzeige: Breslau vom 3. 6. 1931 = APV. 223; nicht grobfahrlässig: Nichtbeantwortung von Fragen des V'rers, wenn die Schadensanzeige bereits alles Wesentliche enthielt: KG. in APV. 1925 S. 159, oder ein Vertreter der Gesellschaft schon selbst Feststellungen getroffen hatte: KG. in APV. 1923 S. 69; grobfahrlässig: Nichterscheinen im Beweistermin des Zivilprozesses zur Klarstellung des Schadens trotz entsprechender Ladung und Aufforderung: KG. vom 1. 4. 1925 = JRPV. 146 = APV. 139; Verwirkung des Anspruchs wegen wissentlich unwahrer Angaben: RG. vom 18. 5. 1920 = APV. 1921 A. S. 40, WZ. 1920 I S. 121, Düsseldorf vom 8. 7. 1936 = JRPV. Z. II S. 39 = APV. 235; vorsätzliche Verletzung der Aufklärungspflicht: RG. vom 25. 10. 1938 = JRPV. 361; vorsätzliche Obliegenheitsverletzung bei objektiv und subjektiv unwahren Angaben des VN.: Düsseldorf vom 13. 11. 1935 = JRPV. 1936 S. 204 = HansRGZ. A. 116.

Unterstützung des V'rers:

Als grobfahrlässige Verletzung beurteilte Düsseldorf vom 21. 1. 1938 = JRPV. 90: die Übersendung der Schadensaufstellung ohne Äußerung irgendwelcher Bedenken hinsichtlich der Richtigkeit; keine Stellungnahme zu dem im Schreiben des Anspruchstellers erhobenen Vorwurf der schuldhaften Herbeiführung des Unfalles, bei dessen Übersendung an den V'rer; die Anfertigung eines für den Anspruchsteller (Schwester des VN.) bestimmten Klageentwurfs gegen sich selbst.

Schadensberichte:

Vorsätzliche oder grobfahrlässige Verletzung der Obliegenheit durch falsche — für die Beurteilung des Falles erhebliche — Schadensschilderung: Hamburg vom 22. 9. 1938 = JRPV. 348.

Strafverfahren:

Grobfahrlässig die unterbliebene Anzeige vom Strafverfahren und Strafbefehl für größeres kaufmännisches Unternehmen: LG. Frankfurt a. M.

vom 2. 7. 1929 = JRPV. 401; die Anzeige, daß ein Strafverfahren eingeleitet ist, ist ein so einfacher Vorgang, daß selbst ein gering Begabter dieser Anforderung entsprechen kann: Verletzung ist grobfahrlässig; unwahre Angaben über das Ergebnis des Strafverfahrens legen den Schluß der vorsätzlichen Verletzung der Anzeigepflicht nahe: Düsseldorf vom 8. 7. 1936 = JRPV.Z. II S. 38, Düsseldorf vom 21. 1. 1932 = APV. S. 43.

Prozeß:

An die Erfüllung der Obliegenheit, die Prozeßführung dem V'rer zu überlassen, sind strenge Anforderungen zu stellen: Kersting DÖV. 1932 S. 194 und die das. zitierten Urteile RG. vom 2. 10. 1931 = JRPV. 334 = DÖV. 86 = APV. 277, Hamburg vom 14. 10. 1931 = JRPV. 1932 S. 107 = DÖV. 1932 S. 3; Unterlassen der Anzeige von Klageerhebung muß stets als eine auf grober Fahrlässigkeit beruhende Verletzung angesehen werden: JRPV. 1934 S. 68; grobfahrlässig die unterbliebene unverzügliche Mitteilung von der Klageerhebung, zumal wenn eine VGesellschaft VN. war: Stuttgart vom 11. 5. 1928 = APV. S. 238; Übergehen des V'rers im Falle des Prozesses und eigenmächtige Bestellung eines Rechtsanwalts „in aller Regel" eine grobe Fahrlässigkeit: Celle vom 11. 9. 1934 = APV. 1935 S. 15 = HansRGZ. 1935 A. 176, ebenso Düsseldorf vom 17. 6. 1935 = JRPV. 382 = APV. 241 = RdK. 1936 S. 174; das Unterlassen der Anzeige von einem gegen den VN. erhobenen Schadensersatzprozeß beruht nicht immer auf grober Fahrlässigkeit: KG. vom 17. 2. 1934 = JRPV. 235 = APV. 26; das Rechtskräftigwerdenlassen eines Versäumnisurteils ist ein grobfahrlässiger Verstoß gegen die Obliegenheiten des § 5 Ziff. 3: KG. vom 16. 4. 1930 = JRPV. 300 = DÖV. 39 = RdK. 332; grobfahrlässige Verletzung durch Ablehnung der Erteilung jedweder Information an den vom V'rer gestellten Anwalt: Düsseldorf vom 31. 1. 1938 = JRPV. S. 90.

Anschließend soll auf die Fälle eingegangen werden, bei welchen die Verwirkungsfolge trotz qualifizierter Verletzung von Obliegenheiten aus besonderen Gründen nicht eintritt. Als solcher Grund nimmt vor allem der „Verzicht" des V'rers einen breiten Raum in Rechtsprechung und Rechtslehre ein. Er kann sich beziehen auf die Beobachtung der Obliegenheit durch den VN.[146], oder die „Verwirkungsfolge" oder die „Rechte des V'rers aus der Verwirkung" usw. In anderen Urteilen ist vom „Widerspruch des V'rers zu seinem früheren Verhalten" oder vom „Verzicht auf den Haftungsbefreiungsgrund" die Rede, wieder andere arbeiten mit dem Alleshelfer „Treu und Glauben".

146) Stiefel S. 130 Nr. 9.

Die große Bedeutung der Frage macht ein Eingehen auf diese „Verzichte" nötig. Wie dargestellt[147], ist mit der vorsätzlichen oder grobfahrlässigen Verletzung einer Obliegenheit der V'rer — ex tunc — von der Verpflichtung zur Leistung frei. Es entsteht also für ihn nicht ein Recht oder eine Befugnis oder dergleichen, sondern ein bestimmter vereinbarter Rechtserfolg tritt automatisch kraft Gesetzes ein. Unnötig sind eine besondere Erklärung, ein Hinweis, die Durchsetzung eines Rechtes oder dergleichen: der V'rer muß nur die Verletzung beweisen; die eingetretene Leistungsfreiheit ist dann (sofern der VN. nicht den Mangel der groben Fahrlässigkeit oder des Vorsatzes dartut) von Amts wegen zu beachten und festzustellen. Da auf die Obliegenheitsverletzung hin Leistungsfreiheit ohne weiteres eintritt, so wird ein auf ihre Herbeiführung erst gerichtetes Recht, Befugnis oder Einrede nicht begründet. Infolgedessen kann auch von dem Verzicht **auf ein solches Recht** oder dergleichen nicht die Rede sein[148, 149], von dem Verzicht „auf die Verwirkungsfolge" des § 6 ADB. oder die „Rechte des V'rers[150] aus der Verwirkung" nicht gesprochen werden. Wohl aber ist es den Vertragsparteien unbenommen, durch Vertrag die Gewährung von VSchutz trotz eingetretener Leistungsbefreiung erneut ausdrücklich zu vereinbaren. Auch kann der V'rer auf sein Recht zur Beobachtung einer Obliegenheit verzichten. Aber auch dies wohl nur dann und soweit, als die in Frage kommende Obliegenheit eine echte Rechtspflicht ist. Sieht man sie dagegen als Voraussetzung (i. S. der Voraussetzungstheorie) für die Erhaltung des VAnspruchs an, so dürfte es wiederum an einer verzichtbaren Rechtsstellung als begrifflicher Voraussetzung eines Verzichtes fehlen[151]. Gibt der V'rer vor

---

147) Bl. 177 ff.

148) Sieht man dem zuwider die Verletzungsfolge, also die Verwirkung, als ein verzichtbares Recht an, so ist aber zu beachten, daß ein — durchweg in Betracht kommender — stillschweigender Verzicht regelmäßig nur die dem Erklärenden bekannten Rechte betrifft. Es muß also dem Versicherer bekannt sein, daß seine Leistungsfreiheit eingetreten ist. Diese Kenntnis hat er aber durchweg nicht, besonders deshalb, weil er meist nicht mit völliger Sicherheit beurteilen kann, ob die Obliegenheitsverletzung vorsätzlich oder grobfahrlässig erfolgte. Gerade mit Rücksicht auf Zweifel in dieser Beziehung wird der Versicherer oft noch weitere Ermittlungen in der Sache treffen oder Rechtsschutz gewähren usw., Umstände, die ihm später als „Verzichtswille" ausgelegt werden. Solange aber hier Unklarheit und Zweifel — wenn auch fahrlässig (RG. 84/405) — bestehen, solange also m. a. W. das „Recht" (= Leistungsbefreiung) dem Versicherer nicht bekannt ist (bekannt i. S. seines tatsächlichen Bestehens), solange wird auch von einem Verzicht auf ein solches Recht wohl kaum die Rede sein können (RGRK. § 397 Anm. 1 b).

149) Ebenfalls tritt durch die erfolgte Anfechtung Nichtigkeit ein (§ 142 BGB.); die Anfechtung erzeugt nicht ein (verzichtbares) Recht, sondern bewirkt rechtsgestaltend eine bestimmte Folge; unzutreffend KG. v. 24. 3. 34 = JRPV. 298/9: „Die Anfechtung ist somit rechtzeitig erklärt. Ob sie noch beachtlich ist, weil die Beklagte trotz Kenntnis aller Umstände das Sachverständigen-Verfahren hat durchführen lassen, kann dahingestellt bleiben." Ein durch Anfechtung nichtiger Vertrag kann nur durch erneuten Abschluß wieder Wirksamkeit äußern (§ 141 BGB.).

150) Hamburg v. 8. 2. 1918 = APV. A. S. 57.

151) Loppuch JRPV. 1937 S. 134.

der Erfüllung der Obliegenheit (= echte Rechtspflicht) seine Zustimmung zu deren Nichterfüllung zu erkennen oder in gleichem Sinne seine Genehmigung nach der Nicht- oder nicht ordnungsmäßigen Erfüllung, so ist zwar die Obliegenheit nicht erfüllt, aber diese Nichterfüllung ist nicht „Verletzung" i. S. der §§ 6 ADB., DDG.[152], ein zum Verwirkungstatbestand erforderliches Merkmal fehlt und Leistungsfreiheit kann aus diesem Grunde nicht eintreten. Hier stellt sich der V'rer, der sich auf Leistungsbefreiung beruft, in Widerspruch[153] zu seinem früheren Verhalten, wonach er in die Nicht- oder nicht ordnungsmäßige[154] Erfüllung der Obliegenheit eingewilligt oder diese genehmigt hat[155, 156]. Es muß im Einzelfall sorgfältig geprüft werden, ob der V'rer wirklich auf die Beobachtung einer Obliegenheit in diesem Sinne verzichtet hat; denn einmal ist es ein Erfahrungssatz, daß Verzichte nicht zu vermuten sind[157] und „daß es besonderer hindeutender Umstände bedürfe, um den Willen, Befugnisse aufzugeben, annehmen zu können[158]". Da es eines besonderen Hinweises auf den Eintritt der Verwirkungsfolge nicht bedarf, kann man nicht schon in dem Unterlassen sofortiger Rüge oder einer Rüge überhaupt einen Verzicht erblicken. Der Verzicht des V'rers in dem genannten Sinne ist ferner ein Rechtsgeschäft. Dazu gehört vor allem eine entsprechende Willenserklärung. Eine solche setzt den auf die Abgabe der Erklärung gerichteten Willen und die — mündlich oder durch entsprechendes (konkludentes) Handeln stillschweigend, aber deutlich ausgedrückte — Erklärung dieses Willens[159] voraus[160].

---

152) Anm. 48 zu § 6.

153) Über das „Zurückgreifen" auf den Obliegenheitsverstoß und dessen Zulässigkeit, nachdem zwischen Versicherer und VN. auf den Obliegenheitsverstoß und in Kenntnis desselben lange Zeit über den Schaden Verhandlungen geführt worden waren: RG. v. 24. 10. 24 = DOV. S. 266 = APV. 101 = JRPV. 54.

154) RG. v. 30. 1. 34 = JRPV. 70 = DVP. 208.

155) Zutr. (Widerspruch des Versicherers zu früherem Verhalten): Düsseldorf v. 10. 11. 32 = JRPV. 1934 S. 60, Düsseldorf v. 24. 4. 33 = JRPV. 1934 S. 61.

156) Ebenso setzt sich aber der VN., der zwischen der Erfüllung der Obliegenheit einerseits und der durch Nichterfüllung derselben hervorgerufenen Verwirkung andererseits gewählt, sich für Nichterfüllung entschieden hat (Neslin JRPV. 1936 S. 3) und später trotzdem VSchutz vom Versicherer begehrt, in Widerspruch zu seinem früheren Verhalten und muß die Anspruchsverwirkung erleiden.

157) RGRK. § 397 Anm. 1 b; Düsseldorf v. 8. 7. 36 = JRPV. Zus. II S. 39.

158) RGRK. § 397 Anm. 1 b unter Hinweis auf RG. 116/316, 118/66, JW. 1927 S. 2114, HRR. 1928 Nr. 1795.

159) Weitere Unterstützung und Beratung des VN. enthält nicht einen Verzicht des Versicherers, zum mindesten dann nicht, wenn er den VN. nicht darüber im unklaren gelassen hat, daß er nicht mehr für ihn eintreten will: Köln v. 24. 10. 33 = APV. 419, Düsseldorf v. 24. 11. 32 = JRPV. 1933 S. 226 = APV. 1933 S. 99. —

Auch ohne ausdrücklichen Vorbehalt liegt in weiteren Verhandlungen des Versicherers mit dem Unfallverletzten trotz Kenntnis der Obliegenheitsverstöße des VN. kein Verzicht: Düsseldorf v. 8. 7. 36 = JRPV. Zus. II S. 38 ff.; Düsseldorf v. 16. 6. 32 = JRPV. 1933 S. 161 = APV. 259/60, Wüstney S. 55; kein Verzicht durch Anfordern eines Fragebogens durch den Versicherer trotz Kenntnis der Obliegenheitsverletzung: Düsseldorf v. 7. 12. 33 = JRPV. 1934 S. 142; kein Verzicht auf die ausgesprochene Rücknahme des „VSchutzes" durch Fortgewährung des Prozeßschutzes im ersten Prozeß: Königsberg v. 23. 4. 34 = JRPV. 1935 S. 62; stillschweigender Verzicht liegt nicht darin,

Liegt Verzicht des V'rers i. S. der vorstehenden Ausführungen vor, so entfällt die Verwirkung wegen eines hierauf gerichteten **Parteiwillens.** Es gibt aber auch Fälle, in denen **kraft gesetzlicher Bestimmung** trotz qualifizierter Verletzung Verwirkung nicht eintritt, z. B. § 33 II VVG. Trotz Nichterfüllung der Obliegenheit zur Anzeige des VFalles und trotz selbst vorsätzlicher oder grobfahrlässiger Verletzung tritt Verwirkung dann nach der genannten Gesetzesbestimmung nicht ein, wenn der V'rer „in anderer Weise von dem Eintritt des VFalls rechtzeitig Kenntnis erlangt hat[161]". Weiter ist zu erwähnen der Fall, daß dem Einwand der Verwirkung die **Einrede der allgemeinen Arglist** entgegengesetzt werden kann. Grundsätzlich zwar verstößt der V'rer, der sich auf sein vertragliches

---

daß der Versicherer in die Schadensfeststellung und Regulierung eintritt: sentence arbitrale belge v. 1. 2. 34 = Revue generale des assurance 1934 S. 808; Hamburg v. 8. 2. 18 = APV. S. 57 sieht in dem Stellen eines Rechtsanwaltes zum Führen des Rechtsstreites gegen den Geschädigten eine hinreichend deutliche Erklärung des Verzichtwillens; längeres Verhandeln zwischen Versicherer und VN. über den Schaden in Kenntnis der Obliegenheitsverletzung enthält keinen Verzicht: RG. v. 24. 10. 24 = JRPV. 54 = DOV. 266/7 = APV. 101 („Die VGesellschaften streben im allgemeinen nach gütlicher Einigung ... und sind dabei zu weitem Entgegenkommen bereit. Diese Versuche einer Übereinkunft werden beiderseits regelmäßig unter Wahrung des grundsätzlichen Standpunktes gemacht. Scheitert der Versuch, so haben beide Teile ihre volle Handlungsfreiheit wiedererlangt").

Abzulehnen die entgegengesetzte Beurteilung durch KG. v. 15. 11. 33; denn nach der Verletzung der Obliegenheit durch den VN. (und gar nach dem Ausspruch der Leistungsbefreiung durch den Versicherer) war die Freiheit desselben eingetreten. Irgendwelche „Rechte" konnte der Versicherer überhaupt aus dem Verhalten des VN. nicht herleiten, die Folgen traten durch die Obliegenheitsverletzung ohne weiteres ein. Die Annahme eines „Verzichtes" erscheint insbesondere im Hinblick auf die durch den Versicherer ausdrücklich festgestellte Leistungsbefreiung nicht haltbar. — Abzulehnen ferner: Köln v. 19. 2. 37 = APV. 155, welches wegen der späteren Bearbeitung des ANGesuches durch den Versicherer und deshalb, weil er in seinem Ablehnungsschreiben nicht eine bestimmte Obliegenheitsverletzung gerügt hatte, einen „Verzicht auf die zunächst vorbehaltene Rüge der verspäteten Schadensmeldung" annahm. (Das Ablehnungsschreiben hat nur deklaratorische Bedeutung: Anm. 90 zu § 6.) Demgegenüber betont Düsseldorf v. 7. 12. 33 = JRPV. 1934 S. 142 mit Recht: „Von einem Verzicht auf den Einwand würde aber selbst dann nicht gesprochen werden können, wenn der Versicherer den Mangel der Rechtzeitigkeit der Anzeige in seiner Weigerung unerwähnt gelassen hätte. Denn es ist dem Versicherer unbenommen ... auch solche Ablehnungsgründe ins Feld zu führen, auf die er damals nicht besonders hingewiesen hat", vergl. auch Anm. 92 zu § 6. —

Verzicht des Versicherers (Widerspruch zu früherem Verhalten) ist zutreffend angenommen bei Düsseldorf v. 24. 3. 33 = JRPV. 1934 S. 61; Hamm v. 6. 7. 31 = APV. 281 = zit. bei NZ. 1933 S. 1029; vergl. ferner RG. v. 1. 11. 29 = APV. 326; kein Verzicht, weil die Weitergewährung des VSchutzes nicht in voller Kenntnis des Verwirkungsgrundes erfolgte: KG. v. 12. 1. 38 = JRPV. 139; da durch die eingetretene Verwirkung des VAnspruchs der VVertrag als solcher und damit auch die Prämienzahlungspflicht unberührt bleibt (Bl. 179), kann auch in dem bloßen Einfordern der Prämie nicht ein Verzicht liegen: WZ. 1921 II S. 635; kein Verzicht des Versicherers, der sich erst im Laufe des Rechtsstreits über den Anspruch aus der Versicherung auf einen Verstoß gegen eine Obliegenheit beruft: LG. München v. 6. 2. 19 = WZ. 1920 S. 433; kein Verzicht auf das Recht der Geltendmachung der Verwirkung dadurch, daß der Versicherer auf die Aufrechnung mit einem geringfügigen Beitragsrückstand verzichtet hatte, den der VN. wegen unrichtiger Umsatz- und Beitragsberechnung noch schuldig war: RG. v. 11. 2. 38 = RG. 157/65 = JRPV. 101/104 a. E. = JW. 1113.

160) Besonders betont den Verzichtswillen Düsseldorf v. 7. 12. 33 aaO.; Wille und Erklärung unterstreicht: Hamm v. 6. 7. 31 = APV. 283 = zit. in NZ. 1933 S. 1029; KG. v. 28. 8. 40 = JRPV. 175.

161) Bl. 75 ff.

Recht beruft, nicht gegen Treu und Glauben[162], vor allem weil die vertraglich begründete Anspruchsverwirkung das entsprechende Blankett des § 6 VVG. ausfüllt, das insbesondere durch seine Schutzmaßnahmen zugunsten des VN. einem solchen Angriff auf den V'rer die Berechtigung nimmt. Trotzdem sind Fälle denkbar, in denen der Einwand der Verwirkung Treu und Glauben widerstreitet. Es muß dabei die Regelung als Ganzes in ihren Zusammenhängen geprüft werden[163] und darf nicht außer acht bleiben, daß sie in den §§ 6 ADB., VVG.[164] zum Zwecke der Klarheit, Einfachheit und damit Rechtssicherheit ihre Härte und einen gewissen Schematismus in Kauf nehmen muß, ja nicht entbehren kann (vgl. Blatt 166 ff.). Ein Eingehen auf die Einzelheiten des besonderen Falles ist hiermit nicht vereinbar. Außerdem sind die Grenzen der Begriffe Treu und Glauben fließend und beeinträchtigen hierdurch die Rechtssicherheit. Die Grundsätze von Treu und Glauben haben im VRecht ihren festen Platz. Ein Zuviel schadet jedoch, da besonders im VRecht und VWesen beide Vertragsparteien feste Begriffe und Regelungen benötigen.

Die Rechtsprechung der Gerichte ist uneinheitlich. Einerseits wird betont, die Einrede der allgemeinen Arglist sei gegenüber der Geltendmachung der Anspruchsverwirkung nur dann zu gestatten, „wenn lediglich eine geringfügige Verletzung einer formalen Bestimmung"[165] (z. B. briefliche statt telegraphischer Mitteilung) vorliegt, die eine Beeinträchtigung oder auch nur Gefährdung der Interessen des V'rers nicht herbeigeführt, seine Stellung in keiner Weise erschwert habe[166]. Weitergehend kann nach anderen der V'rer „selbst wenn das Verhalten des VN. als mangelhaft und grobfahrlässig anzusehen sei, kein Recht auf Leistungsbefreiung herleiten, wenn der V'rer selbst in viel gröberer Weise gegen die Vertragspflichten gefehlt" habe[167]. Auch das RG. hat ausgesprochen[168], „die allzu starre Durchführung der Verwirkungsklausel[169] . . . könne unter gewissen Voraussetzungen zu Unbilligkeiten führen". Der höchste Gerichtshof hat in seiner Rechtsprechung nicht nur den Einwand der

---

162) Bl. 182.

163) Anm. 120 zu § 6.

164) Allgemeine Regeln des Bürgerlichen Rechts dürfen auf ein Sondergesetz und erst recht auf einen innerhalb desselben speziell geregelten Tatbestand nur mit großer Zurückhaltung angewendet werden.

165) Hamburg v. 25. 3. 31 — HansRGZ. B. 547 bezieht sich auf RG. 98/123, HansRGZ. 1929 B. 152, wonach eine Berufung auf scharf bemessene Ausschlußfristen unter Umständen gegen Treu und Glauben verstoßen und dann unbeachtlich sein können.

166) Frankfurt a. M. v. 5. 11. 31 — JRPV. 1932 S. 268 — APV. 1932 S. 248 — HRR. 1932 Nr. 838 unter Hinweis auf JW. 1909 S. 198, JRPV. 1927 S. 51.

167) Hamm v. 17. 6. 35 — APV. 244, dazu Bl. 171 zu Anm. 30.

168) Z. B. im Urt. v. 3. 7. 36 — JRPV. 263/65 — DÖV. 401 — APV. 243 — HRR. Nr. 1526 — JW. S. 2978.

169) „Wegen arglistiger Täuschung".

Anspruchsverwirkung mit der Arglist-Einrede entkräftet[170], vielmehr beiden Vertragsparteien gegenüber die Durchsetzung gewisser vertraglicher Rechte für unzulässig erklärt; so wurde — wie gesagt — gegenüber dem V'rer der Einwand der Anspruchsverwirkung verworfen[171], aber auch der Anspruch des VN. auf die VLeistung wegen eines Verhaltens verneint, welches vertraglich nicht mit der Verwirkung bedroht war[172]. Wo der Anspruch des VN. gegen Treu und Glauben verstößt, kommt aber nicht völliger Verlust in Betracht, da es an einer dahingehenden Vereinbarung fehlt. Zu welchem Teil der VN. seinen Anspruch hier nicht durchsetzen kann, ergibt sich nach Lage des einzelnen Falles. Gerade das, was § 6 ADB. vermeiden will, nämlich ein Eingehen auf die Umstände des einzelnen Falles, wird hier mangels Vereinbarung einer Verwirkung notwendig[173].

Anhang: § 6 neue Fassung.

Die Wirksamkeit einer vertraglichen Verwirkungsabrede wird maßgebend bestimmt durch § 6 des VVertragsgesetzes, der die Vertragsfreiheit nach bestimmten Richtungen beschränkt. Die durch die Novelle der früheren Gesetzesfassung zugefügten Änderungen sind praktisch höchst bedeutsam.

Die ADB. n.F. bedrohen mit Anspruchsverwirkung nicht nur — wie sie es früher taten — die Verletzung solcher Obliegenheiten, die „nach dem Eintritt des VFalles" zu erfüllen sind, sondern ausnahmslos aller, die § 5 n.F. aufzählt. Sie unterscheiden nicht mehr, ob die einzelne Obliegenheit zur Gruppe von § 6 I oder § 6 III VVG. (vor oder nach VFall) gehört.

Es würde sich aber bei allen Obliegenheiten des § 5 n.F. um solche handeln, die nach dem VFall zu erfüllen sind, wenn man entweder § 5 Ziff. 1 als neue selbständige VFall-Definition anerkennt, oder wenn man dies zwar mit uns ablehnt aber der hier (vgl. Blatt 173 ff.) ver-

170) Z. B. RG. v. 22. 10. 37 = JRPV. 354 („einer Berufung auf solche Rechtsfolge stände der Einwand des § 242 BGB. entgegen").

171) Dazu Arnold: JRPV. 1939 S. 195.

172) RG. v. 11. 2. 38 = RG. 157/67 = JRPV. 101 = JW. 1113 (Anm. v. Möller) unter Hinweis auf RG. v. 28. 6. 1927 = RG. 117/327 und RG. v. 15. 10. 35 = RG. 149/69 = JRPV. 346; RG. v. 24. 2. 39 = JRPV. 167.

173) „In der Rechtsprechung des RG. steht aber auch fest, daß bei einer Sachlage, wo an sich gegenüber dem Klagebegehren die Arglisteinrede (der Einwand der unzulässigen Rechtsausübung) begründet ist, die Klageforderung nicht stets und ohne weiteres im ganzen hinfällig wird. Es bedarf hier vielmehr einer sorgfältigen Prüfung an Hand der gesamten hierbei zu berücksichtigenden Umstände des einzelnen Falles, um zu ermessen, inwieweit das Verlangen des Klägers in Anbetracht seiner eigenen — seinen Vertragspflichten oder Obliegenheiten und den Anschauungen und Regeln des redlichen Geschäftsverkehrs zuwiderlaufenden — Handlungsweise mit den Grundsätzen von Treu und Glauben nicht mehr in Einklang zu bringen ist": RG. v. 11. 2. 38 aaO. mit weiterer Rechtsprechung.

tretenen Auffassung folgt, die alle Obliegenheiten, welche erst zu erfüllen sind, nachdem die Schadensursache gesetzt wurde, als solche i. S. von § 6 III S. 1 VVG. betrachtet. Wenn aber trotz § 5 Ziff. 1 n.F. an dem früher vom RG. vertretenen VFall-Begriff noch festgehalten und außerdem der in seiner Rechtsprechung gemachten Unterscheidung zwischen Obliegenheiten vor und nach dem VFall auch weiterhin gefolgt wird, so könnte im Einzelfall auch § 6 I n.F. VVG. zur Anwendung kommen. Damit träte der in Anmerkung 78 zu § 6 als möglich erwähnte Fall tatsächlich ein; denn die Verwirkungsfolge ist in § 6 n.F. ADB. für alle Obliegenheiten aus § 5 bestimmt. Verwirkung träte dann schon bei leichtfahrlässiger Obliegenheitsverletzung ein, wenn der V'rer gemäß § 6 I S. 2 und 3 VVG. den Vertrag fristgerecht aufkündigte. Kausalzusammenhang i. S. des § 6 III VVG. wäre zur Verwirkung hier nicht erforderlich. Diese Folgen werden indessen dadurch vermieden, daß die ADB ausdrücklich nur den vorsätzlichen oder grobfahrlässigen Verstoß (entspr. § 6 III n. F. VVG.) berücksichtigen.

Handelt es sich im gegebenen Falle um eine Obliegenheit, die nach Eintritt des VFalles zu erfüllen ist, so bleiben unter der Neuregelung die Folgen vorsätzlicher Verletzungen die gleichen wie früher. Allerdings dürfte zum Begriff des Vorsatzes nach der Neuregelung das Bewußtsein der schädigenden Folgen der Verletzung im Einzelfalle (anders früher: Anmerkung 106 zu § 6 ADB.) gehören. Die mit grobfahrlässiger Obliegenheitsverletzung des VN. verbundenen Folgen unterscheiden sich von der früheren Regelung in §§ 6 II VVG., ADB. Zwar tritt auch hier grundsätzlich eine Leistungsfreiheit ein. Aber das Alles- oder Nichts-Prinzip ist beseitigt. Die Befreiung des V'rers ist nicht mehr absolut und unbedingt, sondern relativ und bedingt. Nur soweit, d. h. in dem gleichen Umfange, als die grobfahrlässige Obliegenheitsverletzung schädliche Folgen hatte, tritt Leistungsbefreiung ein. Dabei dürfen nur solche schädliche Folgen berücksichtigt werden, die sich auf die Feststellung des VFalles oder die Feststellung oder den Umfang der dem V'rer obliegenden Leistungen beziehen.

Auf die „Feststellung des VFalles" beziehen sich alle Obliegenheiten, die der Klarstellung der gegenständlichen Voraussetzungen desselben (§ 1 ADB.) zu dienen bestimmt sind; dazu gehört auch das Schadensereignis, und zwar sowohl nach der alten wie der neuen (: VFall = Schadensereignis) Fassung der ADB.

Auf die „Feststellung oder den Umfang der dem V'rer obliegenden Leistungen" beziehen sich die Obliegenheiten, welche in sonstiger Hinsicht dem V'rer die Erfüllung seiner vertraglichen Zusagen ermöglichen und gewährleisten sollen. a) Auf „die Feststellung . . . der dem V'rer obliegenden Leistungen" beziehen sich diejenigen, welche helfen sollen, die Frage der Haftung klarzustellen, um den V'rer in den Stand zu setzen, die H-Frage zu prüfen und die Ansprüche in berechtigte oder unberechtigte zu scheiden. Damit ist die Feststellung der dem V'rer obliegenden VLeistung dem Grunde nach getroffen. b) Auch auf „den Umfang", also die Höhe, der VLeistung können die Obliegenheiten des § 5 Einfluß haben. Wenn ein grobfahrlässiger Verstoß Einfluß auf den Umfang der dem V'rer obliegenden Leistung hatte, entfällt seine Leistungspflicht, und zwar in dem gleichen Maße, in dem der Verstoß ursächlich einwirkte.

Die Beweislast ist nach §§ 6 n.F. VVG., ADB. wie folgt verteilt: der V'rer muß die Obliegenheitsverletzung und den Charakter der Obliegenheit dartun (vor oder nach dem VFall zu erfüllen); der VN. hat den Beweis zu führen, daß die Verletzung nicht vorsätzlich oder grobfahrlässig geschah. Kann er nur den Vorsatz ausräumen, so muß er — um Anspruchsverwirkung zu vermeiden — weiterhin beweisen, daß es an einer mit der Obliegenheitsverletzung kausal verknüpften schädlichen Folge i. S. von §§ 6 III n.F. VVG., 6 ADB. fehlt[174]. — § 6 VVG. gilt nicht für im Gesetz — vollständig — geregelte Obliegenheiten; vielmehr nur für vertragliche Verwirkungsabreden, die eine durch das Vertragsrecht begründete Obliegenheit sichern oder unvollständige gesetzliche Obliegenheiten ergänzen. Deshalb hat das Gesetz der in § 62 a.F. VVG. durch die Novelle in Absatz 2 zugefügten Verwirkungsbestimmung den hierfür neuerdings maßgebenden Grundsatz des Kausalzusammenhanges eingefügt. Hieran lehnt sich § 6 S. 3 n.F. ADB. wörtlich an. Liegt ein grobfahrlässiger Verstoß des VN. gegen die Rettungspflicht bzw. gegen § 5 Ziff. 3 S. 1 n.F. ADB. vor, so tritt die Leistungsfreiheit des V'rers nur — und zwar auch gerade insoweit, d. h. in dem gleichen Maße — ein, als der Umfang des Schadens (nämlich der des V'rers: Blatt 80 ff.) durch die (grobfahrlässige) nicht gehörige Erfüllung vergrößert wurde. Die Beweislast obliegt in dem gleichen Umfange dem VN., wie dies vorstehend zu S. 2 § 6 n.F. ADB. ausgeführt wurde.

174) Prölß § 6 Anm. 14.

III. Das Versicherungsverhältnis (§§ 7—12).

§ 7. Versicherungsschein.

(In den ADB. n.F. weggefallen).

Der Inhalt des Vertrages bestimmt sich unter Ausschluß mündlicher Nebenabreden nach dem Versicherungsschein, seinen Beilagen (Antragsabschrift) und Nachträgen, die Original- oder Faksimileunterschriften tragen müssen. Weicht der Inhalt dieser Urkunden von demjenigen des Antrags ab, so gilt ersterer als genehmigt, wenn der Versicherungsnehmer nicht binnen eines Monats, nachdem er die Urkunden empfangen hat und auf die Abweichungen schriftlich hingewiesen worden ist, dagegen Widerspruch erhoben hat. Das Recht des Versicherungsnehmers, den Vertrag wegen Irrtums anzufechten, bleibt unberührt. An seinen Antrag bleibt der Antragsteller einen Monat, vom Tag der Unterzeichnung an gerechnet, gebunden.

§ 7 Satz 1

Der VSchein[1] ist gemäß § 3 I VVG. „eine vom V'rer unterzeichnete Urkunde über den VVertrag"[2]. Er muß daher den wesentlichen Vertragsinhalt wiedergeben[3]. Diesen möglichst eindeutig zu bestimmen und Zweifel und Streitigkeiten darüber zu vermeiden, ist der Zweck des § 7 S. 1 ADB. — Obschon der VSchein kraft seiner Bestimmung, die getroffenen Vereinbarungen zusammenzustellen und wiederzugeben, die — außerhalb des § 5 VVG. bestehende — Vermutung der vollständigen Wiedergabe des tatsächlichen Vertragsinhaltes für sich hat[4], würde dies dem — vom VN. zu erbringenden — Beweise nicht entgegenstehen[5], daß mündliche Neben-

1) Worms ZfVW. 1909 S. 531 ff., v. Oerhen ZfVW. 1911 S. 822 ff., die Kommentare zu § 3 VVG., insbesondere zur neuen Fassung v. 1. 7. 40: Prölß (IV. Auflage).

2) Über die rechtliche Natur des VScheins: Bruck Komm. § 3 III Anm. 11 ff.; er wurde in der H-Versicherung von jeher ausnahmslos ausgestellt.

3) Z. B. die Bezeichnung der vertragschließenden Parteien, des versicherten Interesses (ZfVW. 1915 S. 338 unter Hinweis auf RG. v. 21. 1. 13 = WZ. S. 1969 = Annal. S. 161), der Gefahr, gegen welche versichert wird, die VDauer, VSumme, Prämienhöhe, die besonderen VBedingungen. — Auch die AVB. sind in den aufsichtspflichtigen VZweigen, zu denen die HV. gehört, dem VSchein beizufügen. Das Reichs-Auff.-A. hat mit Rdschrb. R. 19/44 vom 16. 5. 44 angeordnet, daß bei Neuabschlüssen die AVB. nicht mehr beizufügen sind. An ihre Stelle tritt ein Druckblatt mit folgendem Wortlaut: „Die gegenseitigen Rechte und Pflichten regeln sich nach dem Antrag, den aufsichtsamtlich genehmigten Allg. Vers.-Bedingungen, den gesetzlichen Bestimmungen, sowie den auf diesem VSchein etwa vermerkten besonderen Bedingungen. Die AVB. werden auf Verlangen ausgehändigt. Sie können auch am Hauptsitz der Gesellschaft oder bei einer ihrer Außenstellen eingesehen werden."

4) Unfried ZfVW. 1909 S. 271 Prölß Komm. § 3 Anm. 5, KG. v. 4. 10. 23 = APV. S. 136.

5) Der VSchein hat regelmäßig nur die Natur einer Beweisurkunde, also nur die Bedeutung eines durch Gegenbeweis widerlegbaren Beweismittels für den Inhalt des abgeschlossenen Vertrages: RG. v. 8. 6. 20 = APV. A. S. 37.

abreden getroffen worden seien. Die hierdurch bedingte Unsicherheit wird durch § 7[6] beseitigt, wonach derartige Nebenabreden für[7] den Inhalt[8,9] des Vertrages keinerlei Bedeutung haben sollen.[10] Dieser bestimmt sich vielmehr allein[11] nach den schriftlichen[12] Aufzeichnungen im „VSchein, seinen Beilagen (Antragsabschrift[13]) und Nachträgen." Der Antrag enthält im wesentlichen die Willenserklärung des Antragstellers, sich gegen die Folgen der gesetzlichen Haftpflicht versichern zu wollen (§ 145 ff. BGB.[14]), darüber hinaus die Abgrenzung[15] und genaue Bezeichnung des versicherten Risikos; denn gemäß § 1 Ziff. 2 AVB. erstreckt sich der VSchutz auf die gesetzliche Haftpflicht „aus den im VSchein und seinen Nachträgen (§ 7) angegebenen Eigenschaften, Rechtsverhältnissen oder Tätigkeiten des VN. (versichertes Risiko)"[16], die sich wiederum aus dem Antrag ergeben. Die Bezeichnung des Risikos im Antragsformular ist also von

---

6) Auch ohne ausdrücklichen Ausschluß in den AVB. hält mündliche Nebenabreden für unwirksam: Prölß Komm. § 3 Anm. 2. Nicht als zutreffend ist — jedenfalls innerhalb der besprochenen Vertragsbestimmung — anzuerkennen: Frankfurt a. M. v. 23. 11. 26 = JRPV. 1927 S. 80, wonach eine Vertragsabrede, derzufolge nur das schriftlich Niedergelegte Gültigkeit haben soll, jederzeit durch formlose Vereinbarung, z. B. schlüssige Handlung der Parteien soll aufgehoben werden können.

7) Auch nach Vertragsschluß getroffene mündliche Abreden haben — entgegen Hagen ZfVW. 1910 S. 479 — keine Wirksamkeit für den Vertragsinhalt. Auf die rechtliche Form der Nebenabrede z. B. als Bedingung für den Abschluß des VVertrages kommt es nicht an: z. B. Amtsgericht Berlin-Lichterfelde v. 27. 11. 25 = JRPV. 1929 S. 206; Amtsgericht Berlin v. 15. 10 u. 16. 11. 28 = JRPV. 1930 S. 196, v. 16. 11. 30 = JRPV. 1932 S. 126; LG. Berlin v. 19. 7. 30 = JRPV. 1931 S. 230; LG. Berlin v. 11. 4. 28 = JRPV. 1929 S. 205.

8) Diese Vorschrift gilt nur für die den Inhalt des Vertrages bildenden Abmachungen. Über die Art des Vertragsschlusses als solchen ist in den AVB. nichts gesagt. Es genügt hier die Willenseinigung der Vertragschließenden, die nicht an eine bestimmte Form gebunden ist. Auch wenn der Versicherer (etwa im Hinblick auf § 150 II BGB.) von sich aus einen Antrag stellen sollte, braucht der VN. nicht wegen § 12 AVB. die Annahme schriftlich zu erklären, da hier die besondere Regelung des § 7 Satz 2 AVB. eingreift, die jede ausdrückliche, also auch eine schriftliche Erklärung überflüssig macht; dazu auch Düsseldorf v. 22. 1. 36 = JRPV. 224 a. E. Der Ausschluß mündlicher Abreden steht hierzu in keinem — auch nicht „gewissen" — Gegensatz: so Hagen ZfVW. 1910 S. 478.

9) Für die Auslegung des etwa zweifelhaften Vertragsinhaltes kann jedoch auf außerhalb der Vertragsurkunde liegende Tatsachen — also auch mündliche Erklärungen — zurückgegriffen werden. Derartige Erklärungen sind dann nicht Vertragsinhalt, sondern dienen nur zu dessen Klarstellung: RG. v. 28. 3. 16 = WZ. 1917 I S. 211/14; Marienwerder v. 13. 4. 15 = APV. A. S. 45, zust. das Rev. Urt.: RG. 12. 10. 15 = APV. 1916 A. S. 18; Köln v. 31. 3. 33 = JRPV. 1934 S. 26 ff.; vergl. auch RG. v. 26. 3. 35 = JRPV. 151.

10) Hagen ZfVW. 1910 S. 479 hält dies für „eine Übertreibung der Bedeutung der Schriftform, die der Sachlage wenig angemessen ist". Die Berechtigung des Ausschlusses mündlicher Abreden dürfte inzwischen eindeutig erwiesen sein: Amtsger. Charlottenburg v. 23. 7. 38 = JRPV. 272; KG. v. 9. 2. 29 = JRPV. 144.

11) Dazu: ZfVW. 1911 S. 834.

12) § 12 AVB.

13) Über die Beifügung von Antragsabschriften zum VSchein: RAA. in AVB. 1923 S. 34.

14) Über die Voraussetzungen hinsichtlich der Geschäftsfähigkeit des Antragstellers I/38, 39.

15) Unzutr. Hamm v. 18. 12. 33 = APV. 1934 S. 30.

16) I/111 ff., außer den dort genannten noch RG. v. 20. 4. 14 = WZ. 1915 II S. 1273.

ausschlaggebender Bedeutung[17] für Gegenstand und Umfang des VSchutzes[18, 19]. Weiter enthält der Antrag Fragen, die der Antragsteller im Rahmen der vorvertraglichen Anzeigepflicht (§§ 16 ff. VVG.) zu beantworten hat[20], und für welche eine „ausdrückliche und schriftliche" Frage im Hinblick auf § 18 VVG. von Bedeutung ist[21, 22]. Schließlich solche über das Bestehen, die Dauer und den Ablauf sonstiger H-Versicherungen, oder die, ob mit dem Vermittler irgendeine im Antrag nicht erwähnte Abrede getroffen wurde und dergleichen. — Durchweg enthält er den Zusatz, daß der Antragsteller sich mit seiner Unterschrift den Allgemeinen und Besonderen HV-Bedingungen unterwerfe, oder daß er den Antrag „auf Grund der AVB." stelle[23]. Dadurch[24] erhalten diese Bedingungen schon für die Zeit vor Vertragsschluß, nämlich von der Unterzeichnung des Antrags ab, Wirksamkeit für und gegen den VN.[25], was z. B. gerade für die Anwendung von § 7 AVB. bedeutsam[26] sein kann.

Als „Nachtrag" wird bezeichnet eine Vereinbarung über die Abänderung[27] oder Ergänzung einzelner Punkte[28] des VVertrages, der im übrigen mit dem früheren Inhalt weiter fortbestehen soll.

Gemäß § 3 VVG. muß der VSchein vom V'rer unterzeichnet sein. Das darin enthaltene Erfordernis eigenhändiger Unterschrift (§ 126 I,

---

17) Enthält lediglich der Prämientarif Einschränkungen und Unterscheidungen, die nicht in den Versicherungsschein aufgenommen sind, so kann daraus eine Risikobeschränkung nicht gefolgert werden: Court d'appel Liège v. 1. 6. 34: Pasicrisie Belge 1935 II 4.

18) So auch Unfried ZfVW. 1909 S. 288.

19) Der Versicherer soll daher — RAA. in APV. 1921 S. 13 — den Antragsteller entsprechend belehren und auf weitere, gerade für ihn in Betracht kommende Möglichkeiten oder Notwendigkeiten bezügl. des VSchutzes und seines Antrages hinweisen; vergl. Kühfuß „Obhutschäden" (Vitalis Verlag) S. 53.

20) ZfVW. 1914 S. 624.

21) Insbes. z. B. die Frage, ob bereits H-Ansprüche gegen den VN. erhoben wurden, ob — von wem? — Entschädigung geleistet wurde, ob der VN. schon — bei wem? — gegen H. versichert war, ob von einem anderen Versicherer eine HV. gekündigt, aufgehoben oder abgelehnt wurde (warum?).

22) Rechtlich sind der Antrag i. S. von §§ 145 ff. BGB. und die Auskünfte im Rahmen der §§ 16 ff. VVG. auseinanderzuhalten. Die Gültigkeit des Antrages wird durch die Verletzung der vorvertraglichen Anzeigepflicht grundsätzlich nicht berührt: Kiel v. 21. 9. 36 = JRPV. 1937 S. 312 = APV. 1937 Nr. 3033, vergl. Anm. 33.

23) I/13, 24 ff.

24) So Celle v. 23. 2. 32 = APV. 229, v. Oertzen ZfVW. 1911 S. 833; weitergehend Raiser § 8 Anm. 12, Stiefel § 2 Anm. 5 a. E., Düsseldorf v. 3. 10. 29 = JRPV. 398 = HansRGZ. 1930 A. 220: „Die Klägerin übersieht hierbei, daß die AVB. nur (?) als Bestandteil des VVertrags zwischen den Parteien Geltung haben können, daß sie jedoch nicht zur Anwendung kommen können, wenn ein VVertrag überhaupt nicht besteht." — Bloße Aushändigung der Bedingungen bei Antragstellung hält nicht für genügend: LG. Hagen v. 14. 9. 34 = JRPV. 1935 Zus. S. 25, dawider mit Recht der Berichterstatter aaO.

25) Vergl. Baseler ZfVW. 1914 S. 268. 26) Bl. 203.

27) Zu der Form des Nachtrags als „Veränderungsgenehmigung": Raiser § 8 Anm. 1.

28) Z. B. Veränderungen der VSummen oder Prämie oder einer besonderen VBedingung, Beseitigung von Ausschlußklauseln, Einschluß neuer oder Ausschluß früher versicherter Risiken und dergl.; Düsseldorf v. 22 1. 36 = JRPV. 224; Gottschalk JRPV. 1926 S. 321 ff.

127 BGB.) ist zum mindesten kraft Gewohnheitsrechtes[29] durch eine Faksimile-Unterschrift erfüllt[30]. Wegen der hiervon abweichenden Auffassung des Reichsaufsichtsamtes[31] enthalten die AVB. den ausdrücklichen Hinweis, daß die faksimilierte der handschriftlich vollzogenen (Original-) Unterschrift gleichgestellt wird. Nach § 3 I VVG. genügt „eine Nachbildung der eigenhändigen Unterschrift".

Der Inhalt des VScheins[32] ergibt zusammen mit dem der Antragsabschrift[33] und der Nachträge den Gesamtinhalt[34] des VVertrages[35, 36], der, was besonderer Betonung bedarf, insbesondere und stets den Bestimmungen des VVG. unterliegt.

§ 7 Satz 2

„Weicht der Inhalt dieser Urkunden von demjenigen des Antrages ab, so gilt ersterer als genehmigt, wenn der Versicherungsnehmer nicht binnen eines Monats, nachdem er die Urkunden empfangen hat, und auf die Abweichungen schriftlich hingewiesen worden ist, dagegen Widerspruch erhoben hat."

Auch Satz 2 des § 7 dient dem Zweck, den Vertragsinhalt möglichst eindeutig zu bestimmen[37], indem er für einen Sonderfall eine bestimmte Regelung gibt. Weder Satz 2 noch Satz 1 besagen etwas zu der Frage, ob ein Vertrag als solcher besteht. Nur auf den Inhalt eines VVertrages bezieht sich die Bestimmung. Das Bestehen des Vertrages wird dabei grundsätzlich[38] vorausgesetzt und ist im Zweifelsfall vorab

29) Hagen I/352, Bruck Komm. § 3 Anm. 9, Scheunert Mitteilg. 1931 S. 69.

30) Einerseits RG. v. 25. 6. 29 = APV. 292, andererseits Köln v. 21. 1. 27 = APV. 220; Danzig v. 9. 2. 32 = JRPV. 328.

31) APV. 1927 S. 168: Faksimile nur gültig, wenn die AVB. ausdrücklich einen entsprechenden Hinweis enthalten, dagegen Scheunert in Mitteilg. aaO.; klargestellt durch § 3 I S. 2 n. F. VVG.

32) Die in einem auf den VSchein aufgeklebten Zettel enthaltenen Anweisungen des Versicherers läßt Hamm v. 15. 10. 34 = JRPV. 1935 Zus. S. 57 nicht zum Inhalt des Vertrages werden.

33) Es ist danach der Gesamtinhalt des Antrages Vertragsinhalt (a. A. anscheinend Hamm v. 18. 12. 33 = APV. 1934 S. 30, wie hier offenbar: Hamm v. 15. 3. 37 = APV. 193 = HansRGZ. A. 457), auch soweit er nicht Willens- sondern Wissenserklärungen (a. A. Kiel v. 21. 9. 36 = JRPV. 1937 S. 312 = APV. 1937 Nr. 3033 — dies Urteil ablehnend: Durst in JRPV. 1937 S. 337 und 354 — wie hier: RG. 156/113) enthält: Prölß Komm. § 3 Anm. 2.

34) Anders z. B. in § 2 Ziff. 2 AKB. a. F. dazu: Stiefel § 2 Anm. 16.

35) RG. v. 8. 6. 20 = APV. A. S. 37; RG. v. 12. 2. 32 = JRPV. 86 = DVP. 442 = HRR. Nr. 1698 = Seuff. Arch. Nr. 107; Richter JRPV. 1926 S. 305 u. 341; Prölß Komm. § 3 Anm. 2; z. T. a. A. (gegen Richter aaO.): Gottschalk JRPV. 1926 S. 324.

36) Über die Bedeutung des sogen. Prospektes für den VVertrag und seine Auslegung: I/Anm. 91 zu § 1, Behrend ZfVW. 1908 S. 554, Baseler ZfVW. 1914 S. 669, RG. v. 21. 12. 09 = JW. 1910 S. 156 (zit. bei Weil ZfVW. 1911 S. 708), RG. v. 18. 10. 27 = VuG. 1928 S. 19; LG. Berlin v. 23. 4. 29 = JRPV. 387; Düsseldorf v. 13. 6. 38 = JRPV. 273 ff.; Noelli Komm. I S. 11 und 175; Schmidt-Tüngler NZ. 1936 S. 919; RG. v. 20. 10. 36 = JRPV. 356.

37) RG. v. 8. 6. 20 = APV. A. S. 37.

38) Ausnahme in Anm. 89 zu § 7.

zu prüfen. Der Sonderfall des § 7 Satz 2 besteht darin, daß sich der Antrag des VN. oder auch die getroffenen Vereinbarungen, d. h. der Inhalt des vor Übersendung der VUrkunden an den VN. etwa schon abgeschlossenen — formlos gültigen — VVertrages, nicht decken[39] mit den VUrkunden (= VSchein, Antragsabschrift, Nachträge). Aus der Fassung der AVB. und nunmehr[40] auch im Gesetz vorgeschriebenen Pflicht zum Hinweis folgt, daß nur vom V'rer gewollte Abweichungen gemeint sind und unter die Regelung fallen. Bei ungewollten Abweichungen finden die einschlägigen allgemeinen Rechtsgrundsätze Anwendung. Danach sind z. B. offenbare Unrichtigkeiten, Schreibfehler usw. ohne weiteres richtigzustellen[41]. Eine „Abweichung" i. S. des § 7 liegt dann ebenfalls nicht vor, wenn die in der VUrkunde vorgesehene Regelung ausdrücklich oder stillschweigend zwischen den Parteien vereinbart war[42]. Wenn der Antrag des VN. in einzelnen Teilen unvollständig oder mangelhaft gestellt ist, erhebt sich ferner die Frage, inwieweit im Falle einer Ergänzung seitens des V'rers überhaupt von einer „Abweichung" von den Angaben des VN. die Rede sein kann. Hierbei ist einmal zu berücksichtigen, daß sich der VVertrag in verschiedener Beziehung für den VN. als ein Unterwerfungs- und Typenvertrag darstellt. Das gilt nicht nur im Hinblick auf die AVB.[43], sondern auch für die Prämientarife und die sonstigen nach den allgemeinen Grundsätzen des betreffenden V'rers für derartige Wagnisse üblichen Besonderen Bedingungen und Klauseln[44]. Oft wird die Vervollständigung des Antrags als in das billige Ermessen (§ 315 BGB.) des V'rers gestellt anzusehen sein. Als Prämie kommt in solchen Fällen der tarifmäßige oder sonst allgemein für Wagnisse der fraglichen Art übliche Satz des V'rers in Betracht[45]. Im wesentlichen kann nach dem Vorstehenden eine Abweichung „von den Angaben des VN." nur gegenüber seinen **ausdrücklichen**[46] Erklärungen[47] im Antrag angenommen werden[48, 49].

---

39) So § 5 I n. F. VVG., aber nach h. M. auch schon früher anzunehmen: Raiser § 8 Anm. 10, Stiefel § 2 Anm. 15 zu b.

40) § 5 a. F. VVG. legte dem Versicherer nicht die Pflicht zum Hinweis auf; über weitere Abweichungen des § 5 n. F. VVG. von der alten Fassung: Prölß Komm. aaO., ders. JRPV. 1940 S. 51.

41) Stiefel aaO.; KG. v. 25. 7. 36 — JRPV. 1937 S. 12.

42) Raiser § 8 Anm. 9. 43) I/13, 159. 44) Prölß § 3 Anm. 2.

45) Dazu Baseler ZfVW. 1914 S. 631; Raiser § 8 Anm. 9; Düsseldorf v. 3. 10. 29 — JRPV. 398 — APV. 304 — HansRGZ. 1930 A. 220; Naumburg v. 29. 9. 23 — APV. 406.

46) Der Antrag muß aber eindeutig sein. Ist er mehrdeutig und nimmt der Versicherer — nur eine der mehreren Deutungsmöglichkeiten beurkundend — an, so kommt hierdurch ein Vertrag nicht zustande, da eine solche „Annahme" des Versicherers sich allenfalls als neuer Antrag darstellt: LG. Berlin v. 11. 10. 34 — JRPV. 1936. Zus. S. 40.

47) Unterstellt im Urt.: Düsseldorf v. 3. 10. 29 — JRPV. 398 — APV. 304 — HansRGZ. 1930 A. 220.

48) Zust. auch für den Wortlaut des VVG.: Prölß § 5 Anm. 2 n. F. VVG.

49) Über die Anwendbarkeit der Billigungsklausel bei nichtbeantragten Nachträgen zum VSchein: APV. 1926 S. 101; Braunschweig v. 4. 11. 32 — JRPV. 1933 S. 46.

Hat also der V'rer willentlich die VUrkunde abweichend[50] von den ausdrücklichen Antragserklärungen des VN. oder den Vereinbarungen mit ihm ausgefertigt, so bestimmt sich der maßgebende Vertragsinhalt gemäß der in der sogenannten Billigungsklausel[51] enthaltenen Regelung[52]. Diese beruht auf folgenden Überlegungen:

a) Gegenüber einer bereits vor Übersendung des VScheins getroffenen Vereinbarung, von welcher die VUrkunde abweicht, stünde dem VN. grundsätzlich jederzeit der Nachweis offen, daß Vertrag und Urkunde sich nicht decken. Hierdurch würde die Beweiskraft der Urkunde aufgehoben. Die durch solche Möglichkeiten bedingte Unsicherheit darf im Interesse beider Vertragsparteien nur für eine bestimmte, nicht zu lange Zeitdauer bestehen. Bei der Fristbemessung war zugunsten des V'rers zu berücksichtigen, daß infolge einer für einen langen Zeitraum zugelassenen Beanstandung die Beweisführung erschwert oder das Interesse des VN an der Versicherung erlahmt sein könnte; zugunsten des VN. war zu erwägen, daß ihm zur Prüfung der Urkunden eine angemessene Frist zur Verfügung stehen muß[53]. Die Frist wird durch § 5 VVG.[54] auf einen Monat festgesetzt[55], gerechnet vom Empfang des VScheines ab. Weicht der Schein von dem vor seiner Übersendung bereits vereinbarten Vertragsinhalt ab, so gilt — fristgerechter Widerspruch vorausgesetzt — das tatsächlich Vereinbarte noch längstens für die Dauer eines Monats. Für diesen Zeitraum behält der VSchein lediglich den Charakter einer **Beweisurkunde**. Nach Ablauf der Monatsfrist ohne Erhebung eines Widerspruchs erlangt er konstitutive, also rechtsbegründende Wirkung[56], d. h. er allein gibt unwiderlegbar den Inhalt des Vertrages wieder[57] und zwar rückwirkend auf den Zeitpunkt des Vertragsschlusses[58].

b) Anders zu beurteilen ist es, wenn vertragliche Vereinbarungen nicht schon vor Übersendung des VScheins getroffen waren, sondern

50) Amtsgericht Berlin v. 26. 5. 34 = JRPV. 1935 S. 126.

51) Die Bezeichnung stammt von Kisch: LZ. 1917 S. 1105; dazu die Komm. zu § 5 VVG., ferner Clasen JRPV. 1927 S. 203 ff., Kedenburg JRPV. 1929 S. 2, Greiser JRPV. 1935 S. 1, Möring HansRGZ. 1935 A. 41, Capitain DOV. 1937 S. 71.

52) Einer Vereinbarung hierüber bedarf es nach § 5 VVG. n. F. nicht mehr, die Regelung gilt kraft Gesetzes; über die vertragliche Abdingbarkeit: § 15 a VVG.; § 5 IV n. F. VVG. ist zwingenden Rechts. 53) Begründung zu § 5 VVG.: ZfVW. 1909 S. 531 ff. 545; Clasen JRPV. 1927 S. 203.

54) Nachdem sie in § 5 I n. F. VVG. aufgenommen ist, handelt es sich um eine gesetzliche Ausschlußfrist; vergl. die Ausführungen zu § 12 III n. F. VVG. (Bl. 320), die hier entsprechend gelten.

55) Berechnung der Frist gem. §§ 187 I, 188 II, 193 BGB.

56) Hagen I/355, RG. v. 8. 6. 20 = APV. A. S. 37 = JW. S 896.

57) Nach Prölß § 5 Ziff. 6 A VVG. hat jedoch der Schein auch soweit keine konstitutive Wirkung, als er nur tatsächliche Feststellungen über Art und Umfang des Wagnisses enthält, die nicht Obliegenheiten begründen. 58) Kisch Iher. J. 68 S. 258/9; Ritter Komm. § 15 Anm. 6 S. 307; a. A.: Greiser JRPV. 1935 S. 5.

wenn der Vertrag erst durch Aushändigung der Urkunde zustandekommen soll. Nach seinem Wortlaut[59] kann § 7 ADB. auch auf diesen Fall angewendet werden[60]. Hier ist der VSchein als neuer Antrag des V'rers (vgl. § 150 II BGB.) anzusehen, den der VN. annehmen oder ablehnen kann. Die Anwendung des § 7 Satz 2 auf diesen Sachverhalt bedeutet also, daß auf die Annahmeerklärung verzichtet (§ 151 BGB.), für die Ablehnung jedoch eine Frist von 1 Monat gewährt wird[61]. Entsprechendes gilt, wenn die Annahme dem VN. verspätet (§ 150 I BGB.) zugestellt wurde[62].

Voraussetzung für den Eintritt der in §§ 7 ADB., 5 VVG. ausgesprochenen Rechtsfolge ist, daß der VN.:

1. „bei der Aushändigung der Urkunden"[63] auf die einzelnen Abweichungen schriftlich hingewiesen wurde (§ 5 II 2 VVG.[64, 65]),
2. auch auf die Wirkung unterlassenen Widerspruchs bei Aushändigung des VScheins ausdrücklich hingewiesen wurde (§ 5 II 1 VVG.[66]),
3. nicht oder nicht frist- oder formgerecht Widerspruch erhoben hat.

Der Widerspruch[67] ist eine Rechtshandlung[68], die gemäß § 12 ADB. schriftlich[69] dem Vorstand der Gesellschaft oder der im VSchein als zuständig bezeichneten Geschäftsstelle, nicht aber, in Einschränkung des § 43 Ziff. 2 VVG., den Agenten gegenüber vorzunehmen ist[70]. Inhaltlich braucht sie nur die Nichtübereinstimmung zwischen Antrag oder Vertragsinhalt und Schein zu bemängeln. Eine Begründung oder die Bezeichnung der strittigen Punkte ist nicht erforderlich[71]. Ungenügend ist die wortlose Zurücksendung des Scheins oder eine nur allgemeine Bemängelung seines Inhaltes. Der Widerspruch muß innerhalb eines Mo-

---

59) „Weicht der Inhalt dieser Urkunden von demjenigen des Antrages ab"; vergl. auch § 5 VVG. „von dem Antrage".

60) Über die Geltung der AVB. für die Zeit vor Vertragsschluß Bl. 199. — Eine Vereinbarung (so § 5 a. F. VVG.) ist gem. § 5 I n. F. VVG. zudem nicht mehr erforderlich, die Regelung gilt nunmehr kraft Gesetzes. Damit entfallen die für das frühere Recht bestimmten Untersuchungen, ob und worin die nach § 5 a. F. VVG. erforderliche Vereinbarung im einzelnen Falle zu finden sei: z. B. Greiser JRPV. 1935 S. 2/3.

61) Raiser § 8 Anm. 12.

62) Hagen I/337.

63) Also nicht schon in einem früheren Zeitpunkt z. B. bei der Antragstellung.

64) § 5 a. F. VVG. verlangte den besonderen Hinweis nicht, die AVB. sahen ihn jedoch vor.

65) Ein solcher Hinweis verschafft dem VN. das für die Annahme erforderliche Bewußtsein: LG. Berlin v. 11. 10. 34 = JRPV. 1936 Zus. S. 40.

66) Über Form und Inhalt dieser Rechtsbelehrung: Prölß § 5 Anm. 7 VVG.

67) Vergl. die in Anm. 51 zu § 7 angeführte Literatur.

68) Diese kann ausdrücklich (so Kisch Iher. Jhrb. 68/243) oder durch konkludente Handlung (Greiser JRPV. 1935 S. 3) vorgenommen werden.

69) Dem steht die im übrigen zwingende Norm des § 5 VVG. nicht entgegen: Kisch aaO.

70) Beweispflichtig für den Zugang der Widerspruchserklärung beim Erklärungsempfänger ist der VN.

71) Bruck Komm. § 5 Anm. 6, Kisch 245 aaO., Prölß (III. Aufl.) § 5 Anm. 5 a. F. VVG.; a. A. Raiser § 8 Anm. 13.

nats[72] erfolgen[73]. Die Frist beginnt mit der Aushändigung der Urkunden, die erst erfolgt ist, wenn der Widerspruchsberechtigte[74] die tatsächliche Möglichkeit der Prüfung hatte. „Zugang" i. S. von § 130 I BGB. genügt nicht[75, 76]. Innerhalb der Frist ist Widerspruch nur solange zulässig, als der VN. darauf nicht verzichtet oder sich mit den Abweichungen schon ausdrücklich oder durch konkludente Handlung einverstanden erklärt hat[77]. Ob die Zahlung der Prämie in Kenntnis der Abweichung[78] als Genehmigung gilt, ist Tatfrage[79]; das Bestehen der Einlösungsklausel (§ 3 I AVB.) kann dagegen sprechen[80]. Innerhalb der Frist kann Widerspruch auch dann noch erhoben werden, wenn der VFall inzwischen eingetreten ist. Infolge der rechtsgestaltenden Natur des Widerspruchs ist eine einseitige Rücknahmeerklärung nach Zugang beim Empfänger ohne Wirkung[81, 82]. Ob die Versäumung der Frist entschuldbar ist, wird verschieden beurteilt[83]. Aus der bejahenden Auffassung folgt, daß der V'rer sich auf den Ablauf nicht berufen kann, wenn alsbald nach Behebung des Hindernisses der Widerspruch nachgeholt wird. Berechtigt zum Widerspruch ist der VN., sein gesetzlicher Vertreter, bei mehreren VN.: jeder, der Gesamtnachfolger; ob auch der Zessionar, ist streitig [84, 85].

Wird rechtsgültig form- und fristgerecht Widerspruch erhoben, so wird die Beweiskraft des VScheins, soweit der Widerspruch reicht, beseitigt. Für die Rechtslage ist wiederum zu unterscheiden: a) War der Vertrag schon vor der Übersendung des — abweichenden — VScheines zustandegekommen, so behält er den tatsächlich vereinbarten, nicht den in der Urkunde niedergelegten Inhalt. Der V'rer muß beweisen, daß der Inhalt des Scheines den tatsächlich getroffenen Verabredungen ent-

72) Anm. 55 zu § 7.

73) Durch die neue Fassung des § 5 VVG. sind die Ausführungen von Greiser aaO. überholt: die Widerspruchsfrist steht dem VN. zur Verfügung, wenn a) der VVertrag vor Übersendung des VScheins zustandekam; b) wenn der Versicherer gem. § 150 II BGB. ein Angebot machte; c) der Versicherer einen Initiativ-Antrag stellte, der den vorher getroffenen unverbindlichen Abreden nicht entsprach.

74) ZfVW. 1909 S. 531 ff./546.

75) Daß der VN. von der Unrichtigkeit des VScheins Kenntnis hatte, wird — über den schriftlichen Hinweis des Versicherers hinaus — nicht zu fordern sein.

76) Greiser aaO. S. 4 Ziff. 5.

77) Ritter § 15 Anm. 11 S. 309, Raiser § 8 Anm. 14, Greiser aaO. S. 4; z. T. anders: Kisch aaO. 251.

78) Zahlung in Unkenntnis der Abweichung ist nicht Genehmigung: Düsseldorf v. 3. 10. 29 = JRPV. 398 = APV. 304 = HansRGZ. 1930 A. 220.

79) Dafür in der Regel: Raiser § 8 Anm. 14, Stiefel § 2 Anm. 17.

80) Prölß § 5 Anm. 4.

81) In der Rücknahmeerklärung kann aber ein entsprechendes Vertragsangebot liegen.

82) Ritter § 15 Anm. 11 S. 309; a. A. Kisch Iher.Jhrb. 68/248.

83) Dafür: Hagen I/357, Bruck Komm. § 5 Anm. 6, Kisch aaO. S. 256, 269. — Dagegen: Gottschalk HansRGZ. 1922/122, Bruck-Dörstling S. 46, Prölß Komm. § 5 Anm. 4 VVG.; der letzteren Auffassung dürfte, nach der Aufnahme in das Gesetz (gesetzliche Ausschlußfrist: dazu Bl. 320) zuzustimmen sein.

84) Dafür: Bruck Komm. § 5 Anm. 5, dagegen: Prölß § 5 Anm. 3.

85) Über den Widerspruch des beschränkt Geschäftsfähigen: Kisch aaO. S. 248, z. T. dagegen Greiser aaO. S. 4.

spricht[87]; b) Sollte der Vertrag dagegen erst mit der Aushändigung und Annahme der VUrkunde zustandekommen, so stellt sich der Widerspruch regelmäßig als Ablehnung des Neuantrages des V'rers dar. Es ist also das Zustandekommen eines Vertrages damit verhindert.

Voraussetzung für die genehmigende Wirkung des unterbliebenen Widerspruchs ist nach § 5 II VVG., daß der VN. in der dort bezeichneten Weise und dem gleichen Umfang eine Rechtsbelehrung erhalten hat. Ohne solche ist der Vertrag auf jeden Fall[89] mit der Annahme des VScheins durch den VN. zustandegekommen, also auch in dem Fall b). Für diesen wird dann der Antrag zum Vertragsinhalt; lagen dagegen schon vor Übersendung des Scheines Vereinbarungen vor — was derjenige beweisen muß, der Rechte daraus herleiten will — so bilden diese den Vertragsinhalt[90], [91]. Sofern und soweit der V'rer sich damit nicht in Widerspruch zu seinem eigenen früheren Verhalten im Sinne eines Verstoßes gegen Treu und Glauben setzt, ist auch er nicht gehindert, sich auf diese Wirkung des § 5 III VVG. zu berufen.

§ 7 Satz 3

„Das Recht des Versicherungsnehmers, den Vertrag wegen Irrtums anzufechten, bleibt unberührt."

Hat der VN. die Widerspruchsfrist ungenutzt verstreichen lassen, so ist damit zunächst die obenbezeichnete Rechtsverschiebung eingetreten. Hiergegen lassen Gesetz und Vertrag dem VN. noch ein Rechtsmittel offen in Gestalt der Anfechtung. Der Widerspruch ist seinem Wesen nach eine den Besonderheiten des VRechts angepaßte Maßnahme, die Anfechtung ein Begriff des Bürgerlichen Rechts, dessen Anwendbarkeit für den Bereich des § 5 VVG. ausdrücklich bestimmt wird[92].

Die durch das Unterbleiben des Widerspruchs eintretende „genehmigende Wirkung" kann auf verschiedene Weise in Wegfall kommen.

1. Einmal kann **die Genehmigung als solche** angefochten werden[93]. Soweit sie nicht ausdrücklich vom VN. ausgesprochen wurde, ist sie nicht als stillschweigende, sondern als eine durch Stillschweigen abgegebene

---

87) KG. v. 6. 11. 29 = JRPV. 1930 S. 61, Hamm = APV. 1923 Nr. 1301 = HansRGZ. 1924 A. 136.

89) Auch dann, wenn nach allgemeinen Grundsätzen ein Vertragsschluß wegen Dissenses abzulehnen wäre: Düsseldorf v. 3. 10. 29 = JRPV. 398 = APV. 304 = HansRGZ. 1930 A. 220.

90) Prölß JRPV. 1940 S. 51 Anm. 1.

91) Es kann sich natürlich auch aus anderen Umständen eine Billigung der an dem Antrag vorgenommenen Abweichungen durch den VN. ergeben; in diesem Falle gilt ebenfalls das Vereinbarte, und es kommt dann auf den etwaigen Mangel eines entsprechenden Hinweisses nicht an: KG. v. 16. 2. 29 = JRPV. S. 124.

92) Kedenburg JRPV. 1929 S. 2.

93) Dagegen ist die Genehmigung nicht durch einfachen Gegenbeweis auszuräumen: Lierz in Mittlg. 1919 S. 28 unter Hinweis auf Mayer (Das Versicherungsrecht 1911, Berlin bei Puttkammer) § 5.

Willenserklärung anzusehen[94]. Sie kann wegen Irrtums angefochten werden; so ausdrücklich § 5 S. 2 a.F. VVG., vgl. auch § 5 Abs. 4 n.F. VVG. Dazu wird vorausgesetzt, daß der VN. über den Inhalt der Genehmigung sich im Irrtum befand und er bei Kenntnis der Sachlage und verständiger Würdigung des Falles die Frist nicht würde widerspruchslos haben verstreichen lassen[95]. Der anfechtende VN. kann dem V'rer gemäß § 122 BGB. für den Vertrauensschaden haftbar sein; dieser besteht unter Umständen darin, daß der V'rer im Vertrauen auf das Schweigen des VN. Provisionen, Spesen oder Rückversicherungsprämien aufgewendet hat[96]. Die Anfechtung kann auch wegen Drohung oder arglistiger Täuschung unter deren besonderen (§§ 123, 124 BGB.) Voraussetzungen erfolgen[97]. Die Folgen der Anfechtung für den Vertrag bestimmen sich verschieden, je nachdem ob schon vor Übersendung des VScheins ein Vertrag geschlossen worden war, oder ob er erst durch Übersendung des VScheins geschlossen wurde. Im ersten Falle läßt die Anfechtung der Genehmigung den Vertragsschluß als solchen unberührt und vernichtet nur die Genehmigung der vom V'rer einseitig vorgenommenen Änderung. Sie wirkt daher — von dem oben erwähnten Ersatz des Vertrauensschadens abgesehen — wie ein ordnungsmäßiger und berechtigter Widerspruch[98]. Im zweiten Falle[99] enthält die Anfechtung der Genehmigung zugleich eine Anfechtung der dieser Genehmigung innewohnenden Annahmeerklärung des Vertrages selbst. Hier wird der VVertrag in vollem Umfang und als solcher nichtig.

2. Unter den allgemeinen Voraussetzungen des Bürgerlichen Rechts kann auch **der VVertrag selbst** wegen Drohung, arglistiger Täuschung oder Irrtums[100] angefochten werden. Auf dies Recht kann der VN. — soweit die Anfechtung des Vertrages wegen Irrtums in Frage kommt — nicht wirksam verzichten[101]. Wird der Vertrag wirksam angefochten, so ist er als von Anfang an nichtig anzusehen[102], womit zugleich die Ver-

94) Behrend in Goldschmidts Zeitschrift Bd. 55 Anm. 169, von Oertzen ZfVW. 1911 S. 835.

95) Kisch aaO. 274 ff., Ritter Komm. 307, Bruck Komm. § 5, Anm. 13, Raiser § 8 Anm. 18, Worms ZfVW. 1909 S. 547, v. Oertzen aaO.

96) Kebenburg aaO., Ritter S. 308.

97) v. Oertzen aaO., Bruck Komm. § 5 Anm. 13.

98) Stiefel § 2 Anm. 19 a. E., Bruck Komm. § 5 Anm. 13.

99) Bl. 202/3.

100) Breslau v. 5. 7. 30 = DOV. 72.

101) § 5 IV VVG., Prölß JRPV. 1940 S. 51 Ziff. 5.

102) Über die damit zusammenhängende Frage, ob und inwieweit eine Prämienrückerstattung erfolgen muß u. a.: Gottschalk WuRdV. 1931 S. 253 ff. (dazu: Cramer WuRdV. S. 284 ff., dazu wieder Gottschalk aaO. 1932 S 48 ff.; dazu: Jessen, Cramer, Gottschalk aaO. S. 95 ff.), Büchner JRPV. 1931 S. 17 ff. (dazu Cramer, Pfeiffer, Schreiber aaO. S. 190—192; dazu Büchner aaO. S. 267); Sölter JRPV. 1932 S. 3, Durst JRPV. 1933 S. 198, Neuberger JRPV. 1933 S. 327, Petersen JRPV. 1933 S. 341, Drickes JRPV. 1934 S. 294 (dazu: Dr. E. K. JRPV. 1934 S. 345; dazu: Drickes JRPV. 1934 S. 359); Pfeiffer JRPV. 1934 S. 374; Behelm-Schwarzbach und Drickes JRPV. 1935 S. 117. — RG. v. 7. 11. 30 = RG. 130/215 = DOV.

bindlichkeit des durch die Genehmigung zunächst als vereinbart geltenden Teiles dieses Vertrages entfällt; denn wie bereits[103] bemerkt, ist das Bestehen eines Vertrages Voraussetzung für die Anwendbarkeit der Norm von § 7 AVB. und deshalb in erster Linie zu prüfen.

§ 7 Satz 4

„An seinen Antrag bleibt der Antragsteller einen Monat, vom Tage der Unterzeichnung an gerechnet, gebunden."

Satz 4 des § 7 AVB.[104] regelt die Frage der Bindung des VN. an den Antrag. Über eine Bindung des V'rers an einen von ihm gemachten Antrag[105] ist nichts gesagt; hierfür gelten die allgemeinen Regeln der §§ 145 ff. BGB[106]. Es wurde bereits Blatt 197 ff. ausgeführt, daß der VAntrag[107] außer der Willenserklärung des VN., sich gegen die Folgen der gesetzlichen Haftpflicht versichern zu wollen, noch verschiedene andere Bestandteile enthält[108]. Die Antragsgebundenheit bezieht sich ihrer Natur nach auf die Willenserklärung. Ohne ausdrückliche Fristsetzung würde sich die Regelung nach § 147 II BGB. bestimmen, wonach der einem Abwesenden gemachte Antrag nur bis zu dem Zeitpunkt angenommen werden kann, in welchem der Antragende den Eingang der Antwort unter regelmäßigen Umständen erwarten darf. Die bestimmte Frist ersetzt den nicht so eindeutigen Begriff[109] der „regelmäßigen Umstände"[110]. Bei ihrer Bemessung waren die verschiedenen Interessen der VParteien auszugleichen. Der Antragsteller hat das Bedürfnis, über das Schicksal seiner Offerte so bald als möglich unterrichtet zu werden, um sich im Falle der Nichtannahme[111] schnellstens anderweitig nach VSchutz umzusehen[112], ohne befürchten zu müssen, der Gefahr doppelter Prämien-

---

89 = DVP. 1931 S. 511 = JW. 1931 S. 524; RG. v. 17. 11. 33 = JRPV. 1934 S. 5 = APV. 405; LG. Berlin v. 20. 10. 31 = DOV. 93 = JRPV. 1932 S. 31; LG. Gotha v. 29. 7. 32 = DOV. 74; LG. Berlin v. 11. 10. 34 = JRPV. 1936 Zus. II S. 40 (dazu Ament).

103) Bl. 200.

104) Die Aufnahme der Bestimmung in die AVB. ist nötig: APV. 1909 S. 100 = APV. 1911 S. 17.

105) Das kommt öfter vor im Falle des § 150 II BGB. (Annahme eines Antrages unter Erweiterungen, Einschränkungen oder sonstigen Änderungen). Über die Frage, ob ein VAntrag als nicht gestellt zu betrachten ist, wenn der Agent dem Antragsteller vor Aushändigung des VScheins eine andere Fassung des Antrags vorschlägt: RG. v. 9. 11. 15 = WZ. 1916 II S. 865.

106) Bruck Komm. § 81 Anm. 6.

107) Über die Erfordernisse des Antrages: Bruck Komm. § 1 Anm. 9 ff.

108) Dazu Baseler ZfVW. 1914 S. 623 ff./659: „Der Abschluß des VVertrages und die rechtliche Natur des VAntrages nach deutschem und schweizerischem Recht."

109) Auch § 81 III VVG. erlaubt die Vereinbarung einer von Absatz I abweichenden Frist nur dann, wenn sie „fest bestimmt" ist.

110) APV. 1909 S. 100.

111) Die Annahme wird in der Praxis meistens dadurch erklärt (der Fall des § 151 BGB. kommt für den VVertrag normalerweise nicht in Betracht), daß dem Antragsteller der VSchein zur Einlösung vorgelegt wird.

112) Begründung zu den Entwürfen des VVG. (Guttentag) S. 89. In einem VZweig, in dem dies Bedürfnis des VN. besonders hervortritt, nämlich in der Feuer-V., hat

zahlung ausgesetzt zu sein. Der V'rer hat ein Interesse daran, nicht innerhalb einer zu kurzen Frist über den Antrag sich äußern zu müssen; denn für ihn ist die Prüfung des Antrages wesentlich, und hierzu braucht er eine gewisse Zeit. Man kann ihm aber nicht zumuten, diese Prüfung anzustellen, ohne den VN. während der hierfür erforderlichen Zeit an seinen Antrag gebunden sein zu lassen. Die Frist von einem Monat berücksichtigt angemessen die beiderseitigen Interessen. Sie wird[113] vom Tag der Unterzeichnung an berechnet. Ihr Ende bestimmt sich nach den §§ 187 ff., insbesondere 188 II, 193 BGB. — Hat der V'rer innerhalb dieser Frist den Antrag nicht angenommen, so ist der Antragsteller nicht mehr gebunden[114]. Während des Fristenlaufs ist der VN. verpflichtet, die Antwort des V'rers abzuwarten. Verletzung dieser Pflicht macht ihn nach allgemeinen Regeln schadensersatzpflichtig[115]. Die Bindung des VN. kann auch durch andere Umstände als Fristablauf erlöschen, z. B. durch Wechsel der Sachlage, oder Veränderungen in den persönlichen Verhältnissen der Vertragsschließenden[116]. Für den V'rer ergeben sich aus der Tatsache des vorgelegten VAntrags besondere Pflichten gegenüber dem Antragsteller nicht[117]. Er darf untätig bleiben; denn eine Pflicht zur Erklärung auf den Antrag hat er nicht[118, 119]. Damit entfällt auch der Rechtsgrund für eine Schadensersatzpflicht[120], etwa wegen

---

das Gesetz (§ 81 VVG.) eine Frist von 2 Wochen bestimmt; über die Antragsbindung in der Feuer-V.: Scheunert DOV. 1934 S. 76 und 159.

113) Günstiger als in § 81 II VVG.: Baseler ZfVW. 1914 S. 641.

114) Sein Antrag verliert mit Fristablauf die Wirksamkeit: KG. v. 2. 6. 37 = JRPV. 234; die verspätete Annahme des Versicherers stellt sich als neuer Antrag dar, den der VN. — auch stillschweigend — annehmen kann: KG. v. 28. 10. 25 = JRPV. 1926 S. 331 = APV. 1926 S. 21 = VuG. 1926 S. 94; vergl. auch Hamm v. 7. 6. 26 = APV. S. 240.

115) Über die Grenzen des Widerrufsrechts bei VAnträgen: Mölich JRPV. 1936 S. 196.

116) Baseler ZfVW. 1914 S. 642 ff./647.

117) Lagen bereits vertragliche Beziehungen vor, oder war die Anregung zu dem Antrag vom Versicherer ausgegangen, so kann die Rechtslage eine andere sein: Bruck § 1 Anm. 27 und die dort gen., Prölß Komm. § 3 Anm. 4, Scheunert DOV. 1933 S. 238 ff., Becker DOV. 1936 S. 172; über verzögerte Behandlung eines Verlängerungsantrages: LG. Berlin v. 28. 4. 31 = JRPV. 1932 S. 204; über Geschäftsverlegung: KG. v. 15. 12. 34 = JRPV. 1935 S. 200 (mit Anm.); KG. v. 17. 4. 37 = JRPV. 202; über Erhöhungsantrag: KG. v. 17. 1. 23 = JRPV. 1924 S. 37; KG. v. 1. 6. 38 = JRPV. 249, AG. Berlin v. 7. 12. 26 = JRPV. 1927 S. 367 (Anm. von Lesser), LG. Berlin v. 30. 3. 21 = WZ. II S. 777. — Dem VN. fällt mitwirkendes Verschulden auch zur Last, wenn er sich um das Schicksal seines Antrages nicht gekümmert hat: RG. v. 26. 2. 35 = JRPV. 104 = DOV. 25 = APV. 211 = JW. 1481; LG. Berlin v. 28. 4. 31 = JRPV. 1932 S. 204; Becker DOV. 1936 S. 173. Das Mitverschulden kann so groß sein, daß jeder Schadensersatzanspruch entfällt: KG. v. 6. 5. 33 = JRPV. 284.

118) Bruck Komm. § 1 Anm. 27.

119) Im VWesen besteht nicht eine Verkehrssitte (§ 151 BGB.), wonach die Annahme des Antrages auch ohne Erklärung gegenüber dem Antragenden erfolgen könnte: I/151 Anm. 6. — Bei bereits bestehenden vertraglichen Beziehungen gilt u. U. anderes: LG. Berlin v. 30. 3. 21 = WZ. II S. 777 (Erhöhungsantrag).

120) — es sei denn aus § 826 BGB. —.

unterbliebener Bearbeitung des Antrags oder dergleichen[121, 122]. Der VAntrag enthält außer der eigentlichen auf Abgabe einer Offerte gerichteten Willenserklärung noch andere Bestandteile, vor allem die Erklärungen, die in Verfolg der Anzeigepflicht der §§ 16 ff. VVG. — durchweg auf bestimmte Fragen (§ 18 VVG.[123]) des V'rers im Antragsformular hin — abgegeben werden[124, 125]. Anzeigepflichtig im Sinne der Verantwortlichkeit für den Eintritt der Verletzungsfolgen ist grundsätzlich der VN.[126]; denn der Antrag[127] bleibt „sein Antrag"[128] (§ 7 S. 4 AVB.),

---

121) Über den Schadensersatzanspruch eines VVertreters gegenüber einem VN. auf Zahlung entgangener Provision wegen Nichtzustandekommens von VVerträgen: APV. 1932 S. 141 Nr. 22.

122) Bruck § 1 Anm. 27, ders. PVR. 172, Prölß § 3 Anm. 4, Schennert DÖV. 1933 S. 238 ff., Baseler ZfVW. 1914 S. 623 ff./664; LG. Wuppertal v. 30. 4. 37 = JRPV. 267 = JW. 2618. — A. A.: eine weitverbreitete Meinung in Rechtslehre und Rechtsprechung unter Anwendung der Grundsätze der culpa in contrahendo: Haymann JW. 1932 S. 2500, ders. DVA. 1933/34 S. 1085 unter Hinweis auf RG. 104/267 ff., 114/155 ff.; Capitain D.VAuß.Dienst 1935 S. 266; Becker DÖV. 1936 S. 171 ff.; Heinrichs JRPV. 1934 S. 97 ff.; Jaaz (Culpa in contrahendo, ein Beitrag zur Lehre vom Verschulden beim Vertragsschluß, Diss. Düsseldorf 1935); Schumann HansRGZ. 1938 A. 181. Dabei erachtet es das RG. nicht für entscheidend, ob der VN. ein Recht auf Abschluß eines Vertrages habe, sondern nur ob Beziehungen bestehen, die nach Treu und Glauben mit Rücksicht auf die Verkehrssitte zu ordnen sind: RG. v. 26. 2. 35 = RG. 147/103 = JRPV. 104 = DÖV. 33 = JW. 1481 (Anm. von Jonas) = APV. 211 = HRR. Nr. 935; dazu Becker DÖV. 1936 S. 172, ibex das. S. 138; RG. v. 27. 11. 34 = JRPV. 1935 S. 11 (dazu Bischoff S. 36) = DÖV. 1935 S. 17 = HRR. 1935 Nr. 722 = Seuff. Arch 89/142 = Warn. 1935 Nr. 31; weitere Rechtsprechung bei Schack S. 42—44. — Ob solche Beziehungen bestehen, ist nach Lage des einzelnen Falles zu beurteilen. — Vergl. noch: KG. v. 15. 11. 30 = JRPV. 1931 S. 40 = APV 250; KG. v. 11. 2. 33 = APV. 82; Oldenburg v. 17. 6. 31 = APV. 1932 S. 7.

123) Anstatt § 18 I VVG. (ab 1. 7. 40 weggefallen): § 16 I S. 3 u. F. VVG.

124) Über die vorvertragliche Anzeigepflicht: Weil ZfVW. 1911 S. 119, Baseler ZfVW. 1914 S. 650, Koch ZfVW. 1927 S. 201, Gottschalk JRPV. 1927 S. 3, Haasen JRPV. 1928 S. 33, Bruck HansRGZ. 1925 S. 178, Ehrenberg ZfVW. 1925 S. 369 ff., Haymann DVA. 1933 S. 4, S. 945, 1061, ders. JRPV. 1934 S. 177 ff., Neumann Diss. Köln 1934, Bornmann DÖV. 1933 S. 5, DVers.Vertr. 1934 S. 1, Möller DVP. 1935 S. 45, JRPV. 1937 S. 144, ferner die bei Schack S. 77 Ziff. 14 angegebene umfangreiche Literatur. — Die Rechtsprechung zu den mit der vorvertraglichen Anzeigepflicht verbundenen Fragen ist sehr umfangreich: RG. v. 8. 12. 31 = JRPV. 1932 S. 43; JRPV. 1928 S. 255 (: Kritik der Reichsgerichtsurteile vom 20. 9. 27 = JRPV. 301 und RG. v. 15. 6. 1928 = JRPV. 213)); RG. v. 24. 11. 11 = WZ. I/335 = WZ. 1912 I 677; Dresden v. 14. 11. 28 = APV. 1929 S. 33; Hamm v. 25. 6. 28 = VuG. 138; LG. Danzig v. 15. 4. 30 = JRPV 225; Hamm v. 6. 7. 31 = APV. 281; Dresden v. 4. 6. 30 = JRPV. 368 = DÖV. 67; KG. v. 4. 12. 29 = JRPV. 1930 S. 80; RG. v. 20. 9. 27 = JRPV. 301; RG. v. 28. 3. 30 = RG. 128/116 = JRPV. 168 = DÖV. 45 = APV. 27 = DVP. 1931 S. 51 = JW. 3619 = DJZ. 1263; RG. v. 15. 5. 31 = RG. 132/386 = JRPV. 207 = DÖV. 51 = APV. 215 = JW. 3192 = HansRGZ. A. 661; Hamm v. 4. 1. 32 = APV. 226; KG. v. 8. 6. 32 = APV. 247; LG. Osnabrück v. 22. 12. 33 = DÖV. 1934 S. 72; Breslau v. 17. 10. 33 = JRPV. 1934 S. 254 = APV. 396 = HansRGZ. A. 167; Celle v. 8. 12. 33 = APV. 1934 S. 12; KG. v. 24. 6. 33 = DÖV. 68; RG. v. 17. 11. 33 = JRPV. 1934 S. 5; Düsseldorf v. 1. 12. 32 = JRPV. 1933 S. 304; für die Rechtsprechung nach 1933: auch Schack aaO. S. 79 ff. — Eine Zusammenstellung der europäischen Rechtsprechung der Fragen: Stiefel Ass. Jahrb. 1936 S. 192 ff., bes. 210 ff.

125) Wüstney S. 73.

126) So ausdrücklich die Antragsvordrucke verschiedener Gesellschaften („Für die Richtigkeit und Vollständigkeit der Antwort ist der Antragsteller verantwortlich, auch wenn

auch wenn er sich eines Agenten bei der Abfassung[129, 130] bedient[131]. Schreibt der Agent für den VN. die Antwort nieder, so handelt er als Beauftragter nicht des V'rers, sondern des anzeigepflichtigen VN.[132, 133]

Der unterschriebene Antrag begründet gemäß § 416 ZPO. vollen Beweis dafür, „daß die in demselben enthaltenen Erklärungen von dem Antragsteller abgegeben sind[134]". Enthält der Antrag als Antwort auf einzelne Fragen weder Worte noch Zeichen[135, 136], so kann die vorbehaltlose Annahme durch den V'rer dahin ausgelegt werden, daß er auf jene Fragen und ihre Beantwortung keinen Wert gelegt hat[137].

---

eine andere Person deren Niederschrift für ihn bewirkte"); auch RG. v. 30. 11. 28 = DOV. 1929 S. 33; KG. v. 16. 5. 31 = JRPV. 289; Celle v. 16. 1. 34 = JRPV. 251; Kiel v. 20 12. 29 = JRPV. 1930 S. 188; AG. Ludwigshafen v. 8. 1. 31 = JRPV. 184; Wuppertal v. 7. 7. 37 = JRPV. 315 (unter Hinweis auf RG. 66/275); KG. v. 3. 3. 34 = JRPV. 199; Weiler JRPV. 1928 S. 212. — Unrichtig und lebensfremd Hamburg v. 18. 2. 38 = JRPV. S. 284, wonach die Berufung auf eine Vertragsbestimmung, gem. welcher der VN. in jedem Falle für die Richtigkeit der im Antrag gemachten Angaben haftet, gegen Treu und Glauben verstoßen soll (!). Eine solche Bestimmung wird ausdrücklich gebilligt von Hamm v. 23. 3. 31 = APV. S. 42 und LG. Duisburg in JRPV. 1937 S. 239.

127) Über die Behandlung mehrerer nach den Verhandlungen als einheitlich aufzufassender VAnträge: KG. v. 6. 11. 26 = JRPV. 1927 S. 16; Beispiele für die Selbständigkeit mehrerer gleichzeitig gestellter Anträge: KG. v. 23. 12. 25 = JRPV. 1926 S. 35 ff. 128) Gottschalk VuG. 1926 S. 1.

129) Die Unterschrift unter dem Antrag muß zur Vermeidung von Zweifeln stets vom VN. selbst stammen: APV. 1935 S. 88, APV. 1932 S. 141, 1934 S. 121.

130) Über Fälschung des richtigen Antrags durch den Agenten: Düsseldorf v. 7. 12. 33 = JRPV. 1934 S. 153 = APV. S. 397 = HansRGZ. 1934 A. 174.

131) Bruck Komm. § 43 Anm. 12 ff.; überläßt der VN. dem Agenten ohne eigene Nachprüfung (Weiler JRPV. 1928 S. 212; ausländ. Rechtsprechung: Stiefel Ass. Jhrb. 1936 S. 213) das Ausfüllen des mit seiner Unterschrift versehenen Fragebogens, so handelt er zwar (im allgemeinen: anders u. U. wenn die zu beantwortende Frage nicht eindeutig war und der Agent eine dazu notwendige Erläuterung falsch gegeben hat: Kiel v. 20. 12. 29 = JRPV. 1930 S. 188; Celle v. 18. 12. 36 = JRPV. 1937 S. 223; Königsberg v 19. 5. 33 = JRPV. 1934 S. 175, Gottschalk VuG. 1926 S. 1, Haymann JRPV. 1936 S. 66, ders. DVA. 1937 S. 421 ff., KG. in APV. 1923 A. S. 88, Düsseldorf v. 21. 10. 26 = APV. 1927 S. 38 = JRPV. 1926 S. 350; RG. v. 2. 4. 35 = RG. 147/186 = JRPV. 134 = DOV. 47 = JW. 1932; Hamm v. 8. 10. 31 = APV. 285; unzutr. Köln v. 16. 6. 33 = JRPV. S. 355, Bruck Komm. § 43 Anm. 12. — Ausländische Rechtsprechung: Stiefel Ass. Jahrb. 1936 S. 205 zu e) schuldhaft (Düsseldorf v. 7. 11. 34 = JRPV. 1935 Zus. I S. 7; Hamm v. 23. 3. 31 = APV. S. 42; a. A.: Stuttgart v. 27. 3. 30 = JRPV. S. 385), aber nicht ohne weiteres, z. B. ohne Kenntnis der falschen Antwort, arglistig: RG. v. 30. 11. 28 aaO.; KG. v. 24. 3. 34 = JRPV.. 298; KG. v. 3. 12. 27 = JRPV. 1928 S. 60.

132) Er ist nicht „Dritter" i. S. von § 123 II BGB.: KG. v. 9. 11. 32 = JRPV. 1933 S. 136 = APV. 1933 S. 288 = HRR. 1933 Nr. 499; LG. Königsberg v. 20. 5. 36 = JRPV. 301.

133) Wüstney S. 74, Weiler JRPV. 1928 S. 212; LG. Berlin v. 11. 10. 34 = JRPV. 1936 Zus. II S. 40; Hamm v. 23. 3. 31 = APV. S. 42; (a. A. Hamm v. 4. 3. 25 = JRPV. 307) LG. Königsberg v. 20. 5. 36 = JRPV. 301, Bruck Komm. § 43 Anm. 16.

134) KG. v. 27. 1. 32 = JRPV. 119.

135) Über die Bedeutung von Strichen als Antwort: KG. v. 9. 7. 19 = NZ. 1920 S. 169 (unter Hinweis auf RG. in LZ. 1907 S. 598).

136) Über die Rechtslage im Falle eines mehrdeutigen Vertragsantrages: LG. Berlin v. 11. 10. 34 = JRPV. 1936 Zus. II S. 40.

137) Köln v. 1. 3. 34 = JRPV. 300 = APV. 39 = HansRGZ. A. 490 = HRR. Nr. 1466 = NZ. 1041 = Verk.Rdschau 597; ausländ. Rechtsprechung: Stiefel Ass. Jhrb. 1936 S. 211.

§ 8. Versicherung für fremde Rechnung. Abtretung des Versicherungsanspruchs.

(In die n. F. unverändert als § 7 übernommen.)

1. Soweit sich die Versicherung auf Haftpflichtansprüche gegen andere Personen als den Versicherungsnehmer selbst erstreckt, finden alle in dem Versicherungsvertrag bezüglich des Versicherungsnehmers getroffenen Bestimmungen auch auf diese Personen sinngemäße Anwendung. Die Ausübung der Rechte aus dem Versicherungsvertrag steht ausschließlich dem Versicherungsnehmer zu; dieser bleibt neben dem Versicherten für die Erfüllung der Obliegenheiten verantwortlich.

2. Ansprüche des Versicherungsnehmers selbst oder der in § 4 Ziffer II, 2 genannten Personen gegen die Versicherten sind von der Versicherung ausgeschlossen.

3. Die Versicherungsansprüche können vor ihrer endgültigen Feststellung ohne ausdrückliche Zustimmung der Gesellschaft nicht übertragen werden.

Diese Versicherung[1, 2] ist der allgemeinen Haftpflicht-V. wohl bekannt. Der gesetzlich geregelte Fall des § 151 VVG.[3], wonach sich die für die Haftpflicht aus einem geschäftlichen Betrieb des VN. genommene Versicherung auf die Haftpflicht der Vertreter[4] des VN. sowie solche Personen erstreckt, welche er zur Leitung oder Beaufsichtigung des Betriebes oder eines Teiles des Betriebes angestellt hat[5], ist vertraglich weitgehend ausgedehnt auf die Haftpflicht der Arbeiter und Angestellten des VN.[6]. Folgende Fälle können ferner als für die Haftpflichtversicherung typisch genannt werden: die **Privathaftpflicht-V.** des VN. schließt ein die Haftpflicht der Ehefrau des VN. und seiner in häuslicher Gemeinschaft mit ihm lebenden minderjährigen Kinder, auch die des Hauspersonals aus seiner Tätigkeit im Dienst des VN., bei der Haftpflicht-V. von **politischen Gemeinden** ist mitversichert die gesetzliche Haftpflicht, welche den ver-

---

1) Zur VffR.: die Kommentare zu §§ 74 ff. VVG., eingehend Kisch III S. 374 ff., Ehrenzweig II S. 395 ff., Schneider ZfVW. 1905 S. 230 ff., Lenné ZfVW. 1912 S. 1208 ff.

2) Zur Geschichte u. a. Cremer aaO. S. 7 ff.

3) Kisch III/411 und das. Anm. 10.

4) Zum Begriff des Vertreters: Hamm v. 15. 3. 37 = APV. 193 = HansRGZ. A. 457.

5) Dazu Köln v. 6. 3. 23 = APV. S. 64.

6) Der Einschluß der Haftpflicht der Arbeiter und Angestellten des VN. stellt für die Praxis den wohl beachtenswertesten Fall der VffR. im Bereich der allgemeinen Haftpflicht dar und entspricht insoweit dem Einschluß der Haftpflicht des Kraftfahrzeugführers für die Kraftfahrt-H-Versicherung.

fassungsmäßig berufenen Vertretern der Gemeinde in Ausübung ihrer Vertretungsmacht persönlich erwächst; bei der Haftpflicht-V. für Vereine ist die Haftpflicht der Vorstandsmitglieder ebenso eingeschlossen, wie bei der **Haus**-Haftpflichtversicherung die mit der Verwaltung des Grundstücks vom VN. beauftragten Personen den diese Tätigkeit umfassenden HV-Schutz genießen[7]. In den vorgenannten Fällen lehnt sich die Haftpflicht und damit auch die Haftpflichtversicherung des versicherten Dritten rechtlich oder wirtschaftlich[8] an das versicherte Risiko des VN. selbst an, welches in diesem Zusammenhang hier als Hauptrisiko bezeichnet wird. Die eigenen Interessen des VN.[9] an solcher Versicherung finden in dem oft prämienfreien Einschluß des fremden Risikos in die Hauptversicherung Anerkennung und Berücksichtigung. Die Motive dürften sich einmal decken mit den für § 151 VVG. maßgebenden gesetzgeberischen Erwägungen, aber auch in solchen zu suchen sein, die hier nur kurz angedeutet werden mögen durch Heranziehung des allgemeinen Gedankens einer Versicherungspflicht[10] (in Ansehung des H-Schädigers, d. i. = der Versicherte), der Geschäftsführung ohne Auftrag[11], oder der sozialen Funktion der Haftpflichtversicherung (in bezug auf den geschädigten Dritten). Schließlich wird damit der Tatsache Rechnung getragen, daß gewisse — rechtlich zu trennende — Personenkreise dennoch wirtschaftlich und vermögensmäßig gesehen eine Einheit bilden[12]. Ihrem inneren Wesen, Sinn und Zweck nach sind hiermit nicht völlig, d. h. in jeder Beziehung, gleichzustellen solche Versicherungen ffR., die einer rechtlichen oder wirtschaftlichen Anlehnung an ein Hauptrisiko entbehren, mögen sie auch äußerlich zusammen mit irgendwelchen anderen Risiken im gleichen Vertrag beurkundet sein. Hierher gehören z. B. die Fälle, daß zugleich mit einer Betriebshaftpflicht irgendwelche sonstigen H-Versicherungen, beispielsweise der leitenden Angestellten des Betriebs-

7) Schwaiger S. 130 ff.

8) Z. B. ist es dem VN. oft mit Rücksicht auf bestehende geschäftliche oder sonstige Beziehungen zum Geschädigten nicht erwünscht, wenn der Versicherer von der rechtlich bestehenden Möglichkeit, den Entlastungsbeweis gem. § 831 BGB. im Hinblick auf einen schädigenden Angestellten oder Arbeiter zu führen, Gebrauch macht. Auch deshalb wird oft die persönliche Haftpflicht dieser Personen eingeschlossen, wenn auch dieser Einschluß als solcher dem Versicherer nicht schon ohne weiteres die Führung des Entlastungsbeweises verbietet, sofern der Gegner nur den VN. selbst in Anspruch nimmt. Hierbei ist allerdings auf Treu und Glauben Rücksicht zu nehmen. Entsprechendes gilt für den Beweis, daß der VN. — bei Schädigung durch seine minderjährigen Kinder — seine Aufsichtspflicht nicht verletzt habe und daher in eigener Person nicht hafte.

9) Nicht zutreffend ist die in NZ. 1917 S. 462 ff. vertretene Auffassung, wonach die Mitversicherung des Dritten in erster Linie nur (?) die Erweiterung der Rechte des VN. bezwecke und sie nicht als Begünstigung des Versicherten im eigentlichen Sinne gedacht sei.

10) Dazu ZfVW. 1913 S. 602, 814, Dörstling („Die V-Pflicht im Privatrecht“): DOV. 1920 S. 166, Kisch III/377, Richter aaO. S. 87 ff., Osorowitz in DVA. 1934 S. 996 ff.

11) LG. Hamburg v. 20. 12. 38 = JRPV. 1939 S. 78.

12) Dies insbesondere z. B. bei Einschluß der Haftpflicht der Ehefrau und Kinder des VN.: Kisch III/376 Anm. 77.

inhabers in ihrer Eigenschaft als Privatperson, Jäger, Tierhalter usw., verbunden sind. Die innere Verschiedenheit der beiden Gruppen drückt sich für die erstere oft schon äußerlich in einer den Umfang des für den Versicherten gedeckten Risikos beschränkenden Fassung aus, die ihren Niederschlag finden in Wendungen wie „Haftpflicht des Hausverwalters in dieser Eigenschaft"; des Dienstpersonals „aus seiner Tätigkeit im Dienst des VN."; der verfassungsmäßig berufenen Vertreter „in Ausübung ihrer Vertretungsmacht" — usw. Es handelt sich hierbei nicht nur um die übliche und notwendige Risikobegrenzung schlechthin, vielmehr findet auch die wesensmäßig begründete Anlehnung dieser Versicherung an ein Hauptrisiko ihren Ausdruck, welches damit zugleich das angelehnte Risiko maßgeblich zu beeinflussen vermag[13].

Den Begriff[14] der VffR. bestimmt das Gesetz in § 74: „Die Versicherung kann von demjenigen, welcher den Vertrag mit dem V'rer schließt, im eigenen Namen für einen anderen mit oder ohne Benennung der Person des Versicherten genommen werden." Die weitere rechtliche Ausgestaltung wird in § 75 I 1 VVG. dahin getroffen, daß bei der VffR. die Rechte aus dem VVertrag dem Versicherten zustehen. Mit der herrschenden Meinung[15] reihen wir den VVffR. in den bürgerlich rechtlichen Typ des berechtigenden Vertrages zugunsten Dritter (§§ 328 ff. BGB.) ein, der freilich einige seiner Besonderheit angepaßte eigene Züge aufweist.

Gemäß den genannten gesetzlichen Bestimmungen ist wesentlich[16] für den Begriff und die Wirksamkeit dieser Rechtseinrichtung[17]:

1. der Bestand eines eigenen von dem des VN. verschiedenen Interesses des Versicherten[18, 19];
2. die Entstehung und das Bestehen der vertraglich begründeten Rechte einzig und allein in der und für die Person des Versicherten[20];

---

13) Vergl. z. B. Bl. 217.

14) Eine bessere Bezeichnung wäre „Versicherung eines fremden Interesses im eigenen Namen".

15) Kisch III S. 379 Anm. 20, S. 464 ff. mit Literaturangabe, setzt sich überzeugend mit der Gegenmeinung auseinander. Ferner Ritter S. 738 Anm. 10; KG. v. 19. 12. 31 = JRPV. 1932 S. 63 = HansRGZ. 1932 A. 469; Richter aaO. S. 16 Anm. 29. — Vergl. auch Anm. 67 zu § 8.

16) Ähnlich Lenné ZfVW. 1912 S. 1251.

17) Wenn auch die Person des V'ten gemäß § 74 I VVG. nicht benannt zu werden braucht, so verlangt auch diese Vorschrift, daß die Versicherung erkennbar „für einen anderen" genommen ist: RG. v. 16. 4. 29 = JRPV. 184 = APV. 246. — § 80 I VVG.

18) Wir haben, was die Bezeichnung betrifft, hier drei Parteien zu unterscheiden: a) den Versicherer (im Sinne der §§ 328 ff. BGB. = der Versprechende); b) den VN. (= Versprechensempfänger); c) den Versicherten (= Dritte); I/38 Anm. 197 b.

19) Versicherter ist (nach RG. 149/69 = JRPV. 1937 S. 354 = AVV. Nr. 3036 = JW. 1938 S. 381; KG. in JRVV. 1937 S. 40 = APV. 1936 S. 2951; KG. in JRPV. 1936 S. 366 = APV. 1936 Nr. 2923; Celle in HansRGZ. 1937 S. 55) auch: der wahre wirtschaftlich Versicherte. Dazu Prölß § 75 Anm. 4.

20) Durch Zahlung der Entschädigung seitens des Versicherers geht daher der Ersatzanspruch des V'ten (nicht der des VN.) auf den V'rer über: Karlsruhe v. 28. 5. 36 = RdK. 328; RG. 148/137, Prölß § 67 Anm. 3, Bruck Komm. § 67 Anm. 5.

3. die Entstehung des Rechtserwerbs des Versicherten aus einem fremden[21], d. h. ohne sein Zutun geschlossenen Vertrage.

Aus dieser Erkenntnis ergibt sich:

ad 1. Besteht ein eigenes Interesse des Versicherten nicht, so liegt begrifflich nur eine Eigenversicherung des vertragschließenden VN. vor[22].

ad 2. Der Umstand, daß die Rechte[23] aus dem VVertrag[24] dem Versicherten zustehen, ist ebenfalls für den VVffR. begriffswesentlich[25]. Denn der Versicherte ist der Interessenträger (siehe oben), so daß er allein den Schaden erleiden würde. Würde diese Bestimmung (des § 75 I 1 VVG.) vertraglich wegbedungen werden — grundsätzlich sind alle Vorschriften über die VffR. nachgiebigen Rechtes[26] — so läge ein VVffR. begrifflich nicht mehr vor; es handelte sich dann um eine Eigenversicherung, die aber als solche ohne Bestehen eines eigenen Interesses des VN. nicht wirksam wäre[27]. Die Rechte des Versicherten[28] sind eigene, entstehen unmittelbar in seiner Person und sind nicht von dem VN. abgeleitet[29]. Der Versicherte ist auch nicht Rechtsnachfolger des VN.[30].

ad 3. Der Versicherte erwirbt seine Rechte aus dem zwischen VN. und V'rer geschlossenen, also einem fremden Vertrag[31]. Er ist nicht Vertragspartei, wenn auch, und zwar in erheblichem Maße, Vertragsinteressent. Seine Rechte sind von dem Bestande dieses sie erst begründenden Vertrages abhängig, der

---

21) I/40, Kisch III/401 ff.

22) Vgl. Kisch III/549 ff., wonach die Auffassung, man könne fremde Interessen als eigene versichern, für das geltende Recht abzulehnen ist.

23) Ausnahme: § 75 I 2 VVG.

24) Das Gesetz spricht von „den Rechten aus dem VVertrag", nicht etwa nur von „dem Recht, die Leistung zu fordern" (§ 328 BGB.). — Im Gegensatz zu vielen, die nur das Recht auf Leistung (Kisch III/464 erwähnt nur die „Forderung auf Ersatz des VSchadens", Prölß § 75 Anm. 2 lediglich „geldliche Ansprüche") hierunter verstehen wollen, umfaßt der Gesetzesausdruck nach Ehrenzweig II/401 alle Vertragsrechte, also auch die Gestaltungsrechte, wie Kündigung, Rücktritt usw.; ähnlich Bruck Komm. § 75 Anm. 2, vergl. auch Anm. 39, 74 zu § 8.

25) Ehrenberg S. 190; unzutreffend Celle v. 11. 9. 34 = APV. 1935 S. 15 = HansRGZ. 1935 A. 176, wonach nur dem VN. ein HV-Anspruch zustehen soll.

26) Nach Kisch III/464 Anm. 1, Meyer LZ. 1910 S. 441 ff. ist die Bestimmung des § 75 I 1 VVG. zwingenden Rechts.

27) Ehrenzweig II/402, anders Hellwig S. 543 ff., dazu Kisch III/458 Anm. 7.

28) Über die Rechtslage, die besteht, wenn der V'te eine Ehefrau ist: Richter aaO. S. 28.

29) Es ist auch nicht so anzusehen, als wären sie ursprünglich beim VN. entstanden und durch einen Willensakt oder kraft Gesetzes auf den V'ten übergegangen: Kisch III/425 mit Rechtsprechung Anm. 5 das., Richter aaO. S. 19.

30) Daher gehören die Rechte aus dem Vertrag niemals zum Vermögen des VN., können von dessen Gläubigern nicht gepfändet werden und fallen nicht in seine Konkursmasse.

31) Kisch III/401, 469 V.

für Entstehung, Inhalt, Umfang, Dauer usw. der Rechte maßgebend ist. Ist der Vertrag als solcher ungültig, oder erloschen, oder stehen ihm Einwendungen entgegen, so wirkt dies gegen den Versicherten, und zwar grundsätzlich auch dann, wenn die rechtserheblichen Umstände nur in der Person des VN. begründet sind[32, 33].

Ob und inwieweit hierdurch tatsächlich die Rechte des Versicherten beeinflußt werden sollen, ergibt sich aus dem Vertrag, der ebenso wie die besonderen Umstände des einzelnen Falles eine abweichende Regelung begründen und rechtfertigen kann[34]. Dies folgt aus der Tatsache, daß grundsätzlich alle Bestimmungen der VffR. nachgiebigen Rechtes, also abweichender vertraglicher Regelung zugänglich sind. Hierdurch erhalten auch die ADB. als Teil des Vertrags besondere Bedeutung für die Rechte und Pflichten des Versicherten.

§ 8 Ziff. 1 S. 1

1. „Soweit sich die Versicherung auf H-Ansprüche gegen andere Personen als den Versicherungsnehmer selbst erstreckt . . .“

Die ADB. befassen sich nach ihrem Wortlaut mit der VffR. überhaupt nur für den Fall, daß der VN. ein eigenes Risiko beim V'rer gedeckt hat und dieser Vertrag „sich auch auf H-Ansprüche gegen andere Personen erstreckt“ (§ 8 Ziff. 1 Satz 1 a.F., § 7 Ziff. 1 Satz 1 n.F. ADB.). Sie folgen damit rein praktischen Erwägungen; denn ein VN. wird nur selten das Bedürfnis haben, ohne zugleich sich selbst zu versichern, lediglich die H. dritter Personen decken zu lassen. Allerdings steht begrifflich nichts im Wege, nur ein fremdes Interesse zu schützen. Die ADB. aber ziehen allein den Fall in Betracht, daß durch denselben Vertrag sowohl die Interessen des VN. wie die des Versicherten geschützt werden. **Die Bestimmungen des § 8 ADB. beziehen sich lediglich auf den Teil dieses einheitlichen Gesamtvertrages, der den Schutz fremder Interessen zum Gegenstand hat.** Diese beiden, äußerlich durch ein und denselben Rechtsakt begründeten und innerhalb derselben VUrkunde nebeneinander gestellten Vertragsteile haben nun nicht ohne weiteres und in jeder Beziehung immer ein gemeinsames Schicksal. Zwar ist dies der Fall, insoweit die rechtswirksame Entstehung, der weitere Bestand, oder die

32) Kisch III S. 421, 424—26 mit Literatur das. Anm. 6; a. A. Ehrenberg S. 195, ders. Iher. Ihrb. 30/466.

33) Daß das eigene Verhalten des V'ten seine Rechte beeinträchtigen kann, ist selbstverständlich und wird durch die Bestimmung des § 79 I n. F. VVG. besonders bedeutsam.

34) Kisch III/426, 7.

Beendigung des Gesamtvertrages als solcher in Frage stehen. Im übrigen muß die besondere Regelung in Gesetz und AVB., die Zweckbestimmung des Einzelvertrages, aber auch die besondere Funktion der HV., die auf soziale, die Interessen der Allgemeinheit (insbesondere des geschädigten Dritten) stark berührende Zwecke gerichtet ist, berücksichtigt werden, wenn es gilt, die Grenzen für die Auswirkung rechtserheblicher Umstände auf den gesamten Bestand des Vertrages oder einen seiner Teile zu bestimmen.

„... finden alle in dem Versicherungsvertrag bezüglich des Versicherungsnehmers getroffenen Bestimmungen auch auf diese Personen sinngemäße Anwendung."

Aus der Natur der Sache[35], nämlich dem in seinem Wesen gleichartigen Leistungsversprechen des V'rers für beide Vertragsbeteiligte und der Gleichartigkeit der geschützten Interessen, ergibt sich eine ihre (= VParteien) Rechtsstellung im wesentlichen als gleichartig bedingende Regelung[36]. Daß dies nicht unterschiedslos der Fall sein kann, folgt aus Satz 1 des § 8, wonach eine **sinngemäße** Anwendung aller[37] bezüglich des VN. getroffenen Bestimmungen des VVertrages[38] auf den Versicherten Platz greifen soll. Die Anwendung der Bestimmungen hat also auf die beiden Rechtsträger (= VN. und Versicherten) nicht völlig gleich, sondern der Besonderheit ihrer Stellung entsprechend zu erfolgen, ist also eine in diesem Rahmen individualisierte.

Es fallen aus: 1. Die nach dem Gesagten von vornherein als zur Anwendung auf den VVertragsteil, der den Schutz fremder Interessen vorsieht, untauglich erscheinenden Bestimmungen, die das Schicksal des Gesamtvertrages als solchen betreffen[39], z. B. § 3 I (Beginn des VSchutzes[40]),

35) Der Wortlaut in § 4 Ziff. 2 a. F. AKB. („und sonstige Anspruchserhebende") — ähnlich § 3 Ziff. 1 n. F. AKB. — ist nicht so klar wie der in § 8 Ziff. 1 AVB.: vergl. Anm. zu Reichsgericht v. 17. 2. 31 = DOV. 28, Stiefel § 4 Anm. 10. — Gem. Celle v. 11. 9. 34 = APV. 1935 S. 15 = HansRGZ. 1935 S. 176 ist nach den AKB. der VN. allein für die Erfüllung der Obliegenheit, auch soweit es sich um die V. zugunsten des Führers handelt, verantwortlich.

36) Zust. (für die gesetzlichen Bestimmungen) Lenné ZfVW. 1912 S. 1249; anders lehnte RG. v. 28. 6. 27 = RG. 117/327 = IRPV. 240 = HansRGZ. 735 = JW. 2801 eine entsprechende Anwendung des § 152 auf den V'ten ab. — § 8 Ziff. 1 Satz 1 AVB. bringt auch nach dieser Richtung Klarheit. Über Zweifel, die ohne die genannte Vertragsbestimmung bestanden: Ass. Jhrb. 1914 S. 25 ff.

37) Vorsichtiger benennt § 13 AFB. die einzelnen entsprechend anzuwendenden Bestimmungen.

38) Daß lediglich die vertraglichen Bestimmungen sinngemäß anzuwenden sind, sagt § 8 Ziff. 1 AVB. mit aller Deutlichkeit. Nicht zweifelsfrei nach dieser Richtung die Fassung von § 4 Ziff. 2 AKB. a. F. („alle für den VN. geltenden Vorschriften finden .. Anwendung"): dazu Stiefel § 4 Anm. 10, wonach bei diesem Wortlaut auch die entsprechenden Bestimmungen des VVG. einzubeziehen sind (anders § 3 Ziff. 1 n. F. AKB.).

39) Diese Frage ist nicht mit der in Anm. 24 zu § 8 erwähnten zu verwechseln. Dort handelt es sich „um die Rechte aus dem Vertrag" im Sinne von § 75 I 1 VVG., also lediglich aus dem Teil des Gesamtvertrages, der die VffR. betrifft. Schon aus der Tatsache der äußerlichen Verbundenheit der beiden VVerträge ist zu schließen, daß der V'te als nur Vertragsinteressent nicht auf das Schicksal des Gesamtvertrages Einfluß nehmen kann, auch wenn man ihm nach der genannten Gesetzesbestimmung (§ 75 VVG.)

§ 7 (Billigungsklausel[41]), § 9 (Prämienzahlung für den Gesamtvertrag[42]), § 10 (Vertragsdauer, Kündigung[43]);

2. Kraft ausdrücklicher Regelung in § 3 II Ziff. 2 Satz 2 AVB. findet nicht entsprechend Anwendung auf den Versicherten die Bestimmung des § 3 II Ziff. 2 Satz 1, wonach für den Umfang der Leistung des V'rers die in dem VSchein angegebenen VSummen die Höchstgrenze bei jedem Schadensereignis bilden. Vielmehr sollen die Höchstsummen auch dann nicht überschritten werden, wenn sowohl der VN. wie der Versicherte aus einem Schadensereignis in Anspruch genommen werden[44].

Die übrigen Bestimmungen sind danach jedenfalls grundsätzlich auf den Versicherten sinngemäß anzuwenden:

§ 1 Ziff. 1: Daraus ergibt sich, daß im Hinblick auf den Versicherten die Erfordernisse für den Eintritt des VFalles gesondert zu prüfen sind[45]. Ein solcher liegt — in seinem vollen Tatbestand[46, 47] — für ihn[48] nur dann vor, wenn auch H-Ansprüche gegen den Versicherten erhoben wurden[49].

§ 1 Ziff. 2a und b und § 2: Inwieweit die Bestimmungen des § 1, Ziff. 2a und b und des § 2 AVB. auf den VVffR. Anwendung finden, kann nicht ein für allemal, sondern nur an Hand des jeweiligen VVertrages und des dort für den Versicherten vereinbarten VSchutzes bestimmt werden. Lehnt sich dieser seinem Inhalt nach ausschließlich an das für den VN. gedeckte Hauptrisiko an und dehnt den insoweit vertragsmäßig in seinem Umfang festumgrenzten VSchutz lediglich im geschützten Personenkreis aus, wird also für den Versicherten nur ein — wenn auch eigener, so doch an das versicherte Hauptrisiko — angelehnter, nicht aber ein **risikomäßig gesehen** selbständiger VSchutz begründet, so verbietet

---

die Befugnis zur Ausübung der Gestaltungsrechte mit Ehrenzweig zuerkennt. Seinen Interessen ist mit der Möglichkeit, den Rechtserwerb aus dem VVffR. zurückzuweisen (§ 333 BGB.), nach dieser Richtung Genüge getan.

40) Mit Rücksicht auf den — wenn auch in getrennten Posten — einheitlich berechneten Gesamtprämienbetrag, „der Prämie" i. S. von § 3 I 1 AVB.

41) Prölß § 5 Anm. 3, von Oertzen ZfVW. 1911 S. 835.

42) Kisch III/432 ff.; wegen der Prämienzahlung durch den V'ten im Falle der Vorsorge-V. Bl. 218.

43) Unfried ZfVW. 1909 S. 279.

44) Darüber I/189.

45) Bl. 62 und das. Anm. 345.

46) Darüber, daß manche Obliegenheiten schon vor Eintritt des vollen Tatbestandes des VFalles zu erfüllen sind, und ferner, daß solche Obliegenheiten, soweit sie nach Eintritt des Schadensfalles, aber vor Erhebung von H-Ansprüchen, beobachtet werden müssen, nicht als Obliegenheiten anzusehen sind, die im Sinne von § 6 VVG. „vor" dem VFall zu beobachten sind: die Ausführungen bei § 6 AVB.

47) Vergl. auch § 5 Ziff. I n. F. AVB.: Anh. zu § 5.

48) KG. v. 13. 3. 37 = JRPV. 166/7.

49) Zust. (für Kfz.Versicherung): RG. v. 16. 3. 34 = RG. 144/163 = JRPV. 163 = DOV. 62 = APV. 20 = JW. 1721 = HRR. Nr. 1464 = DVP. 415 (dazu Cuntz JRPV. 1935 S. 305 ff.); RG. in APV. 1934 Nr. 2726 = DOV. 1935 S. 26 = HRR. 1935 Nr. 200; a. A. Celle v. 11. 9. 34 = APV. 1935 S. 15 = HansRGZ. 1935 A. 176.

die in § 8 geforderte sinngemäße Anwendung der Vertragsbestimmungen eine weitere Ausdehnung des VSchutzes für den Versicherten durch Einschluß von Erhöhungen oder Erweiterungen oder gar die Deckung eines „neuen" Risikos i. S. des § 2 ADB.[50, 51].

Bezieht sich jedoch die VffR. auf einen nur äußerlich aber nicht auch innerlich mit dem Risiko des VN. verbundenen, also insoweit selbständigen VSchutz[52], so steht nichts im Wege, auch die Erhöhungen und Erweiterungen dieses Risikos als miteingeschlossen anzusehen und den Versicherten insoweit auch in den Genuß des Vorsorge-VSchutzes gelangen zu lassen. Eine Voraussetzung[53] ist allerdings dann auch die Zahlung der entsprechenden Prämie. Damit haben wir hier einen Fall, in dem auch der Versicherte eine Prämie zu zahlen hat[54]; denn selbstverständlich kommt hier nur der Versicherte als Prämienschuldner in Frage, obwohl natürlich auch der VN. mit rechtlicher Wirkung für ihn zahlen kann.

§ 3 I: Wie bemerkt, findet § 3 I ADB., soweit sein verpflichtender Charakter reicht, auf den Versicherten keine Anwendung. Daß der Versicherte, und zwar noch mehr[55] wie sonstige Dritte[56], zur Zahlung **berechtigt ist,** steht damit nicht in Widerspruch.

§ 3 II: Die entsprechende und sinngemäße Anwendung der Bestimmungen des § 3 II Ziff. 1, 3, 4, III, bereitet keinerlei Schwierigkeiten. Zu § 3 II Ziff. 2 vgl. Blatt 217.

§ 4: Die Ausschlüsse des § 4 begrenzen in gleicher Weise den Umfang des VSchutzes für den Versicherten, wie für den VN. Hinsichtlich des § 4 II 1 ADB. vgl. I/248[57]; über die Bedeutung des § 4 II 2 für die VffR. vgl. bei § 8 Ziff. 2 ADB.: Blatt 230 ff. — Die Anwendung von § 4 II 3

---

50) Mit der hierin liegenden, praktisch allerdings nicht allzu erheblichen Ausnahme wird an der entsprechenden Stellung I/127 Ziff. 3 und das. Anm. 15 vertretenen Auffassung, die sich, wie die angegebenen Beispiele zeigen, lediglich auf den unselbständigen, angelehnten VVffR. bezog, festgehalten.

51) Diese Erkenntnis wird durch die Notwendigkeiten des VBetriebs bestätigt. Für diesen muß die Anwendung des § 2 in dem praktisch bedeutsamsten Fall des Einschlusses der H. von Arbeitern und Angestellten auch daran scheitern, daß die dort vorgesehene und notwendige spezielle (I/137) Aufforderung des Versicherers zur Anzeige des neuen Risikos schon allein wegen der Unbestimmtheit des in Betracht kommenden Personenkreises gar nicht zugestellt werden kann. Eine Anmeldung würde also nur im Schadensfalle vorgenommen und damit der dem VBetrieb wesensgemäße und unentbehrliche Wagnisausgleich nicht hergestellt werden können (I/138).

52) Z. B. die mit der Betriebs-HV. des VN. verbundene H. eines Angestellten in seiner Eigenschaft als Hausbesitzer, Jäger, Tierhalter, Privatmann oder dergl., Bl. 212.

53) Ein sogen. echte Voraussetzung: I/135, 136.

54) Zu Anm. 42 auf Bl. 217.

55) § 35 a I VVG.

56) I/152, 153.

57) Das das. Anm. 276 gen. RG-Urteil lehnte eine sinngemäße Anwendung des § 152 VVG. auf den V'ten ab. Diese Auffassung wird heute schon durch den Wortlaut des § 4 II 1 ADB. unmöglich gemacht, der die VAnsprüche aller Personen ausscheidet, die den Schaden vorsätzlich herbeigeführt haben.

setzt neben den übrigen Erfordernissen ein an den Versicherten gerichtetes Verlangen des V'rers auf Beseitigung voraus.

§§ 5 und 6: Vgl. hierzu die Ausführungen zu § 8 Ziff. 1 Satz 2 Halbsatz 2 ADB. auf Blatt 222 ff.

§ 11: Da gemäß der ausdrücklichen Bestimmung des § 11 Ziff. 1 Satz 2 ADB. die Ausschlußfrist erst mit dem Tage zu laufen beginnt, an dem der Anspruchsberechtigte durch eingeschriebenen Brief ... in Kenntnis gesetzt worden ist, Träger der Rechte aus dem VVffR., also Anspruchsberechtigter aber der Versicherte ist, so genügt zum Ingangsetzen der Ausschlußfrist hinsichtlich der Rechte des Versicherten nicht ein nur an den VN. gerichteter Einschreibebrief, vielmehr muß ein solcher ebenfalls dem Versicherten zugeleitet werden[58]. Unter Berücksichtigung nur des Wortlautes von § 12 III VVG. würde die Fristsetzung gegenüber dem VN. genügen; denn dieser allein kann gemäß § 8 Ziff. 1 Satz 2 ADB.[59] den Anspruch im Sinne der genannten Gesetzesbestimmung erheben. Demgegenüber spricht § 11 ADB. nicht von einem Bestreiten des „erhobenen" Anspruchs, sondern einfach von einem bestrittenen Anspruch und verlangt, daß der „Anspruchsberechtigte" von dem Bestreiten „seines" Anspruchs in Kenntnis gesetzt werde[60]. § 11 ADB. betrifft auch nicht Ansprüche, die mit dem Schicksal des Gesamtvertrages verknüpft sind, sondern den im Einzelfall geltend gemachten HV-Anspruch. Nur die erstgenannten sind aber grundsätzlich von der hier gebotenen sinngemäßen Anwendung auf den Versicherten ausgeschlossen[61].

§ 8 Ziff. 1 Satz 2 Halbs. 1

„Die Ausübung der Rechte aus dem Versicherungsvertrag steht ausschließlich dem Versicherungsnehmer zu;"

Hiermit[62, 63] wird Umständen Rechnung getragen, die sich aus dem technischen Aufbau und praktischen Erfordernissen des VWesens notwendig[66] ergeben, vor allem im Hinblick auf die §§ 75, 76 VVG. Es muß unterschieden werden zwischen der unabdingbaren Stellung des Ver-

58) Bl. 326; a. A. wegen der mangelnden Verfügungsbefugnis des V'ten: Prölß § 75 Anm. 3, Stiefel § 4 Anm. 3.

59) Bruck Komm. § 12 Anm. 13 stellt folgerichtig darauf ab, wer verfügungsberechtigt ist: wie Bruck auch Prölß § 12 Anm. 5. Ebenso dürfte die Rechtslage nach § 8 a. F. AKB. zu beurteilen sein, der ebenfalls von dem „erhobenen Anspruch" redet (anders § 8 n. F.).

60) Die abweichende Auffassung I/58 wird aufgegeben.

61) Bl. 216.

62) Nach dem VVG. hat nicht eine Trennung in der Weise stattgefunden, „daß dem V'ten lediglich das Recht als solches, dem VN. dagegen dessen Ausübung zugewiesen ist": JRPV. 1936 S. 293.

63) Über die Gründe: Kisch III/470 ff.

66) Nicht für notwendig erachtet die in den AVB. getroffene Regelung für die H-Versicherung: JRPV. 1936 S. 293.

sicherten als Träger der Rechte[67], der gegenübersteht die Verfügungsmacht[68] über die Rechte und die Möglichkeit, sie gerichtlich geltend zu machen, also ihre praktische Verwertbarkeit, über die vertragliche Vereinbarungen möglich und zulässig sind[69]. Der Besitz des VScheins[70], auf den das Gesetz hierfür rechtserheblich abstellt, ist nach den ADB. bedeutungslos[71]. Da die ADB. nur den Fall einer verbundenen, d. h. gemeinsamen Versicherung eigener und fremder Interessen kennen, der VSchein sich also ohnehin stets in den Händen des VN. befindet, enthält insoweit § 8 Ziff. 1 Satz 2 ADB. inhaltlich eine neue und eigene Aussage nicht.

Ausgeschaltet ist nur die Verfügungsmacht über die Rechte „aus dem VVertrag"[72], also diejenigen, die der Versicherte aus seiner Stellung im und zum VVffR. als solchem und zu dessen Vertragsparteien hat. Die Rechte und Möglichkeiten jedoch, die insoweit nicht vertragsbedingt sind, sondern jedermann zustehen, werden hierdurch nicht berührt; denn die Rechtsposition des Versicherten soll nicht stärker beschnitten werden als die eines am Vertrage unbeteiligten Dritten[73]. Beschränkt ist der Versicherte nur als solcher in der Ausübung[74] der besonderen Rechte, die sich für ihn aus dem VVertrag ergeben. Insoweit allerdings ist er völlig mundtot gemacht. Beschränkt ist nicht nur das Recht, die vertraglich zugesagte Leistung zu fordern, sondern jede rechtsgeschäftliche Betätigung, die auf eine unmittelbare Übertragung (vgl. § 8 Ziff. 3 ADB.), Belastung, Änderung oder Aufhebung[75] gerichtet wäre[76, 77, 78]. Nur

---

67) Dadurch verliert der Vertrag nicht den Charakter eines solchen zugunsten Dritter (Anm. 15 zu § 8), wie Düsseldorf v. 17. 2. 36 = JRPV. 174 und vom 2. 3. 36 = JRPV. 205 angenommen hat. Dagegen mit Rechtsprechung: Becker JRPV. 1936 S. 174/5; auch RG. v. 18. 12. 14 = WZ. II 1915 S. 945 ff., zweifelnd: JRPV. 1936 S. 293.

68) Nicht unterschieden bei Celle v. 11. 9. 34 = APV. 1935 S. 15 = HansRGZ. A. 176.

69) Vollkommen durchgeführt ist damit die Trennung des Gläubigerrechtes und der Ausübung des Gläubigerrechtes: KG. v. 17. 5. 30 = JRPV. 336.

70) Über den VSchein bei der Fremdversicherung: Kisch III/611 ff.

71) „Der Besitz des VScheins nützt dem V'ten nichts (Ausschaltung des § 75 VVG.) und der VN. braucht ihn nicht (Ausschaltung des § 76 VVG.)": Stiefel § 4 Anm. 2; vergl. Krebs S. 10/11.

72) Dazu Richter S. 21 d ff.

73) JRPV. 1936 S. 294; a. A. das RG., welches z. B. dem V'ten die Erhebung einer auf das Bestehen von VSchutz gerichteten Feststellungsklage versagt, dem geschädigten Dritten aber eine solche sogar u. U. ohne Pfändung des HV-Anspruchs zubilligt: RG. v. 10. 5. 40 = JRPV. S. 91 unter ausdrücklicher Bestätigung dieser Rechtsprechung und Hinweis auf RG. v. 19. 6. 34 = JRPV. 220 = APV. 225; vergl. auch RG. v. 24. 2. 28 = VuG. S. 83.

74) Das VVG. spricht in § 75 II von der „Verfügung über die Rechte", womit sachlich nicht mehr und nichts anderes gesagt ist. Es besteht also hinsichtlich des Ausdrucks Übereinstimmung zwischen § 75 I 1 VVG. und § 8 Ziff. 1 Satz 2 ADB.; beide Male heißt es „Rechte aus dem VVertrag": Anm. 24 zu § 8.

75) Damit ist auch ein Verzicht des V'ten auf die Leistung des Versicherers aus dem Vertrag unwirksam (RG. v. 14. 6. 18 = APV. A. S. 20; über die Frage, ob und inwieweit der VN., infolge oder trotz Verfügungsmacht, auf die Rechte des V'ten dem Versicherer gegenüber rechtswirksam verzichten kann — der Ausdruck Verzicht ist

die Ausübung der Rechte des Versicherten steht dem VN. zu, nicht die Befugnis, das Verfügungsrecht[79] im ganzen und als solches an andere Personen weiterzugeben[80]. Die Ausübung von Rechten durch den VN. ist nur möglich, wenn und soweit solche für den Versicherten entstanden sind und noch bestehen, denn sie bleiben nach wie vor seine Rechte. Abmachungen zwischen dem VN. und dem Versicherten über eine bestimmte Art der Geltendmachung bleiben nach außen wirksam und haben gegebenenfalls Schadensersatzansprüche zur Folge. Ein verbotswidrig vom Versicherten vorgenommener Verfügungsakt hat bindende Kraft weder gegenüber dem Versicherer noch dem VN., ist also relativ unwirksam (§ 135 BGB.)[81]; auch einen Gutglaubensschutz für den Dritten[82] gibt es hier nicht. Die Beschränkung der Verfügungsbefugnis in den §§ 75,

---

ungenau aber gebräuchlich: Kisch III/493 Anm. 13 — sind die Meinungen geteilt: KG. v. 22. 1. 38 = JRPV. S. 120/1. — Für Verzichtsmöglichkeit: RG. v. 29. 9. 36 = JRPV. 328 = APV. 230 = JW. 3531 = DOV. 1937 S. 133 = HRR. 1937 Nr. 18; Reichsaufsichtsamt in APV. 1930 S. 139; Stuttgart v. 4. 11. 31 = APV. 291; Hamburg v. 8. 10. 37 = JRPV 1938 S. 172/3 unter Hinweis auf die Zustimmung in RG. 150/181 und RG. v. 17. 6. 37; vergl. auch NZ. 1917 S. 462 ff.; Kisch III/493 ff. mit Literatur, Mohr JRPV. 1934 S. 52, Loppuch JRPV. 1936 S. 295. — Gegen Verzichtsmöglichkeit: Düsseldorf v. 24. 5. 1937 = JRPV. 1938 S. 26, Becker JRPV. 1933 S. 97. — Vergl. auch hier die Ausführungen über die Möglichkeit des VN. auf seine HV-Ansprüche zu verzichten in I/54). — Wohl kann er natürlich von vornherein das aus dem Vertrag erworbene Recht als solches und insgesamt zurückweisen (§ 333 BGB.): Bruck Komm. § 75 Anm. 3; nach Kisch III/455 ff. ist die Ablehnung des Rechts auf Entschädigung nicht eine „Verfügung" im Sinne von § 75 II VVG., dazu RG. v. 14. 1. 21 = APV. 1922 S. 15.

76) Verpflichtungsgeschäfte werden hiervon nicht berührt, bleiben vielmehr gültig (§ 137 BGB.) Kisch III/471.

77) Die gerichtliche Geltendmachung einer Forderung ist nicht eine Verfügung: Kisch III/471, 472, 507, Richter aaO. S. 33; daher ist in § 75 II VVG. — allerdings nicht auch in den AVB., die nach Richter S. 33 aber die Befugnis zur gerichtlichen Geltendmachung einbegreifen — die gerichtliche Geltendmachung ausdrücklich neben der Verfügung erwähnt. Besondere Erwähnung erachten für unnötig: Bruck Komm. § 75 Anm. 5, Ritter S. 749, Ehrenzweig II/409 und Anm. 28 das., Raiser § 13 Anm. 23, auch Kisch aaO. gibt dem VN. die Klagebefugnis; offenbar auch KG. v. 22. 1. 38 = JRPV. S. 120, auch NZ. 1917 S. 462 ff. unter Hinweis auf Rechtsprechung.

78) Kisch III/470 nennt als hierher gehörend z. B.: Erlaß der Forderung (ganz oder zum Teil), die völlige oder teilweise Abtretung, die Bestellung eines Pfandrechtes oder Nießbrauches, die Stundung, die Bewilligung der Zahlung in Raten oder Wechseln, die Vereinbarung eines besonderen Erfüllungsortes oder einer bestimmten Art für die Versendung des Geldes, die Aufrechnung der VForderung mit einer eigenen Schuld des V'ten, die Einziehung, die Annahme einer anderen Leistung statt der Entschädigungssumme an Erfüllungsstatt. Ferner die Mahnung, die Anerkennung von Gegenrechnung und Einrederechten des Versicherers, seiner Aufrechnungs- und Zurückbehaltungsbefugnis, die bindende Festlegung gewisser Grundlagen der VForderung, insbesondere der Schadenshöhe usw.; ferner Richter aaO. S. 35—44.

79) Über die Natur dieses Verfügungsrechts Kisch III/487 ff.

80) Der Abtretung des VAnspruchs — auch an den V'ten — steht § 8 Ziff. 3 AVB. entgegen.

81) Kisch III/478. Eine Verhinderung durch höhere Gewalt i. S. des § 203 II BGB. liegt in der Beschränkung des VN. nicht; der Beginn des Laufs der Verjährungsfrist wird dadurch nicht aufgehalten: RG. v. 29. 9. 36 = JRPV. 328 = DOV. 1937 S. 133 = JW. 3531 = HRR. Nr. 18.

82) Über Einzelheiten vergl. die Komm. zu §§ 75, 76 VVG., ferner Kisch III/478 ff., Stiefel § 4 Anm. 3, 4.

76 VVG. kann durch Zustimmung[83] des VN. zur Verfügung wieder aufgehoben werden; denn sie tritt nur im Zweifel ein und ist abdingbar[84]. Eine solche Abänderung[85] enthält § 8 Ziff. 1 Satz 2 ADB. durch den Zusatz „ausschließlich". Die Ausübung der Rechte aus dem VVertrag muß in jedem Fall in der Hand des VN.[86] bleiben, unabhängig von der nur in die Entschließung des VN. gestellten Genehmigung. Dies ist für die ADB. nun sichergestellt[87, 88].

„... dieser bleibt neben dem Versicherten für die Erfüllung der Obliegenheiten verantwortlich[89]."

Die ADB. berücksichtigen nur einen Vertrag, der die Versicherung fremder und zugleich eigener Interessen verbindet. Die zu erläuternde Bestimmung bezieht sich nur auf die VffR., also den diese betreffenden Vertragsteil. Die Frage, inwieweit die Obliegenheiten vom Versicherten oder vom VN. zu erfüllen sind, hat das VVG. mit Absicht nicht beantwortet. Dies sollte der Wissenschaft vorbehalten bleiben[90]. Für die ADB. ergibt sich schon aus Satz 1 des § 8, daß der Versicherte sämtliche Obliegenheiten zu beobachten hat[91]. Hieraus können indessen auf ihre Rechtsnatur Schlüsse nicht gezogen werden. Die Vertreter der sogenannten Voraussetzungstheorie tun dies bisweilen[92] unter Hinweis darauf, daß der Versicherte nicht Vertragspartei sei und es daher an einer vertraglichen Übernahme durch ihn fehle. Einen Vertrag zu Lasten Dritter aber erkenne das geltende Recht nicht an[93]. Daraus sei zu schließen, daß

83) §§ 75 II, 76 II VVG., dazu Kisch III/472 ff., JRPV. 1936 S. 293, Richter aaO. S. 44 ff.

84) Kisch III/480.

85) Damit entfallen für die ADB. z. T. die Gründe, die Richter S. 33/34 gegen den Charakter der verbotswidrig vorgenommenen Verfügung als eine relative Unwirksamkeit geltend macht; gegen Richter: Kisch III/478 ff., vergl. auch Schneider WuRdV. 1913 S. 171.

86) Über die Gründe: RG. v. 18. 12. 14 — WZ. 1915 II S. 945/48: „Durch eine solche Abrede will einerseits der Versicherer sich dagegen schützen, daß er nicht von unbekannten dritten Personen in Anspruch genommen werden kann, andererseits will der VN. zur Wahrung seiner Interessen, insbesondere seiner Rechtsstellung gegenüber dem Versicherer, sich selbst die Entscheidung darüber vorbehalten, ob und welche Ansprüche auf Grund der Versicherung erhoben werden sollen."

87) Kisch III/480, 481.

88) Damit ist für den Versicherer jeder Zweifel über das Verfügungsrecht und die Legitimation in Ansehung der VForderung beseitigt, was z. B. praktisch werden kann, wenn der Versicherer in bezug auf die VForderung ein Rechtsgeschäft vornehmen will: Kisch III/482, 483.

89) Über die Bedeutung dieser oder ähnlicher Fassungen: Cremer aaO. S. 2.

90) Begründung zu § 79 VVG., Raiser § 13 Anm. 25.

91) Nicht beachtet in RG. v. 17. 2. 31 — JRPV. 89 — APV. 20 — DOV. 27 — DVP. 592 (§ 4 Ziff. 2 a. F., § 3 Ziff. 1 n. F. AKB.).

92) Bruck PVR. S. 286 Anm. 35, Stiefel § 4 Anm. 6, Cremer S. 4 Anm. 14, Richter S. 17, 18, 66 ff.

93) RG. v. 14. 1. 21 — APV. 1922 S. 15/16 meint allerdings, daß, da für den V'ten unmittelbar aus dem Vertrag, ein Vertragsrecht erwachsen war, es grundsätzlich möglich war, die Obliegenheiten, die der VVertrag zu Lasten des VN. vorsah, sich auch (i. d. h. doch wohl in gleicher Weise) auf Seiten des V'ten ergaben.

die vom Versicherten zu beobachtenden Obliegenheiten nicht echte Rechtspflichten sondern nur Voraussetzungen im Sinne der genannten Theorie sein könnten, die für den Versicherten aufzustellen die Vertragsparteien nicht gehindert seien. —

Abgesehen davon, daß man nicht gehindert wäre — und zwar gerade aus den genannten Gründen — einer den Charakter einer echten Rechtspflicht **für den VN.** tragenden Obliegenheit im Hinblick (nur) auf den Versicherten einschränkend die Natur der Voraussetzung zuzusprechen[94], wird die voraussetzende Behauptung der genannten Vertreter wiederholt bestritten[95]. Zu erwägen ist ferner, daß, soweit die in den ADB. enthaltenen Obliegenheiten zugleich Gesetzesrecht wiedergeben — und das ist weitgehend der Fall[96] — oder soweit das Gesetz bestimmte Obliegenheiten allein enthält, ihre Auferlegung nicht durch den Vertrag sondern kraft Gesetzes erfolgt, die durch den Vertrag hergestellte Verbindung und Grundstellung des Versicherten zum Gesetz mangels Zurückweisung des Rechtserwerbs durch ihn (§ 333 BGB.[97]) als übernommen anzusehen ist[98]. Schließlich ist durch § 79 VVG. eine Bestimmung dem Gesetz eingefügt worden, die ein allgemeines Prinzip wiedergibt[99] und die daher

---

94) Cremer S. 51, anders wohl Richter S. 67.

95) Kisch III/381 gibt ausdrücklich die Möglichkeit zu, Obliegenheiten mit dem Charakter echter Rechtspflichten dem V'ten aufzuerlegen: „Soweit aber wirkliche Pflichten in Frage stehen, haben sie untergeordnete Bedeutung, erscheinen sie mehr als Reflexe aus der VForderung, denn als selbständige Verpflichtung, und erklären sich leicht aus dem das VRecht beherrschenden Grundsatz von Treu und Glauben"; ders. S. 425 („und soweit ausnahmsweise aus dem Vertrag Pflichten für den V'ten erwachsen . . .") und S. 431/2. — Vergl. aber Kisch III S. 440: „Dagegen kann durch einen Vertrag, an dessen Abschluß der V'te keinen Anteil hat, ihm eine förmliche Handlungspflicht nicht auferlegt werden, also auch nicht für den Fall der Verletzung einer solchen die Pflicht zum Schadenersatz"; derselbe S. 448 Ziff. 4, 450 Ziff. 4. — Lenné ZfVW. 1912 S. 1238: „Diese grundsätzliche Konstruktion der VffR. schließt es nicht aus, daß aus besonderen versicherungsrechtlichen Gründen und wegen Treu und Glauben gewisse „Obliegenheiten" und auch eigentliche Pflichten (!) . . . neben dem VN. auch von dem V'ten, der nicht Vertragsteil ist, zu erfüllen sind . . ."; für die gleiche Auffassung stützt sich ebenfalls „auf versicherungstechnische Gründe und in zweiter Linie den Grundsatz von Treu- und Glauben": Krebs S. 16. — Ehrenzweig ZfVW. 1931 S. 373: „Das (nämlich warum auch der V'te Verbindlichkeiten, die auf dem zwischen dem Versicherer und dem VN. abgeschlossenen Vertrage beruhen, zu erfüllen hat) ist ohne jede Theorie der Obliegenheit zu erklären. Denn eine „gewillkürte Spaltung der Parteirolle darf die Risikolage des Versicherers nicht verschlechtern". — Nach Raiser § 13 Anm. 26 handelt es sich bei der Auferlegung der Obliegenheiten auf den V'ten nicht um einen Vertrag zu Lasten Dritter, sondern lediglich eine Einschränkung des Versprechens der Leistung an den Dritten, eine Einschränkung, die durch Treu und Glauben geboten ist.

96) Bl. 21.

97) Richter S. 61 ff.

98) Krebs aaO. S. 58 meint: „Zur Begründung einer Heranziehung des V'ten zu den vertragsmäßig übernommenen Obliegenheiten läßt sich noch folgendes sagen: diese Obliegenheiten bezwecken in der Hauptsache eine Ergänzung der allgemeinen (soll wohl heißen: der gesetzlich bestimmten. Verf.) Obliegenheiten. Da diese den V'ten bereits treffen, wird man die vertraglichen Ergänzungen hierzu auch ihm auferlegen dürfen, sofern ihm dabei nichts Ungewöhnliches zugemutet wird."

99) Prölß § 79 Anm. 1; Ehrenzweig II/404 Ziff. 3 erblickt hier „nicht mehr als einen Leitsatz".

nicht nur eine Gleichstellung des Versicherten und des VN. im Rahmen des Gesetzes (so der Wortlaut des § 79) sondern auch der ADB. anordnet[100, 101].

Der Versicherte hat danach die vertraglichen Obliegenheiten zu beobachten[102]. Neben ihm[103] bleibt zugleich der VN. hierfür verantwortlich. Auch ihn trifft die Pflicht, die den Versicherten auferlegten Obliegenheiten — und damit also gerade und allein diejenigen, welche sich auf den Teil des Gesamtvertrages beziehen, der die VffR. zum Gegenstand hat — selbst, d. h. als eigene[104] zu beobachten[105, 106].

Bei der Feststellung, welche Folgen die Verletzung einer der Erfüllung des VVffR. dienenden Obliegenheit hat, sind vorweg die Fälle auszuscheiden, in denen der VN. oder der Versicherte Erfüllungsgehilfe oder Wissensvertreter oder Repräsentant des anderen Teils ist, damit also die Fragen, ob und inwieweit fremdes Handeln und Wissen einer Person dem Verpflichteten zu dessen Lasten zuzurechnen ist[107]; denn es handelt sich nicht darum[108], inwieweit der selbst Verpflichtete für fremdes Tun aus seiner besonderen Beziehung zur handelnden Person heraus **wie für eigenes** einstehen muß, sondern darum, ob, — und wenn ja: inwieweit — das Handeln jedes der **beiden** Verpflichteten auf die Rechtslage des anderen einwirken kann.

Besondere Sanktionen sieht § 8 ADB. nicht vor. Es gelten daher in erster Linie die allgemeinen gesetzlichen Bestimmungen, die bei Verletzung von Rechtspflichten Schadensersatzansprüche begründen. Von Be-

---

100) Schon nach der Fassung des VVG. vor der Novelle (also ohne Berücksichtigung des § 79 n. F. VVG.) bemerkt Cremer aaO. S. 22: „Der V'te nimmt insoweit bei der VffR. keine andere Stellung ein, wie der VN. bei der Eigen-V. Er hat alle Obliegenheiten und Pflichten zu erfüllen ohne Unterschied, ob sie gesetzlich oder vertraglich begründet sind (h. M.: Bruck Komm. Vorbem. III vor §§ 74—80 VVG., Kisch III/423, Ritter S. 736) und zwar im eigenen Namen ..."; a. A. Krebs S. 14 unter Hinweis auf RG. 117/324.

101) Einzelheiten bei Cremer S. 25 ff., Krebs S. 19 ff.

102) Zust. — ohne nähere Begründung —: Hamburg v. 22. 9. 38 = JRPV. 347/8.

103) Diese Fassung ist klar und läßt keine Zweifel darüber aufkommen, daß der V'te — und zwar in erster Linie, denn der VN. bleibt lediglich „neben ihm" verantwortlich — die Obliegenheiten zu erfüllen hat; vergl. andererseits die (unzutr.) Erwägungen des RG. zu § 4 a. F. AKB. im Urteil v. 17. 2. 31 = JRPV. 89 = DOV. 27 = APV. 20 = DVP. 592.

104) z. B. die Anmeldung eines gegen den V'ten laufenden Strafverfahrens: Karlsruhe v. 14. 7. 32 = APV. 261; nicht beachtet in KG. v. 16. 12. 33 = JRPV. 1934 S. 93 = APV. 1934 S. 23.

105) Diese Pflicht begründet also nicht eine Haftung für das Verhalten des V'ten, sondern für das eigene Verhalten des VN. Es wird demnach nicht — wie Braunschweig v. 25. 10. 35 = JRPV. 1936 Zus. I S. 10 unzutr. ausführt — eine Verantwortlichkeit des VN. „für die Erfüllung der Obliegenheiten durch den Drittversicherten" begründet, sondern eine solche für das eigene Tun des VN. (Bl. 229 zu a).

106) Diese Bestimmung ist auch völlig klar, so daß für sie die Ausführungen bei KG. v. 5. 6. 29 = JRPV. 300 = Verk.rechtl.Rdsch. S. 427 nicht in Betracht kommen können.

107) Darüber Bl. 46 ff.

108) Cremer S. 26/27.

deutung ist hier wieder die Frage nach der Rechtsnatur der Obliegenheit, die bereits früher behandelt wurde[109].

Was weiterhin die Verwirkung des VSchutzes anlangt, so gehört zu den in Satz 1 des § 8 AVB. sinngemäß auf den Versicherten anzuwendenden Bestimmungen auch § 6 mit seiner entsprechenden Klausel. Der Versicherte genießt zugleich den Schutz dieser Vorschrift[110], die nur auf eine vorsätzliche oder grobfahrlässige Verletzung abhebt[111, 112, 113]. — Die Frage der Kenntnis des Versicherten vom Bestehen des VSchutzes für ihn gewinnt besondere Bedeutung[114]. Dabei ist zu berücksichtigen, daß im Rahmen der allgemeinen Haftpflicht der Einschluß des VSchutzes dritter Personen nicht in so weitem Umfange besteht, wie z. B. bei der Kraftfahrzeug-Haftpflichtversicherung. Weiß der Versicherte[115, 116] von der zu seinen Gunsten abgeschlossenen Versicherung[117], so dürfte über seine Kenntnis der AVB. und damit die der zu beobachtenden Obliegenheiten das gleiche wir für den VN.[118] zu sagen sein. Allerdings befinden sich der VSchein und die mit diesem verbundenen AVB.[118a] nicht in seinem Besitz[119], was sich unter Umständen[120] zu seinen Gunsten auswirken kann.

---

109) Bl. 61, 88, 112, 124, 143, 159, 160.

110) Hamburg v. 22. 9. 38 = JRPV. S. 347/48 zu c und d.

111) Kisch III/450, 452; Krebs S. 58. — Zutr. weist Schneider ZfVW. 1905 S. 234 darauf hin, daß „die Entschuldbarkeit einer Pflichtverletzung bei dem VVerhältnis ffR. weit öfter muß angenommen werden, weil hier der eine oder andere von jenen beiden der Sachlage fernzubleiben pflegt".

112) Zutr. führt Cremer S. 25/26 aus, daß die Frage, ob die Verletzung einer Obliegenheit schuldhaft i. S. des § 6 VVG. ist, erst zu prüfen ist, nachdem feststeht, daß der V'te diese Obliegenheit zu erfüllen überhaupt gehalten ist.

113) Vergl. auch den Anhang zu § 6 AVB.

114) Ehrenzweig II/405: „Im übrigen kann es für die Rechtserheblichkeit des Verhaltens und der Kenntnis des V'ten nicht genügen, daß er in dem entscheidenden Zeitpunkt Interesseträger war. Es ist erforderlich, daß er sich als V'ter betrachten mußte, daß er also, wenn er nicht gerade Kenntnis vom Bestand der V. hatte, zum mindesten auf Grund des von ihm erteilten VAuftrages mit dem Bestand der V. rechnen mußte." — Raiser § 13 Anm. 25, Krebs S. 58, stark einschränkend: Cremer S. 51 — vergl. Prölß § 75 A. 3.

115) Hierdurch erhält auch das Innenverhältnis (dazu Kisch III/523 ff., Prölß § 77 Anm. 1, Stiefel § 4 Anm. 7) zwischen VN. und V'ten seine Bedeutung für die zu beobachtenden Pflichten des V'ten wie die Folgen ihrer Verletzung. Vergl. Schneider ZfVW. 1905 S. 253.

116) Kisch III/440, 454.

117) Nicht anzuerkennen sei das Bestehen einer Obliegenheit für den V'ten, sich über das Vorliegen einer V. zu vergewissern, oder gar über den Inhalt der AVB., solange sie ihm nicht ausgehändigt sind, zu unterrichten, meint: RG. v. 2. 1. 13 = APV. 1914 S. 41.

118) I/24; positive Kenntnis auch vom Bestehen der Obliegenheit verlangt Krebs S. 58/9, dazu Braunschweig v. 13. 7. 20 = LZ. 1921 S. 274, RG. v. 11. 4. 19 = APV. A. S. 58, RG. 95/250.

118 a) Vergl. Anm. 3 a. E. zu § 7.

119) Auch sonst wird u. U. die Frage des Verschuldens des V'ten aus dem Innenverhältnis zum VN. zu prüfen sein.

120) Zur Vertragsgrundlage werden die AVB. auch dann, wenn nur der VN. (vergl. aber Anm. 3 a. E. zu § 7), nicht aber auch der V'te, sie erhalten hat: KG. v. 9. 7. 35 = JRPV. 283.

Verletzt der Versicherte in dieser Weise vorsätzlich oder grobfahrlässig eine Obliegenheit, so ist sein VSchutz, also der aus dem VVffR. zustehende HV-Anspruch, verwirkt. Dem VN. gegenüber kann dies — für dessen Anspruch aus dem die Eigenversicherung betreffenden Teil des Gesamtvertrages — nur dann ebenfalls gelten, wenn die Obliegenheit zugleich in Ansehung dieses Teils (= Eigenversicherung) zu erfüllen und der VN. für das Handeln des Versicherten wie für eigenes verantwortlich ist[121].

Bei der Beurteilung, welche Folgen eine Obliegenheitsverletzung durch den VN. hat, ist vorweg wiederum darauf hinzuweisen, daß es sich dabei im Rahmen des § 8 ADB. nur um solche Obliegenheiten handeln kann, die in bezug auf den Teil des Gesamtvertrages zu erfüllen sind, der die VffR. zum Gegenstand hat. Erfüllt der VN. solche Obliegenheiten grobfahrlässig oder vorsätzlich nicht, die sich auf den die Eigenversicherung regelnden VTeil beziehen, so ist der V'rer gemäß § 6 ADB. insoweit von der Verpflichtung zur Leistung frei. Davon werden aber nicht notwendig auch die Rechte des Versicherten aus der VffR. betroffen. Der Versicherte ist in seinen Rechten nur insoweit auf Gedeih und Verderb mit dem VN. verbunden, als das Schicksal des **Gesamtvertrages** als solcher auf dem Spiel steht[122]. Die in § 6 ADB. ausgesprochene Leistungsfreiheit betrifft anders nur den einen und einzelnen HV-Anspruch und läßt im übrigen den Bestand des VVertrages unberührt[123]. Innerhalb dieses Gesamtvertrages hat jeder der beiden Teile — sowohl der Eigenversicherungsvertrag wie der VVffR. — eine gewisse Selbständigkeit und lebt als solcher und in den aus ihm hervorgehenden Einzelansprüchen eigengesetzlich. Dies folgt aus der in § 8 Satz 1 angeordneten **sinngemäßen** Anwendung aller der auf den Rechtsträger der Eigenversicherungsansprüche sich beziehenden Bestimmungen.

Anspruchsverwirkung und Obliegenheitsverletzung stehen in einem natürlichen inneren Zusammenhang. Ihre auch gesetzlich geordnete Wechselbeziehung (arg. § 6 II und III VVG.) ist gelöst, wenn es an einer Obliegenheitsverletzung im Hinblick auf solche Pflichten fehlt, deren korrespondierende Rechte und Ansprüche gerade aus und wegen dieser Obliegenheitsverletzung verwirkt sein sollen. Der hier vertretenen gewissen Selbständigkeit der in dem Gesamtvertrag verbundenen beiden VVerträge — soweit nicht das Schicksal eben dieses Gesamtvertrages als solcher berührt wird — steht nicht die Rechtslehre entgegen, soweit sie für das Wesen des VVffR. einen nur einheitlichen, begrifflich nicht in mehrere Verträge (etwa zwischen dem V'rer und dem VN. einerseits und jenem und dem Versicherten andererseits) aufteilbaren Vertrag für

121) RG. v. 17. 2. 31 — JRPV. 89 — DÖV. 27 — APV. 20.
122) Bl. 215.
123) Bl. 179.

möglich hält[124]; denn diese Ausführungen beziehen sich, wie gesagt, nur auf den VVffR. als solchen. Für diesen stimmen auch wir der Auffassung über ein einheitliches Rechtsverhältnis zu. Dieser Vertrag ist aber — wie bereits betont — mit einem Eigenversicherungsvertrag äußerlich zusammen in einem VSchein verbunden, und diese äußere Verbindung verlangt nicht, jedenfalls nicht ihrem Wesen nach, das Bestehen einer auch inneren starren Verbundenheit in jeder Beziehung[125, 126]. Allerdings stimmen die Obliegenheiten, die im Rahmen

124) Z. B. Kisch III/378 ff.: „Sicher ist zunächst, daß wir es mit einem einheitlichen Rechtsverhältnis zu tun haben, man hat nicht die Beziehungen des Versicherers zu dem VN. auf der einen, zu dem V'ten auf der anderen Seite als zwei voneinander losgelöste, besondere Rechtsverhältmisse anzusehen ..., vielmehr ist ein einziges ... Verhältnis anzunehmen."

125) Ähnlich verlangt Ehrenzweig II/406 Klärung der Frage, inwieweit eine etwaige Schuldhandlung des VN. für den V'ten von rechtlicher Bedeutung ist, und zwar sogar im Hinblick auf den VVffR. als solchen. Selbst innerhalb dieses Vertragsteils rechnet er dem V'ten ein Verhalten des VN. als rechtserheblich nur dann zu, wenn er als Gefahrverwalter und nicht etwa nur zufällig tätig war. So hat denn auch Düsseldorf v. 3. 3. 15 = Mitteilg. 1915 S. 442 die Frage beurteilt, inwieweit die Obliegenheitsverletzung eines VN. (Feuer-V.), der als Pächter nicht nur ihm, sondern auch die seinem Verpächter gehörigen Sachen versichert hatte, die Verwirkung der VAnsprüche dieses Verpächters zur Folge haben konnte. Auch hier handelte es sich um einen Gesamtvertrag, in dem die Versicherung sowohl fremder wie eigener Interessen verbunden war („der Vertrag enthält ... ein doppeltes"); das OLG. sagt, daß in derartigen Fällen nach der Art der vom VN. verletzten Obliegenheit und dem Wesen der VffR. entschieden werden müsse, ob und inwieweit jenes Verhalten des VN. die Rechte des V'ten berühre. „Die Handlungsweise des VN. kann diese Rechte nur dann beeinflussen, wenn sie gerade dasjenige Rechtsverhältnis betrifft, welches durch die VffR. gegenüber dem Versicherer geschaffen ist. Ein Tun oder Unterlassen außerhalb jenes Rechtsverhältnisses hat für die Stellung des V'ten keine Bedeutung. Die Richtigkeit dieser Ansicht liegt klar zutage, wenn der VN. nur durch den Abschluß der VffR. in Rechtsbeziehungen zum Versicherer tritt. Alsdann können nur diejenigen Obliegenheiten verletzt werden, die durch den bezeichneten VVertrag auferlegt sind. Jene Ansicht trifft aber auch dann zu, wenn der VN. noch einen anderweitigen VVertrag mit dem Versicherer geschlossen hat. Handelt er einer Pflicht zuwider, die ihm nur durch diesen zweiten Vertrag auferlegt ist, so vermag dieses Verhalten die Ansprüche des V'ten aus der VffR. nicht zu beeinträchtigen": zu dieser Entscheidung Kisch III/448 Anm. III. — Ähnlich Schneider ZfVW. 1905 S. 259 mit Hinweis auf RG. 55/332 und die Regelung der Gesamtgläubigerschaft §§ 429 III, 425 BGB.

126) In der Literatur wird bisweilen die hier vertretene Auffassung abgelehnt und behauptet, daß eine vorsätzliche oder grobfahrlässige Obliegenheitsverletzung durch den VN. unterschiedslos auch die Rechte des V'ten betreffe und zerstöre: z. B. Stiefel § 4 Anm. 6 Abs. 3 S. 80: „Nach dem Gesagten genügt es, wenn die Voraussetzungen der Leistungsverwirkung auch nur in der Person eines der beiden Gegner verwirklicht sind; jeder Teil büßt seine Ansprüche ein, sobald sich der andere Teil schuldhaft verhält; nur wenn beide Teile an der Verletzung der Obliegenheiten kein Verschulden tragen, bleibt der Versicherer zur Leistung verpflichtet": unter Hinweis auf RG. v. 11. 4. 19 = RG. 95/250 = APV. 1919 S. 55, RG. v. 14. 1. 29 = RG. 101/213 = APV. 1922 S. 15 = JW. S. 633, KG. v. 20. 2. 26 = APV. S. 301. — Stiefel aaO. S. 81: „Die Rechte des V'ten erlöschen, wenn dem Versicherer Einwendungen aus dem Rechtsverhältnis mit dem VN. erwachsen, und zwar auch dann, wenn diese Einwendungen ausschließlich ihren Grund in der Person des VN. haben." Diese Ausführungen beziehen sich auf die AKB., die gemäß § 10 I Satz 2 a. F. (vergl. § 10 Ziff. 1 S. 1 n. F.) stets die Haftung des Führers umfassen, insoweit ist also die Rechtslage die gleiche wie bei den AVB.: es liegen stets zwei verbundene VVerträge vor; auch Raiser § 13 Anm. 29. Soweit aber ähnliche Ausführungen sich lediglich auf den VVffR. beziehen sollen, z. B. Kisch III/423, sind diese, wie sich aus den im Text folgenden Ausführungen ergibt, nicht zu banstanden.

beider Verträge zu erfüllen sind, inhaltlich im wesentlichen überein; dennoch bleibt festzustellen, ob sich die Verletzung lediglich auf den Eigen-VVertrag oder den ffR. bezieht[127]. Erst dann, wenn die Verletzung ihrer Natur nach und mit innerer Notwendigkeit beide Rechtsverhältnisse berührt, ist die Frage die gleiche, wie sie sich in dem nun folgenden Fall stellt, wenn nämlich innerhalb des VVffR. der VN. eine dort zu beobachtende Obliegenheit vorsätzlich oder grobfahrlässig verletzt hat.

Auch in diesem Falle würde man begrifflich[128] zunächst prüfen müssen, ob der VN. Gefahrverwalter gewesen ist[129]. Dieser Prüfung werden wir jedoch für den Bereich der ADB. durch den Wortlaut des § 8 enthoben[130] und zwar dadurch, daß der VN. ausdrücklich und ein für alle Mal als für die Erfüllung der Obliegenheiten verantwortlich erklärt ist. Damit wird er auch dann Gefahrverwalter, wenn das versicherte fremde Risiko mit dem im gleichen Vertrag versicherten eigenen Risiko des VN. nicht in einer inneren wesensverbundenen Beziehung steht. Daraus ergibt sich, daß für eine vorsätzliche oder grobfahrlässige Obliegenheitsverletzung des VN. sowohl dieser selbst, wie auch der Versicherte, verantwortlich ist.

Zu den **Folgen**, die eine solche Verletzung des VN. für ihn und den Versicherten im einzelnen hat, besagen die ADB. nur, daß der VN. „neben dem Versicherten verantwortlich" bleibt. Jemanden verantwortlich machen heißt: **ihn selbst** für die Folgen eines Tuns oder Unterlassens heranziehen. Es soll der Verantwortliche selbst in seinem vermögensrechtlichen oder sonstigen Bereich getroffen werden. Es werden daher keine Bedenken bestehen, soweit die entsprechenden Voraussetzungen vorliegen, den VN. für schadensersatzpflichtig zu halten[132], oder auch sonstige vereinbarte oder kraft Gesetzes begründete Nachteile für ihn eintreten zu lassen. Daß seine schuldhafte Obliegenheitsverletzung[133] auch zu einer Verwirkung seiner etwaigen VAnsprüche aus der mit dem

---

127) Düsseldorf v. 3. 3. 15 aaO.

128) Ehrenzweig II/406.

129) Er ist es nicht z. B. in den von Kisch III/427 angeführten Fällen der von ihm sogen. abstrakten Berechtigung des V'ten, d. h. einer solchen, die selbst für den Fall bestehen bleibt, daß der VN. sich eines Verhaltens schuldig macht, welches nach gewöhnlichen Grundsätzen dem Bestande des Vertrages schädlich wäre (z. B. die Auswanderer-Versicherung).

130) Unfried ZfVW. 1909 S. 279, der lediglich von der gesetzlichen Regelung der VffR. ausgeht, stellt diese Prüfung nicht an, sondern bemerkt grundsätzlich, daß die Obliegenheitsverletzung, wenn der Versicherer die Leistung (offenbar ist die Leistung im Hinblick auf den V'ten gemeint. Verf.) soll verweigern können, vom V'ten vorsätzlich oder grobfahrlässig erfolgt sein müsse.

132) Kisch III/449. Auch dem V'ten kann der VN. schadensersatzpflichtig werden, dies entscheidet sich aus dem zugrundeliegenden Innenverhältnis; hierzu: JRPV. 1936 S. 295 (Geschäftsführung ohne Auftrag: zu dieser wiederum Stuttgart v. 4. 11. 31 — APV. 291/2).

133) Diese kann auch darin liegen, daß er den V'ten über den Bestand der VffR. nicht aufgeklärt, oder ihm schuldhafterweise keine Kenntnis vom Wortlaut oder der Bedeutung der AVB. gegeben hat.

VVffR. verbundenen Eigenversicherung führen kann, dürfte zu bejahen sein; denn auch die dem VN. in § 8 für seine Person auferlegten Obliegenheiten[134] (inhaltlich handelt es sich um Obliegenheiten des Versicherten) sind Obliegenheiten im Sinne des § 6 ADB., ihre vorsätzliche oder grobfahrlässige Verletzung ist also mit Verwirkung ausdrücklich bedroht. Dies gilt auch für § 6 n. F. ADB., der eine Verwirkung nur ausspricht in Ansehung der „nach § 5 dem V'rer gegenüber" zu erfüllenden Obliegenheiten; denn § 6 stellt nur materiell ab auf die in § 5 genannten Obliegenheiten, ohne den Personenkreis der Verpflichteten zu benennen, noch weniger ihn irgendwie abschließend zu begrenzen.

Die vorsätzlich oder grobfahrlässig vorgenommene Verletzung der dem VN. in § 8 selbst auferlegten Obliegenheiten des § 5 ADB. führt nach Maßgabe der vorstehenden Grundsätze[135] zur Verwirkung des HV-Anspruchs des Versicherten. Dies ist durchweg anerkannt[136]. Gewiß fehlt es an einem vorsätzlichen oder grobfahrlässigen Verhalten des Rechtsträgers selbst. Aber ein solches wird weder in § 6 VVG. noch § 6 ADB. als unerläßlich verlangt, sondern nur, daß eine Obliegenheit vorsätzlich oder grobfahrlässig verletzt wird, die nach dem Eintritt des VFalles dem Versicherer gegenüber zu erfüllen ist. Der zur Erfüllung Verpflichtete braucht mit dem Anspruchsberechtigten nicht identisch zu sein[137]. Die Folgen, die den Versicherten treffen, ergeben sich aus seiner Verkoppelung mit dem VN., dessen Verantwortlichkeit für die Erfüllung ausdrücklich bestimmt ist. Der Mangel eines eigenen Verschuldens des Versicherten kann ihn bei vorsätzlichem oder grobfahrlässigem Verhalten des VN. nicht entlasten.

Zusammenfassend ist zu sagen[138]:

a) Verletzt der Versicherte vorsätzlich oder grobfahrlässig eine Obliegenheit aus dem VVffR., so verliert er seinen HV-Anspruch. Die

---

134) Rechtskonstruktiv gesehen, werden dem VN. die inhaltlich einem anderen auferlegten Obliegenheiten unmittelbar als solche eigene zu erfüllen aufgegeben; nicht aber handelt es sich dabei um eine neue Obliegenheit zur Erfüllung dieser Obliegenheiten (dazu Richter S. 67 Anm. 9). Wenn auch der Kreis der Obliegenheiten nicht ein im § 5 ADB. abschließend begrenzter ist (Bl. 21), so könnte man doch Bedenken tragen, auf eine derartige Obliegenheit die in § 6 ADB. vereinbarte Sanktion anzuwenden. Dann aber käme eine Anspruchsverwirkung — mangels ausdrücklicher Vereinbarung in § 8 — als Folge einer Verletzung durch den VN. nicht in Frage.

135) Ohne die hierin liegende Einschränkung: Krebs S. 73 und Richter S. 69.

136) Kisch III/423, 426 und die das. Anm. 6 gen., 428, 453; Lenné ZfVW. 1912 S. 1237 und 1248; Hamburg v. 4. 5. 34 = RdK. S. 367; nicht entschieden in RG. v. 14. 1. 21 = APV. 1922 S. 15, weil dort der Versicherer den VSchutz hinsichtlich des V'ten nicht abgelehnt hatte.

137) Zum Vergleich mag auf die Fälle verwiesen werden, in denen auch der VN. die Obliegenheitsverletzung solcher dritter Personen zu verantworten hat, für deren Handeln er einstehen muß.

138) Cremer aaO. S. 2: „. . . Die Gleichstellung des VN. und des V'ten in Umfang und Folgen einer Verletzung der Obliegenheiten ist mit dem Wesen der VffR. nicht vereinbar" (und zwar selbst nicht in solchen Fällen, wo ihre Verantwortlichkeit nach dem Wortlaut des Vertrags als gleiche festgestellt ist. Verf.).

Rechte des VN. aus der Eigenversicherung werden hiervon wegen §§ 6 VVG., AVB. solange nicht berührt, als ihn nicht selbst ein Verschulden trifft; denn für den Teil des Vertrages, der sich auf die Eigenversicherung des VN. bezieht, besteht eine Mitverantwortung für das Handeln des Versicherten nicht.

b) Verletzt der VN. in gleicher Weise eine Obliegenheit aus dem VVffR., so kann er aus dem Gesichtspunkt seiner Verantwortlichkeit die HV-Ansprüche aus dem Eigenvertrag verlieren oder sonstige Rechtsnachteile erleiden.

c) Im Falle b) verliert auch der Versicherte seine HV-Ansprüche und zwar auch ohne eigenes Verschulden; denn mit der Festlegung ständiger „Gefahrverwaltung" durch den VN. in den AVB. besteht eine Haftung für das Verschulden des Gefahrverwalters, die die Verwirkung der Ansprüche zur Folge haben kann.

§ 8 Ziff. 2

2. „Ansprüche des Versicherungsnehmers selbst oder der in § 4 Ziff. II, 2 genannnten Personen gegen die Versicherten sind von der Versicherung ausgeschlossen".

Gemäß § 8 Ziff. 1 finden alle in dem VVertrag bezüglich des VN, getroffenen Bestimmungen[139] auf den Versicherten sinngemäße Anwendung. Zu diesen Bestimmungen gehört § 4 II 2 AVB., wonach „gegenseitige Ansprüche zwischen mehreren VN.[140] des gleichen VVertrags" ausgeschlossen bleiben. Die sinngemäße[141] Anwendung dieser Bestimmung auf den Versicherten ergibt, daß gegenseitige Ansprüche zwischen mehreren Versicherten des gleichen VVertrags ausgeschlossen sind[142]. Das sind einmal Ansprüche der kraft vertraglicher Abmachung mitversicherten Arbeiter und Angestellten untereinander, aber auch gegen solche Personen, deren Haftpflicht **kraft Gesetzes** mitversichert ist, insbesondere also die in § 151 VVG. genannten, zur Leitung[143] oder Beaufsichtigung des Betriebes oder eines Teils desselben bestimmten Personen. Dieser Ausschluß gewinnt für mitversicherte kaufmännische[143a] und technische Angestellte des VN. Bedeutung. Bei kaufmännischen

139) Nicht nur jene Bestimmungen, welche die Verpflichtungen des VN. und damit auch des V'ten betreffen, wie Kühsuß NZ. 1933 S. 653 meint.

140) LG. Altona v. 30. 10. 1930 = DÖV. S. 93, dazu Berufungsurteil Kiel v. 16. 3. 31 = DÖV. 1932 S. 19.

141) I/264.

142) Matt in NZ. 1933 S. 556.

143) Ob eine Person zur Leitung i. S. der genannten Bestimmung angestellt ist, muß nach Lage des Falles entschieden werden: Köln in APV. 1923 Nr. 1321.

143 a) Bis zum 6. Ges. üb. Änderung in der UnfV. vom 9. 3. 42 (RGBl. I S. 107 [§ 537 RVO.]); dazu Erl. d. R.Arb.Min. v. 16. 3. 42 Ziff. 2 u. 3 (ReichsArb.Bl. Teil II S. 201) und Ausf.Best.d.R.Vers.A. v. 22. 4. 42 (RArbBl. Teil II S. 287).

Angestellten entfiel, sofern sie nicht ausnahmsweise einer Berufsgenossenschaft angehörten[143b], regelmäßig die Anwendungsmöglichkeit der Bestimmungen der RVO. (§ 898), wonach bei einem Betriebsunfall ein Anspruch des Verletzten gegen seinen Arbeitgeber nur besteht, wenn strafgerichtlich festgestellt ist, daß dieser den Unfall vorsätzlich herbeigeführt hat[143c]. Der kaufmännische Angestellte hatte grundsätzlich die Möglichkeit, seinen Arbeitgeber haftpflichtig zu machen. Soweit ein Verschulden leitender Angestellter in Frage kam, ist durch die vorliegende Stelle jedoch ein gegen diese selbst gerichteter Anspruch von der Versicherung ausgeschlossen[144], es blieb dann also[143a] nur der Weg, den Arbeitgeber selbst z. B. aus §§ 823, 278 BGB. anzugehen (wegen des VSchutzes vgl. aber auch § 4 I Ziff. 2 AVB.).

Die Beschränkung des VSchutzes ist aber nur im Hinblick auf Ansprüche unmittelbar unter den genannten Personen selbst vorgesehen. Regreßansprüche Drittberechtigter (Krankenkassen usw.) sind soweit gedeckt, als sie nicht vom Versicherten abgeleitet, sondern in der Person des Anspruchsstellers originär entstanden sind[145].

Für technisch tätige mitversicherte Angestellte gewinnt die Ausschlußbestimmung insofern entsprechende Bedeutung, als sich der VSchutz nicht auf die — gesetzlich zulässigen — direkten Ansprüche des Geschädigten gegen den Bevollmächtigten oder Repräsentanten, Betriebs- und Arbeiteraufseher bezieht (899 I RVO.)[146].

Was die Ansprüche mehrerer durch den gleichen Vertrag versicherter Personen untereinander angeht, so ist nach § 4 II 2 und § 8 Ziff. 1 Satz 1 AVB. klargestellt, daß von der Versicherung ausgeschlossen sind:

a) Ansprüche mehrerer VN. untereinander;

b) Ansprüche mehrerer Versicherter[147] untereinander[148].

---

143 b) Mit Wirkung vom 1. 1. 42 gehören sie regelmäßig der Berufsgen. an.

143 c) Vergl. jedoch das Gesetz über die erweiterte Zulassung von Schadenersatzansprüchen bei Dienst- und Arbeitsunfällen v. 7. 12. 1943 (RGBl. I/674), dessen § 1 Abs. 2 lautet: „Ist ein Arbeitsunfall bei der Teilnahme am öffentlichen Verkehr eingetreten, so können der Versicherte und seine Hinterbliebenen SchadErsAnspr. gegen den Unternehmer oder ihm nach § 899 der RVO. Gleichgestellte auch dann geltend machen, wenn die Ansprüche nach §§ 898, 899 der RVO. bisher ausgeschlossen waren."

144) Nach dem Gesetz (§ 151 VVG.) bestände hierfür VSchutz: dazu Prölß § 151 Anm. 2.

145) I/264, 263.

146) Wesentlich z. B. für die Frage des Schmerzensgeldes, das nur von dem unmittelbar aus unerlaubter Handlung Verantwortlichen verlangt werden kann.

147) Eine Unterscheidung je nach der Beziehung des V'ten zum VN. aus einer etwaigen Besonderheit des VVffR. machen die AVB. nicht; dazu Matt NZ. 1933 S. 746/7 („jede andere durch VSchutz begünstigte Person, die nicht gleichzeitig VN. ist, ist V'ter").

148) Matt NZ. 1933 S. 556 und 746 ff., Dreger NZ. 1933 Nr. 29 und S. 708; a. A. Kühfuß NZ. 1933 S. 654. („Die Frage des Einschlusses solcher gegenseitiger Ansprüche des V'ten aus dem gleichen VVertrag wird allgemein bejaht"); derselbe aaO. über die Frage beim Bestehen einer Kollektiv-H-Versicherung. — Wie Kühfuß: Blumhardt NZ. 1933 S. 652/3 (auch für Kollektiv-HV.).

Eine weitere Kollisionsmöglichkeit unter den Angehörigen dieser Personengruppen ist die, daß auf der einen Seite ein VN., auf der anderen Seite ein Versicherter steht. Hier könnten sich Bedenken in der Richtung ergeben, ob der VN. oder der Versicherte als Dritte i. S. von § 1 AVB. anzusehen sind; denn nur auf Ansprüche „Dritter" bezieht sich der VSchutz seinem Gegenstande nach. Daß der VN. selbst (im Eigen-VVertrag) nicht „Dritter" sein kann, wurde bereits zu I/91 dargelegt. Die Tatsache, daß in der Allgemeinen Haftpflicht der VVffR. stets mit einer Eigenversicherung des VN. verbunden ist, also 2 Verträge äußerlich zusammengefaßt sind, würde die Auffassung als vertretbar erscheinen lassen, daß jeder Träger des Rechtes aus dem einzelnen Vertragsteile dem andern gegenüber ein „Dritter" i. S. von § 1 ist[149]. § 8 Ziff. 2 gibt durch seine positive Regelung hier Klarheit für den Fall, daß Anspruchsteller der VN. oder eine der in § 4 II 2 genannten Personen[150], Anspruchsgegner ein Versicherter ist[151]. Derartige Ansprüche sind ebenfalls von der Versicherung ausgeschlossen, so daß im Rahmen der VffR. der VN., wenn er H-Ansprüche gegen den Versicherten erhebt, nicht als „Dritter" i. S. von § 1 AVB. behandelt wird. Getroffen werden nur die persönlichen Ansprüche des VN. und diejenigen Drittberechtigter aus Schäden zwischen V-Nehmern und Versicherten, die vom VN. abgeleitet, also derivativer Natur sind[152].

Die Tatsache, daß der umgekehrt liegende Fall, in dem der Versicherte Anspruchsteller und der VN. Anspruchsgegner ist, in diesem Zusammen-

149) Als „Dritten" sieht den VN. an: NZ. 1935 S. 453/4; a. A. KG. v. 22. 3. 33 = JRPV. 272 = DOV. 39 = HRR. Nr. 1503.

150) Also ein Angehöriger des VN. i. S. von § 4 II 2 Satz 2 AVB., sein gesetzlicher Vertreter, ein Vorstandsmitglied usw. Soweit die Angehörigen usw. des Versicherten selbst in Frage kommen, ist festzustellen, daß der insoweit bestehende Ausschluß des VSchutzes nicht Folge der unmittelbaren Anwendung des § 8 Ziff. 2 ist, wie Kähfuß NZ. 1933 S. 653 ungenau meint; denn die dort angezogenen Personen des § 4 II 2 sind Angehörige lediglich des VN. Vielmehr folgt der Ausschluß aus § 8 Ziff. 1 (sinngemäße Anwendung . . .) in Verbindung mit § 4 II 2 AVB. Daraus ergibt sich die praktisch bedeutsame Folgerung, daß ausgeschlossen sind: H-Ansprüche aus Schadensfällen von Angehörigen des V'ten, während bei unmittelbarer Anwendung des § 8 Ziff. 2 Ansprüche der in § 4 II 2 genannten Personen als ausgeschlossen zu gelten hätten. Über den sachlichen Unterschied I/263, 264; nicht geprüft bei Dreger NZ. 1933 S. 708 („In logischer Fortsetzung dieser Ausschlußbestimmungen sind auch Regreßansprüche der Berufsgenossenschaft usw. gegen V'te ausgeschlossen").

151) Z. B. der VN. erhebt gegen seinen Arbeiter, der fahrlässig das Eigentum des VN. beschädigt hat, Schadensersatzansprüche.

152) I/263 und das. Anm. 381—383; es handelt sich aber innerhalb des § 8 Ziff. 2 nicht um die eigentliche Lösung der bezeichneten Streitfrage als solcher, sondern eine vertraglich festgelegte Fiktion: der VN. wird kraft Vereinbarung in dem vorgesehenen Falle so behandelt, als ob er Dritter wäre. Für das Gesetz hat diese Regelung keine Verbindlichkeit. Es ist daher dort z. B. in § 67 VVG. zu prüfen, ob tatsächlich der VN. bezw. der V'te „Dritter" im Sinne dieser Bestimmungen ist. Nicht als Dritten sieht innerhalb des § 67 VVG. den VN. und den V'ten grundsätzlich an: Prölß § 67 Anm. 2, Düsseldorf v. 16. 3. 33 = APV. S. 102. Zu beachten ist weiter, daß auch hier die Frage, ob der VN. oder der V'te als Dritter im Sinne von § 67 VVG. angesehen werden kann, zunächst nur in dem Rahmen des verbundenen HV-Vertrages gestellt ist.

hang nicht erwähnt wird, berechtigt dazu, für diesen einen Umkehrschluß zu ziehen[153] und solche Ansprüche als durch den VSchutz gedeckt, den Versicherten also in diesem Zusammenhang als „Dritten" anzusehen[154, 155].

§ 8 Ziff. 3

3. „Die Versicherungsansprüche können vor ihrer endgültigen Feststellung ohne ausdrückliche Zustimmung der Gesellschaft nicht übertragen werden."

Ziff. 3 steht nicht in einem inneren Zusammenhang mit Ziff. 1 und 2, sondern behandelt, wie auch die Überschrift zu § 8 deutlich macht, ein hiervon gänzlich unabhängiges eigenes Problem[156]. Das Abtretungsverbot für die VAnsprüche läßt die Frage nach deren Rechtsnatur auftauchen. Nach herrschender Auffassung, der auch die ständige Rechtsprechung des RG. entspricht, stellt sich der HV-Anspruch als Schuldbefreiungs- nicht aber als Zahlungsanspruch dar. Dieser Schuldbefreiungsanspruch wird als Individualanspruch durch einen bestimmten Gläubiger, Schuldner und Inhalt bezeichnet, und damit entfällt gemäß § 399 BGB. die Möglichkeit, ihn abzutreten[157]. Aus der Nichtübertragbarkeit folgt gemäß § 1274 II BGB. auch grundsätzlich die Unzulässigkeit einer Verpfändung[158] und gemäß § 851 ZPO. die der Pfändung des HV-Anspruchs[159]. Soweit nun § 399 BGB. der Abtretung entgegensteht, ist von dem Grundsatz der Nichtabtretbarkeit eine Ausnahme zu machen dann, wenn an den geschädigten Dritten selbst abgetreten wird[160]; denn durch solche Abtretung wird der Zweck des § 399 BGB. — nämlich die Rechtsstellung des Schuldners durch eine Zession nicht zu verschlechtern — nicht beeinträchtigt[161]. Ohne § 8 Ziff.3 ADB. wäre es zulässig, den auf Ersatz der Entschädigung gehenden Teil des HV-Anspruchs (vgl. § 3 II 1 ADB.)

153) Das will wohl auch Dreger NZ. 1933 S. 708 sagen.

154) In der Praxis wird — soweit ersichtlich — auch allenthalben dementsprechend verfahren.

155) Auf die Frage, ob der VN. bezw. V'te Dritter im Sinne von § 1 ADB. ist, geht man im Schrifttum, soweit ersichtlich, nicht ein; für Dreger aaO. ist es „selbstverständlich", daß Ansprüche des V'ten gegen den VN. mitgedeckt sind.

156) Da der V'te ohnehin gemäß § 8 Ziff. 1 Satz 2 ADB. nicht über seine Rechte verfügen kann, hätte es schon deshalb für seine Person eines Abtretungsverbotes nicht bedurft.

157) Aus § 76 II VVG., der die Abtretung (der Ausdruck ist nicht zutreffend: Prölß § 76 Anm. 1) bedingt gestattet, ist nichts Gegenteiliges zu schließen; denn § 76 II VVG. behandelt die Abtretung des Rechtes, § 8 Ziff. 3 ADB. die der aus dem Recht erflossenen Ansprüche des V'ten.

158) Einer besonderen Erwähnung des Verpfändungsverbotes, wie es z. B. im § 8 Ziff. 3 AKB. enthalten ist, bedarf es daher nicht.

159) Eingehend I/50 ff.

160) Damit scheidet überhaupt von der Betrachtung aus der auf die Abwehr unberechtigter Ansprüche gerichtete Teil des HV-Anspruchs des VN. Für diesen ist also unter Zugrundelegung der oben vertretenen Auffassung über die Rechtsnatur des HV-Anspruchs die Bestimmung des § 8 Ziff. 3 nur deklaratorischer Natur.

161) I/52, 53.

an den geschädigten Dritten jederzeit, also auch schon dann abzutreten, wenn über die Frage, inwieweit solche Ansprüche bestehen, eine Feststellung noch nicht getroffen ist. In diesem letzteren Falle soll aber nach dem Willen des V'rers — wie es bei einer schon vorher erfolgten Abtretung der Fall sein könnte — der VN. nicht als sein Gegner auftreten, sondern auf seiner Seite stehen[162, 163]. Daher verbietet der § 8 Ziff. 3 auch die vorzeitige Abtretung des HV-Anspruchs an den Drittgeschädigten[164].

Das Verbot gilt aber nicht unbedingt, sondern nur nach Maßgabe des § 8 Ziff. 3 ADB. Daraus ergibt sich: betroffen werden „die VAnsprüche", d. h. an sich alle Ansprüche, die dem VN. aus dem VVertrag erwachsen. Diese sind in § 3 II 1 ADB. näher bezeichnet. Doch scheidet — selbstverständlich — der auf die Abwehr unberechtigter Ansprüche gerichtete Anspruch hier[165] aus, denn ein Interesse des VN. an dessen Übertragung auf Dritte dürfte kaum jemals bestehen. Da ein selbständiger Anspruch des VN. auf eine „Prüfung der H-Frage" nicht anzuerkennen ist[166], verbleibt allein der des VN. „auf Ersatz der Entschädigung" nach Maßgabe des § 3 II 1 ADB. Seine[167] Übertragung kann dann nur mit ausdrücklicher Zustimmung der Gesellschaft erfolgen, wenn sie schon vor seiner „endgültigen Feststellung" stattfinden soll. Nachher bestehen hiergegen aus § 8 Ziff. 3 ADB. Bedenken nicht. Von ausschlaggebender Bedeutung ist es, den Zeitpunkt der „endgültigen Feststellung" zu bestimmen. Sie liegt, da der Abwehranspruch ausfällt, in dem Augenblick vor, in welchem der V'rer nach außen hin zum Grund und zur Höhe[168] des Entschädigungsanspruchs abschließend Stellung genommen hat[169], oder eine solche Stellungnahme willkürlich meidet[170], oder der

162) I/53, ferner LG. Altona v. 30. 10. 30 = DOV. S. 93/94; ferner die auch hier zutreffenden Erwägungen des RG. v. 18. 12. 14 = WZ. 1915 II S. 945/48; Stettin v. 24. 10. 18 = APV. 1920 A. S. 15; LG. Bremen v. 12. 4. 28 = JRPV. 159.

163) Auch sonstige Unklarheiten sollen durch das Abtretungsverbot vermieden werden: z. B. ZfVW. 1911 S. 710/11; RG. v. 26. 11. 09 = APV. 1910 A. S. 40; KG. v. 11. 11. 36 = JRPV. 1937 S. 78.

164) Der Pfändung durch den Dritten, welche zulässig ist: I/53, 54 steht die Bestimmung nicht entgegen.

165) Auch für die Fremdversicherung gilt grundsätzlich der Gedanke von der Einheitlichkeit des HV-Anspruchs: RG. v. 29. 9. 36 = JRPV. 328 = JW. 3531 = HRR. 1937 Nr. 18 = DOV. 1937 S. 133 = APV. 230.

166) I/164.

167) Dessen tatsächlicher Bestand damit als selbstverständlich vorausgesetzt wird. Die Ablehnung des VSchutzes durch den Versicherer kann daher nicht als — negative — „endgültige Feststellung" im Sinne von § 8 Ziff. 3 AVB. angesehen werden.

168) Eine endgültige Feststellung ist daher nicht schon dann getroffen, wenn der Versicherer dem VN. die vorbehaltlose Weisung zur Prozeßführung erteilt oder eine Vorschußzahlung leistet.

169) Gottschalk JRPV. 1928 S. 84 in einer Äußerung zu Rudloff JRPV. 1928 S. 65 ff., welch letzterer den Ausdruck nicht für klar genug hält, aber ihn ebenfalls i. S. der Ausführungen des Textes auslegt; zust. auch KG. v. 23. 5. 28 = JRPV. 218; a. A. Celle v. 11. 12. 34 = APV. 1935 S. 219/20 (Feststellung des Obmanns der Sachverständigen-Kommission ausreichend).

170) Vergl. auch § 162 BGB. — Bei einem Einwand des Versicherers aus § 8 Ziff. 3 AVB. hat der VN. in solchem Falle die replicatio doli.

Anspruch des Dritten durch rechtskräftiges Urteil festgestellt ist[171, 172]. Bevor der V'rer eine endgültige Feststellung getroffen hat, können die VAnsprüche nur mit seiner ausdrücklichen Zustimmung übertragen werden (§ 182 BGB.). Ob diese vor der Abtretungserklärung als Einwilligung (§ 183 BGB.) oder nach ihr als Genehmigung (§ 184 BGB.) erfolgt, ist unerheblich. Die Zustimmung muß nur eine „ausdrückliche" sein. Dazu sind nur Erklärungen ausreichend, die als solche, d. h. deutlich und geradezu, den vorausgesetzten rechtsgeschäftlichen Willen des VN. wiedergeben. Erklärungen des V'rers, die in anderen Handlungen oder Unterlassungen ihren Ausdruck finden — etwa schlüssiges positives oder negatives Verhalten (z. B. Schweigen auf Anfragen des VN. nach der Zustimmung zur Abtretung usw.) — reichen nicht aus[173]. Ein ohne ausdrückliche Zustimmung[174] vorgenommener Übertragungsakt ist absolut unwirksam[175, 176], eine Abtretung z. B. also nicht nur dem V'rer gegenüber sondern überhaupt unwirksam[177, 178]. Die Berufung des V'rers auf das Abtretungsverbot kann allerdings unter Umständen gegen Treu und Glauben verstoßen und dann unbeachtlich sein[179].

---

171) § 154 I VVG.: das hier genannte Anerkenntnis oder der erwähnte Vergleich sind in der verlangten Stellung des Versicherers schon enthalten; denn diese beiden sind für den Versicherer gem. § 3 II 1 nur wirksam im Sinne von § 154 VVG., wenn er sie selbst abgegeben oder geschlossen oder genehmigt hat.

172) Anm. zu LG. Altona v. 30. 10. 30 = DOV. S. 93 ff.; Kiel v. 4. 5. 37 = JRPV. 250.

173) „Ausdrücklich" ist also mehr als der bloße Gegensatz zu „stillschweigend", wie Köln v. 8. 10. 31 = APV. 285/86 unzutr. meint. Zur „ausdrücklichen Zustimmung" genügt im Gegensatz zu der Auffassung des gen. Urteils nicht, daß der Versicherer sich auf die Schadensanmeldung des Cessionars eingelassen oder mit ihm korrespondiert oder ihm mit Verwirkung seiner Ansprüche gedroht hat; denn nicht nur fehlt hier die „Ausdrücklichkeit" der Willenserklärung, als vielmehr eine solche überhaupt: vergl. Düsseldorf v. 30. 3. 33 = JRPV. 273; KG. v. 23. 5. 28 = JRPV. 218.

174) Kiel v. 4. 5. 37 = JRPV. 250/51: „Ob nun die endgültige Feststellung der Forderung in der Wirkung einer nachträglichen Zustimmung des Versicherers gleichkommt und die bisher unwirksame Abtretung zu einer wirksamen macht, kann auf sich beruhen."

175) Erfährt der Versicherer, daß der VN. seinen Anspruch aus dem VVertrag abgetreten und dabei übersehen hat, daß er hierzu der Zustimmung des Versicherers bedarf, so hat dieser nach KG. v. 18. 9. 37 = JRPV. 1938 S. 7 = APV. 215 die Beteiligten auf das Versehen aufmerksam zu machen.

176) Dazu Celle v. 18. 12. 31 = HansRGZ. 1932 A. 630 (rückwirkender Eintritt der Gültigkeit der Abtretung nach später erfolgter „endgültiger Feststellung").

177) Rudloff JRPV. 1928 S. 65 ff., Stiefel § 4 Anm. 26, Kiel v. 4. 5. 37 = JRPV. 250 unter Hinweis auf RG. 136/398 ff.

178) Einen Gutglaubensschutz kennt das geltende Recht beim Forderungserwerb überhaupt nicht.

179) RG. v. 29. 3. 38 = JRPV. 247 („Die Klägerin war im Besitz eines vollstreckbaren Titels gegen den VN., der es ihr ermöglicht hätte, ... durch Pfändung und Überweisung der Ansprüche des letzteren gegen die Beklagte die Klageberechtigung zu erwerben. Da die Beklagte dies wußte, verstößt sie gegen Treu und Glauben, wenn sie sich zur Zerstörung der Klageberechtigung der Klägerin auf das Abtretungsverbot beruft, obwohl der VN. der Klägerin durch die Abtretung freiwillig nur das gegeben hatte, was sie durch Pfändung und Überweisung ohne weiteres hätte erreichen können").

§ 9. Prämienzahlung. Prämienregulierung. Prämienrückerstattung.

(In der Neufassung: § 8. — Dazu vgl. Anhang.)

§ 9 I

I. Die nach Beginn des Versicherungsschutzes (§ 3, Ziffer I) zahlbaren regelmäßigen Folgeprämien sind an den im Versicherungsschein festgesetzten Zahlungsterminen, sonstige Prämien bei Bekanntgabe an den Versicherungsnehmer zuzüglich etwaiger öffentlicher Abgaben und einer Hebegebühr bzw. einer Ausfertigungs- und Zustellungsgebühr für Verlängerungs- oder Veränderungsscheine in dem jeweiligen Betrage, der dem Reichsaufsichtsamt für Privatversicherung durch geschäftsplanmäßige Erklärung der Gesellschaft bekanntgegeben ist, zu entrichten. Unterbleibt die Zahlung, so ist der Versicherungsnehmer auf seine Kosten unter Hinweis auf die Folgen fortdauernden Verzugs durch einen an seine letztbekannte Adresse gerichteten Brief zur Zahlung innerhalb einer Frist von 2 Wochen aufzufordern. Tritt der Versicherungsfall nach dem Ablauf dieser Frist ein und ist der Versicherungsnehmer zur Zeit des Eintritts mit der Zahlung der Prämie oder der Kosten im Verzug, so ist die Gesellschaft von der Verpflichtung zur Leistung frei. Nach dem Ablauf der Frist ist die Gesellschaft, wenn der Versicherungsnehmer mit der Zahlung der Prämie noch im Verzuge ist, berechtigt, das Vertragsverhältnis ohne Einhaltung einer Kündigungsfrist zu kündigen. Kündigt die Gesellschaft nicht, so ist sie für die gerichtliche Geltendmachung der rückständigen Prämie nebst Kosten an eine Ausschlußfrist von 6 Monaten seit Ablauf der zweiwöchigen Frist gebunden. Bei Teilzahlung der Jahresprämie werden die noch ausstehenden Raten der Jahresprämie sofort fällig, wenn der Versicherungsnehmer mit Zahlung einer Rate in Verzug gerät.

§ 9 Ziff. I Satz 1 befaßt sich mit der Prämienzahlung[1], hauptsächlich dem für die Zahlung in Betracht kommenden Zeitpunkt und unterscheidet:

a) die nach Beginn des VSchutzes (§ 3 Ziff. I) zahlbaren regelmäßigen Folgeprämien;

b) sonstige Prämien.

---

1) Bauerreiß in DVA. 1935/36 S. 161 ff., 241 ff., 321 ff.

Zu a): Folgeprämie[2, 3] ist jede[4] Prämie, die nicht erste oder einmalige[5] Prämie[5a] i. S. von § 38 VVG. ist[6]. Nicht jede solche Folgeprämie ist aber — wie die AVB. sagen[8] — eine regelmäßige Folgeprämie. Davon kann man nur sprechen, wenn die beim Vertragsschluß vorgesehene Prämienverpflichtung außer der Erstprämie die Zahlung von mindestens zwei weiteren Prämienraten umfaßt. Diejenigen Folgeprämien, die nicht regelmäßig im Sinne des Vorstehenden zu zahlen sind, fallen unter den Begriff der „sonstigen Prämien".

Zu b): Sonstige Prämien sind alle[9] solche, die nicht regelmäßige Folgeprämien sind. Hierzu gehört auch die Erstprämie[10]. Ferner diejenigen Prämien, die zwar — weil nicht Erstprämien — ihrem Wesen nach Folgeprämien sind, aber nicht „regelmäßig" bezahlt werden, z. B. Nachzahlungen auf Vermehrungsnachträge[12] i. S. von § 9 II 2 AVB. oder Prämienzahlungen für ein durch die Vorsorgeversicherung gedecktes Risiko[13, 14].

Die zu a) genannten regelmäßigen Folgeprämien sind an den im VSchein festgesetzten Terminen[15] zu zahlen[16]. Da der VN. den Schein im Besitz hat (die Ausstellung des VScheins erfolgt in der HV. stets — § 35 Satz 2 VVG.) kann er daraus den Zeitpunkt[17] leicht feststellen. Die

---

2) Auch § 39 n. F. VVG. verwendet nunmehr diesen Ausdruck.

3) Matt NZ. 1937 S. 1232, dazu NZ. 1938 S. 63/64.

4) Folgeprämien sind auch die der ersten Rate folgenden weiteren Raten der erstjährigen Prämie: Stuttgart v. 1. 11. 34 = JRPV. 1935 S. 175 = JW. 1935 S. 2447 = RuK. 1935 S. 86, vergl. dazu Bl. 253.

5) § 38 I VVG.

5a) § 3 I AVB. ist in der n. F. durch Einfügen der drei wörtlich dem § 38 VVG. entspr. Sätze in 3 Absätze aufgegliedert.

6) Prölß § 39 Ziff. 1 VVG., ähnlich Schumann NZ. 1938 S. 790, Fromm S. 110.

8) Das VVG. spricht — vergl. § 35 — von „laufenden Prämien"; dazu Raiser § 9 Anm. 2, Weil ZfVW. 1911 S. 229.

9) Daß in diesem Teil des § 9 nur an solche „sonstige Prämien" gedacht sei, die nach § 39 VVG. zu mahnen sind (so Ast NZ. 1938 S. 63, anscheinend auch Matt NZ. 1938 S. 64 — „als Folgeprämie (?) gelten nach § 9 AVB. . . .") ist nicht ersichtlich. — Allerdings bezieht sich die anschließende Regelung in § 9 Satz 2 nur auf Folgeprämien im Sinne von § 39 VVG. — Satz 1 unterscheidet aber allein zwischen regelmäßigen Folgeprämien und sonstigen Prämien. Zahlungstermine für eine dritte Prämienart (etwa die Erstprämie) sind nicht vorgesehen.

10) Hierunter fällt (§ 38 I VVG.) auch die einmalige Prämie (z. B. die für den Zeitraum einer vorläufigen Deckungszusage zu zahlende, (I/159 ff.), auch die Prämie, die für ein durch Nachtrag dem alten Vertrag neu zugeführtes Risiko zu zahlen ist: Matt NZ. 1937 S. 1232 Ziff. 1.

12) Schwaiger S. 140, Matt NZ. 1937 S. 1232 Ziff. 3.

13) I/126, 141, dazu Matt aaO.; zu diesen Ast NZ. 1938 S. 63, dazu wieder Matt aaO. S. 64.

14) Tritt ein durch die Ausnahmevorschrift des § 2 Ziff. 3 a—c nicht im Wege der Vorsorge-V. gedecktes „neues Risiko" ein, so ist die hierfür zu zahlende Prämie Erstprämie im Sinne von § 38 VVG.; Schwaiger S. 140.

15) Über den Zeitpunkt der Prämienzahlung: Schünemann in HansRGZ. 1927 S. 521.

16) Die Bemessung der Prämie ist von ihrer Fälligkeit wohl zu unterscheiden: Weil ZfVW. 1911 S. 230.

17) Über die Pflicht des Versicherers, sein Büro während der üblichen Geschäftszeit zur Empfangnahme von Prämien offen zu halten: Köln v. 31. 3. 33 = JRPV. 95 = APV. 83 = HRR. Nr. 1502 („In einem Geschäftsschluß zwischen 17.30 und 18 Uhr ist kein Verschulden zu erblicken").

übrigen Prämien sind bei Bekanntgabe an den VN. zu entrichten. Gemäß § 35 Satz 2 VVG. ist er zur Zahlung nur gegen Aushändigung des VScheins oder des Verlängerungsscheins oder Nachtrages[18] verpflichtet. Die Zahlung hat also mit der Aushändigung des VScheins[19] usw. zu erfolgen. Die Vereinbarung der sogenannten Einlösungsklausel für die Erstprämie in § 3 I hat für die Prämienfälligkeit keine Bedeutung[20]; hierdurch wird vielmehr nur der materielle **VBeginn** bestimmt[21]. Der Zeitpunkt der Vorlage des VScheins usw. zur Einlösung ist daher für den Verzug und seine Folgen maßgeblich.

Außer dem eigentlichen Prämienbetrag[22] hat der VN. die öffentlichen Abgaben zu zahlen, ferner eine Hebegebühr[23]. Schließlich ist für die Ausfertigung und Zustellung eines Verlängerungs-[24] oder Veränderungsscheins ebenfalls eine Gebühr zu zahlen[25]: § 8 Ziff. 1 n.F. AVB. sieht von der auf die Ausfertigungs- und Zustellungsgebühr sich beziehenden Vereinbarung des § 9 a.F. AVB. ab.

Gemäß § 36 I VVG. ist Leistungsort für die Entrichtung der Prämie der jeweilige Wohnsitz[26] des VN., der sie auf seine Gefahr[27] und Kosten[28]

18) Prölß § 3 Anm. 5 VVG.

19) Nach LG. Chemnitz v. 20. 11. 31 = JRPV. 1932 S. 111 bedeutet Stillschweigen des Versicherers nach Abschluß des Vertrages allein noch nicht einen Verzicht auf die Vertragsleistung, Nichteinfordern der Prämie also nicht einen Verzicht auf diese.

20) Vergl. § 8 I AFB.: „Der VN. hat die erste Prämie gegen Aushändigung der V-Urkunde ... zu zahlen"; und dazu Abs. II: „Die Haftung der Gesellschaft beginnt mit der Einlösung der Urkunde ...".

21) Anders hängt der Vorsorge-V-Schutz nicht von der Zahlung sondern nur von dem Zustandekommen einer Vereinbarung über die Prämie ab: I/141. Aber auch bei der Vorsorge-V. wird die Prämie mit der Aushändigung des entsprechenden Nachtrages fällig.

22) Über die Haftung des Versicherers für die vom Agenten gegebene Belehrung über den Prämienbetrag: Stuttgart v. 30. 12. 26 = APV. 1928 S. 59 = HansRGZ. 1927 A. 678. Vergl. ferner Moschel in JRPV. 1932 S. 132.

23) Dazu Schumann NZ. 1938 S. 790, insbesondere über die Frage, „ob diese Gebühr auch dann verlangt werden kann, wenn der VN. direkt — unter Ausschaltung des Vertreters — an den Versicherer Zahlung leistet, ohne hierzu aufgefordert zu sein ..."; die „Einziehungsgebühr (Hebegebühr) kann ... von dem VN nur verlangt werden, wenn das Inkasso bei ihm durchgeführt bezw. versucht worden ist".

24) APV. 1935 S. 117 und 1937 S. 47 (Wird im Falle stillschweigender Verlängerung des Vertrages von Jahr zu Jahr vom VN. nicht ausdrücklich die Ausstellung eines besonderen Verlängerungsscheines beantragt, so darf eine Gebühr für einen erteilten Verlängerungsschein nicht erhoben werden).

25) Die Nebenkosten sind im Antragsformular wiedergegeben: a) Policekosten (Ausfertigungsgebühr); b) Zustellungsgebühr; c) Hebegebühr; d) die öffentlichen Abgaben belaufen sich auf 5 % Reichsversicherungssteuer gemäß Gesetz v. 8. 4. 22 vom Gesamtbetrage. Dazu: Kluckhohn „Das Versicherungsentgelt als Grundlage für die Bemessung der V-Steuer" in NZ. 1934 S. 687.

26) Vergl. den damit begründeten Gerichtsstand gemäß § 29 ZPO. (APV. 1919 S. 107), dazu § 11 Ziff. 2 AVB., der nur den inländischen Wohnsitz des VN. berücksichtigt. Einem Abänderungsantrag eines Versicherers dahin, zum Erfüllungsort für die vom VN. geschuldete Prämie ... den Sitz des Versicherers zu bestimmen, widersprach das Reichsaufsichtsamt: APV. 1921 S. 119 Ziff. 8.

27) Kann der VN. den Beweis dafür, daß das Geld beim Versicherer angekommen ist, nicht erbringen, so muß er, sofern der Versicherer am Verlust nicht schuldig ist, nochmals zahlen: RG. 69/137.

28) Überweisungsspesen darf der VN. nicht abziehen.

dem V'rer[29] übermitteln muß[30]. Regelmäßig wird die Prämie durch den Agenten eingezogen[31]. Gemäß § 43 Ziff. 3 und 4 VVG. gilt auch der Vermittlungsagent als bevollmächtigt, die von dem V'rer ausgefertigten Versicherungs- oder Verlängerungsscheine auszuhändigen[32] und die Prämie nebst Zinsen und Kosten anzunehmen, sofern[33, 34] er sich im Besitz einer vom V'rer unterzeichneten Prämienrechnung[35] befindet[36]. Auch wenn die Prämie regelmäßig[37] beim VN. eingezogen wurde, bleibt sie ihrer Natur nach Bringschuld[38]. Im Fall des § 37 VVG. ist der VN. zur Übermittlung erst verpflichtet, „wenn ihm schriftlich angezeigt wird, daß die Übermittlung verlangt werde". Die Prämie kann im Rahmen des § 267 BGB.[39] auch von einer anderen Person[40] als dem VN. gezahlt werden. Die Berechnung der für die Zahlung in Betracht kommenden Fristen erfolgt nach den Bestimmungen des BGB. (§§ 187 bis 193).

Die Befriedigung des V'rers erfolgt regelmäßig durch Zahlung[41], meist durch Übergabe, des Bargeldbetrages[42] an den Vertreter. Ebenso kann bargeldlos durch Postanweisung[43], Zahlkarte[44], Wechsel[45] oder Scheck[4]

29) Moschel JRPV. 1932 S. 209.
30) Wolff DÖV. 1920 S. 282.
31) Über Rechtsfolgen der Prämieneinnahmen durch den V-Vermittler: Moschel JRPV. 1928 S. 272.
32) Was — Prölß § 43 Anm. 4 — die Vollmacht zur Empfangnahme der ersten Prämie ohne die Einschränkung des § 43 Ziff. 3 VVG. in sich schließt.
33) Eine längere Duldung der Prämienzahlung an den eine Prämienrechnung nicht besitzenden Agenten sieht als Bevollmächtigung zur Empfangnahme an: KG. v. 21. 12. 29 = JRPV. 1930 S. 116; dazu (zweifelnd) aaO. Pfeiffer; vergl. ferner Düsseldorf v. 18. 12. 33 = APV. 398 und Ob.G.H. Brünn v. 15. 6. 35 = Verk.rechtl.Rdsch. S. 542; nur gelegentliche Nichtbefolgung der dem Agenten gemäß § 43 Ziff. 4 VVG. erteilten Anweisung reicht zur Annahme besonderer Bevollmächtigung nicht aus: Kiel v. 25. 4. 34 = APV. S. 4 = JRPV. 250.
34) Und solange: Kiel v. 23. 2. 34 = JRPV. 250 = APV. S. 4.
35) Der Besitz allein von Deckungsnoten und V-Dokumenten genügt an sich nicht; so Gutachten der Industrie- u. Handelskammer Berlin: NZ. 1933 S. 153 und S. 9.
36) Über die Folgen von Unterschlagung oder Veruntreuung der Prämie durch Versicherungsagenten: Raiser § 9 Anm. 7.
37) D. h. mindestens zweimal, im übrigen Tatfrage Hagen I/508, nur einmalige Einziehung genügt nie.
38) Raiser § 9 Anm. 12 mit weiteren Angaben, I/153.
39) Vergl. § 35 a I VVG.
40) I/152, 153, ferner Moschel JRPV. 1932 S. 132. Über die Frage, wie es zu halten ist, wenn der Agent die Prämie aus eigenen Mitteln vorgeschossen hat: Weil ZfVW. 1911 S. 240.
41) Pottien in DVP. 1928 S. 27.
42) Über Beweislast und Beweiswürdigung hinsichtlich der Verrechnung einer unstreitigen Zahlung auf verschiedene Prämienraten: KG. v. 3. 12. 32 = JRPV. 1933 S. 91.
43) Stuttgart v. 27. 4. 28 = JRPV. 1931 S. 74 („Zahlung durch Postanweisung ist bewirkt mit der Einzahlung bei der Post, vorausgesetzt, daß das Geld demnächst ankommt").
44) Braunschweig v. 22. 10. 29 = APV. 1930 S. 5 = HansRGZ. 1930 A. 366; RG. v. 13. 5. 27 = JRPV. 193. — Über die Einzahlung auf ein unrichtiges Postscheckkonto: LG. Berlin v. 12. 2. 29 = JRPV. 353. — RG. v. 9. 11. 20 = APV. 1921 A. S. 35 (über den Vermerk des Versicherers „Zahlungen erbitte auf mein Postscheckkonto": „Dafür, daß schon die Erteilung des Überweisungsauftrages als Zahlung angesehen werden soll, bietet der Vermerk nicht den mindesten Anhalt"). Entgegen der Auffassung des RG. (z. B. RG. 145/251 = JW. 1935 S. 351), wonach bei Zahlung

gezahlt werden[47]. Nicht aber kann der VN., wie es in anderen VZweigen möglich ist, durch Aufrechnung mit einem eigenen HD-Anspruch gegen die Prämienforderung zahlen; es sei denn, daß er mit Zustimmung des V'rers den Geschädigten befriedigt und sich sein Anspruch, der zunächst nur auf Befreiung gerichtet ist, in einen Zahlungsanspruch umgewandelt hat[49, 50]. Ein Aufrechnungsverbot[51] brauchen daher die AVB. nicht auszusprechen. Hat der VN. aus anderen Gründen einen Zahlungsanspruch gegen den V'rer, so steht einer Prämienzahlung durch Aufrechnung nichts im Wege[52, 53].

§ 9 Ziff. I Satz 2

„Unterbleibt die Zahlung, so ist der Versicherungsnehmer auf seine Kosten unter Hinweis auf die Folgen fortdauernden Verzugs durch einen an seine letztbekannte Adresse gerichteten Brief zur Zahlung innerhalb einer Frist von 2 Wochen aufzufordern."

---

mittels Zahlkarte auch die Gutschrift innerhalb der Frist erfolgen muß, ist KG. v. 23. 5. 36 = JW. S. 2578 der Auffassung, daß in solchem Falle Zahlung bereits mit der Einzahlung bei der Post bewirkt ist; anders noch: KG. v. 23. 2. 29 = JRPV. 125 (Erfüllung erst im Zeitpunkte der Gutschrift); KG. v. 12. 7. 30 = JRPV. 429; die Meinung von Rudloff JRPV. 1927 S. 252, wonach „die Zahlung" rechtzeitig bewirkt sei, wenn sie rechtzeitig, also vor Eintritt des VFalles abgesendet ist, ist in dieser allgemeinen Fassung nicht zutreffend.

45) Die Hingabe eines Wechsels ist unmittelbar nicht als Zahlung anzusehen (KG. v. 4. 1. 28 = JRPV. S. 88), sondern erfolgt in der Regel zahlungshalber, nicht aber an Erfüllungsstatt. Diese aus § 364 II BGB. folgende Vermutung ist widerlegbar: RG. v. 21. 3. 30 = JRPV. 147 = Warn. 213. Die Annahme eines Wechsels zahlungshalber enthält eine Stundung der Prämienzahlung (zu dieser hat der Agent keine Berechtigung gemäß § 43 VVG.; im Ergebnis anders: Hamburg v. 12. 4. 26 = JRPV. 169): RG. v. 5. 10. 26 = RG. 114/347 = JRPV. 297 = APV. 1927 S. 4; desgl. RG. v. 5. 7. 29 = DOV. 93; Kiel v. 30. 2. 27 = JRPV. 228; Köln v. 17. 10. 30 = JRPV. 1931 S. 131 = JW. 3648. — Über Hingabe von Wechseln an Erfüllungsstatt: RG. v. 21. 3. 30 = JRPV. 147 = Warn. 213.

46) RG. v. 20. 9. 27 = JRPV. 344 = APV. 1928 S. 2 unter Hinweis auf RG. 78/137, 142 („Nach § 364 BGB. und der allgemeinen Verkehrsauffassung enthält die Annahme eines Schecks zur Erfüllung einer Geldforderung im Zweifel noch keine Zahlung, sondern stellt nur einen Versuch der Zahlung dar. Erfüllung tritt regelmäßig erst ein, wenn auf den hingegebenen Scheck vom Bezogenen Zahlung geleistet wird"); ebenso RG. v. 4. 11. 27 = JRPV. 346 = VuG. 189 (über vordatierten Scheck); RG. v. 20. 3. 31 = APV. 13 = DVP. 620 (Zahlung durch Bankscheck nach den Umständen des Falles einer Barzahlung gleichzuachten); KG. v. 28. 11. 34 = JRPV. 1935 S. 124 = APV. 1935 S. 215 = HansRGZ. 1935 S. 402 (Bei Übergabe eines Verrechnungsschecks wird die Prämienschuld erst getilgt, wenn die VGesellschaft oder ihr Bevollmächtigter die endgültige Verfügungsbefugnis über den Scheckbetrag erhält), KG. v. 30. 3. 27 = APV. 217 = HansRGZ. S. 493 (über Prämienzahlung durch vordatierten Verrechnungsscheck gegen eine bereits auf Empfang des Betrages ausgestellte Quittung; über Zahlung durch Hingabe eines vordatierten Schecks: Moschel JRPV.. 1928 S. 272.)

47) Prölß § 35 Anm. 6, Weil ZfVW. 1911 S. 237 ff., Pottien DVP. 1928 S. 27; I/153. 49) I/51, 57.

50) Für andere VZweige mag anderes gelten: z. B. Breslau v. 14. 1. 33 = APV. 343; KG. v. 2. 4. 32 = JRPV. 170; AG. Mannheim v. 16. 12. 31 = JRPV. 1932 S. 112; KG. v. 11. 10. 30 = JRPV. 429; Weil ZfVW. 1911 S. 238.

51) Schweighäuser JRPV. 1926 S. 190.

52) Über Prämienzahlung durch Verrechnung: KG. v. 30. 4. 33 = JRPV. 235.

53) Über Prämieneinziehung durch Aufrechnung: Hagemann NZ. 1933 S. 49 ff.

§ 9 Ziff. I Satz 2 befaßt sich mit den Folgen, die die Nichtzahlung der Folgeprämien — der regelmäßigen und der übrigen Folgeprämien — haben kann. Im wesentlichen entspricht er § 39 VVG. Wenn eine entsprechende Berücksichtigung des § 38 VVG. für die Erstprämie in den AVB. unterblieben ist[53a], so wohl deshalb, weil dem VN. durch § 3 I AVB. die Folgen der Nichtzahlung deutlich vor Augen geführt sind[54]. Die pünktliche Zahlung der Prämien ist die unerläßliche Voraussetzung eines geordneten VBetriebes und mit Rücksicht auf die Bedeutung der VUnternehmungen für die Wirtschaft auch von einem gewissen öffentlichen Interesse[55]. Das VVG. befaßt sich wiederholt mit der Prämienzahlung. § 39 regelt den Fall unterbliebener Zahlung von Folgeprämien, und zwar in einer Weise, die den Verhältnissen des VVertrages besonders angepaßt ist. — Hierdurch werden die allgemeinen Verzugsfolgen nach Bürgerlichem Recht[56] nicht beseitigt[57], [58]. Doch ist die Anwendung des § 326 BGB. neben § 39 VVG. ausgeschlossen[59]. Das sogenannte **Mahnverfahren** ist in Voraussetzungen und Folgen an einen gesetzlich bestimmten unabdingbaren[60] Sachverhalt geknüpft, den § 9 Ziff. I Satz 2 bis 4 AVB. im wesentlichen wiederholt. Dazu wird auf die Ausführungen in den Kommentaren zum VVG. verwiesen und im folgenden nur das Wesentliche kurz herausgestellt.

Voraussetzung des Mahnverfahrens ist zunächst, daß die Zahlung der Prämie unterblieben ist. Dies ist dann der Fall, wenn die Prämie nicht, oder nicht in voller Höhe[61] oder nicht an den richtigen Gläubiger[62],

---

53 a) § 3 I u. F. AVB. hat den Wortlaut von § 38 VVG. übernommen.

54) Notwendig ist in diesem Teil des § 9 AVB. die Wiedergabe von § 39 VVG. nicht. In anderen AVB., z. B. § 9 Ziff. 3 AFB., ist lediglich „für die Folgen nicht rechtzeitiger Prämienzahlung auf die §§ 38, 39 VVG. hingewiesen“, in anderen, z. B. den AKB., sind die Folgen nicht rechtzeitiger Prämienzahlung überhaupt nicht besonders angegeben.

55) AG. Berlin-Schöneberg v. 23. 8. 33 = JRPV. 339.

56) Schadenersatz, Verzugszinsen usw.; dazu Bruck Komm. § 39 Anm. 4—8. Die Ausbedingung eines Verzugszuschlages bei unpünktlicher Zahlung ist zulässig: AG. Berlin-Schöneberg v. 26. 2. 31 = JRPV. 248

61) Über die rechtliche Bedeutung der Nichtzahlung sogen. geringfügiger Teilbeträge

58) Ihr Eintritt setzt, wie allgemein, Verzug voraus, eine Mahnung des Versicherers ist dazu wegen § 284 II 1 BGB. nicht nötig.

59) Prölß § 39 Ziff. 1 VVG.; es genügt daher für den Eintritt der im § 39 VVG. an das durchgeführte Mahnverfahren geknüpften Folgen nicht — wie im Rahmen des § 326 BGB. — der Umstand, daß der VN. ernstlich und entschieden die Prämienzahlung verweigert hat; a. A. Weil ZfVW. 1911 S. 248.

60) Bruck Komm. § 39 Anm. 21.

61) Über die rechtliche Bedeutung der Nichtzahlung sogen. geringfügiger Teilbeträge der Prämie: Anm. 76 zu § 9; welche Prämie vom VN. geschuldet wird, ist daher genau zu prüfen. Dies kann zweifelhaft sein, vergl. z. B. den Fall, daß ein umzuwandelnder HV-Vertrag neben dem erst formell geschlossenen Umwandlungsvertrag besteht: Matt NZ. 1937 S. 89 ff., dazu Hora NZ. 1937 S. 383 ff.; vergl. auch Köln v. 17. 10. 30 und RG. v. 11. 11. 27 zit. in WZ. 1932 S. 261; Karlsruhe v. 14. 11. 29 = JRPV. 1930 S. 173.

62) Über die Frage, wie es zu halten ist, wenn der Agent die Prämie aus eigenen Mitteln vorgeschossen hat: Weil aaO. S. 240, Anm. 40 zu § 9.

fristgerecht[63] gezahlt ist, es sei denn, daß das Unterbleiben der Zahlung durch besondere Vereinbarungen hierüber, z. B. durch Stundung[64], Abrede der Zahlung im Verrechnungswege[65] oder ähnliches, gestattet war[66]. — „Verzug", d. h. schuldhaft unterlassene Zahlung bzw. unbedingt zu vertretende Unterlassung, sind hierzu nicht erforderlich. Ist Zahlung nach Maßgabe des Vorstehenden unterblieben, so kann der V'rer das Mahnverfahren betreiben mit dem Ziele der Befreiung von der Leistung bei Eintritt des VFalles oder der fristlosen Kündigung des VVertrages. Diese für den VN. unter Umständen schwerwiegenden Folgen sollen nach dem Willen des Gesetzgebers nur eintreten, wenn er deutlich auf sie hingewiesen ist, und eine letzte Nachfrist schuldhaft ungenutzt hat verstreichen lassen. Er[67] muß daher durch einen besonderen an seine letztbekannte Adresse[68] gerichteten Brief[69, 70] zur Zahlung innerhalb einer (Mindest-) Frist (§ 39 I VVG.) von zwei Wochen aufgefordert werden[71], dabei sind die Rechtsfolgen anzugeben, die ... mit dem

---

63) Über die rechtliche Bedeutung sogen. geringfügiger Verspätung in der Prämienzahlung: Weil aaO. S. 238.

64) Zur Prämienstundung: Ehrenzweig JRPV. 1925 S. 97, Bruck Komm. § 35 Anm. 8, Prölß § 39 Anm. 11; Hamburg v. 27. 4. 33 = APV. 333, aber auch Hamburg v. 25. 5. 32 = APV. 234.

65) KG. v. 30. 4. 38 = JRPV. 235, wonach die Möglichkeit einer Fristsetzung gem. § 39 VVG. erst nach Aufhebung der Verrechnungsabrede gegeben ist.

66) Nach Celle v. 6. 1. 31 = APV. S. 3 liegt Verzug nicht vor, wenn ein Zurückbehaltungsrecht wegen eines Schadensersatzanspruches aus dem Vertrage besteht: hierzu Prölß Komm. § 39 Ziff. 7.

67) Über die Person des Mahnungsempfängers: Bruck Komm. § 39 Anm. 15; für den Fall der Zwangsverwaltung: Düsseldorf v. 28. 5. 34 = JRPV. 1935 S. 62; nach Eheschließung: Scheerer JRPV. 1936 S. 193 ff.; nach Abtretung des VN.: KG. v. 3. 2. 34 = JRPV. 233.

68) Die Willenserklärung muß, um wirksam zu sein, dem VN. zugehen (§ 130 BGB.). Dieser Zugang wird nicht unter allen Umständen durch die Absendung an „die letztbekannte Adresse" bewirkt. Über die Erkundigungspflichten des Versicherers, die u. U. auch bei einer Fassung der AVB. wie vorliegend gelten: KG. v. 2. 3. 38 = JRPV. 171 ff. — Die Wirksamkeit des Zuganges entfällt nicht dadurch, daß der Empfänger infolge Krankheit, Alters oder sonstiger Umstände nicht mehr voll aufnahmefähig ist: Celle v. 4. 1. 35 = JRPV. 303 = HansRGZ. A. 268; über den Beweis für den Zugang eines Mahnschreibens: Nürnberg v. 12. 4. 37 = JRPV. 1938 S. 141.

69) Gemäß § 39 VVG. (vergl. auch § 43 Ziff. 4 VVG.) genügt zur Unterzeichnung eine Nachbildung der eigenhändigen Unterschrift (§§ 127, 126 BGB.). Dazu reicht sowohl der gedruckte wie der faksimilierte Namenszug aus. Die hiermit verbundene Streitfrage ist dadurch für § 39 I VVG. positiv geregelt. Dies gilt nicht für den Fall der mit der Kündigung sogleich verbundenen Mahnung: Prölß § 39 Anm. 5, Anm. 118 zu § 9. — Faksimilierte Unterschrift erachtet für ausreichend: RG. v. 25. 6. 29 = RG. 125/68 = DOV. 81 = JRPV. 260 = APV. 292, welches die eingedruckte Faksimile-Unterschrift der gestempelten hier gleichstellt. Ebenso Düsseldorf v. 12. 12. 38 = JRPV. 1939 S. 109; dazu Raiser § 9 Anm. 38, ferner Pfeiffer JRPV. 1929 S. 846; zur eingedruckten Unterschrift: Reichsaufsichtsamt in APV. 1928 S. 165; a. A. Köln v. 21. 1. 27 = APV. S. 220 = VuG. 153 = HansRGZ. 278; Danzig v. 9. 2. 32 = JRPV. 328 = JW. 3658; KG. v. 23. 2. 29 = JRPV. 121 = APV. 201 = HansRGZ. A. 215; KG. v. 29. 6. 29 = JRPV. 318.

70) Über die Form der Absendung des Mahnschreibens (Einschreiben, einfacher Brief, Drucksache): Reichsaufsichtsamt in APV. 1937 S. 48.

71) Über Mahnung durch den hierzu ermächtigten Makler ohne ausdrückliche Bezeichnung des Vertretungsverhältnisses: KG. v. 21. 9. 29 = JRPV. 370.

Ablauf der Frist verbunden sind (§ 39 I Satz 2 VVG[72, 73]). Befindet sich der VN. auch nach Ablauf der ihm gestellten Nachfrist[74] mit der Zahlung der Prämie oder der Kosten[75, 76, 77] noch im Zahlungsverzug[78], so hat der V'rer[79] die Möglichkeit, „das Vertragsverhältnis ohne Einhaltung einer Kündigungsfrist zu kündigen[80]" (§ 9 Ziff. I Satz 4 AVB.), also den VVertrag im ganzen und endgültig[81] aufzuheben[82]. Tut er

---

72) Dazu gehören auch die Folgen gemäß § 39 I 5 a. F. bezw. III 3 n. F. VVG.: Prölß JRPV. 1936 S. 277, Komm. § 39 Anm. 6; a. A.: Bruck Komm. § 39 Anm. 20. — In dem vom RG. v. 14. 1. 38 = RG. 156/378 = JW. 754 behandelten Falle, war auf diese Folgen im Mahnschreiben ausdrücklich hingewiesen.

73) Über die Fassung des Inverzugsetzungs- und Kündigungsschreibens: NZ. 1934 S. 81; Reichsaufsichtsamt in APV. 1933 S. 253; RG. v. 16. 2. 17 = APV. A. S. 4; RG. v. 20. 3. 17 = APV. A. S. 41 = Mitteilg. S. 269. Die Rechtsprechung ist formalistisch: Prölß § 39 Anm. 6 mit weiteren Angaben.

74) Über die Berechnung der gesetzlichen Frist (§ 186 BGB.): §§ 187, 188 BGB.; dazu APV. 1929 S. 160 (Berechnung nach § 7 VVG. — von Mittag zu Mittag — ist unzulässig.).

75) Rückständige Zinsen bleiben im Rahmen des § 9 AVB. — anders § 39 II VVG. — außer Betracht. Die Kosten eines zur Einziehung der nach § 39 VVG. angemahnten Prämie geführten Prozesses gehören nicht hierzu, bedürfen vielmehr besonderer Mahnung: Lesser JRPV. 1925 S. 53, ergänzend Schröder S. 84 das.

76) Über eine entsprechende Anwendung des § 320 II BGB. im Falle eines Rückstandes nur geringer Beträge an Prämie, Zinsen oder Kosten: Weil ZfVW. 1911 S. 239, Clasen JRPV. 1924 S. 76, Hauschilot VuG. 1927 S. 205 ff. und 216 ff.; dazu aber RG. v. 7. 12. 17 = APV. 1918 A. S. 47 = Mitteilungen 1919 S. 166 = JW. 1918 S. 226 = LZ. 1918 S. 636 = mitget. in WZ. 1919 I S. 700. (Der VN. hatte den angemahnten Betrag mit RM 439,79 bezahlt, aber nicht die Verzugszinsen mit RM 7,68. Verf.): „Im Interesse der Rechtssicherheit kann es überhaupt nicht zugelassen werden, daß es für die bei § 39 geschaffene Rechtslage von Bedeutung ist, wenn der VN. mit einem verhältnismäßig nur geringfügigen Betrag beim Eintreten des VFalles im Rückstand ist; es ist dies ein relativer nicht zu umgrenzender Begriff. Nur ganz ausnahmsweise kann ein Einzelfall so gestaltet sein, daß der Versicherer aus dem Fehlen einiger Pfennige an dem ihm zu zahlenden Betrag Folgerungen für sich herzuleiten nicht für berechtigt zu erachten ist"; andererseits mußte gemäß RG. v. 17. 10. 27 = VuG. 183 ein Rückstand von RM 6,40 an Zinsen und Portokosten auf eine Prämie von RM 257,40 nach Treu und Glauben außer Betracht bleiben (ebenso der Vorderrichter: Düsseldorf v. 17. 10. 27 = JRPV. 1928 S. 29)); ähnlich Kiel v. 25. 1. 29 = DOV. 53 (Rückstand von RM 5,41 bei einer Prämie von RM 55,32 unbeachtlich).

77) Es ist gesetzlich nicht vorgeschrieben, daß in der Mahnung auch die Höhe der Prämienrate angegeben ist. Wohl muß (§ 39 IV a. E. VVG.) der Umfang der Kosten genannt werden. Enthält die Mahnung eine Zuvielforderung, so setzt sie den Schuldner u. U. nicht in Verzug: Hamburg v. 28. 6. 26 = JRPV. 261.

78) Ein solcher liegt nicht vor, wenn die Zahlung ohne sein Verschulden unterbleibt (Mangel an Geld hat er aber stets zu vertreten: Raiser § 9 Anm. 43): Prölß § 39 Anm. 7; KG. v. 12. 7. 30 = JRPV. 429: kein Verzug bei Behinderung des VN. durch wochenlange Bewußtlosigkeit infolge Unfalls; AG. Charlottenburg v. 20. 5. 31 = wiedergegeben in VP. 1932 S. 32: kein Verzug, wenn im Falle der Vermögensverschlechterung des Versicherers dieser nicht „Sicherheit für wirkliche Gewährung des VSchutzes geleistet hat".

79) Mit der Einschränkung des § 39 I 5 a. F. bezw. III n. F. VVG.

80) Über den Zeitpunkt, bis wann spätestens der Versicherer noch kündigen kann: Weil ZfVW. 1911 S. 252, Bruck Komm. § 39 Anm. 29, vergl. auch Anm. 121 zu § 9.

81) Vorbehaltlich der Bestimmung des § 39 I 5 a. F., III 3 n. F. VVG.

82) Hellmann JRPV. 1934 S. 372/3; die hier untersuchte Frage, wem gegenüber im Falle der Abtretung der HV-Ansprüche Mahnung und Kündigung zu erklären sind (dazu: KG. v. 3. 2. 34 = JRPV. 233 = DOV. 90) ist für die HV. (für Lebens-V.: Löwe JRPV. 1933 S. 37) wegen § 8 Ziff. 3 AVB. nicht von Bedeutung.

dies nicht, so tritt eine andere spezielle Folge aus dem Zahlungsverzug ohne weiteres noch nicht ein. Dies geschieht erst, wenn nach[83] dem Ablauf der für die Zahlung gesetzten Frist ein VFall eintreten sollte, und auch dann der VN. mit der Zahlung der Prämie oder der Kosten noch im Verzuge ist[84]: denn nun ist als Folge des Mahnverfahrens[85] der V'rer von der Verpflichtung zur Leistung frei. Zahlt der VN. auf die Mahnung, ehe ein VFall eingetreten ist, so hat diese — wenn nicht der V'rer von seinem Recht zu fristloser Kündigung Gebrauch macht — überhaupt keine Rechtsfolge. Das Vertragsverhältnis als solches[86] wird durch die Mahnung gemäß § 39 VVG. — anders bei Kündigung — nicht berührt, sondern bleibt in vollem Umfang bestehen. Der VN. wird nicht von der Verpflichtung zur Zahlung derjenigen Prämien oder Prämienraten befreit, die später als die bereits angemahnte fällig werden. Hiermit zugleich entsteht die Frage, was rechtens ist, wenn der VN. zwar die angemahnte Prämie trotz ordnungsmäßiger Mahnung nicht bezahlt hat[87], wohl aber die später fällig werdenden Prämien oder Prämienraten[88], und nun der VFall eintritt[89]. Die h.A.[90] geht dahin, daß — wie

---

83) Tritt der VFall vorher ein, so bleibt der Versicherer zur Leistung verpflichtet.

84) Für beides ist der Versicherer beweispflichtig: Rudloff JRPV. 1927 S. 252.

85) Dies kann insoweit durch nichts anderes, insbesondere nicht durch Zahlungsbefehl oder Klage (KG. v. 22. 3. 30 = JRPV. 239 = DOV. 31) ersetzt werden: KG. v. 12. 7. 30 = JRPV. 429; Bruck Komm. § 39 Anm. 21. Es ist auch bei Stundungsgesuchen des VN. erforderlich: KG. v. 2. 5. 28 = JRPV. 189.

86) Unzutr. die Auffassung von LG. Berlin v. 5. 2. 32 = JRPV. 80 = JW. 2564, wonach mit dem Ablauf der Mahnfrist „eine Änderung in der Struktur des Vertragsverhältnisses" eingetreten sei, weil „wegen der damit (?) eintretenden Leistungsfreiheit des Versicherers das Vertragsverhältnis den Charakter der Gegenseitigkeit" verliere und sich nach Ablauf der Frist aus § 39 VVG. das Vertragsverhältnis in ein einseitiges umwandle (so daß § 4 der Vergl.Ord., welcher Gegenseitigkeit des Vertrages voraussetze, nicht zur Anwendung kommen könne).

87) Pfund ZfVW. 1918 S. 91 ff., der bei Betrachtung verschiedener Fälle die Frage dahin formuliert: „Wirkt der Verzug in der Zahlung einer Jahresprämie über die betr. V-Periode hinüber in die folgende und besteht die Wirkung des Verzuges unabhängig davon, ob eine der folgenden Prämien rechtzeitig bezahlt worden ist, uneingeschränkt fort?" Zu der Abhandlung von Pfund: Vogel ZfVW. 1919 S. 87, dazu wieder Pfund ZfVW. 1920 S. 238 ff.; zu Pfund auch Kurz NZ. 1928 S. 197 Anm. 4.

88) Dazu Pfund ZfVW. 1920 S. 238, siehe auch § 9 I 6 AVB.: Bl. 253 ff.

89) Bestehen mehrere VVerträge, aus denen Prämien angemahnt sind, und zahlt der VN. Teilbeträge, so erfolgt die Verrechnung auf die einzelnen VScheine gemäß § 366 BGB., d. h. in erster Linie entscheidet die Verrechnungsanweisung des VN.: dazu Düsseldorf v. 28. 10. 35 = JRPV. 1936 Zus. I S. 2.

90) Prölß § 39 A. 7, Pfund ZfVW. 1918 S. 91 ff.; Reichsaufsichtsamt in APV. 1918 S. 176, 1919 S. 108; (das jedoch einen Vorbehalt des Versicherers bei Annahme der später — als die angemahnte — fällig werdenden Prämie fordert; ebenso Hagen I/520, Petersen ZfVW. 1921 S. 252, Vogel ZfVW. 1919 S. 87, weitere Angaben bei Bauerreiß JRPV. 1936 S. 323 Anm. 17); dazu auch Kühfuß NZ. 1935 S. 165 für den Fall von Prämienraten: wider diesen Schwarz NZ. 1935 S. 269; NZ. 1935 S. 72 und 73; Haasen JRPV. 1927 S. 359 ff.: wider diesen Rasch JRPV. 1928 S. 20; RG. v. 27. 11. 20 = APV. 1921 A. S. 36; RG. 101/30; KG. v. 20. 4. 29 = JRPV. 222 = JW. 2062; KG. v. 12. 7. 30 = JRPV. 429; Düsseldorf v. 27. 2. 30 = JRPV. 187; a. A. Hamm v. 12. 6. 14 = APV. 1915 A. S. 20 ff. und Bauerreiß JRPV. 1936 S. 323: das. S. 322 Anm. 7 weitere Rechtslehre und Rechtsprechung.

die Unbedingtheit des Gesetzeswortlautes ergibt — die Verpflichtung des V'rers zur Leistung mit dem Eintritt des Verzuges aufhört und erst mit seiner Beseitigung wieder in Kraft tritt. Solange eine frühere Prämienzahlung verweigert und der VN. ihretwegen im Verzuge ist, ruht die Leistungspflicht des V'rers, mögen auch alle nach dieser fällig werdenden weiteren Prämien gezahlt worden sein. Die eingetretene Leistungsfreiheit wird auch durch eine nachträgliche Stundung[91, 92, 93] der Prämie nicht unbedingt berührt[94, 95], mindestens dann nicht, wenn der V'rer einen entsprechenden Vorbehalt bei der Stundungserklärung macht[96]. Es bedarf nicht der Durchführung eines erneuten Mahnverfahrens mit Fristsetzung[97]. — Über den „Verzicht des V'rers" vgl. Blatt 189 ff.

§ 9 Ziff. I Satz 3

„Tritt der Versicherungsfall nach dem Ablauf dieser Frist ein und ist der Versicherungsnehmer zur Zeit des Eintritts mit der Zahlung der Prämie oder der Kosten im Verzug, so ist die Gesellschaft von der Verpflichtung zur Leistung frei."

Die Leistungsbefreiung des V'rers erfolgt nur, wenn **zur Zeit des Eintritts des VFalles** zwei Umstände erfüllt, und zwar kumulativ erfüllt sind, nämlich a) es muß die ordnungsmäßig gesetzte Nachfrist abgelaufen sein und dazu b) der Zahlungsverzug noch andauern. In Ansehung des VFalles in den AVB.[98] als eines aus mehreren Einzel-

---

91) Bl. 252.

92) Über die Prämienstundung in gerichtlichen Vergleichen: Lesser JRPV. 1927 S. 299, derselbe JRPV. 1932 S. 194 über die Frage: Ist eine nach ergebnislosem Ablauf der Frist aus § 39 VVG. getroffene Vereinbarung des Inhalts rechtsgültig, daß bei nicht pünktlicher Zahlung der dem VN. gewährten Raten die Leistungsfreiheit des Versicherers ohne erneute Fristsetzung wieder auflebt, (ja!): dazu Gebler JRPV. 1932 S. 211 (nein!): dazu Lesser JRPV. 1932 S. 227, dazu Hellweg JRPV. 1932 S. 259, dazu Pfeiffer JRPV. 1932 S. 244 (nein!); neue Fristsetzung bei Verzug mit bewilligten Raten hält für unnötig: AG. Kassel v. 14. 9. 32 = JRPV. 1933 S. 14; über die Anwendung von § 39 VVG. bei Stundungsanträgen auch Schröder JRPV. 1925 S. 173.

93) Diese hat der VN. zu beweisen: Naumburg v. 4. 3. 30 = JRPV. 127.

94) Düsseldorf v. 27. 2. 30 = JRPV. 187, RG. v. 8. 4. 32 = JRPV. 307 = DVP. 571 = Warn. 214 unter Hinweis auf RG. v. 10. 10. 16 = Warn. 1917 S. 416, anders anscheinend: RG. v. 3. 4. 28 = VuG. S. 93.

95) Bloße Stundungsverhandlungen reichen dazu nicht aus: RG. v. 4. 3. 30 = JRPV. S. 127 = DÖV. 35.

96) KG. v. 12. 7. 30 = JRPV. 429; Königsberg v. 23. 9. 27 = JRPV. 355. — Ohne solchen Vorbehalt kann — nach den Umständen des einzelnen Falles — die Geltendmachung des Rechtes aus § 39 VVG. (Leistungsfreiheit) gegen Treu und Glauben verstoßen und dann unbeachtlich sein; RG. v. 26. 2. 35 = JRPV. 102 = DÖV. 69 = APV. 221 = HRR. Nr. 937; RG. v. 8. 10. 35 = JRPV. 361 = DÖV. 89 = Vers.Verm. 279 (zu diesen RG-Urteilen: DVA. 1936 S. 561 ff.); Pottien in DVP. 1928 S. 58; NZ. 1935 S. 72.

97) Über die Wirkung von Teilzahlungen beim Prämienverzug: KG. v. 19. 1. 24 = JRPV. 27 (anderer Wortlaut der AVB.): dazu Gottschalk JRPV. 1924 S. 32, Pfeiffer aaO. S. 51, Clasen aaO. S. 76.

98) Ähnlich gemäß § 149 VVG.: Anm. 351 zu § 5.

stücken zusammengesetzten Tatbestandes[99] ergeben sich hieraus verschiedene Fälle, die der Prüfung bedürfen[100].

1. Keinen Anlaß zu Zweifeln gibt es, wenn Ereignis (unter diesem Ereignis ist bei Auseinanderfallen von Schadensursache und Schadensfolge die **Ursache** zu verstehen[101]) und Anspruchserhebung vor Ablauf der Nachfrist eingetreten waren, und zwar ohne Rücksicht auf den Zahlungsverzug; denn beide Stücke zusammen, die den vollen VFall-Tatbestand darstellen, sind entgegen § 9 I 3 ADB. hier vor dem Ablauf der Mahnfrist eingetreten. In solchem Falle besteht also Leistungspflicht des V'rers.

2. Tritt ein Teil des VFall-Tatbestandes (Ereignis) schon vor dem Ablauf der Frist ein und nur die Anspruchserhebung nachher, so ist die Frage zu stellen, ob eine solche Teilverwirklichung des VFalles (Anspruchserhebung) die gleichen Folgen auslösen kann, die nach § 9 ADB. mit dem Eintritt des VFalles verbunden sind. Diese Frage ist zu verneinen; denn der dem VN. durch die Mitteilung des V'rers bekanntgegebene Zeitpunkt des Ablaufs der Nachfrist bildet innerhalb des gesamten Zeitraumes, in welchem die Prämie nicht gezahlt wird, einen deutlichen und bedeutungsvollen Einschnitt und grenzt — auch für den VN. erkennbar — den für ihn noch ungefährlichen von dem gefährlich werdenden Teil desselben ab, so daß eine Beeinträchtigung dieser durch die Mitteilung der Nachfrist in ihm hervorgerufenen Vorstellung über die Folgen seines weiteren Verhaltens nicht zulässig erscheint. Dies muß jedenfalls bei der hier besprochenen Voraussetzung (Eintritt des VFalles) gelten: über den Verzug vgl. unten. Hinzukommt, daß der nach Sinn und Zweck der Vorschrift verwirkungsbedrohte Unsicherheitsfaktor (siehe unten) — wenn man **insoweit** die beiden Umstände: Ereignis und Anspruchserhebung vergleicht — in weitaus überwiegendem Maße nur in dem Eintritt des Ereignisses gefunden werden kann. Die Voraussetzungen, die für die Leistungsfreiheit des Versicherers aufgestellt sind, müssen dementsprechend auch in erhöhtem Maße gerade

99) Über die Rechtslage unter Berücksichtigung des § 5 Ziff. 1 n. F. ADB.: Anhang zu § 5.

100) Die Ausführungen I/69 besagen nichts Abweichendes; denn dort ist nur die Rede davon, wodurch g e g e n s t ä n d l i c h (vergl. die Überschrift von § 1 ADB.: Gegenstand der Versicherung) der G e s a m t tatbestand des VFalles im Sinne von § 1 verwirklicht wird. Hier dagegen ist zu prüfen, ob im Sinne des § 9 die Folgen des „Eintritts des VFalles" für einen bestimmten Zeitraum schon dann als gegeben angesehen werden dürfen, wenn nicht alle Tatbestandsstücke in diesen bestimmten Zeitraum fallen und welche i n s o w e i t notwendigerweise sich in diesem verwirklichen müssen. Auch in I/129—130 ist nur gesagt, daß der Eintritt sämtlicher Tatbestandsstücke zeitlich der Mahnung nachfolgen müsse, weiter nichts.

101) I/73 ff. Oberbach JRPV. 1943 S. 36. Außer den dort gen.: OLG. Dresden und RG. v. 26. 4. 43 — VII 144/42 = Deutsches Recht 1943 S. 988 ff.; RG. v. 14. 1. 38 = JRPV. 68 ff. (70); Jannott in Veröffentlichung des Berliner Hochschulinstituts für VWissenschaft: Zur Vervollkommnung der HV. Heft 8: besprochen v. Boettinger JRPV. 1940 S. 129/137.

hinsichtlich des Teilstückes: Ereignis erfüllt sein. Dies trifft sowohl hier bei der Frage zu, ob schon ein vor oder nur ein nach Ablauf der Mahnfrist eingetretenes Ereignis genügt, wie bei der im folgenden abgehandelten, bei welchem der Teilstücke, wenn sie beide nach Ablauf der Mahnfrist eingetreten waren, mindestens Zahlungsverzug vorliegen muß, um die Leistungsfreiheit des Versicherers herbeiführen zu können.

Es muß demnach zur Anwendbarkeit des § 9 I 3 ADB. in jedem Falle der gesamte Tatbestand des VFalles nach dem Ablauf der Mahnfrist eingetreten sein.

3. Sind beide Stücke: Ereignis und Anspruchserhebung nach dem Ablauf der Mahnfrist eingetreten, so ist zu unterscheiden: a) besteht Verzug noch bei der Anspruchserhebung, so ist der Vr'er gemäß § 9 I 3 ADB. von der Verpflichtung zur Leistung frei, da der volle VFall-Tatbestand eingetreten ist und auch der Verzug beim Eintritt des letzten Stückes noch bestand; b) besteht im gleichen Fall Verzug aber nur bei Eintritt des Ereignisses, jedoch infolge Prämienzahlung nicht mehr bei der Anspruchserhebung, so bedarf dies näherer Untersuchung[102].

Die Frage ist also: Besteht Leistungsfreiheit des V'rers, wenn der VN. nach Ablauf der Mahnfrist im Zahlungsverzuge ist, jedoch nur noch bei Eintritt des Ereignisses, hierauf aber, und zwar vor der Anspruchserhebung zahlt, so daß bei deren Eintritt Verzug nicht mehr besteht? Die Antwort lautet: Die ADB. gehen (entsprechend dem Gesetz), wie ihre Fassung deutlich macht, insoweit unmittelbar von nur zwei Möglichkeiten aus, die sie einander gegenüberstellen: a) der VFall tritt nach Ablauf der Mahnfrist bei noch andauerndem Verzuge ein, b) der VFall tritt unter derselben Voraussetzung erst nach Behebung des Verzuges ein. Die dritte Möglichkeit, nämlich c) daß der Verzug **während** des Eintrittes des VFalles

---

102) Keßler aaO. Bd. 87 S. 52 Anm. 2 hält diesen Fall schon nach § 149 VVG. ohne weiteres für geklärt, denn nach dieser Bestimmung „muß das Schadensereignis in die VZeit fallen; eine Haftung des Versicherers besteht aber für die Dauer der Zeit nach Fristablauf bis zur Prämienzahlung nicht". — Diese Meinung halten wir nicht für zutreffend. Die Haftung besteht für den von K. genannten Zeitraum n u r d a n n nicht, wenn der VFall nach Fristablauf eintritt und bei seinem Eintritt noch Zahlungsverzug bestand. Diese Frage ist hier zu prüfen. Ergibt sich dabei, daß diese für die Leistungsfreiheit bestehenden Voraussetzungen nicht erfüllt sind, so wird durch das Gesetz im § 39 für den fraglichen Zeitraum der Charakter der — wirksamen — VZeit bestimmt. Kommen wir also zu dem Ergebnis, daß ein beim Eintritt des Ereignisses allein vorliegender Zahlungsverzug nicht ein solcher „beim Eintritt des VFalles" gemäß §§ 39 VVG., 9 ADB. ist, so liegt eben kraft des gesetzgeberischen Willens das Ereignis in der materiellen VZeit, es ist alsdann „während der Wirksamkeit der Versicherung" im Sinne von § 1 ADB. eingetreten. Entsprechendes gilt für § 149 VVG., der unter der „VZeit" ebenfalls die sog. materielle VZeit (I/71) versteht; zust. Sölzer JRPV. 1938 S. 179. — Eine Bestimmung entsprechend dem § 8 ADB., welche — etwa abweichend vom Gesetz — im Sinne der Keßlerschen Auffassung den fraglichen Zeitraum außerhalb der Wirksamkeit der V. stellt, ist in den ADB. nicht enthalten. — § 9 ADB. gibt nur das Gesetz wieder: § 8 ADB. befaßt sich nur mit dem ersten Beginn des VSchutzes, nicht mit der Frage, inwieweit er etwa weiter wirksam ist, wenn er einmal schon bestanden hatte und nur durch Nichtzahlung der Folgeprämie gegebenenfalls unterbrochen worden war.

(nach seiner Teilverwirklichung) behoben wird, d. h. daß er zwar bei Beginn desselben, nämlich dem Eintritt des ersten Tatbestandsstückes (Ereignis) noch bestand, aber bei seiner Beendigung, nämlich dem Eintritt des letzten (Anspruchserhebung) wieder beseitigt war, ist nicht ausdrücklich geregelt. Die §§ 9 I 3 ADB., 39 VVG. sind daher auf den Fall dieser dritten Möglichkeit nicht unmittelbar anwendbar. Wenn man auf den vollen Eintritt des gesamten VFall-Tatbestandes abstellt, so ist hier weder der Fall a) noch der Fall b) direkt gegeben. Hier kann nur eine sinngemäße Auslegung weiterhelfen[103]. Es ist also festzustellen, welchem der allein ausdrücklich geregelten Fälle (a oder b) der Fall c) zu- und unterzuordnen ist. Dazu muß wieder auf Sinn und Zweck der Regelung zurückgegriffen werden. Dieser ist erkennbar darauf gerichtet, durch die Drohung mit dem Verlust des VSchutzes den VN. zu einer im Sinne von §§ 9 ADB., 39 VVG. rechtzeitigen Prämienzahlung anzuhalten und damit zugleich den V'rer insoweit von der Erbringung der vertraglich zugesagten Leistung zu befreien, als er die Gegenleistung — im Rahmen des § 9 I 3 ADB. — nicht erhalten hat.

Das Streben, den VSchutz sich wirksam zu erhalten, liegt nun aber grundsätzlich in den gleichen Umständen begründet, die den VN. zum Abschluß eines VVertrages überhaupt bewogen haben. Diese sind darin zu erblicken, daß er hierdurch eine Ungewißheit beseitigen will, die darin besteht, daß er im Rahmen des versicherten Risikos ein Ereignis herbeiführen und dieserhalb haftpflichtig gemacht werden könnte. Nach dieser Richtung will der V'rer einen möglichst starken Druck auf den VN. ausüben, um eine pünktliche Prämienzahlung und damit den ordnungsmäßigen Verlauf des Vertrages, auch die Gewährung des VSchutzes für den VN. sicherzustellen. Bei der Bewertung des Gewichtes solcher Ungewißheit hinsichtlich jedes einzelnen der beiden fraglichen Tatbestandsstücke für sich und in ihrem Verhältnis zueinander liegt diese zum mindesten in weitaus größerem Umfange darin begründet, daß ein solches **Ereignis** eintreten könnte. Demgegenüber tritt die Frage, ob alsdann auch Ansprüche hieraus erhoben werden, dem Grade der Ungewißheit nach sehr erheblich, ja fast vollständig zurück; denn die tatsächliche Erhebung von Ansprüchen erfolgt in der weitaus größten Mehrzahl der Fälle so gut wie sicher, was jeder weiß und womit er auch rechnet. Der Eintritt des Ereignisses ist also das in Ansehung der Ungewißheit ungleich höher zu bewertende Moment für die Vertragsparteien. Das Druckmittel des § 9 I 3 ADB. muß aber nach dem erkennbaren Willen der ADB. als an die wirksamste, empfindlichste Stelle in der Lage des VN. angesetzt gelten.

103) Auch Schack JW. 1937 S. 1213 vertritt die Auffassung, daß es sich „um eine Unvollkommenheit des (im Gesetz verwendeten, Verf.) Ausdrucks handelt, die nach dem erkennbaren Willen des Gesetzgebers durch zweckentsprechende Gesetzesauslegung (!) beseitigt werden muß".

Es hieße somit der Sanktion ihr eigentliches Gewicht und damit ihre Bedeutung nehmen, ja geradezu ihren Sinn aufheben, wollte man auf den unbedeutenderen Unsicherheitsfaktor, also auf die Anspruchserhebung, anstatt auf den Eintritt des Ereignisses abstellen[104]. Jedenfalls muß aus Sinn und Zweck des § 9 I 3 ADB. gefolgert werden, daß unser Fall c) wesentlich mehr Verwandtschaft mit dem Fall a) als mit dem Fall b) hat. Kommt aber nach den ADB. nur der Fall a) oder b) in Frage, so berechtigt uns diese Tatsache, unseren Fall auch so zu behandeln, wie die ADB. seinen nächstverwandten Tatbestand behandelt haben, also wie den zu a) genannten Fall[105]. Bezieht sich vorzüglich die Unsicherheit des VN. darauf, ob ein Ereignis nach Ablauf der Mahnfrist eintreten könnte, so muß ferner der § 9, wenn der durch ihn ausgeübte Druck wirksam sein soll, auf eine objektive Ungewißheit abstellen. Es kann daher grundsätzlich dem Umstand keine maßgebliche Bedeutung beigemessen werden, ob der VN. bei einer dem Ereigniseintritt nachfolgenden Prämienzahlung etwa in Kenntnis oder Unkenntnis dieser Tatsache war[106], oder ob und inwieweit er nach der Art des Ereignisses usw. die Erhebung von Ansprüchen für mehr oder weniger wahrscheinlich hielt[107].

---

104) Außerdem wird der Zeitpunkt der Anspruchserhebung nicht vom VN. bestimmt, sondern ist in das Belieben dritter, vertragsfremder Personen gestellt. Auch RG. v. 14. 1. 38 = RG. 156/378 = JRPV. 68 berücksichtigt diesen Gesichtspunkt: „In solchen Fällen würde es oft nur von einem Zufall, möglicherweise auch von einem nicht zu billigenden Zusammenwirken zwischen dem VN. und dem Verletzten abhängen, ob der Versicherer noch für die Unfallfolge gemäß dem VVertrag eintreten müßte . . ."

105) Vergl. auch die Arg. bei Schack aaO. S. 1214.

106) Hierauf stellt es u. a. RG. v. 14. 1. 38 = RG. 156/378 = JRPV. 68 = JW. 754 ab, welches in der Zahlung der Prämie nach Kenntnis vom inzwischen erfolgten Eintritt des Schadens einen Verstoß des VN. gegen Treu und Glauben erblickt (ebenso Schack JW. 1937 S. 1208 ff.), der den Versicherer von der Leistung befreit. Die Konstruktion des RG. erscheint juristisch gezwungen und ist wenig befriedigend. Zu diesem Urteil Parmentier JRPV. 1938 S. 193. — Der Umstand, daß nach Eintritt eines Schadens mit Sicherheit mit der Erhebung von Ansprüchen gerechnet werden muß, während die H-Versicherung den VN. ihrer Natur nach nur gegen die Folgen aus ungewiß eintretenden Ereignissen schützt, scheint mir — anders z. B. NZ. 1937 S. 217 und 784, Schack JW. 1937 S. 1208 — dagegen nicht für die hier vertretene Auffassung zu sprechen. Dieser Grundgedanke bezieht sich seiner Natur nach nur auf das versicherte Risiko und den daraus hervorgehenden Schaden als solchen. Sendet z. B. der versicherte Fabrikbetrieb ständig giftige Abgase in die Luft, so können die daraus entstehenden Schäden dann nicht vom VSchutz umfaßt werden, wenn solche Schäden als mit Sicherheit eintretend erkannt werden mußten: I/219 Anm. 105; dennoch wird der Gedanke mehrfach herangezogen; auch in RG. v. 14. 1. 38 aaO. klingt er an („Dabei muß neben der Kenntnis vom Schadensfalle die Erwartung des VN., daß er für den Schaden demnächst werde in Anspruch genommen werden, wesentlich ins Gewicht fallen"). Vergl. auch die Urteile in der hier vorstehenden Anmerkung.

107) Innerhalb des § 39 VVG. muß in diesem Punkte die Rechtslage anders beurteilt werden, als bei § 2 II VVG. (JRPV. 1943 S. 29/30). Dort ist gerade auf die nur subjektive Ungewißheit abgestellt, weil die objektive Ungewißheit vom Versicherer ausdrücklich und gegen Zahlung einer entsprechenden Sonderprämie übernommen worden ist. Innerhalb der subjektiven Ungewißheit ist auch u. U. auf die Vorstellungen usw. des VN. Rücksicht zu nehmen. Innerhalb des § 39 VVG. ist dies aber nicht der Fall.

§ 9 Ziff. I Satz 4

„Nach dem Ablauf der Frist ist die Gesellschaft, wenn der Versicherungsnehmer mit der Zahlung der Prämie noch im Verzuge ist, berechtigt, das Vertragsverhältnis ohne Einhaltung einer Kündigungsfrist zu kündigen."

Von den beiden speziellen Verzugsfolgen in §§ 39 VVG., 9 AVB. ist nur eine, nämlich das Recht auf fristlose Kündigung, von der freien Willensentschließung des V'rers allein abhängig, und auch hier hat der Gesetzgeber zum Schutze des VN. noch eine einschränkende Bestimmung getroffen. Ob der V'rer dagegen von der Verpflichtung zur Leistung frei ist, hängt von zwei Umständen ab, auf die er selbst keinen Einfluß hat: vom Eintritt des VFalles und dem Zahlungsverzug des VN. Das Recht auf fristlose Kündigung hat für die Praxis eine ungleich geringere Bedeutung, einmal weil im allgemeinen dem V'rer mehr[115] an der Bestandserhaltung liegt, zumal ihm mindestens bis zur fristgerechten Kündigung des VN. zum Vertragsablauf grundsätzlich die Prämie (allerdings nur im Rahmen von § 9 I 5) zusteht, ohne daß er bei Ausbleiben der Zahlung das Risiko trägt. Andererseits kann auch fristlose Kündigung geboten erscheinen, z. B. wenn ein außergewöhnliches oder schweres Risiko gedeckt ist[116], oder mit der Fortsetzung der für ein Jahr abgeschlossenen Versicherung nach Ablauf ohnehin nicht zu rechnen ist: denn im Falle der Kündigung gebührt dem V'rer gemäß §§ 40 II VVG., 9 IV a. F., 8 III Ziffer 1 Abs. 4 n. F. AVB. die Prämie für die laufende VPeriode (das laufende VJahr), ohne daß der V'rer die Prämie innerhalb der kurzen Sechsmonatsfrist des § 9 I 5 AVB. geltend machen muß[117]. Außerdem wird in entsprechend gelagerten Fällen der VN. eher zur freiwilligen Zahlung der Prämie innerhalb der Nachfrist von einem Monat gemäß § 39 III 3 VVG. bereit sein.

Im einzelnen ist zur fristlosen Kündigung folgendes zu bemerken: Voraussetzung ist die Durchführung des Mahnverfahrens und der Ablauf der Nachfrist; ferner die Fortdauer des Zahlungsverzuges nach Fristablauf. Von der in § 39 III 2 VVG. eingeräumten Möglichkeit, die Kündigung bereits mit der Bestimmung der Zahlungsfrist auszusprechen[118] mit der Folge, daß sie wirksam wird, „wenn der VN. in diesem Zeitpunkt mit der Zahlung im Verzuge ist", sprechen die AVB. ausdrücklich nicht. Dies bedeutet jedoch keine Einschränkung in der Art der Ausübung des Kündigungsrechtes. Die AVB. können sich darauf beschränken, eine dem § 39 III 1 VVG. entsprechende Kündigungsbefugnis festzustellen, ohne die gesetzlich

115) In der Erkenntnis dieses Umstandes hat der Gesetzgeber die Kündigung zur Voraussetzung für den Eintritt der vereinbarten Verwirkungsfolge in § 6 I Satz 3 VVG. gemacht.

116) Ruhloff JRPV. 1927 S. 252, 1928 S. 168.

117) JRPV. 1928 S. 167/68.

118) Zur Form der Unterzeichnung in diesem Falle s. Anm. 60 zu § 9.

erlaubte Art der Durchführung im einzelnen wiederholen zu müssen. Durch die Kündigung[119, 120] wird der VVertrag als solcher von dem in der Kündigung genannten zulässigen Zeitpunkt ab[121] für die Zukunft aufgehoben. Diese Wirkung kann der V'rer fristlos, d. h. sofort beim Zugang[122] der Erklärung beim VN. eintreten lassen. Sie ist auflösend bedingt durch den Vollzug der Prämienzahlung innerhalb eines Monates nach der Kündigung oder, falls die Kündigung mit der Fristbestimmung schon verbunden war, mit dem Ablauf eines Monates nach dem Ablauf der Zahlungsfrist. Sie fällt daher bei fristgerechter Zahlung fort[123]; Ausnahme: der VFall[124] war bereits eingetreten.

§ 9 Ziff. I Satz 5

„Kündigt die Gesellschaft nicht, so ist sie für die gerichtliche Geltendmachung der rückständigen Prämie nebst Kosten an eine Ausschlußfrist von 6 Monaten seit Ablauf der zweiwöchigen Frist gebunden."

Kündigt der V'rer nach Ablauf der Mahnfrist nicht, so bleibt das Vertragsverhältnis als solches bestehen. Die angemahnte und die weiter fällig werdende Prämie gebührt dem V'rer. Solange die angemahnte Prämie nicht nebst Kosten gezahlt wird, ist der V'rer von der Verpflichtung zur Leistung frei, wenn der VFall nach Fristablauf eintritt. Daran ändert sich grundsätzlich dadurch nichts, daß der VN. die später fällig werdenden Prämien bezahlt, solange er mit der angemahnten im Verzuge ist[125]. Der V'rer könnte an sich die gemahnte Prämie jederzeit[126] einklagen, wobei ihm allerdings gemäß § 12 VVG. nach 2 Jahren — gerechnet vom Schluß des Jahres ab, in dem die Leistung verlangt werden kann — die Einrede[127] der Verjährung entgegengesetzt werden kann. Er könnte also abwarten, ob ein Fall eintritt und, wenn dies nach Ablauf der Mahnfrist geschieht, die Leistung verweigern, trotzdem aber die Prämie später einklagen.

---

119) Empfänger der Kündigungserklärung ist derjenige, dem gegenüber auch zu mahnen ist: Bruck Komm. § 39 Anm. 28.

120) Die Kündigung ist nicht gemäß ausdrücklicher Vorschrift innerhalb einer bestimmten Frist geltend zu machen, muß jedoch binnen angemessener Frist ausgesprochen werden, denn es sollen schnell klare Rechtsverhältnisse geschaffen werden. Entsprechend § 10 II 2 wird man — Bl. 299 — eine Frist von bis einem Monat als angemessen ansehen können; a. A.: (Kündigungszeit in das Belieben des Versicherers gestellt) Bruck Komm. § 39 Anm. 29 wider diesen: Pfeiffer JRPV. 1930 S. 291 ff.; vergl. auch Anm. 80 zu § 9.

121) Die Kündigung kann auf sofort oder einen späteren — innerhalb des bei Ablauf der Zahlungsfrist laufenden Versicherungsjahres liegenden — Termin erfolgen: Bruck Komm. § 39 Anm. 30, Raiser § 9 Anm. 45.

122) Bruck Komm. § 30 Anm. 26, 32.

123) Hier hilft nur Zahlung, die Frage des Verzuges ist nicht erneut zu prüfen.

124) Bl. 245 ff.

125) Bl. 244/5.

126) WZ. 1917 I S. 49/50.

127) Macht der VN. die Verjährungseinrede nicht geltend oder erscheint er nicht in der mündlichen Verhandlung, so muß Verurteilung zur Zahlung erfolgen.

Dieses Ergebnis: nämlich die Fortdauer des Anspruchs auf die angemahnte Prämie (und die Zahlung späterer Prämien) einerseits und die Leistungsfreiheit des V'rers andererseits wird vielfach[128] nicht für gerechtfertigt angesehen. Daher bestimmt § 9 I 5 ADB. eine noch kürzere Ausschlußfrist für die **gerichtliche** Geltendmachung der Prämie. Diese kann nicht mehr erfolgen[129], wenn der Anspruch nicht binnen 6 Monaten[130, 131] seit Ablauf der zweiwöchigen Frist geltend gemacht ist[132]. Hierüber hinaus ist die Geltendmachung nicht beeinträchtigt, insbesondere nicht die **außergerichtliche** Einziehung[133], sei es durch Zahlung, Aufrechnung[134] oder Ausübung eines Zurückbehaltungsrechtes. Diese Lage verbietet den Schluß[135] auf einen Verzicht[136] des V'rers, wenn er die Ausschlußfrist ungenutzt verstreichen läßt, und damit auf Beseitigung der durch den Ablauf des Mahnverfahrens entstandenen Verzugsfolgen, welche vielmehr bestehen bleiben, auch wenn die Ausschlußfrist ohne Klageerhebung verstrichen ist. Schon diese Tatsache läßt den Vergleich[137] mit einem wirklichen Verzicht[138] des V'rers auf Zahlung eines angemahnten Prämienbetrages — z. B. durch Stundung oder dergl. — nicht zu, durch den allerdings die Verzugsfolgen mit der Maßgabe beseitigt werden, daß der V'rer erneut nach §§ 39 VVG., 9 ADB. mahnen muß, um wieder zur Leistungsbefreiung zu kommen. Soweit die Bestimmung die Unbilligkeit beseitigen soll, die manche in dem Anspruch auf die Prämie einerseits und der Leistungsfreiheit des V'rers

---

128) Reichsaufsichtsamt in APV. 1919 S. 108, 1920 S. 101 (aber auch APV. 1914/136), JRPV. 1928 S. 167.

129) Das ist in einem etwaigen Rechtsstreit von Amts wegen zu berücksichtigen, es kann also kein Versäumnisurteil bei Nichterscheinen des VN. ergehen, vielmehr muß die Klage abgewiesen werden. Vergl. Hahn-Salda in WZ. 1917 I S. 49/50.

130) § 9 III 2 AFB. bestimmt eine Jahresfrist.

131) Wegen der Frist vergl. §§ 187, 188, 193 BGB., 253 I, 170 ff., 496 III, 693 II ZPO.

132) Über einen angeblichen Redaktionsfehler in der Fassung der früher geltenden AVB. („Nach Ablauf der Frist ist die Gesellschaft, wenn der VN. im Verzuge ist, berechtigt, das VVerhältnis ohne Einhaltung einer Kündigungsfrist zu kündigen oder (!) solange noch nicht 6 Monate seit Ablauf der 2-wöchigen Frist verstrichen sind, die rückständige Prämie nebst Kosten gerichtlich einzuziehen"): Weller JRPV. 1928 S. 134, dazu S. 167, 179, 180, 196.

133) Der Anspruch als solcher wird nicht beseitigt. A. A. Hora NZ. 1935 S. 351, Goralewski NZ. 1935 S. 472 (der Vergleich mit § 12 III VVG. scheint nicht stichhaltig; dort wird gemäß ausdrücklicher Fassung bei nicht fristgerechter gerichtlicher Geltendmachung des Anspruchs „der Versicherer von der Verpflichtung zur Leistung frei"; hier ist lediglich die gerichtliche Geltendmachung des Anspruchs — nicht dieser selbst — von der Ausschlußfrist abhängig).

134) I/56.

135) Durch Ablauf der Frist erlischt das Recht auf gerichtliche Geltendmachung in Ansehung von Prämien und Kosten. Über die Zinsen ist entsprechend § 9 I 3 AVB. ausdrücklich nichts gesagt.

136) Wie dies z. B. Becker JRPV. 1928 S. 179 tut; dazu auch Weller JRPV. 1928 S. 180, 197.

137) Hora NZ. 1935 S. 351, im Ergebnis wie hier: Goralewski aaO.

138) Bl. 189 ff.

andererseits sehen[139], verfehlt sie allerdings ihren Zweck; denn hier kann nicht die Klage sondern nur die Zahlung durch den VN. helfen. Diese im Wege der Zwangsvollstreckung einzutreiben, ist aber der V'rer durch § 9 I 5 ADB. nicht gehalten. Selbst eine versuchte, aber fruchtlose Zwangsvollstreckung würde weder die Leistungsfreiheit des V'rers noch die Pflicht zur Zahlung der Prämie für den VN. beeinträchtigen, die Sach- und Rechtslage also in keiner Weise verändern. Auf die Pflicht zur Zahlung und die Folgen ihrer Versäumung ist der VN. durch das Mahnverfahren genügend deutlich hingewiesen, hierzu ist ein gerichtliches Verfahren nicht nötig. Schließlich[140] wird schon durch die Einreichung des Gesuchs um Erlaß eines Zahlungsbefehls (§ 693 II ZPO.) die Ausschlußfrist gewahrt; das weitere Betreiben des Verfahrens nach erfolgtem Widerspruch ist in das Belieben des V'rers gestellt. Die Bestimmung der Ausschlußfrist macht es dem V'rer nicht unmöglich[141], das VVerhältnis über den laufenden VAbschnitt hinaus fortzusetzen, ohne daß seine Haftung wieder in Kraft tritt.

§ 9 Ziff. I Satz 6

„Bei Teilzahlung der Jahresprämie werden die noch ausstehenden Raten der Jahresprämie sofort fällig, wenn der Versicherungsnehmer mit Zahlung einer Rate in Verzug gerät."

Entsprechend dem Grundsatz von der Unteilbarkeit der Prämie[142] wird hier zunächst betont, daß die bewilligten Prämienraten nur Teilzahlungen auf die volle Jahresprämie darstellen, und vor allem eine praktische Handhabung für die Abwicklung des Mahnverfahrens geben. Durch die Gewährung von Teilzahlungen sind die restlichen Prämienraten bis zu den bestimmten Zahlungsterminen als gestundet anzusehen. Kommt der VN. mit der Zahlung einer Rate in Verzug, zahlt sie aber nach ordnungsmäßiger Mahnung bis zum Fälligkeitstermin der nächsten Rate[143], so müßte der V'rer — falls dann erneut Zahlungsverzug eintritt — das

---

139) Es muß angesichts der gesetzlichen Regelung bezweifelt werden, daß darin eine Unbilligkeit liegt. Die Leistungsfreiheit ist zeitlich begrenzt; Schadensursachen, die vor Ablauf der Mahnfrist eintraten, werden auch dann vom VSchutz umfaßt, wenn die Schadensersatzansprüche später erhoben wurden. Im übrigen folgt das Ergebnis aus gewissen Grundprinzipien des VWesens, z. B. der Unteilbarkeit der Prämie — anerkannt in §§ 40 II VVG. und 9 IV AVB. — (darüber bei § 9 IV) und dem Sinn und Zweck des gesetzlich geregelten Mahnverfahrens. Es würde in der gleichen Weise auch bestehen, wenn der Versicherer nach Ablauf der Mahnfrist von seinem Kündigungsrecht Gebrauch macht; dazu Becher JRPV. 1928 S. 179 und hierzu JRPV. 1928 S. 196.

140) Raiser § 9 Anm. 49.

141) Es wurde daher auch schon die völlige Beseitigung der Bestimmung empfohlen: JRPV. 1928 S. 169 a. E. — Weller JRPV. 1928 S. 180 bezeichnet sie als „dem Rechtsgefühl widersprechend" und „zu weitgehend".

142) Bl. 271 und das. Anm. 243 und 250.

143) Darüber, was rechtens ist, wenn der VN. zwar nicht die angemahnte, wohl aber eine später fällig werdende Prämienrate bezahlt: Bl. 244/5.

Mahnverfahren nochmals betreiben[144]. Um ihm dies zu ersparen, läßt § 9 I 6 AVB. mit dem ersten Zahlungsverzug sämtliche Prämienraten fällig werden. Damit kann der ganze, auf die volle Jahresprämie noch rückständige Betrag angemahnt werden, und nach Ablauf der Mahnfrist und den übrigen Voraussetzungen des § 39 VVG. wird der V'rer erst dann wieder leistungspflichtig, wenn der volle Betrag nebst den Kosten gezahlt ist. Unverkennbar kommt der VN. hierdurch in Schwierigkeiten; denn aus seinem Antrag, die Prämie in Raten zahlen zu dürfen, kann im allgemeinen geschlossen werden, daß er zu größeren, als den vereinbarten Ratenzahlungen, nicht in der Lage ist. Deshalb werden ihm nicht selten vom V'rer wiederum Teilzahlungen auf die gesamte angemahnte Prämie usw. in Höhe der ursprünglichen Raten gestattet. Dies geschieht oft unter der Voraussetzung, daß diese Zahlungen nunmehr fristgerecht erfolgen, und mit dem Bemerken, daß die durch den Ablauf der Mahnfrist eingetretene Unwirksamkeit der Versicherung, d. h. also die Leistungsfreiheit des V'rers, im Falle des Eintritts eines VFalls nach erneutem Zahlungsverzug wieder auflebt, ohne daß wegen des bereits vorschriftsmäßig angemahnten Betrages ein erneutes Mahnverfahren durchgeführt zu werden braucht. Eine solche Abmachung ist gültig und verstößt nicht gegen § 42 VVG., da sie nicht zum Nachteil des VN., sondern zu seinem Vorteil getroffen ist; denn sie beseitigt zu seinen Gunsten[145] die durch die ordnungsmäßige Mahnung bereits eingetretenen Folgen.

§ 9 II Ziff. 1

1. Der Versicherungsnehmer ist verpflichtet, nach Erhalt einer Aufforderung der Gesellschaft, welche auch durch einen der Prämienrechnung aufgedruckten Hinweis erfolgen kann, Mitteilung darüber zu machen, ob und welche Änderung in dem versicherten Risiko gegenüber den zum Zwecke der Prämienbemessung gemachten Angaben eingetreten ist. Diese Anzeige ist innerhalb eines Monats nach Erhalt der Aufforderung zu machen. Auf Erfordern der Gesellschaft sind die Angaben durch die Geschäftsbücher oder sonstige Belege nachzuweisen. Unrichtige Angaben zum Nachteil der Gesellschaft berechtigen diese, eine Vertragsstrafe in dreifacher Höhe des festgestellten Prämienunterschieds vom Versicherungsnehmer zu erheben, sofern letzterer nicht beweist, daß

144) Zu der Frage Nehlig NZ. 1934 S. 1202; dazu: NZ. 1935 S. 45, 46, 72, 73, 165, 268, 269.

145) Schwartz NZ. 1935 S. 269; das Reichsaufsichtsamt in APV. 1932 S. 143 nahm — da es sich um eine reine Rechtsfrage handele, über die zu entscheiden ausschließlich Sache der ordentlichen Gerichte sei — keine Stellung.

die unrichtigen Angaben ohne ein von ihm zu vertretendes Verschulden gemacht worden sind.

§ 9 II Ziff. 1 Satz 1

§ 9 II behandelt Fragen, die daraus entstehen, daß die „zum Zweck der Prämienbemessung gemachten Angaben" infolge einer Änderung der beim Vertragsschluß bestehenden Verhältnisse nicht mehr zutreffen Dies geschieht nur im Hinblick auf die Prämienberechnung. Folgerungen. dagegen, die sich hieraus für das Schicksal des Vertrages, vor allem den Umfang der Gefahrtragung[146] ergeben, sind anderwärts in den §§ 1, 2b und 10 III ADB. bestimmt. — In § 1, 2b ist angeordnet, daß sich der VSchutz erstreckt auf die gesetzliche Haftpflicht aus Erhöhungen oder Erweiterungen des versicherten Risikos mit bestimmten, genau bezeichneten Ausnahmen. Über die Gründe hierfür und die Auswahl der versicherungstechnischen Mittel, die einen so weitgehenden Einschluß von beim VSchluß im einzelnen nicht vorhergesehenen Umständen ermöglichen: vgl. I/118ff[146]. In § 10 III wird festgelegt, daß bei vollständigem und dauerndem Wegfall von Risiken die Versicherung insoweit erlischt.

Wenn der Ausdrucksweise in § 1, 2b ADB. gefolgt wird, so bezieht sich die vorliegende Stelle nicht auf die dort in erster Linie genannte Gefahrerhöhung, sondern allein auf die weiter angeführte „Erweiterung des versicherten Risikos"; denn lediglich diese letztere Bezeichnung der ADB. kann—soll die Nebeneinanderstellung von „Erhöhung" und „Erweiterung" in § 1 einen Sinn ergeben — im allgemeinen auf jene Umstände angewandt werden, die für die Prämienbemessung von Bedeutung sind[147]. Mag der V'rer bei dem Einschluß in § 1, 2b hauptsächlich von Erwägungen über die Nützlichkeit und Brauchbarkeit der gesetzlichen Bestimmungen über die Gefahrerhöhung in den §§ 23ff. VVG. für den praktischen VBetrieb ausgegangen sein und mag er auch einen Teil des damit eingegangenen Risikos durch die Anwendung entsprechender versicherungstechnischer Mittel[148] abgewendet haben, so wird doch unverkennbar mit diesem Einschluß dem VN. gegenüber ein weites Entgegenkommen gezeigt. Niemand darf und wird erwarten, daß der V'rer als ordentlicher Kaufmann die erweiterte Gefahr in Ansehung von Umständen, die für die Prämienbemessung allgemein von Bedeutung sind, auch noch unentgeltlich tragen wolle oder könne. Dies um so weniger, als die Spezialisierung des Prämientarifs — nicht nur in den Grund- oder Stammrisiken, sondern auch in deren weiterer Unterteilung und Zergliederung, die hier besonders praktisch bedeutsam wird — im Interesse der Verbilligung der Prämien und damit vor allem der VN. geschaffen wurde[149].

146) JW. 1937 S. 667.
147) I/120. 148) I/119. 149) I/111.

Die nach Abschluß der Versicherung eintretenden Gefahrerhöhungen i. S. der AVB., also die Änderung jener Umstände, die für die Bemessung der Prämie im allgemeinen ohne Bedeutung sind, werden unentgeltlich vom V'rer getragen[150]. Die gemäß § 1 automatisch erfolgende Einbeziehung der **Erweiterung** des versicherten Risikos in den VSchutz erfordert daher eine entsprechende „Richtigstellung" (vergl. § 9 II 2 S. 1 a. F., § 8 II 2 Satz 1 n. F. AVB.) der für den ursprünglichen Umfang desselben berechneten Prämie. Dabei besteht — vgl. unten — die grundsätzlich gleiche Regelung, wenn nicht eine Erweiterung sondern eine Verminderung der prämienbelasteten Einzelumstände eingetreten ist.

Zum Zwecke der Verbilligung des VSchutzes und um jedermann dessen Genuß wirtschaftlich zu ermöglichen, werden — wie gesagt — die Gefahren zunächst in bestimmte Grundrisiken eingeteilt und weitergehend nach ihrem gefahrenmäßig bedeutsamen Inhalt zergliedert. Dies bedeutet folgendes: als „Risiko" im eigentlichen Sinne des Begriffs nach den AVB. sind gemäß § 1, 2a anzusehen „die im VSchein und seinen Nachträgen angegebenen Eigenschaften, Rechtsverhältnisse oder Tätigkeiten des VN."[151], wobei sich der Umfang des Risikos aus seiner Beschreibung im Tarif ergibt[152], das also, was im Text als Stamm- und Grundrisiko bezeichnet wird. Ist der VN. in seiner „Eigenschaft" als Betriebsinhaber, z. B. einer Schreinerei, versichert, so ist es für den Umfang der Gefahrtragung des V'rers von erheblicher Bedeutung, wie groß dieser Betrieb ist (z. B. wieviel Personen beschäftigt werden[153]), in welcher Weise die Arbeit vorgenommen wird (z. B. ob Maschinenbetrieb in Frage kommt[154], welche und wieviel Maschinen, wie diese angetrieben werden), ob Nebenbetriebe vorhanden sind usw. Ein anderes Beispiel: ist der VN. in seiner Eigenschaft als Tierhalter versichert, so spielt nicht nur die Art und Zahl der Tiere, sondern auch ihre wirtschaftliche Nutzung (Zucht- oder Schlachtvieh, Handelsvieh, Zugtiere usw.) für den Inhalt der Gefahrtragung eine erhebliche Rolle. Diese Beispiele lassen sich gerade für die HV.[155] beliebig

---

150) I/119; daß durch solche Übernahme auch prämienmäßig gesehen der VN. nicht unerhebliche Vorteile haben kann, ergibt sich schon daraus, daß andernfalls (d. h. ohne Einschluß der Gefahrerhöhung) der VN. trotz Freiwerdens des V'rers gemäß § 40 I. VVG. zur Prämienzahlung für die laufende VPeriode gehalten ist. Auf diese und andere Möglichkeiten leistet der Versicherer mit dem Einschluß in § 1, 2 b AVB. Verzicht. Vergl. auch Anhang zu § 9 Bl. 275.

151) I/110 ff.

152) I/115.

153) Oder die Höhe der Lohnzahlungen oder auch die der berufsgenossenschaftlichen Beitragssumme.

154) Man denke nur an die hierdurch entstandenen vermehrten Gefahren (Ausgleichsansprüche von Berufsgenossenschaften wegen mangelnder Beobachtung der Unfallverhütungsvorschriften usw.).

155) Doch ist auch in anderen VZweigen Ähnliches zu bemerken, z. B. für die ED-Versicherung, wenn der Schaden eines jeweils sich ändernden Lagerbestandes versichert ist: RG. v. 11. 2. 38 = RG. 156/67 = JRPV. 101 = JW. 1113 (Anm. v. Möller).

vermehren[156]. Die Prämienberechnung kann nicht, wie in manchen anderen VZweigen in bestimmt festgelegten Anteilen eines VWertes ausgedrückt werden; denn die im VSchein angegebenen Summen bilden lediglich die äußerste Grenze für die Leistung des V'rers (§ 3 II Ziffer 2 AVB.)[157]. Einen VWert aber kennt die HV. begrifflich nicht[158]. Es ist zwar im Rahmen des Tarifs des betr. V'rers in das Belieben des VN. gestellt, sich in Ansehung **jeder** für seine Person und seine wirtschaftliche Betätigung in Frage kommenden „Eigenschaften, Rechtsverhältnisse oder Tätigkeiten" zu versichern, oder nur das eine oder andere herauszugreifen. Betreibt er z. B. eine Bäckerei auf eigenem Grundstück, so kann er sich sowohl allein wegen des Hausbesitzes oder wegen des Geschäftsbetriebes versichern. Er kann grundsätzlich — unter Einhaltung der entsprechenden Kündigungsbestimmungen — ebenso auch jedes dieser Risiken, wenn er beide gedeckt hielt, kündigen und nur wegen des übrigen weiterversichert bleiben. Es kann ihm aber nicht gestattet werden, etwa von zehn im Bäckereibetrieb beschäftigten Personen nur fünf für die Prämienbemessung anzugeben oder in seiner versicherten Eigenschaft als Tierhalter von zehn Pferden VSchutz nur für fünf Pferde zu beantragen und eine entsprechende Prämie zu bezahlen[159]. Und ebensowenig kann er, wenn sich — bei anfänglich zutreffender Angabe — das Risiko entsprechend ändert, hierfür den gemäß § 1, 2b automatisch gewährten erweiterten VSchutz empfangen, ohne dafür die Gegenleistung zu erbringen; vgl. ferner die Ausführungen auf Blatt 263 über die Abgrenzung des „neuen Risikos" i. S. von § 2 AVB. von den Umständen, die im Wege der Prämienregulierung erfaßt werden.

Ist nach Maßgabe des vorher Gesagten **in dem versicherten Risiko** eine Änderung eingetreten, so ist die Prämie entsprechend zu berichtigen. Dies bedeutet zweierlei:

1. Die zu Vertragsbeginn angesetzte Prämie ist, soweit ihre Berechnung nach wechselnden Grundlagen erfolgt, nur eine vorläufige; ihre endgültige Höhe ergibt sich unter Berücksichtigung der Schwankungen innerhalb des versicherten Risikos während der VZeit[161].
2. Insoweit Änderungen im versicherten Risiko eingetreten sind, besteht ein Prämienregulierungszwang, d.h.

---

156) Vergl. z. B. die für die Prämienberechnung maßgebenden Umstände: Zahl der beschäftigten Personen, der gehaltenen Tiere, der — im versicherten Hotel — vorhandenen Fremdenzimmer, Größe und Art des Grundbesitzes, der Brutto-Mietwert eines Hauses usw.

157) I/187 ff.

158) I/34.

159) Schon allein aus dem Grunde der Prüfung der Schadensverursachung ist dies nicht möglich.

161) Hierzu Unfried ZfVW. 1909 S. 289 ff.

a) bei Erweiterungen des Risikos für den VN. eine entsprechend ausgedehnte Versicherungs- und Prämienzahlungspflicht;

b) bei Verminderung des Risikos für den V'rer nach Maßgabe des Vertrages die Pflicht zur Prämienrückgewähr.

Die nähere Ausgestaltung dieser Prämienregulierung wird in dem § 9 II Ziffer 1 bis 3 gegeben.

Ziff. 1 handelt von den technischen Grundlagen, auf denen sich die Prämienberichtigung aufbaut, sowie den Folgen unrichtiger Anzeigen zum Nachteil des V'rers. — Ziff. 2 gibt die Grundsätze über die Berechnungsart usw. bei der Prämienberichtigung. — Ziff. 3 bestimmt die Folgen nicht fristgemäßer Erstattung von Prämienberichtigungs-Anzeigen.

Im einzelnen ist folgendes zu erläutern: die Verpflichtung des VN., dem V'rer eine Mitteilung über die Änderungen in dem versicherten Risiko zu machen, soweit solche gegenüber den zum Zwecke der Prämienbemessung gemachten Angaben eingetreten sind, ist eine Obliegenheit[162,163], die die Natur einer echten Rechtspflicht[164] trägt. Dies folgt schon[165] aus der Tatsache, daß ihre ordnungsmäßige Erfüllung durch eine Vertragsstrafe gesichert ist[166]. Auch das Interesse des V'rers an ihrer klageweise erzwingbaren[167] Durchführung spricht dafür[168,169]. Es handelt sich um eine Obliegenheit, die „vor Eintritt des VFalls" i. S. von § 6 I VVG. zu erfüllen ist[170]. Ein Rücktrittsrecht[170a] oder eine Leistungsbefreiung des V'rers ist an die Verletzung dieser Obliegenheit in den AVB. nicht geknüpft[171,172]. Dagegen sind — zulässigerweise[173] — andere Verletzungsfolgen im Vertrag vorgesehen. Die Verpflichtung[174] des VN. entsteht erst nach Erhalt[175] einer

162) Anm. 31 zu § 5.

163) Anderes gilt für die Anzeige eines „neuen Risikos" gem. § 2 AVB.: vergl. I/130; die dort bezeichneten Voraussetzungen (unbedingt eingegangenes Rechtsverhältnis, Folgen der Obliegenheitsverletzung als Schaden, der allein den VN. trifft) sind hier gegeben. Bl. 263 ff.

164) Bl. 36 und Anm. das. 142.

165) Vergl. § 339 BGB.

166) Bl. 39 und das. Anm. 164, 165, 167.

167) NZ. 1937 S. 15.

168) Anm. 125 zu § 5.

169) Der VN. hat daher ein Verschulden seines Erfüllungsgehilfen gemäß § 278 BGB. zu vertreten.

170) Bl. 36, NZ. 1937 S. 339.

170 a) Vergl. § 6 IV VVG.

171) Unter gewissen Voraussetzungen kann die Verletzung einer Verpflichtung, wie sie § 9 II 1 AVB. aufstellt, auch ohne mit Leistungsbefreiung des Versicherers ausdrücklich bedroht zu sein (Bl. 194), zu einer solchen führen: RG. v. 11. 2. 38 aaO. (Anm. 155).

172) § 6 n. F. AVB. sieht zwar bezüglich aller Obliegenheiten, die nach § 5 dem Versicherer gegenüber zu erfüllen sind, Verwirkung vor (vergl. Anhang zu § 6 n. F. AVB.), nicht aber für die Obliegenheit des § 9.

173) Anm. 107 zu § 5.

174) Wenn auch für den Versicherer die Verpflichtung zur Prämienrückgewähr im Falle der Risikoverminderung besteht, so ist er doch auch insoweit nicht verpflichtet, den VN. durch eine entsprechende Anfrage zu solchen Angaben besonders anzuregen. Nach dem Wortlaut der AVB. ergibt sich deutlich, daß den Gegenstand der Verpflich-

entsprechenden Aufforderung[176] des V'rers[177]. In der Praxis wird dem VN. vielfach zugleich mit der Prämienrechnung ein besonderer Fragebogen übersandt[178]. Die Mitteilungspflicht des VN. bezieht sich nur auf den Umfang eines **schon versicherten** Risikos, nicht auf ein solches, welches erst nach Abschluß des Vertrages neu eingetreten ist oder ein schon ursprünglich nicht beim V'rer gedecktes Risiko. Ihr Gegenstand sind ferner ausschließlich solche Änderungen, die für die Prämienbemessung von Belang sind.

§ 9 II Ziff. 1 Satz 2

„Diese Anzeige ist innerhalb eines Monats nach Erhalt der Aufforderung zu machen."

Um alsbald Klarheit über den tatsächlichen Umfang eines gedeckten Risikos und damit die gegebenenfalls nachzuerhebenden oder zurückzuvergütenden Prämienanteile zu gewinnen, ist für die Erstattung der Anzeige eine bestimmte Frist vorgesehen; ihre Berechnung erfolgt nach den §§ 187, 188, 193 BGB. Ihre Außerachtlassung zieht bestimmte Folgen nach sich (§ 9 II Ziff. 3 ADB.).

§ 9 II Ziff. 1 Satz 3 und 4

„Auf Erfordern der Gesellschaft sind die Angaben durch die Geschäftsbücher oder sonstige Belege nachzuweisen. Unrichtige Angaben zum Nachteil der Gesellschaft berechtigen diese, eine Vertragsstrafe in dreifacher Höhe des festgestellten Prämienunterschieds vom Versicherungsnehmer zu erheben, sofern letzterer nicht beweist, daß die unrichtigen Angaben ohne ein von ihm zu vertretendes Verschulden gemacht worden sind."

Wegen der Bedeutung der tatsächlichen Verhältnisse für die Prämienhöhe, kann dem V'rer nicht zugemutet werden, sich unter allen Umständen mit den Angaben des VN. zufriedenzugeben. Er hat vielmehr das Recht, Nachweise zu verlangen, z. B. durch Vorlage von Geschäftsbüchern, Steuerpapieren oder sonstigen Belegen. Was im einzelnen vorgelegt werden

tung lediglich die Obliegenheit des VN. bildet, die erforderten Angaben zu machen. Es ist Sache des VN., sich die Kenntnis der AVB. zu verschaffen und seine Interessen selbst wahrzunehmen.

175) Tatsächliche Kenntnis ist notwendig; Zugang im Sinne von § 130 BGB. genügt nicht: I/136 ff.

176) Diese Aufforderung muß — wenn sie sich auf der Prämienrechnung befindet — in augenfälliger Weise erfolgen: APV. 1921 S. 120 Ziff. 11.

177) I/138, 139.

178) Wie oft der Versicherer den VN. um entsprechende Angaben ersuchen kann, ist in den AVB. nicht gesagt; aus praktischen Gründen wird die Anfrage im allgemeinen nicht öfter als bei jeder neuen Prämienzahlung für den vergangenen VAbschnitt, meist also einmal im Jahr, gestellt; vergl. auch I/137.

muß, ist in das freie Ermessen des V'rers gestellt, ebenso die Art der Prüfung. Diese Pflicht des VN. ist klageweise erzwingbar; denn andernfalls hätte sie keinen praktischen Wert, insbesondere würde sich die Unrichtigkeit von Angaben gemäß § 9 II Ziff. 1 Satz 3 und 4 ADB. oft nicht nachweisen lassen. Hat der VN. solche unrichtigen Angaben gemacht[179], die sich zum Nachteil des V'rers auswirken würden[180], so zieht dies die Verwirkung einer Vertragsstrafe nach sich, und zwar in dreifacher Höhe[181] des Unterschiedes zwischen der tatsächlich richtigen Prämienhöhe und jener, die auf Grund der unrichtigen Angabe des VN. zu erheben war. Den Nachweis, daß der VN. unrichtige Angaben zum Nachteil des V'rers gemacht hat, muß der letztere führen; der VN. kann sich dagegen von der Zahlung der Vertragsstrafe durch den Nachweis befreien, die unrichtigen Angaben seien ohne ein von ihm zu vertretendes Verschulden gemacht worden. — „Zu vertreten" hat der VN. nach § 278 BGB. auch das Verschulden seines Erfüllungsgehilfen. Das Verhalten eines Repräsentanten[182] steht dem des VN. gleich.

§ 9 II Ziff. 2

2. Auf Grund der Änderungsanzeige oder sonstiger Feststellungen wird die Prämie entsprechend dem Zeitpunkt der Veränderung richtiggestellt, jedoch darf sie nicht geringer werden, als die in dem zur Zeit des Versicherungsabschlusses gültigen Tarif der Gesellschaft festgesetzte Mindestprämie. Beim Fortfall eines Risikos wird die etwaige Minderprämie vom Eingang der Anzeige ab berechnet.

§ 9 II Ziff. 2 Satz 1

Regelt § 9 II 1 die Voraussetzungen für das Prämienberichtigungsverfahren, so gibt § 9 II 2 die Bestimmungen darüber, wie diese Berichtigung (Erhöhung und Verminderung des Risikos) sich prämienmäßig auswirkt. Hervorzuheben ist, daß diese Berichtigung nicht nur auf Grund der vom VN. gemachten Anzeige[183], sondern auch in Verfolg „sonstiger

179) Eine Verletzung der vertraglichen Obliegenheit, die Grundlage für die Prämienberechnung genau anzugeben, braucht nicht arglistige Täuschung zu sein: RG. v. 10. 1. 28 — JRPV. 41.

180) Die unterlassene Anzeige einer eingetretenen Gefahrverminderung bleibt daher — selbstverständlich — hier außer Betracht.

181) Der Grundgedanke dieser Vorschrift war nach der Auffassung des Reichsaufsichtsamtes nicht zu beanstanden: APV. 1921 S. 119/20 zu Ziff. 9.

182) Bl. 52 ff.

183) Es kommen nicht nur die Anzeigen in Betracht, die der VN. auf eine entsprechende Aufforderung des Versicherers macht, sondern auch solche, die er ohne Aufforderung abgibt, z. B. um wegen Verminderung des Risikos die ihm zustehende Prämienrückgewähr zu veranlassen. Eine Frist für diese Angaben ist nicht vorgesehen. Da die

Feststellungen" vorgenommen werden kann, also insbesondere auf Grund von Erhebungen durch den V'rer oder infolge von Tatsachen, die sonstwie zu seiner Kenntnis gelangen[184]. Widerspricht der VN., so muß der V'rer seine Behauptungen beweisen[184]. Er kann dazu gemäß § 9 II Ziff. 1 Satz 3 ADB. verfahren.

Das Ergebnis der Prämienregulierung ist ihre „Richtigstellung" sowohl im Fall der Gefahrerweiterung wie der Gefahrminderung. Sie wird auf den Zeitpunkt der Veränderung bezogen. Dies bedeutet nicht, daß die Mehr- oder Minderprämie sich gemäß der nach Wochen oder Monaten berechneten Dauer des Bestehens der Erweiterung oder Verminderung des Risikos bestimmt, vielmehr werden in der Praxis die im Laufe eines VJahres hinzutretenden Risikoerweiterungen so in Rechnung gestellt, als wenn sie schon in seinem Beginn bestanden hätten (es ist also für diese unbeschadet ihres kürzeren Bestandes eine volle Jahresprämie zu zahlen); ebenfalls wird umgekehrt die Verminderung[185] eines bestimmten Risikos während eines VJahres prämienmäßig auf dessen Beginn zurückbezogen, so daß für das VJahr, in dem die Minderung eintritt, der dieser entsprechende, bereits bezahlte Prämienanteil voll zurückerstattet wird. Eine Grenze findet im Falle der Prämienminderung die Rückvergütung an der von dem V'rer zur Zeit des VAbschlusses in dem Prämientarif für das betr. Risiko[186] bestimmten Mindestprämie, deren Sätze in keinem Falle unterschritten werden. Eine besondere Handhabung der Prämienregulierung hat sich für den Fall mehrfacher Schwankung der Personenzahl eines versicherten Betriebes innerhalb eines VJahres herausgebildet. Solche mehrfachen Schwankungen können z. B. eintreten bei verschiedenem, mit der jeweiligen Jahreszeit verbundenem Geschäftsumfang (sog. Saisongeschäft) usw. Hier wird vielfach die Prämie nach der Jahresdurchschnittszahl der beschäftigten Personen oder der durchschnittlichen Lohnsumme berechnet[187].

§ 9 II Ziff. 2 Satz 2

„Beim Fortfall eines Risikos wird die etwaige Minderprämie vom Eingang der Anzeige ab berechnet."

Gewisse Schwierigkeiten bereitet § 9 II Ziff. 2 Satz 2 ADB., der die Prämienberichtigung „beim Fortfall eines Risikos" behandelt, und zwar bestehen diese im Hinblick auf § 10 III ADB., der den „vollständigen und

---

Prämie auch im Falle späterer Mitteilung (sofern der Versicherer nicht von sich aus früher beim VN. angefragt hatte) „entsprechend dem Zeitpunkt der Veränderung richtiggestellt" wird, ergibt sich eine zeitliche Beschränkung für die Erstattungspflicht des Versicherers in solchen Fällen lediglich aus § 12 VVG. (Anm. 218 zu § 9).

184) NZ. 1937 S. 15.

185) Anders bei Fortfall des Risikos (ab Anzeige: § 9 II 2 Satz 2 Bl. 266).

186) Hierzu Kühfuß NZ. 1934 S. 1131 a. E.

187) Diese Zahl wird so ermittelt, daß für jeden Monat die Höchstzahl der beschäftigten Personen festgestellt wird und die Summe der Höchstzahlen durch 12 geteilt wird: Schwaiger S. 141.

dauernden Wegfall versicherter Risiken" zum Gegenstand hat. — Da die erstgenannte Bestimmung nach ihrer Stellung im System nur einen bestimmten Fall der Prämienberichtigung behandelt[188] und sich an den dort genannten „Fortfall eines Risikos" die etwaige[189] Zahlung einer „Minderprämie" knüpft, der Bestand des VVerhältnisses als solches hier also grundsätzlich nicht berührt wird[190], während umgekehrt der vollständige und dauernde Wegfall eines versicherten Risikos gemäß § 10 III AVB. die Versicherung insoweit erlöschen läßt[190], und als Folge nicht eine Prämienminderung, sondern (arg. in allen übrigen Fällen der — hier gegebenen — vorzeitigen Beendigung „des VVerhältnisses") die volle Prämie für das laufende VJahr dem V'rer zuspricht: aus dieser gegensätzlichen Regelung folgt schon, daß der in beiden Bestimmungen verwendete Begriff „Risiko" jeweils einen eigenen, von dem anderen verschiedenen Inhalt haben muß.

Ausgangspunkt für die Untersuchung nach der jeweiligen Bedeutung des Ausdrucks Risiko sind zwei Grundtatsachen:

1. In § 9 II Ziff. 2 Satz 2 ist von dem Fortfall des Risikos die Rede im Zusammenhang mit der Prämienberichtigung, die gemäß § 9 II Ziff. 1 Satz 1 nur an die Änderungen innerhalb eines bereits versicherten Risikos anknüpft. — In § 10 III wird der Ausdruck verwendet im Zusammenhang mit dem Bestehen und Erlöschen des VVerhältnisses als solchen[191, 192].

2. Die Prämienberichtigung in § 9 ist eine obligatorische; eine Wahl, ob er das erweiterte Risiko abdecken will oder nicht, hat der VN. nicht.

---

188) Sie stellt mit dem „Fortfall" das Schlußstück in der zugrundeliegenden Gedankenreihe: Erhöhung — Verminderung — des Risikos dar. Tiedke NZ. 1934 S 1142 faßt den Fortfall eines Teiles „eines versicherten ganzen Risikos" bei Bestehenbleiben des „Grundrisikos" geradezu als einen Fall der Verminderung des versicherten Risikos auf.

189) Das „etwaige" bezieht sich auf den Fall, daß nicht die vorher erwähnte Mindestprämie unterschritten werden würde.

190) Dies kann von Bedeutung werden im Hinblick auf die Abwehrfunktion der HV.; denn auch diese bezieht sich auf Ereignisse, die während der Wirksamkeit der V. eingetreten sind. Diese bleibt aber durch den Fortfall i. S. v. § 9 IV unberührt. Werden also im Hinblick auf das i. S. dieser Bestimmung fortgefallene Risiko unberechtigte H-Ansprüche erhoben, so sind diese zu decken. Anders im Falle des § 10 III AVB. Hier erlischt die Versicherung; damit fällt der VSchutz für Ereignisse, die nach dem Fortfall i. S. von § 10 III eingetreten sind, weil sie nicht „während der Wirksamkeit der V." eintraten in jeder, also auch der auf Abwehr unberechtigter Ansprüche gerichteten Form weg. Eine zeitliche Begrenzung des VSchutzes in Ansehung unberechtigter Ansprüche — berechtigte Ansprüche können wegen des Wegfalls nicht entstehen — liegt hier lediglich in der Definition des Gegenstandes der V., insbesondere dem Tatbestandsstück „während der Wirksamkeit der V.".

191) Hieraus ergibt sich dann allerdings auch die Frage nach dem Prämienschicksal; jedoch handelt es sich in § 10 III weder primär um die Prämie, noch überhaupt wesensmäßig um eine „Richtigstellung" der Prämie, wie dies § 9 II 2 bestimmt; ähnlich Kühfuß NZ. 1934 S. 1210. — Soweit die Ausführungen I/121 (oben) hiermit nicht übereinstimmen, müssen sie aufgegeben werden.

192) § 10 III Bl. 302 ff.

Die gesamte Einrichtung der Prämienberichtigung knüpft an eine Erweiterung des bestehenden und schon versicherten Risikos an. Nur in bezug auf diesen Sachverhalt ist von der Änderung und damit auch nur insoweit vom „Fortfall eines Risikos" die Rede. Tritt (im Gegensatz zur Erweiterung) ein „neues Risiko" nach Abschluß des Vertrages ein, so kommt nur die Einrichtung der Vorsorge-Versicherung in Betracht, die eine eigene Regelung der Prämienfrage in § 2 AVB. enthält. Wie schon früher[194] ausgeführt wurde, sind Prämie und Risiko grundsätzlich voneinander abhängige Faktoren[195]. Dies gilt nicht nur für das Verhältnis von Prämienhöhe zum Risikoumfang, sondern auch für die Rechtsnatur des entsprechenden Anspruchs. Auch insoweit besteht eine innere Verknüpfung. Damit soll folgendes gesagt sein: Der materielle Schutz aus der Vorsorgeversicherung tritt zwar gemäß § 2 AVB. ohne weiteres ein. Er ist aber in seiner Wirksamkeit davon abhängig, daß das neue Risiko innerhalb bestimmter in § 2 genannter Fristen angezeigt wird und daß eine Vereinbarung über die Prämienhöhe zwischen den VParteien zustande kommt. Fehlt es daran, so fällt der VSchutz für das neue Risiko „rückwirkend vom Gefahreneintritt ab fort". Es ist also in den freien Entschluß des VN. gestellt, ob er sich für das neue Risiko VSchutz verschaffen will. Einen Zwang kann der V'rer nach dieser Richtung auf ihn nicht ausüben, und deshalb hat er auch nicht einen unbedingten Prämienanspruch hinsichtlich eines neu eintretenden Risikos. Kurz gesagt: kein VZwang, damit kein unbedingter Prämienanspruch des V'rers; Folge: von der Vereinbarung über die Prämie und der Anzeige des Risikos abhängiger, also insoweit bedingter VSchutz.

Anders ist die Rechtslage, wenn ein schon bestehendes Risiko eine Erweiterung erfährt: hier wird der VSchutz gemäß § 1, 2b unbedingt gewährt, d. h. er kann nicht — auch nicht bei Nichtzahlung der Vermehrungsprämie[196] — vom Gefahreneintritt ab, sondern höchstens, wie überall, nach fruchtlosem Ablaufen einer gesetzten Mahnfrist aus §§ 39 VVG., 9 I AVB. von diesem Zeitpunkt ab für die Zukunft wegfallen. Dementsprechend hat hier der V'rer einen unbedingten Prämienanspruch, so daß von einer Vereinbarung über die Prämienhöhe keine Rede ist, noch sein kann. Auf eine kurze Formel gebracht, besagt dies im Sinne des Vorstehenden: unbedingter VSchutz des VN. — unbedingter Prämienanspruch des V'rers[198].

---

194) I/117.

195) Tiedke NZ. 1934 S. 1162 im Hinblick auf § 9 II 2 Satz 2 AVB.

196) Auch bei Nichtanzeige kommt aus diesem Grunde eine Leistungsfreiheit des Versicherers — etwa gemäß § 25 II VVG. — nicht in Betracht; a. A. NZ. 1937 S. 339, wie hier NZ. 1937 S. 667.

198) Was im vorstehenden zu dem unbedingten Prämienanspruch des Versicherers gesagt wurde, muß sinngemäß und entsprechend für die Prämienrückgewähr-Ansprüche des VN. gelten. Nur in den Fällen, in denen der VSchutz und damit auch der Prämienanspruch ein unbedingter ist, gibt es entsprechend bei Risiko-Minderung und -Fortfall nach den AVB. einen unbedingten Anspruch des VN. auf Prämienrückgewähr. Das

Eine entsprechende Verknüpfung zwischen Risiko und Prämie, wie sie für den Fall des Eintritts eines neuen Risikos oder einer Gefahrerweiterung des schon bestehenden aufgezeigt ist, besteht auch beim **Wegfall** der entsprechenden Gefahren.

a) Neues Risiko: Ist ein solches i. S. von § 2 ADB. während des Laufs der Versicherung eingetreten, und kommen für dieses (hierbei) niemals die Grundsätze über die Prämienberichtigung des § 9 in Betracht, so muß daraus umgekehrt der Schluß gezogen werden, daß, wenn ein derartiges Risiko wegfällt, dies nicht den Fortfall eines Risikos im Sinne von § 9 II Ziff. 2 Satz 2 ADB. bedeuten kann; denn in diesem Falle würde ein unbedingter Anspruch des VN. auf Prämienrückgewähr hervorgerufen, welcher seinerseits jedoch nur in Ansehung solcher Gefahrumstände besteht, bei deren Hinzutreten dem V'rer durch den unbedingten Prämienanspruch ein Ausgleich gegeben ist. Es ist daher nur folgerichtig, wenn ein solches „neues Risiko", das auch prämienmäßig selbständig[207] **neben** die ursprünglich versicherten Gefahren tritt und nicht, wie in § 9 II Ziff. 1 Satz 1 vorausgesetzt ist, eine Änderung **in** dem (bereits) versicherten Risiko mit sich bringt, durch seinen Wegfall nicht nur — wie beim Fortfall eines Risikos nach § 9 II Ziff. 2 Satz 2 ADB. — die Prämienhöhe berührt, sondern insoweit, d. h. soweit es sich um das Risiko handelt, auch den Bestand des Vertrages selbst ändert[208, 209], und daß dann nach § 9 IV Ziff. 1 Halbs. 2 dem V'rer die volle Prämie aus diesem Risiko für dessen laufende VPeriode zusteht.

Man wird daher **positiv** sagen können[210]: der Fortfall eines Risikos i. S. von § 9 II Ziff. 2 Satz 2 liegt nur dann vor, wenn eine solche Gefahr

Gesetz spricht von der Gefahrminderung in bezug auf die Prämienfrage erst seit der Novelle im § 41 a. — Aber auch hiernach kommt im Falle einer durch den Eintritt der Gefahrminderung veranlaßten „angemessenen Herabsetzung der Prämie" eine solche Minderzahlung „nur für die künftigen V-Perioden" und nur dann in Betracht, wenn schon bei Vertragsbeginn wegen der gefahrerhöhenden Umstände eine höhere Prämie vereinbart war, also zunächst — entsprechend den Ausführungen im Text — ein unbedingter Prämienanspruch (und zwar für das erhöhte Risiko) bestanden hatte. Über die Herabsetzung der Prämie nach Handelsbrauch bei Gefahrminderung: JRPV. 1926 S. 321.

207) Es handelt sich dann nicht um die „Richtigstellung" der früheren, sondern um eine neue, insoweit selbständige Prämie.

208) Das soll nicht heißen, daß es für diesen Fall im Sinne von § 10 III ADB. notwendig wäre, daß der Vertrag insgesamt erlischt, daß also — wie Kähfuß NZ. 1934 S. 1130 unzutreffend ausführt — „alle in dem betr. VSchein enthaltenen und zusammengefaßten Einzelrisiken in Fortfall gekommen sind". Dagegen spricht schon der Wortlaut des § 10 III „bezügl. dieser Risiken": Bl. 303.

209) Über die Bedeutung dieses Umstandes in Ansehung der Abwehrfunktion Anm. 190 zu § 9.

210) Es kann für unsere Frage, d. h. die Einordnung des Falles unter die Vorschrift des § 9 II 2 Satz 2 einerseits oder § 10 III ADB. andererseits nur auf die Natur des Risikos ankommen, nicht die Zufälligkeit, ob etwa verschiedene Risiken äußerlich in verschiedenen VVerträgen oder — zusammengefaßt — in einem VSchein dokumentiert sind; a. A. Kähfuß NZ. 1934 S. 1130, 1210; wie hier: Loew NZ. 1934 S. 1162 in zutreffenden Ausführungen, ferner Tiedke aaO.

wegfällt, die bei Eintritt während eines bestehenden VVertrages nach den Grundsätzen der Prämienregulierung (9 II) zu behandeln und/oder behandelt worden[212] ist; oder **negativ**: Risiko i. S. von § 9 II Ziff. 2 Satz 2 ADB. kann niemals ein Wagnis sein, für das im Falle seines Eintritts bei bestehender Versicherung im Wege der Vorsorgeversicherung VSchutz zu gewähren und/oder gewährt worden ist[213].

b) **Gefahrerweiterung**: Es kann demnach nur ein solches Risiko einer Gefahrerweiterung ebenso wie einer Gefahrminderung i. S. der Prämienregulierung des § 9 unterliegen, das seiner Natur nach nicht ein „neues Risiko" i. S. von § 2 ADB. darstellt. Dabei ist der Eintritt eines derartigen Wagnisses als Gefahrerweiterung, der Fortfall (§ 9 II Ziff. 2 Satz 2) als Gefahrminderung anzusehen. Es handelt sich damit um zwar oft vorkommende, aber verhältnismäßig begrenzte Fälle. Fast stets werden von den V'rern mit der Prämienrechnung entsprechende Fragebogen an die VN. versandt, die die Fragen nach dem Umfang der hier in Betracht kommenden Risiken in Anlehnung an das versicherte Stamm- oder Grundrisiko stellen: z. B. zum Grundrisiko **Betriebshaftpflicht**: Anzahl der beschäftigten Personen (im Haupt- oder Nebenbetrieb) oder (bei Berechnung der Prämie auf der Grundlage der Lohnsumme) Höhe der Lohnsumme; zum Grundrisiko **Tierhaltung**: Zahl der einzelnen in Frage kommenden Tierarten, unterteilt als ständige Aushilfs- oder Miettiere usw.; ähnliche Fragen werden für Tierhandlungen (wie groß ist der Umsatz?), für landwirtschaftliche Betriebe (Umfang des Grundbesitzes, Zahl von Deck-, Weide- und Zugtieren), für Gas-, Wasser- und Elektrizitätswerke (Umfang des Leitungsnetzes, Länge der neuerbauten Leitungen, Höhe der Baukosten) usw. gestellt.

---

212) Nach der tatsächlichen Geschäftspraxis des betr. V'rers.: dieser Gedanke hat nichts Befremdliches. Auch an anderen Stellen — wie z. B. I/130, I/131 Anm. 41, I/132 wurde darauf hingewiesen, daß für die Wesensbestimmung des „Risikos" im Sinne der ADB. oftmals nicht begriffliche Merkmale, sondern die technische Handhabung der Versicherung durch den Versicherer maßgebend ist; vgl. auch § 41 II VVG.

213) Vergl. I/132 ff. — Es würde sich in diesem Falle vielmehr um ein Risiko im Sinne von § 10 III handeln. Zutreffend führt auch Prölß zu § 41 a Anm. 2 VVG. aus, daß nicht jede Gefahrverminderung einen Anspruch auf Herabsetzung der Prämien gibt, sondern nur dann, wenn der Tarif das Vorhandensein oder Nichtvorhandensein des betr. Umstandes ausdrücklich berücksichtigt. Diese Ausführungen stehen nicht in Widerspruch zu dem hier Gesagten, bestätigen vielmehr den gezeigten Zusammenhang; denn es ist hinsichtlich der gesetzlichen Regelung im § 41 a VVG. zu berücksichtigen, daß das Gesetz nicht kennt:

1. die Einrichtung der Vorsorgeversicherung (und damit die oben dargelegten Zusammenhänge zwischen Versicherung und Prämienanspruch); 2. den automatischen Einschluß von Gefahrerhöhungen und Erweiterungen; 3. den Begriff der Erweiterung als bestimmten Unterfall (Bl. 255 und I/119/20) der allein (z. B. in § 41 a VVG.) erwähnten Gefahrerhöhung; 4. die Prämienregulierung entsprechend dem Zeitpunkt der Veränderung wie § 9 II 2, sondern erst für einen späteren Zeitpunkt als die laufende VPeriode, es also wie § 9 IV ADB. für die laufende Periode bei der alten Prämie beläßt.

Auch beim Fortfall[214] eines Risikos im Sinne von § 9 II Ziff. 2 Satz 2 findet eine Prämienregulierung statt; wenn von der „etwaigen" Minderprämie die Rede ist, so deshalb, weil die nach dem Tarif des V'rers festgesetzte Mindestprämie stets die äußerste Grenze der Berichtigung darstellt und unter der „etwaigen Minderprämie" nicht die rein rechnerisch ermittelte, sondern diejenige verstanden wird, welche tatsächlich — im Hinblick auf die Mindestprämie — in Betracht kommt. Diese Minderprämie wird aber beim Fortfall eines Risikos erst vom Eingang der Anzeige an berechnet. Die Verschiedenheit des für die Berechnung maßgebenden Zeitpunktes (Veränderung des Risikos — Anzeige der Veränderung) findet wohl ihren Grund darin[215], daß der V'rer sich möglichst für eine gewisse Zeitdauer die Prämie sichern will und, vor allem bei völligem Wegfall eines — unselbständigen — Risikenteiles z. B. kurz vor Ende des VJahres, und Berechnung der Minderprämie **vom Zeitpunkt der Veränderung ab**, praktisch[216] für dieses Teilrisiko kein Entgelt erhalten würde. Dagegen bleibt ihm bei der Verminderung des Risikoumfanges ein gewisser Prämienanteil, wenigstens die für den Risikenteil festgelegte Mindestprämie[217]. Außerdem soll diese Vorschrift den VN. dazu anhalten, den Fortfall des Risikos, den er als versicherungsmäßig bedeutsam eher bemerkt als nur eine Änderung innerhalb des versicherten Risikos, sofort anzuzeigen; denn tut er dies nicht, so muß er unter Umständen Prämie für einen Zeitraum bezahlen, in dem das Wagnis nicht mehr vorhanden war[217, 218]. Der V'rer kann bis zum Erhalt der Anzeige die Prämie weiter verlangen, sie auch einklagen, ohne ein Kostenrisiko damit einzugehen[219].

---

214) Auf welchen Gründen der Fortfall beruht, ist gleichgültig. Wird die Sache, wegen deren Besitz und Eigentum der VN. VSchutz genoß, veräußert, so bringt dies einen „Fortfall" des Risikos mit sich. Doch ist zu prüfen, ob es sich um einen Fortfall gemäß §§ 9 II 2 oder 10 III AVB. handelt. Nach den im Text gegebenen Grundsätzen für die Beantwortung dieser Frage stellt sich die Veräußerung eines Unternehmens gemäß § 151 II VVG. als einen Fall des § 10 III dar. Die Prämienfrage hierfür ergibt sich somit aus der Bestimmung des § 9 IV Ziff. 1 Halbs. 2; a. A. NZ. 1934 S. 1053; im Ergebnis wie hier NZ. 1934 S. 1129, ebenfalls zust. unter Hinweis auf den Bericht über die Sitzung der Tarifkommission der Haftpflicht-Vereinigung am 18. 2. 32 bezw. 9. 3. 32: NZ. 1934 S. 1130. — Zur Frage der Betriebsveräußerung § 10 III: Bl. 304.

215) Tiedke NZ. 1934 S. 1163 sieht diesen Grund in — nicht näher bezeichneten — „technischen Erfordernissen".

216) Bl. 261.

217) Schumann NZ. 1938 S. 791. Es handelt sich daher im § 9 II 2 Satz 2 AVB., wie der Wortlaut treffend ausdrückt, um eine Prämien b e r e c h n u n g von einem bestimmten Zeitpunkt ab, nicht aber wie in § 9 II 2 Satz 1 um eine „Richtigstellung" derselben.

218) Dazu Stöbel NZ. 1934 S. 1211; aber auch hier ist, wie in jedem Fall durch die Verjährungsfrist in § 12 VVG. eine Grenze gesetzt (Anm. 183 zu § 9).

219) Auch ohne eine vertragliche Vereinbarung entsprechend § 9 II 2 Satz 2 AVB. (Berechnung ab Eingang der Anzeige) muß nach manchen — z. B. Prölß § 68 Anm. 6 VVG. und die dort gen. — „der VN. die Kosten des Prämienprozesses tragen, wenn er den Wegfall des Interesses nicht spätestens bei Aufforderung zur Prämienzahlung mitteilt und dadurch den Versicherer zum Prozeß veranlaßt hat". Hierzu auch Lesser JRPV. 1932 S. 275.

§ 9 II Ziff. 3

3. Unterläßt es der Versicherungsnehmer, die obige Anzeige rechtzeitig zu erstatten, so kann die Gesellschaft für die Zeit, für welche die Angaben zu machen waren an Stelle der Prämienregulierung (Ziff. II, 1) als nachzuzahlende Prämie einen Betrag in Höhe der für diese Zeit bereits gezahlten Prämie verlangen. Werden die Angaben nachträglich, aber noch innerhalb zweier Monate nach Empfang der Aufforderung zur Nachzahlung gemacht, so ist die Gesellschaft verpflichtet, den etwa zu viel gezahlten Betrag der Prämie zurückzuerstatten.

Die in § 9 II Ziff. 1 ADB. dem VN. auferlegte Mitteilungspflicht ist echte Rechtspflicht. Ihre Durchführung kann mittels Klage und Zwangsvollstreckung erzwungen werden[220]. Das ist durchweg umständlich und kann Kosten verursachen, die nicht beitreibbar sind. Die ADB. wollen die Erfüllung auf ihre Weise sichern. Werden die notwendigen Angaben zwar innerhalb der vorgesehenen Frist, aber unrichtig, und zwar zum Nachteil des V'rers unrichtig, gemacht, so ist die Vertragsstrafe aus § 9 II Ziff. 1 Satz 3 verfallen[221]. Wie aber, wenn der VN. innerhalb der vorgesehenen Monatsfrist eine Anzeige überhaupt nicht[222] gemacht hat? Hier greift § 9 II Ziff. 3 mit einer Regelung ein[223], die unter Umständen eine Erzwingung durch Klage vermeidet. Der V'rer kann „an Stelle der Prämienregulierung" seine Interessen anders wahren. Er kann „für die Zeit, für welche die Angaben zu machen waren", d. i. gewöhnlich das abgelaufene VJahr oder andernfalls der Zeitraum, für den die Prämienregulierung vorgenommen wird, den sonst auf Grund der Angaben des VN. zu berechnenden Betrag durch eine feste Summe ersetzen. Diese ist der Prämie gleich, die der VN. für den fraglichen Zeitraum zu zahlen hatte. Die Regelung ist praktisch; denn sie sieht von weiteren zeitraubenden und kostspieligen Maßnahmen ab, die notwendig sein könnten, um vom VN. die tatsächlichen Änderungen zu erfahren: zugleich ist sie für den VN. nicht ungerecht, hat im Gegenteil gewisse Nachteile für den V'rer, die dieser aber in Kauf nimmt: ist nämlich dieser Nachbetrag höher[224] als die nach den Grundsätzen der Prämien-

---

220) Bl. 258.
221) Bl. 260, zust. NZ. 1937 S. 15.
222) Die Auslegung, die dem Worte „nicht rechtzeitig" in NZ. 1937 S. 339 gegeben wird, ist unzutreffend; dawider NZ. 1937 S. 667/8.
223) Diese hält für unzureichend: NZ. 1937 S. 15; a. A. NZ. 1937 S. 339 und 340. Hierzu wieder S. 667.
224) Über die Frage, welche Summe in Fällen der vorliegenden Art in die Mahnung gemäß § 39 VVG. aufgenommen werden darf: NZ. 1937 S. 15, 340, 668.

regulierung auf Grund der zutreffenden Angaben zu erhebende Vermehrungsprämie, so hat es der VN. in der Hand, zu seinem Recht zu kommen; er kann innerhalb von zwei Monaten nach Erhalt[225] der Aufforderung zur Zahlung des fixen Nachbetrages[226] die für die Prämienregulierung erforderlichen Angaben machen. Dann muß der V'rer den Teil des Nachbetrages, um den dieser nach den allgemeinen Grundsätzen der Prämienregulierung zu hoch ist, zurückerstatten oder die Forderung entsprechend ermäßigen. Einen höheren Betrag als den fixen Nachbetrag erhält der V'rer in keinem Falle, auch dann nicht, wenn sich herausstellen sollte, daß die nach allgemeinen Grundsätzen berechnete Vermehrungsprämie höher wäre als der Nachbetrag: denn der fixe Nachbetrag erfolgt „an Stelle der Prämienregulierung", so daß die für letztere in § 9 II Ziff. 1 aufgestellten Grundsätze ausscheiden[227]. — § 9 II Ziff. 3 spricht nur von dem Fall, daß der VN. durch Zahlung des Nachbetrages zu viel, nicht aber auch von dem, daß er zu wenig geleistet hätte (verglichen mit den Beträgen nach den Grundsätzen der Prämienregulierung).

§ 9 III

III. Die vorstehenden Bestimmungen finden auch auf Versicherungen mit Prämienvorauszahlung für mehrere Jahre Anwendung.

§ 9 II trägt dem Wunsche Rechnung, den VSchutz, ungeachtet von Schwankungen des versicherten Wagnisses, während der VZeit in dem vollen für den VN. benötigten Umfang zu gewährleisten. Dazu muß die Prämie diesen Schwankungen angepaßt werden. Die zu Beginn der Versicherung festgesetzte Prämie ist nur eine vorläufige[228], deren endgültige Höhe nach Abgabe der geforderten Angaben richtiggestellt wird. Diese Grundgedanken finden auf solche Versicherungen Anwendung, auf die beim VBeginn eine Prämienvorauszahlung für mehrere Jahre geleistet wurde. Dies setzt § 9 III ausdrücklich fest, der die Bestimmungen zu § 9 II auch hier für anwendbar erklärt. Voraussetzung der Prämienregulierung ist gemäß § 9 II auch dann, daß der VN. aufgefordert wurde, die erforderlichen Angaben zu machen. Das ist in den bezeichneten Fällen von besonderer Bedeutung, weil die Rückfragen des V'rers für die zurückliegende Zeit fast stets mit der Prämienrechnung für die neue VPeriode verbunden werden, hier aber die Besonderheit vorliegt, daß die Prämie für mehrere Jahre im voraus bezahlt war, und die Absendung einer weiteren Prä-

225) Tatsächlicher Erhalt, nicht Zugang gemäß § 130 BGB.
226) Nicht innerhalb zweier Monate nach Erhalt der Aufforderung die Änderung im Risiko anzuzeigen, wie NZ. 1937 S. 339 meint.
227) NZ. 1937 S. 15.
228) Bl. 257.

mienrechnung entfällt. Prämienrückgewähr und Nachforderung werden nach den gleichen Ermäßigungssätzen[229] berechnet, die dem VN. wegen des Abschlusses für mehrere Jahre eingeräumt waren.

§ 9 IV Ziff. 1

1. Endet das Versicherungsverhältnis infolge Kündigung durch die Gesellschaft im Schadensfalle (§ 10, Ziff. II, 1), so gebührt ihr nur der Teil der Prämie, welcher der abgelaufenen Versicherungszeit entspricht; in allen übrigen Fällen vorzeitiger Beendigung steht der Gesellschaft die Prämie für das laufende Versicherungsjahr zu.

Die Bestimmung regelt die Prämienfrage bei einer „vorzeitigen Beendigung des VVerhältnisses". Zwei Tatbestände werden unterschieden, nämlich die Beendigung des VVerhältnisses:

1. infolge Kündigung durch die Gesellschaft im Schadensfalle;
2. aus anderen Gründen.

§ 8 III n. F. ADB. behandelt in Ziff. 1 Abs. 2 und 3 ausdrücklich die Fälle, daß:

a) der VVertrag angefochten,
b) der Vertrag wegen Verletzung der Obliegenheiten oder wegen Gefahrerhöhung aufgehoben wird (dazu Anhang zu § 9: Bl. 275),
c) ein Rücktritt vom Vertrag gemäß § 3 Ziff. I Abs. 2 n. F. ADB. — entsprechend § 38 I VVG. — erfolgt.)

Zunächst: Was ist unter dem „VVerhältnis" zu verstehen, um dessen vorzeitige Beendigung es sich hier handelt? Grund zur Frage gibt vor allem, daß durch einen VSchein der VSchutz für verschiedene Risiken beurkundet sein kann; z. B. das Wagnis als Hausbesitzer zugleich mit dem des Betriebsinhabers, Tierhalters, der Privathaftpflicht usw. — Aus verschiedenen Gründen ist dies oft so. Diese durchweg zufällige, rein tatsächliche Zusammenfassung hat aber mangels ausdrücklich bestimmter Abweichung oder ausnahmsweise vorhandener wesensgemäßer Verbundenheit eine Verschmelzung der Einzelwagnisse — etwa zu irgendeinem versicherungsrechtlich als Einheit zu betrachtenden Verbande — nicht zur Folge. Sind die Einzelwagnisse innerlich zusammenhanglos[230], nur zufällig in einem VSchein zusammengefaßt, so ist der in § 9 IV gebrauchte Begriff

---

229) Bl. 275.

230) § 7 IV der AKB. a. F. (entspr. § 4 Ziff. 5 n. F.) bestimmte ausdrücklich: „Eine Kündigung gemäß I—III dieses § kann sich sowohl auf den gesamten Vertrag als auf einzelne VArten beziehen. Sind in einem VSchein mehrere Fahrzeuge versichert, so kann sich eine Kündigung auch (!) nur auf das einzelne vom Schadensfall betroffene Fahrzeug beziehen."

des VVerhältnisses nicht nur auf den Gesamtvertrag[231] anzuwenden. Dieser Ausdruck besagt über die Beziehung oder seinen größeren oder geringeren Inhalt und Umfang nichts, sondern nur, daß eine vertragliche Bindung bestehen müsse, die sich auf eine „Versicherung" bezieht[232]. Jedes einzelne, nach den in den Antragsformularen gemachten näheren Angaben, Erläuterungen usw. in sich geschlossene Wagnis, soweit es versicherungstechnisch allein zu bestehen vermag, kann den Inhalt eines „VVerhältnisses" bilden, und es wäre unzutreffend, den Vertragsinhalt nur in seiner Gesamtheit als solches anzusehen[233]. § 10 III AVB. bestätigt dies, wonach die Versicherung, d. h. also das VVerhältnis bei vollständigem und dauerndem Wegfall von Risiken, nur „bezüglich dieser Risiken[234]" erlischt; daraus folgt, daß eine Versicherung (d. h. ein VVerhältnis) erlöschen kann, ohne daß der Vertrag seinem gesamten Inhalt nach und in vollem Umfang weggefallen ist. Die Beendigung des VVerhältnisses bedeutet also das insoweit eintretende Ende des Vertrages[235].

Fall 1 von § 9 IV handelt — wie § 9 allgemein — nur von dem Schicksal der Prämie. Über die tatbestandlichen Voraussetzungen[236] ist bei § 10 II zu sprechen[237]. Hier nur ein Hinweis: Jede VPartei kann aus den in § 10 II 1 angeführten Tatbeständen kündigen. Es besteht die Möglichkeit, daß beide gleichzeitig oder nacheinander hiervon Gebrauch machen. Daher ist stets zu prüfen, ob eine Kündigung des V'rers oder des VN. vorliegt: vgl. hierzu Anm. 181 zu § 10. Es kommt nicht darauf an, wer von beiden die Kündigung zuerst ausspricht, sondern wessen Kündigungserklärung zeitlich zuerst wirksam ist[238, 239]. Die Folgen für die Prämie sind die gleichen wie im Gesetz (§ 158 III 2 VVG.). Sie enthalten eine Ausnahme vom Grundsatz der Unteilbarkeit der Prämie[240, 241]. Als Zeitabschnitt für die Bemessung der pro rata Prämie wird man zweckmäßig den Monat nehmen.

---

231) Anm. 7 zu § 10.

232) Man hätte ebenso gut das Wort „Versicherung" hier gebrauchen können wie z. B. in § 10 III AVB.

233) A. A. NZ. 1934 S. 1211.

234) Bl. 303 und die Anm. 187 daselbst gen.

235) Prölß § 40 Anm. 1; Bruck Anm. 6 vor § 35 stellt auf das materielle Ende der Versicherung ab.

236) Interessant ist in diesem Zusammenhang die Verschiedenartigkeit des Ausdrucks; denn § 9 IV (ebenso § 7 II 1 der früheren AKB., anders § 4 Ziff. 4 a. F.) spricht von der Beendigung des VVerhältnisses im Schadensfall, bezieht sich aber ausdrücklich dieserhalb auf § 10 II AVB., in dem anders von einer Schadensersatzleistung auf Grund eines Versicherungsfalles die Rede ist. Für eine Gleichstellung der beiden Umstände ist nach den AVB. kein Raum (vergl. aber § 5 Ziff. 1 a. F. AVB.: dazu Anhang zu § 5), § 9 IV will vielmehr für die mehreren Tatbestände des § 10 II eine allgemein bezeichnende Grundlage wählen; vergl. auch § 158 VVG. („nach dem Eintritt des VFalles").

237) Bl. 287 ff.

238) § 158 VVG. ist abänderlich (arg. 158 a VVG.): Prölß § 158 Anm. 5, Bruck § 158 Anm. 16.

239) § 7 II Ziff. 1 Abs. 2 a. F. AKB.

240) Über die Gründe: Stöbel NZ. 1939 S. 352.

241) Bruck Komm. Anm. 6 Vorbem. zu § 35.

Der V'rer erhält dann die Prämie bis zum Ablauf eines Monates nach erfolgter Kündigung[242].

Halbsatz 2 des § 9 IV hält für die AVB.[243] an dem Grundsatz der **Unteilbarkeit der Prämie** fest. Der V'rer behält den Anspruch auf die bei Beginn des VZeitraums geschuldete Prämie, auch wenn noch während ihres Laufes die Versicherung endet[244, 245], er also nur während eines kürzeren Zeitraumes das Wagnis getragen hat. Die Gründe dafür, daß man als Zeitraum das Jahr gewählt hat, liegen nicht in begrifflichen sondern praktisch-tatsächlichen Umständen[246]. Der nötige Ausgleich zwischen schadenfrei verlaufenden Versicherungen und den anderen macht es notwendig, die Prämie eines jeden — auch nur kürzere Zeit vom V'rer getragenen — Wagnisses für einen bestimmten Zeitraum zu bemessen; denn die Gefahrtragung des V'rers ist grundsätzlich an jedem Tage eine volle und gleich groß[247]. Aus allgemeinen Gründen[248] und den besonderen Erfordernissen des VBetriebs ist im allgemeinen[249] das Jahr[250] ein praktisch empfehlenswerter Zeitabschnitt. Es wird also die grundsätzlich auf ein Jahr bemessene VPeriode (§ 9 VVG.) auch prämienmäßig als einheitlicher Abschnitt angesehen.

Die „übrigen Fälle", die zu einer vorzeitigen Beendigung des VVerhältnisses führen, zu einer solchen also, die zeitlich vor dem nach Vertrag (§ 10 AVB.) oder Gesetz vorgesehenen Ablaufstermin eintritt, ergeben sich aus Vertrag und Gesetz. Die letzteren gelten sebstverständlich für den Vertrag auch ohne ausdrückliche Anziehung in den AVB. Ausnahmslos

242) Stiefel § 7 Anm. 22.

243) Darüber, ob das Gesetz — insbesondere im § 40 I VVG. — einen solchen Grundsatz aufstellt, sind die Meinungen geteilt. Es wird überwiegend bejaht: Bruck Komm. Anm. 6 vor § 35, Ritter S. 320 ff., Schwaiger S. 141, Boettinger JRPV. 1940 S. 129; a. A. Prölß § 40 Anm. 1 VVG., der aber eine entsprechende vertragliche Abrede für zulässig erklärt: § 8 Anm. 6, § 40 Anm. 1 VVG.; WZ. 1921 I S. 532; Brunn NZ. 1939 S. 173 und Stöbel 1939 S. 351.

244) Vergl. zu Anm. 235.

245) So Bruck Komm. Anm. 6 vor § 35 unter Hinweis auf RG. 21/329, 100/216, HansRGZ. 1921/177; AG. Charlottenburg v. 18. 10. 38 = JRPV. 335.

246) Stöbel NZ. 1939 S. 352 hält den Grundsatz von der Unteilbarkeit der Prämie weder „vom Standpunkt der Leistung (Gewährung des VSchutzes) noch der Gegenleistung (Zahlung der gerechten Prämie)" für berechtigt. „Der Verfall der Prämie läßt sich nur rechtfertigen als ein Mittel zur Ausschaltung der willkürlichen Lösung von auf bestimmte Dauer abgeschlossenen Verträgen und als ein Mittel des Interessenausgleichs."

247) Hiergegen: Brunn in NZ. 1939 S. 173 ff., besonders 175.

248) Auch sonst wird oft die Dauer von Vertragsverhältnissen, die eine gewisse Beständigkeit aufweisen sollen, in Abschnitten festgesetzt, die den Zeitraum eines oder mehrerer Jahre umfassen (Miete, Pacht usw.).

249) Etwas anderes kann vereinbart werden (§ 10 I Satz 2 AVB.: „Beträgt diese mindestens 1 Jahr ...").

250) Als VPeriode ist daher der Zeitraum eines Jahres im Zweifel (die Tarifprämien sind grundsätzlich Jahresprämien; auch § 9 IV Ziff. 1 Halbs. 2 spricht ausdrücklich von der Prämie für das laufende VJahr) auch dann anzusehen, wenn die Prämie in Raten gezahlt wird, die nach kürzeren Zeitabschnitten bemessen sind. Siehe § 9 VVG.; dazu Prölß § 9 Anm. 1, auch Bl. 253/4.

gilt hier kraft vertraglicher Vereinbarung der Grundsatz der Unteilbarkeit der Prämie.

In Betracht kommt die Beendigung des Vertrages durch **Anfechtung** sowohl seitens des V'rers (z. B. aus § 22 VVG.; entsprechend der Standpunkt des Gesetzes nach Erlaß der Novelle[251]: vgl. § 40 I 1 n. F. VVG.) aber ebenso des VN.[252] (z. B. im Falle des § 7 Satz 3 AVB.). Gemäß § 8 III Ziff. 1 Abs. 2 n. F. AVB., der § 40 I 1 n. F. VVG. entspricht, erhält der V'rer aber „die Prämie bis zum Schluß lediglich der VPeriode, in der er von dem Anfechtungs- oder Aufhebungsgrund Kenntnis erlangt hat". Gleiches gilt im Grundsatz[253] für den **Rücktritt**[254] beider Parteien. Ausnahme bildet kraft ausdrücklicher gesetzlicher Regelung[255] (entsprechend § 8 III Ziff. 1 Abs. 3 n. F. AVB.) der Rücktritt des V'rers bei nicht rechtzeitiger Zahlung der ersten oder einmaligen Prämie gemäß § 38 I 1 i. V. mit § 40 II 2 VVG. Der V'rer kann nur eine angemessene Geschäftsgebühr verlangen.

Auch die vorzeitige **Kündigung**[256] der Parteien[257] hat hinsichtlich der Prämie die gleiche Wirkung mit Ausnahme des Falles in § 9 IV 1 Halbsatz 1[258]. Das außerordentliche Kündigungsrecht des § 10 IV Ziff. 1 und 2 AVB.[259] gibt jedoch auch dem kündigenden V'rer gemäß § 10 IV Ziff. 4 AVB. Anspruch auf die Prämie für die laufende Versicherungsperiode. Gemäß § 9 IV Ziff. 1 Halbsatz 2 AVB.[260] gilt Unteilbarkeit der Prämie

251) Die hier bei der früheren gesetzlichen Regelung des § 40 I a. F. VVG. bestehende Streitfrage (z. B. Bruck Komm. § 22 Anm. 7, JRPV. 1933 S. 327) ist dadurch gelöst: Prölß § 40 Anm. 1.

252) Die Kündigungserklärung enthält nicht zugleich die Bestätigung eines anfechtbaren Vertrages: KG. v. 15. 4. 31 = JRPV. 269.

253) § 40 I VVG.

254) Z. B. §§ 16 ff. VVG.; über den Rücktritt wegen positiver Vertragsverletzung: LG. Berlin vom 18. 4. 1934 = JRPV. 1936 S. 8 = DOV. 49 = HansRGZ. A. 406.

255) Vergl. § 42 VVG., wonach § 40 nicht zum Nachteil des VN. durch Vertrag abgeändert werden kann.

256) Hierzu im einzelnen die entsprechenden Ausführungen bei § 10 AVB.; über einen Abänderungsvorschlag: Boettinger JRPV. 1940 S. 130.

257) Z. B. § 39 III VVG. (bezw. § 9 I 4 AVB.) i. V. mit § 40 II 1 VVG., § 6 I 2 i. V. mit § 40 I 1 VVG. (vergl. dazu § 8 III Ziff. 1 Abs. 2 n. F. AVB. dazu Bl. 276)); fristlose Kündigung des VN. wegen Unsicherwerdens des Versicherers oder wegen positiver Vertragsverletzung seitens des Versicherers oder des VN.: hierzu Prölß § 8 Anm. 6; weitere Nachweisungen über die positive Vertragsverletzung im VRecht bei Schack S. 29 Ziff. 3, vergl. auch Anm. 130 zu § 10; Stiefel S. 138 Anm. 6; über Schadenersatzansprüche auf vorzeitige Aufhebung des VVertrages: Breslau v. 5. 7. 30 = DOV. S. 72.

258) Bl. 270.

259) In den AVB. n. F. weggefallen.

260) § 40 VVG. erwähnt diesen Fall ausdrücklich nicht. Wer also — wie Prölß § 40 Anm. 1 — nur in gesetzlich bestimmten Fällen die Unteilbarkeit der Prämie anerkennt, muß den vorliegenden Fall ausscheiden, wenn nicht — wie in § 9 IV geschehen — die AVB. vertraglich Entsprechendes bestimmen. Mit dieser Einschränkung zutreffend: KG. v. 5. 2. 30 = JRPV. 135. — Auch ohne vertragliche Vereinbarung des Grundsatzes erachtet ihn im vorliegenden Falle für anwendbar: LG. Berlin v. 27. 3. 31 = JRPV. 183. — Bruck Vorbem. 6 vor § 35 VVG. geht umgekehrt wie Prölß vom Grundsatz der Unteilbarkeit der Prämie aus und bemerkt, daß dieser Grundsatz vertraglich außer Kraft gesetzt werden kann.

im Zweifel, d. h. mangels ausdrücklicher Abänderung auch bei vorzeitiger Aufhebung durch entsprechende **Vereinbarung**[261] der Vertragsparteien.

Es bleiben im wesentlichen noch die Fälle des **Konkurses** über das Vermögen des V'rers oder des VN., dessen **Tod**, und der besondere Fall des § 10 III AVB., nämlich der **vollständige und dauernde Wegfall eines versicherten Risikos.**

Für den Konkurs des **V'rers** bestimmt § 13 VVG., daß „das VVerhältnis mit dem Ablauf eines Monates seit der Eröffnung des Verfahrens erlischt"[262]. Zur Prämie ordnet § 40 III VVG. zwingend (§ 42) an, daß „der VN. den auf die Zeit nach der Beendigung des VVerhältnisses entfallenden Teil der Prämie unter Abzug der für diese Zeit aufgewendeten Kosten zurückfordern" kann, für einen späteren Zeitraum entfällt also, falls die Prämie noch nicht gezahlt war, eine Zahlungspflicht. Im Konkurse des **VN.** endet damit nicht schon das VVerhältnis[263]. Vielmehr gibt[264] § 17 KO. dem Konkursverwalter ein Wahlrecht in Ansehung des noch nicht völlig erfüllten zweiseitigen Vertrages. Wählt der Konkursverwalter weitere Erfüllung, so ist die Prämienschuld Masseschuld (§ 49 Nr. 2 KO.[265]). Wählt er Nichterfüllung, so hat dies nicht eine vorzeitige Beendigung des VVerhältnisses zur Folge[266]. Soweit die Prämie noch nicht gezahlt war, entsteht eine Konkursforderung i. S. von § 61 KO.[267], ob auch ein Schadensersatzanspruch nach § 26 KO., ist streitig[268].

Über die Einwirkungen des **Todes des VN.** auf den VVertrag vgl. I/42 ff. Zu unterscheiden ist, ob die H-Versicherung an besondere Umstände und Eigenschaften in der Person gerade des VN. anknüpft, oder ob Haftpflichtversicherung wegen Besitz, Eigentum oder dergl. an beweglichen oder unbeweglichen Sachen des VN. genommen wurde; wegen des Übergangs eines veräußerten Betriebes vgl. bei § 10 III[269]. — Der Tod einer

---

261) RG. v. 21. 6. 18 = Mitteilg. 288; die Annahme einer vom Versicherer an das Reichsaufsichtsamt gerichteten entsprechenden Erklärung durch den VN. nach Weiterleitung an diesen genügt gemäß LG. Berlin vom 2. 5. 28 = APV. 1929 S. 203. — KG. v. 14. 6. 33 = JRPV. 334/5 nahm in Übereinstimmung mit dem Vorderrichter an, daß eine Aufhebung des Vertrages durch entsprechendes Einverständnis beider Parteien in dem Falle vorliege, daß der Versicherer auf eine Rücktrittserklärung des VN. 5/4 Jahre lang geschwiegen hatte; über die Umdeutung einer unwirksamen Kündigung in einen Antrag auf Aufhebung der V.: Anm. 27 zu § 10.

262) Für eine außerordentliche Kündigung des VN. z. B. wegen Unsicherwerdens des Versicherers ist neben der ausschließlichen gesetzlichen Regelung nach Konkurseröffnung kein Raum: Lesser JRPV. 1930 S. 41.

263) Arg. § 14 I VVG., wonach sich der Versicherer eine Kündigungsbefugnis für den Fall der Konkurseröffnung ausbedingen kann, welche — wenn das VVerhältnis erloschen wäre — gegenstandslos sein würde. Auch § 14 I a. F. VVG. erkannte durch das dem Versicherer gemachte Zugeständnis, das Erlöschen des VVerhältnisses zu vereinbaren, das Weiterbestehen des Vertrages an.

264) Prölß § 14 Anm. 1, Bruck § 14 Anm. 11, Ernst JRPV. 1937 S. 20.

265) Prölß aaO., Bruck aaO.

266) Vergl. die bei Ernst aaO. angeführte Rechtsprechung; a. A. Bruck § 14 Anm. 1 a.

267) Bruck § 14 Anm. 11, Ernst aaO.

268) Dafür Prölß aaO., Ernst aaO.; a. A. Bruck Komm. § 14 Anm. 11 a a. E.

269) Bl. 304.

Vertragspartei gibt nach allgemeinen Rechtsgrundsätzen einen Erlöschensgrund für einen bestehenden Vertrag nicht ab, doch geht in den oben erstgenannten Fällen das VVerhältnis nicht (wie es in den letzteren geschieht) auf den Erben über[270], weil infolge der Verknüpfung des Risikos gerade mit der Person des VN. bei dessen Ableben ein „vollständiger und dauernder Fortfall des versicherten Risikos" i. S. von § 10 III eintritt[271]. Die Versicherung erlischt[272] und gemäß § 9 IV, 1 Halbsatz 2 ADB. steht dem V'rer die Prämie für das laufende VJahr zu.

Von besonderer Bedeutung im Rahmen des § 9 IV 1 Halbsatz 2 ADB. ist der **vollständige und dauernde Wegfall**[273] **des versicherten Risikos** nach dem Beginn der Versicherung. In diesem Falle erlischt[274] gemäß § 10 III die Versicherung bezüglich der weggefallenen Risiken, es tritt[275, 276] also eine vorzeitige Beendigung i. S. von § 9 IV 1 ADB. ein. Dem V'rer steht auch in diesen Fällen die Prämie für das laufende VJahr zu[277]. Dies stimmt mit § 68 II VVG.[278] überein; denn auch im Sinne dieser Bestimmung liegt ein Wegfall des Interesses, der dem V'rer die Prämie für die laufende VPeriode sichert, nur vor, wenn er dauernd und vollständig ist[279].

---

270) Dieser Übergang hat aber nicht die gleiche Wirkung, wie eine Veräußerung gemäß § 151 II VVG., dazu 1/42, 43.

271) 1/42 ff., ferner RG. v. 3. 2. 39 = RG. 159/337 = JRPV. 101 ff. und die das. gen. Rechtsprechung und Rechtslehre; Sieg JRPV. 1938 S. 129 ff., ders. HansRGZ. 1938/169 ff.; zust. Prölß § 68 Anm. 3.

272) Über die Bedeutung des Erlöschens für den Umfang des VSchutzes insbes. in der Form der Abwehrfunktion Anm. 190 zu § 9.

273) Die ADB. unterscheiden danach zwischen einem nur vorübergehenden oder als solchen zu behandelnden (§ 9 II 2 Satz 2) und dem vollständigen oder dauernden Wegfall (§ 10 III) von Risiken. Wann der eine und wann der andere Fall vorliegt, entscheidet sich danach, wie der Versicherer technisch die Risiken eingeteilt hat, die für die Vorsorgeversicherung einerseits und die Prämienregulierung andererseits in Frage kommen, Bl. 262 ff.

274) Über die Rechtslage ohne eine entsprechende Regelung in den ADB. ist die Ansicht geteilt; nach Prölß § 68 Anm. 2 besteht der Vertrag als solcher inhaltslos weiter; nach Stiefel § 7 Anm. 9 a. E. „äußert der Vertrag auch als Ganzes keine Wirksamkeit mehr, er löst sich auf", ders. aaO. Anm. 10 „die Versicherung erlischt". — Über die Bedeutung des in den ADB. insoweit angeordneten Erlöschens der V. für den Umfang des VSchutzes in Ansehung der Abwehrfunktion Anm. 190 zu § 9.

275) Näheres bei § 10 III ADB., Bl. 302 ff.

276) Wenn die Versicherung mehrerer Risiken im Sinne von § 10 III in einem Vertrag dokumentiert ist, ist es nicht erforderlich, daß sämtliche Risiken dieses ganzen Vertrages endgültig fortfallen, um den Erfordernissen des § 9 IV Ziff. 1 Halbs. 2 (Beendigung des VVerhältnisses) zu genügen, Bl. 270.

277) Ob — weitergehend — der Versicherer etwa Schadenersatz z. B. wegen schuldhaft verursachten Interessenwegfalls verlangen kann, ist an Hand der Bestimmungen des Bürgerlichen Rechts, die neben denen des VVG. anwendbar sind, zu prüfen; hierzu die bei Prölß § 68 Anm. 6 VVG. angegebene Rechtsprechung.

278) Der beim Fortfall der Gefahr entsprechend anzuwenden ist, Prölß § 68 Anm. 5.

279) Prölß § 68 Anm. 2, Bruck § 68 Anm. 13.

§ 9 IV Ziff. 2

2. War die Prämie auf mehrere Jahre vorausbezahlt, so ist der Berechnung des der Gesellschaft zustehenden Betrages die Prämie zugrunde zu legen, die bei Vorauszahlung auf die Zeit, für welche der Gesellschaft nach Ziffer 1 die Prämie gebührt, zu zahlen gewesen wäre.

Die Prämie für ein bestimmtes Risiko ist nicht immer gleich hoch. Ein Umstand[280], der ihre Höhe beeinflußt, ist die VDauer, gegebenenfalls auch die Höhe der Vorauszahlung der Prämie. Durchweg wird bei Abschluß der Versicherung auf mehrere Jahre (durch Rabattgewährung) eine geringere Prämie verlangt. Die Einzelheiten ergibt der Tarif des V'rers. Wird der Vertrag vorzeitig i. S. von § 9 IV 1 beendet[281], so ist der Grund für die Senkung der Prämie gegenüber dem Betrage, der für eine kürzere VZeit zu zahlen gewesen wäre, weggefallen. Dann gebührt dem V'rer die Prämie, wie sie sein Tarif für die kürzere tatsächliche Zeit des Bestehens vorsieht[282]. — § 9 IV 2 bezieht sich ausdrücklich nur auf den Fall, daß der Vertrag auf mehrere Jahre abgeschlossen und auch die Prämie entsprechend vorausbezahlt war. Wurde Prämienermäßigung nur wegen eines mehrjährigen Abschlusses gewährt, die Prämie aber nicht für den ganzen Zeitraum im voraus, sondern nur für jede VPeriode bezahlt, so kommt die Bestimmung nicht zum Zuge und eine Nachvergütung an den V'rer durch Abänderung der Prämie entfällt[283].

Anhang zu § 9.

Der — im übrigen dem § 9 a. F. entsprechende — § 8 n. F. ADB. ist durch Aufnahme eines Zusatzes in den Abs. III (= IV. a. F.) der Neufassung des § 40 I und II S. 2 VVG. angeglichen worden. Gegen diese

280) Regelmäßig wird wohl im VSchein zunächst die Normalprämie eingesetzt sein, von der am Schluß der Prämienberechnung der Ermäßigungssatz, besonders aufgeführt, abgezogen wird: Lesser JRPV. 1930 S. 229.

281) Es macht für die Frage der Nachforderung keinen grundsätzlichen Unterschied, ob der Vertrag durch Handlungen des VN oder des Versicherers vorzeitig beendigt wird. Nur die Höhe der Nachforderung kann nach Maßgabe des § 9 IV 1 ADB. hierdurch beeinflußt werden; a. A. Lesser JRPV. 1930 S. 229 ff., der aber offenbar nicht von einer vertraglichen Vereinbarung wie hier ausgeht.

282) Entsprechend § 9 IV Ziff. 2 ADB.; ein rechnerisches Beispiel bei Schumann NZ. 1938 S. 792.

283) Die Ansichten sind geteilt: auch ohne entsprechende vertragliche Vereinbarungen und ohne Unterschied, ob eine Prämienvorauszahlung für den auf mehrere Jahre abgeschlossenen Vertrag erfolgt war oder nicht, ist für ein Recht auf Nachfordern der Prämiendifferenz bei vorzeitiger Vertragsauflösung: Lesser JRPV. 1930 S. 229 ff., Frey JRPV. 1930 S. 267; AG. Neubrandenburg v. 1. 11. 27 = VuG. 1928 Beilage zu Heft 28 = DOV. 109 (begründet durch § 323 III i. V. mit 812 BGB.; dawider Lesser aaO.). — Gegen ein Recht: Durst, Frentzel und Guckenheimer in JRPV. 1930 S. 267 und 268, Prölß § 70 Anm. 8 a E.

Neufassung erheben sich ähnliche Bedenken wie gegen die VFall-Definition in § 5 n. F. ADB.[284]: es fehlt die Anpassung der neuen Bestimmung an den übrigen Inhalt der ADB.; denn die in § 8 III Ziff. 1 Abs. 2 S. 1 für den Fall der „Aufhebung (des VVertrags) wegen Verletzung einer Obliegenheit oder wegen Gefahrerhöhung" getroffene Regelung für das Prämienschicksal umfaßt zwei Fälle, die gemäß der übrigen Ausgestaltung der ADB. im allgemeinen nicht eintreten können.

1. Fall: „Aufhebung des Versicherungsvertrages wegen Verletzung einer Obliegenheit."

Ein Fall solcher „Aufhebung" könnte, da ein Rücktrittsrecht gemäß § 6 IV VVG. nicht wirksam vereinbart werden kann[285], [285a], allenfalls die Kündigung sein. — § 6 ADB. erwähnt ein Kündigungsrecht nicht, wohl aber § 6 I S. 2 VVG. mit Bezug auf Obliegenheiten, die vor dem Eintritt des VFalles zu erfüllen sind, sofern für deren Verletzung vertraglich Leistungsfreiheit vereinbart ist. Das Kündigungsrecht folgt dann ohne weiteres aus der Verwirkungsabrede[286].

Wir haben also zu fragen: besteht nach den ADB. eine solche Abrede im Hinblick auf Obliegenheiten, die vor dem Eintritt des VFalles zu erfüllen sind?

§ 6 n. F. ADB. statuiert Leistungsfreiheit bei Verletzung jeder Obliegenheit, „die nach § 5 dem V'rer gegenüber zu erfüllen ist". Es fragt sich also, ob § 5 eine Obliegenheit i. S. von § 6 I VVG. enthält.

Das muß verneint werden: a) gemäß § 5 Ziff. 1 ist „VFall i. S. dieses Vertrages das Schadensereignis, das H-Ansprüche gegenüber dem VN. zur Folge haben könnte". § 5 enthält keine Obliegenheit, die zeitlich vor dem so bestimmten VFall zu erfüllen ist.

b) Aber auch, wenn man trotz der Begriffsbestimmung in § 5 davon ausgeht[287], daß der VFall ein aus den in dem ‚daß-Satz' des § 1 Ziff. 1 enthaltenen Teilstücken zusammengesetzter Tatbestand ist, kommt man zu keinem anderen Ergebnis: denn auch nach der a. F. der ADB. enthält § 5 keine Obliegenheit, die i. S. von § 6 I VVG. „vor dem Eintritt des VFalles" zu erfüllen ist[288].

Eine solche Obliegenheit könnte nur unter den Bl. 195 genannten Voraussetzungen als gegeben angenommen werden. Da aber diese Voraus-

---

284) Bl. 160 ff.

285) § 6 I a. F. VVG. ließ zwar eine Rücktrittsvereinbarung zu, doch machte § 6 ADB. hiervon keinen Gebrauch.

285 a) Anders also nur für den Fall eines gesetzlich bestimmten Rücktrittsrechts z. B. §§ 16 ff. VVG.

286) Prölß § 6 Anm. 10. 287) Wie wir es tun: Bl 160—163. 288) Bl. 177.

287) Wie wir es tun: Bl. 160—163.
288) Bl. 177.

setzungen erkennbar von den ADB. (arg. § 5 Ziff. 1 n. F.) abgelehnt werden[289], ist ein Fall der „Aufhebung des VVertrags wegen Verletzung einer Obliegenheit" für diese nicht möglich[290].

2. Fall: „Aufhebung des V-Vertrages wegen Gefahrerhöhung."

Die ADB. stehen textlich im Einklang mit der Gesetzesnovelle, inhaltlich jedoch im Widerspruch zu ihrem eigenen § 1, 2b. — Die in § 40 I VVG. als Grundlage der Aufhebung des VVerhältnisses wegen Gefahrerhöhung angezogenen entsprechenden „Vorschriften des 2. Titels" — in Betracht könnte hier (Gefahrerhöhung) allenfalls das Kündigungsrecht gemäß § 24 VVG. kommen — sind durch die Regelung in § 1, 2b der ADB. nach der hier in Rede stehenden Richtung ihrer Wirksamkeit entkleidet[291]. Die dort ausdrücklich zugebilligte grundsätzliche Erstreckung des VSchutzes auf die gesetzliche Haftpflicht aus Erhöhungen (unentgeltlich[292]) oder Erweiterungen des versicherten Risikos (gegen Prämienzuschlag), läßt eine Aufhebung des Vertrages wegen gerade dieser beiden gleichen Umstände regelmäßig nicht zu[293].

§ 8 III Ziff. 1 Abs. 3 n. F. ADB. entspricht § 40 II S. 2 VVG. Der in dieser Bestimmung der ADB. bezogene § 3 Ziff. I Abs. 2 ist ebenso wie Abs. 3 S. 1 a a O. in die ADB. neu eingefügt. Beide zusammen entsprechen wörtlich dem § 38 I und II VVG.

§ 10. Vertragsdauer. Kündigung.

(§ 10 ist — ohne seinen Abs. IV — mit unverändertem Wortlaut in die n. F. der ADB. als deren § 9 übernommen.)

§ 10 I

I. Der Vertrag ist zunächst für die in dem Versicherungsschein festgesetzte Zeit abgeschlossen. Beträgt diese mindestens ein Jahr, so bewirkt die Unterlassung rechtswirksamer Kündigung eine Verlängerung des Vertrages jeweils um ein Jahr. Die Kündigung ist rechtswirksam, wenn sie spätestens 3 Monate vor dem jeweiligen Ablaufe des Vertrages schriftlich erklärt wird; sie soll durch eingeschriebenen Brief erfolgen.

---

289) Dafür spricht auch wohl der Umstand, daß § 6 n. F. ADB. nur solche Verwirkungsfolgen vorsieht, wie sie § 6 III n. F. VVG., der sich auf Obliegenheiten nach dem VFall bezieht, als der vertraglichen Vereinbarung zugänglich anführt.

290) Die Obliegenheit des § 8 II Ziff. 1 S. 1 n. F. ADB. ist zwar eine solche, die vor Eintritt des VFalles zu erfüllen ist, ihre Verletzung ist aber vertraglich nicht mit Verwirkung bedroht, so daß sie nicht unter § 6 I VVG. fällt.

291) Vergl. I/119.

292) Zu Anm. 150 zu § 9.

293) Ausnahme: Die Ausschlüsse in § 1, 2 b. Vergl. auch Prölß § 23 Anm. 3 a. E.: „Unfall-, Lebens-, Allgemeine Haftpflicht- und Krankenversicherung berücksichtigen eine Gefahrerhöhung nicht."

Wenn in der Überschrift von Vertragsdauer die Rede ist, so zeigt Satz 1 und 2 des Abs. I, daß nur vom Ende der Vertragsdauer, nicht aber auch vom Beginn gehandelt und daß auch über das Ende des Vertrages nur Allgemeines, grundsätzlich für jeden VVertrag Zutreffendes gesagt wird; denn über die Gesamtdauer[1, 2] des einzelnen Vertrages können Allgemeine Versicherungsbedingungen nichts aussagen. Es handelt sich hier um das Ende der formellen VZeit[3, 4, 5]. Drei Beendigungsgründe behandelt § 10: Zeitablauf; Kündigung, und zwar a) ordentliche (§ 10 I und II) und b) außerordentliche (§ 10 IV)[6]; vollständiger und dauernder Wegfall eines versicherten Risikos (§ 10 III).

§ 10 befaßt sich nicht allgemein mit der Kündigung des Vertrages[7, 8], wie es die Überschrift glauben machen könnte, führt vielmehr nur einzelne wenige, zur Kündigung berechtigende Anlässe kasuistisch auf, und zwar solche, die für die Beendigung des VVerhältnisses typisch sind. Die nach den Bestimmungen des VVG. oder des bürgerlichen Rechts gegebenen besonderen, also untypischen Kündigungsgründe[9] beurteilen sich nach ihren Voraussetzungen und sind in die AVB. — als typische Vertragsbestimmungen — nicht aufgenommen. Das gleiche gilt von den Erlöschensgründen[10] des Vertrages[11]. Die AVB. kennen nur einen solchen

---

1) „Wenn auch das VVG. eine große Reihe von Bestimmungen zum Schutze des VN. enthält, so kann doch daraus nicht ein Rechtssatz hergeleitet werden, daß die Bedingungen betr. die Vertragsdauer für beide Vertragsteile unbedingt gleich sein müßten und nicht für den Versicherer günstiger gestaltet sein dürften": RG. v. 27. 2. 31 = JRPV. 101 = DÖV. 26 = DVP. 512 = Warn. 147.

2) Unbeschadet des Umstandes, daß das Reichsaufsichtsamt HV-Verträge auf Lebenszeit nicht zuläßt, hält eine solche Vereinbarung für rechtlich zulässig und durchaus nicht für sittenwidrig: WZ. 1919 I S. 262.

3) Dazu Bruck Komm. § 7 Anm. 1: „Die formelle VDauer ist der Zeitraum, für den das VVerhältnis eingegangen wird."

4) Über die technische und die materielle VDauer: Bruck Komm. Vorbem. 4 vor § 35 und § 7 Anm. 4; auch I/150 ff.

5) Die AVB. enthalten eine Bestimmung hinsichtlich des Beginns der V. nur bezüglich der materiellen VDauer, also des Zeitpunktes, von dem ab der Versicherer die Gefahr trägt in § 3 I; dazu I/150 ff.; Anm. 13 zu § 5.

6) In den AVB. n. F. weggefallen.

7) Gemeint ist damit nichts anderes als das VVerhältnis, vergl. § 10 II: „Das VVerhältnis kann ferner gekündigt werden ...". — Über die Zusammenfassung mehrerer Einzelrisiken in einem Vertrage Bl. 269 ff. und 287. Mangels ausdrücklicher abweichender Vereinbarung kann das vertragliche Verhältnis in Ansehung jedes einzelnen von demselben umfaßten selbständigen Risikos aufgekündigt werden; denn eine Einheitlichkeit des Vertrages wird in aller Regel nicht anzuerkennen sein. Zu der Aufkündigungsmöglichkeit eines einheitlichen Vertrages: Pfeiffer JRPV 1930 S. 291 ff., Gottschalk JRPV. 1930 S. 48 ff.; Breslau v. 11. 2. 31 = JRPV. 150; Düsseldorf v. 3. 5. 26 = JRPV. 237 = DÖV 137; vergl. auch § 30 VVG. und die Erläuterungen dazu bei Prölß, auch Pfeiffer JRPV. 1930 S 328 ff., der diese Bestimmung nicht auf ein vertraglich vereinbartes Kündigungsrecht ausdehnen will.

8) Über den Umfang des Vertrages bezw. die in Ansehung der Kündigung bestehende Selbständigkeit des durch einen in besonderem Formular beantragten Verlängerungsantrages: LG. Berlin v. 14. 6. 34 = JRPV. 336.

9) Anm. 257 zu § 9.

10) Bl. 272 ff.

11) Über ein Erlöschen des Vertrages durch beiderseitiges Stillschweigen: RG. v. 12. 1. 32 = APV. S. 26; über stillschweigende Aufhebung eines VVertrages durch

typischen Fall (§ 10 III). Beim Ende der formellen VDauer ist — in den AVB. nicht deutlich genug hervorgehoben[12], — zu unterscheiden zwischen:

1. Verträgen, die **ausdrücklich**[13] eine Regelung hierfür vorsehen, also nicht nur, was aus Gründen der Prämienberechnung und dergl. fast[14] stets der Fall sein muß, eine VDauer angeben[15], sondern außerdem eine bestimmte[16] Aussage zum Ende des Vertrages[17] enthalten[18]. Selbstverständlich — und daher in den AVB. nicht besonders erwähnt — gilt solche Abmachung[19] in jedem Fall[20].

2. Verträgen, die nicht unter 1) fallen. Die Bedingungen befassen sich nur mit diesen und teilen sie in zwei Gruppen:

   a) solche, die für die Dauer mindestens eines Jahres abgeschlossen sind;

   b) solche, deren Laufzeit geringer als ein Jahr ist.

Die letzteren brauchen nicht gekündigt zu werden[21].

Mit dem Ablauf der vorgesehenen Zeit endet die Versicherung ohne weiteres. Für sie gilt also grundsätzlich das gleiche wie oben zu 1.

Die Verträge zu a) müssen **in jedem Falle**[22] gekündigt werden[23]. Die vorgesehene Laufzeit der Versicherung ist nur eine vorläufige; denn sie

---

jahrelanges Nichtzahlen der Prämie: Celle v. 10. 7. 34 = JRPV. 1935 Zus. I S. 1 = APV. S. 207.

12) § 10 I 1 AVB. hat nämlich nicht etwa ausschließlich die im Text zu 1) genannten Fälle im Auge, gilt vielmehr — wie sich a. a. aus dem Wort „zunächst" im Zusammenhalt mit Satz 2 der Bestimmung ergibt — zugleich für diejenigen Verträge, welche nur durch eine Kündigung nach I 3 beendet werden.

13) Eine solche ausdrückliche Regelung erblickte Breslau v. 11. 2 31 = JRPV. 150 darin, daß in einem Rahmenvertrag mit einem Jägerverband vorgesehen war, daß für den einzelnen VVertrag die Bestimmungen des Rahmenvertrages mit dem Verbande Geltung haben sollten. Vergl. Anm. 37 zu § 10.

14) Es gibt Ausnahmen, vergl. die in § 8 II VVG bezogenen Verhältnisse „auf eine unbestimmte Zeit (dauernde V.)".

15) Z. B. Breslau v. 18. 3. 31 = APV. S. 5, zugleich über die Beurteilung eines offensichtlichen Schreibfehlers hinsichtlich der VDauer.

16) Gottschalk DÖV. 1933 S. 145.

17) Prölß: „Der Ablauf des VVertrages und das Versicherungsverhältnis": angezeigt in DÖV. 1937 S. 122.

18) Diese Voraussetzungen liegen nicht vor, wenn der Vertrag nur allgemein bestimmt, daß er für ein Jahr: von ... bis ... gelten solle. Eine aus den besonderen Abreden abweichende Auffassung bei Braunschweig v. 8. 6. 28 = APV. 200.

19) Anders z. B. ist die Regelung bei der Miete in § 564 I BGB.: „Das Mietverhältnis endet mit dem Ablauf der Zeit, für die es eingegangen ist." Hier ist eine im Vertrag enthaltene besondere Abrede über das Ende des Vertragsverhältnisses nicht nötig.

20) Eine Pflicht des Versicherers, auf den Ablauf hinzuweisen, besteht nicht: Prölß § 8 Anm. 1 mit Rechtsprechung; ebenso Gottschalk DÖV. 1933 S. 145.

21) Dies gilt auch dann, wenn die Dauer eines Vertrages, der zunächst auf ein Jahr oder länger abgeschlossen war, sich später auf einen Zeitraum von weniger als 12 Monate verkürzt.

22) Auch dann, wenn nachträglich die Dauer der V. herabgesetzt wird: AG. Berlin-Mitte v. 19. 6. 26 = JRPV. 239, sofern die Vertragsdauer nicht kürzer wird als 12 Monate.

23) Zur Kündigung von VVerträgen: Gottschalk JRPV. 1928 S. 290 ff.

läuft „zunächst" für diese Dauer. Die Praxis hat durchweg mit solchen Verträgen zu tun. Daher regeln die AVB. die Voraussetzungen rechtswirksamer Kündigung, ihre Form und Frist und auch die Folgen, die sich an die Unterlassung einer Kündigung in der vorgeschriebenen Art und Weise knüpfen.

Die Kündigung ist ein der Rechtssprache entnommener Begriff, der wie sonst üblich für die AVB. gilt[24]. Sie[25, 26] ist eine einseitige[27], empfangsbedürftige[28], rechtsgestaltende[29] Willenserklärung, deren Eintritt nicht mit bestimmten Bedingungen verknüpft sein darf[31] und deren einseitiger Widerruf nur entsprechend § 130 I Satz 2 BGB. zulässig ist[32]. Die Erklärung muß klar und bestimmt den Willen erkennbar machen, den Vertrag

---

24) I/20 und 21.

25) Loening § 564 Anm. 2.

26) Eine Kündigung enthält nicht die Bestätigung eines anfechtbaren Vertrages: KG. v. 15. 4. 31 = JRPV. 269.

27) Über die Voraussetzungen, unter denen eine unwirksame Kündigung in einen der Zustimmung (Annahme) der Gegenseite bedürfenden Vertragsantrag umgedeutet werden kann: RG. v. 9. 1. 34 = RG. 143/124 = JRPV. 39 (Petersen JRPV. 1934 S. 261) = DÖV 25 = APV. 6 = DVP. 389 = JW. 1109 (Hagen) = HRR. Nr. 550; auch RG. v. 31. 5. 35 = JRPV. 213 = APV. 264 = HRR. Nr. 1485 = Warn. Nr. 124 = Seuff. Bd. 89 S 303; Düsseldorf v. 16. 11. 33 = JRPV. 1934 S. 143; Pfeiffer JRPV. 1930 S. 291 ff. — Danach ist die Umdeutung zulässig, wenn der Erklärende sich bei der Kündigung bewußt ist, daß seine Erklärung einseitig nicht wirksam werden kann, daß ihre Wirksamkeit vielmehr von der Zustimmung des anderen Teils abhängt, und, wenn die Erklärung gerade bezweckt, eine Rechtswirkung zu erzielen, die nicht schon kraft Gesetzes durch einseitige Erklärung, sondern nur durch Willensübereinstimmung der Beteiligten, nämlich durch Antrag und Annahme herbeigeführt werden kann.

28) Dazu Pfeiffer JRPV. 1930 S. 291 ff., Gottschalk DÖV. 1933 S. 145; über den Zugang bei Wohnungsänderung des VN. § 10 VVG.; den Beweis für die Ordnungsmäßigkeit der Kündigung und damit auch den Zugang hat derjenige zu führen, welcher sich darauf beruft; zust. Lierß Mitteilg. 1919 S. 118 C. — „Die tatsächlich erfolgte Ablieferung eines Schreibens an die Post läßt auch bei ordentlichen postalischen Verhältnissen nicht zwingend den Schluß zu, daß die Sendung tatsächlich dem Adressaten zugegangen ist": Königsberg v. 11. 12. 31 = JRPV. 1932 S. 187 = APV. 1932 S. 12; a. A. Hellweg DÖV. 1932 S. 205, dagegen Köhler DÖV. 1932 S. 299, Hellweg das. S. 300; vergl. auch DVP. 1932 Heft Nr. 12. — Eine Eideszuschiebung kann rechtlich nur dahin erfolgen, daß der Adressat das Kündigungsschreiben erhalten hat, nicht über den „Zugang" (Rechtsbegriff). Über die Frage, welche Folgen sich daraus ergeben, daß der die Kündigung enthaltende Brief im Gewahrsam der Post (ohne oder mit deren Schuld) verlorengeht, oder daß der rechtzeitig der Post übergebene Brief infolge unrichtiger Zustellung verspätet zugeht: ZfVW. 1911 S. 205, Gottschalk DÖV. S. 145 ob. — Ganz allgemein ist ein Zufall, auf dem das Nichtzugehen beruht, vom Erklärenden zu tragen: RG. in LZ. 1927 S. 101.

29) Ihre Wirksamkeit ist nicht von der Zustimmung oder einer Gegenerklärung des anderen Teiles abhängig.

31) LG. Köln v. 28. 4. 32 = JRPV. 254 (: ungültig Formulierungen wie „sollte ich postwendend ab heute eine entsprechende Erklärung Ihrerseits nicht in Händen haben, so gilt dieses Schreiben als Kündigung zum . . ."); nicht als Bedingung in diesem Sinne erkannte AG. Köln v. 22. 12. 30 = DÖV. 1931 S. 21 die Bemerkung an: „Falls ich innerhalb 8 Tagen keine Nachricht erhalte, nehme ich an, daß meine Kündigung anerkannt ist"; Gottschalk JRPV. 1928 S. 290 auch über einen Unterschied zwischen Bedingung und Potestativbestimmung.

32) Einseitige Rücknahme einer dem Versicherer zugegangenen Kündigung ist unzulässig und ohne rechtliche Wirksamkeit: KG. v. 13. 3. 37 = JRPV. 233/4.

aufzuheben[33]. Die Kündigung wirkt — anders als der Rücktritt — nur für die Zukunft[34]. Grundsätzlich muß sie der eine Vertragspartner aussprechen[35] und an den anderen[36] richten[37]. Für beide Teile gelten die gleichen Grundsätze, soweit nicht erlaubterweise[38] ausdrücklich etwas anderes bestimmt ist, wie z. B. in § 10 II 2. Auch dann, wenn der Eintritt der Kündigungsvoraussetzungen von der freien Entschließung des V'rers abhängig ist, ohne daß Entsprechendes für den VN. zutrifft (z. B. die Schadensersatzzahlung; die, wenn auch willkürliche und ungerechtfertigte, Ablehnung des H-Anspruchs begründet aus sich allein kein Kündigungsrecht), ja selbst wenn er auf ein fehlerhaftes Verhalten desselben zurückzuführen ist (z. B. die Verweigerung der Leistung der fälligen Entschädigung), steht dem V'rer das Kündigungsrecht nicht weniger zu als dem VN. Eine Grenze gegenüber willkürlichem Mißbrauch gibt nur § 826 BGB.

§ 10 I Satz 2

„Beträgt diese mindestens ein Jahr, so bewirkt die Unterlassung rechtswirksamer Kündigung eine Verlängerung des Vertrages jeweils um ein Jahr."

---

33) Hamm v. 2. 4. 28 = JRPV. 260, Gottschalk JRPV. 1928 S. 290. — Sehr weitgehend die Formulierung in KG. v. 9. 2. 29 = JRPV. 144 = RdK. 1930 S. 298: „Einer Kündigung in der in § . . . AVB. vorgeschriebenen Form bedarf es nicht, wenn der Wille des anderen Teiles zur Vertragsaufhebung im Laufe der VPeriode dem Versicherer bekanntgeworden ist." Es liege in einer drei Monate vor Ablauf der VZeit erklärten Anfechtung eine stillschweigende fürsorgliche Kündigung: vergl. auch KG. v. 7. 12. 38 = JRPV. 1939 S. 89 („Die Kündigung des VVertrages liegt in jeder Willensäußerung des VN., von den Pflichten aus dem VVerhältnis so bald wie möglich befreit zu werden").

34) Kündigung nach Eintritt des VFalles ist keine Rücktrittserklärung aus § 16 II VVG.: RG. v. 20. 6. 30 = JRPV. 248 = DOV. 54 = DVP. 1931 S. 350; KG. v. 16. 10. 18 = WZ. I 478; durch Rücktritt wird der Vertrag aufgelöst, so daß für eine Kündigung kein Raum mehr ist: KG. v. 8. 2. 33 = JRPV. 155 = DVP. 79 = APV. 247.

35) Prölß § 8 Anm. 5 A., Bruck § 96 Anm. 8, Gottschalk JRPV. 1930 S. 24 ff., 48 ff.; Pfeiffer JRPV. 1930 S. 291 ff., 328 ff.; vergl. aber auch Hamm v. 24. 1. 27 = APV. S. 71; LG. Berlin v. 22. 2. 32 = JRPV. 1934 S. 31/32.

36) Prölß § 8 Anm. 5 E., Bruck § 96 Anm. 9 u. 10.

37) Es muß sich um selbständige VVerträge zwischen VN. und Versicherer handeln. Anders beurteilt die Rechtslage z. B. Breslau v. 11. 2. 31 = JRPV. 150 in dem Fall, daß der Versicherer mit einem Jägerverband (Anm. 87 zu § 10) einen Vertrag geschlossen hatte, durch den der Versicherer sich verpflichtete, für die Mitglieder des Jägerverbandes im Rahmen des mit diesem geschlossenen Vertrages die Einzel-VVerträge abzuschließen. Das Gericht entschied, daß zwar der vom Versicherer mit dem Verband geschlossene Vertrag noch nicht ein VVertrag sei, daß vielmehr die VVerträge mit den einzelnen Verbandsmitgliedern vom Versicherer geschlossen wurden; aber die Kündigung des Vertrages mit dem Verband beendete dieses Rechtsverhältnis und es hätten die auf Grund des einzelnen VVertrages bestehenden Beziehungen ohne eine besondere ausdrückliche Kündigung durch den Versicherer zu dem im VSchein angegebenen Zeitpunkt ebenfalls damit ihr Ende gefunden.

38) § 158 II, der aber nicht zwingender Natur ist (Anm. 238 zu § 9), § 8 II VVG. und dazu RG. v. 27. 2. 31 = JRPV. 101 = DOV. 26 = DVP. 512 = Warn. 147; ferner Königsberg v. 28. 1. 30 = JRPV. 186 = APV. 6 = JW. 3649.

Die Vorschrift füllt das Blankett in § 8 I VVG. aus. Die Verlängerung des Vertrages[39] um ein Jahr hat nichts anderes zur Voraussetzung als die Unterlassung rechtswirksamer Kündigung des Vertrages[40]. Die letztere ist „rechtswirksam", wenn die gesetzlichen und vertraglichen Vorschriften über Form, Frist, Inhalt, die Sachberechtigung für Abgabe und Empfangnahme usw. erfüllt sind. Die vertraglichen Voraussetzungen enthält § 10 I Satz 3[41]. Selbstverständlich muß[42] der Vertrag zu dem genannten Zeitpunkt kündbar sein[43]. Dieser kann für jede VPartei kraft besonderer Abmachung verschieden sein. Dies gilt insbesondere im Hinblick auf die sogen. Optionsklausel, d. i. eine im Vertrag getroffene Bestimmung, wonach der V'rer[44] einseitig[45] berechtigt ist, vom VN. die Einhaltung einer bestimmten weiteren — meist mehrjährigen — Aufrechterhaltung des Vertrages zu verlangen[46]. Das ist deshalb kein Widerspruch zu § 8 I VVG., weil damit nicht eine stillschweigende Verlängerung[47, 48] des Vertrages infolge Nichtkündigung begründet wird, es sich vielmehr um etwas wesentlich anderes, nämlich die **„ausdrückliche Ausdehnung** der Vertragsdauer auf eine be-

39) Schweighäuser JRPV. 1938 S. 36 ff.

40) Eine Pflicht des Versicherers, den VN. vor Ablauf der Kündigungsfrist auf die Verlängerungsklausel hinzuweisen, besteht für das deutsche VVG. nicht; anders § 31 des schwed. VVG. (Besprochen von Hochgräber JRPV. 1928 S. 95/93.)

41) Bl. 285.

42) Königsberg v. 28. 1. 30 = JRPV. 186 = APV. 6 = JW. 3649.

43) Eine weitere — ebenso selbstverständliche — Voraussetzung ist, daß der Vertrag, um sein Ende zu erreichen, überhaupt der Kündigung bedarf: Breslau v. 11. 2. 31 aaO.

44) Auch dem VN. kann ein Optionsrecht eingeräumt werden: JRPV. 1938 S. 37.

45) RG. v. 27. 2. 31 aaO.

46) Dazu Königsberg v. 28. 1. 30 aaO. mit Anm. von Gottschalk (in JW.) unter Bezugnahme auf RG. 86/63, 90/154, 103/350; dazu Rev.Urt. RG. v. 27. 2. 31 = JRPV. 101 = DOV. 26 = DVP. 512 = Warn. 147; vergl. auch Königsberg v. 4. 3. 30 = JRPV. 386; ferner JRPV. 1938 S. 37.

47) Eine stillschweigende Verlängerung des VVertrages kann auch ohne Verlängerungsklausel in den AVB. nach den allgemeinen Rechtsgrundsätzen im Einzelfall als vereinbart (zu dieser Frage NZ. 1936 S. 1032, 1056, 1117, 1200), z. B. u. U. die vom Versicherer dem VN. übersandte Verlängerungserklärung als ein Vertragsantrag i. S. der §§ 145 BGB. angesehen werden: LG. Duisburg v. 20. 2. 35 = JRPV. 254, der auch stillschweigend durch konkludente Handlung angenommen werden kann: LG. Hamburg v. 16. 3. 33 = JRPV. 289. Es handelt sich dann um einen neuen Vertrag: Prölß § 8 Anm. 2 mit Rechtsprechung. Eine derartig stillschweigend abgegebene Willenserklärung kann u. U. wegen Irrtums angefochten werden: LG Hamburg aaO. — Zur Möglichkeit einer stillschweigenden Annahme APV. 1934 S. 120 Ziff. 19 a u. b unter Hinweis auf APV. 1914 S. 71 und 125 und 1930 S. 154: das Reichsaufsichtsamt verlangt, daß nur auf Grund eines förmlichen Antrages oder einer sonstigen schriftlichen Einverständniserklärung ein Verlängerungsschein mit einer mehr als einjährigen Vertragsdauer vorgelegt werden dürfe. Auch eine wiederholte Prämienzahlung sei keine stillschweigende Annahme des Versicherungsangebotes; hierdurch werde lediglich zum Ausdruck gebracht, daß der Vertrag sich bedingungsgemäß von Jahr zu Jahr verlängert habe; ähnlich auch LG. Dortmund v. 16. 5. 1918 wiedergegeben in Mitteilg. S. 224/5 (anders der Vorderrichter: AG. Dortmund v. 5. 12. 17), ferner LG. Neustrelitz v. 16. 10. 13 = APV. 1914 A. S. 71.

48) Über die Gültigkeit eines von einer Ehefrau über die Dauer von 10 Jahren gestellten Verlängerungsantrages (Schlüsselgewalt): AG. Köln v. 22. 12. 30 = DOV. 1931 S. 21.

stimmte[49] im voraus vorgesehene Zeit, wenn auch auf Grund zunächst einseitiger Entschließung" des VN. handelt[50]. Das ist weder eine Umgehung von § 8 VVG. noch ein Verstoß gegen § 10 III VAG.[51].

Ist der Vertrag zu dem in der Kündigung genannten Zeitpunkt kündbar, die ausgesprochene Kündigung[52] aber aus irgendeinem Grunde nicht rechtswirksam, so verlängert sich[53] der VVertrag um ein weiteres Jahr[54]; denn diese Verlängerung ist nur an die „Unterlassung[55, 56] rechtswirksamer

---

49) § 8 II Satz 3 VVG. kommt hier nicht zur Anwendung, da er sich, wie aus § 8 II Satz 1 VVG. ersichtlich, nur auf VVerträge bezieht, die auf unbestimmte Zeit eingegangen sind.

50) RG. v. 27. 2. 31 aaO.

51) RG. v. 27. 2. 31 aaO., Prölß § 8 Anm. 3.

52) Ob bestimmte Erklärungen des VN. eine Kündigung darstellen, wird durch ihre Auslegung festgestellt. So erblickte Hamm v. 24. 1. 27 = VuG. 93 = APV. 71 in der Weigerung des VN., einen neuen Vertrag mit günstigeren Prämien als den bisherigen abzuschließen, eine Kündigung; als Kündigung (einer Vorsorge-V) seitens des Versicherers wurde vom LG. Neiße v. 18. 11. 26 = APV. 1927 S. 72 dessen Erklärung ausgelegt: „Bei Nichtzahlung von Nachprämien für die Vorsorge-V. tritt diese außer Kraft." Als eine Kündigung zum frühesten möglichen Termin sah KG. v. 9. 2. 29 = JRPV. 144 eine Anfechtungserklärung wegen Irrtums und arglistiger Täuschung und dem Angebot vergleichsweiser Lösung an; a. A. Stuttgart v. 12. 4. 29 = LZ. 1293. — Aber die Frage, ob eine unzulässige Anfechtung als Kündigung aufgefaßt werden kann: Lesser JRPV. 1927 S. 215 ff.

53) Diese Folge kann wegbedungen werden; dazu ist jedoch eine ausdrückliche Vereinbarung erforderlich: Celle v. 8. 7. 26 = JRPV. 335; Schweighäuser JRPV. 1938 S. 37; vergl. auch Anm. 18 zu § 10. Auf Anordnung des Reichsaufsichtsamtes in APV. 1937 S. 77 ist auf die um ein Jahr erfolgende Verlängerung des Vertrages bei Unterlassung der Kündigung im VSchein und im Antragsvordruck ausdrücklich hinzuweisen. Bei Erlaß der Anordnung schon vorhandene nicht entsprechende Vordrucke sind durch Stempelaufdruck oder sonst in geeigneter Weise zu ergänzen.

54) Eine weitere Frage ist die, ob der z. B. wegen einer verspäteten (über die verfrühte Kündigung Bl. 285) Kündigungserklärung um ein weiteres Jahr verlängerte Vertrag zu seiner Beendigung einer Kündigung bedarf, oder ob die bereits ausgesprochene verspätete Kündigung noch für den nächsten Termin wirksam ist oder sein kann; so: AG. Charlottenburg v. 17. 5. 27 = JRPV. 198 (wenn eine hierauf gerichtete Absicht des Erklärenden aus dem Inhalt seiner Erklärung oder den Umständen nach entnommen werden kann); Düsseldorf v. 26. 9. 35 = JRPV. 1936 S. 169 (Anm. von Stumpp); Celle v. 18. 4. 29 = APV. 1930 S. 3 (: ein entgegengesetzter Wille müsse vom Kündigungsgegner begründet und bewiesen werden); a. A. (bei Zurückweisung durch den Versicherer); LG. Lüneburg v. 2. 4. 36 = APV 219; Prölß § 8 Anm. 5 B; zur Frage auch: Pfeiffer JRPV. 1930 S. 291 ff., Lesser JRPV. 1927 S. 216, Stiefel § 7 Anm. 3.

55) Das Schweigen des VN. wird als unwiderlegbare Zustimmung zur Vertragsverlängerung gedeutet; es kommt also auf den Willen des VN. und damit auch auf die Frage nicht an, ob die Säumnis mit oder ohne sein Verschulden eintrat.

56) Aus den Anforderungen, die nach Treu und Glauben an den Versicherer zu stellen sind, hat allerdings die Rechtsprechung und Rechtslehre den Grundsatz abgeleitet, daß dieser, wenn er bei Prüfung einer Kündigung deren Ordnungswidrigkeit erkennt, den VN. auf den Fehler aufmerksam machen und die Kündigung zurückweisen muß: Reichsaufsichtsamt in APV. 1916 S. 9, 10, 109, APV. 1936 S. 55; Zweibrücken v. 19. 2. 29 = DÖV. 77; Hamm v. 24. 1. 27 = APV. 71; Prölß § 8 Anm. 5 F mit weiterer Rechtsprechung, Stiefel § 7 Anm. 4; Schweighäuser JRPV. 1938 S. 36 ff., Pfeiffer JRPV. 1930 S. 291 ff., Lesser JRPV. 1929 S. 256. Daraus ergibt sich, daß, wenn unter den bezeichneten Umständen der Versicherer (LG. Köln v. 18. 3. 36 = APV. 219 dehnt die Pflicht zur Zurückweisung sogar auf den Agenten aus) die Kündigung nicht zurückweist, diese als gültig anerkannt wird und damit der Vertrag zu dem in Frage kommenden Zeitpunkt sein Ende findet, so daß der VN. nach diesem Zeitpunkt keinen Schutz mehr hat; so: KG. v. 29. 5. 29 = JRPV. 282; über

Kündigung" geknüpft[57, 58]. Die Rechtslage ist hier für beide Vertragsparteien gleich. Auch der V'rer muß sich, wenn nicht eine Verlängerung des Vertrages eintreten soll, an die Kündigungsvorschriften halten.

§ 10 I Satz 3

„Die Kündigung ist rechtswirksam, wenn sie spätestens 3 Monate vor dem jeweiligen Ablaufe des Vertrages schriftlich erklärt wird; sie soll durch eingeschriebenen Brief erfolgen."

Die AVB., die sich als Bestandteil eines Vertrages auf die allgemeine Rechtsordnung stützen können, brauchen die Voraussetzungen der Rechtswirksamkeit einer Kündigung nach Bürgerlichem Recht nicht aufzuführen. Sie enthalten nur das, was vertraglicher Festlegung bedarf (Form und Frist der Kündigung). Die Formulierung: „Die Kündigung ist wirksam, wenn..." soll nur besagen, daß der Mangel gehöriger Form und Frist die Kündigung unwirksam macht, nicht aber, daß sie immer rechtsbeständig ist, wenn die Erklärung form- und fristgerecht abgegeben wurde (über wesentliche weitere Erfordernisse Bl. 280). Der Kündigende und der Kündigungsempfänger müssen geschäftsfähig sein. Bei beschränkter Geschäftsfähigkeit des Kündigenden ist die Erklärung ohne Einwilligung des gesetzlichen Vertreters unwirksam (§§ 111, 112, für den Empfänger

die Frage, ob die Nichtbeantwortung einer unwirksamen Kündigung, die ... stillschweigende Zustimmung bedeutet: Bauerreiß DVers. 1937 S. 149. — **Anders** RG. v. 19. 1. 15 = APV. S. 10 = WZ. S. 849 = Annal. S. 27 = ZfVW. 1921 S. 332 c: das Stillschweigen des Versicherers auf die um einen vollen Monat verspätete Kündigung sei nicht als Zustimmung auszulegen (so grundsätzlich auch Düsseldorf v. 16. 11. 33 = JRPV. 1934 S. 143), da der Versicherer keinen Grund gehabt habe, auf die offenbar unwirksame Kündigung zu antworten und die Nichtbeantwortung als Zustimmung gelten zu lassen (ähnlich Pfeiffer JRPV. 1930 S. 291 ff., Stiefel § 7 Anm. 4). — Nach dem neuerdings bezeichneten Grundsatz wird eine Pflicht für den Versicherer nur dadurch begründet, daß er die Ordnungswidrigkeit positiv erkannt hat. Für die Prüfung der Kündigung ist ihm außerdem eine angemessene Frist zuzubilligen. Weist er die Kündigung ordnungsmäßig zurück und erfolgt die sonst mangelfreie erneute Kündigung nicht innerhalb der Dreimonatsfrist, so ist sie aus diesem letzteren Grunde dennoch unbeachtlich. — Lesser JRPV. 1929 S. 256 ff. will für die Pflicht des Versicherers, eine ordnungswidrige Kündigung zurückzuweisen, darauf abstellen, ob der VN. die Ordnungswidrigkeit kannte oder nicht; im ersteren Falle bedeute Schweigen des Versicherers keine Zustimmung.

57) Für die Rechtsnatur des um ein Jahr verlängerten VVertrages ist es unerheblich, ob eine Kündigungserklärung überhaupt unterblieben ist, oder ob die Erklärung — gleich aus welchem Grunde — unwirksam war. Die stillschweigende Verlängerung ist nicht jedesmal als Abschluß eines neuen Vertrages anzusehen (RG. 112/384; Literaturnachweise bei Stiefel § 7 Anm. b), infolgedessen sind die Prämien Folgeprämien im Sinne von § 39 VVG.: hierzu RG. v. 19. 10. 15 = Mitteilg. 1916 S. 15 = WZ. 1915/16 S. 449 = ZfVW. 1921 S. 331.

58) Durch die in den Bedingungen erfolgte ausdrückliche Interpretation der Folgen einer Unterlassung rechtswirksamer Kündigung sind für die Annahme einer als Vertragsantrag auf sofortige Auflösung des Vertrags umgedeuteten verspäteten Kündigung durch den Versicherer erhöhte Forderungen an den entsprechenden Willen und seine Erklärung zu stellen. Dies gilt verstärkt bei Annahme durch schlüssige Handlung. Doch ist auch eine solche nicht grundsätzlich auszuschließen: Düsseldorf v. 26. 11. 33 = JRPV. 1934 S. 143

§ 131 BGB.)[59]. Eine Kündigung des VN. ist gemäß § 12 ADB. an den Vorstand oder die Generalagentur zu richten, welche im VSchein oder seinen Nachträgen als zuständig bezeichnet ist, nicht aber — in (erlaubter: § 47 VVG.) Abänderung der §§ 43 Ziff. 2, 45 VVG. — an den Agenten, weder an den Vermittlungs- noch den Abschlußagenten. Form- und Fristbestimmungen der Kündigungserklärung gelten im Rahmen des § 10 I ADB. für beide Vertragsteile in gleicher Weise.

Die Kündigung **kann** frühestens sofort nach dem formellen Vertragsabschluß, sie **muß** spätestens drei Monate[60] vor dem jeweiligen Ablauf des Vertrages erklärt werden. Sie braucht einen bestimmten Zeitpunkt, zu dem ihre Wirkung eintreten soll, nicht zu enthalten. Sie ist dann als Kündigung zu dem nächst zulässigen Zeitpunkt aufzufassen[61]. Wenn die Kündigung zwar einen Termin, aber einen vorzeitigen enthält[62], so ist dies dahin zu verstehen, daß der Kündigende die Kündigung **nur** zu dem angegebenen (unzulässigen) Zeitpunkt gelten lassen will. Sie ist dann unwirksam und gilt nicht für den nächst zulässigen Zeitpunkt; sie gilt zu diesem auch dann nicht[63], wenn der andere Vertragsteil sie, weil unzeitig, ausdrücklich zurückgewiesen hatte, es sei denn, daß eine auf den nächst zulässigen Termin sich beziehende, ausdrückliche Annahme der Erklärung hinzugefügt war. Liegt beides nicht vor, so kann man das Schweigen des Kündigungsempfängers nicht als Zustimmung auffassen; denn gegenüber der Regelung im Vertrag braucht die Gegenseite das in der vorzeitigen Kündigung liegende Angebot auf Abänderung des Vertrages nicht zu beantworten[64].

Zur Berechnung der Frist der gewöhnlichen Kündigung[65] gilt folgendes: beginnt die Versicherung gemäß § 7 I VVG. am Mittag des ersten Tages, so endigt sie gemäß § 7 Satz 2 VVG. am Mittag des letzten Tages, also zu einer bestimmten Stunde. Die Dreimonatsfrist ist hier genau zu berechnen, derart, daß sie auf den Zeitpunkt bezogen wird,

---

59) Über den Fall der Bewußtlosigkeit oder vorübergehenden Störung der Geistestätigkeit: § 105 II BGB. Bei Zugehen der Kündigung im Falle der Abwesenheit: § 130 BGB.; hier ist die Kündigung nicht unwirksam, da Geschäftsunfähigkeit nicht vorliegt: Planck § 131 Anm. 4.

60) Eine Frist für die gewöhnliche Kündigung ist im Gesetz nicht vorgesehen.

61) Pfeiffer JRPV. 1930 S. 291 ff.

62) Über die verspätete Kündigung Anm. 54 zu § 10.

63) A. A. AG. Düsseldorf v. 26. 9. 35 besprochen von Stumpp in JRPV. 1936 S. 169 ff.

64) Lesser JRPV. 1927 S. 215, der zutr. darauf hinweist, daß eher anzunehmen ist, daß ein Vertragsteil bei einem Vertrage stehenbleiben, als ihn abzuändern wünscht. Vergl. auch NZ. 1935 S. 306/7; a. A. Reichsaufsichtsamt in APV. 1916 S. 168, wonach der Versicherer bei Zurückweisung der vorzeitigen Kündigung hätte zum Ausdruck bringen müssen, daß er eine nochmalige termingerechte Kündigung erwarte, andernfalls die erste auf den nächstzulässigen Zeitpunkt gelte, ebenso Lindemann DÖV. 1935 S. 364.

65) Für die vorzeitige Kündigung Bl. 301.

der sich ergibt, wenn von der Ablaufstunde[66, 67] drei volle Monate zurückgerechnet werden[68, 69]. Die Auslegungsregel des § 188 II 1 BGB. greift gegenüber der vorliegenden Sonderregelung nicht Platz[70, 71].

Das Gesetz verlangt für die gewöhnliche Kündigung weder eine bestimmte Frist noch Form. Die AVB. verlangen — zulässigerweise — **Schriftform.** Hierdurch soll der VN. dazu angehalten werden, sich über die Bedeutung seiner Erklärung klar zu werden, was bei einer schriftlichen Niederlegung, verbunden mit der Möglichkeit ruhiger Überlegung eher der Fall ist, als bei einer vielleicht vorschnellen mündlichen Äußerung. Das Formerfordernis gilt ebenso, wenn der V'rer kündigt. Die Form des eingeschriebenen Briefes ist zwar erwünscht, aber nicht unbedingt nötig[72] (Soll-Vorschrift[73]). Zwar beweist[74] die Aufgabe der Kündigung mittels eingeschriebenen Briefes nicht den Zugang beim Empfänger, doch wird die Beweisführungspflicht sich in solchen Fällen regelmäßig dahin gestalten, daß nunmehr der Erklärungsempfänger den Mangel des Zugangs darzutun hat[74].

Die Außerachtlassung der vorgeschriebenen Form hat Nichtigkeit zur Folge (§ 125 Satz 2 BGB.[75]). An dieser, mit aller Klarheit sich aus dem

---

66) Arg. § 10 I 3 „vor dem jeweiligen Ablaufe des Vertrages".

67) in welcher die Kündigung zugegangen sein muß; über den Zeitpunkt des Zuganges bei telegrafischer Kündigung und telefonischem Durchspruch an den Empfänger: NZ. 1936 S. 64 und 281, 282.

68) Hamburg v. 4. 2. 31 = JRPV. 93; LG. Berlin v. 22. 5. 28 = JRPV. 1929 S. 206; Gottschalk DÖV. 1933 S. 144 und JRPV. 1928 S. 82. vergl. auch NZ. 1936 S. 64 und 281/2; ferner (a. A.?): RG. v. 3. 12. 37 = JRPV. 1939 S. 154 = DÖV. 1938 S. 65 = JW. 1938 S. 683; a. A. wohl Prölß § 7 Anm. 4, § 8, Anm. 5 B, der allgemein die §§ 187, 188, 193 BGB. anwenden zu wollen scheint, wohl ebenso Lindemann DÖV. 1935 S. 364.

69) Zutr. LG. Hamburg v. 10. 3. 37 = JRPV. 176 wonach „die Bestimmungen über Fristen, die im Interesse der Verkehrssicherheit erlassen wurden, streng ausgelegt werden müssen, weil andernfalls eine allgemeine Rechtsunsicherheit um sich greifen würde. Hierbei ist es ohne Belang, ob die Verspätung eine mehr oder weniger geringfügige ist, da es unmöglich ist, eine sichere Grenze zu ziehen zwischen geringfügiger und nicht mehr geringfügiger Verspätung".

70) Anderes gilt für die Berechnung der Frist einer außerordentlichen Kündigung nach § 10 II 2 AVB. — § 158 VVG., Bl. 301.

71) Darüber, wie die Kündigungsfrist zu berechnen ist, wenn ihr letzter Tag auf einen Sonntag oder Feiertag fällt: Gottschalk DÖV. 1933 S. 146 (Anwendung des § 193 BGB.).

72) Reichsaufsichtsamt in APV. 1936 S. 54.

73) Selbst die vorgeschriebene Form der Kündigung durch eingeschriebenen Brief wurde ersetzt nach Hamburg v. 1. 6. 32 = JRPV. 236: durch persönliche Übergabe und vorbehaltlose Annahme. Einfache schriftliche fristgerechte Erklärung ersetzte die vorgeschriebene Form des „Einschreibens" auch nach KG. v. 6. 3. 18 = mitget. in WZ. 1918 I S. 461.

74) Königsberg v. 11. 12. 31 = APV. 1932 S. 12 = JRPV. 1932 S. 187; dazu Hellweg DÖV. 1932 S. 205, hierzu DÖV. 1932 S. 299 und wiederum S. 300; vergl. auch Anm. 28 zu § 10.

75) Gottschalk JRPV. 1928 S. 290 und DÖV. 1933 S. 146; Pfeiffer JRPV. 1930 S. 291 ff.; KG. v. 14. 4. 26 = DÖV. 1927 S. 13 = JRPV. 135; KG. v. 6. 3. 18 = mitget. in WZ. 1918 I S. 461 hielt ebenfalls die Einhaltung der Schriftform für erforderlich.

Gesetz ergebenden Folge sollte nicht gedeutelt werden[76]. Anderes kann sich daraus ergeben, daß der V'rer oder die zu solcher Erklärung bevollmächtigten Organe auf die Einhaltung der Formvorschrift verzichtet haben[77]. An den Nachweis dieses Verzichtes sind strenge Anforderungen zu stellen. Dem Erfordernis der Schriftlichkeitsform ist durch mechanisch vervielfältigte Namensunterschrift genügt[78], ebenso gemäß § 127 Satz 2 BGB. durch telegraphische Übermittlung[79]. Unterschrift auf dem Telegramm ist nicht erforderlich[80].

§ 10 II Ziff. 1

1. Das Versicherungsverhältnis kann ferner gekündigt werden, wenn von der Gesellschaft auf Grund eines Versicherungsfalles eine Schadensersatzzahlung geleistet, oder der Haftpflichtanspruch rechtshängig geworden ist, oder die Gesellschaft die Leistung der fälligen Entschädigung verweigert hat.

Die Bestimmung lehnt sich wesentlich an § 158 VVG. an. Auf Abweichungen wird später eingegangen. Sie gibt beiden Vertragsparteien ein vorzeitiges ordentliches[81] Kündigungsrecht. Kündbar ist „das VVerhältnis", also der „VVertrag" der Ziff. I (arg. „ferner"). Das bedeutet nicht immer die Gesamtheit der in einem VSchein zusammengefaßten versicherten Risiken[82] (vgl. die Ausführungen Blatt 269 und Anm. 7 zu § 10). Nur wenn der gesamte Inhalt einer VUrkunde als Einheit anzusehen ist[83], muß und kann der Gesamtvertrag einheitlich gekündigt werden. Andernfalls müssen die Voraussetzungen für die ordentliche vorzeitige Kündigung für jedes Risiko (z. B. Haushaftpflicht, Betriebs-, Privat-, Tierhalterhaftpflicht usw.) vorliegen, welches gekündigt werden

76) Abzulehnen daher die mit den gesetzlichen Bestimmungen nicht zu vereinbarenden Urteile: Hamm v. 24. 1. 27 = APV. 71 = VuG. 93; und KG. v. 9. 2. 29 = JRPV. 144; unklar LG. Hamburg v. 10 3. 37 = JRPV. 176. — Auch eine Pflicht des Versicherers zur Zurückweisung der formwidrig ausgesprochenen Kündigung kann angesichts der klaren Bestimmung der Schriftform in den AVB. nicht anerkannt werden; bei dieser Sachlage kann man wohl von einer durch das Schweigen des Versicherers geschaffenen Unklarheit nicht sprechen; a. A. APV. 1936 S. 55.

77) KG. v. 14. 4. 26 = DOV. 1927 S. 13 = JRPV. 135.

78) RG. v. 27. 2. 23 = APV. S. 3; RG. v. 25. 6. 29 = JRPV. 260; Pfeiffer JRPV. 1930 S. 291 ff.

79) Hierzu NZ. 1936 S. 64 und 281.

80) Gottschalk DOV. 1933 S. 146 mit weiteren Angaben.

81) Ein außerordentliches Kündigungsrecht geben die in § 10 II 1 genannten Fälle nicht; auch die AVB. bezeichnen so nicht diese, sondern nur den Fall in § 10 IV AVB.

82) Gottschalk JRPV. 1930 S. 48 ff. bemerkt, daß der Umfang der Aufhebung des Vertrages durch die Kündigung nach den AVB. bestimmt werde, was bei kombinierten Verträgen, in denen der Einzelfall maßgebend wäre, wichtig sei.

83) Ein Arg. hierfür kann z. B. eine einheitlich festgesetzte Prämie oder besondere zu diesem Punkte getroffene Abreden o. a. bilden.

soll[84]. Die Voraussetzungen und Ausgestaltung des Kündigungsrechts sind für beide Vertragsparteien grundsätzlich gleich[85], ausgenommen die Bemessung der Kündigungsfristen. Für die Kündigungserklärung gelten daher die gleichen Grundsätze wie in § 10 I ADB. Insbesondere braucht die Erklärung nicht den Kündigungsgrund (Schadensersatzzahlung, Rechtshängigkeit, Verweigerung der fälligen Entschädigung) wiederzugeben, sie muß nur form- und fristgerecht ausgesprochen sein[86]. Die Kündigung des § 10 II erfolgt in der gleichen Form wie in 10 I, d. h. sie muß schriftlich und „soll" durch eingeschriebenen Brief übermittelt werden. Jeder Vertragspartner kann wegen der hier geltenden Vertragsfreiheit auf die Ausübung des ihm[87] zustehenden Kündigungsrechtes verzichten, und zwar grundsätzlich und von vornherein, oder im einzelnen Falle[88]. Erforderlich sind hierzu der Verzichtswille und eine Erklärung, die diesen Willen deutlich zum Ausdruck bringt[89]. Zu vermuten ist ein Verzicht nicht. Er liegt nicht schon in der Tatsache des Abschlusses eines mehrjährigen VVertrages, gleichgültig ob Prämienvorauszahlung geleistet wurde oder nicht[90].

Das vorzeitige Kündigungsrecht ist bei aller Verschiedenheit in den Voraussetzungen der einzelnen Fälle **immer** an den vorherigen Eintritt eines VFalles gebunden[91]. Mag dieser zu einer Entschädigungszahlung oder einem gerichtlichen Verfahren führen, oder der V'rer die Leistung der fälligen Entschädigung verweigern: in der Art und Weise der Abwicklung eines VFalles erst wird die Einstellung des V'rers, sein Geschäftsgebaren deutlich; während der VN. bis dahin den VSchutz abstrakt genossen hat, erfährt er nun, was dieser Schutz für ihn — tatsächlich oder seiner Meinung nach — praktisch bedeutet[92]. Auch der V'rer kann jetzt erst feststellen, ob der VN. seine vertraglichen Pflichten erfüllt und ob sein

84) Es ist nicht recht einzusehen, weshalb hier grundsätzlich anderes gelten soll als in dem Fall, daß die einzelnen Risiken in verschiedenen VScheinen versichert sind. Im letzteren Falle würde niemand die Wirksamkeit der Kündigungsvoraussetzungen auch auf die H-Risiken erstrecken, die in einem besonderen Vertrage beurkundet sind und für die unmittelbar eine Kündigungsvoraussetzung nicht besteht.

85) Gottschalk JRPV. 1930 S. 48 ff

86) Reichsaufsichtsamt in APV. 1936 S. 55.

87) Z. B. legte RG. v. 27. 1. 25 = JRPV. S. 69 die Klausel „das übliche Kündigungsrecht der Versicherer nach einem Schadensfall, Anmeldung eines Schadensersatzanspruchs oder einer Schadensleistung, kommt in bezug auf das einzelne Verbandsmitglied überhaupt in Fortfall": dahin aus, daß nur der Versicherer nicht kündigen könne, wohl aber der VN. (eine Auslegung, die der Berichterstatter JRPV. aaO. ablehnt); vergl. auch den Fall des Urteils Breslau v. 11. 2. 31 = JRPV. S. 150.

88) Gottschalk aaO.; vergl. auch RG. v. 27. 1. 25 = HansRGZ. 397.

89) Über den vom Vertreter ohne Aufklärung des VN. über seine Bedeutung in die Entschädigungsquittung (Feuer-V.) aufgenommenen Zusatz des VN., wonach die V. unverändert fortbestehen solle: APV. 1920 S. 122.

90) Über Prämienrückgewähr: § 9 IV AVB. und Bl. 275.

91) „Auf Grund eines VFalles": § 10 II 1 AVB.

92) Bruck PVR. S. 680 ff., vergl. auch LG. Köln v. 9. 5. 28 = APV. 205; NZ. 1935 S. 412.

Verhalten einem so sehr an das persönliche Vertrauen gebundenen Verhältnis, wie es der VVertrag ist, entspricht. Der VFall und seine Abwicklung ist die Feuerprobe auf die gegebenen Versprechen und die in dem anderen Vertragsteil hervorgerufenen oder auch nur bestehenden Erwartungen[93]. Auch die Zahl der zu einem versicherten Risiko eintretenden Schäden macht die objektive und subjektive Gefahrtragung und damit das Verhältnis von Prämie und Risiko[94, 95] deutlich.

Zunächst muß also ein VFall[96] vorliegen[97, 98]. Was darunter gegenständlich zu verstehen ist, wird in § 1 ADB. gesagt[99]. Es muß während der Wirksamkeit der Versicherung ein Ereignis tatsächlich eingetreten sein[100], welches Schäden von bestimmter Natur zur Folge hatte, für die der VN. auf Grund gesetzlicher Haftpflichtbestimmungen privatrechtlichen Inhalts von einem Dritten auf Schadensersatz in Anspruch genommen wurde[101]. Da ein VFall aber nur dann vorliegt, wenn der V'rer vertraglich zur Leistung verpflichtet ist[102], so kann von ihm — selbst wenn die in § 1 ADB. bezeichneten Voraussetzungen dem Gegenstande nach vorliegen sollten — dann nicht die Rede sein, wenn VSchutz aus besonderen Gründen nicht besteht, z. B. weil eine Ausschlußbestimmung, wie § 4 ADB., eingreift, oder weil der VN. wegen Verletzung von Obliegenheiten den VSchutz verwirkt hat[103].

---

93) Nicht selten wird aber das Vorliegen einer der genannten Voraussetzungen zu vorzeitiger Kündigung auch dann benutzt, wenn keine der Vertragsparteien irgendeine Pflicht verletzte, z. B. in den Fällen der sogen. Kündigungshilfe; zu dieser: RG. v. 3. 11. 33 = DOV. 1934 S. 5; Hamburg v. 9. 12. 31 = DOV. 1932 S. 29; APV. 1934 S. 118.

94) Vergl. z. B. den vom RG. v. 13. 7. 15 = WZ. I S. 65 ff. beurteilten Tatbestand.

95) Schwaiger S. 147.

96) Über die Bezeichnung „Kündigung durch die Gesellschaft im Schadensfalle (§ 10 II 1)" in § 9 IV 1 AVB.: Anm. 236 zu § 9.

97) Unfried ZfVW. 1909 S. 330 Ziff. XI; DVP. 1933 S. 403.

98) Das Kündigungsrecht betrifft nur den VVertrag, zu welchem der VFall eingetreten ist; Capitain JRPV. 1932 S. 257 („der VN. ist zur Kündigung der Neuversicherung nicht berechtigt, wenn der Schadensfall in die Laufzeit der umgewandelten V. fällt"); hierzu Schoenbeck JRPV. 1932 S. 304.

99) I/69; Oberbach JRPV. 1943 S. 18.

100) So auch — entgegen seiner Ansicht, wonach auch ein fingiertes Schadensereignis zur Annahme eines VFalles genüge — für den vorliegenden Tatbestand: Stiefel Ass. Jhrb. 1934 S. 54.

101) Das Kündigungsrecht ist auch dann gegeben, wenn sich der VFall ausschließlich auf eine mitversicherte Person bezieht: KG. v. 13. 3. 37 JRPV. 166.

102) Zur Bestimmung des VFall-Begriffs unter Heranziehung der Leistungsverpflichtung des V'rers: Oberbach JRPV. 1943 S. 14/15. — Es ist danach selbstverständlich, daß eine Anzeige des VFalles vom VN. gemacht wurde oder zum mindesten sonstwie sein Wille feststeht, den Versicherer mit der Regelung des VFalles zu befassen. Zeigt der VN. in der Absicht den VFall nicht an, daß der Versicherer mit der Angelegenheit nicht befaßt werde, so kann der Versicherer auch durch eine Schadenersatzzahlung oder die Rechtshängigkeit des H-Anspruchs die Kündigungsvoraussetzungen nicht gegen den Willen des VN. erzwingen: Hamburg v. 9. 11. 26 = JRPV. 1927 S. 181 = VuG. 1927 S. 41. — Über die Rechtsnatur der Anzeigepflicht Bl. 61.

103) Es muß ferner auf Grund eines VFalles eine Schadenersatzzahlung geleistet worden sein. Wenn die AVB. a. F. in § 5 Ziff. 1 als VFall das Schadens-

Das Vorliegen eines VFalles ist für die Entstehung eines vorzeitigen Kündigungsrechtes zwar unerläßliche Voraussetzung, genügt aber allein hierzu nicht[104]. Gesetz und ADB. sehen weiter den Eintritt eines Zustandes für erforderlich an, in dem die Verhandlungen über den H-Anspruch schon zu einem gewissen Abschluß gekommen sind[105]. So bewertet das Gesetz in § 158:

a) das Anerkenntnis des V'rers gegenüber dem VN., daß er zur Leistung der Entschädigung verpflichtet sei;

b) die Weisung des V'rers an den VN., es über den H-Anspruch des Dritten zum Rechtsstreit kommen zu lassen;

c) die Tatsache, daß der V'rer die Leistung der fälligen Entschädigung verweigert hat.

Die ADB. haben die Tatbestände abgeändert entsprechend dem von ihnen anders gestalteten Verhältnis des V'rers zum VN. und zum Geschädigten. Es kommt nämlich a) ein Anerkenntnis i. S. von a) (oben) in der Praxis der Schadensregelung nicht vor. Der V'rer bestimmt gemäß § 3 II 1 nach Prüfung der H-Frage selbst darüber, ob ein Anspruch berechtigt oder unberechtigt ist. Demgemäß behandelt er auch die Entschädigungsfrage. Gemäß § 156 VVG. ist der VN. lediglich von der Zahlung an den Dritten zu verständigen. — b) Ebensowenig kennt die Praxis eine Weisung des V'rers an den VN., es zum Rechtsstreit kommen zu lassen. Der V'rer ist grundsätzlich Herr der gesamten Schadensabwicklung. Klagt der Geschädigte, so hat der VN. gemäß § 5 Ziff. 3 ADB. die Prozeßführung dem V'rer völlig zu überlassen. Ob es zum Prozeß kommt oder nicht, hängt also allein vom Verhalten des V'rers ab.

Demgemäß bleibt auf Grund der durch die ADB. gestalteten Rechtsbeziehungen zwischen den Vertragsparteien ein Anerkenntnis des V'rers gegenüber dem VN. oder eine Weisung, es über den Anspruch des Dritten zum Prozeß kommen zu lassen, außer Betracht. Die ADB. stellen folgerichtig[106] darauf ab, ob:

1. von der Gesellschaft auf Grund eines VFalles eine Schadensersatzzahlung geleistet wurde;
2. der H-Anspruch rechtshängig geworden ist;
3. die Gesellschaft die Leistung der fälligen Entschädigung verweigert hat.

---

ereignis bezeichnen, das H-Ansprüche gegen den VN. zur Folge haben könnte, so wird „auf Grund" eines so bestimmten VFalles allein vom Versicherer eine Zahlung nicht geleistet werden. Dies wird vielmehr erst dann geschehen, wenn gegen den VN. H-Ansprüche erhoben wurden.

104) Vergl. die Begründung zit. bei Hagen ZfVW. 1910 S. 482; in manchen Sachversicherungszweigen genügt allein der Eintritt des VFalles: § 96 I VVG. (Feuer-V.), dazu ZfVW. 1927 S. 397 Nr. 2.

105) Lindemann DÖV. 1935 S. 364, Bruck § 158 Anm. 1.

106) § 158 VVG. ist nicht zwingenden Rechts (Anm. 238 zu § 9).

Das Recht zur Kündigung, dessen Erlöschen § 10 II 2 AVB. behandelt, entsteht mit dem Eintritt der in 1 bis 3 genannten Voraussetzungen[107]. Eine vorher ausgesprochene Kündigung ist unwirksam[108]; sie wird auch nicht dadurch wirksam, daß ihre Voraussetzungen nachträglich eintreten, vielmehr muß dann erneut eine Kündigungserklärung abgegeben werden[109]. Zu den Voraussetzungen unter 1 bis 3 gilt im einzelnen folgendes: wenn als erster Kündigungsgrund die Leistung einer Schadensersatzzahlung der Gesellschaft ... genannt ist, so ergibt sich daraus zweierlei. Einmal bleiben Zahlungen durch andere Stellen als der V'rer außer Betracht, es sei denn, daß dieser durch Gesetz oder Vertrag dem „Leistenden" ersatzpflichtig ist. Insbesondere kann eine Zahlung durch den VN. selbst, wenn er sie — vgl. § 5 Ziff. 4 Satz 2 AVB., 154 II VVG. — nach den Umständen nicht ohne offenbare Unbilligkeit verweigern konnte, die Voraussetzung der Stelle erfüllen (vgl. § 149 VVG.); dies aber nur dann, wenn der V'rer dem VN. nach dem Vertrage ersatzpflichtig ist (vgl. Blatt 153/4). Soweit dies nicht der Fall ist, begründet die Zahlung eine Kündigung nicht. Hat z. B. der VN. eine Summe gezahlt, die den als Selbstbehalt vereinbarten Betrag nicht übersteigt, so entsteht ein Kündigungsrecht hierdurch nicht, ebensowenig[110] wenn die Zahlung einer höheren Summe ohne offenbare Unbilligkeit verweigert werden durfte. Dies folgt zugleich daraus, daß in solchen Fällen ein VFall, der stets unerläßliche Voraussetzung des Kündigungsrechtes ist[111], nicht vorliegt, oder durch die Obliegenheitsverletzung der V'rer von der Leistung frei geworden ist. Hat der VN. den Dritten selbst befriedigt, und kann der V'rer gemäß §§ 5 Ziff. 4 Satz 2 AVB., 154 II VVG. in Verbindung mit § 3 II 1 AVB. den Ersatz nicht verweigern, so ist von der Gesellschaft i. S. des § 10 II geleistet worden.

Weiter muß die Leistung[112] des V'rers den Charakter einer Schadensersatzzahlung haben. Auch hier kommt allein eine Zahlung auf Grund VFalles in Frage, also nur dann, wenn der VN. auf Schadensersatz in Anspruch genommen wurde. Ist der Anspruch juristisch-technisch nicht

---

107) Dies ergibt sich eindeutig aus dem Wortlaut der AVB.; Gülland NZ. 1935 S. 412.

108) Gülland aaO.; a. A. anscheinend Prölß § 158 Anm. 4, auch Hetzell NZ. 1935 S. 306, ders. auch über die Pflicht des Versicherers zur Zurückweisung der unwirksamen Kündigung; hierzu auch Bl. 285.

109) Gottschalk JRPV. 1930 S. 25, Stiefel S. 142 Anm. 14; a. A. Prölß § 158 Anm. 4, Zweibrücken v. 19. 2. 1929 = DOV. S. 77 (Rev.Urt. RG. 88/127).

110) Lindemann aaO., RAA. in APV. 1932 S. 165 und 1933 S. 236.

111) Bl. 288.

112) Ist die Leistungspflicht des Versicherers hinsichtlich einer Schadensersatzzahlung gegeben, so kommt es auf die effektive Auszahlung nicht an; diese wird durch ein Leistungssurrogat, z. B. Verrechnung auf eine Verbindlichkeit des VN. oder Verzicht des VN. auf Auszahlung, ersetzt: LG. Köln v. 9. 5. 28 = APV. S. 205. Anders will NZ. 1935 S. 411 als Zahlung nicht einmal den Zeitpunkt der Zahlungsanweisung oder der Absendung des Geldes genügen lassen, sondern verlangt hierfür, daß sich das Geld im Besitz des Empfängers befinde.

auf Schadensersatz gerichtet[113], so fehlt eine für die Entstehung des Kündigungsrechtes maßgebende Voraussetzung, z. B. dann, wenn Ersatz von Aufwendungen aus einem vom VN. erteilten Auftrag[114] verlangt wird. Dies folgt, wie bemerkt, aus der Tatsache, daß § 10 II 1 in jedem Fall den Eintritt eines VFalls (§ 1) voraussetzt. Daß die Bestimmung selbst ausdrücklich von Schadensersatzzahlung spricht, hat einen anderen Grund, der sich beim Vergleich mit der früheren Fassung der AVB., die lediglich eine — rechtlich nicht näher bezeichnete — Zahlung des V'rers voraussetzte[115], ergibt. Wird nämlich der VN. auf Schadensersatz von einem Dritten in Anspruch genommen (§ 1 AVB.), so kann das Verfahren, welches der Feststellung der Ansprüche nach Grund und Höhe dient, Zahlungen verschiedener Art seitens des V'rers erforderlich machen, z. B. Ermittlungs- oder Gutachterkosten usw. — Diese Kosten des V'rers sind nicht Schadensersatzzahlungen im Sinne der vorliegenden Stelle[116], wenn sie auch zur Feststellung eines behaupteten Schadensersatzanspruchs notwendig waren. Ebensowenig tragen Zahlungen Schadensersatz-Charakter, die aus Gründen geschäftlichen Entgegenkommens erfolgen (sogenannte Liberalitätsentschädigungen). Voraussetzung dafür, daß solche Zahlung einen Kündigungsgrund nicht abgibt, dürfte sein, daß der V'rer, der gemäß § 3 selbst die Entscheidung trifft, ob ein Anspruch berechtigt oder unberechtigt ist, bei der Zahlung einen dahingehenden ausdrücklichen Vorbehalt macht. Zahlt er ohne solchen, so wird darin im allgemeinen seine Auffassung gefunden werden können, daß eine Schadensersatzpflicht für den VN. besteht und seine Leistung den Charakter einer Schadensersatzzahlung trägt. Trotz des gemachten Vorbehaltes ist der VN. an die Auffassung des V'rers nicht gebunden. Er kann eine richterliche Entscheidung erbitten, wenn trotz Kündigung der V'rer die Prämie einklagt[118].

Es fallen somit als Kündigungsgrund aus:

1. Alle Abwehrkosten[119].
2. Alle Zahlungen, die nicht unmittelbar Teil einer an das Schadensabwicklungsverfahren sich anschließenden Schadensersatzleistung sind.

---

113) I/91 ff., außer den dort gen. zum Erfüllungsanspruch: KG. v. 16. 10. 37 — 24 U. 2848/37 = JRPV. 1938 S. 7 = APV. 1937 S. 235.

114) I/98 ff.; außer den dort gen. zum Ersatz von Aufwendungen aus Auftrag oder Geschäftsführung o. A.: RG. v. 7. 5. 41 = RG. 167/85; RG. v. 12. 11. 1943 = Deutsches Recht 1944 S. 287 Nr. 10; Weigelin in Südd.Jur.Z. 1946 Nr. 4 S. 90 ff.; Jannott aaO. S. 36.

115) NZ. 1935 S. 482 und APV. 1933 S. 236 Ziff. 6 b.

116) Gülland NZ. 1935 S. 411.

118) Scheunert DÖV. 1933 S. 285 ff.

119) Nach Stiefel Ass. Jhrb. 1934 S. 54 wäre der Willkür bei vorzeitiger Vertragslösung dann Tür und Tor geöffnet, wollte man sie auch für den Fall gewähren, daß — ohne Rechtshängigkeit des Anspruchs — gegen den VN. ein vom Versicherer als unbegründet festgestellter Anspruch erhoben wird. Die aaO. aufgestellte Formulierung, der H-Anspruch müsse als Zahlungsanspruch, nicht als bloßer Rechtsschutzanspruch be-

In diesem Falle ist die Kündigung erst mit der später erfolgten eigentlichen Schadensersatzzahlung zu begründen. Doch gewinnt unsere Frage auch hier praktische Bedeutung, z. B. wenn die außergerichtlichen Verhandlungen sich über einen neuen Prämienfälligkeitstermin hinaus erstrecken, ohne daß z. B. eine Abschlagszahlung[120] auf den künftig festzustellenden Entschädigungsbetrag erfolgt ist.

3. Die Zahlungen des V'rers, die er zugleich als sogenannte Liberalitätsentschädigungen[121] bezeichnet, vorbehaltlich gerichtlicher Prüfung und Entscheidung.

Während das Gesetz in § 158 I 2 VVG. zur Voraussetzung für die Entstehung des Kündigungsrechtes macht: die Weisung des V'rers an den VN., „es über den Anspruch des Dritten zum Rechtsstreit kommen zu lassen", stellen die AVB. nicht auf die Weisung, ja nicht einmal einen derartigen Willen des V'rers[123] ab[124]. Maßgebend ist allein die Tatsache, daß der H-Anspruch[125] — gleich aus welchen Gründen oder auf wessen Veranlassung — rechtshängig[126] geworden ist[127]. Der Begriff „Rechts-

gründet sein, trifft aber auf die hier besprochenen AVB. nicht zu, die die Tatsache der Rechtshängigkeit des unter den VSchutz fallenden Anspruchs ausdrücklich als Kündigungsgrund vorsehen.

120) Ist ein Teil des Schadensersatzanspruchs befriedigt, so ist damit die Voraussetzung des § 10 II 1, nämlich „eine Schadensersatzzahlung" eingetreten, das Kündigungsrecht somit gegeben: LG. Bonn v. 21. 8. 34 = DÖV. S. 101; Gülland aaO. und Plaas JRPV. 1930 S. 5/6. — A. A. (Unfall-V.) Breslau v. 17. 5. 30 = DÖV. S. 84 („. . . so kann als eine die Kündigungsfrist in Lauf setzende Zahlung frühestens eine solche anerkannt werden, die geleistet wird, wenn der Gesamtbetrag feststeht").

121) Scheunert („Liberalitätsentschädigung und Kündigungsrecht des VN.") in DÖV. 1933 S. 285.

123) Die Gründe hierfür liegen in der Prozeßmuntschaft des Versicherers, Bl. 290.

124) Wenn im Einzelfall entgegen der Regelung in § 5 Ziff. 3 AVB. der Versicherer den VN. anweist, es zum Prozeß kommen zu lassen, ist nicht dieser Umstand für die Entstehung des Kündigungsrechtes maßgebend (z. B. wenn der Geschädigte nicht zur Klage schreitet), sondern erst der tatsächliche Eintritt der Rechtshängigkeit. Ebenfalls ergibt sich nicht ein Kündigungsrecht des VN. daraus, daß der Versicherer ihn im Einzelfall angewiesen hatte, selbst die Ansprüche des Geschädigten abzulehnen: Unfried ZfVW. 1909 S. 330.

125) Und zwar ein solcher, für den der VN. VSchutz genießt.

126) Bl. 124 ff.

127) Ob durch diese Regelung, wie Hagen ZfVW. 1910 S. 483 meint, „eine bedenkliche Unsicherheit in die VVerhältnisse hineingetragen wird" und sich „die durchgehendst geübte Methode willkürlicher Abweichung vom Gesetzestext hier auch einmal in sachlicher Beziehung gerächt hat", ist nicht zweifelsfrei: Die Regelung ist im Hinblick auf die in den AVB. getroffene Verteilung von Rechten und Pflichten der Vertragsparteien im Prozeßfall nicht willkürlich, sondern folgerichtig; denn offenbar wollte das Gesetz auf den für die Frage der Prozeßführung maßgebenden, nach außen (in der Form der Weisung an den VN.) in Erscheinung getretenen Willen des Versicherers abstellen. Da nun durch die völlige Herrschaft des Versicherers über die Prozeßführung gemäß § 5 Ziff. 3 AVB. eine solche Weisung entfällt, erscheint es praktisch kaum möglich, einen anderen Umstand als maßgeblich in Betracht zu ziehen, als die Tatsache der Rechtshängigkeit. Andernfalls hätte man stets die meist unlösbare Frage zu entscheiden, ob die Rechtshängigkeit auf das Verhalten des Versicherers zurückzuführen ist. Die in den AVB. getroffene Regelung ist nicht nur folgerichtig, sondern hat auch hauptsächlich zugunsten des VN. den Vorteil der größeren Klarheit.

hängigkeit" ist für die ADB. der gleiche wie für die ZPO[128]. Danach bestimmt sich auch der Zeitpunkt des Eintritts der Rechtshängigkeit.

Leistung der fälligen Entschädigung.

Die Schwierigkeiten dieser Bestimmung entfallen, wenn zweierlei beachtet wird:

Die gesetzlichen und vertraglichen Bestimmungen (insbesondere die §§ 10 II 1, 3 II 1 ADB., 154, 158, auch 11 VVG.) müssen im Zusammenhang gewürdigt und ausgelegt werden. Die gesetzlichen Bestimmungen beruhen zum Teil auf einer anderen Verteilung der Rechte und Pflichten der VParteien, als die ADB.

Was ist unter der „Entschädigung" zu verstehen, deren Leistung der V'rer nach Fälligkeit verweigert haben muß, damit ein Kündigungsgrund bestehen soll? Ein Vergleich mit den übrigen Fällen des § 10 II 1 ADB. zeigt, daß hier auf solche Abschnitte innerhalb der Abwicklung eines VFalles abgestellt werden sollte, in denen man bereits über die Frage des Bestehens von VSchutz hinausgekommen war, ja in welchen bisweilen die Entschädigungsverhandlungen schon zu einem Ergebnis geführt hatten. Wie ausgeführt[129], ist das vorzeitige Kündigungsrecht in seinen, im einzelnen verschiedenen tatbestandsmäßigen Voraussetzungen immer an den **schon vorher erfolgten** Eintritt, das Vorliegen eines VFalles, gebunden, es muß insoweit ein Mehr vorhanden sein gegenüber der Sach- und Rechtslage, die allein und ausschließlich durch den Eintritt des VFalles schon besteht, oder aus ihm unmittelbar allein entsteht. Schon deshalb kann man unter der Entschädigungsleistung nicht die Gewährung des VSchutzes als solchen verstehen[130, 131, 132]. Dies folgt auch daraus, daß die Leistung des V'rers unmittelbar nach der Vervollständigung des als VFall bezeichneten Tatbestandes, also nach Anspruchserhebung durch den geschädigten Dritten, die „Entschädigung" gemäß § 154 VVG.

---

128) I/20. Gottschalk JRPV. 1930 S. 24 ff.

129) Bl. 288.

130) Die Ablehnung des Versicherers, VSchutz zu gewähren, stellt daher nicht einen Grund zu vorzeitiger Kündigung aus § 10 II 1 dar; Prölß § 158 Anm. 3: „Die Verweigerung des VSchutzes überhaupt gibt kein Kündigungsrecht aus § 158 VVG."; Anm. 147 zu § 10; a. A. anscheinend KG. v. 13. 3. 37 = JRPV. S 166, welches zu Unrecht von „einer Ablehnung des VSchutzes i. S von § 158 VVG." spricht, ebenso unzutr. Hamm v. 19. 5. 30 = JRPV. 1931 S. 43/44; wohl aber kann sie unter dem Gesichtspunkt der positiven Vertragsverletzung (Anm. 257 zu § 9) einen solchen abgeben, wozu aber Meinungsverschiedenheiten über die Auslegung des VVertrages nicht schon genügen: Prölß § 8 Anm. 6 e mit Rechtsprechung.

131) Es ist auch zu beachten, daß zwar gemäß § 158 VVG. das bloße Anerkenntnis der Verpflichtung zur Leistung der Entschädigung einen Kündigungsgrund abgibt, nicht aber das bloße Bestreiten der Verpflichtung zur Leistung der Entschädigung, sondern erst die Verweigerung der fälligen Entschädigungsleistung unmittelbar als solche (auch Bl. 297).

132) Entsprechend sind auch insoweit die tatbestandsmäßigen Voraussetzungen für die Ablehnung des VSchutzes nach § 11 AVB. andere als die für die Verweigerung der Entschädigung nach § 10 II 1; dazu Kühfuß JRPV. 1937 S. 289/90 Ziff. 2.

(auch § 10 II 1 ADB.) aber in einem davon verschiedenen Zeitpunkt fällig wird[132]. Ist die Gewährung von VSchutz nicht die „Entschädigung"[133], so hat man hierunter jenen Teil des insgesamt als die „Gewährung von VSchutz" bezeichneten Leistungsversprechens zu verstehen, der in § 3 II 1 ADB. in gleicher Weise benannt und inhaltlich näher umschrieben ist. Danach umfaßt die Leistungspflicht des V'rers — neben der hier nicht in Betracht kommenden Prüfung der H-Frage und der Abwehr unberechtigter Ansprüche[134] — „den Ersatz der **Entschädigung**, welche der VN. auf Grund eines von der Gesellschaft abgegebenen oder genehmigten Anerkenntnisses, eines von ihr geschlossenen oder genehmigten Vergleichs oder einer richterlichen Entscheidung zu zahlen hat"[135]. Diese Entschädigung ist es, deren Leistung der V'rer nach Fälligkeitseintritt verweigert haben muß[136]. Die Entschädigung oder ein Teil derselben mußte dem Grunde und der Höhe[137] nach soweit bestimmt oder bestimmbar sein, daß geleistet werden konnte[138].

Die Leistung **dieser** Entschädigung mußte **fällig**[139] sein. Der Zeitpunkt der Fälligkeit ergibt sich aus § 154 VVG. Danach hat „der V'rer die Entschädigung binnen zwei Wochen von dem Zeitpunkt an zu leisten, in welchem der Dritte von dem VN. befriedigt, oder der Anspruch des Dritten durch rechtskräftiges Urteil, durch Anerkenntnis oder Vergleich festgestellt worden ist. Soweit gemäß § 150 VVG.-Kosten zu ersetzen sind, ist die Entschädigung binnen zwei Wochen von der Mitteilung der Berechnung an zu leisten."

Auf Grund der in den §§ 3 II 1, 5 Ziff. 4 ADB. vom VVG. abweichend gestalteten Verteilung der Rechte und Pflichten der Vertragsparteien

---

133) I/163.

134) Bedenkt man, daß — nach der billigenswerten Rechtsprechung des RG. I/162. 163 und das. Anm. 97 — die einzelnen Formen des VSchutzes aus einem einheitlichen Anspruch fließen, so ergibt sich auch daraus, daß die Leistung der „Entschädigung" im Sinne von § 10 II 1, die unzweideutig den Anspruch auf Rechtsschutz wesensgemäß ausschließt, nicht die Leistung des VSchutzes, also den HV-Anspruch insgesamt als solchen zum Gegenstande haben kann.

135) Es kann sich hierbei sowohl — wie meist — um den Anspruch des Geschädigten gegen den VN. handeln, wie den des VN. gegen den Versicherer. Nur den letzteren erkennt im Sinne der Stelle als maßgebend an: Lindemann DOV. 1935 S. 365.

136) Daß dies auch der Standpunkt des Gesetzes ist, ergibt sich, wenn man den in § 158 I VVG. genannten Sachverhalt der Verweigerung der fälligen Entschädigung: einerseits mit den entsprechenden Einzeltatbeständen in der Fälligkeitsbestimmung des § 154 I vergleicht, andererseits — unter Berücksichtigung der abweichend vom Gesetz in den AVB. gestalteten Rechtsposition der VParteien — die Regelung in § 3 II 1 AVB. ins Auge faßt.

137) Stellt der Geschädigte übersetzte Ansprüche, also solche, die nur zum Teil begründet sind, und lehnt der Versicherer diese insgesamt, also auch den darin enthaltenen berechtigten Teil ab, so liegt darin nicht die Verweigerung einer fälligen Entschädigung; a. A. Stiefel § 7 Anm. 16.

138) Auch diese Voraussetzung ist — jedenfalls grundsätzlich — in dem Zeitpunkt, in welchem der Versicherer sich über die Frage des Bestehens von VSchutz entscheidet, noch nicht erfüllt.

139) A. A Hamm v. 19. 5. 30 = JRPV. 1931 S. 44.

innerhalb der Schadensregelung ist diese Vorschrift für die AVB. sinnentsprechend dahin zu verstehen, daß Befriedigung, Anerkenntnis oder Vergleich, wenn unmittelbar vom VN. vorgenommen, nur berücksichtigt werden können, soweit — gemäß §§ 5 Ziff. 4 Satz 2 AVB., 154 II VVG. — nach den Umständen Befriedigung oder Anerkenntnis nicht ohne offenbare Unbilligkeit verweigert werden konnten[140]. Im übrigen kommt der Zeitpunkt der Rechtskraft des Urteils oder gemäß § 3 II 1 AVB. des **von der Gesellschaft** abgegebenen oder genehmigten Anerkenntnisses, oder eines von ihr geschlossenen oder genehmigten Vergleichs in Frage.

Zwar nicht besonders hervorgehobene, aber dennoch selbstverständliche Voraussetzung der Fälligkeit ist, daß der V'rer auf Grund des Vertrages zu leisten verpflichtet war[141], also insoweit VSchutz besteht. Deshalb kann die Tatsache der Befriedigung des Dritten durch den VN.[142] oder die Feststellung des gegnerischen Anspruchs durch Urteil usw. — wie § 154 VVG. sagt — allein nicht maßgebend sein; denn je nach Gegenstand und Umfang des VSchutzes ist nicht **jeder** — auch nicht jeder begründete — Anspruch des Dritten durch den VVertrag gedeckt[143].

Ist die Entschädigung in Gemäßheit von § 3 II 1 AVB. festgesetzt worden, dann werden nach dieser Richtung Schwierigkeiten nicht entstehen, weil der V'rer durch eigenes Mitwirken („abgegeben oder genehmigt") die Deckungsfrage schon bejaht hat[144]. Dies gilt auch bei richterlicher Entscheidung wegen der Prozeßmuntschaft des V'rers in § 5 Ziff. 3[145]. —

Lehnt der V'rer VSchutz ab, so kann zwar die Entschädigung gemäß §§ 154 VVG., 3 II 1, 5 Ziff. 4 AVB. an sich fällig werden. Solange indessen nicht die Verpflichtung des V'rers zur Gewährung von VSchutz — sei es durch außergerichtliches Übereinkommen oder durch rechtskräftiges Urteil — festgestellt ist, kann nicht die Rede davon sein, daß der V'rer diese Leistung, bezüglich deren nur die zeitlichen Voraussetzungen des § 154 VVG. eintreten konnten, nach dem Eintritt eines VFalles ver-

---

140) Bl. 144 ff.

141) Lindemann DÖV. 1935 S. 365, Plaas JRPV. 1930 S. 5, Gülland NZ. 1935 S. 411; Düsseldorf v. 27. 9. 28 = JRPV. 1929 S. 84. — Verpflichtet sich der Versicherer dem Geschädigten gegenüber zur Leistung, so ist damit noch nicht zugleich gesagt, daß der H-Anspruch unter den VSchutz fällt, daher unzutr. KG. v. 13 3. 37 = JRPV. 167 a. E.

142) Auch wenn diese Befriedigung wegen des Entlastungstatbestandes des § 154 II VVG., § 5 Ziff. 4 Satz 2 AVB. den Versicherer nicht zur Verweigerung des VSchutzes aus § 6 AVB. berechtigte; denn der Entlastungstatbestand räumt nur die Obliegenheitsverletzung und deren Folgen als solche aus, ersetzt aber nicht die dem Versicherer zustehende Prüfung der Frage, ob der vom VN selbständig befriedigte Anspruch unter den VSchutz fällt, Bl. 151—154 (z. B. ob er berechtigt war, ob er gegenständlich unter den VSchutz fiel, ob er nicht den Tatbestand einer Ausschlußbestimmung erfüllte, ob nicht der VSchutz wegen einer grobfahrlässigen Obliegenheitsverletzung verwirkt war, ob nicht Prämienzahlungsverzug bestand usw.).

143) I/166.

144) I/171, 175; wegen condictio: I/73, 105.

145) I/173, 174.

weigert hätte[146, 147]. Die Entschädigungsleistung wird — mögen auch die übrigen Voraussetzungen des § 154 VVG. erfüllt sein — grundsätzlich erst dann fällig, wenn die Leistungspflicht des V'rers auf Grund des Vertrages feststeht. Ist die Entschädigung nicht gemäß § 3 II 1 AVB. festgestellt, so tritt Fälligkeit i. S. von § 10 II 1 AVB. erst ein, wenn der VSchutz — notfalls durch rechtskräftiges Urteil — festgestellt ist. Außerdem ist dem V'rer zur Prüfung der H-Frage eine angemessene Frist zuzubilligen[148], sofern darüber eine gerichtliche Entscheidung nicht schon ergangen war[149]. Ferner muß ihm auch gestattet sein, den H-Anspruch, der dem Grunde nach anerkannt ist, auch der Höhe nach zu prüfen, wenn nicht auch hier ein gerichtliches Urteil schon Klarheit geschaffen hat[150].

Zu beachten ist, daß das Kündigungsrecht vertragsgemäß nicht schon mit der Fälligkeit des Entschädigungsanspruchs entsteht, sondern erst, wenn der V'rer die so bezeichnete Leistung verweigert hat. Die Verweigerung des V'rers muß sich auf die Entschädigungsleistung unmittelbar[151] und unbedingt beziehen. Eine Ablehnung des VSchutzes bezieht sich auf den Deckungsanspruch allgemein. Eine Prüfung der H-Frage (§ 3 II 1) und die Beurteilung des H-Anspruchs als ein berechtigter oder unberechtigter[152] bleiben außer Betracht. Damit bleibt die Frage offen, ob der V'rer den H-Anspruch als berechtigt ansieht, ob er also ohne Prozeßführung, die selbst schon einen Kündigungsgrund abgibt,

146) Anm. 130 zu § 10.

147) So enthielt denn auch § 7 II Ziff. 1 Satz 2 der früheren AKB. als besonderen Grund vorzeitiger Kündigung neben der Verweigerung der fälligen Entschädigung noch den, daß es zu einem Prozeß über den VAnspruch gekommen war.

148) Nach § 11 VVG., werden Geldleistungen des Versicherers mit der Beendigung der zur Feststellung des VFalles und des Umfanges der Leistung des Versicherers nötigen Erhebungen fällig. § 154 VVG. erwähnt zwar die Feststellung des VFalles nicht ausdrücklich, muß ihn aber ebenso berücksichtigen, um so mehr, als die äußeren Tatbestände, an die die Fälligkeitsfrist anknüpft, durchaus die Frage nach dem Bestehen des VSchutzes offenlassen und daher notwendig machen. Es muß also die Frage nach dem Bestehen des VSchutzes auch in § 154 VVG. geprüft werden können und demzufolge dies Problem in den Rahmen der Vorschrift eingebaut werden, was durch den in die allgemeinen Vorschriften aufgenommenen § 11 VVG. geschieht. Die Spezialität des § 154 gegenüber § 11 liegt auf anderem Gebiet, z. B. in der 14tägigen Nachfrist und der Berücksichtigung der besonderen Verhältnisse des HV-Falles, der wirtschaftlich drei Parteien zusammenführt, auch gegenüber § 11 a. F. VVG.

149) In diesem Falle bestände allerdings schon ein selbständiger Grund zur vorzeitigen Kündigung in der Rechtshängigkeit. Die Frage behält trotzdem ihre grundsätzliche Bedeutung wegen der Befristung des Kündigungsrechtes, die wegen eines Grundes schon abgelaufen sein kann, wegen eines anderen aber noch nicht.

150) Die Auffassung von Gottschalk JRPV. 1930 S. 24 ff., daß bei Verurteilung des Versicherers im Deckungsprozeß nach Verweigerung des VSchutzes, das Kündigungsrecht mit dem Tage der Rechtskraft entstehe, ist in dieser allgemeinen Form nicht als zutreffend anzuerkennen; auch NZ. 1935 S. 411 nimmt unter Verkennung des Begriffs „Entschädigung" an, daß, wenn vom Versicherer Deckungsschutz verweigert wurde, was durch spätere gerichtliche Entscheidung als unberechtigt festgestellt wird, der VFall vorliegt und demnach die Gesellschaft die Leistung einer fälligen Entschädigung verweigert habe.

151) Anm. 131 zu § 10.

152) Die in jedem Falle — auch dem des § 154 II VVG., § 5 Ziff. 4 Satz 2 AVB. — nur vom Versicherer vorgenommen werden muß und darf: I/176, Bl 151/2.

eine Entschädigungsleistung zugestehen würde. Dann würde sich die Ablehnung des VSchutzes nicht unmittelbar auf die Entschädigungsleistung beziehen. Wenn der V'rer — intern — den gegen den VN. erhobenen H-Anspruch an sich als berechtigt, jedoch nicht unter den Schutzbereich des Vertrages fallend erachtet, so wird der Entschädigungsanspruch hierdurch nur **bedingt** betroffen, bedingt durch eine gerichtliche Feststellung, wonach — entgegen der Auffassung des V'rers — VSchutz gewährt werden muß.

Von der **Verweigerung** der Leistung der fälligen Entschädigung kann daher nur gesprochen werden, wenn der V'rer, nachdem seine Deckungspflicht zuvor — notfalls durch gerichtliches Urteil — feststeht und die Entschädigungsleistung nach Grund und Höhe bestimmt oder bestimmbar ist und zur Zahlung fällig wurde, erklärt[153], diese Zahlung nicht erbringen zu wollen[154], obwohl sie verlangt wurde. Dieser Fall wird wohl nur äußerst selten vorkommen[155], etwa dann, wenn der V'rer wirtschaftlich nicht in der Lage ist, den fälligen Entschädigungsbetrag zu zahlen. Über sonstige, in den ADB. nicht erwähnte Kündigungsgründe vgl. Blatt 278 und Anm. 257 zu § 9.

§ 10 II Ziff. 2

2. Das Recht zur Kündigung, die seitens der Gesellschaft mit einer Frist von einem Monat, seitens des Versicherungsnehmers mit sofortiger Wirkung zu erfolgen hat, erlischt, wenn es nicht spätestens einen Monat, nachdem die Zahlung geleistet, der Rechtsstreit durch Klagerücknahme, Anerkenntnis oder Vergleich beigelegt, oder das Urteil rechtskräftig geworden ist, ausgeübt wird.

Die Vorschrift setzt die Fristen für die Ausübung des Kündigungsrechtes und die Kündigungsfristen selbst fest. Die ersteren bestimmen den Zeitraum, innerhalb dessen das entstandene Kündigungsrecht auszuüben ist, die letzteren den Zeitpunkt, zu dem die Kündigung wirksam wird. Ausdrücklich wird in den ADB. nicht der Beginn, sondern nur das Ende der

---

153) Gibt der Versicherer eine Erklärung überhaupt nicht ab, läßt er z. B. einfach nichts von sich hören, so ist es Auslegungsfrage, inwieweit sein Verhalten sich als Verweigerung darstellt. — Die Verweigerung kann sich auch aus konkludenten Handlungen ergeben: NZ. 1935 S. 411.

154) Verzögerungen im Rahmen der Vergleichsverhandlungen stellen nicht eine Verweigerung dar; willkürliche Verschleppungen geben nicht ein Kündigungsrecht, sondern allenfalls einen Schadensersatzanspruch: Stiefel § 7 Anm. 16; vergl. Lindemann DÖV. 1935 S. 366.

155) Lindemann aaO. für den Fall, daß der Versicherer die Leistung der fälligen Entschädigung dem Geschädigten gegenüber verweigert; Li. ist aber der Ansicht, daß es sich bei der verweigerten Entschädigung um Ansprüche des VN. gegen den Versicherer handele.

Frist für die Ausübung des Kündigungsrechtes angegeben. Es wird festgelegt, bis zu welchem äußersten Zeitpunkt die Kündigungsmöglichkeit besteht und daß sie später erlischt[157]. Der Zeitraum ist für beide Vertragsparteien gleich, nämlich ein Monat, von den in den AVB. genannten Zeitpunkten ab gerechnet. Der Beginn des Fristenlaufs deckt sich nicht immer mit der Entstehung des Kündigungsrechts. Dieses tritt mit der Erfüllung der in § 10 II 1 AVB. genannten Voraussetzungen ein, also nach Leistung der Schadensersatzzahlung, nach Eintritt der Rechtshängigkeit oder nachdem die Leistung der fälligen Entschädigung verweigert wurde. Von da ab kann das Kündigungsrecht frühestens ausgeübt werden. Damit jeder Kündigungsberechtigte sich die Folgen seiner Kündigung in Ruhe überlegen kann und nicht durch eine zu kurze Frist zu übereiltem Handeln gezwungen wird, gestehen die AVB. noch eine Bedenkzeit von einem Monat zu. Damit wird der weitere Zweck verfolgt, innerhalb dieses Zeitraumes zu beiderseits klaren Verhältnissen zu kommen. Hiermit wäre es unvereinbar, einer Vertragspartei nach noch längerer Zeit das Kündigungsrecht zu bewilligen[158]. Auf die zeitliche Begrenzung der Frist[159] sind die Bestimmungen der §§ 187 ff. BGB. entsprechend anzuwenden[160]. Der Beginn der Bedenkzeit deckt sich nicht stets mit dem Zeitpunkt, in welchem das Kündigungsrecht entsteht, vielmehr nur dann, wenn der V'rer eine Schadensersatzzahlung geleistet hat. Hier beginnt die Bedenkzeit mit der Leistung der Zahlung[161]. Anders, wenn die Rechtshängigkeit des H-Anspruchs Kündigungsgrund ist. Dann entsteht zwar das Kündigungsrecht mit der Rechtshängigkeit, die Monatsfrist dagegen knüpft an einen späteren Zeitpunkt an, an den nämlich, in welchem „der Rechtsstreit durch Klagerücknahme, Anerkenntnis oder Vergleich beigelegt, oder das Urteil rechtskräftig geworden ist". Wenn die AVB. die verschiedenen Möglichkeiten der Beendigung eines Rechtsstreites aufzählen — § 158 II 1 VVG. spricht nur von der Rechtskraft des ergangenen Urteils —, so wohl deshalb, um einen in der Praxis öfters vorkommenden Fall zweifelsfrei zu klären, d. h. auch hier den für den Beginn der Monatsfrist maßgebenden Zeitpunkt eindeutig zu bestimmen.

157) Gottschalk JRPV. 1930 S. 24 ff., ders. DOV. 1933 S. 144 ff. Die Wiederholung eines erloschenen Kündigungsrechtes aus dem gleichen Kündigungsgrund ist nicht möglich.

158) Ähnliche Erwägungen gelten für die Ausübung des Kündigungsrechtes aus § 9 I 4 AVB.: Anm. 120 zu § 9. Bei diesem ist weder im Gesetz noch den AVB. eine ausdrückliche Regelung getroffen, wie sie § 10 II 2 enthält.

159) Die Bestimmungen über die Fristen müssen streng ausgelegt werden: LG. Hamburg v. 10. 3. 37 = JRPV. 176.

160) Über die Anwendbarkeit des § 193 BGB. (bejahend): Gottschalk DOV. 1933 S. 146 mit Nachweisungen.

161) Darüber NZ. 1935 S. 411 (dazu Anm. 112 zu § 10); vergl. auch Düsseldorf v. 16 11. 33 = JRPV. 1934 S. 143 ff.

Für den dritten umstrittensten Kündigungsgrund, nämlich die Verweigerung der fälligen Entschädigungsleistung durch den V'rer, ist eine solche Bedenkzeit, auffallend genug, nicht ausdrücklich vorgesehen, es ist aber nicht einzusehen, warum hier eine solche nicht sollte zugebilligt werden. Der Analogieschluß aus §§ 10 II ADB., 158 II VVG. ist berechtigt und bedenkenfrei[162]. Die Frist beginnt mit dem Zeitpunkt, in welchem dem VN. die Erklärung der Verweigerung zugeht[163] oder er von der durch konkludente Handlung abgegebenen Erklärung Kenntnis erhält.

Bei den übrigen Kündigungsvoraussetzungen, die nicht wie die Verweigerung begrifflich eine Bekanntgabe an den VN. voraussetzen, ist es dessen Sache, sich durch Rückfrage beim V'rer oder sonstwie selbst darüber zu unterrichten, wann sein Kündigungsrecht entsteht. Dies gilt insbesondere auch von der Entschädigungsleistung[164]; denn wenn auch der V'rer gemäß § 156 VVG. den VN. von der beabsichtigten Zahlung zu benachrichtigen hat, so braucht er ihm doch den genauen Zeitpunkt hierfür nicht mitzuteilen[165].

Die in § 10 II[166] für die Ausübung des Kündigungsrechtes bestimmte Frist ist eine vertragliche Ausschlußfrist[167]. Ihre Versäumung hat den Untergang des Rechtes nicht unter allen Umständen und ausnahmslos zur Folge, sie kann vielmehr auch entschuldigt sein[168]. Allerdings sind an diese Entschuldigung strenge Anforderungen zu stellen; keinesfalls reicht hierzu die Unkenntnis der ADB. aus.

Von der Frist, innerhalb der das Kündigungsrecht ausgeübt werden muß, sind die Kündigungsfristen zu unterscheiden[169]. Bei diesen handelt es sich um die Bestimmung des Zeitpunktes, in dem die ordnungsmäßig ausgesprochene Kündigung wirksam wird. Diese Frist ist nicht, wie die erstere, für beide Vertragsparteien gleich, was sich aus den verschiedenen Zwecken erklärt, denen beide dienen. Die erste ist ein Aufschub, um die Folgen einer auszusprechenden Kündigung in Ruhe überdenken zu können und im Interesse der Rechtssicherheit klare Vertragsbeziehungen zu schaffen, Gründe, die für beide Vertragsparteien gleich zutreffend sind. Die letztgenannte Kündigungsfrist bezweckt dagegen, eine Zeitspanne zu geben, in der sich jede Vertragspartei auf die Folgen aus der Kündi-

162) Gottschalk JRPV. 1930 S. 24 ff.
163) § 7 II Ziff. 1 Abs. 2 a. F. AKB. bestimmte ausdrücklich als Zeitraum einen Monat ab Zustellung der Weigerung an den VN. § 4 Ziff. 3 a. F. AKB.: ein Monat seit „Verweigerung der Entschädigung".
164) NZ. 1935 S. 411/412 (unter Hinweis auf die anders geartete Regelung im § 70 II VVG.); NZ. 1935 S. 307 ff. (unter Hinweis auf die gleiche Rechtslage im Falle der Wandlung); a. A. (Mitteilungspflicht des Versicherers): NZ. 1934 S. 1186, NZ. 1935 S. 454.
165) Hübner NZ. 1935 S. 455.
166) § 158 II 1 VVG.
167) Vergl. § 11 ADB., Bl. 307.
168) Gottschalk JRPV. 1930 S. 24 ff., 48 ff.; Stiefel § 7 Anm. 21, § 8 Anm. 7.
169) § 158 II 2 VVG.

gung des Vertrages einstellen kann. Der VN. muß gegebenenfalls anderweitig für neue Deckung sorgen[171]. Für den V'rer dagegen entsteht durch die Kündigung des VN. nicht eine entsprechend schutzbedürftige Sachlage. Wohl hat er ein berechtigtes Interesse an baldiger Beendigung des VVerhältnisses. So erklärt es sich, daß der kündigende V'rer eine gewisse Frist einhalten muß, der VN. dagegen dies weder braucht noch darf. Die Kündigung muß[172] „seitens der Gesellschaft mit einer Frist von einem Monat[173]", dagegen seitens des VN. „mit sofortiger Wirkung" erfolgen[174]. Da es sich um eine vorzeitige Beendigung[175] des Vertrages handelt, kommt nicht § 7 in Betracht. Vielmehr sind bei befristeter Kündigung die einschlägigen Bestimmungen[176] des Bürgerlichen Rechts anzuwenden[177], so daß der Vertrag an dem von diesen bestimmten Tage nachts 12 Uhr auch dann abläuft, wenn er am Mittage des Tages des Vertragsschlusses begonnen hatte[178]. Die sofortige Kündigung des VN. wird mit dem Zugang wirksam.

Wegen der unterschiedlichen Kündigungsfristen können Zweifel über den Zeitpunkt der Beendigung des Vertrages entstehen, wenn beide Vertragsparteien aus dem gleichen Grund auf verschiedene Zeitpunkte kündigen. Wird berücksichtigt, daß das Recht zu vorzeitiger Kündigung grundsätzlich auf einem durch das Verhalten des Vertragsgegners tatsächlich oder vermeintlich gestörten Vertrauen[179] bei der Abwicklung des VFalles beruht, so ist eine Beendigung des VVerhältnisses zum frühesten

---

171) NZ. 1935 S. 412.

172) Kündigt der VN. aus Anlaß eines der Fälle des § 10 II 1, aber auf den Schluß des VJahres, so handelt es sich nicht um eine ordnungswidrige vorzeitige, sondern eine ordnungsgemäße ordentliche Kündigung. — Die Gründe bei Zweibrücken vom 19. 2. 29 = DÖV. 77 überzeugen nicht; vergl. auch Stuttgart v. 12. 4. 29 = APV. 314 (Ungültigkeit einer Kündigung, wenn das Recht, mit sofortiger Wirksamkeit zu kündigen, unter Setzung einer Frist ausgeübt wird).

173) § 158 II 2 VVG.

174) Es liegt hierin z. T. eine — zulässige — Abänderung der gesetzlichen Bestimmung des § 158 VVG.; hierzu Ehrenzweig in VuG. 1926 S. 153 ff.; auch die Anordnung im § 10 II 2 AVB. kann durch Parteivereinbarung weiter abgeändert werden: Gottschalk JRPV. 1930 S. 24 ff., 48 ff. Angesichts der klaren und ausdrücklichen Regelung in den AVB. bedarf es dazu aber des Nachweises eines eindeutigen Willens und einer dementsprechenden Äußerung und Übereinstimmung.

175) Für den Fall der gewöhnlichen Kündigung Bl. 285.

176) Die Bestimmungen über Fristen müssen streng ausgelegt werden: LG. Hamburg v. 10. 3. 37 = JRPV. 176.

177) Über die Anwendbarkeit des § 193 BGB. (bejahend): Gottschalk DÖV. 1933 S. 146 mit Nachweisungen.

178) Gottschalk JRPV. 1930 S. 24 ff., 48 ff., ders. DÖV. 1933 S. 145: „Wird also mit Frist von einem Monat am 15. 2. gekündigt, so wird der Tag, an dem die Kündigung zugeht, nicht mitgerechnet (§§ 187 I, 188 II BGB.), es endet danach der Vertrag am 15. 3. nachts 12 Uhr." Siehe auch Pfeiffer JRPV. 1930 S. 291 ff.

179) Anm. 92 zu § 10.

Zeitpunkt erwünscht. Demgemäß ist entscheidend für die Beendigung des VVertrages diejenige Kündigung, welche ihn am ehesten aufheben konnte[180, 181]. Über den Umfang der Prämienzahlungspflicht vgl. Blatt 269 ff.

§ 10 III

III. Wenn versicherte Risiken vollständig und dauernd in Wegfall kommen, so erlischt die Versicherung bezüglich dieser Risiken.

Die Folge eines „vollständigen und dauernden Wegfalls versicherter Risiken" ist nach Wortlaut und Stellung im System (vgl. die Überschrift zu § 10: Vertragsdauer) das insoweit in Frage stehende Schicksal des Vertrages als solcher. Die Folgen für die Prämienzahlung[182] sind an anderer Stelle — nämlich in § 9 IV ADB. — bestimmt. Tatbestandsmäßig ist zunächst zu sagen, was unter dem „Risiko" i. S. von § 10 III zu verstehen ist[183]; denn dieses Wort bedeutet im VGewerbe nicht immer dasselbe. Einen Anhaltspunkt gibt die Prämienregelung, wie sie für Fälle der vorliegenden Art, andererseits für den „Fortfall eines Risikos" in § 9 II 2 besteht. Dazu wird auf die Ausführungen Blatt 261 ff. Bezug genommen. Das dort Gesagte (Blatt 264) gilt im Ergebnis auch hier.

a) Negativ: i. S. der vorliegenden Stelle kann als Risiko niemals ein solches Wagnis in Betracht kommen, das bei Eintritt während bestehenden Versicherungs-Vertrags prämienmäßig nach den Grundsätzen der Prämienberichtigung (§ 9 II) zu behandeln und / oder behandelt worden ist.

b) Positiv: nur ein solches Risiko kommt in Betracht, das bei Eintritt während des Bestehens der Versicherung als „neues Risiko" i. S. der Vorsorge-Versicherung des § 2 ADB. zu behandeln und / oder behandelt worden ist.

Die Grundsätze darüber, wann der eine oder der andere Fall vorliegt, wurden an der angezogenen Stelle dargelegt.

---

180) KG. v. 23. 10. 29 = JRPV. 426 = DÖV. 1930 S. 12 = RdK. 1930 S. 306 = DAR. 1930 S. 31; Gottschalk JRPV. 1930 S. 50; a. A. Pfeiffer JRPV. 1929 S. 427 und JRPV. 1930 S. 291 ff., 328 ff.

181) Kündigte der Versicherer mit einmonatiger Frist, darauf der VN. mit sofortiger Wirkung, so hat nach KG. v. 23. 10. 29 aaO. die letztere Kündigung den Vertrag (per sofort) zur Auflösung gebracht; es liegt also, was die Prämienzahlung betrifft, nicht der Fall des § 9 IV Ziff. 1 Halbs. 1 vor, womit dem Versicherer die Prämie für das laufende VJahr voll zusteht. Bl. 270.

182) Lesser JRPV. 1932 S. 275 über die Frage: „Wer trägt die Kosten der Prämienklage, wenn das versicherte Risiko bei Beginn der VPeriode bereits fortgefallen war?"; hierzu auch Prölß § 68 Anm. 6.

183) Hora NZ. 1935 S. 853 ff. und NZ. 1935 S. 803.

Der „vollständige und dauernde Wegfall" eines solchen Risikos kann dann angenommen werden, wenn er objektiv (d. h. nach den äußerlich erkennbaren Maßnahmen) vollständig[184] und subjektiv (d. h. gemäß dem hierauf gerichteten Willen des VN.) dauernd[185] innerhalb des durch die Verantwortlichkeit[186] des VN. begrenzten Wirkungskreises eingetreten ist. In diesem Fall erlischt die Versicherung, und zwar in Ansehung „dieser Risiken". Anders — also Erlöschen des gesamten Vertrages[187] — nur dann, wenn kraft ausdrücklicher vertraglicher Vereinbarung oder auf Grund wesensgemäßer Verbundenheit eine Einheitlichkeit des Vertragsschicksals bezüglich mehrerer im VSchein zusammengefaßter Risiken angenommen werden muß[188]. Diese Tatsache des Fortfalles i. S. des § 10 III allein genügt: Ursache, Motiv oder Art des Wegfalles sind unerheblich; ebenso ist ohne Bedeutung, ob der Fortfall mit, ohne oder gegen den Willen des VN. eingetreten ist. Er kann durch selbständige, erlaubte oder verbotene[189] Handlungen[190] des VN. oder Dritter, durch höhere Gewalt und dergleichen herbeigeführt worden sein oder eintreten. Stirbt der VN., so liegt ein Fortfall gemäß § 10 AVB. nur dann vor[191], wenn die Verknüpfung des Risikos mit der Person des VN. eine so enge ist, daß mit seinem Ableben die objektive Gefahr weggefallen ist[192].

Von Interesse sind noch die Fälle der Rechtsnachfolge:

a) in die bewegliche oder unbewegliche Sache, aus deren Besitz oder Eigentum die versicherte Gefahr droht, und

b) in einen geschäftlichen Betrieb.

Hier sind zu scheiden: die Gesamtnachfolge von Todes wegen wie aus anderen Gründen und die Einzelnachfolge, insbesondere infolge Veräußerung. Bei der Erbfolge liegt nicht der Wegfall eines Risikos vor, da der Erbe kraft Gesetzes vermögensrechtlich in die Stellung des VN. eintritt. Dies gilt auch[193] für alle Rechte und Pflichten, die sich aus dem

184) Für die Kraftfahrzeug-HV.: LG. Berlin v. 29. 6. 29 = JRPV. 428; Düsseldorf v. 4. 7. 34 = APV. 1935 S. 245; siehe auch LG. Berlin v. 5. 6. 28 = JRPV. 264; ob wirklich ein vollständiger Risiko-Fortfall vorliegt, kann im einzelnen Falle zweifelhaft sein: vergl. z. B. NZ. 1935 S. 863.

185) Hort NZ. 1935 S. 954 a. E.

186) Es handelt sich hierbei nur um ein Kriterium; denn unberechtigte Ansprüche können an sich, auch ohne daß objektiv eine entsprechende Gefahr besteht, erhoben werden. Ein HV-Anspruch besteht aber nach Erlöschen der V. gemäß § 10 III auch in Ansehung der Abwehrfunktion nicht. Anm. 190 zu § 9.

187) Bl. 269 ff.

188) Hierzu die Klausel: VSchutz als Hundehalter allein wird nicht gewährt: NZ. 1934 S. 852, 871, 897, 958, 1027.

189) Z. B. vorsätzliche oder fahrlässige Brandstiftung, Vergiftung von Tieren usw.

190) Ein rechtsgeschäftlicher Wille ist zu dieser Tathandlung nicht erforderlich.

191) Unntr. die zu allgemeine Formulierung NZ. 1935 S. 863 unten.

192) I/4.

193) Soweit nicht auch hier aus besonderen Gründen eine Verknüpfung des Vertrages mit der Person gerade des Erblassers bestand, oder entsprechende ausdrückliche Abreden vorliegen.

Abschluß und dem Bestehen des VVertrages ergeben[194]. Anders ist die Rechtslage in den übrigen Fällen[195], der Gesamtnachfolge und der Einzelnachfolge. Zur letzteren ist wegen ihrer praktischen Bedeutung auf die Frage der Veräußerung der haftpflicht-bezogenen Sache oder eines Unternehmens i. S. von § 151 II VVG. einzugehen. Die Veräußerung der haftpflichtbezogenen versicherten Sache stellt sicherlich[195a] einen Fall des § 10 III dar, so daß schon deshalb die Versicherung insoweit erlischt. Es kommt daher auf die Frage nicht mehr ausschlaggebend an, ob die Vorschriften der §§ 69 ff. VVG. begrifflich auf die H-Versicherung Anwendung finden können[196]. Das gleiche gilt auch — worauf im Schrifttum, soweit ersichtlich, noch nicht eingegangen wurde[197] — für den Fall der Veräußerung eines Unternehmens i. S. von § 151 II; denn diese Bestimmung verlangt nicht die entsprechende Anwendung des § 72 VVG. über die Unabdingbarkeit der §§ 69 bis 71 VVG., so daß abweichende Vertragsabreden in der Frage des Überganges der Versicherung[198] zulässig sind. Durch die Veräußerung eines Unternehmens[199] tritt aber ein Risikofortfall ein. Erlischt die Versicherung, so werden die zahlreichen streitigen Rechtsfragen aus dem Besitzwechsel und dem hierauf bezüglichen Kündigungsrecht[200] für den Bereich der ADB. gegenstandslos, da ihnen die Grundlage: das Bestehen eines Vertrages, entzogen ist.

§ 10 IV

IV. Außerordentliche Kündigung. 1. Wenn infolge von Veränderungen der allgemeinen wirtschaftlichen Verhältnisse die Grundlagen der Haftpflichtversicherung allgemein derart erschüttert werden,

---

194) Nähere Begründung: I/43, 44.

195) Über die Frage, ob im Falle einer Zwangsversteigerung § 151 II VVG. anzuwenden ist: JRPV. 1938 S. 115 ff.

195 a) Außer, wenn der VN. von mehreren gleichartigen versicherten, haftpflichtbezogenen Sachen nur eine (oder jedenfalls nicht alle) veräußert, so daß gem. § 9 II Prämienregulierung stattzufinden hat.

196) Diese Frage wird im Rahmen der HV. überwiegend verneint: I/41 mit Nachweisungen daselbst in Anm. 216. Hierzu ist nachzutragen, daß der zweite Senat des OLG. Stuttgart sich der h. M. in seinem Beschluß v. 13. 6. 35 angeschlossen hat (zit. bei Ernst JRPV. 1935 S. 182 ff.), ebenfalls Celle v. 1. 3. 37 = HansRGZ. A. 340, vergl. auch Sölter JRPV. 1934 S. 35 ff.

197) Ein allgemeiner Hinweis auf die Zulässigkeit einer Vereinbarung, wonach das VVerhältnis mit der Veräußerung erlöschen soll, findet sich in WZ. 1919 I S. 262 ff.

198) Darüber, ob bei der H-Versicherung das Kündigungsrecht des Erwerbers durch den VVertrag ausgeschlossen werden kann: Mitteilungen 1918 S. 319.

199) Über den Begriff der „Veräußerung" des „Unternehmens": KG. v. 1. 4. 25 = APV. 136; Hochgräber in JRPV 1932 S. 351, Kisch DÖV. 1932 S. 248, Röpke JRPV. 1933 S. 2 Lesser JRPV 1933 S. 21 (das. auch Hochgräber); LG. Berlin v. 18. 1. 36 = JRPV. 1936 Zus. S. 17.

200) U. a.: MR. 1919 S. 195 ff. (Einigungsvorschläge zu Besitzwechselfragen in der HV.); DÖV. 1920 S. 248 ff.; RAA. in APV. 1927 S 169; VuG. 1926 S. 153 und 1927 S. 213, 223; JRPV. 1928 S. 335, 346, 383; JRPV. 1930 S. 291, 328; DÖV. 1931 S. 132; DÖV. 1933 S. 21; JRPV. 1933 S 60 u. S. 327 u. 360; NZ. 1934 S. 485; JRPV. 1934 S. 3; LG. Schweidnitz v. 7. 4. 27 = VuG. 1928 S. 17; KG. v. 19. 9. 28 = JRPV. 334; AG. Karlsruhe v. 26. 4. 38 = JRPV. 221.

daß bei unveränderter Fortsetzung der bestehenden Versicherungen die Durchführung einer geordneten und den Interessen der Versicherten auf die Dauer gerecht werdenden Geschäftsgebarung des Unternehmers ernsthaft gefährdet erscheint, so kann auf Grund einstimmigen Beschlusses des Vorstandes und des Aufsichtsrats mit Genehmigung der Aufsichtsbehörde eine außerordentliche Kündigung bestehender Versicherungen zugelassen werden.

2. Das gleiche gilt, wenn die in Ziffer 1 erster Halbsatz bezeichneten Wirkungen durch die Änderung bestehender oder den Erlaß neuer Rechtsnormen herbeigeführt werden.

3. Die Aufsichtsbehörde bestimmt, für welchen Teil des Versicherungsbestandes die außerordentliche Kündigung zugelassen wird, sowie zu welchem Zeitpunkt und mit welcher Frist gekündigt werden kann.

4. Im Falle der außerordentlichen Kündigung ist die über den Schluß der laufenden Versicherungsperiode hinaus entrichtete Prämie vom Versicherer ohne Abzug einer Geschäftsgebühr zurückzuerstatten

(In den ADB. n. F. ist diese Bestimmung nicht mehr enthalten.)

Das außerordentliche Kündigungsrecht in den Fällen des § 10 IV ADB. ist ein Fall der Anwendung des Rechtsgedankens der clausula rebus sic stantibus für das VRecht[201]. Schon in VBedingungen vor der Inflation des Jahres 1923 hatte dieser Gedanke Ausdruck gefunden, hauptsächlich für den Fall der Änderung der bei Abschluß des Vertrages bestehenden gesetzlichen Bestimmungen[202].

Nach den von den V'rern in der Inflation[203] gemachten Erfahrungen suchten diese sich vor einem Wiederholungsfalle durch die vorliegende Bestimmung zu schützen. Nachdem die Gründe für eine solche Bestimmung weggefallen zu sein schienen, hat das Reichsaufsichtsamt[204] von den V'rern die Streichung des § 10 IV ADB. verlangt.

§ 11. Klagefrist. Gerichtsstand.

(Nunmehr mit unverändertem Wortlaut in § 10 n. F. übernommen.)

§ 11 Ziff. 1

1. Hat die Gesellschaft den Versicherungsschutz abgelehnt, so ist der bestrittene Versicherungsanspruch bei Meidung des Verlustes durch Erhebung der Klage binnen einer Frist von

201) HansRGZ. 1928 A. 449, WuRdV. 1931 S. 256; APV. 1925 S. 38; Hamm v. 24. 2. 23 = APV. 62.
202) KG. v. 26. 4. 10 = APV. A. S. 98, MR. 1918 S. 243 ff., bes. 249.
203) APV. 1921 S. 11 und 110, 1922 S. 52, 1923 S. 29, 1925 S. 38; Schwalger S. 153 ff.
204) APV. 1939 S. 106.

6 Monaten geltend zu machen. Die Frist beginnt mit dem Tage, an dem der Anspruchsberechtigte durch eingeschriebenen Brief unter Hinweis auf die Rechtsfolgen der Fristversäumnis davon in Kenntnis gesetzt worden ist, inwieweit sein Anspruch auf Versicherungsschutz bestritten wird.

§ 11 ist ein Anwendungsfall[1] der im Gesetz (§ 12 II a.F. VVG.) vorgesehenen und damit gebilligten[2] Möglichkeit; § 12 III n.F. VVG. trifft **von Gesetzes wegen** die gleiche Anordnung. Ihre innere Berechtigung folgt aus den Besonderheiten des VWesens. Sie liegt auf der gleichen Linie wie die starke zeitliche Verkürzung derVerjährungsvorschrift des § 12 I VVG. gegenüber den Bestimmungen des Bürgerlichen Rechts. Die Regelung muß davon ausgehen, daß mit fortschreitendem Zeitablauf der Schadenshergang immer schlechter geklärt werden kann und daß der V'rer für den VFall Mittel bereit- und zurückstellen muß[3]. Deshalb ist es nötig, die Frage, ob VSchutz für den VN. besteht, möglichst kurzfristig abschließend und für beide Teile verbindlich klarzustellen. Die AVB. gehen von der Erwägung aus, daß die Übereinstimmung beider Vertragsparteien in der Rechtsfrage, ob für einen bestimmten Fall VSchutz bestehe oder nicht, eine weitere Nachprüfung durch Nicht-Vertragspartner unnötig macht. Dies ist eine selbstverständliche Auswirkung des das Recht der Schuldverhältnisse beherrschenden Grundsatzes der Vertragsfreiheit. Demzufolge ist zunächst eine Feststellung dahin zu treffen, ob der Standpunkt des V'rers in der Deckungsfrage vom VN. geteilt wird. Dazu muß er dem VN., um ihn annehmen oder ablehnen zu können, eindeutig zur Kenntnis gekommen sein. Zu diesem Zwecke enthält das Gesetz eine Reihe zwingender Vorschriften über die Art und Weise, wie dem VN. diese Kenntnis übermittelt werden muß. Folgende Grundsätze waren in die Vertragsnorm einzubauen:

1. Stimmt der VN. mit der Auffassung des V'rers nicht überein, so soll sein Widerspruch nur innerhalb einer bestimmten Frist möglich sein;
2. über die Berechtigung des Widerspruchs soll nur eine Stelle entscheiden können, die — sachkundig und selbst an der Entscheidung uninteressiert — hierzu berufen ist: die ordentlichen Gerichte[4];
3. auch für den Fall, daß diese Stelle innerhalb der bestimmten Frist nicht angegangen ist, muß die Rechtslage klar und u nabänderlich sein

---

1) Büchner JRPV. 1935 S. 193 spricht von der Schaffung eines festen Rechtsbodens durch die im § 12 VVG. ausgesprochene Anerkennung.

2) Über die Rechtslage nach Inkrafttreten der Novelle zum VVG. Bl. 307 ff.

3) Begründung zu § 12 des Entwurfs des VVG. (Drucksache des Reichstages 11. Legislat. Periode II. Session 1905/1906 Nr. 22 S. 75)); JRPV. 1937 S. 337.

4) RG. v. 15. 5. 25 = JRPV. 175 = VuG. S. 10.

Im folgenden ist auf die Einzelheiten der rechtlichen Ausgestaltung dieser Vertragsnorm einzugehen. Ihrer Rechtsnatur nach ist sie Ausschlußfrist. Es gibt solche von verschiedener Art und Rechtswirkung. Zu unterscheiden sind die Ausschlußfristen in § 11 AVB. und § 12 III VVG.; denn vor dem Inkrafttreten der Gesetzesnovelle hatte die Ausschlußfrist Rechtsbestand allein kraft einer dahingehenden ausdrücklichen vertraglichen Bestimmung (§ 11 AVB.), das Gesetz zog der Ausübung einer solchen Vereinbarung gewisse Grenzen, die — vgl. § 12 III a.F. VVG. — nicht zum Nachteil des VN. überschritten werden durften. Es handelte sich demnach um eine sogenannte **vertragliche Ausschlußfrist**. Nach Inkrafttreten von § 12 III n.F. VVG., bedarf es einer besonderen Vertragsabrede nicht mehr: das Gesetz selbst statuiert die Ausschlußfrist für alle Fälle[5] und unabhängig vom Parteiwillen. Gemäß § 15a VVG. kann sich der V'rer auf Vereinbarungen nicht berufen, welche von der Vorschrift des § 12 zum Nachteile des VN. abweichen. Die in § 12 III n.F. VVG. für die Wirksamkeit der Ausschlußfrist enthaltenen Voraussetzungen können daher die AVB. gegenüber dem Gesetz nur zum Vorteil des VN. rechtsgültig ändern[6]. Rechtsgrundlage und Quelle der Ausschlußfrist ist nach § 12 III VVG.[7] allein das Gesetz. Sie ist daher **gesetzliche Ausschlußfrist**[8]. Gesetzliche und vertragliche Ausschlußfristen sind verschiedener Natur. Deshalb können die für jene geltenden Grundsätze nicht ohne weiteres auf diese, für deren Beurteilung in erster Linie Vertragsgrundsätze maßgebend sein müssen, übertragen werden[9].

Unterschieden müssen ferner werden Ausschlußfristen und Verjährungsfristen[10]. Die Anspruchsverjährung begründet ein Leistungsverweigerungsrecht, welches vom Gericht aber nur berücksichtigt werden darf, wenn es einredeweise geltend gemacht wird. Die Verjährung beseitigt den Anspruch als solchen nicht, so daß eine — in Unkenntnis der Verjährung — bewirkte Leistung nicht wegen ungerechtfertigter Bereicherung zurückgefordert werden kann. Der Beginn des Laufs der Verjährungsfrist setzt nur[11] Fälligkeit des Anspruchs voraus, die Ausschlußfrist außerdem eine bestimmte Handlung, im Falle des § 11 AVB.: die Ablehnung des

---

5) Es sei denn, daß sie durch Vertrag zugunsten des VN. gänzlich aufgehoben wäre: § 15 a VVG. Es enthalten die Ausschlußfrist die AVB. sämtlicher V-Zweige.

6) Z. B. darf die Auslegung der Worte „durch Erhebung der Klage“ in der jetzigen Fassung der AVB. für den VN. nicht nachteiliger sein als die der Gesetzesfassung „gerichtlich geltend gemacht wird“. Zulässig ist dagegen die Vorschrift der AVB., wonach der die Ablehnung enthaltende Brief des Versicherers „eingeschrieben“ sein muß, während das Gesetz nur die einfache Schriftform verlangt.

7) Wegen der Übergangsbestimmungen: Prölß § 12 Anm. 10.

8) Über weitere Ausschlußfristen im VVG.: Clasen JRPV. 1928 S. 148.

9) Anm. 137 zu § 11.

10) Dazu Scheunert JRPV. 1938 S. 259.

11) Der Beginn der Verjährung ist nicht von der Übersendung eines den VSchutz ablehnenden Schreibens des Versicherers abhängig: KG. v. 25. 1. 36 = JRPV. 171; RG. v. 7. 2. 36 = JRPV. S. 85.

V'rers. Der Ablauf der Ausschlußfrist bewirkt den Untergang des Anspruchs selbst[12]. Die Voraussetzungen hat das Gericht von Amts wegen zu prüfen[13]. Eine vom V'rer trotzdem erbrachte Leistung kann nach den Grundsätzen über die ungerechtfertigte Bereicherung zurückgefordert werden[14].

Verjährung und Ausschlußfrist[15] sind also grundsätzlich verschiedene Rechtsinstitute, das eine ist nicht als Einschränkung des anderen anzusehen. Die Vorschriften des BGB. über die Verjährung, insbesondere ihre Hemmung (§§ 202 ff. BGB.[16, 18]), kommen auf die Ausschlußfrist nicht zur Anwendung.

Nach § 12 III VVG. bezieht sie sich auf den „Anspruch auf die Leistung". Das ist nichts anderes als die „Ansprüche aus dem VVertrage" nach I aaO.[19]. Während das VVG. früher nur die Möglichkeit entsprechender ausdrücklicher vertraglicher Vereinbarung berücksichtigte, würde nach Inkrafttreten der Novelle bei völligem Schweigen der AVB. kraft Gesetzes die Ausschlußfrist sich auf dieselben Ansprüche erstrecken, welche nach Absatz I von der Verjährung erfaßt werden. Die geltenden AVB. bringen nun eine Abänderung gegenüber der gesetzlichen Regelung; denn wenn § 11 zunächst voraussetzt, daß die Gesellschaft „den VSchutz abgelehnt hat" und unter Bezugnahme hierauf von dem „bestrittenen VAnspruch" spricht, so knüpft sich dies Bestreiten lediglich an den Anspruch, der dem VN. gemäß §§ 1, 3 AVB. zusteht, oder[20] an die eigentliche VLeistung. — § 11 AVB. schränkt also gegenüber § 12 III VVG. den Umfang der Ausschlußwirkung ein. Da die vertragliche Regelung für den VN. günstiger ist, bestehen gegen ihre Zulässigkeit im Hinblick auf § 15a VVG. keine Bedenken. Von der Ausschlußwirkung werden nur die Ansprüche des VN. gemäß §§ 1, 3 AVB. erfaßt, nicht aber z. B. der Anspruch auf Schadensersatz wegen positiver Vertragsverletzung[21] oder Verzug usw. —

---

12) RG. v. 27. 4. 26 = JRPV. 160; Hagen Handbuch S. 623; Clasen JRPV. 1928 S. 147 ff.

13) Kisser § 18 Anm. 73, Wüstney § 19 zu 4, Staudinger Vorbem. 4 vor § 194 BGB., Bruck Komm. § 12 Anm. 9, Scheunert JRPV. 1938 S. 260; JRPV. 1937 S. 337; KG. v. 22. 3. 33 = JRPV. 299 = VAV. 67. Erfährt der Richter vom Ablauf der Frist, so muß er die Klage von Amts wegen abweisen.

14) I/179 Anm. 207.

15) Ennecc.-Nipp. § 212 III.

16) Prölß § 12 Anm. 7, ders. JW. 1937 S. 844 Ziff. 7; Breslau v. 30. 10. 19 zit. in VA. 1921 II S. 978; unzutr. daher KG. v. 30. 9. 25 = JRPV. S. 303, ebenso KG. v. 29. 4. 25 = JRPV. 178.

18) Über einen Fall der Hemmung des Fristenlaufs § 3 III Satz 3 n. F. VVG., der sich auch auf die Ausschlußfrist bezieht: Prölß § 3 Anm. 10 VVG.

19) Büchner JRPV. 1935 S. 194; a. A. Prölß § 12 Anm. 5 VVG. („Anspruch auf Leistung" sei enger).

20) Wie Büchner JRPV. 1935 S. 194 sich ausdrückt.

21) Bl. 312.

Ein auf solche Ansprüche sich erstreckendes Ablehnungsschreiben wäre als Abweichung von § 11 AVB. insoweit unwirksam[22, 23], wenn nicht nach allgemeinen Rechtsgrundsätzen, z. B. Treu und Glauben anderes gelten muß. Hiervon und von vielleicht getroffenen besonderen Vereinbarungen der VParteien abgesehen, können solche Ansprüche nur gemäß § 12 I VVG. verjähren; außerdem kann der V'rer eine negative Feststellungsklage wegen vom VN. behaupteter Schadensersatzansprüche erheben.

§ 11 AVB. setzt voraus, daß die Gesellschaft den VSchutz in der vom Gesetz vorgeschriebenen Weise[24] abgelehnt hat. Hierzu genügt jede Erklärung, die erkennen läßt, daß der V'rer nicht bereit ist, irgendeinen[25] vom VN. erhobenen HV-Anspruch zu befriedigen[26]. Auf den Grund, aus dem VSchutz im Einzelfall nach Auffassung[27] des V'rers nicht besteht, kommt es für sein Recht, nach § 11 AVB. vorzugehen, nicht an[28]. Der V'rer ist nicht gehindert, jeden nach seiner Meinung nicht unter den VVertrag fallenden Anspruch gemäß § 11 AVB. abzulehnen. Doch muß er seine Ablehnung nicht in diese Form kleiden, kann vielmehr auch nach Aufklärung und Begründung seines Standpunktes den VSchutz formlos ablehnen. Demgemäß geht die Praxis auch vor[29], besonders in Fällen,

22) Der Unterschied zwischen der Regelung nach dem Gesetz und den AVB. ist nicht von allzu großer praktischer Bedeutung, da die Geltendmachung von Schadensersatzansprüchen der genannten Art ziemlich selten ist: Büchner aaO.

23) Die Frage, ob der Versicherer den Verzugsschadensanspruch überhaupt gemäß den AVB. unter Fristsetzung ablehnen **kann**, ist nicht ausdrücklich geprüft vom LG. Berlin im Urteil v. 26. 2. 29 = DOV. 1930 S. 1.

24) Erfolgt die Ablehnung nicht in der Form des § 12 VVG., so hat sie auch nicht Ausschlußwirkung.

25) Es genügt auch — anders nach § 8 AKB. („dem Grunde nach") — ein Bestreiten des Anspruchs seiner Höhe nach: RG. v. 7. 4. 33 = JRPV. 151 ff. = DOV. 41 = APV. 322 = JW. 2125 = HRR. Nr. 1499 = LZ. 768 = Warn. 175.

26) Dazu Prölß § 12 Anm. 5, derselbe JW. 1937 S. 843 Ziff. 6 b; Bruck Komm. § 12 Anm. 15; KG. v. 8. 2. 36 = JRPV. 235 = DOV. 1937 S. 263 (vergl. auch KG. v. 26. 9. 34 = JRPV. 348: offenbar unter Zugrundelegung von § 8 AKB.).

27) Wegen des Einflusses der sachlichen Berechtigung der Ablehnung: Anm. 55 zu § 11.

28) Anm. 100 zu § 11; ob der Anspruch abgelehnt wird, weil er nach Gegenstand und Umfang nicht vom VSchutz erfaßt wird oder weil Leistungsfreiheit infolge des Vorliegens des Tatbestandes einer Ausschlußklausel gegeben ist oder wegen qualifizierter Obliegenheitsverletzung, oder weil der Vertrag als solcher infolge Rücktritts oder Anfechtung des Versicherers nicht besteht und deshalb VSchutz entfällt, ist ohne Bedeutung. Voraussetzung für die Anwendbarkeit der Bestimmung ist aber, daß ein VVertrag zum mindesten nach der in der Inanspruchnahme des Versicherers liegenden Behauptung des VN. abgeschlossen worden war. Bestreitet der Versicherer dies, so ist er trotzdem deswegen nicht gehindert, einen Anspruch des VN. unter Fristsetzung nach § 11 AVB. abzulehnen: KG. v. 8. 2. 36 aaO. Notwendig für das Verfahren nach § 11 AVB. im Hinblick auf eine ausgesprochene Anfechtung des Vertrages durch den Versicherer (Bruck § 12 Anm. 15 a. E., Sölter JRPV. 1932 S. 3 ff.) ist aber, daß z. B. die erklärte Anfechtung usw. aus Anlaß eines gemeldeten (angeblichen) HV-Anspruchs ausgesprochen und gleichzeitig mit der Anfechtungserklärung die Ablehnung des Entschädigungsanspruchs erklärt wird (Sölter aaO.).

29) Anm. 50 zu § 11.

wo der HV-Anspruch offensichtlich unbegründet ist, während oft nach § 11 AVB. verfahren wird, wenn es sich um eine Auslegungsfrage zu den AVB. handelt. Eine **Begründung** der Ablehnung wird tatbestandsmäßig nicht verlangt, aber durchweg beigefügt. Notwendig ist im Hinblick auf den frühesten Zeitpunkt der Ablehnung, daß der VN. eine Erklärung über die Leistungspflicht des V'rers verlangt hatte[30]; denn § 11 AVB. spricht von dem „**bestrittenen**[31] VAnspruch." Bestritten werden[32] kann aber eine Verpflichtung denknotwendig erst, nachdem vorher eine Erklärung über sie verlangt wurde[33]. Das Verlangen ist in jedem Verhalten zu finden, das den Willen des VN. ausdrückt, den V'rer mit der Behandlung eines bestimmten Vorfalles zu befassen[34]. Ein solcher Wille[35] ist regelmäßig[36] in der Übersendung der Schadensanzeige oder einer sonstigen, auch früheren und formlosen Mitteilung eines entsprechenden Sachverhaltes an den V'rer oder seine zuständigen Organe zu finden[37].

---

30) Stuttgart v. 10. 4. 20 = APV. 1922 S. 18; KG. v. 7. 5. 32 = JRPV. 262 = APV. 247.

31) Nicht dem „abgelehnten".

32) Nach § 12 VVG. mußte der VN. zuvor den Anspruch auf die Leistung erhoben haben. Dies kann er erst dann, wenn er einen Anspruch hat, was erst nach Vollendung des Tatbestandes des VFalles, also nach Erhebung von H-Ansprüchen gegen ihn der Fall ist (zu Prölß § 12 Anm. 5: vgl. Anm. 48 zu § 11). Die AVB. enthalten diese Voraussetzung für die Deckungsablehnung nicht, daß nämlich der VN. den Anspruch auf die Leistung zuvor erhoben habe. Nach ihnen genügt also, daß der VN. eine Erklärung über die Leistungsbereitschaft des Versicherers verlangt hatte, was schon vor Fälligkeit des HV-Anspruchs geschehen konnte. Nur so sind die AVB. zu verstehen, wenn sie „von dem bestrittenen VAnspruch" sprechen. Die Regelung der AVB. ist für den VN. günstiger als die des VVG. und daher zulässig (15 a VVG.).

33) KG. v. 11. 8. 37 = JRPV. 376 kommt unter grundsätzlicher Ablehnung dieser Folgerung doch zum gleichen Ergebnis, weil § 12 VVG. relativ zwingend und seine Fassung, wonach der Anspruch nur abgelehnt werden kann, wenn er „erhoben ist", dem VN. günstiger wäre.

34) Unzutr. Köln v. 19. 7. 35 = HansRGZ. 1936 A. 63, welches annimmt, daß die Fristsetzung erst nach Fälligkeit im Sinne von § 154 VVG. möglich sei: dagegen auch Düsseldorf v. 22. 1. 34 = JRPV. 285.

35) Liegt er nicht vor, so stellt die Erstattung der Schadensanzeige allein nach KG. v. 11. 8. 37 aaO. nicht die Erhebung von HV-Ansprüchen dar; der Versicherer könne in solchem Falle zwar den VSchutz ablehnen, aber nicht mit der Ausschlußwirkung des § 11 AVB. (? Verf.). Unter Hinweis darauf, daß der oft zugunsten des VN. genannte Grundsatz von Treu und Glauben auch gegenüber dem Versicherer zu beobachten sei, kommt das KG. zu der Feststellung, daß sich der VN., der die Ablehnung des Anspruchs nicht beanstandet habe (weil er einen Anspruch gegen den VN. noch nicht erhoben habe und daher eine Ablehnung vorzeitig und unwirksam sei) nach Treu und Glauben hierauf u. U. nicht mehr berufen könne, so daß aus diesem Gesichtspunkt die Ablehnung wirksam wurde.

36) RG. v. 15. 2. 38 = JRPV. 104; Breslau v. 21. 1. 31 = JRPV. 134; Düsseldorf v. 22. 1. 34 = JRPV. 285; Hamm v. 27. 11. 30 = APV. 238 nimmt in einem Falle der ED-Versicherung an, daß der VN. einen Anspruch nicht erhebe, der bei Abgabe der Schadensanzeige zum Ausdruck bringe, daß dies nur „vorsorglich" geschehe. Diese Auslegung des OLG. dürfte für die H-Versicherung durchweg nicht zutreffen; denn mit der nur „vorsorglichen" Anmeldung will bei dieser der VN. meist zum Ausdruck bringen, daß er eine Haftpflicht seinerseits nicht für gegeben halte, nicht aber, daß er einen HV-Anspruch mit der Meldung nicht erheben wolle. Dies ergibt sich aus der Abwehrfunktion der HV.

37) Bl. 59.

Das gleiche gilt für die Mitteilung von der Einleitung eines Strafverfahrens[38]. Die HD. umfaßt die Befriedigung begründeter und die Abwehr unbegründeter Ansprüche. Beide Fälle sind verschiedene Auswirkungen desselben HD-Anspruchs[39]. Meldet der VN. einen nach seiner Ansicht ihn zum Schadensersatz keinesfalls verpflichtenden Vorfall mit dem Willen, den V'rer damit zu befassen (Abwehr), so kann er wegen der Einheitlichkeit des VAnspruchs auch nur eine entsprechende Erklärung des V'rers über dessen Leistungsbereitschaft verlangen[40]. Der V'rer ist dann berechtigt, VSchutz im ganzen mit Ausschlußwirkung abzulehnen[41, 42]. Lehnt er ausdrücklich nur die Rechtsschutzgewähr ab, so ist auch das — wegen der Einheitlichkeit des VAnspruchs — eine Ablehnung des VSchutzes[43]. Der VN. kann vom V'rer, obwohl der Tatbestand des VFalles erst mit der Erhebung von Ansprüchen vollendet und erst dann ein HD-Anspruch für den VN. und Leistungspflicht für den V'rer begründet ist, schon vor diesem Zeitpunkt, und zwar nach Eintritt nur des Schadensfalles, eine Erklärung über die Leistungsbereitschaft des V'rers verlangen[45, 46] und dieser dann ablehnen[47, 48]. Abgelehnt wird auf Grund einer Prüfung der Eintrittspflicht. Der VN. hat auf diese Entscheidung keinen Einfluß. Der V'rer wird hierbei berücksichtigen, daß der VN. durch die Ablehnung vor die schwierige Wahl gestellt wird, den Anspruch zu verlieren oder Klage zu erheben. Ferner, daß es sein Vertragspartner ist, der in diese Lage gebracht wird, daß dieser oft in Rechtsfragen ungewandt ist und

---

38) Insofern zutr.: Köln v. 14. 12. 34 = JRPV. 1935 Zus. S. 58 = APV. 1935 S. 22.

39) I/162 ff.

40) Scheunert JRPV. 1938 S. 260.

41) RG. v. 7. 2. 36 = RG. 150/228 = JRPV. S. 85 = DOV. 166 = APV. 188 = JW. 1834 = HRR. Nr. 882 = DVP. 235: „Ebenso wie die Ausschlußfrist des Abs. 2 für den ganzen VAnspruch zu laufen beginnt, wenn der VN. zunächst etwa nur die Stellung eines Rechtsanwaltes verlangt, der Versicherer aber den VSchutz allgemein ablehnt . . .".

42) Anders Büchner JRPV. 1935 S. 194, vergl. auch KG. v. 7. 5. 32 = JRPV. 262 = APV. 247.

43) RG v. 25. 2. 13 = APV. A. S. 81 = Recht Nr. 1232.

45) Kühfuß JRVV. 1935 S. 290 unter berechtigter Ablehnung von Köln v. 19. 7. 35 = JRVV. 1936 S. 122 = RdK. 1936 S. 12.

46) Dies muß ebenso und aus den gleichen Gründen zulässig sein, wie der VN. berechtigt ist (Bl. 315) eine entsprechende Feststellungsklage zu erheben, bevor Ansprüche gegen ihn vom Drittgeschädigten erhoben sind: Breslau v. 17. 6. 31 = APV. 224; Hamburg v. 5. 4. 35 = JRPV. 269 = DOV. 86.

47) Hierauf geht RG. v. 7. 2. 36 aaO. nicht ein, sondern stellt es auf die Erhebung von H-Ansprüchen für den Zeitpunkt der zulässigen HV-Anspruchserhebung und Ablehnung ab; gerichtliche Feststellung des H-Anspruchs verlangt aber auch RG. nicht: RG. v. 27. 4. 26 = RG. 113/286 = JRPV. 159 = APV. 266 = VuG. 62.

48) Ähnlich wohl Prölß § 12 Anm. 5: „Wohl aber kann vor Fälligkeit abgelehnt werden (falsch RG. 150/181, Köln H 36/63)": wenn unter der Fälligkeit die des HV-Anspruchs verstanden werden soll, die hier allein interessieren kann; a. A. allerdings Prölß JW. 1937 S. 841: „Ansprüche können indes erst erhoben werden, wenn der VFall (nach der Behauptung des Antragstellers) eingetreten ist": dies trifft für den Wortlaut des § 12 VVG., nicht aber den der AVB., zu. — A. A. (nach Fälligkeit des Anspruchs): Bruck Komm. § 12 Anm. 12.

sich auf die Auskunft und Stellungnahme des V'rers, insbesondere auf dessen Kenntnis der einschlägigen Fragen und seine Redlichkeit verläßt. Er wird daher zu der zwar an sich notwendigen, aber scharfen Waffe des § 11 ADB. nur dann greifen, wenn er nach pflichtgemäßer eingehender Prüfung zu der Auffassung gekommen ist, daß VSchutz nicht besteht[49]. Er wird aber auch den Zweck der Vorschrift insofern berücksichtigen, als er, um nicht mit Kanonen auf Spatzen zu schießen, unbedeutende Fälle nicht nach § 11, sondern formlos unter belehrender Aufklärung des VN. ablehnt[50]. Durchweg verfährt die Praxis auch nach diesen Gesichtspunkten; überhaupt ist die Zahl der Deckungsablehnungen im Verhältnis zum Gesamt-Schadensfall recht gering. Wenn die ausgesprochene Leistungsverweigerung den hierfür bestehenden Erfordernissen nicht entspricht, kann sie[51] eine positive Vertragsverletzung enthalten[52] und den V'rer schadensersatzpflichtig[53] machen; denn das Vertragsverhältnis besteht auch nach Ablehnung des VSchutzes weiter[54], und zwar nicht nur, wenn die Ablehnung sich in dem Deckungsprozeß als sachlich ungerechtfertigt erweist[55], sondern auch, wenn sie berechtigt war[56], also wenn das Gericht den H-Anspruch als nicht unter den Vertrag fallend bestätigt. Dies jedenfalls, wenn der HV-Anspruch zwar zu Un-

---

49) Eichbaum hat in Band LXXII Heft 1 u. 2 der „Zeitschrift für das gesamte Handels- und Konkursrecht" — besprochen WZ. 1912 II S. 2019 — die Frage behandelt, was rechtens ist, wenn der Versicherer den Schadensfall bearbeitet: a) in Kenntnis des Mangels, b) in der irrtümlichen Annahme, c) im Zweifel an seiner Deckungspflicht.

50) Düsseldorf v. 11. 12. 35 = JRPV. 1936 S. 237: „Es ist, wie dem Senat aus seiner ständigen Praxis bekannt ist, nicht zutreffend, daß die Ablehnung eines Ersatzanspruchs durch eine VGesellschaft stets oder auch nur regelmäßig in der Form des § 12 II VVG. erfolgt und demnach hierdurch eine Klagefrist aller Regel nach in Lauf gesetzt wird."

51) Bloße Meinungsverschiedenheiten über die einschlägigen Rechtsfragen genügen jedoch nicht zur Annahme eines Falles positiver Vertragsverletzung. Es ist dabei zu berücksichtigen, daß es sich gerade bei den Deckungsfragen oft um schwierige rechtliche Angelegenheiten handelt, in deren Beantwortung selbst die Instanzenzüge der Gerichte voneinander abweichen. Über die Verzugsfolgen, die sich aus unberechtigter Ablehnung des VSchutzes oder verspäteter Leistung ergeben, (auch über die Frage der Verjährung solcher Ansprüche): RG. v. 9. 6. 25 = RG. 111/104 = JRPV 213 = VuG. 1926 S. 21 ff.; LG. Berlin v. 26. 2. 29 = DOV. 1930 S. 1; RG. v. 24. 4. 29 = DOV. S. 45; KG. v. 30. 10. 35 = JRPV. 1936 S. 43; RG. v. 12. 11. 37 = DOV. S. 534 ff.

52) Oldenburg v. 8. 5. 35 = JRPV. 224; Düsseldorf v. 22. 1. 34 = JRPV. 284/86 (826 BGB.).

53) Hierzu KG. v. 9. 11. 27 = JRPV. 1928 S. 27; KG. v. 18. 7. 36 = JRPV. 1937 S. 59.

54) Der VN. hat daher auch — solange er den VSchutz verlangt, und zwar ganz gleich, ob er dies sofort nach der Deckungsablehnung formlos oder im Wege der Klage tut oder ob er sich die Geltendmachung für einen späteren Zeitpunkt inne:halb der 6-Monatsfrist vorbehält — trotz der Ablehnung des VSchutzes die Obliegenheiten zu erfüllen: Bl. 156/7 und die weiteren dort in Anm. 1000 angegeben'n Stellen.

55) Für die Ausschlußwirkung kommt es auf die sachliche Berechtigung der Ablehnung nicht an; denn diese ist eben durch rechtzeitige Klageerhebung zur gerichtlichen Prüfung zu bringen: RG. v. 31. 3. 36 = RG. 150/181 = DOV. 142 = APV. 184 = DVP. 51 = HRR. Nr. 881 = JW. 1532 = RdK. 293.

56) Nicht deutlich: Frankfurt a. M. v. 18. 5. 26 = JRPV. 223 = APV. 238 (für den Fall des § 89 VVG.).

recht, aber nicht böswillig oder wider besseres Wissen erhoben wurde. Andernfalls hat der VN. durch sein Verhalten selbst den Rechtsboden verlassen und darf vom V'rer nicht die Beobachtung jener besonderen Vertragstreue verlangen, die sonst, insbesondere im Rahmen des VVertrages, — aber von beiden Parteien — mit Recht gefordert wird. Der vom V'rer aufzubringende Schadensersatz wird auf die Deckungssummen nicht angerechnet[57].

Will der VN. den Untergang des bestrittenen HV-Anspruchs vermeiden, so bleibt nur[58] der Weg, ihn binnen einer Frist von 6 Monaten „durch Erhebung der Klage“[59] gegen den V'rer geltend zu machen. Wenn gefragt wird, was die AVB. unter „Klageerhebung“ verstehen, welche Schritte des VN. insbesondere zur Geltendmachung seines VAnspruchs genügen, so ist zu sagen, daß das VVG. in § 12 III „gerichtliche Geltendmachung“ verlangt. Dies erscheint gegenüber der Klageerhebung als ein weiterer Begriff, daher eine dem VN. allenfalls günstigere Regelung. Wegen des halb zwingenden Charakters der Vorschrift des VVG. (§ 15a) hat daher die Auslegung insoweit an den Wortlaut des Gesetzes, nicht der AVB., anzuknüpfen[60]. Zur „gerichtlichen Geltendmachung“[61, 62] genügt[63] die **Einreichung**: eines Zahlungsbefehls[64], des Güteantrages[65], der amtsgerichtlichen Klage[66]; die **Zustellung**[67]: der Klage (§ 153 ZPO.), und zwar der Leistungs- und soweit rechtlich zulässig der Feststellungs-

57) RG. v. 9. 6. 25 = VuG. 1926 S. 22.

58) Mangels Klageerhebung geht der bestrittene Anspruch auch dann unter, wenn die Ablehnung sachlich ungerechtfertigt war: RG. v. 25. 5. 37 = RG. 155/103 = JRPV. 200 = DOV. 434 = APV. 189 = HRR. Nr. 1329.

59) § 8 a. F. AKB. sprach von der „ordentlichen Klage“.

60) RG. v. 7. 4. 33 = DVP. 1934 S. 77 = LZ. 768 = Warn. 175 = HRR. Nr. 1409; Prölß § 12 Anm. 9 (mit Angabe von Rechtsprechung): „Es ist (insoweit Verf.) falsch, auf den Wortlaut der AVB. abzustellen.“ Sofern die AVB. eine für den VN. günstigere Regelung treffen sollten, geht diese natürlich vor (§§ 15 a, 12 III a. F. VVG.).

61) Für eine möglichst weite Auslegung dieses Begriffes schon Bauchwitz LZ. 1914 S. 644 ff.

62) „Der Ausdruck gerichtliche Geltendmachung ist klar und eindeutig“: Frankfurt a. M. v. 18. 5. 26 = JRPV. 223 = APV. 238.

63) Prölß § 12 Anm. 9, derselbe JW. 1937 S. 844.

64) § 693 II ZPO.; RG. v. 68/108; RG. v. 7. 4. 33 = APV. 322 = JRPV. 151 = DOV. 41 = JW. 2125 = DVP. 1934 S. 77 = LZ. 768 = Warn. 175 = HRR. Nr. 1499; KG. v. 22. 3. 33 = APV. 341 = JRPV. 298 = DOV. 66 = LZ. 866; AG. Dortmund v. 28. 9. 32 = DOV. 89; KG. v. 16. 1. 35 = JRPV. 172 = APV. 216 = HRR. Nr. 936; Hamm v. 23. 6. 30 = JRPV. 1931 S. 42 = DOV. S. 73; Niemann JRPV. 1938 S. 279; Bruck Komm. § 12 Anm. 19. — Nur die Zustellung desselben hält für ausreichend: Frankfurt a. M. v. 18. 5. 26 = APV. 238 = JRPV. 224; WZ. 1919 I S 23, LG. Berlin v. 14. 1. 30 = JRPV. 1931 S. 310: dawider Pfeiffer daselbst; vergl. ferner Hellweg JW. 1933 S. 783 und JRPV. 1932 S. 5.

65) §§ 496 III, 498 III ZPO.; Jena v. 1. 3. 32 = JW. S. 2553 verlangt offenbar Zustellung des Güteantrages; vergl. ferner KG. in JRPV. 1938 S. 140.

66) KG. v. 28. 9. 38 = JRPV. 363; KG. v. 23. 12. 31 = JRPV. 1932 S. 60; a. A. LG. Berlin v. 5. 7. 34 = JRPV. 1935 Zus. I S. 30.

67) Anm. 76 zu § 11.

klage[68], wenn vor dem Landgericht geklagt wird, die Anmeldung zur Konkurstabelle des V'rers[69]. Dagegen **reicht nicht aus**: die Streitverkündung an den V'rer[70, 71] im Rahmen des Haftpflichtprozesses, die Einreichung des Armenrechtsgesuches[72, 73], die Beschwerde bei der Aufsichtsbehörde[74], der Erlaß eines Arrestes oder einer einstweiligen Verfügung[75]. Im Landgerichtsprozesse genügt nicht die Einreichung der Klage[76]. Zur Wahrung der Ausschlußfrist genügt Klageerhebung auch beim örtlich und / oder sachlich unzuständigen Gericht, wenn die Klage nicht mangels Verweisungsantrages abgewiesen wird[77, 78]. Aktiv legiti-

---

68) Über den Fall, daß nur die Feststellungsklage zulässig war, der VN. aber die nach den AVB. lediglich einem Schiedsgericht vorbehaltene Leistungsklage erhoben hatte: Köln v. 13. 5. 31 = APV. S. 244 = JRPV. 308.

69) LG. Berlin v. 9. 7. 31 = JRPV. 1932 S. 207; Düsseldorf v. 22. 3. 28 = APV. 1929 S. 251; Prölß § 12 Anm. 9; Bruck Komm. § 12 Anm. 19.

70) RG. v. 20. 6. 11 = APV. 1913 A. S. 4 = LZ. 1912 S. 86; RG. v. 25. 2. 13 = APV. 1913 A. S. 81 = LZ. 1914 S. 289; Frankfurt a. M. v. 20. 6. 30 = JRPV. 356; KG. v. 7. 5. 32 = JRPV. 262; vergl. auch WZ. 1919 I S. 19 ff.; Bruck § 12 Anm. 19, Capitain JRPV. 1934 S. 217. Abweichendes kann vereinbart werden, wie es im KG. v. 19. 6. 37 = JRPV. 294 der Fall war.

71) Gemäß § 72 ZPO. liegt in der Streitverkündung nur die Erklärung, daß der Verkünder des Streites einen Anspruch auf Schadloshaltung gegen denjenigen erheben zu können glaubt, dem er den Streit verkündet, es bleibt aber dem freien Ermessen des Streitverkünders überlassen, ob er wirklich Ansprüche erheben will, und gerade dies soll durch § 12 VVG. verhindert werden.

72) LG. Breslau v. 26. 9. 27 = VuG. 1928 S. 7; Hamm v. 14. 5. 28 = VuG. 163; Frankfurt a. M. v. 18. 5. 26 = APV. 238 = JRPV. 223; Hamm v. 21. 3. 29 = JRPV. 383; Hamm v. 15. 10. 31 = APV. 263; Hamm v. 23. 6. 30 = JRPV. 1931 S. 42 = DÖV. S. 73; das Armenrechtsgesuch dient lediglich der Vorbereitung der beabsichtigten Rechtsverfolgung: Hamm v. 30. 4. 28 = APV. S. 11 = JRPV. 1929 S. 146 = DÖV. 1929 S. 21 = JW. 1929 S. 950; keine Unterbrechung, selbst wenn die Klageschrift beigefügt ist: KG. v. 12. 3. 32 = JRPV. 186; ferner RG. v. 11. 2. 36 = RG. 150/257 = JRPV. 84 = DÖV. 165 = APV. 162 = HRR. Nr. 880 = JW. 1835 unter Hinweis auf: RG. v. 15. 2. 29 = JRPV. 96 = APV. 240 = DJZ. 641 — HRR. Nr. 1597 = Warn. 122. A. A. LG. München v. 10. 1. 29 = JRPV. 129, vergl. auch Breslau v. 14. 5. 35 = JRPV. Zus. S. 37.

73) Anm. 146 zu § 11.

74) Frankfurt a. M. v. 18. 5. 26 aaO.

75) A. A. Bruck Komm. § 12 Anm. 20, vergl. auch Anm. 87 zu § 11.

76) KG. v. 16. 5. 23 = JRPV. 1924 S. 27; Kassel v. 30. 9. 27 = APV. 1928 S. 12 = HansRGZ. 1928 S. 227; Hamm v. 5. 7. 28 = APV. 1929 S. 11 = DÖV. 1929 S. 21 = JRPV. 1929 S. 146; Hamm v. 2. 7. 31 = APV. 226; Düsseldorf v. 12. 7. 28 = APV. 203 = JRPV. 279 = RdK. 1929 S. 146; Bischoff JRPV. 1925 S. 101, Pfeiffer JRPV. 1926 S. 98; vergl. aber auch KG. v. 29. 10. 32 = APV. 288 = JRPV. 1933 S. 93.

77) Für sachlich unzuständiges Gericht: RG. v. 12. 4. 18 = RG. 93/212 = APV. 1918 A. S. 49; RG. v. 17. 12. 26 = JW. 1927 S. 660; RG. 94/135; Stuttgart v. 26. 4. 27 = JRPV. 211 = APV. 1928 S. 224; RG. 151/233 = JW. 1936 S. 2988 (mit Anm.); RG. v. 22. 12. 36 = JW. 1937 S. 1058; KG. in APV. 1935 Nr. 2793 = JRPV. 172; KG. v. 28. 9. 38 = JRPV. 363; Hamburg v. 7. 4. 27 = JW. 2173. — Für örtlich unzuständiges Gericht: RG. 94/133, RG. 114/122; zust. Prölß § 12 Anm. 9; nicht ausdrücklich entschieden in KG. v. 23. 12. 31 = JRPV. 1932 S. 60; a. A. (bei örtlicher Unzuständigkeit): Bruck Komm. § 12 Anm. 20. — Vergl. zu der Frage auch Clasen JRPV. 1928 S. 149 (mit Rechtsprechung); KG. v. 19. 10. 27 = JRPV. 1928 S. 12.

78) „Es genügt zur Wahrung der Frist, daß innerhalb derselben der Klageweg beschritten wird, wenn nur die rechtzeitige Klage verfahrensrechtlich dem Kläger die Möglichkeit gibt, eine sachliche Entscheidung über den Streitgegenstand evtl. nach Verweisung

miert ist der nach dem Gesetz und den AVB. (vgl. insbesondere § 8 Ziff. 3[79]) über den HV-Anspruch Verfügungsberechtigte, grundsätzlich also der VN. oder sein Rechtsnachfolger[80]. Im Einzelfalle kann auch der Geschädigte die Klage erheben[81]. Dadurch wird dem V'rer nach Treu und Glauben die Berufung auf den Untergang des VAnspruchs durch Fristablauf genommen[82, 83]. Die Klage richtet sich[84] gegen den V'rer oder den befugten Vertreter. Der VN. kann[85] je nach Lage des Falles seine Klage richten auf a) Befreiung von den Ansprüchen des geschädigten Dritten[86], also eine Leistungsklage erheben[87]; oder b) Feststellung des Bestehens von VSchutz, wenn deren allgemeine Voraussetzungen vorliegen[88, 89]; oder er kann c) Leistungs- und Feststellungsklage miteinander verbinden.

Ein rechtlich geschütztes Interesse an der begehrten Feststellung liegt schon vor, wenn der VN. mit der Möglichkeit der Erhebung von Ansprüchen des Dritten rechnen muß[90], nicht erst dann, wenn bereits Ansprüche erhoben wurden[91]. Die Zulässigkeit der Feststellungsklage hängt nicht davon ab, ob die Ansprüche, welche der Dritte erhebt, oder — rechtlich gesehen, — auch nur erheben kann, begründet oder unbegründet sind. Zur Rechtsstellung des Geschädigten ist für den Bereich der allgemeinen HV. (die Regelung der Pflichtversicherung §§ 158 b ff. scheidet hier aus[92])zu bemerken, daß dieser nicht am VVertrag beteiligt ist und

---

des Rechtsstreites an das zuständige Gericht gem. § 267 ZPO. herbeizuführen": RG. v. 22. 12. 36 = JW. 1937 S. 1058.

79) I/53, Bl. 233 ff.

80) I/53 Anm. 286.

81) Bl. 316.

82) RG. v. 6. 11. 34 = DÖV. 1935 S. 71 = APV. 1935 S. 12 = DVP. 1935 S. 103 = JW. 1935 S. 849 = Warn. 1935/51; Hamm v. 19. 12. 34 = APV. Nr. 2688; Breslau v. 3. 6. 31 = APV. 222; Prölß § 12 Anm. 8 e; ferner I/45 ff., insbes. 49 ff.

83) Ferner Bruck § 12 Anm. 13: Pfand- und Vollstreckungsgläubiger, Bezugsberechtigter, bei VVffR. gegebenenfalls der V'te, bei Veräußerung des Betriebs (§ 151 VVG.) gegebenenfalls der Veräußerer oder Erwerber (dazu Bl. 304).

84) Auch die Grundsätze über den Rechtsschein spielen hierbei eine maßgebende Rolle: Hamburg v. 9. 7. 31 = JRPV. 352.

85) I/67.

86) Über die Rechtsnatur des HV-Anspruchs als eines Schuldbefreiungsanspruchs I/50 ff.

87) KG. v. 16. 12. 36 = JRPV. 1937 S. 151 = DÖV. 1937 S. 412; „Der VN. kann seinen Anspruch auf Schadloshaltung (= Klage auf Zahlung eines vom Geschädigten beim VN. gepfändeten bestimmt bezifferten Betrages. Verf.) gegenüber dem Versicherer nicht im Wege der einstweiligen Verfügung verwirklichen."

88) Über die Berechnung des Wertes des Streitgegenstandes in einem Rechtsstreit über das Bestehen eines Anspruchs auf HV-Schutz: RG. v. 4. 7. 33 = RG. 141/313 = JRPV. 250 = APV. 340 = DVP. 1934 S. 104 = LZ. 1135; KG. v. 27. 1. 40 = JRPV. 142. — Ferner I/68.

89) Hierzu die Erläuterungsbücher zu § 256 ZPO.

90) Hamburg v. 5. 4. 35 = JRPV. 269 = DÖV. 86; Breslau v. 17. 6. 31 = APV. 224.

91) Dazu RG. v. 15. 3. 32 = RG. 135/368 = JRPV. 115 = DÖV. 51 = APV. 30 = DVP. 571 = HRR. Nr. 1700 = JW. 1731; RG. v. 27. 4. 26 = RG. 113/286 = JRPV. 159 = APV. 266 = VuG. 62.

92) § 158 c Abs. 1 und 5 VVG.

daher nicht in einer unmittelbaren Rechtsbeziehung zum V'rer steht. Eigene Ansprüche aus dem VVertrag kann er deshalb nicht ohne weiteres erheben, wohl aber nach allgemeinen Rechtsgrundsätzen die Zwangsvollstreckung in das Vermögen des VN. betreiben, zu welchem auch die Ansprüche aus dem VVertrag gehören. Nach der Pfändung wandelt sich der Befreiungsanspruch des VN. in der Hand des Drittgeschädigten in einen Zahlungsanspruch[93]. Nur auf diese Weise und in diesem Umfang ist es für den Drittgeschädigten möglich, unmittelbar gegen den V'rer vorzugehen. Eine Feststellungsklage dahin, der V'rer sei verpflichtet, an den Drittgeschädigten im Rahmen des VVertrages zu leisten, ist ebenso unzulässig wie dahin, der V'rer habe dem VN. VSchutz zu gewähren[94]. Nur unter besonderen Umständen hat die Rechtsprechung[95] ausnahmsweise einen solchen Feststellungsanspruch gegeben.

Mit der Klage ist „der bestrittene HV-Anspruch" geltend zu machen. Während nach § 12 VVG. der V'rer in dem Ablehnungsschreiben eine weitere Erklärung nicht abzugeben braucht, ist er nach § 11 Satz 2 AVB.[96] gehalten, mitzuteilen, „**inwieweit**" er den Anspruch auf VSchutz ablehnt. Hieraus kann der Erklärungsempfänger entnehmen, worauf er seinen Klageantrag zu richten hat; denn er muß den ganzen abgelehnten Anspruch geltend machen. Die Ausschlußfrist beginnt nicht vor der Mitteilung darüber zu laufen, inwieweit der HV-Anspruch bestritten wird, und die Ausschlußwirkung geht nicht weiter als die Ablehnung des V'rers[97]. Es **können** auch alle Umstände[98], die eine Ablehnung des VSchutzes rechtfertigen, in die Ablehnung aufgenommen werden, also die, welche den Bestand des Vertrages als solchen (Nichtzustandekommen)[99], seine Beendigung (durch Ablauf, Kündigung, Anfechtung, Rücktritt oder dergleichen) oder Gegenstand (§ 1 AVB.) und Umfang (§ 3 AVB.) der Versicherung angehen; ferner solche, welche die Leistungsfreiheit des V'rers durch Obliegenheitsverletzungen (§§ 5, 6 AVB.) betreffen, oder das Vorliegen eines Ausschlußtatbestandes (§ 4 AVB.) darlegen u. a. — Diese Umstände betreffen den **Grund** des HV-Anspruchs. Wegen der

93) I/53, 54; RG. v. 27. 5. 38 = RG. 158/6 ff. = JRPV. 229 ff.

94) Bruch PVR. S. 464 Anm. 290, derselbe Komm. § 156 Anm. 2, Hamburg v. 12. 3. 09 = APV. A. 93.

95) Hamm v. 19. 2. 34 = APV. S. 35 und damit übereinstimmend: RG. v. 6. 11. 34 aaO. (unter Betonung des Grundsatzes, daß die Klage nur vom VN. oder dessen Rechtsnachfolger erhoben werden könne); vergl.: RG. v. 1. 2. 35 = DOV. 50 = APV. Nr. 2787 und RG. v. 10. 5. 40 = JRPV. 91; auch I/66, Prölß § 156 Anm. 1.

96) Es handelt sich dabei um eine Einschränkung zugunsten des VN. (§ 15 a VVG.): RG. v. 7. 4. 33 = JRPV. 151 = DOV. 41 = APV. 322 = HRR. Nr 1499 = JW. 2125 = DVP. 1934 S. 74 = Warn. 175 = LZ. 768.

97) Prölß § 12 Anm. 8, derselbe JW. 1937 S. 842 Ziff. 4.

98) Prölß JW. 1937 S. 843 Ziff. 6 b.

99) § 11 AVB. findet auch dann Anwendung, wenn in Wahrheit ein VVertrag unter den Parteien gar nicht zustande kam, sofern nur zum mindesten der VN. dies (etwa durch seine Inanspruchnahme des Versicherers) behauptet, Anm. 28 zu § 11.

Höhe kommen z. B. in Frage: ein vereinbarter Selbstbehalt, die Überschreitung der Deckungssummen (§ 3 II 2) oder einer sonstigen vertraglichen oder gesetzlichen Begrenzung der Höhe der Ersatzpflicht des V'rers, z. B. im Falle von Rentenzahlungen, deren Kapitalwert die VSumme übersteigt (§ 3 III 2 AVB.) oder im Falle des § 3 III 3 AVB. und dergleichen.

Der V'rer braucht in der Deckungsablehnung nicht den Grund („warum") seiner Weigerung anzugeben[100], sondern nur „inwieweit", d. h. in welchem Umfange er sich weigert[101]. Die Ausschlußwirkung wird durch Angabe des zur Leistungsverweigerung berechtigenden Grundes nicht größer[102]. Meist wird der V'rer auf die Vertragsbestimmung hinweisen, die nach seiner Auffassung eine Verweigerung des VSchutzes rechtfertigt. Daraus ergibt sich dann ohne weiteres, ob die Ablehnung — wie fast stets — den Grund des Anspruchs oder seine Höhe betrifft. Fehlt ein ausdrücklicher Hinweis, daß der HV-Anspruch der Höhe nach bestritten werde[103] und ergibt sich dies nicht eindeutig aus dem sonstigen Inhalt des Deckungsablehnungsschreibens[104], so liegt stets eine Ablehnung dem Grunde nach vor. Das ist auch dann der Fall, wenn die Ablehnung ausdrücklich allein auf die Abwehrpflicht oder die Befriedigung begründeter Ansprüche gerichtet wird, eine Folgerung aus der Einheitlichkeit des HV-Anspruchs.

Der Anspruch muß in dem vom V'rer bestrittenen Umfang im Prozeß geltend gemacht werden. Eine Teilklage kann die Ausschlußwirkung nur soweit aufheben, wie der Antrag reicht[105]; andernfalls würde der ver-

---

100) Prölß JW. 1937 S. 843 Ziff. 6 b mit Rechtsprechung.

101) Unzutreffend daher (wenn nicht die dem beurteilten VVerhältnis zugrundeliegenden AVB. einen anderen Wortlaut hatten): Düsseldorf v. 21. 3. 32 = APV. 1933 S. 252: „Der Versicherer muß seine Einwendungen rechtzeitig und möglichst gleichzeitig im Ablehnungsschreiben vorbringen."

102) Stützt z. B. der Versicherer seine behauptete Leistungsfreiheit auf die Nichtigkeit des Vertrages, den er wegen arglistiger Täuschung angefochten hat, und hat der VN. die 6-Monatsfrist ohne Klageerhebung verstreichen lassen, so wird vom Untergang nur der einzelne, vom VN. erhobene und vom Versicherer abgelehnte VAnspruch erfaßt. Gegen die behauptete Nichtigkeit des Vertrages kann der VN. auch nach Ablauf der Ausschlußfrist innerhalb der allgemeinen Verjährungsfrist des § 12 I VVG. mit der negativen Feststellungsklage vorgehen; JRPV. 1932 S. 3 ff., Bruck Komm. § 12 Anm. 15 a. E.

103) Das Wort „inwieweit" hat jedenfalls hier nicht — wie RG. v. 7. 4. 33 aaO. bei der Beurteilung anders gefaßter Bedingungen meint — „nur noch die Bedeutung: dem Grunde nach".

104) Prölß JW. 1937 S. 843 Ziff. 6 b: „Der Umfang der Ablehnung ist daher mit den gewöhnlichen Auslegungsregeln zu ermitteln."

105) H. M. z. B. Königsberg v. 7. 2. 36 = JRPV. Zus. II S. 26 (unter besonderem Eingehen auf den gesetzgeberischen Zweck der Ausschlußfrist); Celle v. 27. 9. 35 = JRPV. 1936 Zus. S. 25 = APV. 262 = HansRGZ. A. 114; LG. Magdeburg v. 24. 10. 35 = JRPV. 1936 S. 95; Düsseldorf v. 22. 3. 28 = APV. 251; Düsseldorf v. 14. 1. 35 = JRPV. Zus. 49; KG. v. 22. 3. 33 = JRPV. 298 = DÖV 66 = APV. 341 = LZ. 866; KG. v. 29. 6. 32 = JRPV. 295 = DÖV. 54; RG. v. 22. 9. 36 = JRPV. 325 = DÖV 481 = DVV. 1937 S. 229; vergl. dazu ausdrücklich RG. v. 10. 11. 36 (III. Senat) = RG. 152/350 = JRPV. 1937 S. 54 = DÖV. 1937 S. 109 = APV. 1937 S. 121 = JW. 1937 S. 533 = HRR. Nr. 380; Bruck PVR. S. 61/62, Petersen JRPV. 1937 S. 83.

folgte Zweck hinfällig[106], weil Unklarheit für den nicht eingeklagten Teilanspruch bestehen bliebe[107]. Hat sein Vertreter schuldhaft nur Teilklage erhoben, so muß der VN. sich dies anrechnen lassen[108]. Wenn die Rechtsprechung[109] unter Berufung auf Treu und Glauben[110] vom V'rer verlangt hat, den VN. auf das Erfordernis der Einklagung des vollen bestrittenen Anspruchs hinzuweisen[111], so erscheint dies außerordentlich weitgehend[112], zumal, da durch Ablehnung und Ausschlußfrist die Interessen der VParteien widerstreiten, wenn auch das VVerhältnis als solches weiterbesteht[113]. Das RG. hat die Pflicht zur Aufklärung z. B.[114] für den Fall ausgesprochen, daß der V'rer den Anschein erweckt hatte, er wolle auf die Wirkung des Fristablaufs für den nichteingeklagten Teil verzichten. An diese behauptete Sittenwidrigkeit ist aber, wie auch vom RG.[115]

---

106) Celle v. 27. 9. 35 aaO., Düsseldorf v. 14. 1. 35 aaO.

107) Königsberg v. 7. 2. 36 aaO., Düsseldorf v. 14. 1. 35 = JRPV. Zus. S. 49; LG. Magdeburg v. 24. 10. 35 aaO.

108) Für Prozeßvertreter: Düsseldorf v. 22. 3. 28 = APV. 251; Düsseldorf v. 14. 1. 35 = JRPV. Zus. S. 49; Bruck Komm. § 12 Anm. 21. — Für sonstigen beauftragten Vertreter: KG. v. 22. 3. 33 aaO.

109) Nürnberg v. 4. 7. 30 = APV. 216; RG. v. 22. 9. 30 und v. 10. 11. 36 aaO.; KG. v. 27. 1. 37 = JRPV. 122; Königsberg v. 7. 2. 36 aaO.

110) Über die Frage, inwiefern dem Versicherer nach Treu und Glauben verwehrt ist, den Ablauf der Ausschlußfrist gegenüber dem nicht eingeklagten Teil des Anspruchs geltend zu machen (insbesondere zum Urt. RG. v. 22. 9. 36): Haymann in DVA. 1937 S. 786/807; derselbe in DVA. 1936 S. 561 ff.

111) Selbst einen solchen ausdrücklichen Hinweis erachtet Königsberg v. 7. 2. 36 = JRPV. Zus. 2 S. 26 dann nicht für genügend, wenn der Versicherer durch seine frühere Stellungnahme Anlaß gegeben hatte, daß der VN. die Frage, ob eine Klageerweiterung notwendig wäre, keiner weiteren Prüfung unterzog. Hier hätte gemäß OLG. Königsberg eine neue Frist gesetzt werden müssen. Dabei ist verkannt, daß auch der VN. — und zwar grundsätzlich in dem gleichen Maße wie der Versicherer — sein Verhalten nach Treu und Glauben einrichten muß (KG. v. 11. 8. 37 = JRPV. 376). Gegenüber dem ausdrücklichen Hinweis des Versicherers auf das Erfordernis der Einklagung des vollen Betrages kann der VN. sich nach Treu und Glauben auf die Notwendigkeit erneuter Fristsetzung nicht mehr berufen. — Eine Pflicht zum Hinweis durch den Versicherer hält auch Celle für gegeben: bei RG. v. 13. 11. 34 = JRPV. 1935 S. 13 = Verk.rechtl.Rdschau 161 (dazu Carl JW. S. 1461); dazu — ablehnend — Bischoff JRPV. 1935 S. 138.

112) Prölß JW. 1937 S. 596. Auch sonst ist es nicht Aufgabe des Versicherers und zwar auch nicht unter Berücksichtigung eines besonders starken Maßes von Treu und Glauben, daß er dem VN. Rechtsbelehrungen erteile; vergl. z. B. für die Frage, „daß ein Armenrechtsgesuch noch keine Klageerhebung darstelle“: Hamm v. 15. 10. 31 = APV. 263; auch RG. v. 20. 6. 11 = APV. 1913 A. S. 4 = LZ. 1912 S. 86 (keine Pflicht für den Versicherer zum Hinweis darauf, daß eine Streitverkündung keine Klageerhebung im Sinne von § 11 AVB. ist); RG. v. 2. 2. 40 = JRPV. 68 (keine vertragliche Verpflichtung, den VN. auf den Ablauf der Ausschlußfrist hinzuweisen).

113) Bl. 312.

114) Eine Aufklärungspflicht ist vom RG. v. 10. 11. 36 aaO. nicht grundsätzlich, sondern nur als „unter Umständen“ bestehend anerkannt worden; vergl. auch RG. v. 20. 6. 11 aaO.

115) RG. v. 10. 11. 36 = RG. 152/330 = JRPV. 1937 S. 54 = DOV. 1937 S. 109 = JW. 533 = HRR. Nr. 380: „Auch dieser (= VN.) ist zu sorgfältiger Wahrnehmung seiner Vertragsrechte verpflichtet und kann nicht jede eigene Säumnis auf den Versicherer abwälzen.“

anerkannt, ein strenger Maßstab zu legen[116]. Hinzukommt, daß durch diese Rechtsprechung des RG. der Grundsatz als allgemein bekannt gelten kann, wonach Teilklage eine Ausschlußwirkung nur soweit aufhebt, als sie reicht.

Die Klage muß[118] binnen einer Frist von 6 Monaten erhoben werden[119]. Diese berechnet sich nach den einschlägigen Bestimmungen des bürgerlichen Rechts, insbesondere den §§ 187, 188, 193 BGB. Mit Rücksicht auf die rechtliche Verschiedenheit zwischen Ausschluß- und Verjährungsfrist finden die Bestimmungen über die Hemmung der Verjährung (§§ 202 ff. BGB.) keine Anwendung[120].

Trotz Ablaufs der ordnungsmäßig gestellten Frist und ohne daß Klage erhoben worden wäre, erlischt der Anspruch des VN. in verschiedenen Fällen dennoch nicht, z. B. dann, wenn der V'rer auf die Folgen aus dem Fristablauf „verzichtet" hat[121]. Die Wirksamkeit solchen Verzichtes setzt, wie auch eine entsprechende Vereinbarung der VPartner, Verzichtbarkeit (bzw. die Zulässigkeit der Vereinbarung) voraus[122]. Das muß betont werden, weil nach dem VVG. die Ausschlußfrist kraft gesetzgeberischen überparteilichen Willens besteht[123]; hinzukommt, daß die mit dem Gesetz verfolgten Zwecke nicht dem Partei-Interesse allein, sondern auch dem an gesunden Verhältnissen in der VWirtschaft dienen sollen, woran die Allgemeinheit Anteil nimmt. Um die Zulässigkeit eines Verzichtes annehmen zu können[124], muß festgestellt werden, ob wirklich ein entsprechender, auf derartige Rechtswirkung gerichteter Wille[125] des V'rers oder der Parteien vorhanden war.

Regelmäßig wird man aus in der Natur der Sache und der ganzen Einrichtung liegenden Gründen dies nicht annehmen können[126], wenn nicht **ausdrückliche** Erklärungen[127] abgegeben wurden[128]. Es ist unzu-

116) Prölß § 12 Anm. 9 a. E. fordert hierzu mit Recht ein bestimmtes positives Verhalten.

118) Wurde die Frist vom Versicherer weniger als 6 Monate vor Ablauf der Verjährungsfrist gesetzt, so wird sie nach Prölß § 12 Anm. 7 (ders. JW. 1937 S. 844) zum Teil gegenstandslos; dazu auch Scheunert JRPV. 1938 S. 260.

119) Die Ausschlußfrist konnte unter dem früheren Rechtszustand (vertragliche Ausschlußfrist) verlängert werden: KG. v. 28. 11. 25 = JRPV. 1926 S. 22, Prölß JW. 1937 S. 844. — Ob dies auch in Ansehung der Ausschlußfrist als einer gesetzlichen nach Inkrafttreten der Novelle gilt, ist nicht zweifellos; vergl. dazu die Ausführungen über die Verzichtbarkeit im folgenden, dafür Prölß Komm. § 12 Anm. 7.

120) Bl. 308.

121) Clasen JRPV. 1928 S. 148.

122) Vergl. § 225 BGB. (Verjährung); hierzu: RG. v. 8. 12. 25 = JRPV. 1926 S. 4. = APV. 1926 S. 34 = VuG. 1926 S. 54.

123) Vergl. Köln v. 14. 12. 34 = JRPV. 1935 Zus. S. 58 = APV. 1935 S. 22, das die Verzichtbarkeit gerade mit dem Vertragscharakter der Ausschlußfrist begründete.

124) Sie ergibt sich nicht schon aus § 15 a VVG.

125) Anm. 160 zu § 6.

126) Prölß § 12 Anm. 8.

127) Düsseldorf v. 20. 1. 37 = JRPV. 1938 S. 268/9: „Die Beklagte hat also in keiner Weise zum Ausdruck gebracht, daß sie auf ... ihre Rechte ... verzichten wolle"; über die rechtliche Zulässigkeit und die Voraussetzungen für einen stillschweigenden Verzicht (Verjährung): Clasen JRPV. 1928 S. 148.

128) Breslau v. 30. 10. 19 zit. in WZ. 1921 II S. 977.

lässig, durch weitgehende Auslegung[129] allgemein gehaltener Bemerkungen oder eines entsprechenden Schriftwechsels oder fortgeführter Vergleichsverhandlungen[130], einen nicht vorhandenen Willen[131] zu unterstellen. Gleiches gilt für freiwillig angebotene Zahlungen. Wird eine vertragliche Vereinbarung behauptet, so muß ein dahingehendes Angebot nach den bürgerlich-rechtlichen Bestimmungen angenommen worden sein.

Ob aus anderen, dem Bereich des VN. oder des V'rers entstammenden Gründen, Leistungsfreiheit trotz Bestehens ihrer ordnungsmäßigen allgemeinen Voraussetzungen nicht eintritt und in welchen Fällen dies gegebenenfalls geschieht, war schon nach der früheren Rechtslage (= **vertragliche** Ausschlußfrist) bestritten. Nach Aufnahme der Bestimmung in das Gesetz (= **gesetzliche** Ausschlußfrist) ist auch hier das in Betracht zu ziehen, was beim Verzicht über die Interessenlage gesagt wurde. Soweit solche Gründe aus dem Lebens- und Rechtskreise des VN. stammen, ist hauptsächlich die Frage nach der **Entschuldigung** der Fristversäumnis von Bedeutung. Nach Inkrafttreten des VVG. wurde sie vielfach[132] verneint unter Hinweis darauf, daß die gerichtliche Geltendmachung nicht eine Obliegenheit sei; nur in Ansehung des Eintritts der mit der Verletzung von Obliegenheiten vertraglich verbundenen Folgen stelle das Gesetz aber — und zwar ausdrücklich in § 6 — auf das Verschulden des VN. maßgebend ab. Wenn dieser Grundsatz auch im Bereich der Ausschlußfrist hätte Geltung haben sollen, so würde nichts näher gelegen haben, als ihn in § 12 VVG.[133], der ohnehin die Grenzen der Zulässigkeit der Handhabung einer vereinbarten Ausschlußfrist angab[134], ebenfalls zum Ausdruck zu bringen[135]. Die Rechtsprechung hat — ohne sich hiermit auseinanderzusetzen — den Entschuldigungsbeweis des öfteren[137, 138]

129) Nürnberg v. 4. 7. 30 = APV. 216.
130) KG. v. 29. 4. 25 = JRPV. 179.
131) Über die Bedeutung des Verzichtswillens (Verjährung): RG. v. 2. 1. 12 = RG. 78/130.
132) Frankfurt a. M. v. 18. 5. 26 = JRPV. 223 = APV. 238 mit weiteren Angaben; Breslau v. 9. 2. 28 = JRPV. 93; Scheunert DÖV. 1933 S. 33; die bei Heine in Mitteilg. 1918 S. 110 angegebene Rechtslehre und Rechtsprechung, WZ. 1921 S. 636.
133) § 12 VVG. kennt grundsätzlich keine Ausnahme bei unverschuldeter Versäumung der Ausschlußfrist: KG. v. 22. 3. 33 = JRPV. 298 = DÖV. 66 = APV. 341 = LZ. 866.
134) So daß ein weiteres Schutzbedürfnis für den VN. nicht bestand: WZ. 1921 S. 636.
135) Scheunert DÖV. 1933. S. 33, WZ. 1921 S. 636, Breslau v. 9. 2. 28 = JRPV. 93.
137) RG. v. 31. 1. 36 = RG. 150/181 = DÖV. 142 = APV. 184 = DVP. 51 = HRR. Nr. 881 = JW. 1532 = RdK. 293 mit weiterer Rechtsprechung; LG. Magdeburg v. 24. 10. 35 = JRPV. 1936 S. 95; RG. v. 2. 2. 40 = JRPV. S. 67. — Widerspruchsvoll: Celle v. 27. 9. 35 = APV. 262 = JRPV. 1936 Zus. II S. 25 = HansRGZ. 1936 A. 114 (Einhaltung der Frist keine Obliegenheit, es kommt daher auf Verschulden nicht an; — — — Grundsatz von Treu und Glauben anzuwenden, wenn die Fristversäumnis dem VN. nicht zum Verschulden gereicht).
138) A. A. nicht wenige: z. B. KG. v. 22. 3. 33 = JRPV. 298 = DÖV. 66 = APV. 341 = LZ. 866; das Urteil verlangt zur Entschuldbarkeit das Vorliegen von „einer Art unabwendbarer Zufälle"; noch schärfer: KG. v. 7. 11. 31 = JRPV.

zugelassen und ist dabei in einzelnen Fällen außerordentlich weit gegangen[139, 140, 141]. Sie hat dabei wiederholt[142] als Begründung angegeben, es handle sich um eine vertragliche, nicht aber gesetzliche Ausschlußfrist. Die Frage nach der Tragweite dieser Begründung kann deshalb auf sich beruhen, weil nach der Novelle nunmehr das Gesetz den Ausschluß aufgenommen hat[143] und daher, wenn die von den Gerichten hierauf gestützte Unterscheidung einen Sinn haben soll, eine Entschuldigungsmöglichkeit für den VN. angesichts des Charakters des Aus-

387: „Der mit Fristablauf verbundene Ausschluß des Klagerechtes tritt gänzlich unabhängig von einem Verschulden ein"; auch KG. v. 8. 2. 36 = JRPV. 235 = DOV. 1937 S. 263 hält das Vorliegen eines Verschuldens für unerheblich und läßt eine andere Beurteilung nur zu für Fälle „höherer Gewalt"; Düsseldorf v 12. 7. 28 = JRPV. 279 = APV. 203 = RdK. 1929 S. 146: „Da es sich um eine Ausschlußfrist handelt, kommt es daher auf die Frage des Verschuldens nicht an"; Breslau v. 9. 2. 28 = JRPV. 93: „Die an den Ablauf der Ausschlußfrist gesetzte Rechtswirkung gemäß § 12 VVG. setzt kein Verschulden voraus"; ferner Frankfurt a. M o. 18. 5. 26 = JRPV. 223 = APV. 238 (Entschuldigung ist grundsätzlich unzulässig, da die Wahrung der Frist keine Obliegenheit ist: unter Hinweis auf Sprinz § 12 S. 49, Gerhard-Manes § 12 Anm. 11).

139) Insbesondere ist kaum eine Entscheidung zu finden, die den sonst so oft zitierten Grundsatz, daß das VVerhältnis im besonderen Maße die Anwendung von Treu und Glauben erheische, einmal auf das Verhalten des VN. gegenüber dem Versicherer angewendet hat, wozu in vielen Fällen Veranlassung gewesen wäre; eine Ausnahme: KG. v. 11. 8. 37 = JRPV. 376.

140) Über einen Fall, in dem sich der Versicherer nach Treu und Glauben dem Geschädigten gegenüber auf den Ablauf der Ausschlußfrist nicht berufen kann: RG. v. 31. 1. 36 aaO.

141) „Ist die Frist entschuldbar versäumt, so beginnt keine neue Frist, sondern es ist binnen angemessener Frist gerichtlich vorzugehen": Prölß § 12 Anm. 8, Stiefel § 8 Anm. 7.

142) Nürnberg v. 4. 7. 30 = APV. 216 (mit dem Bemerken, daß die vertraglichen Ausschlußfristen „einer weniger strengen Beurteilung" unterliegen als die gesetzlichen); KG. v. 22. 3. 33 = JRPV. 298 = DOV. 66 = APV. 341 = LZ. 866; RG. v. 6. 6. 16 = RG. 88/295 (: „Unter den Ausschlußfristen unterliegen wiederum die auf Gesetz beruhenden einer strengeren Beurteilung als die vertraglich bestimmten Fristen"); RG. v. 20. 3. 23 = APV. 1924 A. 194; RG. v. 12. 4. 18 = WZ. 1918 I S. 462 = Mitteilg. 217 (: „Für vertragliche Ausschlußfristen ist insofern eine minder strenge Beurteilung als für gesetzliche geboten, als der Gegner sich dann nicht auf die Versäumung der Frist berufen kann, wenn sich die Versäumung als entschuldbar erweist. Der Grund für diese verschiedene Behandlung liegt darin, daß für die vertragliche Ausschlußfrist wegen ihrer Vertragsnatur die Grundsätze von Treu und Glauben in Betracht zu ziehen sind"). A. A. KG. v. 3. 12. 24 = JRPV. 1925 S. 13 (auch bei vertragsmäßiger Verwirkung kommt es nicht auf Verschulden an). — Frankfurt a. M. v. 20. 6. 30 = JRPV. 356; siehe auch den Hinweis in RG. v. 7. 4. 33 = JRPV. 151 = DOV. 41 = APV. 322 = HRR. Nr. 1499 = JW. 2125 = Warneyer 175 = LZ. 768; Hamm v. 23. 6. 30 = JRPV. 1931 S. 42 = DOV. S. 73; Hamm v. 21. 3. 29 = JRPV. 383 (mit dem Bemerken, daß eine vertragliche Ausschlußfrist einer minder strengen Beurteilung unterliege als eine gesetzliche Ausschlußfrist); Hamm v. 30. 4. 28 = JRPV. 1929 S. 146 = DOV. 1929 S. 21 = APV. S. 11 = JW. 1929 S. 950 („Der Grund hierfür ist, daß für vertragliche Ausschlußfristen wegen ihrer Vertragsnatur der Grundsatz von Treu und Glauben in Betracht zu ziehen ist"); ebenso: Hamm v. 6. 7. 28 = DOV. 1929 S. 21; RG. v. 10. 11. 36 = RG. 152/330 = JRPV. 1937 S. 54 = DOV. 1937 S. 109 = APV. 1937 S. 121 = HRR. 1937 Nr. 380 = JW. 1937 S. 533 („Die Tragweite der verschiedenen Ausschlußfristen ist überhaupt keineswegs immer die gleiche und ganz besonders sind gesetzliche und vertragliche Ausschlußfristen verschiedener Natur, vergl. RG. 142/285").

143) Vergl. auch § 5 I VVG. dazu Anm. 54 zu § 6.

schlusses als einer im Gesetz getroffenen Bestimmung[144] nicht mehr angenommen werden kann[145, 146].

Soweit die Gründe, aus denen eine Anspruchsvernichtung durch Zeitablauf trotz ordnungsmäßiger Ablehnung nicht eintritt, aus dem Bereich des V'rers stammen, kommen hauptsächlich die Fälle in Frage, daß dem V'rer der Einwand der allgemeinen Arglist oder des Verstoßes gegen die guten Sitten (unter den besonderen Voraussetzungen der §§ 138, 826 BGB.[147]) entgegensteht, oder daß sein Verhalten nach § 3 Nr. 1, 3 Anf.Ges. anfechtbar ist[148].

Da es sich bei der Ausschlußfrist der §§ 11 ADB., 12 VVG. um eine sachlich-rechtliche Bestimmung handelt, findet auch der gleichartige Grundsatz von Treu und Glauben Anwendung[149]. Zwar ist der Ablauf der Frist von Amts wegen ohne ausdrückliche Berufung des V'rers festzustellen[150].

144) Übrigens hat das RG. auch die vertraglichen Ausschlußfristen in Ansehung gewisser Rechtsfolgen nicht immer auf die gleiche Stufe gestellt: RG. v. 23. 8. 35 = RG. 148/298 = JRPV. 281 = DOV. 85 = APV. 270 = JW. 3289 = DJZ. 1181.

145) Mit aller Deutlichkeit RG. v. 6. 6. 16 = RG. 88/295: „Bei gesetzlichen Ausschlußfristen führt die Tatsache des Ablaufs der ungenutzt gebliebenen Frist den Rechtsverlust herbei, sofern nicht eine besondere Bestimmung des Gesetzes eine Milderung vorsieht."

146) Unbeschadet dieser hier vertretenen Auffassung sollen die nach dem bisherigen Rechtszustand als Entschuldigungsgründe von der Rechtsprechung anerkannten Umstände angezogen werden. **Entschuldigungsgrund ist**: wenn zum Zwecke der Kostenersparnis innerhalb der Frist nur ein Teilbetrag unter Vorbehalt des Restes eingeklagt wird und der Versicherer dem nicht widerspricht: Nürnberg v. 4. 7. 30 = APV. 216; schwere Erkrankung des VN., welche ihm nicht erlaubt, seinen Vermögensangelegenheiten die nötige Sorgfalt zu widmen: Stuttgart v. 26. 4. 27 = JRPV. 211 = APV. 224; Bewilligung des Armenrechts nach Fristablauf: Hamm v. 2. 7. 31 = APV. 226 (auch Unterlassen eines Antrages nach § 74 IV GKG. nicht schuldhaft in dem genannten Sinne: so auch RG. v. 1. 2. 35 = DOV. 60 = APV. 205: zur Stellung eines Antrages auf einstweilige Befreiung von der Zahlung der Prozeßgebühr nach § 74 IV GKG. waren die Anwälte nicht verpflichtet, wenn sie noch mit rechtzeitiger Erledigung des Armenrechtsgesuches rechnen konnten; anders Karlsruhe vom 17. 7. 35 = HansRGZ. 1936 A. 62 = RdK. 1936 S. 296); auch Hamm v. 23. 6. 30 = JRPV. 1931 S. 42 = DOV. 73, wenn Einreichung des Armenrechtsgesuches so rechtzeitig (was heißt das? Verf.) vor Ablauf der Ausschlußfrist, daß er mit frühzeitiger Erledigung rechnen kann; dgl. Hamm v. 6. 7. 28 = DOV. 1929 S. 21 und v. 21. 3. 29 = JRPV. 383; ebenso KG. v. 12. 3. 32 = JRPV. 186; Breslau v. 14. 5. 35 = JRPV. Zus. S. 37; KG. v. 13. 5. 33 = JRPV. 301: „. . . wenn der VN. bei Anwendung der im Verkehr erforderlichen und üblichen Sorgfalt der Ansicht sein konnte und durfte, die Fristsetzung sei in Wegfall gekommen"; vergl. ferner bei Heine Mitteilg. 1918 S. 110; KG. v. 27. 1. 37 = JRPV. 122. — Warum der VN. in den vorgenannten Fällen nicht gehalten sein soll, den Fristablauf zu prüfen und, kurz bevor er eintritt, entweder Klage zu erheben oder den Antrag aus § 74 IV GKG. zu stellen, ist nicht recht einzusehen, Bedenken äußert auch der Berichterstatter zum Urt. Hamm v. 6. 7. 28 = DOV. 1929 S. 21. **Entschuldigungsgrund ist nicht**: Irrige Rechtsansicht (über das Ausreichen einer Teilklage) selbst wenn diese von verschiedenen Leuten bestätigt wird: KG. v. 22. 3. 33 = JRPV. 298 = DOV. 66 = APV. 341 = LZ. 866; bloße Zweifel über die Rechtslage: Königsberg v. 9. 12. 30 = JRPV. 1931 S. 376 = JW. 1931 S. 3228; unrichtige Rechtsbelehrung des VN. durch Rechtsanwalt: RG. v. 15. 1. 15 = APV. 1915 A. S. 25, so auch Heine in Mitteilg. 1918 S. 111.

147) Dazu Düsseldorf v. 24. 11. 32 = JRPV. 1933 S. 226; Düsseldorf v. 22. 1. 34 = JRPV. 286.

148) Prölß § 12 Anm. 8 d, ders. JW. 1937 S. 846 a. E.; ferner I/54 ff.

149) RG. v. 10. 11. 36 aaO.

150) Anm. 13 zu § 11.

Aber auch dann braucht der Richter mit dem von ihm festgestellten Fristablauf den allgemein vorgesehenen Erfolg nach Treu und Glauben im Einzelfall nicht zu verbinden[151]. Der Arglist-Einwand findet seine Stütze nicht nur in einem böslichen Verhalten des V'rers[152], sondern nach der fortentwickelten Rechtsprechung des RG. schon darin, daß der V'rer auch ohne solche Absicht durch sein[153] Verhalten dem VN. Veranlassung gegeben hat, die Frist ungenutzt verstreichen zu lassen[154]. Dies ist bisweilen vor allem dann angenommen worden, wenn er nach Ablehnung des VSchutzes, aber vor Fristablauf mit dem VN. weiter verhandelt hat[155, 156, 157], was in der HV. seltener vorkommt, da hier die Ausgleichsverhandlungen fast stets mit dem Geschädigten geführt werden. Indessen kann man nicht, wie es gern geschieht[158], **grundsätzlich** darauf abstellen, ob irgendeine Handlung oder Bemerkung oder freiwillige Leistung[159] des V'rers nach Fristablauf[160] vorgenommen wurde; auch schon, wenn dies vor Fristablauf geschehen ist, ist wesentlich, ob das Tun **objektiv** geeignet war, einen Durchschnitts-VN. in den Glauben

---

151) JRPV. 1937 S. 337 ff.

152) So aber KG. v. 22. 3. 33 — JRPV. 299 — DOV. 67.

153) Das Verhalten des Agenten allein reicht dazu (im Hinblick auf §§ 43 ff. VVG.) grundsätzlich nicht aus: RG. v. 25. 5. 37 — RG. 155/103 — JRPV. 200 — DOV. 434 — APV. 189 — HRR. Nr. 1329.

154) KG. v. 30. 9. 25 — JRPV. 303 (welches allerdings unzutreffend die Vorschriften über die Hemmung der Verjährung auf die Ausschlußfristen anwendet); Köln v. 14. 12. 34 — JRPV. 1935 Zus. S. 58 — APV. 1935 S. 22; RG. in JW. 1934 S. 351 nebst Anm.; RG. v. 2. 2. 40 — JRPV. 67; KG. v. 14. 6. 30 — JRPV. 384 (Verjährung) — DOV. 1931 S. 94; RG. v. 22. 5. 36 — JRPV. 199; RG. v. 8. 12. 25 — JRPV. 1926 S. 4 — APV. 1926 S. 34 — VuG. 1926 S. 54.

155) Eine Hemmung der Frist durch Vergleichsverhandlungen entfällt ohnehin, da die entsprechenden Vorschriften nur für die Verjährung, nicht aber die Ausschlußfrist Geltung haben; dazu Prölß JW. 1937 S. 844 mit Rechtsprechung.

156) Durchweg a. A.: KG. v. 29. 4. 25 — JRPV. 178; KG. v. 4. 2. 25 — JRPV. 122; KG. v. 24. 5. 24 — JRPV. 1925 S. 46; Düsseldorf v. 12. 7. 28 — JRPV. 279 — APV. 203 — RdK. 1929 S. 146; ablehnend: RG. v. 22. 5. 36 — JRPV. 199; LG. Berlin v. 5. 7. 34 — JRPV. 1935 Zus. I S. 30; RG. v. 12. 6. 18 — WZ. I S. 462; LG. Berlin v. 12. 3. 29 — JRPV. 1931 S. 199; LG. Berlin v. 29. 12. 31 — JRPV. 1932 S. 190; Hamm v. 15. 10. 31 — APV. 263.

157) Über die Bedeutung der Dauer von etwaigen Verhandlungen: LG. Berlin v. 5. 7. 34 — JRPV. 1935 Zus. I S. 30. — Diese Dauer hält für unerheblich: Breslau v. 30. 10. 19 zit. in WZ. 1921 II S. 978. — Daß einseitige Versuche des VN., die vom Versicherer durch strikte Ablehnung abgebrochenen Vergleichsverhandlungen wieder aufzunehmen, unerheblich sind, wie LG. Berlin v. 10. 7. 34 — JRPV. 1935 S. 160 ausführt, sollte selbstverständlich sein: siehe auch Düsseldorf v. 20. 1. 37 — JRPV. 1938 S. 268.

158) RG. v. 4. 10. 29 — HansRGZ. 1930 A. 143; RG. v. 25. 5. 37 — RG. 155/103 — JRPV. 200 — DOV. 434 — APV. 189 — HRR. Nr 1329.

159) Darin allein, daß der Versicherer für den VN. nach Ablehnung freiwillig mehr tat, als er mußte, kann man einen Verstoß gegen Treu und Glauben nicht erblicken; dazu Hamm v. 19. 2. 34 — JRPV. 1935 S. 318 — APV. S. 35. — Für die Zeit nach Fristablauf: LG. Berlin v. 10. 7. 34 — JRPV. 1935 S. 160; RG. v. 25. 5. 37 aaO.

160) Es ist nach Ablauf der Frist unerheblich, ob der Versicherer als Grund der Ablehnung den Zeitablauf geltend macht oder nicht: KG. v. 4. 2. 25 — JRPV. 122; RG. v. 4. 10. 29 — HansRGZ. 1930 A. 143.

zu versetzen, der V'rer wolle seine Ablehnung nicht aufrecht erhalten[161], und ob in dem VN. subjektiv dieser Glaube tatsächlich[162] geweckt wurde und bestand[163].

Stellt der V'rer nach Deckungsablehnung weitere Ermittlungen über den Schadenshergang[164] oder die für die Berechtigung der Deckungsablehnung maßgebenden Umstände an, so hat dies auf den Rechtsbestand der Ablehnung keinen Einfluß; denn Treu und Glauben verlangen, durch entsprechende Ermittlungen sich zu vergewissern[165], daß die Ablehnung sachlich vertretbar ist, und neuen Spuren nachzugehen[166, 168]. Hierin allein liegt niemals ein arglistiges Verhalten, weil es der Ausfluß eines durch Treu und Glauben gebotenen Tuns ist. Auch soweit zu dem genannten Zweck Fragen und Besprechungen mit den VN. zu führen sind, gilt nichts anderes. Es wäre geschäfts- und weltfremd, wollte man vom V'rer als einem Kaufmann verlangen, daß er bei jeder solcher Gelegenheit den VN. mit der Betonung der aufrechterhaltenen Deckungsablehnung erneut behelligen müsse[167]. Sofern nicht durch eindeutiges Verhalten falsche Vorstellungen erweckt werden, muß der VN. ohnehin mit dem Festhalten des V'rers an der förmlich ausgesprochenen Ablehnung rechnen[169]. Man hat sich auch davor zu hüten, in jedes Schrei-

---

161) Z. B. Hamm v. 6. 7. 31 = JPV. 281/83.

162) Es kann daher nicht genügen, zur Annahme der Beseitigung der Ausschlußwirkung die Feststellung zu treffen, daß das Verhalten des Versicherers bei einem VN. Zweifel aufkommen lassen *konnte*, ob der Versicherer nicht trotz Ablehnung dennoch VSchutz gewähren wolle; bedenklich daher insofern: Düsseldorf v. 18. 6. 34 = JRPV. 1935 S. 63 = JPV. 1935 S. 235 = HansRGZ. A. 408. Ebenso genügt nicht die Feststellung, ein Schreiben des Versicherers sei „geeignet" gewesen, Zweifel hervorzurufen, welche Bedeutung die Ablehnung habe; das gleiche gilt auch für die Feststellung, ein Schreiben des Versicherers habe den VN. zu der Ansicht bringen „müssen", daß es sich mit der Ablehnung nur um eine Formsache (?) handele: so Hamm v. 19. 2. 34 = JPV. 35 = JRPV. 1935 S. 317; wenn er nicht *tatsächlich* nachgewiesenermaßen die Zweifel *hatte* und zu der Ansicht gekommen *war*; dies gilt auch gegenüber RG. v. 23. 8. 35 = RG. 148/298 = JRPV. 281 = DOV. 85 = JPV. 270 = JW. 3289 = DJZ. 1181. — Zutr.: LG. Berlin v. 30. 6. 34 = JRPV. 1935 Zus. I S. 29: „Zum mindesten *konnte* die Klägerin das Schreiben . . . als Verzicht auffassen; daß sie das in der Tat getan hat, ergibt . . .".

163) A. A. RG. v. 2. 2. 40 = JRPV. S. 67/68.

164) Über die ähnliche Frage, ob eine Vertragsanfechtung durch den Versicherer „noch beachtlich ist, weil Versicherer trotz Kenntnis aller Umstände das Sachverständigenverfahren hat durchführen lassen": KG. v. 24. 5. 34 = JRPV. 298.

165) Düsseldorf v. 12. 7. 28 = JRPV. 279 = JPV. 203 = RdK. 1929 S. 146.

166) Auch die Mitteilung an den VN., daß sich der Versicherer neuen Beweismitteln desselben gegenüber im Hinblick auf die Deckungsfrage nicht verschließen werde, begründet nicht die Annahme, daß hierdurch der Versicherer von seiner ablehnenden Stellungnahme Abstand nehmen wolle: LG. Berlin v. 5. 7. 34 = JRPV. 1935 Zus. I S. 30.

167) LG. Berlin v. 5. 7. 34 = JRPV. 1935 Zus. I S. 30: „Wollte man a. A. sein, so wäre der Versicherer gezwungen, um nur ja die Rechte aus § 12 II VVG. nicht zu verlieren, nach der Setzung der Frist gegenüber dem VN. einen völlig ablehnenden Standpunkt einzunehmen. Das läge nicht im Interesse der VN.".

169) Ein erneuter Hinweis des Versicherers, daß er nicht gewillt sei, auf die Wirkungen der Fristsetzung zu verzichten, kann im allgemeinen von diesem nicht verlangt werden.

ben[170], dessen Fassung geschäftlicher Höflichkeit[171] entspricht, oder jedes Benehmen des V'rers[172] etwas hineinzuinterpretieren, um nicht den V'rer in seinem Verhalten völlig unsicher zu machen. Dem VN. kann durchaus zugemutet werden, beim V'rer anzufragen, ob seine Ablehnung aufrechterhalten werde oder nicht. Zur Vermeidung von Meinungsverschiedenheiten und Rechtsstreitigkeiten empfiehlt es sich für den V'rer, an der einmal vertretenen Meinung klar und deutlich festzuhalten[173, 174], wenn nicht Grund zu ihrer Preisgabe vorliegt.

Hat der V'rer gegen Treu und Glauben oder die guten Sitten verstoßen, so muß er dem VN. grundsätzlich eine neue Klagefrist setzen[175]. Dies gilt aber nicht ausnahmslos; denn auch der VN. hat — und zwar, grundsätzlich in gleichem Maße wie der V'rer[176] — Treu und Glauben

---

170) KG. v. 29. 4. 25 = JRPV. 178; KG. v. 4. 2. 25 = JRPV. 123; Breslau v. 30. 10. 19, zit. in W3. 1921 II S. 978.

171) KG. v. 24. 5. 24 = JRPV. 1925 S. 46.

172) KG. v. 29. 6. 32 = JRPV. 295 = DOV. S. 54: „Berufung des Versicherers auf den Ablauf der Ausschlußfrist ist nicht ohne weiteres dolos, weil Versicherer dem VN. weiterhin nach Ablehnung des VSchutzes und sogar nach Ablauf der Ausschlußfrist Prozeßschutz gewährt hat. Da das ganze Verhalten darauf hindeutet, daß die Setzung der Ausschlußfrist ernstlich gemeint war, so ist die Weitergewährung von Prozeßschutz nichts anderes, als wenn der Versicherer aus Kulanzgründen nach Ablauf der Ausschlußfrist eine Entschädigung leistet." Ebenso grundsätzlich Düsseldorf v. 18. 6. 34 = JRPV. 1935 S. 63 = APV. 1935 S. 235 = HansRGZ. A. 408; Karlsruhe v. 17. 7. 1935 = HansRGZ. 1936 A. 62 = RdK. 296: „Zahlung eines Kostenbeitrages noch nach Ablehnung ist keine Anerkennung des Anspruchs auf VSchutz, wenn dies unter ausdrücklicher Ablehnung geschieht."

173) Nicht zutreffend dürfte die Auffassung des RG. v. 23. 8. 1935 aaO. sein: es sei nicht ausreichend, daß der Versicherer in einem Schreiben an den VN. nach der Ablehnung zum Ausdruck brachte, er lasse den Verletzten „unabhängig von seiner Leistungspflicht" untersuchen und halte seinen Standpunkt hinsichtlich der Leistungspflicht dem VN. gegenüber aufrecht. (Dem RG. zustimmend Prölß JW. 1937 S. 843 zu Anm. 47). Auch der VN. dürfte, wenn danach tatsächlich eine Unklarheit für ihn bestanden hätte (ob sie bestehen „mußte", wie das RG sagt, ist unerheblich: Anm. 162 zu § 11), nach Treu und Glauben gehalten gewesen sein, beim Versicherer anzufragen.

174) Dies ist auch der Wunsch des RAA., welches — APV. 1933 S. 237 — vom Versicherer verlangt, daß er sich „im Schadensfall klar für oder gegen die Gewährung von VSchutz entscheidet und im Falle der Deckungsablehnung nicht weiterhin mit dem VN., sei es durch Übernahme der Führung des Rechtsstreites, sei es durch Versprechungen oder auch nur durch bloße Beratung, zusammenwirkt".

175) Vergl. RG. v. 23. 8. 35 aaO., welches zwar feststellt, daß das RG. früher (= RG. 19/132) auch in Ansehung von vertraglichen Ausschlußfristen den Standpunkt eingenommen habe, daß „nach den Grundsätzen von Treu und Glauben, auf denen der Einwand der Arglist gegenüber einer Verjährungseinrede beruhe, die Frist, innerhalb deren nach dem Aufhören der den Arglisteinwand rechtfertigenden Verhältnisse der Anspruch durch Klage geltend zu machen sei, nach den Anforderungen des anständigen Geschäftsverkehrs und den Umständen des Falles bestimmt werden müsse (RG. 115/135 ff.), daß aber für die Ausschlußfrist des § 12 II VVG. die Sache anders liege; denn im letzteren Falle müsse der Versicherer die Frist durch erneuten Hinweis auf die Folgen ihrer Nichtinnehaltung in Lauf gesetzt haben"; ebenso RG. 150/257, RG. 152/30, Prölß § 12 Anm. 8.

176) So ausdrücklich KG. v. 11. 8. 37 = JRPV. 377, zu der Frage auch: Möller in „Kernfragen der Versicherungs-Rechtsprechung"; anders RG. v. 10. 1. 36 = RG. 152/330 = JRPV. 1937 S. 56 = DOV. 1937 S. 109 = APV. 1937 S. 121 = HRR. 1937 Nr. 380 = JW. 1937 S. 553: „Gerade der Versicherer muß ... bei seinem Verhalten auf die Belange des VN. Rücksicht nehmen und es danach einrichten."

zu beachten. Daraus hat die Rechtsprechung[177] den zutreffenden Schluß gezogen, daß, wenn auch die Klagefrist nicht gültig gesetzt war, sie der VN. dennoch gegen sich gelten lassen muß, falls sein Verhalten nach Treu und Glauben vom V'rer dahin aufgefaßt werden mußte, er wolle keine Einwendungen gegen die Rechtsgültigkeit erheben. Der gleiche Gesichtspunkt kann dazu führen, dem VN. das Vorbringen abzuschneiden, der V'rer habe ihm eine neue Frist setzen müssen[178].

Der Untergang des Anspruchs[179] nach Fristablauf tritt unabhängig davon ein, ob die Ablehnung überhaupt oder aus dem angegebenen Grunde gerechtfertigt war[180]; denn durch die unterlassene Klage hätte innerhalb der Frist die Berechtigung der Verweigerung des VSchutzes sachlich geprüft werden sollen. Das Ablehnungsschreiben muß sich im Rahmen der zwingenden Bestimmungen des Gesetzes und der ADB. gehalten haben (§§ 12 III n.F., 15a VVG.). Nach dem Gesetz kann Empfänger des Ablehnungsschreibens[181] nur der VN.[182] sein, nach § 11 ADB. ist es an den[183] Anspruchsberechtigten[185] zu richten. Anspruchs-, wenn auch (wegen § 8 Ziff. 1 Satz 2 ADB.) nicht verfügungsberechtigt, ist auch der Versicherte innerhalb des VVffR. Soweit sich die Ablehnung des VSchutzes auf ihn bezieht, muß sie ihm, um wirksam zu sein,

177) KG. v. 11. 8. 37 = JRPV. 376.

178) Dieser Gesichtspunkt hätte wohl in der Entscheidung von Königsberg v. 7. 2. 36 = JRPV. Zus. S. 26 Berücksichtigung finden können, da der Versicherer den VN. noch vor Ablauf der Frist auf die Notwendigkeit der Erhebung der Klage, auch des nicht eingeklagten Teiles des VAnspruches, ausdrücklich hingewiesen hatte.

179) Über den Fall, daß die Ablehnung sich als Fall positiver Vertragsverletzung darstellt, Bl. 312.

180) RG. v. 31. 1. 36 = RG. 150/181 = APV. 184 = DVP. 51 = HRR. Nr. 881 = JW. 1532 = RdK. 203; Düsseldorf v. 22. 1. 34 = JRPV. 285; RG. v. 2. 2. 40 = JRPV. 68 und RG. v. 7. 2. 36 = JRPV. 86.

181) Etwas anderes ist es, wenn das RAA. — APV. 1934 S. 142 — wünscht, daß der Versicherer dem Drittgeschädigten Kenntnis von der ausgesprochenen Deckungsablehnung gibt, jedenfalls dann, wenn mit diesem bereits Verhandlungen geführt wurden. Dies kann insbesondere im Hinblick auf die Rechtsprechung von Bedeutung werden, die dem Drittgeschädigten eine Feststellungsklage zubilligt, dahin, daß der Versicherer dem VN. VSchutz zu gewähren habe. Anm. 95 zu § 11.

182) Dazu Prölß § 12 Anm. 5.

183) Bei mehreren Anspruchsberechtigten ist die Ablehnung jedem mitzuteilen: für Miterben (§ 2040 BGB.): Marienwerder v. 13. 5. 10 = APV. 1911 A. S. 3, dazu bestätigend: RG. v. 2. 5. 11 = APV. 1912 A. S. 33; dazu Petersen ZfVW. 1913 S. 113.

185) Unter Berücksichtigung lediglich des Gesetzestextes, der als Adressaten allein den VN. erwähnt, stellt Prölß § 12 Anm. 5 darauf ab, wer der Anspruchs e r h e b e n d e ist, und läßt den VN. auch alleinigen Empfänger der Ablehnung in Ansehung des V'ten sein, wenn dieser nicht gem. § 75 II VVG. verfügungsberechtigt ist; (allerdings bemerkt Prölß einige Zeilen weiter, daß „bei mehreren Anspruchsberechtigten jeder" Empfänger sei, will also auch unter diesem genannten Gesichtswinkel den V'ten nicht als Empfänger ansehen). Die AVB. reden aber nicht vom Anspruchs e r h e b e n d e n, sondern vom Anspruchs b e r e c h t i g t e n, also dem Träger des Rechtes, und dies ist zweifellos der V'te im Rahmen der VffR.: vergl. bei § 8. Sogar unter der Bezeichnung „Anspruchserhebender" wird der V'te mitverstanden: von KG. v. 3. 12. 38 = JRPV. 1939 S. 88/9.

in den aaO. vorgeschriebenen Formen mitgeteilt werden[186]. Anspruchsberechtigt ist ferner (vgl. aber § 8 Ziff. 3 ADB.) der Zessionar[187]. Nach Bürgerlichem Recht ist die Ablehnung an den Anspruchsberechtigten, seinen gesetzlichen[188] oder rechtsgeschäftlichen Vertreter[189] zu richten. Bei gewillkürter Stellvertretung z. B. durch einen Rechtsanwalt ist ein Schreiben an den VN. selbst zulässig und ausreichend[190]. Bei einer Ehefrau als VN. entscheidet der Güterstand darüber, welchem Ehepartner gegenüber abzulehnen ist[191, 192].

Die Deckungsablehnung muß durch eingeschriebenen Brief mitgeteilt werden. Die Erläuterungen zu § 5 Ziff. 1 ADB.[193] gelten hier entsprechend. Ist der Zugang des Schreibens unbestritten, so wird der Eintritt der in § 11 ADB. bezeichneten Rechtsfolge nicht dadurch gehindert[194], daß die schriftliche Erklärung nicht durch „Einschreiben" übermittelt wurde[195, 196].

Das Ablehnungsschreiben muß den VN. auf die Folgen hinweisen, die es für ihn hat. Der Hinweis muß klar und deutlich und auch für den einfachen Mann verständlich sein[197]. Wegen seiner Bedeutung stellt die Rechtsprechung strenge Anforderungen[198]. Ein einfacher Hinweis auf die vertragliche Bestimmung genügt nicht, auch dann nicht, wenn das Ablehnungsschreiben an einen rechtskundigen Vertreter des VN. gerichtet ist[198]. Gleichgültig ist auch, ob dem VN. als Fachmann auf dem Gebiet des VWesens die Rechtsfolgen bekannt waren[199].

Über die Verjährung des HV-Anspruchs vgl. I/163[200].

186) Bl. 219; die entgegenstehende Auffassung I/58 wird aufgegeben, a. A. die zu I/58 Anm. 314 angegebene Rechtsprechung.

187) KG. v. 8. 10. 30 = JRPV. 435.

188) Hamm v. 15. 10. 31 = ADB. 262 zugleich über die Genehmigung des Vertreters, der einen Minderjährigen entsprechend bevollmächtigte; RG. v. 15. 2. 29 = JRPV. 98 = ADB. 240 = HRR. Nr. 1597 = DJZ. 641 = Warn. 122.

189) RG. v. 8. 2. 10 = ADB. A. S. 63; RG. v. 4. 12. 31 = DÖV. 1932 S. 5 = DVP. 104 = HansRGZ. A. 471.

190) RG. v. 15. 2. 29 aaO.

191) Düsseldorf v. 22. 1. 34 = JRPV. 285.

192) RG. v. 8. 2. 10 aaO.

193) Bl. 73/4.

194) Eine Berufung des V'rers hierauf würde gegen Treu und Glauben verstoßen.

195) Hinsichtlich der Schadensanzeige: Köln v. 19. 2. 37 = APV. 155; Karlsruhe v. 14. 7. 32 = ADB. 261.

196) A. A.: Augsburg v. 4. 12. 28 = ADB. 1929 S. 13: ausdrücklich wider dieses: KG. v. 7. 5. 32 = ADB. 247 = HansRGZ. 1933 A. S. 161; wohl wie Augsburg: Düsseldorf v. 2. 11. 33 = JRPV. 1934 S. 141 = APV. 421.

197) Näheres dazu bei Brölß § 12 Anm. 6. auch Scheunert DÖV. 1937 S. 465.

198) RG. v. 11. 2. 36 (Anm. 72); RG. v. 22. 1. 35 = JRPV. 73 = DÖV. 42 = JW. 1181 = Warn. Nr. 41; RG. v. 22. 9. 31 = JRPV. 317 = HansRGZ. A. 660 = ADB. Nr. 2351 = JW. 1932 S. 2513 = DÖV. S. 77 = HRR. 1932 Nr. 56; München v. 24. 3. 28 = APV. 252 = JRPV. 1929 S. 294; KG. v. 15. 10. 38 = JRPV. 1939 S. 24.

199) KG. v. 7. 3. 25 = JRPV. 254 = ADB. 148.

200) Außer den dort genannten noch: Unfried ZfVW. 1909 S. 282. Petersen ZfVW. 1921 S. 336 Nr. 5. Clasen JRPV. 1928 S. 147. Eger DÖV. 1929 S. 73 und 87, Hagemann HansRGZ. 1931 A. 427. Gottschalk DVA. 1936 S. 24, Kähfuß JRPV. 1937 S. 289, Scheunert JRPV. 1938 S. 259 und DÖV. 1933 S. 33. — Ferner die

§ 11 Ziff. 2

2. Für die aus diesem Versicherungsverhältnis entstehenden Rechtsstreitigkeiten ist neben den gesetzlich zuständigen Gerichten das Gericht des inländischen Wohnsitzes des Versicherungsnehmers zuständig.

§ 11 Ziff. 2 ADB. will den VN. begünstigen, gilt aber für beide Vertragsparteien. Für Klagen aus dem VVertrag gegen den V'rer ist wahlweise maßgebend[201]:

1. der allgemeine Gerichtsstand des V'rers (§ 17 ZPO.);
2. der besondere Gerichtsstand des Erfüllungsortes (§ 29 ZPO.[202]);
3. der besondere Gerichtsstand der gewerblichen Niederlassung bzw. der Wohnsitze des VAgenten (§ 48 VVG.);
4. der am Wohnsitz des Hauptbevollmächtigten i. S. von § 147 VAG. begründete Gerichtsstand;
5. der Gerichtsstand am Ort der Niederlassung des V'rers, wenn die Klage auf den Geschäftsbetrieb der Niederlassung Bezug hat (§ 21 ZPO.).

Für Klagen gegen den VN. ist wahlweise maßgebend:

1. der allgemeine Gerichtsstand am Wohnsitz des VN.;
2. der besondere Gerichtsstand am Wohnsitz des VN. (§ 11 Ziff. 2 ADB.);
3. der Gerichtsstand des Erfüllungsortes (§ 29 ZPO.).

§ 12. Anzeigen und Willenserklärungen.

(Nunmehr mit unverändertem Wortlaut in § 11 n. F. übernommen.)

Alle für die Gesellschaft bestimmten Anzeigen und Erklärungen sind schriftlich an den Vorstand der Gesellschaft oder an diejenige Generalagentur, welche im Versicherungsschein oder dessen Nachträgen als zuständig bezeichnet ist, zu richten. Die Agenten sind zu deren Entgegennahme nicht berechtigt.

Urteile: Düsseldorf v. 30. 4. 1925 = JRPV. 333 = APV. 141 (dazu Rev.Urt. RG. v. 8. 12. 25 = VuG. 1926 S. 54); Düsseldorf v. 14. 6. 37 = JRPV. 1938 S. 158; RG. v. 19. 1. 37 = APV. 147; Hamburg v. 25. 3. 31 = HansRGZ. B. S. 547; KG. v. 14. 6. 30 = JRPV. 384 (keine Pflicht des Versicherers, den von rechtskundiger Seite beratenen VN. auf die drohende Verjährung hinzuweisen); über die Verjährung des Ausgleichsanspruchs mehrerer H-Versicherer: Stettin v. 15. 10. 31 = APV. 286; über Verjährung des Anspruchs aus positiver Vertragsverletzung: Oldenburg v. 8. 5. 35 = JRPV. 224; des Anspruchs auf Ersatz des Verzugsschadens: RG. v. 9. 6. 25 = RG. 111/104 = JRPV. 213 = VuG. 1926 S.21 und RG. v. 12. 11. 37 = DOV. S. 534; Verjährung der Ansprüche aus einer Vereinbarung, einen Schaden abweichend von den AVB. zu regeln: KG. v. 3. 3. 37 = JRPV. 203; über die Verjährung von Rückforderungsansprüchen aus einem VVerhältnis: Gebler JRPV. 1934 S. 131.

201) Stiefel § 8 Anm. 8.

202) Dazu RAA. in APV. 1936 S. 55 Nr. 8.

Die Bestimmung macht von der Ermächtigung im früheren § 31 VVG.[1], jetzt § 34a VVG. (Schriftform für dem VN. obliegende Anzeigen) und des § 47 VVG. (Beschränkung der Agentenvollmacht) Gebrauch.

Die Anerkennung nur mündlich abgegebener Mitteilungen wäre bei ihrer Bedeutung für den VSchutz[2] und der meist geringen Erfahrung der örtlichen Agenten in kaufmännischen und rechtlichen Angelegenheiten[3] eine Gefahr für beide Vertragsteile; mündliche Mitteilungen werden leicht vergessen oder unrichtig weitergeleitet. § 12 dient durchaus nicht allein den Interessen des V'rers[4], will vielmehr jede Unklarheit und Meinungsverschiedenheit ausräumen, nicht zuletzt im Bereich des VN. Das Erfordernis der Schriftform[5, 6] gilt für alle[7] dem V'rer zuzuleitenden Anzeigen und Willenserklärungen (Überschrift).

§ 12 enthält weiter eine Beschränkung der Agentenvollmacht[8] gegenüber § 43 VVG., der nachgiebigen Rechts ist[9]. Der VN.[10] braucht eine solche Beschränkung nur gegen sich gelten zu lassen, „wenn er sie bei Vornahme des Geschäftes oder der Rechtshandlung kannte oder infolge grober Fahrlässigkeit nicht kannte[11]". Grobe Fahrlässigkeit ist regelmäßig dann anzunehmen, wenn der VN. die dem Vertrage beigefügten[11a] AVB. nicht kennt, zumal § 12 als einzige Bestimmung der AVB. durch Fettdruck wegen seiner Bedeutung hervorgehoben ist[12]. Für Anzeigen und Willenserklärungen im Rahmen der Obliegenheitserfüllung[13] kommt

---

1) In der Novelle ist die Vorschrift gestrichen.

2) Schwaiger S. 157.

3) Unfried ZfVW. 1909 S. 281.

4) Wie Düsseldorf v. 22. 1. 36 = JRPV. 224 meint.

5) Anm. 69 zu § 9, Stiefel § 9 Anm. 1.

6) Diese Vertragsbestimmung kann nach KG. v. 20. 11. 26 = HansRGZ. 1927 S. 98 nicht auf die Erklärung einer Anfechtung des ganzen VVertrages wegen Irrtums erstreckt werden, weil mit dieser auch zugleich die betr. Vertragsbestimmung angefochten werde. Nach Düsseldorf v. 22. 1. 36 trifft sie nicht den Fall, daß der VN. einen vom Versicherer gemachten Abänderungsvorschlag annahm.

7) Prölß § 34a Anm. 1 unterscheidet zwischen Willens- und Wissenserklärungen und läßt nur bei ersteren, wenn Formmangel besteht, Unwirksamkeit eintreten; ähnlich Bruck § 47 Anm. 5 a. E.; hierzu die Ausführungen auf Bl. 72. — Nach Hamm v. 25. 3. 35 = JRPV. Zus. II S. 64 = HansRGZ. A. 401 genügte zur Anzeige vom Strafverfahren (als Wissenserklärung) die Meldung an den Vertreter des Versicherers, der diese telefonisch an die Bezirksdirektion weiterleitete; anders Düsseldorf v. 25. 6. 32 = JRPV. 1933 S. 162: „Auch die Anzeige vom Strafverfahren in der Form, die in den Bedingungen für die Anzeigen vorgeschrieben ist"; über Unwirksamkeit der Klagezustellung an den Agenten: Hamm v. 11. 3. 25 = VuG. 1926 S. 98.

8) Die Beschränkung gilt — RAA. in APV. 1925 S. 170 — nicht gegenüber demjenigen, der vom VN. den versicherten Betrieb durch Gutsüberlassung übernahm (Sohn des VN.).

9) Stuttgart v. 11. 5. 28 = APV. 237; RG. v. 16. 9. 32 = APV. 286.

10) Er ist Dritter i. S. von § 47 VVG.: Kiel v. 10. 11. 26 = JRPV. 1927 S. 83. = APV. 1928 S. 33.

11) Nach Stuttgart v. 27. 3. 30 = JRPV. 385 besagt die Bestimmung des § 12 AVB. nicht, „daß sich der VN. des Agenten nicht als Bote bedienen dürfe".

11a) Vergl. § 7 Anm. 3 a. E.

12) JRPV. 1926 S. 241; LG. Köln v. 18. 6. 36 = APV. 219 will die Frage nicht allein aus den AVB., sondern auch aus „sonstigen Umständen" beantwortet wissen.

13) § 5 Ziff. 1 a. F. AVB. verweist nochmals ausdrücklich auf die Vorschrift des § 12.

auch § 6 VVG. in Betracht[14]. Die Rechtsprechung hat dem VN. in oft recht weitgehender Weise geholfen[15, 16]. Insbesondere ist der Rechtsscheingedanke[17] in verschiedener Abwandlung herangezogen worden, um Unwirksamkeit der gegenüber einem nicht bevollmächtigten Empfänger abgegebenen Erklärung zu vermeiden. Dazu wird einmal, wenn z. B. die Erklärung gegenüber dem Agenten abgegeben wurde, festgestellt, daß dieser dieselbe unverzüglich zurückweisen müsse[18], andernfalls sei es so anzusehen, als wäre die Anzeige dem V'rer zugegangen, zum mindesten sei der VN. entschuldigt[19]. Hier ist nicht beachtet, daß es in erster Linie Pflicht des VN. ist, sich entsprechend zu vergewissern[20] oder bei Zweifeln zu fragen. Hat der V'rer[21] allgemein oder einem bestimmten VN. gegenüber in anderen Fällen[22] widerspruchslos geduldet, daß die Erklärungen dem Agenten (mündlich oder schriftlich) abgegeben wurden, oder hat er früher mit dem VN. durch den Agenten verhandelt[23], so kann er sich später mit Erfolg auf § 12 nicht berufen, ohne zuvor ausdrücklich bekanntgegeben zu haben, daß künftig entsprechend den AVB. verfahren werden müsse.

---

14) Stiefel § 9 Anm. 2.

15) Gottschalk DÖV. 1926 S. 1.

16) Hamburg v. 6. 5. 31 = JRPV. 278: dazu aber Hamburg v. 14. 10. 31 = JRPV. 1932 S. 107 = DÖV. 1932 S. 3; RG. v. 14. 3. 22 = JRPV. 1924 S. 36.

17) LG. Köln v. 18. 6. 36 aaO.; RG. v. 18. 11. 32 = APV. 310 = Warn. 1933 Nr. 55; RG. v. 16. 9. 32 = APV. 286/87 a. E.; vergl. auch Anm. 440 zu § 5 mit weiteren Hinweisen.

18) Hamm v. 15. 10. 31 = JRPV. 1932 S. 107; LG. Köln v. 18. 6. 36 = APV. 220 meint, daß „der VN. im allgemeinen immer dann als entschuldigt angesehen werde, wenn der Agent eine ihm rechtzeitig zugegangene Willenserklärung widerspruchslos behält, obwohl er in der Lage gewesen wäre, diese zurückzuweisen und damit dem VN. Gelegenheit zu geben, die Erklärung rechtzeitig an die richtige Stelle zu bringen". Vergl. auch Anm. 56 zu § 10 und RAA. in APV. 1927 S. 169/70.

19) Prölß § 47 Anm. 1 mit Rechtsprechung; a. A. Kiel v. 10. 11. 26 = JRPV. 1927 S. 83 = APV. 1928 S. 33, vergl. Anm. 437 zu § 5.

20) Gottschalk DÖV. 1926 S. 2; Kiel v. 10. 11. 26 aaO.; Düsseldorf v. 23. 6. 32 = JRPV. 1933 S. 162 „zum mindesten war es bei Unterlassung der Form die Pflicht des VN., sich davon zu überzeugen, daß der Versicherer ... Kenntnis erhalten hatte"; Kiel v. 28. 2. 34 = JRPV. 251.

21) Daß der Agent nicht von sich aus auf die Formvorschrift dem VN. gegenüber verzichten kann, betont zutreffend Lesser JRPV. 1927 S. 368 zu AG. Berlin v. 7. 12. 26 = JRPV. 1927 S. 367; siehe auch RG. v. 18. 11. 32 = APV. 310 = Warn. Nr. 55.

22) Über die Bedeutung des Umfanges entsprechender Bewilligungen: Kiel v. 28. 2. 34 = JRPV. 250.

23) RG. v. 19. 4. 32 = JRPV. 149 = Warn. 252 = DVP. 104; ebenso für den Fall, daß der Versicherer das im Schadensfall auszufüllende Anmeldeformular dem VN. durch den Agenten überreichen ließ: Breslau v. 23. 4. 18 = WZ. I S. 461.

Zur bequemeren Handhabung beim Gebrauch und um die inneren Zusammenhänge deutlicher zu machen, sind im folgenden die Stellen aus Teil I der Erläuterungen mit fortlaufender Seitenzahl vermerkt, die in Teil II aaO. angezogen werden.

Teil I Seite	ist angezogen in Teil II in	
12 (Anm. 8)	Anm.	16 zu § 5
13	„	23, 43 zu § 7
14	„	15, 20, 203, 938 zu § 5
20	„	24, 128 zu § 10
21	„	24 zu § 10
23 (Anm. 91 zu § 1)	„	36 zu § 7
24	„	138 zu § 6; 23 zu § 7; 118 zu § 8
25	„	138, 139 zu § 6
34	„	158 zu § 9
38	„	216, 219 zu § 5; 14 zu § 7; 18 zu § 8
39	„	14 zu § 7
40	„	21 zu § 8
41	„	196 zu § 10
42	„	221 zu § 5; 270, 271 zu § 9; Bl. 273
43	„	270 zu § 9; 192, 194 zu § 10
44	„	221, 223 zu § 5; 194 zu § 10
45	„	206 zu § 5; 82 zu § 11
46	„	206 zu § 5
47	„	204 zu § 5
50	„	159 zu § 8; 86 zu § 11
51	„	49 zu § 9
52	„	161 zu § 8
53	„	161, 162, 164 zu § 8; 79, 80, 93 zu § 11
54	„	75, 164 zu § 8; 93, 148 zu § 11
55	„	208 zu § 5
56	„	134 zu § 9
57	„	49 zu § 9
58	„	60 zu § 5
66	„	95 zu § 11
67	„	993 zu § 5; 85 zu § 11
68	„	993 zu § 5
69	Bl.	161; Anm. 2, 339, 351, 515 zu § 5; 65 zu § 6; 100 zu § 9; 99 zu § 10
70	Bl.	160
71	Anm.	102 zu § 9

Teil I Seite	ist angezogen in Teil II in	
73	Anm.	850 zu § 5; 101 zu § 9
81	„	578 zu § 5
82	„	578 zu § 5
86 (Anm. 508 zu § 1)	„	339 zu § 5
90	„	578 zu § 5
91	Bl.	232; Anm. 113 zu § 10
98	Anm.	114 zu § 10
103	„	385 zu § 5
104	„	1021 zu § 5
105	„	897 zu § 5; 144 zu § 10
110	„	151 zu § 9
111	„	16 zu § 7; 149 zu § 9
115	„	152 zu § 9
117	„	194 zu § 9
118	Bl.	255
119	Anm.	148, 150, 212a, 291 zu § 9
120	„	147, 212a zu § 9
126	„	13 zu § 9
127	„	50 zu § 8
129	„	100 zu § 9
130	„	100, 212 zu § 9
131	„	212 zu § 9
132	„	212 zu § 9
135	„	48 zu § 5; 53 zu § 8; 163 zu § 9
136	„	175 zu § 9
137	„	51 zu § 8; 178 zu § 9
138	„	51 zu § 8; 177 zu § 9
139	„	177 zu § 9
141	„	13, 21 zu § 9
142	„	48 zu § 5
150	„	4, 5 zu § 10
151	„	119 zu § 7
152	„	56 zu § 8; 40 zu § 9
153	„	38, 40 zu § 9
159	„	43 zu § 7; 10 zu § 9
162	„	134 zu § 10; 39 zu § 11
163	Bl.	327; Anm. 133, 134 zu § 10
164	Anm.	891, 1066, 1067, 1085, 1176a zu § 5; 169 zu § 8
166	„	143 zu § 10

Teil I ist Seite	angezogen in Teil II
170	Anm. 440, 1099 zu § 5
171	„ 144 zu § 10
173	„ 144, 145 zu § 10
174	„ 972 zu § 5; 145 zu § 10
175	„ 386, 881, 894, 897, 993 zu § 5; 144 zu § 10
176	„ 892, 1066, 1085, 1115 zu § 5; 152 zu § 10
177 (Anm. 199 zu § 3)	„ 339 zu § 5
179	„ 14 zu § 11
180	„ 391, 887 zu § 5
181	„ 848 zu § 5
182	„ 823, 853—855, 870, 1017 zu § 5
183	„ 799, 802, 803, 823 zu § 5
187	„ 157 zu § 9
189	„ 850 zu § 5; 44 zu § 8
191	„ 879, 883 zu § 5
192	„ 884, 889, 896, 1020, 1166 zu § 5
197	„ 575, 986 zu § 5
198	Bl. 158
202	Anm. 38 zu § 5
204	„ 1142 zu § 5
219	„ 106 zu § 9
247	„ 39, 504 zu § 5
248	Bl. 218; Anm. 503 zu § 5
249	Anm. 241 zu § 5
250	Bl. 57; Anm. 241, 262, 299 zu § 5
259	Anm. 502 zu § 5
263, 264	„ 141, 145, 150, 152 zu § 8

Einige der in Band I vertretenen Auffassungen hielten erneuter Prüfung nicht stand und mußten ganz oder teilweise aufgegeben werden; vgl. dazu: II/Anmerkungen: 170, 189, 1083 zu § 5; 50, 60 zu § 8 (vgl. auch Anm. 186 zu § 11); 191 zu § 9.

Sachverzeichnis

(Die Zahlen verweisen auf die Seiten)

A.

C.

D.

E.

F.

G.

H.

J.

K.

L.

M.

N.

O.

P.

R.

S.

Sp.

Sch.

St.

T.

U.

V.

W.

Z.

Berichtigungen

Seite 241 17. Zeile von unten:

Lies:

57) Nasser § Anm. 48, Bruck Komm. § 39 Anm. 4

statt:

61) Über die rechtliche Bedeutung . . .

Seite 276: Streiche die beiden letzten Zeilen der Anmerkungen.

Kolibri 360 GmbH
Ferdinand-Jühlke-Straße 7
99095 Erfurt, Deutschland
produktsicherheit@kolibri360.de